GSAT 합격을 위한
렛유인의 도서 구매 무료 혜택

JN367602

쿠폰 번호

본 쿠폰은 도서 구매자 본인만 사용하도록 발급된 것으로,
이를 무단으로 배포하거나 공유할 경우 저작권법 제136조 및 관련 법령에 따라
민형사상 책임을 물을 수 있습니다.

쿠폰 등록 방법

렛유인 홈페이지 로그인
(www.letuin.com)

화면 상단 닉네임 클릭
→ 할인쿠폰 클릭

쿠폰 번호 입력

※ 쿠폰번호 입력시 꼭 "-"(하이픈)을 넣어주세요

※ 쿠폰 사용은 등록 후 6개월까지 가능합니다

도서 구매 혜택

GSAT 인강 샘플강의 5회	GSAT 인강 20% 할인쿠폰	온라인 스터디 무료 참여권	영역별 핵심 요약노트(PDF)	추리영역 기초다지기(PDF)
온라인 GSAT 문제풀이용지 (PDF)	100% 무료 반도체 인강 24강	삼성그룹 인성면접 기출문제 모음집 (PDF)	약식 GSAT 가이드북 (PDF)	고난도 문항 모음집(PDF)

도서 구매자들을 위한 특별 무료 혜택

100% 무료 인강 스터디

25'하 GSAT 수·추리 독학으로 끝장내기

렛유인 'GSAT 독학으로 끝장내기 무료 스터디'는?

2025년 하반기 GSAT 시험준비를 독학으로 끝낼 수 있도록!

첫 시작부터 실전 대비까지 한 번에 해결 할 수 있는 무료 학습 독려 프로그램 입니다.
렛유인 GSAT 독학단기완성 교재 기반 총 5일간의 수/추리 학습영상,
실제 GSAT과 유사한 총 2회분의 온라인 GSAT 모의고사가 제공됩니다.

5일완성 GSAT 온라인 스터디 커리큘럼

DAY 1	DAY 2	DAY 3	DAY 4	DAY 5
GSAT 실력점검 준비전략, 출제 트렌드, 실력점검	[수리] 응용수리 방정식, 도표화 시간단축풀이 Tip	[수리] 자료해석 비율, 백분위 등 시간단축풀이 Tip	[추리] 조건추리 도식화 시간단축풀이 Tip	[추리] 독해추리 문단배열, 논리추론 시간단축 Tip

온라인 스터디 무료 신청방법

딱, 30초! 바로 신청하고 합격 GO!

핸드폰 카메라로 QR 스캔 → 스터디 알리미 작성 → 다음 기수에 참여가능!

스캔하기

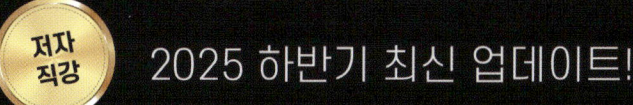

렛유인은다르다

GSAT 기출 키워드 **완벽적중!**

소재 + 유형 적중

시험 일시 25상반기 4월 27일 9시

기출 키워드 작년 대비 사원 수

문제 형태 방정식 활용

적중 문항 25상반기 GSAT 독학단기완성 87p 예제01번

예제01

올해 재무팀의 사원 수는 작년 대비 5명이 증가하였고, 영업팀의 사원 수는 작년 대비 4명이 증가하여 올해 재무팀의 사원 수는 영업팀 사원 수 대비 1.2배가 되었다. 작년 재무팀 사원 수가 127명이었다고 할 때, 작년 영업팀 사원 수는 몇 명인가?

소재 + 유형 적중

시험 일시 25상반기 4월 26일 9시

기출 키워드 영어, 일본어, 중국어 수강 과목

문제 형태 조건 추리

적중 문항 25상반기 GSAT 독학단기완성 56p 09번

09

A, B, C, D, E는 영어, 일본어, 중국어 중 1개 이상의 과목을 듣는다.

<보기>를 참고하여 항상 참인 것을 고르시오.

소재 + 유형 적중

시험 일시 25상반기 4월 26일 14시

기출 키워드 5자리 숫자 비밀번호 제작

문제 형태 조건 추리

적중 문항 25상반기 GSAT 독학단기완성 57p 12번

12

A는 1부터 6까지 숫자를 하나씩 활용하여 5자리 숫자를 만든다.

<보기>를 참고하여 반드시 사용하는 숫자의 조합으로 이뤄진 것을 고르시오.

이 밖에도 렛유인 GSAT 도서에는

실제 GSAT에 출제되는 모든 유형의 적중 문제가 수록되어 있습니다.

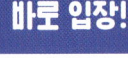

2025 하반기

렛유인 GSAT 독학단기완성

삼성직무적성검사 통합기본서

35개 필수/빈출유형 + 기출복원 모의고사 + 시간 단축 풀이법 107개

정지성, 주영훈, 이나우, 렛유인연구소 지음

2025 하반기 렛유인

GSAT 삼성직무적성검사 독학단기완성 통합기본서

15판 1쇄 발행	2025년 7월 2일
지은이	정지성, 주영훈, 이나우, 렛유인연구소
펴낸곳	렛유인에듀
총괄	김근동
편집	김혜림
표지디자인	정해림
홈페이지	https://letuin.com
이공계 커뮤니티	이공모야
인스타그램	@letuin_official
유튜브	취업사이다
대표전화	1668-1362
이메일	letuin@naver.com
ISBN	979-11-92388-62-5　　13320

도서 구매 혜택 안내

도서 구매 혜택 쿠폰 등록 방법

1. 렛유인 홈페이지(www.letuin.com) 접속
2. 로그인
3. 메인 페이지 상단 [닉네임 → 할인쿠폰] 클릭
4. 쿠폰번호 입력

※ 쿠폰번호는 대소문자를 구분하고, 하이픈(-)을 포함하여 입력

GSAT 모의고사 온라인 응시 + 성적 분석 서비스

도서 구매 혜택 쿠폰을 등록하면 [GSAT 독학단기완성] 도서에 포함된 기출복원 모의고사 6회분을 온라인 모의고사로 응시할 수 있습니다.
쿠폰을 등록한 후 홈페이지 상단 [내강의실 → 온라인 시험관]에서 응시가 가능합니다.

※ 모의고사 응시와 관련하여 불편한 점이나 문의사항이 있으신 경우, 렛유인 대표 번호(1668-1362)로 문의주시기 바랍니다.

학습 플랜

[2025 하반기 렛유인 GSAT 삼성직무적성검사 독학단기완성]은 온라인 GSAT 출제 경향 분석을 토대로 2025년 하반기 GSAT을 준비하는 수험생분들을 위한 실전 전략을 제공합니다. 최신 기출 유형에 대한 파악부터 유형별/난이도별 문제 풀이, 실전 연습을 위한 모의고사 6회분을 통해 기초부터 실전까지 한 권으로 학습할 수 있도록 구성하였습니다. 또한 시험장에서 바로 적용할 수 있는 시간단축 치트키 해설과 상세한 해설 두 가지를 수록하여 수험생 여러분이 혼자서도 충분히 학습할 수 있게끔 준비하였습니다.

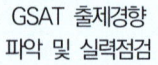

각 영역별 학습 단계

GSAT 출제경향 파악 및 실력점검 > 유형 설명 및 필수 유형 연습 풀이 > 빈출 유형 문제 풀이 > 과년도 기출복원 모의고사

독학 5일 단기 완성 플랜

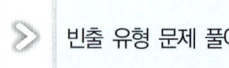

도서를 활용하여 최신 출제 트렌드, 수리/추리 영역별 유형 파악, 최근 기출복원 모의고사까지 독학으로 완성하는 플랜입니다.

구분	1일차	2일차	3일차	4일차	5일차
내용	Part 1 2025 상반기 기출복원 모의고사 Part 2 인성검사 (실력 점검)	Part 3 수리	Part 4 추리	Part 5 과년도 기출복원 모의고사 2회분 (실전 감각 익히기)	Part 5 과년도 기출복원 모의고사 3회분 (최종 점검 마무리)

정오표 안내

렛유인은 GSAT 삼성직무적성검사를 준비하는 수험생 분들에게
최상의 서비스를 제공하기 위해 항상 노력하겠습니다.

최선을 다해 검토했음에도 불구하고 오류가 발견되었을 때 안타까운 심정은 이루 말할 수 없습니다. 수험생 여러분의 불만을 귀담아 듣고 수용하여 더 나은 품질로 보답하겠습니다.
도서 내의 오탈자나 문제 오류를 발견하셨다면 실망에 그치지 마시고 저희에게 알려주세요. 보내주신 내용은 즉각 검토하여 답변해드리고 정오표를 안내해 드리도록 하겠습니다.

정오표 확인 방법

렛유인 홈페이지 (https://letuin.com) 상단 '렛-Book' 메뉴 중 '도서 리스트' ▶ 도서 리스트 중 해당 도서 '정오표 확인' 클릭

도서 오류 제보 방법

링크 혹은 QR코드를 통해 구글폼 접속 → 제보할 오류 위치 및 상세내용 기재 후 전달 → 담당자 확인 후 개별 안내 진행

링크: https://bit.ly/3JzWq9T

이 책의 구성

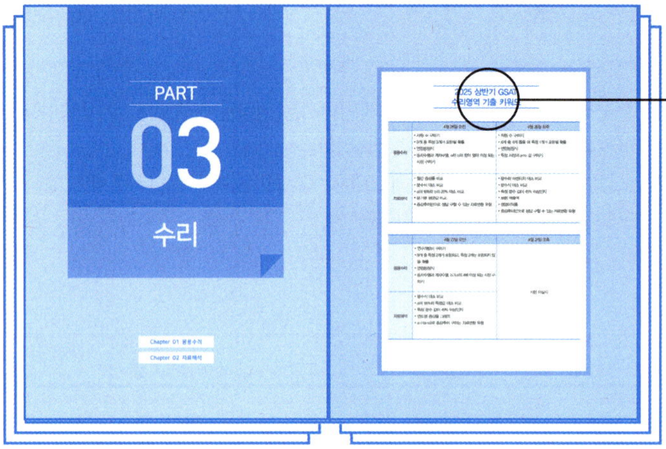

영역별 기출 키워드 :

실제로 출제된 최신 기출 키워드를 확인해서 어떤 유형의 문제가 주로 출제되는지

유형 설명 : 유형의 특징, 필요 전략, 출제되는 비중을 중심으로 실전 연습 전 각 세부유형을 완벽하게 파악합니다.

필수 유형 연습 : 각 유형의 대표 문제를 풀어보며 앞에서 학습한 풀이 전략과 TIP을 익힙니다.

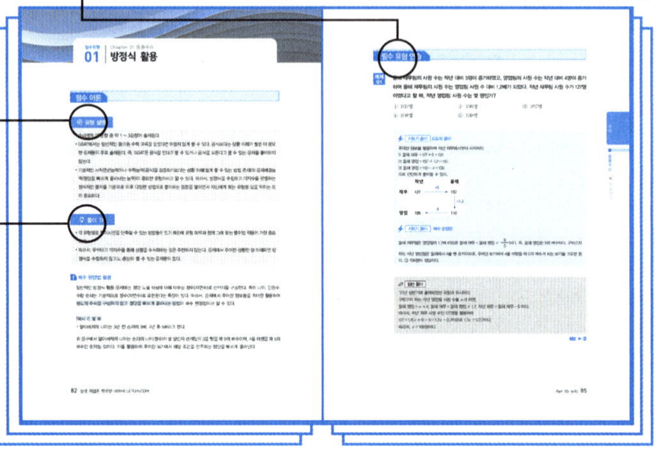

풀이 TIP : 시간 절약 및 고득점을 위한 풀이 스킬을 터득합니다.

빈출 유형 공략 :

앞에서 학습한 유형에 충분히 익숙해질 수 있도록 다양한 문제로 연습합니다.

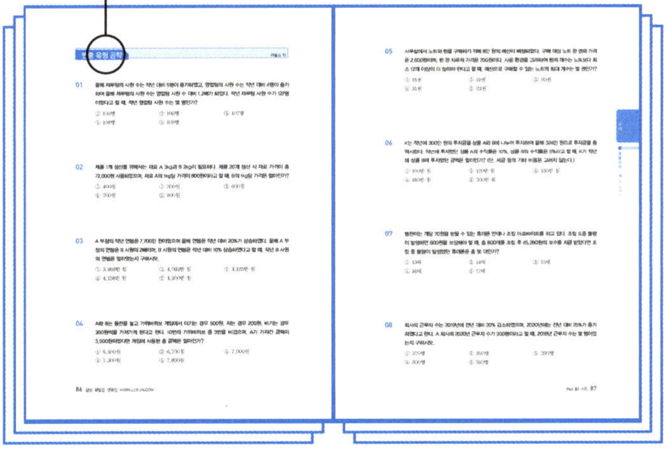

기출복원 모의고사 :

기출복원 모의고사 6회분으로 실제 GSAT을 대비합니다. (*3회분 온라인 제공)

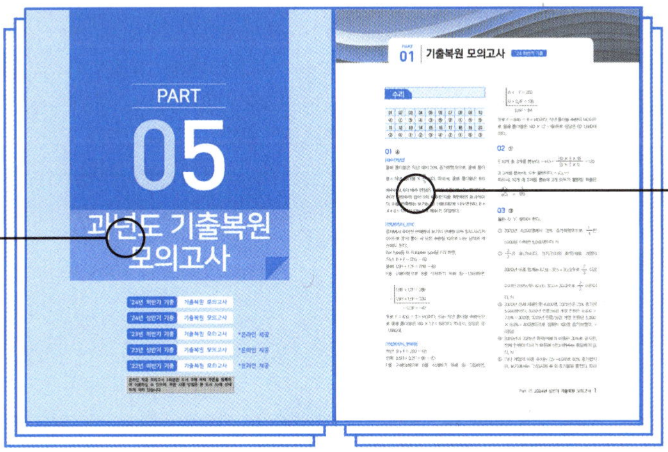

해설 :

쉽고 빠른 풀이를 위한 치트키 해설과 문제 복기를 위한 상세 해설로 마무리합니다.

차례

PART 04 추리

PART 05 과년도 기출복원 모의고사

PART 00

삼성 GSAT 완벽 분석

Chapter

01

삼성 소개 및 채용

삼성 소개

삼성 채용 안내

GSAT 소개

삼성 소개

1 기업 정보

삼성전자는 사람과 사회를 생각하는 글로벌 일류기업을 추구한다. '경영이념, 핵심가치, 경영원칙'의 가치체계를 경영의 나침반으로 삼고, 인재와 기술을 바탕으로 최고의 제품과 서비스를 창출하여 인류사회에 공헌하는 것을 궁극적인 목표로 삼고 있다. 이를 위해 삼성전자가 지켜나갈 약속인 5가지 경영원칙을 세부원칙과 행동지침으로 구체화하여 삼성전자 임직원이 지켜야 할 행동규범(Global Code of Conduct)으로 제정하였으며, 모든 임직원의 사고와 행동에 5가지 핵심가치를 내재화하여 삼성전자의 지속적인 성장을 견인하고 미래 방향성을 제시하고자 한다.

2 계열사

전자계열	삼성전자	삼성디스플레이	삼성SDI	삼성전기	삼성SDS
바이오	삼성바이오로직스	삼성바이오에피스			
금융	삼성생명	삼성화재	삼성카드	삼성증권	삼성자산운용
건설/중공업	삼성중공업	삼성E&A	삼성물산 건설부문		
서비스	삼성물산 상사부문	삼성물산 리조트부문	삼성물산 패션부문	호텔신라	제일기획
	에스원	삼성서울병원	삼성웰스토리	삼성전자판매	

3 경영철학과 목표

인재와 기술을 바탕으로
- 인재육성과 기술우위 확보를 경영의 원칙으로 삼는다.
- 인재와 기술의 조화를 통하여 경영 시스템 전반에 시너지 효과를 증대한다.

최고의 제품과 서비스를 창출하여
- 고객에게 최고의 만족을 줄 수 있는 제품과 서비스를 창출한다.
- 동종업계에서 세계 1군의 위치를 확보한다.

인류사회에 공헌한다.
- 인류의 공동이익과 풍요로운 삶을 위해 기여한다.
- 인류공동체 일원으로서의 사명을 다한다.

4 핵심가치

삼성의 기업정신 중에서도 가장 핵심이며 모든 삼성인의 사고와 행동에 깊이 체화된 신조로, 삼성이 가장 소중하게 지켜온 가치이자 신념이다.

인재제일
'기업은 사람이다'라는 신념을 바탕으로 인재를 소중히 여기고 마음껏 능력을 발휘할 수 있는 기회의 장을 만들어 간다.

최고지향
끊임없는 열정과 도전정신으로 모든 면에서 세계 최고가 되기 위해 최선을 다한다.

변화선도
변화하지 않으면 살아남을 수 없다는 위기의식을 가지고 신속하고 주도적으로 변화와 혁신을 실행한다.

정도경영
곧은 마음과 진실되고 바른 행동으로 명예와 품위를 지키며 모든 일에 있어서 항상 정도를 추구한다.

상생추구
우리는 사회의 일원으로서 더불어 살아간다는 마음을 가지고 지역사회, 국가, 인류의 공동 번영을 위해 노력한다.

5 경영원칙

법과 윤리를 준수한다.
- 개인의 존엄성과 다양성을 존중한다.
- 법과 상도의에 따라 공정하게 경쟁한다.
- 정확한 회계기록을 통해 회계의 투명성을 유지한다.
- 정치에 개입하지 않으며 중립을 유지한다.

깨끗한 조직문화를 유지한다.
- 모든 업무활동에서 공과 사를 엄격히 구분한다.
- 회사와 타인의 지적 재산을 보호하고 존중한다.
- 건전한 조직 분위기를 조성한다.

고객, 주주, 종업원을 존중한다.
- 고객만족을 경영활동의 우선적 가치로 삼는다.
- 주주가치 중심의 경영을 추구한다.
- 종업원의 「삶의 질」 향상을 위해 노력한다.

환경 · 안전 · 건강을 중시한다.
- 환경 친화적 경영을 추구한다.
- 인류의 안전과 건강을 중시한다.

기업시민으로서 사회적 책임을 다한다.
- 기업시민으로서 지켜야 할 기본적 책무를 성실히 수행한다.
- 현지의 사회 · 문화적 특성을 존중하고 공동 경영(상생/협력)을 실천한다.
- 사업 파트너와 공존공영의 관계를 구축한다.

*위 내용은 삼성전자 기준으로 작성되었으며, 자세한 내용은 기업 홈페이지를 참고 바랍니다.

삼성 채용 안내

1 모집시기

상반기(3월), 하반기(9월)

※ 2020년 상반기에는 코로나19의 여파로 삼성그룹 채용시기에 변동이 있었으나, 2020년 하반기부터는 매년 상반기(3월), 하반기(9월) 2회에 걸쳐 진행되고 있으며, 직무적성검사는 비대면(온라인)으로 진행되고 있다.

면접은 임원 면접, 직무역량 면접, 창의성 면접이 하루 안에 모두 진행되었다.(창의성 면접의 경우 지원부문, 계열사 별로 진행 유무가 다르다.)

2 지원자격

- 졸업예정자 또는 기졸업자
- 병역필 또는 면제자로 해외여행에 결격사유가 없는 분
- 어학자격을 보유하신 분(OPIc 또는 TOEIC Speaking에 한하며, 세부 어학기준은 계열사 및 직군에 따라 상이하므로 채용공고를 통해 확인 필요)

※ 직군별 모집전공은 계열사 및 직군에 따라 다르기 때문에 채용 공고를 확인해야 하며, 학점제한은 없다.

3 전형 프로세스

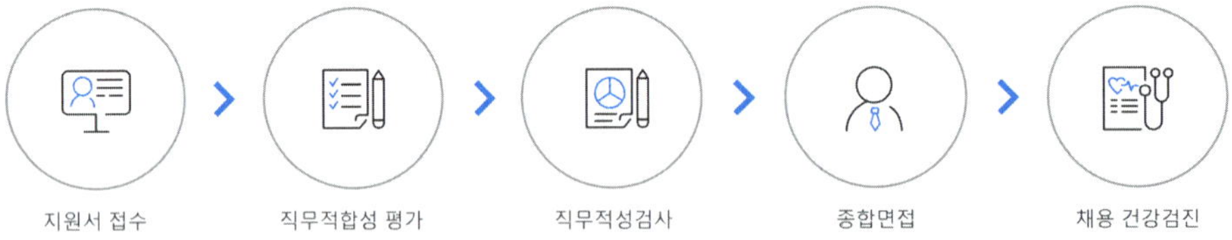

4 지원서 접수

삼성 채용 홈페이지(www.samsungcareers.com)를 통해 접수

5 직무적합성평가

지원서에 작성하는 전공과목 이수내역과 직무관련 활동경험, 에세이 등을 통해서 지원자가 해당 직무에 대해 역량을 쌓기 위해 노력하고 성취한 내용을 평가하며, 직무와 무관한 스펙은 일체 반영되지 않음

6 GSAT(삼성 직무적성검사)

GSAT(Global Samsung Aptitude Test)

- 대상 : 연구개발, 기술/설비, 영업마케팅, 경영지원 지원자
- 영역 : 수리력(30분), 추리력(30분) + 온라인 약식(면접 당일 실시)
- 응시장소 : 최소 3시간 이상 안정적으로 네트워크 유지된 상태에서 PC, 스마트폰 이용이 가능한 장소 / 타인의 방해를 받지 않고 검사에 집중할 수 있는 장소
- PC 및 스마트폰 : 삼성직무적성검사 응시 프로그램에 접속할 수 있는 데스크탑 또는 노트북 / 응시하는 본인 모습을 촬영할 수 있는 스마트폰 또는 태블릿PC
- 인성검사 : 면접 당일에 실시

7 종합면접

	임원 면접	직무역량 면접	창의성 면접
평가 항목	개인 품성, 조직 적합성 등	전공 역량, 직무 동기	독창적인 아이디어와 논리 전개과정을 평가
면접 방식	1(면접자) : 多(면접위원), 개인별 면접방식		
면접 운영	질의/응답	전공별 문제풀이 후 프리젠테이션 및 질의/응답	문제풀이 후 프리젠테이션 및 질의/응답

8 채용 건강검진

건강검진 합격자에 한해 최종 합격 및 입사 가능

*위 내용은 삼성전자 기준으로 작성되었으며, 계열사 별로 다소 차이날 수 있습니다.

GSAT 소개

1 GSAT 진행 순서와 출제 영역

2020년 상반기부터 온라인 응시로 시행되고 있는 GSAT은 수리 영역과 추리 영역만 출제되며, 수리 영역 20문항/30분, 추리 영역 30문항/30분으로 진행된다.

오전	오후	진행 내용	
08:30~09:00	13:30~14:00	PC 응시 프로그램 및 모바일 감독 프로그램 접속	
09:00~10:00	14:00~15:00	환경점검 및 시험 준비	
10:00~10:30	15:00~15:30	시험 실시	수리 영역 응시
10:30~10:35	15:30~15:35		중간 환경점검
10:35~11:05	15:35~16:05		추리 영역 응시
11:05~11:30	16:05~16:30	개인별 환경점검 후 퇴장, 문제풀이 용지 확인 및 업로드	

※ 온라인 GSAT(2020년 상반기부터 2025년 상반기) 기준

2 시험 응시 유의사항

- 삼성 채용 홈페이지에서 예비소집과 직무적성검사 등 일정을 확인한다.
- 삼성 채용 홈페이지의 응시자 매뉴얼 내용을 확인한 후, 응시 환경을 사전 세팅한다.
- 응시 장소는 예비소집일과 응시 당일 양일간 사용 가능한 장소여야 한다.
- 예비소집일에는 주변 환경 점검 및 프로그램 테스트를 실시한다.
- PC와 스마트폰은 안정적인 네트워크 상태가 유지되어야 하며, 전원이 꺼지지 않도록 충전기 또는 전원 케이블에 연결하여 응시한다.
- 책상 위에는 PC(1개의 모니터만 사용 가능), 필기구, 문제풀이 용지, 스마트폰 거치대 외 응시에 불필요한 물건은 비치 불가하다.
- 스마트폰을 거치한 후 화면에 모니터 화면, 얼굴, 양손이 보이도록 세팅한다.
- 응시 장소에는 응시자 본인만 참여하며, 응시 중 타인이 응시 장소에 출입하거나 응시자가 응시 장소를 벗어나면 전형상 불이익을 받을 수 있다.
- 시험이 종료되면 문제풀이 용지의 모든 면을 촬영하여 지정된 이메일 주소로 발송한다.

Chapter

02

GSAT 최신 출제 경향

최근 GSAT 난이도

2025년 상반기 GSAT 출제 경향

GSAT Q&A

최근 GSAT 난이도

2020년 상반기 이후 온라인 GSAT은 매번 토요일 오전(9시)과 오후(14시), 일요일 오전(9시)과 오후(14시)로 총 4회에 걸쳐 치러졌으나, 2025년 상반기에는 이례적으로 토요일 오전과 오후, 일요일 오전 총 3회만 치러졌다. 각 시험마다 출제되는 유형이 다소 상이할 수 있으나, 온라인 GSAT은 계열사/사업부문/사업부가 유사한 지원자들이 동일한 일정에 응시하게 되므로 직접적인 입사 경쟁 구도에 있는 지원자들끼리 상대평가가 이루어진다.

1 연도별 실제 GSAT 체감 난이도

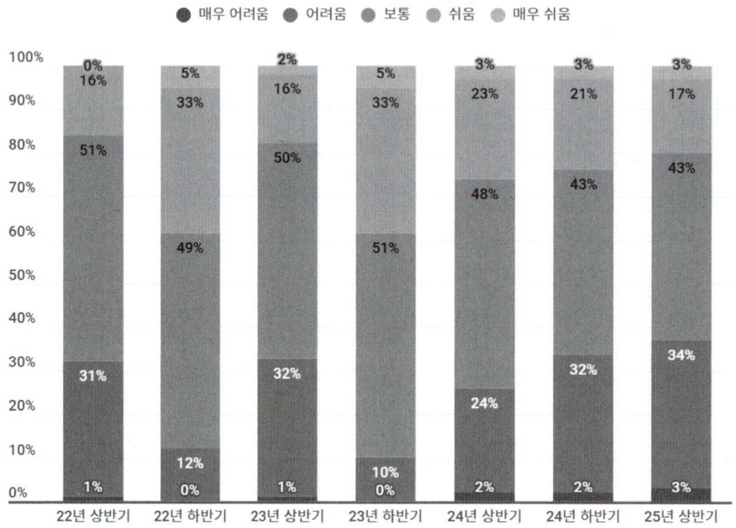

(단위: 명)

구분	응답 인원 수													
	22년 상반기		22년 하반기		23년 상반기		23년 하반기		24년 상반기		24년 하반기		25년 상반기	
	인원	비중	인원	비중	인원	비중	인원	비중	인원	비중	인원	비중	인원	비중
매우 어려움	5	1%	3	0%	5	1%	2	0%	26	2%	13	2%	14	3%
어려움	125	31%	82	12%	188	32%	51	10%	320	24%	195	32%	190	17%
보통	204	51%	322	49%	294	50%	246	51%	628	48%	266	43%	242	43%
쉬움	66	16%	217	33%	92	16%	163	33%	299	23%	128	21%	94	34%
매우 쉬움	1	0%	36	5%	13	2%	25	5%	45	3%	16	3%	17	3%
응답 총 인원	401	100%	660	100%	592	100%	487	100%	1,318	100%	618	100%	557	100%
난이도[1]	3.17		2.70		3.14		2.68		2.99		3.10		3.16	

1) 난이도 점수 : 매우 어려움 5점~매우 쉬움 1점으로 환산

최근 3년 동안 '보통' 난이도로 출제되는 것으로 보이지만, 23년 하반기부터 문제의 난이도가 조금 쉬워졌고 현재까지도 비슷한 난이도를 유지하고 있다. 그럼에도 3년 동안 응답자 다수가 '보통' 난이도로 체감하는 여러 이유를 분석하면 다음과 같다.

1. 온라인 환경

같은 문제라면 오프라인 환경에서 풀이하기가 훨씬 수월하다. 하지만 20년 상반기부터 현재까지 온라인 환경에서 문제를 풀이하는 건 동일하므로 이것이 주요 이유가 되지는 않는다.

2. GSAT 공부 시기

20년 상반기 이전 즉 오프라인 GSAT이 시행되던 시절은 서류 합격률이 높아 방학부터 GSAT을 준비하는 취준생들이 많았고, 따라서 다수의 인원이 GSAT을 현재보다 잘 보던 시절이었다. 하지만 요즘은 대다수의 취준생들이 서류합격 발표 전후로 공부를 시작하는 추세다. 다만 이는 21년부터 이어지는 추세이며 23년 하반기 이전과 이후의 문제 난이도가 다름에도 불구하고 '보통'으로 느끼는 기조가 이어지는 이유가 되지는 않는다.

3. 응답자

본 설문의 응답자는 합격자가 아니라 응시자다. 일반적으로 응시자 중 40% 정도가 합격한다는 점을 고려했을 때 응시자들의 수준에 맞춰 GSAT이 출제되고 있다고 생각해도 무방하다.

GSAT 공부 시기, 대입 환경의 변화와 같은 외적 요인으로 인해 GSAT이 실제 치러지는 시점에 응시생들의 자료해석, 논리적 추론 역량은 과거보다 조금 부족해진 것으로 보인다. 다만 이것이 요즘 GSAT 응시생들의 능력이 부족하다는 의미는 아니다. 오히려 이전 취준생들보다 요즘 취준생들에게 기회가 더 많다는 뜻이다. 문제 자체도 쉽기에 조금만 공부해도 고득점을 노릴 수 있다. 학습 범위도 적고 기본기만 잘 다지면 금세 실력을 올릴 수 있다.

4. 풀이 시간

GSAT의 난이도를 평가할 때 문제 풀이 시간을 포함하지 않고 문제 자체의 난이도만을 고려하는 취준생도 있다. 만약 난이도와 풀이 시간을 별개로 생각하고 있다면, 주어진 시간 동안 문제를 많이 풀며 정답률도 높아야 하는 GSAT의 특징을 기억해야 한다. 문제가 아무리 쉽게 나온다고 한들 경쟁자보다 많이 풀고 많이 맞혀야 합격하는 GSAT의 특성 상 문제 난이도만으로 GSAT 난이도를 평가할 수는 없다.

5. 채용 규모

최근 채용 규모가 줄어드는 계열사/부문이 늘고 있다. 이에 따라 다음을 유추할 수 있다.

> 채용 규모가 작음 → 서류 전형 합격자의 수도 적음 → 서류전형 합격의 커트라인이 올라감 → GSAT 응시자 중 고등학교나 대학교 때 공부를 잘하거나 열심히 했던 사람의 비중이 높아짐 → GSAT 합격자의 문제 풀이 수 및 정답률이 올라감

GSAT의 응시 결과를 SNS나 주변 인물과 비교하여 시험 난이도를 알아보는 경우, 23년 하반기부터 문제가 쉽게 출제되었지만 다수가 '보통'으로 체감할 수 있다.

2 연도별 실제 GSAT에서 더 어렵다고 느꼈던 영역

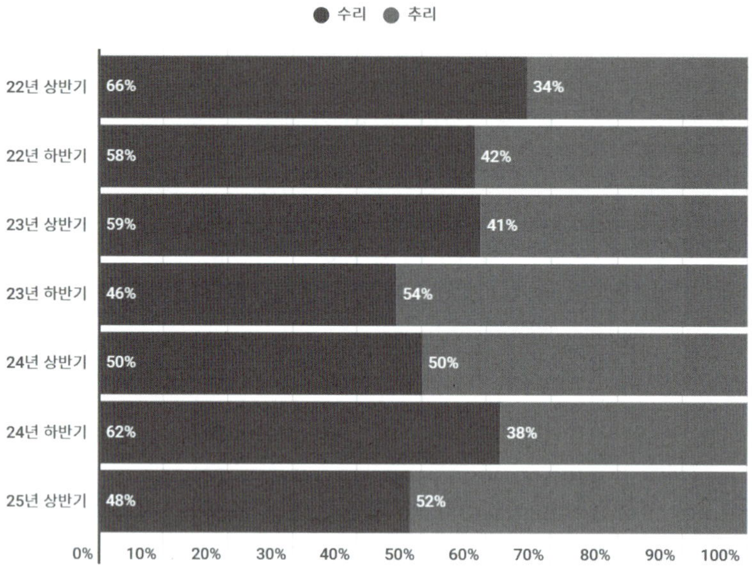

(단위: 명)

구분	22년 상반기	22년 하반기	23년 상반기	23년 하반기	24년 상반기	24년 하반기	25년 상반기
수리	266	380	348	223	662	391	266
추리	135	280	244	364	656	239	291
전체	401	660	592	587	1,318	630	557

23년 하반기에는 추리 영역이 어렵다고 응답(상대적으로 수리가 쉬웠다는 해석이 가능)한 비중이 높았으나 24년에는 수리 영역이 어렵다고 응답한 비중이 다시 높아졌다.

3 과거 GSAT 응시 경험

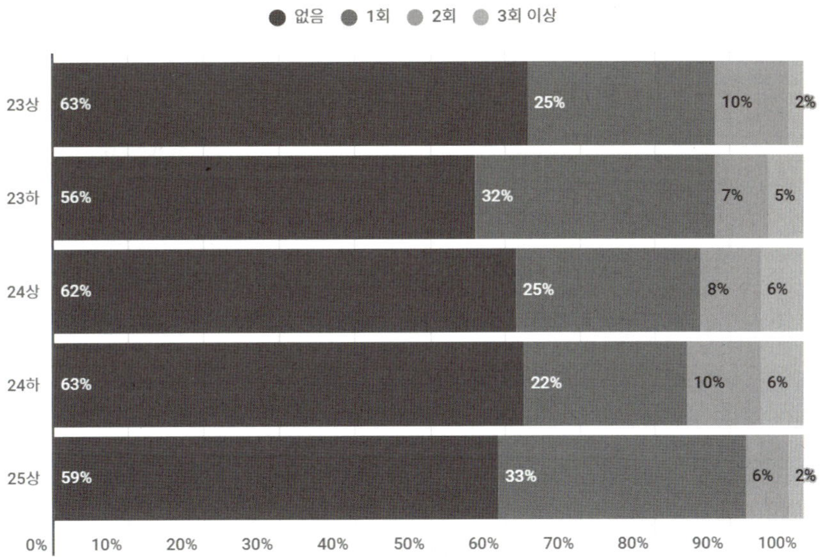

(단위: 명)

구분	23년 상반기	23년 하반기	24년 상반기	24년 하반기	25년 상반기
없음	372	205	878	395	327
1회	148	119	353	137	185
2회	59	25	114	60	36
3회 이상	14	18	80	38	9
전체	593	367	1,425	630	557
GSAT 경험자 비중	37%	44%	38%	37%	41%

2023년부터 렛유인에서는 온라인 GSAT 응시 경험을 조사하고 있으며, 응답자 중 40% 수준이 GSAT N수생인 것으로 보인다. 처음 GSAT에 응시하는 지원자들은 이러한 상황을 고려하여 '나도 이번에는 경험삼아 한번 치뤄보지 뭐..' 같은 생각은 결코 하지 않았으면 한다. 오히려 N수생의 비중이 40%로 상당히 높기 때문에 '나는 6개월 기다리지 않겠다. 다음에는 기회가 없을지 모른다.'라는 위기의식을 가지는 것이 바람직하다.

4 2025년 상반기 실제 GSAT 회차별 체감 난이도

4/26(토) 09시

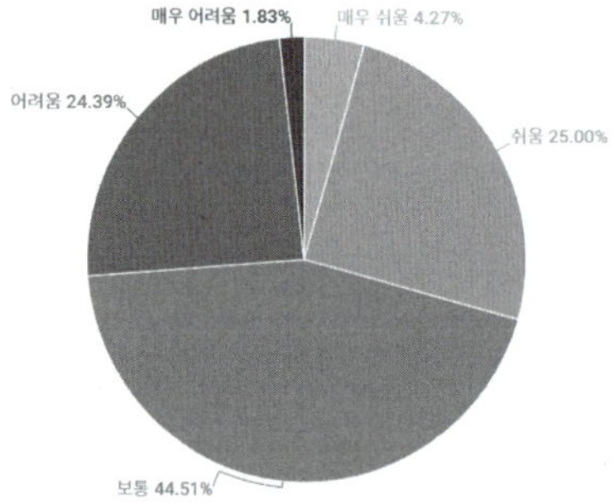

4/26(토) 14시

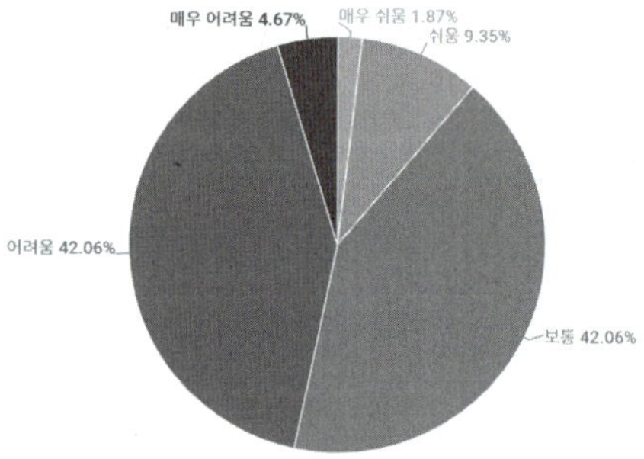

4/27(일) 09시

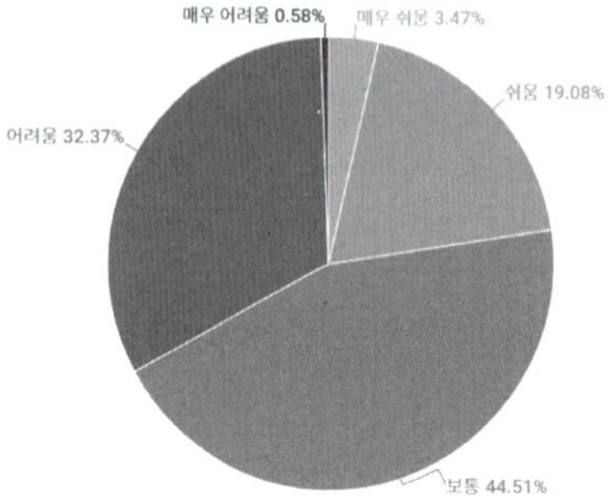

4/27(일) 14시

미실시

(단위: 명)

구분	4/26(토) 09시		4/26(토) 14시		4/27(일) 09시		전체	
	인원	비중	인원	비중	인원	비중	인원	비중
매우 어려움	3	1.8%	10	4.7%	1	0.6%	14	2.5%
어려움	40	24.4%	90	42.1%	56	32.4%	186	33.8%
보통	73	44.5%	90	42.1%	77	44.5%	240	43.6%
쉬움	41	25.0%	20	9.3%	33	19.1%	94	17.1%
매우 쉬움	7	4.3%	4	1.9%	6	3.5%	17	3.1%
전체	164	100%	214	100%	173	100%	551	100%
난이도[1]	2.95		3.38		3.08		3.16	

1) 난이도 점수 : 매우 어려움 5점 ~ 매우 쉬움 1점으로 환산

토요일 오전 회차가 쉬웠다는 응답이 많았다. 보통 가장 첫 회차 응시자들이 시간적 여유가 부족하고, 긴장도가 높을 것이라는 것을 고려하면 난이도가 낮다고 판단할 수 있겠다. 각 회차별 난이도 차이는 발생할 수 있지만 동일 계열사/사업부문/사업부 등 유사한 지원자들이 동일한 회차에 응시하여 직접적인 입사 경쟁 구도에 있는 지원자들끼리 상대평가가 이루어지기 때문에 평가의 형평성은 유지된다. 각 회차별 문제의 내용은 다르지만, 이번에도 출제 유형과 문항 수는 동일했다.

5 2025년 상반기 실제 GSAT 각 영역별로 가장 어려웠던 유형

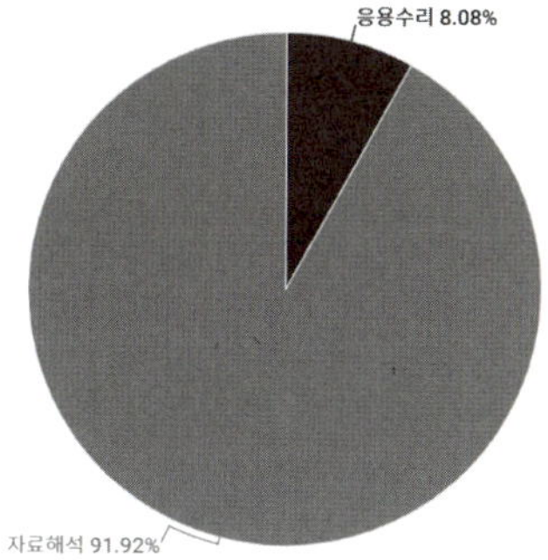

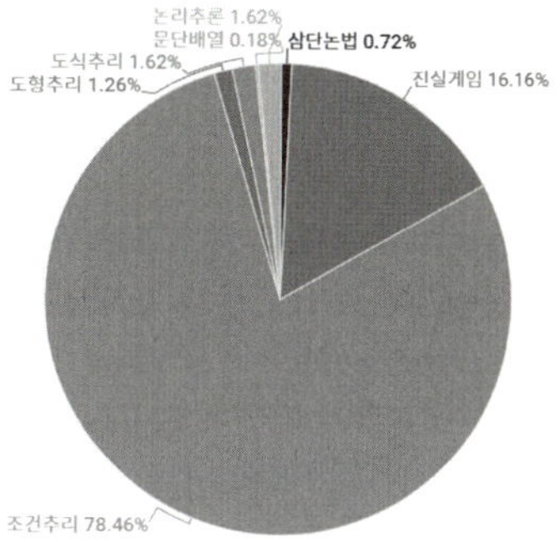

(단위: 명)

수리		추리						
응용수리	자료해석	삼단논법	진실게임	조건추리	도형추리	도식추리	문단배열	논리추론
45	512	4	90	437	7	9	1	9

6 2025년 상반기 실제 GSAT 응시 중 가장 어려웠던 점

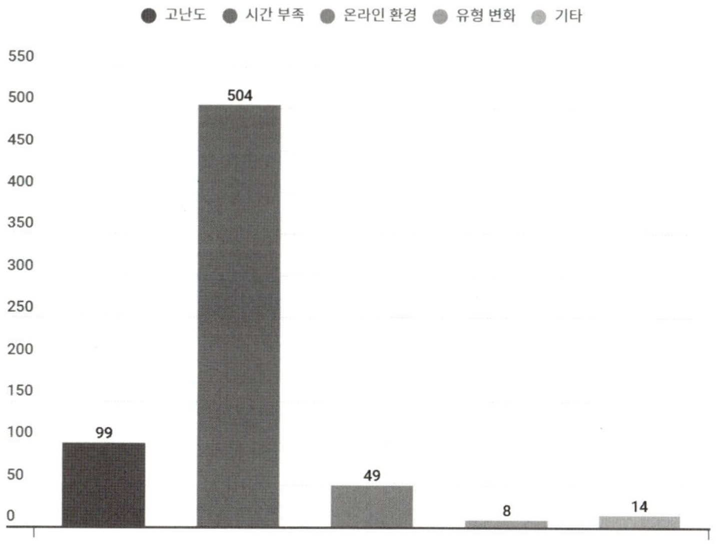

(단위: 명)

높은 문제 난이도	시간 부족	온라인 환경 적응	문제 유형 변화	기타
99	504	49	8	14

* 최대 2개까지 선택

2025년 상반기 GSAT 출제 경향

1 수리

1. 출제 경향 분석

2021년 이후 출제 유형이 정형화되어 예상이 가능한 상태이다. 따라서 어떤 유형을 먼저 공략할지 순서를 정하는 것이 중요한 전략요소이다.

또한 2025년 상반기 역시 2024년 이후와 마찬가지로 증감률, 비중, 대소비교가 골고루 출제되었지만 수치 연산 자체의 난이도가 높지는 않았기 때문에 기본 연산 능력(특히, 나눗셈)을 강화하는 것이 효과적이다.

2025년 상반기의 특이사항은 ㄱ, ㄴ, ㄷ이나 a, b, c처럼 분석 항목이 주어지는 문제에서 "옳은 것을 모두 고르시오"와 함께 "옳지 않은 것을 모두 고르시오"라는 문제가 출제되었다. 습관적으로 옳은 보기를 찾지 않도록 주의해야 한다.

번호	세부 유형	출제 경향
1, 2번	응용수리	방정식활용, 확률/경우의 수 문제가 각각 1문제씩 출제되었다. 방정식은 연립방정식 문제, 확률과 경우의 수는 뽑기/선출 유형이 출제되었다.
3~17번	세트 문제 (자료해석)	세트 문제가 1~2세트씩 출제되었다. 세트 문제는 동일 자료를 활용하여 자료해석 1문항 + 자료계산 1문항을 풀이하는 구성으로 출제된다.
	그래프 활용 (자료해석)	그래프가 주어졌던 자료해석 문항은 총 3~4문제 정도로 유사하였다. 막대 그래프, 꺾은선 그래프, 파이 차트가 골고루 활용되었다. 또한, 2023년 이후 도표를 구성하는 수치가 10, 100 등의 단위로 깔끔(?)한 형태로 주어지는 경우가 잦아졌다. 하지만, 문제에서 요구하는 연산의 결과값은 딱 떨어지지 않으니 주의하자.
18번	수식 활용	일차함수나 이차함수 수식이 제시된 후 이를 활용하여 결과값을 산출하거나 수식에서 활용된 미지수를 구하는 형태로 출제되었다. 난이도가 높지 않으니 반드시 풀어보자.
19번	자료변환 (자료해석)	비중, 변화율 트렌드 등의 도표 수치를 그래프로 표현하는 문항이 출제된다. 2024년 상반기에는 단일 항목이 아닌 A와 B 두 가지 Data를 활용하여 A ÷ B나 A ÷ (A + B) 등의 분수식 구조에 따른 트렌드가 출제되며 예전 대비 난이도가 증가하였다.
20번	수열 활용	2022년 하반기 이후 2개의 수열을 제시하여 그 차이를 연산하는 유형으로 정형화되었다. 5개 보기의 끝자리만을 계산하여 빠르게 풀이할 수 있는 문제인지 구분하는 것이 중요하다.

2. 출제 문제 수

(단위: 문항 수)

유형		2022년								2023년								2024년								2025년			
		상반기				하반기				상반기				하반기				상반기				하반기				상반기			
응용수리	방정식 활용	1	–	1	1	1	1	1	1	1	1	1	1	1	1	1	1	1	1	1	1	1	1	1	1	1	1	1	1
	속력, 일률, 농도, 가격	–	1	–	–	–	–	–	–	–	–	–	–	–	–	–	–	–	–	–	–	–	–	–	–	–	–	–	–
	확률과 경우의 수	1	1	1	1	1	1	1	1	1	1	1	1	1	1	1	1	1	1	1	1	1	1	1	1	1	1	1	1
	수식 및 수열 응용	2	2	2	2	2	2	2	2	2	2	2	2	2	2	2	2	2	2	2	2	2	2	2	2	2	2	2	2
소계		**4**	**4**	**4**	**4**	**4**	**4**	**4**	**4**	**4**	**4**	**4**	**4**	**4**	**4**	**4**	**4**	**4**	**4**	**4**	**4**	**4**	**4**	**4**	**4**	**4**	**4**	**4**	**4**
자료해석	자료 이해	10~12				10~12				9~11				10~12				9~11				10~11				9~11			
	자료 계산	3~5				3~5				4~6				3~4				3~4				4~5				3~5			
	자료 변환	1				1				1				1				1				1				1			
소계		**16**				**16**				**16**				**16**				**16**				**16**				**16**			

2 추리

1. 출제 경향 분석

2025년 상반기에 치른 3회*의 GSAT을 종합하여 분석하면 다음과 같다. 23년 하반기부터 GSAT 추리가 보다 쉬워졌다. 최근까지의 시험도 이 기조를 그대로 유지하고 있다. 이에 따라 잔실수를 줄이고 주어진 시간 안에 한 문제라도 더 맞히기 위한 노력이 필요하다.

번호	세부 유형	출제 경향
1~3번	삼단논법	• 일반적으로 어모어 2문제, 모모모 1문제 꼴로 출제된다. 모모어는 잘 출제되지 않는다. 25년 상반기에는 1번이 모모모, 2번과 3번이 어모어로 출제되었다. • 최근 모모모를 제외하고는 두 번 나온 개념의 정/부정을 맞추는 문제를 잘 출제하지 않는다.
11, 14번	진실게임	• 24년 상반기부터 진실게임은 참/거짓 변수와 Action 변수의 관계를 설정한 문제 위주로 출제되었다. 모순관계와 동일관계를 활용하여 정보를 얻고 문제 안에서 특수하게 모순관계, 동일관계처럼 활용할 수 있는 진술관계도 확인하여 빠르게 풀이하자. • 또한 소거법을 활용하기 쉬운 문제도 여럿 보이기에 소거법의 원리도 함께 익혀두자. • 최근에 자주 출제되던 조건추리와 결합된 스타일, 선택지를 '~라면'으로 제시한 스타일은 25년 상반기 GSAT에서 출제되지 않았지만 조건추리와 결합된 유형은 23년 상 · 하반기에 1문제꼴로 자주 출제되었다. 선택지를 '~라면'으로 제시한 스타일은 과거 4회 시험 중 1회차에 1문제 정도 출제되었다. • 25년 상반기 진실게임 중 특이사항은 참/거짓 변수와 Action 변수의 관계를 설정한 문제이며 거짓말을 하는 사람이 몇 명인지 특정하지 않은 문제도 출제되었다는 점이다. 거짓말을 하는 사람이 몇 명인지 가정한 후 풀이하기를 추천한다.
4~10번 12~13번	조건추리	• 줄 세우기 유형이 강세다. 2~3문제 정도 나온다. 5명을 줄 세우는 문제도 있지만 5일 또는 6일의 기간 동안 하루에 3개의 값 중 하나를 채우는 문제가 최근 자주 출제된다. 해당 유형은 24년 하반기, 25년 상반기에 출제되었다. • 테이블 문제는 최근에는 자주 출제되지 않는 추세이다. 토요일 오전 시험에서 8명을 원형의 테이블에 앉히는 문제가 출제되었다. • O, X 채우기는 온라인 GSAT이 시행된 이후에도 꾸준히 2문제씩 출제되어 왔다. 특히, 24년 하반기 GSAT에서는 O, X로 채우는 표를 그려 풀 수도 있지만 가지치기나 정보정리의 스타일로 접근할 때 더 효율적인 문제들이 더러 보였다. 25년 상반기에 3회의 시험에 출제된 조건추리 중 1~2문제가 O, X 채우기 유형으로 출제되었다. • 2×n, 3×3 유형은 GSAT 추리의 최빈출 유형으로 2문제 정도씩은 무조건 나오는 추세이다. 한 칸에 사람을 1명씩 채우는 문제도 있지만, 3개의 값 중 하나를 채우는 식의 문제도 출제되었다. • 가지치기로 풀었을 때 유리한 문제가 2문제 정도로 출제되었다. 줄세우기나 그룹짓기 방식으로도 풀이가 가능한 문제들이었지만 가지치기를 적용할 수 있는 구조였으며, 선택지에서는 문제 상황과 보기 조건을 동시에 만족하는 경우를 묻는 유형이 더러 출제되었다. • 가변적 틀은 잘 출제되지 않으나 출제된다면 실수하기 쉬운 문제다. 25년 상반기 GSAT에서는 확인하지 못했다. • 리그/토너먼트는 4회의 시험 중 1회에는 리그 문제, 다른 1회에는 토너먼트 문제가 출제되는 경향을 보였으나 이번 25년 상반기 GSAT에서는 출제되었는지 확인하지 못했다. • 계산 유형은 23년 하반기, 24년 상반기 GSAT에서는 잘 보이지 않았으나 이번 25년 상반기 GSAT에서는 5자리 숫자 만들기가 각 회에 1문제씩 출제되었다. 24년 하반기에도 출제된 적이 있는데 5자리 또는 6자리 숫자를 만들며 사용하는 숫자의 수가 4개, 6개, 9개인 문제 등으로 골고루 출제되었다. 5개의 값을 순차적으로 나열하는 문제는 24년 상/하반기에 자주 출제되었으나 25년 상반기에는 확인하지 못했다. • 그룹짓기는 24년 상반기부터 각 회에 1문제 이상씩 출제되고 있다. 가장 많이 나오는 유형은 5명 또는 6명의 사람을 3개 조에 배분하는 문제이며 25년 상반기에는 조별 인원이 3명, 2명, 1명인 문제와 2명, 2명, 2명인 문제가 출제되었다. • 정보정리는 2개 변수를 활용한 문제와, 3개 변수를 활용한 문제가 각각 1문제 정도 출제되었다. 3개 변수를 활용한 문제는 2개 변수를 축의 값으로 삼고 표 안을 사람으로 채워 풀이할 때 효율적인 스타일로 출제되었다. • 조건추리에서 물음의 유형은 항상 참/거짓을 묻는 문제, 경우의 수를 묻는 문제, 특정 칸을 묻는 문제 등 골고루 출제되었다.

번호	세부 유형	출제 경향
15~17번	도형추리	• 25년 상반기에 각 회에 출제된 3문제 중 1문제는 3×3이며 이동, 1문제는 3×3이며 연산으로 출제되었다. 연산은 같은 색이 만나면 무엇, 다른 색이 만나면 무엇 정도로 출제되었다. 연산의 규칙은 20년 이후의 GSAT에서 계속 보이는 추세이다. • 각 회의 나머지 1문제는 내부 도형의 회전, 피자 형태의 유형 등이 출제되었으며, 이 중 피자 형태는 8조각이 아니라 6조각으로 출제되며 문제의 난이도를 낮춘 것으로 보인다. • 2in1이 출제되지 않은 점이 특이 사항이다. • 배경이 있는 도형추리는 최근 잘 보이지 않으나 출제된다면 연산 규칙을 적용한 문제일 가능성이 높다.
18~21번	도식추리	• 도식추리는 2020년 상반기 GSAT부터 현재까지 같은 출제경향을 보인다. • 〈보기〉에 단일도식을 활용한 유형이 매번 출제된다. 하나의 도식을 적용한 흐름이 존재하고 이를 토대로 하나의 규칙을 바로 찾을 수 있다. 이어서 찾은 규칙을 적용하여 다른 하나의 규칙을 찾고, 또 찾은 규칙을 적용하여 또 다른 규칙을 찾는 연쇄적인 모양새를 보인다. • 규칙은 4개가 출제되며 2개는 증감규칙, 2개는 순서규칙으로 출제된다. 증감규칙은 '+1 -3 +2 -4'의 규칙보다는 '-2 +2 -2 +2'의 규칙과 같이 정리된 모습을 보인다. • 〈보기〉에 활용한 문자들이 A2B4와 같은 수 · 문자 조합 위주로 출제되었다. • 문제에서는 2개 규칙을 적용한 정방향 문제가 2문제, 2개 규칙을 적용한 역방향 문제가 1문제, 3개 규칙을 적용한 역방향 문제가 1문제가 출제되었다. 2개 규칙을 적용한 세 문제에서 활용한 문자는 A2B4와 같은 수 · 문자 조합, ABCD와 같은 문자만이다. 1234와 같은 숫자만 제시한 문제는 확인하지 못했다. 3개 규칙을 적용한 문제에서는 난이도 조절을 위해 A2B4와 같은 수 · 문자 조합이 출제되었다.
22~23번	문단배열	• 글의 핵심 맥락을 인지할 수 있을 경우, 배열 순서를 정하는 것이 어렵지 않는 수준에서 출제되고 있다. • 접속사 등 배열 순서를 판단할 수 있는 보조적 장치도 활용할 수 있도록 출제되고 있다.
24~30번	논리추론	• 본문의 내용과 선택지의 내용 간의 비교 · 확인을 충실히 진행할 경우, 문제 푸는 데 어려움이 없는 수준의 분명한 표현으로 선택지가 구성되어 있다. • 반박 문제도 출제되지만 일반적인 추론 문제의 출제 비중이 더 높다.

* 24년 하반기까지는 토요일 오전/오후, 일요일 오전/오후로 총 4회 실시되었으나 25년 상반기는 채용 규모 축소로 토요일 오전/오후, 일요일 오전으로 총 3회 실시

2. 출제 문제 수

진실게임의 출제 문제 수가 1~3개 정도로 유동적이었으나 최근 출제유형을 보면 2개씩 출제되는 것으로 보인다. 그럼에도 진실게임과 조건추리를 한 그룹으로 묶었을 때 2020년 하반기부터 출제 문제 수는 11개로 같다. 이번 시험에도 유형별 출제 문제 수는 동일할 것으로 예상된다.

구분	20년 상반기	20년 하반기~22년 하반기	23년 상/하반기	24년 상반기~25년 상반기	25년 하반기(예상)
삼단논법	5	3	3	3	3
진실게임	1~2	1~2	1~2	2	2
조건추리	14~15	9~10	9~10	9	9
도형추리	4	3	3	3	3
도식추리	4	4	4	4	4
문단배열	–	–	2	2	2
논리추론	1	7	7	7	7
어휘추리	1~2	2	–	–	–

GSAT Q&A

1 문제풀이 소요시간

Q. 실제 시험에서 문제 풀이할 때, 한 문제당 최대 몇 초 정도 쓰는 게 좋을까요?

정지성 선생님(수리)

10초 만에 풀이 방법을 가늠할 수 없다면, 다른 문제로 넘어가십시오. 수리 영역은 보통 10초 정도 투자하면 문항의 난이도를 파악할 수 있습니다. 어렵다고 판단되면 다른 문제로 넘어가는 것이 전체적인 시간운용 관점에서는 유리한 선택이 됩니다. 산술적으로 문항당 1분 30초(=30분÷20문제)가 할당되지만, '① 어차피 다 못 푼다(=16개는 풀자)', '② 정답률 관리가 중요하다'라는 관점에서는 1분 투자해서 틀리는 것보다는 2분 투자하더라도 정답을 맞추는 것이 합격률을 높인다고 생각합니다.

주영훈 선생님(추리)

개인마다 시간을 버는 유형이 어딘지, 얼마나 버는지 등 차이가 있습니다. 그렇기 때문에 문제 유형별 풀이시간을 가이드하기가 현실적으로 쉽지 않습니다. 이상적 시간 분배라는 점, 개인차가 존재한다는 점을 고려하며 다음 내용을 확인하길 바랍니다.

유형	예상 출제 문제 수	시간	비고
삼단논법	3문제	전체 1분 이내	• 최근 모모모를 제외하고는 2번 나온 개념의 정/부정을 맞추는 문제를 잘 출제하지 않는다. 스킬을 활용하여 빠르고 정확하게 풀이하자. • 숙달된다면 문제당 10~15초 컷도 가능하다.
진실게임	2문제	문제당 1분	• 모순관계와 동일관계를 활용하여 정보를 얻고 문제 안에서 특수하게 모순관계, 동일관계처럼 활용할 수 있는 진술관계도 확인하여 빠르게 풀이하자. • 소거법을 활용하기 쉬운 문제도 여럿 보이기에 소거법의 원리도 함께 익혀두자.
조건추리	9문제	난이도 하: 1분 이내 난이도 중: 1분 30초 난이도 상: 풀거나 넘어가거나	• 문제의 상황, 〈보기〉의 조건, 변수의 종류, 변수값의 수, 선택지 유형, 문제의 물음 등의 요소를 복합적으로 활용하여 문제의 난이도를 눈대중으로 확인하자. • 각 문제마다 효율적인 정리방법을 적용하여 풀이 시간과 실수를 줄이자. • 〈보기〉의 조건은 고정조건이 최우선이다. 고정한 뒤 풀어보자. • 조건추리의 풀이가 막힐 때 경우만 잘 나눠주면 풀린다. 초반에 경우가 나뉜다면 틀을 더 추가하여 정리하는 방법을 추천한다. • 문제를 풀기 전 문제에서 묻는 바, 선택지의 내용을 가볍게 살피어 정답만을 도출하는데 집중하자. 꼼꼼하게 끝까지 정리하지 않아도 답이 나오는 경우도 있고 선택지를 소거하기 좋은 문제일 수도 있다.
도형추리	3문제	문제당 30~45초	• 규칙이 바로 보이지 않으면 넘어간 후 다시 보자. 직관성이 최우선이다. • 다시 봐도 모르겠으면 빈칸 개수 세기, 모양으로만 개수 세기 등의 스킬을 적용할 수 있으나 다시 한 번 말하지만 직관성이 최우선이다.
도식추리	4문제	전체 2분~3분	• 알파벳에 매치되는 숫자를 외우고 연산이 자연스러우면 전체 2분 컷 가능하나 공부 시간이 충분하지 않다면 알파벳을 적은 후 푸는 방법으로 접근하자. • 순서규칙을 역으로 적용할 때 실수가 잦으니 유의하자. • 증감규칙을 양의 방향으로 적용할 때에는 머리로 처리하면 편하다. 우리는 미취학아동 때부터 알파벳 노래를 불러왔다.
문단배열	2문제	문제당 1분	• 단어의 연결, 접속사를 위주로 확인하자.
논리추론	7문제	문제당 1분	• 시중 문제집에 비해 지문이 짧거나 문제가 명확하다. • 고난도 또는 긴 지문의 문제로 인해 불안도가 높은 유형이나 실제 문제는 깔끔하다.

2 온라인 GSAT 시험

Q. 온라인 시험은 토요일/일요일 2일 동안 시험을 보던데, 문제 유형이 동일한가요?

정지성 선생님(수리)

응용수리와 자료해석은 동일한 문항 수로 출제되어 왔습니다. 단, 수리 영역의 경우 21년 상반기에는 4회(토/일, 오전/오후) 모두 세부 유형 역시 유사하게 운영이 되었으나 21년 하반기의 경우 세부 유형은 조금씩 다른 경우도 있었습니다.
하지만 응시 시점이 같다면 사업부문/사업부/직무가 같기 때문에 회차별 난이도가 다르더라도 상대평가라는 형평성 측면에서는 이슈가 없다고 보시면 되겠습니다.

주영훈 선생님(추리)

20년 상반기부터 각 시험의 문제 유형별 출제 문항 수가 동일하게 출제되고 있습니다. 토요일 오전에 삼단논법이 3문제가 나왔으면 토요일 오후, 일요일 오전/오후 모두 삼단논법이 3문제가 나왔습니다. 다만 조건추리와 진실게임은 따로 구분하지 않고 조건추리+진실게임의 문항 수가 동일했습니다. 토요일 오전에는 조건추리가 9문제, 진실게임이 2문제가 나오고 토요일 오후에는 조건추리가 10문제, 진실게임이 1문제가 나올 수는 있습니다.

Q. 요일별로 시험 난이도가 많이 다른가요?

정지성 선생님(수리)

2024년 하반기는 10/26(토)의 난이도가 2.85(259명 응답)으로 10/27(일)의 난이도 3.28(359명 응답)보다 쉬웠다고 해석됩니다. 두 과목 합계 42문제(수리 16 + 추리 26)를 풀었고, 정답률도 동일했다면 토요일 응시자는 탈락했고 일요일 응시자는 합격했을 가능성이 높습니다. 따라서 서로 다른 계열사에 지원하여 응시날짜가 다른 응시자가 상대적으로 느꼈던 합격 커트라인은 달랐을 것입니다.
하지만, 회차별 응시자들끼리 상대 평가가 이루어지기 때문에 형평성에는 문제가 없습니다. 이러한 정보는 우리가 알고 있더라도 결과론적인 해석만 가능하기 때문에 '아~그렇구나' 정도로 인지하고 넘어가는 것이 좋겠습니다. 중요한 것은 동일한 회차의 응시자들 중에서 최소 상위 50% 이내에 포함되는 실력을 갖추는 것입니다.

3 사업부별 커트라인

Q. 사업부별 대략적인 커트라인이 어느 정도 될까요?

정지성 선생님(수리)

수리영역의 커트라인을 언급하기에 앞서, 수리와 추리 두 영역의 특징을 먼저 짚고 넘어가겠습니다. 흔히 수험자들 사이에서 수리 20문제 + 추리 30문제 즉, 50문제를 전체로 "50문제 중에 40개 이상 풀이해야 한다."는 식의 언급이 많습니다.
하지만, 수리와 추리 각 1문제당 배점이 다르다(수리는 20문제 100점, 추리는 30문제 100점)는 부분을 고려하면 전체 50문제를 기준으로 커트라인을 언급하는 것은 명확치 않은 방법입니다. 예를 들어, 총 50문제 중 똑같이 40문제를 풀이했다는 지원자 A(수리 16문제, 추리 24문제)와 지원자 B(수리 11문제, 추리 29문제)가 있다면 B보다는 A의 합격 가능성이 더 높습니다. 왜냐하면, 총점으로 치환했을 경우 점수가 고득점일 확률이 더 높기 때문입니다. 또한, 합격자의 정답률이 통상적으로 수리영역 80% 내외, 추리영역 92% 이상을 기록하기 때문에 풀이문항 수로만 판단해서도 안 됩니다.
결국, 수리와 추리는 영역별로 지향점을 별도로 운영하는 것을 추천합니다.

주영훈 선생님(추리)

온라인 GSAT 도입 후 합격자의 추리 문제 풀이 수의 평균은 24~25문제 선으로 파악했지만, 모수가 적고 합격자의 기억에 의존한 설문조사를 실시하기에 데이터의 신뢰도는 높지 않습니다. 더불어 정답률을 고려하지 않았습니다. 참고 정도로만 봐줬으면 하고, 시험 난이도, 지원자의 실력, 채용규모 등의 변수가 작용하기에 사업부별 또는 회사별 유의미한 데이터를 제시하기는 어려운 점 양해 바랍니다. 최근 삼성그룹의 대부분 계열사의 채용규모가 크지 않아 서류합격도 어렵지만 GSAT 합격 자체도 어려워지는 추세입니다. GSAT이 최근에 쉽게 출제된 경향을 감안하더라도 합격자들의 커트라인은 올라가는 추세입니다.

정지성 선생님(수리)

수리 영역은,

① 1단계 목표: 최소 15문제 이상 풀이 속도 확보.
실제 GSAT 합격자들의 수리영역 평균 풀이 갯수(맞힌 문제 + 틀린 문제)가 17개 이상임을 고려하면 15문제 풀이가 적다고 생각하실 수도 있습니다. 하지만, 실제 GSAT이 시중 GSAT 교재보다 조금 더 쉽게 출제된다는 부분을 고려한다면 시중 교재의 모의고사에서는 30분 내에 맞히던 틀리던 최소 15문제 이상은 풀 수 있는 속도가 반드시 확보되어야 한다고 생각합니다.

② 2단계 목표: 정답률 80% 이상 확보
[맞힌 문제 ÷ 풀이 문제]를 기준으로 80% 이상 확보를 추천합니다.

③ 3단계 목표: 풀이속도와 정답률 유지
실제 GSAT 수리영역을 기준으로 가장 많은 합격 케이스는 [맞힌 문제/풀이 문제] 기준 [15/16, 14/17, 15/17, 15/18] 정도입니다.

따라서, 수리영역은 시중 교재의 모의고사 기준으로 최소 [14/16] 이상의 풀이 갯수와 정답율 확보를 목표로 추천드립니다.

4 찍을까 말까?

Q. 적게 풀었지만 정답률이 높은 것과 많이 풀었지만 정답률이 낮은 것 중 어느 것이 좋을까요?

정지성 선생님(수리)

수리 영역의 경우 문항 수가 20문제밖에 안되기 때문에 정답률 관리가 더 중요하다고 생각합니다. 단, 상황에 따라 찍는 것이 유리한 선택이 될 수도 있습니다.

수리영역 풀이 시간이 2~3분 정도 남은 시점에서, 2가지 Case에 따라 시험 운용을 추천합니다.

Case 1. 14문제 이상 풀이했다면, 5지 선다형 객관식 중 2지 선다로 추려진 상황이 아닌 이상 찍지 않기

Case 2. 13문제 이하 풀이했다면, 합격 가능성이 그다지 높지는 않은 상황이기 때문에 전혀 감이 잡히지 않는 문제는 제외하더라도 5문제 정도는 빠르게 풀이하며 찍어서 내 운을 시험하기

주영훈 선생님(추리)

'적게 풀었지만 높은 정답률' vs '많이 풀었지만 낮은 정답률'을 고민하지만 사실 '많이 풀고 높은 정답률'이 중요합니다. 이러한 고민이 든다면 추가적인 공부, 스킬 체화, 반복/숙달, 오답점검을 통한 정답률 및 풀이속도 제고의 노력이 필요합니다.

더불어 찍으면 감점이기에 개인적으로 추천하지는 않습니다.

5 시험 직전 준비

Q. 시험 직전에는 틀린 문제를 다시 보는 것이 좋을까요? 아니면 시험 직전까지 새로운 문제를 풀고 들어가는 것이 좋을까요?

정지성 선생님(수리)

새로운 문제보다는 오답노트를 추천합니다. 특정 유형에 대한 이해도와 숙련도를 높이기 위해서는 일정 수준 이상의 시간투자가 필요하기 때문입니다. 만약, 실제 GSAT 문제에서 시험 직전에 풀었던 비슷한 유형이 나오더라도 해당 유형에 대한 이해와 실력이 부족하다면 그 문제는 단지 '한번 봤던' 문제이지 내가 '빠르고 정확하게' 풀 수 있는 문제는 아니기 때문입니다. 따라서, 오답노트를 통해 실수를 예방하는 것이 시험 직전에는 더욱 효과적이라고 생각합니다.

주영훈 선생님(추리)

시험 전날까지라면 새 문제를 풀어보는 것도 좋습니다. (말하기 부끄럽지만) 렛유인을 포함하여 GSAT 교재/문제를 잘 만드는 출판사의 모의고사를 마지막으로 푸는 것을 조심스럽게 추천합니다.
이와 별개로, 오답은 언제나 봐야 합니다. 문제를 푸는 것에서 끝내지 말고 틀린 이유, 오래 걸린 이유를 점검하며 실력을 향상하고 자주하는 실수를 되새겨 정답률을 높이고 풀이시간을 단축합시다.

PART 01

2025년 상반기 기출복원 모의고사

수리 영역

추리 영역

Chapter 소개

렛유인에서 2025년 상반기 GSAT 시험의 문제 유형, 난이도, 키워드 등을 분석 및 복원하여 만든 모의고사 1회분입니다. 해당 모의고사 문제를 풀이하신 뒤, 본인의 점수 및 취약 유형을 파악하셔서 본격적으로 Part 3~4를 학습하실 때의 계획을 수립해놓으시는 것을 추천합니다.

더불어, 렛유인 홈페이지에 접속하셔서 모의고사 온라인 응시를 진행하시면 실제 시험 환경에서의 연습과 성적 및 본인의 위치 파악에 도움을 얻으실 수 있습니다. 모의고사 온라인 응시 방법과 관련해서는 본 도서 3페이지의 [도서 구매 혜택 안내] 내용 참고를 부탁 드립니다.

모의고사 온라인 응시 방법

[GSAT 모의고사 온라인 응시 + 성적 분석 서비스]는 온라인 GSAT 특화 서비스로, 과년도 기출복원 모의고사 6회분을 실제 온라인 GSAT과 유사한 환경에서 응시하고 영역별 성적 상세 분석 및 지원회사&직무에서 나의 위치를 파악할 수 있는 서비스입니다.

도서 구매 혜택 패키지 중 '온라인 모의고사 응시권' 쿠폰을 등록하신 뒤, [내강의실] – [온라인 시험관] 페이지에서 응시가 가능합니다.

※ 모의고사 응시와 관련하여 불편하신 점이나 문의사항이 있으신 경우, 렛유인 사이트 1:1문의 게시판을 통해 문의 내용을 남겨 주시면 빠르게 도와드리겠습니다.

기출복원 모의고사 '25년 상반기 기출

수리

문항수 20문항 | 제한시간 30분

해설 p. 1

01 작년 A 사업장과 B 사업장의 전체 근무 인원은 3,200명이었으며, 올해 A 사업장 근무 인원은 전년 대비 35% 증가, B 사업장 근무 인원은 전년 대비 25% 증가하였다고 한다. 올해 A 사업장과 B 사업장 전체 근무 인원이 4,200명이라고 할 때, 올해 A 사업장과 B 사업장 근무 인원의 차이를 구하시오.

① 1,000명　② 1,100명　③ 1,200명
④ 1,300명　⑤ 1,400명

02 영업 1팀은 사원 3명, 선임 2명, 책임 4명이 근무하고 있다. 다음 주 국내 출장 인원을 3명 선발할 때, 사원이 적어도 1명 이상 포함될 확률을 구하시오.

① $\frac{16}{21}$　② $\frac{13}{21}$　③ $\frac{10}{21}$
④ $\frac{8}{21}$　⑤ $\frac{5}{21}$

03 다음은 어느 과일가게에서 월별 판매된 과일의 양을 정리한 자료이다. 이를 해석한 내용으로 옳지 않은 보기를 고르시오.

〈표〉 2025년 월별 과일 판매량

(단위: kg)

구분	사과	바나나	딸기	오렌지	포도
1월	1,200	950	1,100	1,300	400
2월	1,150	970	1,300	1,200	420
3월	1,000	990	1,500	1,000	560
4월	850	1,020	1,200	750	650
5월	700	1,050	850	600	820
6월	600	1,000	500	550	930

① 오렌지의 상반기 월 평균 판매량은 900kg이다.
② 포도의 상반기 월 평균 판매량은 650kg이다.
③ 조사기간 동안 사과와 오렌지의 판매량은 매월 지속 감소하였다.
④ 조사기간 중 딸기는 3개월 연속으로 판매량이 가장 높은 과일이었다.
⑤ 사과의 상반기 월 평균 판매량은 900kg 이상이다.

04 다음은 2020년과 2025년 가전제품 종류별 매출 비중을 정리한 자료이다. 이를 해석한 내용으로 옳은 보기를 고르시오.

〈그래프〉 가전제품 매출 비중

(단위: %)

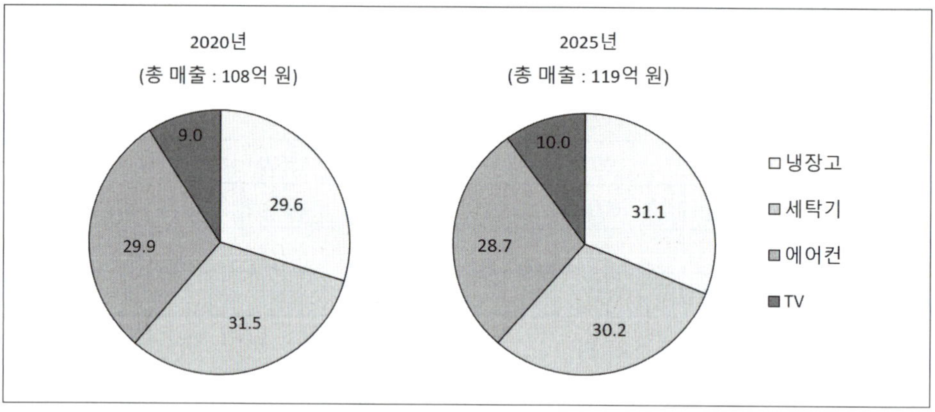

* 백색가전: 가정에서 주로 사용하는 대형 가전제품 중 냉장고, 세탁기, 에어컨 등의 생활 필수품을 지칭

** TV는 '흑색가전' 또는 '정보가전'으로 분류되며, '백색가전'에 포함되지 않음

① 네 종류의 가전제품 중 2020년 대비 2025년 매출 비중이 증가한 제품은 냉장고가 유일하다.

② 2020년과 2025년 모두 에어컨의 매출 금액은 TV의 3배 이상이었다.

③ 2020년과 2025년 모두 세탁기와 에어컨의 매출 비중은 전체의 $\frac{2}{3}$ 이상을 차지하였다.

④ 2025년의 세탁기의 매출 금액은 2020년 대비 감소하였다.

⑤ 2025년의 백색가전 매출 금액은 2020년 대비 증가하였다.

05

다음은 어느 회사에서 양산 중인 리튬이온 배터리의 종류별 성능을 정리한 자료이다. 주어진 자료를 해석한 내용으로 옳은 보기를 고르시오.

〈표〉 배터리 종류별 주요 성능 사양

구분	저용량	표준형	고밀도	고성능
용량(mAh)	3,000	3,500	4,500	5,000
정격 전압(V)	3.7	3.8	3.9	3.8
입력 에너지(Wh)	11.1	13.3	17.3	19.3
출력 에너지(Wh)	8.7	10.6	13.0	16.0
입출력 전환율(%)	78	80	75	83
충방전 횟수(Cycles)	500	600	400	800

* 입출력 전환율(%) = 출력 에너지 ÷ 입력 에너지 × 100

① 배터리 용량이 클수록 충방전 횟수 역시 증가한다.
② 배터리 용량이 클수록 정격 전압 역시 증가한다.
③ 고성능 배터리의 용량은 저용량 배터리의 2배 이상이다.
④ 입력 에너지가 가장 높은 배터리가 입출력 전환율 역시 가장 높다.
⑤ 입출력 전환율이 80% 이상인 배터리는 충방전 횟수가 700회 이상이다.

[06~07] 다음은 국내 어느 보험사에서 연간 신규로 체결되었던 보험 건수와 매출을 정리한 자료이다. 이를 활용하여 이어지는 각 문항의 물음에 답하시오.

〈표〉 보험 종류별 체결 건수 및 매출 현황

(단위: 천 건, 백만 원)

구분		2020년	2021년	2022년	2023년	2024년
생명보험	건수	171	182	194	200	210
	매출	13,040	13,650	14,200	14,600	15,300
건강보험	건수	135	150	160	170	180
	매출	11,300	11,800	12,500	13,100	13,600
자동차보험	건수	340	360	378	395	410
	매출	22,200	23,000	23,800	24,500	25,200
주택화재보험	건수	80	85	90	95	100
	매출	4,450	4,750	5,000	5,250	5,500

06 주어진 〈표〉를 해석한 내용으로 옳은 보기를 모두 고르시오.

ㄱ. '건강보험'의 전년 대비 체결 건수 증가율이 가장 높은 해는 2021년이다.
ㄴ. 2022년 '자동차보험'의 체결 건수는 전년 대비 5.2% 증가하였다.
ㄷ. 2023년 '주택화재보험'의 체결 1건당 매출은 전년 대비 증가하였다.

① ㄱ ② ㄴ ③ ㄱ, ㄴ
④ ㄴ, ㄷ ⑤ ㄱ, ㄷ

07 2021년 '생명보험'의 체결 1건당 매출액과 2023년 '생명보험'의 체결 1건당 매출액 차이가 올바르게 계산된 보기를 고르시오.

① 200원 ② 750원 ③ 2,000원
④ 7,500원 ⑤ 20,000원

08 다음은 전자기기 회사가 판매하는 태블릿 PC의 연간 판매 수량과 매출에 대한 자료이다. 이를 해석한 내용으로 틀린 보기를 고르시오.

〈표〉 태블릿 PC 판매 현황

(단위: 개별 표기)

구분	판매 수량		매출	
	(천 대)	전년 대비	(백만 달러)	전년 대비
2020년	306	2.0%	90	5.0%
2021년	330	7.8%	92	2.2%
2022년	320	−3.0%	95	3.3%
2023년	330	3.1%	100	5.3%
2024년	335	1.5%	105	5.0%
2025년	340	1.5%	110	4.8%

① 2019년 태블릿 PC 판매 수량은 30만대이다.
② 2019년 태블릿 PC의 매출은 85백만 달러 이상이다.
③ 2021년 태블릿 PC 1대의 평균 매출은 300달러 이상이었다.
④ 2022년 태블릿 PC 1대의 평균 매출은 전년 대비 증가하였다.
⑤ 조사기간 동안 태블릿 PC의 판매 수량이 가장 많았던 해에 매출 역시 가장 높았다.

09 다음은 국내 영화산업의 분기별 매출 실적과 해외 매출 비중을 정리한 그래프이다. 이를 활용하여 국내 영화산업의 2024년 2분기와 2025년 2분기 해외 매출금액 합계로 옳은 보기를 고르시오.

〈그래프〉 국내 영화산업의 분기별 매출 현황

(단위: 억 원)

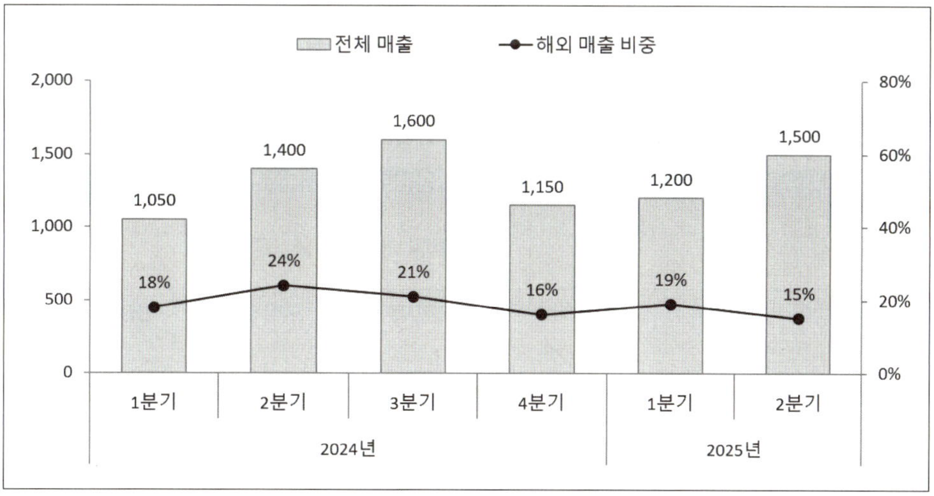

① 553억 원 ② 555억 원 ③ 557억 원
④ 559억 원 ⑤ 561억 원

10 다음은 국내 성인 5천 명을 대상으로 해외 여행과 국내 여행에 대한 여행 만족도를 설문조사 한 결과이다. 이를 해석한 내용으로 옳은 보기를 고르시오.

〈그래프〉 여행 만족도 설문 결과(매년 성인 5,000명)

(단위: %)

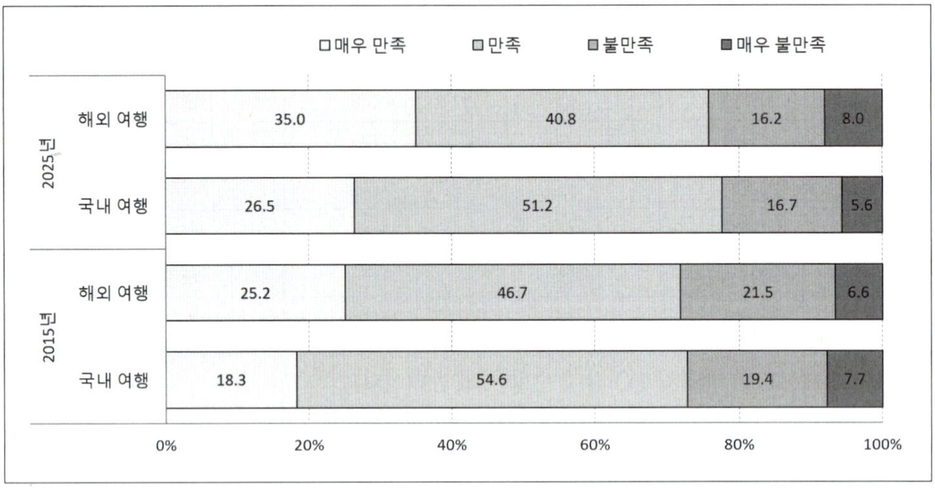

① 2025년 국내 여행 '만족' 응답자 수는 2015년 대비 증가하였다.

② 국내 여행 '매우 불만족' 응답자 수는 2015년 대비 2025년에 100명 이상 감소하였다.

③ 2015년과 2025년 모두 응답자 4명 중 1명 이상은 해외 여행에 만족하지 않는다고 답변하였다.

④ 2015년 국내 여행 '불만족' 응답자 수는 1,000명 이상이었다.

⑤ 2025년 해외 여행 '매우 만족' 응답자 수는 같은 해 국내 여행 '매우 만족' 응답자 수보다 500명 이상 많았다.

11 다음은 어느 회사의 각 공정에서 생산되는 제품의 판매 시장을 내수와 수출로 구분한 실적 자료이다. 이를 활용하여 해외 수출 비중이 높은 공장부터 순서대로 나열된 보기를 고르시오.

〈표〉 공장별 내수 및 수출 비중

(단위: 대)

매장	공장 A	공장 B	공장 C	공장 D	공장 E
총 생산	11,270	( )	( )	( )	( )
내수 판매	( )	4,900	7,080	9,500	8,240
해외 수출	6,170	4,860	6,350	6,600	4,130

① A ＞ B ＞ C ＞ D ＞ E　② B ＞ A ＞ D ＞ E ＞ C　③ C ＞ E ＞ A ＞ B ＞ D

④ A ＞ C ＞ B ＞ E ＞ D　⑤ B ＞ C ＞ E ＞ D ＞ A

12 다음은 피실험자를 대상으로 이미지 종류별 AI 생성 이미지와 인간 작화 이미지를 각각 50장씩 총 400장을 제공한 뒤 AI와 인간 중 누가 제작한 이미지인지 응답한 실험 결과이다. 이를 해석한 내용으로 틀린 보기를 고르시오.

〈표〉 AI 생성 이미지와 인간 작화 이미지 판별 결과

(단위: 회)

구분		선택 결과	
		AI 생성 선택	인간 작화 선택
동물화	AI 생성	35	15
	인간 작화	18	32
풍경화	AI 생성	27	23
	인간 작화	16	34
인물화	AI 생성	21	29
	인간 작화	24	26
추상화	AI 생성	19	31
	인간 작화	26	24

① 인물화 중 실제 인간 작화 이미지를 '인간 작화'로 올바르게 선택한 비율은 50% 이상이다.

② 동물화 중 실제 AI 생성 이미지를 'AI 생성'으로 올바르게 선택한 비율은 50% 이상이다.

③ 네 종류의 AI 생성 이미지 중 '인간 작화'라고 틀리게 선택한 비중이 가장 높은 이미지는 추상화이다.

④ 네 종류의 인간 작화 이미지 중 '인간 작화'라고 올바르게 선택한 비중이 가장 높은 이미지는 풍경화이다.

⑤ 네 종류의 AI 생성 이미지 중 'AI 생성'이라고 올바르게 선택한 비중이 가장 높은 이미지는 인물화이다.

[13~14] 다음은 A 기업의 이산화탄소 배출량과 전력 사용량에 대한 정보를 정리한 자료이다. 이를 활용하여 이어지는 각 문항의 물음에 답하시오.

〈그래프 1〉 A기업의 반기별 이산화탄소 배출량

(단위: kt CO_2e)

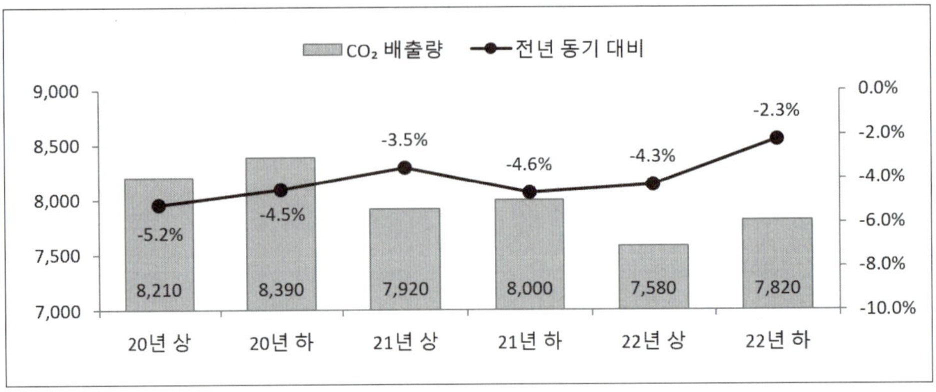

〈그래프 2〉 A기업의 반기별 전력 사용량

(단위: TWh)

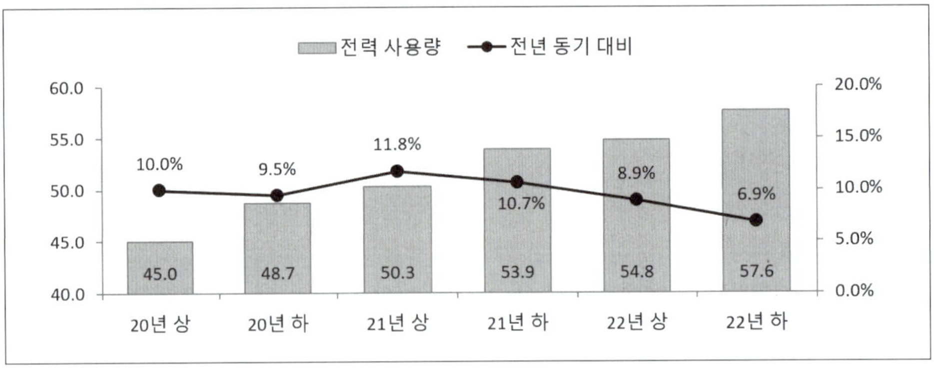

13 주어진 정보를 해석한 내용으로 옳은 보기를 고르시오.

① 조사기간 동안 이산화탄소 배출량이 8,000kt 이하를 처음으로 기록한 시점은 '21년 하반기였다.

② 조사기간 동안 전력 사용량이 50TWh 이상을 처음으로 기록한 시점은 '21년 하반기였다.

③ 조사기간 동안 이산화탄소 배출량은 매 반기 지속 증가하였다.

④ 조사기간 동안 전력 사용량은 매 반기 지속 증가하였다.

⑤ '21년 하반기 전력 사용량은 직전 반기 대비 10% 이상 증가하였다.

14 주어진 정보를 활용하여 '3개년 하반기 평균 이산화탄소 배출량'과 '2019년 상반기 전력 사용량'으로 올바르게 구성된 보기를 고르시오. (전력 사용량은 소수점 둘째자리에서 반올림한다.)

	3개년 하반기 평균 이산화탄소 배출량	2019년 상반기 전력 사용량
①	8,070kt	40.5TWh
②	8,070kt	40.9TWh
③	8,100kt	40.5TWh
④	8,100kt	40.9TWh
⑤	8,170kt	40.5TWh

15 다음은 어느 연구개발 부서에서 사용하는 설계 및 분석 관련 프로그램 네 종류에 대한 계정 보유 현황과 사용 실적을 정리한 자료이다. 이를 해석한 내용으로 옳지 않은 보기를 모두 고르시오.

〈표〉 연구개발 프로그램 보유 및 활용 현황

(단위: 개별 표기)

프로그램 구분	A	B	C	D
계정당 가격(만 원)	150	200	180	220
보유 계정 수(개)	10	8	6	5
총 사용시간(시간)	1,200	950	600	400
1인당 평균 사용시간(시간/명)	48.0	52.8	50.0	40.0

ㄱ. 계정 구매에 가장 많은 비용이 소요된 프로그램은 B이다.
ㄴ. 계정 1개당 사용 시간이 가장 길었던 프로그램은 C이다.
ㄷ. 사용 인원수가 가장 많았던 프로그램은 A이다.
ㄹ. 프로그램 보유 계정 수가 많을수록 1인당 평균 사용시간 역시 길다.

① ㄱ, ㄴ　② ㄱ, ㄷ　③ ㄴ, ㄷ
④ ㄴ, ㄹ　⑤ ㄷ, ㄹ

16 다음은 전 세계 반도체 시장 규모를 정리한 자료이다. 이를 해석한 내용으로 옳은 보기를 고르시오.

〈표〉 글로벌 반도체 시장 규모

(단위: B USD)

구분		'20년	'21년	'22년	'23년	'24년
메모리 반도체	매출	124.6	166.0	150.4	94.8	147.0
	YoY	13.1%	33.2%	−9.4%	−37.0%	55.1%
비메모리 반도체	매출	341.6	428.9	451.3	438.2	441.1
	YoY	9.5%	25.6%	5.2%	−2.9%	0.7%
합계	매출	466.2	594.9	601.7	533.0	588.1
	YoY	10.4%	27.6%	1.1%	−11.4%	10.3%

* YoY(Year on Year): 전년 동기 대비 증감률

① '24년 메모리 반도체의 매출은 '20년 대비 15% 이상 증가하였다.

② 조사기간 동안 매년 비메모리 반도체가 전체 시장에서 차지하는 매출 규모는 $\frac{3}{4}$ 이상이었다.

③ 조사기간 동안 메모리 반도체와 비메모리 반도체의 전년 대비 매출 증감 트렌드는 서로 동일하였다.

④ '23년 메모리 반도체의 매출 비중은 전년 대비 증가하였다.

⑤ 5년 동안 비메모리 반도체의 연 평균 매출은 4,000억 달러 이하였다.

17 다음은 글로벌 모바일폰 브랜드들의 대표 제품을 선정하여 사용 편의성과 보안 성능을 10점 만점으로 평가한 결과이다. 이를 해석한 내용으로 옳지 않은 보기를 고르시오.

〈그래프〉 모바일폰 대표 제품의 성능 평가 결과

(단위: 점)

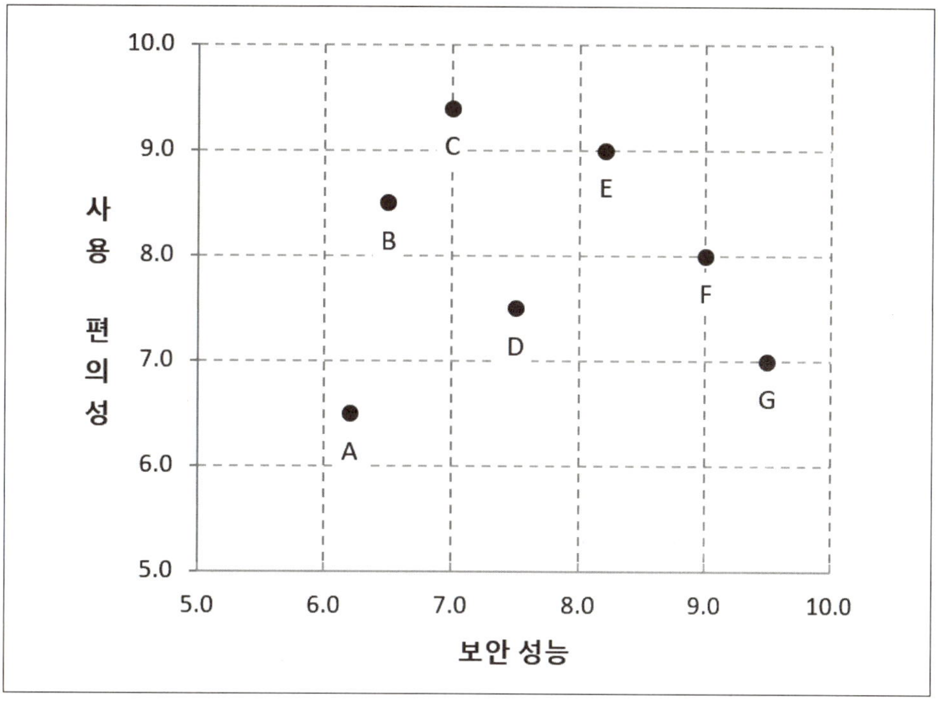

① 보안 성능 점수와 사용 편의성 점수의 차이가 가장 적은 제품은 D이다.
② 제품 A는 사용 편의성과 보안 성능에서 모두 가장 낮은 순위를 기록하였다.
③ 사용 편의성과 보안 성능의 평균 점수가 8점 이상인 제품은 총 4개 제품이다.
④ 제품 D는 사용 편의성과 보안 성능에서 각각 동일한 순위를 기록하였다.
⑤ 두 항목의 합계 점수가 가장 높은 제품은 E 제품이다.

18 약물 K가 인체에 투여된 후 시간(x)에 따라 인체에 미치는 효과(y)는 $y = \frac{a}{20}x + \frac{10b}{x^2}$로 나타난다고 한다. 약물 투여 5시간 후 효과는 5, 약물 투여 10시간 후 효과는 3이라고 할 때, 수식에 활용된 a와 b의 수치로 옳은 보기를 고르시오.

	a	b
①	2	2
②	2	5
③	2	10
④	4	5
⑤	4	10

19 다음은 어느 회사의 연초 기준 근로자를 성별로 정리한 자료이다. 이를 활용하여 매년 여성 근로자의 비중을 표현한 그래프로 옳은 보기를 고르시오.

〈표〉 연초 기준 근로자 수

(단위: 명)

구분	2019년	2020년	2021년	2022년	2023년	2024년
남성	500	490	520	580	540	500
여성	550	580	540	550	570	610

① 매년 여성 근로자의 비중(%)

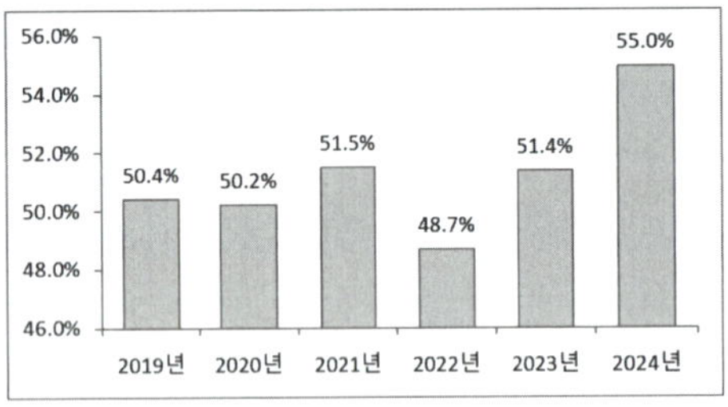

② 매년 여성 근로자의 비중(%)

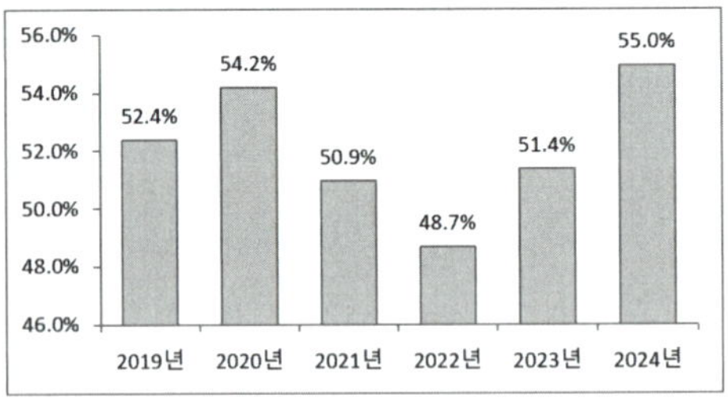

③ 매년 여성 근로자의 비중(%)

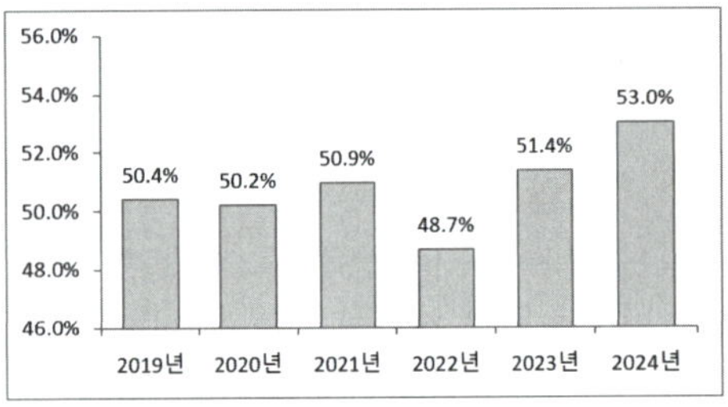

④ 매년 여성 근로자의 비중(%)

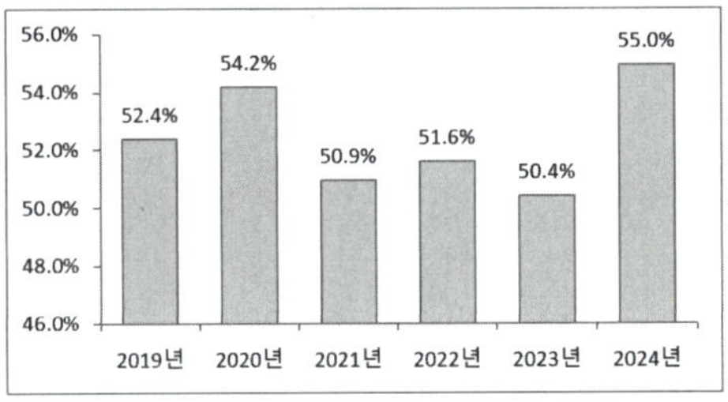

⑤ 매년 여성 근로자의 비중(%)

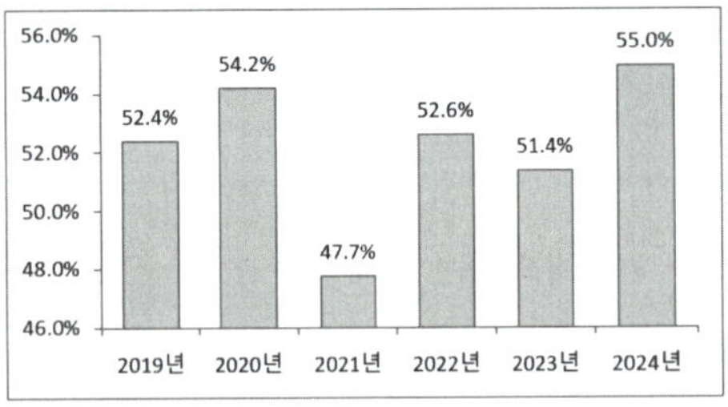

20 다음은 제품 A와 B의 연간 매출액 실적과 예상 매출을 정리한 자료이다. 이를 활용하여 2035년 제품 A와 B의 예상 매출액 합계로 옳은 보기를 고르시오.

(단위: 백만 원)

구분	제품 A	제품 B
2025년	1,500	970
2026년	1,620	1,020
2027년	1,740	1,080
2028년	1,860	1,150
2029년	1,980	1,230

① 4,110백만 원 ② 4,360백만 원 ③ 4,620백만 원
④ 4,890백만 원 ⑤ 5,170백만 원

해설 p. 7

01 다음 중 결론을 항상 참으로 만드는 [전제2]를 고르시오.

> [전제1] 신입사원인 모든 사원은 메신저를 사용한다.
> [전제2] (   )
> [결 론] 신입사원인 모든 사원은 보안프로그램을 설치한다.

① 메신저를 사용하는 어떤 사원은 보안프로그램을 설치하지 않는다.
② 메신저를 사용하는 모든 사원은 보안프로그램을 설치한다.
③ 보안프로그램을 설치하는 모든 사원은 메신저를 사용하지 않는다.
④ 보안프로그램을 설치하는 어떤 사원은 메신저를 사용한다.
⑤ 메신저를 사용하지 않는 모든 사원은 보안프로그램을 설치한다.

02 다음 중 항상 참인 결론으로 적절한 것을 고르시오.

> [전제1] 재택근무를 하는 모든 사원은 노트북을 사용한다.
> [전제2] 직무교육을 듣는 어떤 사원은 재택근무를 한다.
> [결 론] (   )

① 노트북을 사용하는 모든 사원은 직무교육을 듣는다.
② 직무교육을 듣는 모든 사원은 노트북을 사용하지 않는다.
③ 노트북을 사용하는 어떤 사원은 직무교육을 듣는다.
④ 직무교육을 듣는 모든 사원은 노트북을 사용한다.
⑤ 노트북을 사용하는 어떤 사원은 직무교육을 듣지 않는다.

03 **다음 중 결론을 항상 참으로 만드는 [전제1]을 고르시오.**

[전제1] (   )
[전제2] 자가용으로 통근하는 어떤 사원은 헬스장을 이용한다.
[결　론] 헬스장을 이용하는 어떤 사원은 마케팅팀 소속이다.

① 마케팅팀 소속인 모든 사원은 자가용으로 통근한다.
② 마케팅팀 소속이 아닌 모든 사원은 자가용으로 통근한다.
③ 자가용으로 통근하는 모든 사원은 마케팅팀 소속이다.
④ 마케팅팀 소속인 어떤 사원은 자가용으로 통근한다.
⑤ 마케팅팀 소속이 아닌 어떤 사원은 자가용으로 통근한다.

04 **A, B, C, D, E는 일렬로 줄을 선다. 이들이 〈보기〉에서 제시한 조건을 만족하며 줄을 서는 경우가 모두 몇 가지인지 고르시오.**

〈 보 기 〉

- B와 D는 연속하여 줄을 서지 않는다.
- A는 짝수 번째로 줄을 선다.
- E는 마지막으로 줄을 선다.
- C는 세 번째로 줄을 서지 않는다.

① 1가지　② 2가지　③ 3가지
④ 4가지　⑤ 5가지

05 A, B, C, D, E, F는 각자 한 대의 스마트폰을 사용한다. 이들이 사용하는 스마트폰의 용량은 128GB, 256GB, 512GB 중 하나라고 할 때 〈보기〉를 참고하여 반드시 거짓인 것을 고르시오.

〈 보 기 〉

- A와 E가 사용하는 스마트폰의 용량은 동일하다.
- D가 사용하는 스마트폰의 용량과 동일한 용량의 스마트폰을 사용하는 사람은 없다.
- B가 사용하는 스마트폰의 용량은 512GB이다.
- C가 사용하는 스마트폰의 용량은 F가 사용하는 스마트폰의 용량과 다르다.

① A가 사용하는 스마트폰의 용량과 같은 용량의 스마트폰을 사용하는 사람은 1명이다.
② C가 사용하는 스마트폰의 용량과 같은 용량의 스마트폰을 사용하는 사람은 2명이다.
③ F가 사용하는 스마트폰의 용량과 같은 용량의 스마트폰을 사용하는 사람은 없다.
④ B가 사용하는 스마트폰의 용량과 같은 용량의 스마트폰을 사용하는 사람은 1명이다.
⑤ E가 사용하는 스마트폰의 용량과 같은 용량의 스마트폰을 사용하는 사람은 3명이다.

06 A, B, C가 월요일부터 목요일까지 오전과 오후로 나누어 회의실을 예약한다. 한 명이 2번씩 예약을 하며 한 명이 같은 날 오전, 오후를 모두 예약할 수 없을 때 항상 거짓인 것을 고르시오.

〈 보 기 〉

- 화요일 오후에 회의실을 예약한 사람은 없다.
- A는 화요일 오전의 회의실을 예약한다.
- B는 목요일 오전의 회의실을 예약한다.
- C는 월요일의 오전과 오후 회의실 모두 예약하지 않는다.

① A는 목요일 오후의 회의실을 예약한다.
② C는 수요일 오전의 회의실을 예약한다.
③ B는 월요일 오전의 회의실을 예약한다.
④ A는 월요일 오후의 회의실을 예약한다.
⑤ B는 수요일 오후의 회의실을 예약한다.

07 **A, B, C, D, E, F, G, H는 원형의 테이블에 일정한 간격으로 누군가를 마주보도록 앉는다. 〈보기〉를 참고하여 반드시 거짓인 것을 고르시오.**

〈 보 기 〉

- D와 E는 서로 이웃한 자리에 앉는다.
- C는 G와 마주보는 자리에 앉는다.
- A와 이웃한 양옆 자리에 B와 H가 앉는다.

① A는 F와 마주보는 자리에 앉는다.
② B는 E와 마주보는 자리에 앉는다.
③ D는 H와 마주보는 자리에 앉는다.
④ E는 A와 마주보는 자리에 앉는다.
⑤ F는 B와 마주보는 자리에 앉는다.

08 **월요일부터 금요일까지의 날씨 예보는 〈보기〉와 같다. 하루의 날씨는 맑음, 흐림, 비 중 하나이고 5일 중 맑음, 흐림, 비는 모두 1번 이상이다. 같은 날씨가 연속된 날은 없다고 할 때 다음 중 항상 거짓인 것을 고르시오.**

〈 보 기 〉

- 금요일은 비가 아니다.
- 비가 온 날의 다음 날은 항상 흐림이다.
- 월요일은 맑음이다.
- 수요일은 흐림이 아니다.

① 화요일은 흐림이다.
② 수요일은 비이다.
③ 목요일은 맑음이다.
④ 금요일은 흐림이다.
⑤ 수요일은 맑음이다.

09 A, B, C, D, E의 구내식당 만족도는 만족, 불만족, 보통 중 하나이다. 만족도별 인원이 1명 이상이라고 할 때 〈보기〉를 참고하여 항상 참인 것을 고르시오.

〈 보 기 〉

- 만족도가 불만족인 사람은 1명이다.
- A와 D의 만족도는 같다.
- C의 만족도는 보통이다.

① D의 만족도가 보통이라면 E의 만족도는 불만족이다.
② E의 만족도가 불만족이라면 B의 만족도는 만족이다.
③ C의 만족도가 보통이라면 D의 만족도는 보통이다.
④ A의 만족도가 만족이라면 B의 만족도는 불만족이다.
⑤ B의 만족도가 보통이라면 E의 만족도는 불만족이다.

10 1부터 9까지의 숫자를 활용하여 5자리 비밀번호를 만든다. 비밀번호에 사용하는 숫자는 중복하여 사용하지 않는다. 맨 앞자리의 숫자를 A라 일컫고 순차적으로 B, C, D, E라고 할 때 〈보기〉를 참고하여 D의 값으로 알맞은 것을 고르시오.

〈 보 기 〉

- A는 짝수이다.
- A와 C의 합은 B와 D의 곱과 같다.
- D는 B보다 크다.
- B는 2이다.
- A와 D의 합은 E와 같다.

① 3 ② 4 ③ 5
④ 6 ⑤ 7

11 **A, B, C, D, E는 필기를 위해 수첩과 태블릿 중 하나를 사용한다. 수첩을 사용하는 사람은 거짓을 말하고 태블릿을 사용하는 사람은 진실을 말한다고 할 때 〈보기〉의 진술을 참고하여 수첩을 사용하는 사람을 모두 고르시오.**

〈 보 기 〉

A: C가 하는 말은 거짓이다.
B: A와 나는 수첩을 사용한다.
C: 수첩을 2명이 사용한다.
D: B는 거짓을 말한다.
E: C의 말은 진실이다.

① C ② A, B ③ A, D
④ B, C, E ⑤ C, D, E

12 **A, B, C, D는 영어, 중국어, 일본어 과목 중 2개 과목을 수강한다. 한 과목에 최대 3명까지 수강할 수 있다고 할 때 〈보기〉를 참고하여 항상 참인 것을 고르시오.**

〈 보 기 〉

- C가 듣는 과목과 D가 듣는 과목 중 1개 과목이 같다.
- C는 일본어 과목을 듣지 않는다.
- A는 영어 과목을 듣고 B는 중국어 과목을 듣는다.

① A가 듣는 과목과 B가 듣는 과목 중 1개 과목이 같다.
② A가 듣는 과목과 C가 듣는 과목 중 1개 과목이 같다.
③ A가 듣는 과목과 D가 듣는 과목 중 1개 과목이 같다.
④ B가 듣는 과목과 C가 듣는 과목 중 1개 과목이 같다.
⑤ B가 듣는 과목과 D가 듣는 과목 중 1개 과목이 같다.

13 3 × 3으로 배치된 9개의 각 칸에 빨강, 파랑, 초록 중 한 가지 색을 칠한다. 각 칸을 다음과 같이 A~I로 명명한다고 할 때 〈보기〉를 토대로 9개 칸에 색을 칠하는 경우가 모두 몇 가지인지 고르시오.

〈 보 기 〉

- I에 빨강을 칠하지 않는다.
- A에 빨강을 칠한다.
- E에 초록을 칠한다.
- 빨강을 칠하는 칸과 초록을 칠하는 칸은 인접하지 않는다.
- 빨강은 3개 칸에 칠한다.

A	B	C
D	E	F
G	H	I

① 1가지　② 2가지　③ 3가지
④ 4가지　⑤ 5가지

14 A, B, C, D, E는 스위스, 포르투갈, 네덜란드, 그리스 중 하나의 국가로 여행을 간다. 아무도 여행을 가지 않는 국가는 없으며 스위스로 여행을 가는 사람이 거짓말을 한다고 할 때 반드시 스위스로 여행을 가는 사람을 고르시오.

〈 보 기 〉

A: D는 그리스로 여행을 간다.
B: E는 포르투갈로 여행을 가고 C는 네덜란드로 여행을 간다.
C: A와 B 중 1명 이상이 그리스로 여행을 간다.
D: B는 스위스로 여행을 간다.
E: C는 포르투갈로 여행을 간다.

① A　② B　③ C
④ D　⑤ E

15 다음 도형들은 일정한 규칙을 가지고 있다. 물음표에 들어갈 알맞은 도형을 고르시오.

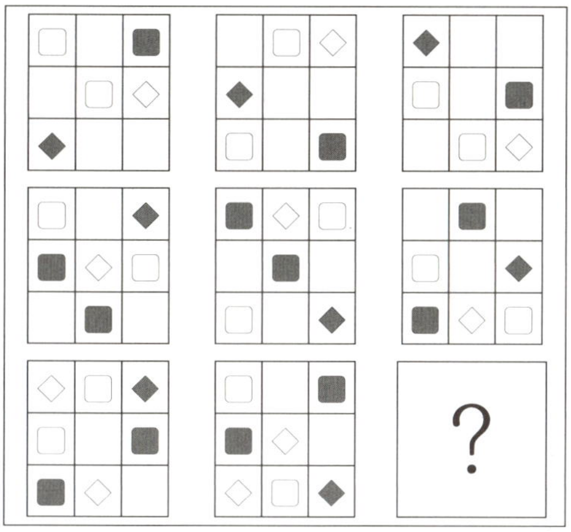

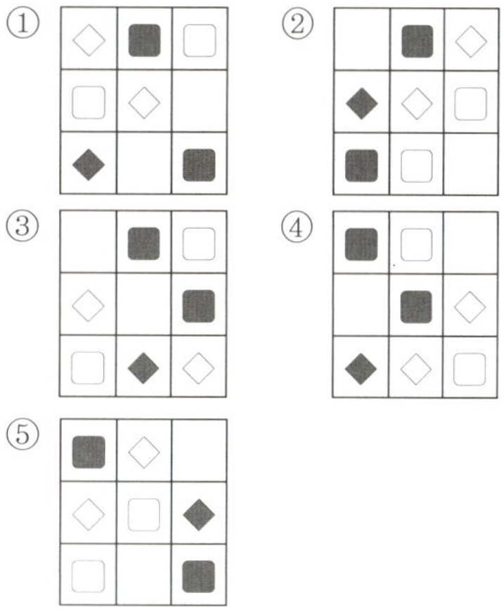

16 다음 도형들은 일정한 규칙을 가지고 있다. 물음표에 들어갈 알맞은 도형을 고르시오.

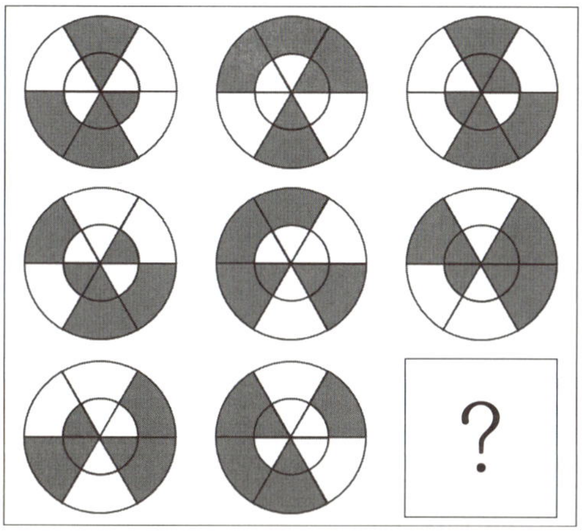

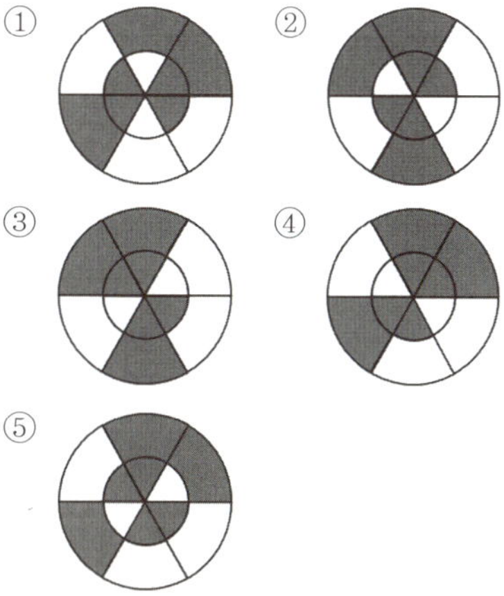

17 다음 도형들은 일정한 규칙을 가지고 있다. 물음표에 들어갈 알맞은 도형을 고르시오.

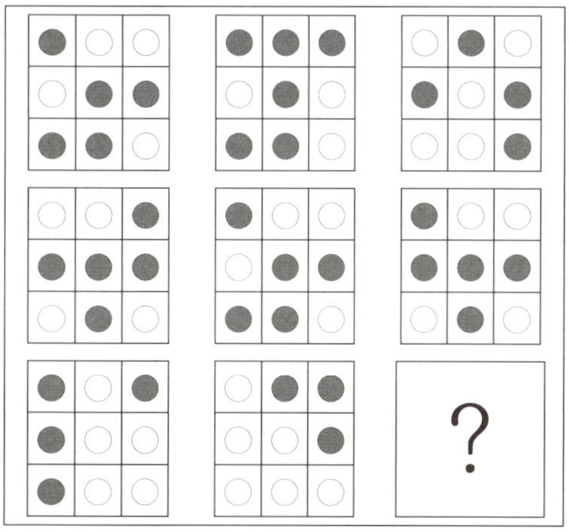

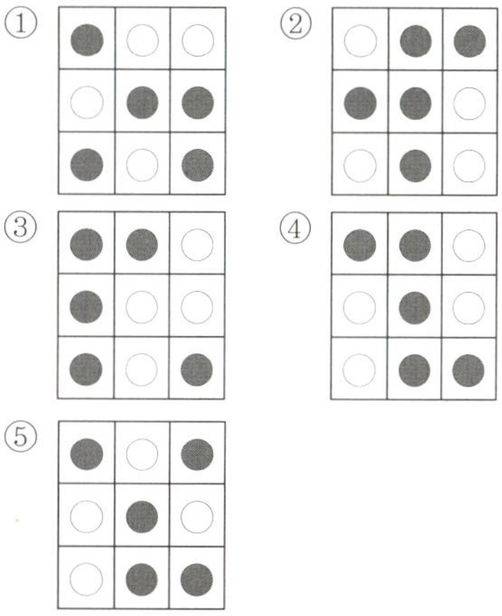

[18~21] 다음 문자와 도형의 흐름을 참고하여 물음에 답하시오.

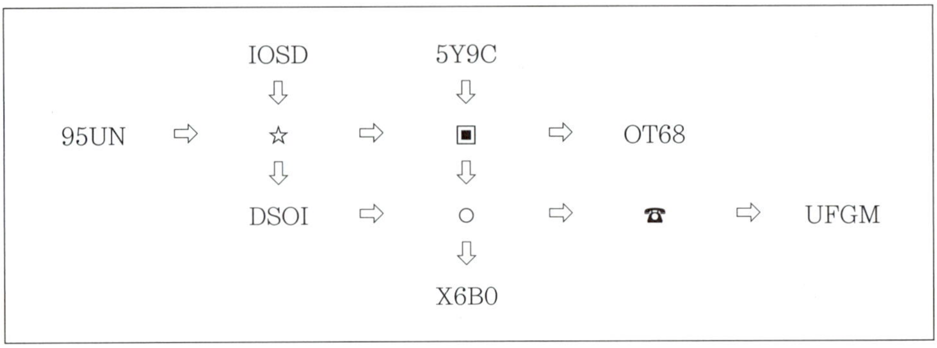

18 다음 중 물음표에 들어갈 문자로 알맞은 것을 고르시오.

CVDQ ⇨ ☆ ⇨ ☎ ⇨ ?

① SAFT　② OBXE　③ RCWB
④ XEOB　⑤ SFTA

19 다음 중 물음표에 들어갈 문자로 알맞은 것을 고르시오.

HJNS ⇨ ○ ⇨ ☆ ⇨ ?

① NHJS　② SNJH　③ HSNJ
④ SHJN　⑤ NSHJ

20 다음 중 물음표에 들어갈 문자로 알맞은 것을 고르시오.

? ⇨ ☎ ⇨ ▣ ⇨ P2V4

① S9W3　② S3U1　③ M5S7
④ M1W7　⑤ O9Y5

21 다음 중 물음표에 들어갈 문자로 알맞은 것을 고르시오.

? ⇨ ▣ ⇨ ☆ ⇨ ☎ ⇨ 86FB

① EG55　② CI37　③ AC99
④ 37CI　⑤ YE71

22 다음 글의 내용 흐름상 가장 적절한 문단배열 순서를 고르시오.

(A) 이처럼 트롱프뢰유와 착시는 모두 '진실을 보는 눈'이 결코 전능하지 않음을 상기시킨다. 인간은 종종 현실 그 자체보다 '현실처럼 보이는 것'에 더 쉽게 반응하고, 때로는 기꺼이 속아 넘어가기도 한다. 이처럼 시각적 기만의 세계는 예술과 과학이 교차하는 지점에서, 인간이라는 존재의 한계와 매력을 동시에 비추는 거울이 된다.

(B) 물체가 존재하지 않음에도 그것이 실재한다고 느껴지게 하는 시각적 현상에는 인간 인지의 복잡한 메커니즘이 숨어 있다. 우리는 이러한 시각적 착각의 세계에서 두 가지 흥미로운 개념을 만난다. 하나는 예술의 영역에서 탄생한 '트롱프뢰유'이며, 다른 하나는 '착시 현상'이다.

(C) 먼저 트롱프뢰유는 프랑스어로 '눈을 속이다'라는 뜻을 가진 표현이다. 이는 르네상스 이후 서구 회화에서 발달한 기법으로, 그림을 마치 실재하는 물체처럼 보이도록 정밀하고 사실적으로 그려 관람자의 시각을 기만하고자 한다.

(D) 반면 착시는 외부 자극이 시각계에 주어질 때, 뇌가 그것을 왜곡되게 해석하면서 생기는 현상이다. 트롱프뢰유는 예술가의 의도가 개입된 '기만의 연출'이며, 감상자는 '속는 즐거움'을 기대한다. 이는 의도적이고 창의적인 기만이다. 착시는 인간 시각 시스템이 현실을 처리하면서 벌이는 '자동적 왜곡'이며, 의도와 상관없이 누구에게나 동일하게 발생한다. 이는 지각 체계의 구조적 한계에서 비롯된다.

① (A)-(B)-(C)-(D)
② (A)-(C)-(D)-(B)
③ (B)-(A)-(C)-(D)
④ (B)-(C)-(A)-(D)
⑤ (B)-(C)-(D)-(A)

23 다음 글의 내용 흐름상 가장 적절한 문단배열 순서를 고르시오.

(A) 임플로이언서란, 자신의 소셜미디어나 커뮤니케이션 채널을 통해 자발적으로 또는 조직적으로 자사 브랜드, 문화, 가치, 제품 등을 홍보하는 직원을 의미한다. 이들은 팔로워 수가 많지 않더라도 전문성과 신뢰성을 바탕으로 회사에 대한 긍정적 이미지를 대중에게 전달하며, 기업과 외부 세계를 연결하는 내부 인플루언서 역할을 한다.

(B) 많은 글로벌 기업들이 이미 임플로이언서를 전략적으로 육성하고 있다. 그 이유는 다음과 같다. 현실감 있는 직원 목소리는 입사 희망자에게 강한 설득력을 지니며, 고객, 파트너, 구직자에게 더 신뢰받는 이미지를 구축할 수 있다. 또한 임플로이언서는 회사의 홍보대사로서 자부심을 갖게 되며, 이는 조직 몰입으로 이어진다. 물론 저비용 고효율의 홍보 전략이라는 점도 빼놓을 수 없는 부분이다.

(C) 또한 회사는 '말할 자유'를 보장하면서도, 보안이나 개인 정보 관리 등의 가이드 라인을 명확히 제시해야 한다. 균형 잡힌 자율성과 책임의 구조 안에서 임플로이언서는 가장 효과적인 커뮤니케이터가 될 수 있다.

(D) 임플로이언서 전략이 성공하려면 가장 중요한 조건이 있다. 바로 자발성과 진정성이다. 기업이 과도하게 임플로이언서를 통제하거나 일방적으로 '말을 하게' 만들 경우, 콘텐츠는 즉시 광고처럼 보이고 신뢰를 잃게 된다. 따라서 직원이 자연스럽게 자신의 목소리로 회사를 이야기할 수 있는 환경을 조성하는 것이 관건이다.

① (A)-(B)-(C)-(D)
② (A)-(B)-(D)-(C)
③ (B)-(A)-(C)-(D)
④ (B)-(A)-(D)-(C)
⑤ (D)-(B)-(A)-(C)

24 다음 글을 읽고 반드시 옳지 않은 것을 고르시오.

> 3D 영상 기술은 오랫동안 인간 시각의 한계를 뛰어넘어 실제와 같은 시각 체험을 제공하는 방향으로 발전해 왔다. 이런 목적으로 개발된 기술 중 2010년대 이후 대중에게 익숙해진 기술은 대부분 전용 안경을 사용하는 방식이었지만, 최근에는 안경 없이 입체감을 체험할 수 있는 '무안경 3D 디스플레이'가 점차 상용화되고 있다.
>
> 무안경 3D 디스플레이는 사용자가 별도의 장비 없이 자연스럽게 입체감을 느낄 수 있도록 설계된 디스플레이 기술이다. 기존 3D 기술이 편광 안경 또는 셔터 글라스 안경으로 양쪽 눈에 각기 다른 영상을 인식시키는 방식이었다면, 무안경 방식은 디스플레이 화면에서 직접 좌우 눈에 서로 다른 이미지를 동시에 투사하여 입체감을 만들어낸다.
>
> 이 기술의 핵심은 '시차', 즉 사람의 양쪽 눈이 서로 다른 각도에서 사물을 보면 뇌가 그 차이가 나는 이미지를 통합하여 입체감을 만들어내는 원리를 이용한 것이다. 무안경 3D 디스플레이는 바로 이 시차를 만들어내기 위해 다양한 광학 기술을 활용한다.
>
> 무안경 3D 기술에서 가장 널리 활용되는 방식 중 하나가 바로 렌티큘러 렌즈 방식이다. 각 반원통형 렌즈는 그 아래에 배열된 복수의 이미지를 각도별로 분리해서 투사한다. 결과적으로, 사용자의 시점에 따라 각기 다른 이미지가 양안에 들어오며, 뇌는 이를 하나의 입체 영상으로 통합한다.

① 기존의 3D 방식과 달리 무안경 3D 디스플레이에서는 좌우 눈을 통해 서로 다른 이미지를 보게 된다.

② 무안경 3D 디스플레이가 인간 시각의 한계를 뛰어넘어 실제와 같은 시각 체험을 가능하게 하기 위해 개발된 최초의 기술은 아니다.

③ 무안경 3D 디스플레이에서는 디스플레이 자체에서 좌우 눈에 서로 다른 이미지를 송출하는 방식으로 입체감을 만들어낸다.

④ 무안경 3D 디스플레이 방식은 뇌가 서로 다른 이미지를 통합하여 입체감을 만들어내는 원리를 이용한다.

⑤ 렌티큘러 렌즈 방식으로 복수의 이미지가 송출되더라도 뇌에서는 그 이미지를 통합하여 인식한다.

25 **다음 글을 읽고 반드시 참인 것을 고르시오.**

> 클럭 드라이버와 펨토초 레이저는 현대 광과학과 정밀 계측 기술의 정점이라 할 수 있는 장치들이다. 먼저 클럭 드라이버는 단순히 시간의 흐름만을 측정하는 장치가 아니다. 이는 극도로 정밀한 시간 신호를 생성하고 배분하는 전자 시스템으로, 주로 초고속 통신, 초고속 레이저의 펄스 제어, 양자컴퓨팅의 동기화 등에 사용된다. 클럭 드라이버는 수십 기가헤르츠 이상의 주파수로 동작하며, 시스템 내 여러 장치들이 시간차 없이 동시에 움직이도록 한다. 이와 같이 클럭 드라이버를 이용한 정밀한 시간 제어 없이는 초고속 레이저의 정확한 작동이 애초에 불가능하다.
>
> 한편, 펨토초 레이저는 시간 단위로 1펨토초(1초의 1,000조분의 1)에 해당하는 극히 짧은 시간 동안 빛을 방출하는 초고속 레이저의 한 종류로, 1980년대부터 발전된 기술이다. 펨토초 레이저는 고출력 에너지를 매우 짧은 시간동안 집중시킬 수 있기 때문에 반도체 미세 가공이나 생체 조직을 열 손상 없이 절개하는 데 사용한다. 클럭 드라이버와의 정밀한 연동을 통해 펨토초 레이저는 마치 시간의 현미경처럼 작동하여 인간이 이전까지는 관측할 수 없었던 극미세의 시간 영역을 들여다볼 수 있게 했다.

① 클럭 드라이버를 통해서는 시간의 흐름을 알 수 없다.
② 클럭 드라이버를 이용한다고 하더라도 시스템 내 장치들에 있어 오차가 발생할 수 있다.
③ 클럭 드라이버 기술은 1980년대부터 발전해서 오늘날에 이르고 있다.
④ 펨토초 레이저가 작동하는 시간은 무척 짧기 때문에 충분한 에너지를 얻기는 어렵다.
⑤ 클럭 드라이버와 연동되지 않는다면 펨토초 레이저의 정확한 작동은 이루어질 수 없다.

26 **다음 글을 읽고 반드시 참인 것을 〈보기〉에서 모두 고르시오.**

현대 소비사회에서 제품의 품질은 점차 상향 평준화되고 있다. 이에 따라 기업들은 품질이나 가격 경쟁을 넘어서는 여러 가지 마케팅 전략을 고안했고 그중 하나가 바로 혼란 포장 마케팅이다.

혼란 포장 마케팅은 제품의 포장 디자인, 색상, 폰트, 로고, 형상 등을 기존 유명 브랜드 제품과 유사하게 구성하여, 소비자가 무의식적으로 혼동하고 구매하도록 유도하는 전략이다. 이를 통해 해당 브랜드가 쌓아온 인지도, 신뢰도, 고급스러운 이미지를 자사 제품에 자연스럽게 연결시키고자 한다. 이 전략의 핵심은 법적 문제를 피할 수 있을 만큼만 미묘하게 차이를 두면서도, 의도적으로 제품을 비슷하게 보이도록 만드는 것이다.

혼란 포장 마케팅은 유명 브랜드나 제품의 대표 색상을 그대로 차용하는 것부터 시작하여 제품 패키지의 모양이나 상품명을 유사하게 제작하기도 한다. 또한 이렇게 제작한 유사 제품을 유명 브랜드 옆에 배치하여 동일한 라인업처럼 보이도록 하는 매대 배치 조작도 혼란 포장 마케팅에 포함된다. 이러한 요소는 개별적으로 보면 표절은 아니지만, 전체적으로는 명백히 인지 조작을 의도한 것이다. 일반적으로 소비자는 물건을 구입할 때 제품 하나당 1~2초 이내에 결정을 내리는데, 이 때 혼란 포장 마케팅을 사용하면 소비자는 해당 제품을 유명 브랜드 제품과 혼동하여 구입까지 이어질 수 있다.

〈보 기〉

ㄱ. 혼란 포장 마케팅 전략을 사용하는 제품은 소비자들이 유명 브랜드의 제품으로 착각하도록 의도적으로 유사하게 제작되기도 한다.

ㄴ. 혼란 포장 마케팅 전략으로 제작된 제품 중에는 유명 제품의 모사품으로 법적인 책임을 지는 경우도 있다.

ㄷ. 혼란 포장 마케팅 전략에는 제품이나 브랜드의 모방 이외에도 제품의 배치와 관련된 기법도 포함된다.

① ㄱ ② ㄴ ③ ㄱ, ㄷ
④ ㄴ, ㄷ ⑤ ㄱ, ㄴ, ㄷ

27 다음 글을 읽고 반드시 참이라고 할 수 없는 것을 고르시오.

리컴번트 자전거는 일반 자전거와는 전혀 다른 구조로 주목받는 독특한 형태의 자전거다. 이 자전거는 등받이에 기대앉아 다리를 앞으로 뻗어 페달을 밟는 형태의 자전거로, 사용자는 일반적인 업라이트 자전거와 달리 몸을 거의 수평에 가깝게 눕힌 자세에서 페달을 밟게 된다.

리컴번트 자전거의 가장 큰 장점은 승차감이다. 기존의 자전거처럼 허리를 세운 상태로 타지 않아도 되어 허리, 목, 손목, 엉덩이에 가해지는 압력이 크게 줄어든다. 특히 장거리 주행 시 허리와 손목 통증이 거의 없다는 점에서 고령자, 허리 디스크 환자, 장시간 자전거 여행자에게 매우 적합하다. 또한 낮은 자세와 긴 프레임 덕분에 공기 저항이 현저히 줄어든다. 이는 리컴번트 자전거가 장거리 효율성이 탁월하다는 것을 의미한다. 게다가 페달이 앞쪽에 있어 하체 관절의 움직임이 안정적이며 무릎에 무리가 적기 때문에 장시간 고강도 라이딩에도 비교적 관절 손상이 적다.

단점으로는 오르막길에서 체중을 앞쪽에 실을 수 없고, 페달을 수직으로 밟는 것이 아닌 밀어내는 방식이기 때문에 오르막 경사에서는 고속 운행이 어려울 수 있다. 또한 일반 자전거보다 길고 낮은 구조라서 자동차에 싣기 어렵고, 자전거 거치대나 엘리베이터 이용이 불편하다는 단점 또한 분명하다.

① 일반적인 업라이트 자전거는 허리를 세운 상태로 페달을 밟게 된다.
② 기존의 자전거보다 하체 관절의 움직임이 안정적이며, 무릎 관절의 손상이 적다.
③ 일반적인 업라이트 자전거보다 운행 시 피로도가 적은 것이 특징이다.
④ 페달을 수직으로 밟는 것이 아니라 수평으로 밀어내는 방식의 자전거다.
⑤ 기존의 자전거보다 내리막길에서는 고속 운행이 가능하다.

28 **다음 글의 핵심 주장을 약화시킬 수 있는 것으로 적절한 것을 〈보기〉에서 모두 고르시오.**

최근 새로운 시장에 진입하기 위한 전략으로 퍼플오션 전략이 주목받고 있다. 퍼플오션 전략은 기술적 경쟁력이 아닌 차별화된 경험이나 가치를 제공하여 브랜드 충성도, 팬덤, 공동체 형성 등으로 경쟁력을 확보하려는 방식이다. 이미 개척되지 않는 신시장을 발굴하는 것이 무척 어려운 일임을 감안했을 때, 블루오션 전략보다는 훨씬 현실적인 전략으로 간주되기도 한다.

기성 시장에서의 무한 경쟁을 의미하는 레드오션 전략과는 달리 퍼플오션 전략의 핵심은 제품 차별화가 아니라, 고객의 감정을 자극하고 정체성을 반영하는 스토리텔링에 있다. 브랜드 철학이나 미션이 공감을 이끌어 낼수록 퍼플오션 전략은 강력해지기 때문이다. 따라서 퍼플오션은 팬덤 기반 위에 구축된다. 고객이 단순한 소비자가 아니라, 브랜드의 공동체 일원처럼 느끼도록 만드는 커뮤니티 형성이 중요하다. 이는 가격이나 기능보다 감정적 충성도에 기반한 경쟁 우위를 만든다. 이처럼 기존 인프라나 시장 구조를 활용하면서도 차별화된 브랜드 영역을 구축할 수 있기 때문에 우리 기업에서도 퍼플오션 전략을 압도적이고 지속적인 시장 지배력 확보를 위한 핵심 전략으로 선택해야 한다.

〈 보 기 〉

ㄱ. 오늘날 시장에 대한 지배력을 확보하기 위한 핵심은 가격과 기술적 경쟁력이다.

ㄴ. 블루오션 전략이 현실적으로 성공한 사례는 매우 드물며, 대부분의 기업들은 레드오션 시장에서 경쟁하고 있다.

ㄷ. 커뮤니티를 통해 형성된 팬덤에 기반하여 발생한 수요는 일시적일 가능성이 높다.

① ㄱ ② ㄴ ③ ㄷ

④ ㄱ, ㄷ ⑤ ㄴ, ㄷ

29 **다음 글을 바탕으로 〈보기〉의 내용을 이해한 것으로 옳지 않은 것을 고르시오.**

얼티밋 프리스비(이하 '얼티밋')는 각 7명으로 구성된 두 팀이 플라스틱 디스크를 주고받는 경기다. 얼티밋에서 있어서 중요한 점은 전략과 팀워크로 승부가 갈린다는 것이다. 디스크를 패스 받은 선수는 이동할 수 없고, 정지한 채로 또다시 패스를 해야 한다. 신체적 접촉이 엄격히 금지되므로 디스크를 떨어뜨리거나 가로챌 경우에만 공격권이 상대팀으로 넘어간다. 디스크를 갖고 있지 않은 팀원들은 이동이 가능하며 패스를 통해 전진하고, 상대 진영의 엔드존에서 디스크를 받으면 1점을 얻는다. 공격권 전환 시, 즉시 수비에서 공격으로 전환되기 때문에 경기 흐름이 빠르며, 15점을 먼저 얻거나 전·후반 합산 득점이 더 높은 팀이 승리한다.

〈 보 기 〉

미식축구는 한 팀이 11명으로 구성되며, 타원형의 럭비공을 상대팀의 엔드존으로 운반하거나 엔드존에서 공을 잡으면 점수를 얻는 게임이다. 직접적으로 엔드존으로 공을 이동시키는 방식의 터치다운이 아니어도 필드골이나 세이프티라는 방식으로도 득점은 가능하다. 공격하는 팀의 공이 땅에 떨어지거나, 상대방에게 공을 빼앗기면 공격과 수비가 바뀐다. 또한 일정 횟수의 공격에도 10야드 이상을 전진하지 못하거면 공수가 바뀐다. 격렬한 신체적 충돌이 빈번하게 발생하는 스포츠이지만, 매우 정밀한 공격과 수비 계획이 필요한 고도의 전략 스포츠다.

① 한 경기에 참여하는 인원수는 미식축구가 얼티밋보다 많다.
② 미식축구와 얼티밋은 모두 상대팀의 엔드존에서 패스를 받으면 점수를 얻는다.
③ 미식축구는 얼티밋과는 달리 상대팀 선수와의 직접적인 신체적 접촉이 허용된다.
④ 얼티밋과는 달리, 미식축구에서는 공을 떨어뜨리게 될 경우 공격과 수비가 바뀐다.
⑤ 얼티밋보다 미식축구에서 공수가 교대되는 상황의 조건이 더 다양하다.

30 **다음 글을 바탕으로 〈보기〉의 내용을 이해한 것으로 옳지 않은 것을 고르시오.**

픽실레이션은 스톱모션 애니메이션의 한 기법으로, 사람을 한 프레임씩 멈춘 채 촬영하면서 프레임마다 자세나 위치를 조금씩 바꿔 연속된 이미지로 만드는 방식이다. 이로 인해 인물은 중력이나 관성의 법칙을 무시하는 듯한 기묘한 움직임을 보이며, 자연스럽기보다는 로봇 같거나 꿈속을 떠도는 느낌을 준다.

픽실레이션은 단순히 스톱모션을 사람에게 적용한 것이지만, 촬영에는 많은 준비와 연출이 필요하다. 촬영 자체가 스톱모션 형태로 진행되기 때문에 배우는 촬영 중에 아주 작은 움직임만 가능하다. 예를 들어 1초에 12프레임을 촬영한다고 할 경우, 배우는 매번 정해진 위치로 이동해 특정 포즈를 취하고 정지해야 한다. 이는 마치 살아 있는 인형극을 수행하는 것과 같으며, 고도의 집중력과 인내심이 요구된다.

〈 보 기 〉

로토스코핑이란 한 번에 촬영된 실사 영상을 한 프레임씩 분리한 뒤, 윤곽선을 따라 그리거나 객체를 추출하는 기법을 말한다. 이 작업을 통해 실사 영상을 애니메이션처럼 보이게 만들거나, 영상 일부를 마스킹 처리하여 새로운 영상 요소와 결합할 수 있다. 먼저 촬영을 통해 재료가 되는 실사 영상이 준비되면, 그 위에 한 프레임씩 인물이나 물체의 외곽을 따라 선을 그린다. 이렇게 제작한 이미지들을 이어 붙이면 자연스럽고 연속적인 움직임을 가진 애니메이션이 완성된다. 자동화가 어려운 작업이기 때문에 영상을 편집하는 과정에서 고도의 집중력과 인내심이 요구된다.

① 픽실레이션 기법은 스톱모션 애니메이션의 한 형태로 볼 수 있다.
② 로토스코핑 기법에서는 이미지 제작 이전에 실사 영상 촬영 과정이 진행된다.
③ 픽실레이션과 로토스코핑 제작에 참여하는 배우에게는 고도의 집중력이 요구된다.
④ 픽실레이션 기법과는 달리 로토스코핑 기법을 통해서는 자연스러운 움직임이 영상을 통해 드러나게 된다.
⑤ 로토스코핑 기법과는 달리 픽실레이션 기법에서는 각 프레임별로 스톱모션의 촬영 방식을 택한다.

자가 학습 점검표

'25년 상반기 기출 | 기출복원 모의고사

수리

문제 배열표									
번호	난이도	유형	세부유형	맞힌 여부 (찍었으면△)	번호	난이도	유형	세부유형	맞힌 여부 (찍었으면△)
1	★★	응용수리	방정식 활용	O/△/X	11	★★★	자료 계산	도표	O/△/X
2	★★	응용수리	확률	O/△/X	12	★★★	자료 이해	도표	O/△/X
3	★★	자료 이해	도표	O/△/X	13	★★	자료 이해	그래프	O/△/X
4	★★	자료 이해	그래프	O/△/X	14	★★	자료 계산	그래프	O/△/X
5	★	자료 이해	도표	O/△/X	15	★★★	자료 이해	도표	O/△/X
6	★★	자료 이해	도표	O/△/X	16	★★★	자료 이해	도표	O/△/X
7	★★	자료 계산	도표	O/△/X	17	★★	자료 이해	그래프	O/△/X
8	★★★	자료 이해	도표	O/△/X	18	★	수식 응용	이차방정식	O/△/X
9	★	자료 계산	그래프	O/△/X	19	★★	자료 변환	막대 그래프	O/△/X
10	★★	자료 이해	그래프	O/△/X	20	★★	수열 응용	수열 2세트	O/△/X

자가 학습 점검표				
유형별 맞은 개수			취약 유형 체크	공부하러 가기
응용 수리	방정식 활용	/2		P.84
	확률과 경우의 수	/1		P.108
	수열	/1		P.118
자료 해석	자료 이해	/11		P.132
	자료 계산	/4		P.150
	자료 변환	/1		P.158
맞은 개수 합계		/20	정답률	%

※ 정답률(%) = 맞은 개수 ÷ 풀이 개수 × 100

총정리
이번 회차의 아쉬운 점
이후 학습 계획

추리

문제 배열표									
번호	난이도	유형	세부유형	맞힌 여부 (찍었으면△)	번호	난이도	유형	세부유형	맞힌 여부 (찍었으면△)
1	★	삼단논법	모모모	○/△/×	16	★	도형추리	특수형태	○/△/×
2	★	삼단논법	어모어	○/△/×	17	★★	도형추리	배경이 없는	○/△/×
3	★	삼단논법	어모어	○/△/×	18	★	도식추리	단일도식	○/△/×
4	★	조건추리	줄 세우기	○/△/×	19	★	도식추리	단일도식	○/△/×
5	★★	조건추리	그룹짓기	○/△/×	20	★	도식추리	단일도식	○/△/×
6	★★	조건추리	정보정리	○/△/×	21	★	도식추리	단일도식	○/△/×
7	★	조건추리	테이블	○/△/×	22	★	문단배열	문단배열	○/△/×
8	★★	조건추리	줄 세우기	○/△/×	23	★★	문단배열	문단배열	○/△/×
9	★★	조건추리	가지치기	○/△/×	24	★	논리추론	추론문제	○/△/×
10	★★★	조건추리	계산	○/△/×	25	★★	논리추론	추론문제	○/△/×
11	★★★	진실게임	변수관계	○/△/×	26	★★	논리추론	추론문제	○/△/×
12	★★	조건추리	O, X 채우기	○/△/×	27	★	논리추론	추론문제	○/△/×
13	★	조건추리	2xn, 3x3	○/△/×	28	★★	논리추론	반박문제	○/△/×
14	★★★	진실게임	변수관계	○/△/×	29	★	논리추론	추론문제	○/△/×
15	★	도형추리	배경이 없는	○/△/×	30	★★	논리추론	추론문제	○/△/×

자가 학습 점검표			
유형별 맞은 개수		취약 유형 체크	공부하러 가기
삼단논법	/3		P.200
진실게임	/2		P.222
조건추리	/9		P.260
도형추리	/3		P.332
도식추리	/4		P.358
문단배열	/2		P.380
논리추론	/7		P.392
맞은 개수 합계	/30	정답률	%

※ 정답률(%) = 맞은 개수 ÷ 풀이 개수 × 100

총정리
이번 회차의 아쉬운 점
이후 학습 계획

PART 02

인성검사

인재상

"삼성은 학력, 성별, 국적, 종교를 차별하지 않고 미래를 이끌어 나갈 인재와 함께 합니다."

- Passion(열정): 끊임없는 열정으로 미래에 도전하는 인재
- Creativity(창의혁신): 창의와 혁신으로 세상을 변화시키는 인재
- Integrity(인간미·도덕성): 정직과 바른 행동으로 역할과 책임을 다하는 인재

1 삼성 인성검사 개요

삼성 그룹사의 인성검사는 다음과 같이 진행된다.

- 누가 : 면접 대상자(GSAT 합격자)
- 언제 : 면접 당일, 인성면접 직전 45~50분
- 어디서 : 사업장 내 위치한 인성검사장
- 무엇을 : 약 250문항(Yes/No 약 200문항, Most/Least 약 50문항의 두 가지 유형)
- 어떻게 : CBT 방식(Computer Base Test)
- 왜 : 인성 및 성품 확인(반사회적, 반기업관 사상 여부 확인)

SK나 LG를 비롯한 타 그룹사들 인성검사가 허들식(인성검사 불합격 시 직무능력 평가 채점 미진행) 평가로 진행되는 반면 삼성 계열사는 면접 당일에 진행된다는 특이점이 있다.(인성검사 결과만으로 합격 당락 여부를 결정짓지는 않는다고 한다. 단, 결과에 특이사항이 있을 경우 면접에서 관련 질문이 발생한다.)

2 삼성 인성검사 출제 유형

1) 긍정/부정 선택형

약 200문항이 제시되며, 주어진 문항이 자신의 성향이나 생각과 일치하는지에 대해 응답하는 유형이다. 보통 한 문항당 7초 정도의 응답 시간으로 답변해야 모두 답변이 가능하도록 출제된다.

번호	문항(예시)	응답(예시)	
		그렇다	아니다
1	나는 고민을 많이 하다가 결정의 시기를 놓친 적이 있다.	●	○
2	나는 교통신호를 한 번도 위반해 본 적이 없다.	○	●
3	나는 전체 방향을 제시하고 업무를 지시하는 것이 즐겁다.	○	●
4	나는 오랫동안 앉아서 업무를 수행할 수 있다.	●	○
5	나는 상상속의 친구가 있다.	○	●
6	나는 숫자나 도표, 그래프를 다루는 것이 부담스럽지 않다.	●	○
7	나는 기업에서 구조조정을 하기 전에 임직원들의 허락을 받아야 한다고 생각한다.	○	●
8	나는 합리적이지 않다고 생각되어도 다수가 정한 내용이라면 따르는 편이다.	●	○
9	나는 낯선 사람들을 만났을 때 먼저 말을 건네는 것이 어렵다.	○	●
10	나는 기침 때문에 1주일 넘게 고생한 기억이 있다.	○	●

2) 양극 선택형

약 50문항이 제시되며, 3가지 항목이 하나의 세트로 주어진다. 그중 자신의 성향과 가장 일치하는 문항에 Most, 가장 불일치하는 문항에 Least를 선택하고 나머지는 무응답으로 처리되는 유형이다. 삼성에서는 긍정적인 항목으로만 구성된 세트, 부정적인 항목으로만 구성된 세트가 제시되는 것이 일반적이다. 이러한 경우 부정 세트의 Most를 선택할 때는 신중할 필요가 있다. 본인이 허용 가능한 부정적인 사항에 대해 언급하는 것이기 때문이다.

구분		문항(예시)	응답(예시)	
번호	보기		Most	Least
1	A	도전할 때 살아있음을 느낀다.	●	○
	B	사람들 앞에 서는 것을 좋아한다.	○	●
	C	남을 돕는 것이 즐겁다.	○	○
2	A	부당하다고 판단되면 실행하지 않는다.	○	○
	B	실패하는 것이 가장 두렵다.	○	●
	C	혼자 있다면 무단횡단은 크게 문제가 되지 않는다.	●	○
3	A	직급이 높을수록 업무 수행능력 역시 높아야 한다.	○	●
	B	인맥관리도 업무에 반드시 필요한 요소라고 생각한다.	○	○
	C	업무의 완성도보다 중요한 것은 기한 내에 완료하는 것이다.	●	○

※ 위의 '2-A 문항'의 응답에 어려움이 느껴진다면 일단 Most와 Least에서 제외하여 응답하지 않는 것도 요령이 될 수 있다.

3 삼성 인성검사 주의사항

다음과 같은 경우 인성검사의 결과가 채용에 악영향을 끼칠 수 있다.

1) '응답 신뢰도'가 낮은 경우

인성검사 결과에서 가장 먼저 확인되는 지표는, 응시자의 응답 결과를 믿을 수 있는지 판단하는 '응답 신뢰도'이다. 응답 신뢰도는 적정 수준을 유지해야 하며, 신뢰도가 너무 높거나 낮은 경우 다음과 같은 상황이 발생할 수 있다.

① 신뢰도가 너무 높은 경우

진실성을 평가하기 위한 '나는 태어나서 거짓말을 해 본 적이 없다.' 또는 '나는 교통법을 위반한 적이 없다.' 등의 질문에서 YES라고 응답하거나 250문항에서 부정적인 면모를 한 가지도 찾을 수 없게끔 응답하는 경우 거짓/과장 응답으로 판단되기도 한다. 이 경우, 면접장에서는 '실제 이 지원자는 가치 판단 기준을 갖고 있는가?'라는 부분을 검증하기 위해 답변이 어려운 문제들을 통해 본인의 기준이 있는지를 평가하려는 시도가 발생한다. 예를 들면,

면접관 : 지성 씨가 연중 가장 큰 계약이 달려 있는 고객 미팅을 위해 새벽에 KTX를 타러 가고 있어요. 그런데 운전 중에 할머님 한 분이 뺑소니 당하시는 상황을 목격하게 돼요. 주위에는 아무도 없었고, 지성 씨가 조치하면 미팅 시간에 늦게 됩니다. 해당 고객은 시간을 굉장히 중요하게 생각하기 때문에 늦으면 협상이 안 됩니다. 이러한 상황에서 지성 씨는 어떻게 하시겠습니까?

피면접자 : 돈보다는 생명이 더 소중하기 때문에 저는 우선 차를 세우고 119에 신고하면서 할머님께 가겠습니다.

면접관 : 그러면 회사의 연간 매출이 절반 이하로 줄어들게 되는데요?

피면접자 : 회사의 매출은 나중에라도 회복할 수 있지만, 할머님의 상태는 지금이 아니면 회복이 어렵다고 생각합니다.

면접관 : 회사원으로서의 책임을 저버리겠다는 겁니까?

피면접자 : 우선은 할머님을 구급대원들께 인계하고 고객에게는 곧바로 연락하여 미팅에 이러한 사유로 늦는다 고 얘기를….

면접관 : (말을 끊으며) 기업은 이익을 창출하기 위해 모인 집단인데, 그러면 지성 씨는 저희에게는 그다지 필요 하지 않는 사람이라고 생각해도 되는 건가요?

여기까지 오면 번복할지 계속 밀고 나갈지가 고민될 것이다. 면접 질문의 의도 자체가 본인만의 명확한 가치관과 판단기준이 있는지를 확인하려는 목적이 강하기 때문에 당위성 있는 이유를 추가하면서 지속적으로 면접관을 설득하려는 시도를 이어나가야 한다. 만약 면접관의 의견을 수용하면서 초기 주장을 바꾸게 되면 '역시, 정답을 맞히려고 하는구나.'라고 판단하기 때문에 합격과는 멀어진다. 물론 주장 관철/번복과는 별개로 어떠한 선택을 하는가에 따라 그 사람의 가치관을 파악할 수 있으므로 답변 내용 자체도 중요한 평가 요소가 된다.
이러한 질문의 의도는 본인이 얼마나 당위성 있는 선택을 하는지 궁금해서 묻는 질문들이 대부분이기 때문에 딱히 정답에 가까운 답변은 존재하지 않는다고 봐도 좋다. 어느 쪽을 선택할지보다 더 중요한 것은, 얼마나 설득력 있는 근거와 사유를 제시하느냐이다.

② 신뢰도가 낮은 경우

첫째, 결과 해석을 위한 정보가 부족한 경우이다. 미응답 항목이 많은 경우에는 정보가 적어 해석 자체가 어렵기 때문에 응답 신뢰도가 낮아진다. 따라서 인성검사는 '모두 풀이'하는 것이 기본이다.
둘째, 상반되는 항목에 중복하여 응답하는 경우이다. 내성적인 항목과 외향적인 항목에 모두 긍정이나 모두 부정으로 응답할 경우 검사자의 성향을 판단하기 어렵기 때문에 응답 신뢰도는 하락하게 된다.

결국, 인성검사의 그라운드 룰은 '솔직함'을 기반으로 주어진 문제를 '모두 풀이'하는 것이다. 하지만 너무 솔직하게 답변할 경우 오히려 역효과를 불러일으킬 수 있는 항목들이 존재하기 때문에 해당 항목에 대해서는 사전에 인지를 할 필요가 있다.

2) 이력서/자소서에서의 성격/성품과 인성검사 결과가 다른 경우

응답 신뢰도가 적정 수준이라 문제가 없다고 해도 제출되어 있는 이력서와 자기소개서에서 비춰지는 인성과 인성검사 결과가 상반되는 경우도 면접장에서 곤란한 상황을 발생시킬 수 있다. 예를 들면,

면접관 : 지성 씨가 OO동아리에서 회장 역할을 2년 동안이나 하셨네요? 리더 역할을 2년이나 할 수 있었던 가장 큰 이유가 뭐라고 생각하세요?

피면접자 : 업무 배분 능력과 의사결정 능력이 있었기 때문이라고 생각합니다. OO동아리에서 가장 중요한 행사는 매 학기 진행되는 XX였습니다. 이때마다 꼼꼼한 준비를 통해 부원들에게 업무 지시를 명확하게 전달하고, 효과적인 결정을 해 내었기 때문에 좋은 성과를 달성할 수 있었습니다.

면접관 : 그런데 저희 인성검사 결과에서는 지성 씨의 리더십이 평균 이하로 낮고, 오히려 개인 활동에서 더욱 성과를 내실 수 있다고 해석되었어요. 저희는 어떤 걸 믿어야 하나요?

이러한 질문은 둘 중 하나를 부정할 수도 없고, 둘 다 맞다고 할 수도 없는 난감한 질문이 된다. 이처럼 사전에 제출한 서류에서의 정보와 인성검사 결과가 상반되는 경우 곤란한 상황이 발생한다.

4 삼성 인성검사 준비 방법

결국 삼성 인성검사는 면접장에서 나에게 곤란한 상황을 발생시키지만 않아도 다행인 평가가 된다. 이를 위해 도움이 될 수 있도록 세 단계의 준비 과정을 추천하고자 한다.

1) 문장을 단어로 치환하여 정리하자

인성검사에서 제시되는 항목은 모두 문장으로 주어진다는 공통점이 있다. 따라서 이러한 문장을 여러분들만의 단어로 치환하여 정리하는 것을 추천한다.

ex 1) 물건을 훔쳐본 적이 있다. → 진실성
ex 2) 나에게만 들리거나 보이는 현상이 있다. → 미신
ex 3) 새로운 장소에 가면 불안하다. → 적응력
ex 4) 노동조합은 근로자의 인권 보호를 위해 반드시 존재해야 한다. → 노조
ex 5) 조용한 도서관이 좋다. → 집중력

앞의 예시와 같이 여러분들 각자의 단어로 약 500문장 정도를 정리해 보는 것을 추천한다. 표현만 다를 뿐 평가하려는 항목이 중복됨을 알 수 있을 것이다. 개인적으로는 740문항을 검토했을 때 37개의 단어로 정리가 되었지만, 해당 단어를 여러분들에게 공유하는 것은 머릿속의 사고를 제한할 수도 있기 때문에 전체 공개치는 않겠다. 직접 각 문장을 경험하며 여러분들만의 단어를 도출하는 것이 더욱 효과적이다.

2) 정리된 단어들을 '정답/오답'과 '솔직' 유형으로 구분하자.

인성검사는 기본적으로 '솔직하게' 답변해야 한다. 하지만 솔직했을 때 오히려 부적격 판정을 받을 수 있는 항목들은 미리 준비를 해 놓는 것이 좋겠다. 상식적으로 판단해도 당연한 항목들이나 해당 기업에서 주장하는 기업관 or 사회관에 대한 응답은 정답에 가까운 답변이 존재한다.

ex 1) 나는 무단횡단을 해 본 적이 있다. → 응답 진실성(YES)
위 항목은 준법정신에 대해 판정하기보다는 평가 자체에 대한 진실성을 판단하기 위한 항목들이다. 따라서 무단횡단을 해 본 적이 없다고 답변하는 것은 오히려 거짓반응으로 판정되기 때문에 'YES'가 정답에 가까운 답변이 된다.(살면서 무단횡단을 최소 한 번 이상은 해보게 된다는 가정이 깔려 있다.)

ex 2) 나에게만 들리거나 보이는 현상이 있다. → 미신(NO)
상식적으로 판단하더라도 미신이나 초자연적인 현상을 믿는 지원자들과는 정상적인 업무 수행이 쉽지만은 않을 것이다. 따라서 'NO'가 정답에 가까운 답변이 된다.

ex 3) 일주일에 하루 이상은 설사와 기침 때문에 괴롭다. → 건강(NO)
이것도 상식이다. 건강하지 않는 사람을 기업에서 채용하겠는가? 'NO'가 정답에 가까운 답변이 된다. 나의 좋지 못한 건강 상태를 굳이 알려줄 필요는 없다.

ex 4) 기업의 소유와 경영은 분리되는 것이 옳다. → 오너 경영(NO)
ex 5) 기업은 국가의 보호와 지시를 받아야 한다. → 경영권 분리(NO)
ex 6) 기업의 매출이 증가하면 사회 환원 비용 역시 증가해야 한다. → CSR(사회공헌활동)(NO)
특히나 삼성은 위 세 가지 문항처럼 기업관에 대해 묻는 질문들을 반드시 출제한다. 이러한 문항은 어찌 보면 정답이 있는 문항이기 때문에 현재 삼성이 실시하고 있는 사항을 기준으로 응답하는 것이 좋다.

이처럼 기업이라는 조직에서 업무를 원활하게 수행하기 위해 마땅히 필요한 요건들은 정답/오답이 있는 항목이라고 봐도 무방하다. 그 외 나머지 단어들은 '솔직' 유형으로 구분하자.

3) '솔직'의 기준점은 이력서와 자기소개서가 되어야 한다.

'솔직' 항목에는 다음과 같은 단어들이 해당된다.

ex 1-1) 나는 현재를 가장 중요하게 생각한다. → 현재
ex 1-2) 나는 미래를 준비하는 활동이 가장 중요하다고 생각한다. → 미래
ex 2-2) 도전할 때 살아있음을 느낀다. → 도전적
ex 2-2) 실패할 가능성이 높다고 생각된다면 도전하기 꺼려진다. → 안정적
ex 3-1) 나는 사람들의 이목과 관심이 부담스럽다. → 내성적
ex 3-2) 나는 시끌벅적한 파티를 즐긴다. → 외향적

서로 상반되는 항목에 모두 YES 또는 모두 NO라고 응답할 경우 신뢰도가 하락하기 때문에 주의해야 한다. 그렇기 때문에 '솔직' 항목에서는 본인의 성향을 사전에 파악하여 응답 기준(응답 방향성)을 어느 정도는 정해 놓는 것이 효과적이다.

내성적 vs. 외향적, 실행력 vs. 준비성, 도전적 vs. 안정적 등의 단어들은 실제 기업 입장에서도 옳고 그름을 판정하기 힘들다. 다만 내부 임직원들 중 고성과자 중심으로 각 직무별 성과지수가 높은 인재 성향에 대해서는 인사과에서 파악하고 있기 때문에 직무 배치 시 인성검사 결과가 고려되기도 한다. 따라서 직무의 종류에 따라 효과적인 인재상의 차이는 있을 수 있지만 절대적인 정답은 존재하지 않는다는 것이다. 만약 거짓 응답으로 합격하게 된다면 이후 인성검사 결과가 반영된 직무에 배치될 경우 본인의 역량을 발휘하기 쉽지 않은 직무로 배치되는 상황이 발생할 수도 있기 때문에 솔직함을 기본으로 답변하자.

또한 앞서 언급한 바와 같이 기업에 먼저 제출했던 이력서&자기소개서에서 비춰지는 성격/성향과 인성검사 결과가 다를 경우 면접장에서 무엇이 맞는지 요구하는 질문이 발생할 수 있다. 예를 들어, 이력서와 자기소개서에 댄스 동아리 3년, 취미는 댄스 공연, 특기는 축구, 존경하는 인물은 개그맨 유재석, 장점은 소통과 협업 능력 등이 기재되어 있지만 인성검사 결과는 '내성적' or '정적' or '개인역량 우수' 등으로 해석이 되는 경우이다. 이때, 면접장에서는 다음과 같은 상황이 발생할 수 있다.

면접관 : OO 씨는 본인이 외향적이라고 생각하세요? 내성적이라고 생각하세요?
피면접자 : ('신입사원은 원만하면 밝고 명랑한 이미지가 좋을 것 같으니 외향적이라고 해야겠다.'라고 생각하고) 저는 외향적이라고 생각합니다. 춤 동아리를 통해 여러 차례 공연을 진행하며….
면접관 : 그런데 저희 인성검사 결과는 OO 씨께서 내성적인 성향에 가깝고, 개인 활동에서 더욱 성과를 발휘하실 수 있다고 해석되었거든요. 저희는 어느 쪽을 믿어야 할까요?

정답이 무엇일지 고민하지 말고 이력서 & 자기소개서와 유사한 맥락을 기준점으로 놓고 사전에 응답하고자 하는 기준점을 어느 정도 수립해 놓도록 하자.

정리하자면 인적성은,
⓪ 다 풀어야 한다. (= 무응답 항목이 많을수록 불리해진다.)
① 문장을 단어로 치환하여 정리하자.
② 정리된 단어들을 '정답/오답'과 '솔직' 항목으로 구분하자.
③ '솔직' 항목은 이력서와 자기소개서를 기준으로 방향성을 설정해 놓자.
의 단계로 준비하는 것을 추천한다.

PART 03

수리

2025 상반기 GSAT
수리영역 기출 키워드

	4월 26일 오전	4월 26일 오후
응용수리	• 사원 수 구하기 • 9개 중 특정 3개가 포함될 확률 • 연립방정식 • 등차수열과 계차수열, a와 b의 합이 얼마 이상 되는 시점 구하기	• 직원 수 구하기 • 8개 중 4개 뽑을 때 특정 1개가 포함될 확률 • 연립방정식 • 특정 시점의 a+b 값 구하기
자료해석	• 월간 증감률 비교 • 분수식 대소 비교 • a의 16%와 b의 20% 대소 비교 • 분기별 평균값 비교 • 증감추이만으로 정답 구할 수 있는 자료변환 유형	• 분수와 퍼센티지 대소 비교 • 분수식 대소 비교 • 특정 분수 값이 45% 이상인지 • 보험 매출액 • 영업이익률 • 증감추이만으로 정답 구할 수 있는 자료변환 유형

	4월 27일 오전	4월 27일 오후
응용수리	• 연구개발비 구하기 • 8개 중 특정 2개가 포함되고, 특정 2개는 포함되지 않을 확률 • 연립방정식 • 등차수열과 계차수열, b가 a의 4배 이상 되는 시점 구하기	시험 미실시
자료해석	• 분수식 대소 비교 • a의 55%와 특정값 대소 비교 • 특정 분수 값이 49% 이상인지 • 연도별 증감율 그래프 • a÷(a+b)로 증감추이 구하는 자료변환 유형	

Chapter

01

응용수리

필수 유형 1. 방정식 활용

필수 유형 2. 속력, 일률, 농도, 가격

필수 유형 3. 확률과 경우의 수

필수 유형 4. 수식과 수열 응용

Chapter 소개

- 20문항 중 4문항이 출제된다.
- GSAT은 SKCT와는 다르게 특정 공식(원뿔 부피, 원통 둘레, 호의 길이, 삼각함수, 자연수 연속 합 등)을 활용하는 문제가 등장하지 않는다. 즉, 사칙연산이나 공식활용 등의 '수리' 능력보다는 '상황 파악' 능력을 더욱 우선시하는 평가라고 할 수 있다.

풀이 TIP

- 각 유형별 특징을 파악한 뒤에는 여러가지 문제를 많이 푸는 것보다는 한 가지 문제라도 다른 방법들을 적용하며 풀어보는 것이 효과적이다.(양치기보다는 요령치기)
- 자료해석 유형보다 문항당 풀이 시간의 편차가 크기 때문에(= 문제 변별력이 크다) 15초 내에 풀이의 방향성이 잡히지 않는다면, 다른 문제로 넘어가는 것을 추천한다.
- 18번(도표, 수식 활용), 19번(자료 변환), 20번(수열 활용) 중 응용수리에 해당하는 18번과 20번은 난이도가 높지 않으므로 반드시 풀어보자.

방정식 활용

필수 이론

유형 설명

- 수리영역 20문항 중 약 1 ~ 3문항이 출제된다.
- 일반적인 중고등 수학 교육을 받았다면 어렵지 않게 풀 수 있다. 공식보다는 상황 이해가 훨씬 더 중요한 문제들이 주로 출제된다. 즉, GSAT은 공식을 안다고 풀 수 있거나 공식을 모른다고 풀 수 없는 문제를 좋아하지 않는다.
- 기본적인 사칙연산능력이나 수학능력(공식)을 검증하기보다는 상황 이해(쉽게 풀 수 있는 방법 존재)와 문제해결능력(정답을 빠르게 골라내는 능력)이 중요한 유형이라고 할 수 있다. 따라서, 방정식을 수립하고 미지수를 운영하는 정석적인 풀이를 기본으로 이후 다양한 방법으로 풀이하는 경험을 쌓으면서 자신에게 맞는 유형별 팁을 익히는 것이 중요하다.

풀이 TIP

- 각 유형별로 풀이시간을 단축할 수 있는 방법들이 있기 때문에 유형 파악과 함께 그에 맞는 풀이법 적용이 가장 중요하다.
- 따라서, 무턱대고 미지수를 통해 상황을 수식화하는 것은 추천하지 않는다. 문제에서 주어진 상황만 잘 이해하면 방정식을 수립하지 않고도 충분히 풀 수 있는 문제들이 많다.

1 배수 판정법 활용

일반적인 방정식 활용 문제에는 정답 도출 대상에 대해 대부분 정수(자연수)로 선택지를 구성한다. 특히 나이, 인원수, 수량 숫자는 기본적으로 정수(자연수)로 표현된다는 특징이 있다. 따라서, 문제에서 주어진 정보들을 최대한 활용하여 별도의 수식을 구성하지 않고 정답을 빠르게 골라내는 방법이 배수 판정법이라 할 수 있다.

[예시 1] 몇 배

- 할아버지의 나이는 3년 전 손자의 9배, 4년 후 5배라고 한다.

위 문구에서 할아버지의 나이는 손자의 나이(정수)가 몇 살인지 관계없이 3을 뺐을 때 9의 배수이며, 4를 더했을 때 5의 배수인 숫자일 것이다. 이를 활용하여 주어진 보기에서 해당 조건을 만족하는 정답을 빠르게 골라낸다.

[예시 2] 몇 % 증가 or 감소

• 올해 신입사원의 인원수는 작년 대비 15% 감소하였다.

올해 = 작년 × $\frac{85}{100}$ 이며 최대한 약분하면, 올해 = 작년 × $\frac{17}{20}$ = $\frac{작년}{20}$ × 17 = 정수(자연수)로 표현할 수 있다. 인원수는 정수이므로 이를 통해 두 가지 정보를 얻을 수 있다.

첫 번째, 올해 인원수는 17의 배수일 것이다. (17로 곱해졌을 것이므로)

두 번째, 작년 인원수는 20의 배수일 것이다. (20으로 나뉘었을 때 정수였을 것이므로)

이러한 정보를 활용하여 보기에서 정답을 빠르게 소거하거나 골라내는 데 적극 활용하자.

[예시 3] 몇 : 몇

• 치약과 칫솔의 작년 수량은 3 : 4였으며, 올해는 4 : 7이다.

수량은 정수이다. 따라서,

작년 : 치약은 3의 배수, 칫솔은 4의 배수, 치약과 칫솔의 총 수량은 7의 배수였을 것이다.

올해 : 치약은 4의 배수, 칫솔은 7의 배수, 치약과 칫솔의 총 수량은 11의 배수였을 것이다.

* 만약, 비율이 "2.5 : 3.5"와 같이 소수점으로 주어졌다면 바로 유리화(정수화)시켜 5 : 7로 인식하면 된다.

[예시 4] 분수식

• 안경 쓴 사람은 안경을 쓰지 않은 사람의 $\frac{3}{8}$이다.

분수식은 곧 비례식이다. 우리가 $\frac{20}{100}$을 $\frac{1}{5}$와 같다고 할 수 있는 이유는, 20 : 100 비율과 1 : 5의 비율이 같기 때문이다.

따라서, "안경 쓴 사람 : 안 쓴 사람 = 3 : 8"이라고 인식할 수 있어야 한다.

2 최대값과 최소값 구하기

상황을 전개한 뒤 최소나 최대값을 구하라고 하는 유형이다. 이러한 유형에서는 대부분의 수험생들이 무의식적으로 미지수와 부등식을 활용하는 모습을 많이 봐왔다. 하지만, 해당 유형의 문제는 대부분 '전제 조건'이 주어지기 마련이다. 이러한 '전제 조건'을 어떻게 활용하느냐 하는 것이 문제의 올바른 접근 방법이다.

ex) 7,200원으로 개당 가격이 400원인 A와 500원인 B를 구매하려 한다. A는 B보다 최소 5개 이상을 많이 구매해야 할 때, 최대로 구매할 수 있는 B의 개수는 몇 개인가?

sol) 이 경우 "A ≥ B+5" 이라고 표현해 본들.. 정답 도출에 별다른 도움은 되지 않을 것이다. 관건은, 전제 조건인 'A는 B보다 최소 5개 이상 많다'는 정보를 어떻게 활용하느냐이다.
A를 먼저 5대 구매하면 예산은 7,200원에서 2,000원(A 5개)를 제외한 5,200원이 된다. 이후 B를 하나 구매할 때마다 A를 하나 같이 구매하면 된다. 즉, A와 B를 900원짜리 세트로 인식하는 것이 중요하다. 5,200원으로 900원짜리 세트를 몇 개 살 수 있나? 5개이다. 즉, B를 최대로 5개 살 수 있다.

이처럼 최대/최소값 문제는 대부분 상황을 전개하면서 반드시 지켜야 할 '전제 조건'이 제시된다. 이 '전제 조건'에서 문제 상황을 이해하려 노력한다면 미지수나 부등식 없이도 풀 수 있는 문제들이 대부분이기 때문에 반드시 상황을 이해하려고 노력하자.

3 주어진 객관식 보기를 먼저 확인하기

수학능력시험 시절만 떠올려보아도 수1, 수2 점수 잘 나오던 친구들은 정답을 빠르게 골라낸다는 특징이 있었을 것이다. 그 친구들이 즐겨 사용하는 방법은 문제를 읽고 보기를 먼저 보는 것이다. 보기 중에서 대입했을 때 정답을 빠르게 골라 낼 수 있을지 아닐지를 판단하는 것이다. 반면, 점수가 잘 나오지 않던 친구들은 어쨌든 미지수 x, y, z를 정하고 무조건 방정식을 세우는 경우가 많았을 것이다.

하지만, 객관식 문제에서는 유형에 따라 5개의 보기를 대입하여 빠르게 정답을 산출할 수 있는 경우가 생각보다 많다. 따라서, 어떠한 방정식 문제를 만나더라도 문제를 다 읽고 나서 반드시 보기를 한번 훑어보는 습관을 꼭 들여야 한다.

필수 유형 연습

예제 01 올해 재무팀의 사원 수는 작년 대비 5명이 증가하였고, 영업팀의 사원 수는 작년 대비 4명이 증가하여 올해 재무팀의 사원 수는 영업팀 사원 수 대비 1.2배가 되었다. 작년 재무팀 사원 수가 127명이었다고 할 때, 작년 영업팀 사원 수는 몇 명인가?

① 105명 ② 106명 ③ 107명
④ 108명 ⑤ 109명

치트키 풀이 도표화 풀이

주어진 정보를 활용하여 작년 재무에서부터 시작하자.
1) 올해 재무 = 127 + 5 = 132
2) 올해 영업 = 132 ÷ 1.2 = 110
3) 올해 영업 = 110 − 4 = 106
으로 간단하게 풀이할 수 있다.

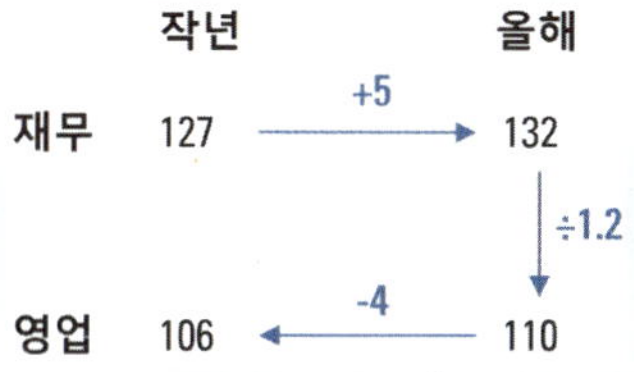

치트키 풀이 배수 판정법

올해 재무팀은 영업팀의 1.2배 이므로 올해 재무 = 올해 영업 × $\frac{6}{5}$ 이다. 즉, 올해 영업은 5의 배수이다. 구하고자 하는 작년 영업팀은 올해에서 4를 뺀 숫자이므로, 주어진 보기에서 4를 더했을 때 5의 배수가 되는 보기를 고르면 된다. ② 106명이 정답이다.

일반 풀이

'22년 상반기에 출제되었던 유형과 유사하다.
구하고자 하는 작년 영업팀 사원 수를 x라 하면,
올해 영업 = $x+4$, 올해 재무 = 올해 영업 × 1.2, 작년 재무 = 올해 재무 − 5 이다.
따라서, 작년 재무 사원 수인 127명을 활용하여
$127 = 1.2(x+4) - 5 = 1.2x - 0.2$이므로 $1.2x = 127.2$이다.
따라서, $x = 106$명이다.

정답 ▶ ②

예제 02 제품 1개 생산을 위해서는 재료 A 3kg과 B 2kg이 필요하다. 제품 20개 생산 시 재료 가격이 총 72,000원 사용되었으며, 재료 A의 1kg당 가격이 800원이라고 할 때, B의 1kg당 가격은 얼마인가?

① 400원 ② 500원 ③ 600원
④ 700원 ⑤ 800원

일반 풀이

'22년 상반기 출제된 유형과 유사하다.

$72,000 = 20(3 \times 800 + 2B)$

$3,600 = 2,400 + 2B$

$\Rightarrow 2B = 1,200 \Rightarrow B = 600$

1개 생산 시 가격이 3,600원(= 72,000 ÷ 20)이라는 내용에서 풀이를 시작했다면, 암산만으로도 10초 내에 풀 수 있는 아주 쉬운 문제이다.

정답 ▶ ③

예제 03 A 부장의 작년 연봉은 7,700만 원이었으며 올해 연봉은 작년 대비 20%가 상승하였다. 올해 A 부장의 연봉은 B 사원의 2배이며, B 사원의 연봉은 작년 대비 10% 상승하였다고 할 때, 작년 B 사원의 연봉은 얼마였는지 구하시오.

① 3,986만 원 ② 4,062만 원 ③ 4,125만 원
④ 4,158만 원 ⑤ 4,200만 원

일반 풀이

문제에서 주어진 정보를 그대로 활용하는 의식의 흐름대로 수식을 구성하자면,

1) A의 올해 연봉 구한다. $7,700 \times 1.2 = 9,240$

2) B의 올해 연봉 구한다. $9,240 \div 2 = 4,620$

3) B의 작년 연봉 구한다. $4,620 \times \frac{10}{11} = 4,200$만 원이다.

그런데, 3) B의 작년 연봉을 구할 때, 역산이 아닌 4,620만원의 10%인 462만 원을 올해 연봉 4,620만 원에서 빼는 식으로 계산했다면 ④ 4,158만 원이라는 오답을 선택했을 것이다.

정답 ▶ ⑤

예제 04 A와 B는 동전을 놓고 가위바위보 게임에서 이기는 경우 500원, 지는 경우 200원, 비기는 경우 300원씩을 가져가게 된다고 한다. 10번의 가위바위보 중 3번을 비겼으며, A가 가져간 금액이 3,500원이었다면 게임에 사용된 총 금액은 얼마인가?

① 6,500원　② 6,700원　③ 7,000원
④ 7,300원　⑤ 7,600원

치트키 풀이

이기면 500원, 지면 200원이다. 즉, 승부가 나면 700원이 소모된다.
그리고 비기면 각각 300원씩이므로 600원이 소모된다.
3번 비겼다고 했으므로 7번 승부가 났다는 얘기다.
따라서 총 금액은 1,800원(600원 × 3번 비김) + 4,900원(700원 × 7번 승부 남) = 6,700원이다.

일반 풀이

A를 기준으로 이긴 횟수를 x, 진 횟수를 y라 하면

$x+y=7$ … ⓐ

$500x+200y+900=3500 \rightarrow 5x+2y=26$ … ⓑ

ⓑ − 2ⓐ를 통해 $3x=12$, $x=4$, $y=3$임을 알 수 있다.
B가 가져간 금액은 (500 × 3) + (200 × 4) + (300 × 3) = 3,200원이다.
따라서 처음 게임에 사용되었던 금액은 총 3,500 + 3,200 = 6,700원이다.
(남 좋은 일 시키려면 이렇게 풀면 되겠다.)

정답 ▶ ②

예제 05 사무실에서 노트와 펜을 구매하기 위해 8만 원의 예산이 배정되었다. 구매 대상 노트 한 권의 가격은 2,600원이며, 펜 한 자루의 가격은 700원이다. 사용 환경을 고려하여 펜의 개수는 노트보다 최소 12개 이상이 더 많아야 한다고 할 때, 예산으로 구매할 수 있는 노트의 최대 개수는 몇 권인가?

① 18권 ② 19권 ③ 20권
④ 21권 ⑤ 22권

일반 풀이

1) 펜의 개수가 노트보다 최소 12개 이상 많아야 한다는 조건을 충족시키기 위해 우선 펜을 12개 구매해보자.
2) 남은 예산 71,600원으로 노트와 펜을 하나씩 세트로 구매하면 노트도 최대로 살 수 있고, 12개 조건도 충족시킬 수 있다.
3) 결국, 계산해야 하는 것은 71,600원으로 노트+펜 3,300을 몇 세트 살 수 있느냐이다.
4) 20세트 사면 66,000원이고 5,600원 남는데, 이걸로 한 세트만 더 살 수 있다.
5) 따라서, 노트는 최대 21권을 구매할 수 있다.

펜 12개	8,400	예산 71,600원
펜 + 노트	3,300	21개씩(69,300원) 구매 가능
		22개씩(72,600원) 구매 불가

정답 ▶ ④

빈출 유형 공략

해설 p. 16

01 A사의 작년 신입사원 중 여사원 인원수는 남사원의 $\frac{7}{4}$이었다. 작년 대비 올해 여사원은 5%가 감소하였으며, 남사원은 5%가 증가하여 총 217명이 되었다면, 작년 신입사원은 총 몇 명인가?

① 217명　② 220명　③ 223명　④ 226명　⑤ 229명

02 A 사업부에서 B 사업부로 12명의 인원이 이동하였다. 그 결과, A 사업부 인원은 기존 대비 6% 감소하였고, B 사업부 인원은 기존 대비 10% 증가하였다면, 인사이동 후 두 사업부의 인원 차이는 몇 명인가?

① 48명　② 56명　③ 64명　④ 72명　⑤ 80명

03 가로 28cm, 세로 42cm의 타일을 사용하여 정사각형 모양을 만들고 있다. 타일이 총 200장 주어졌을 때, 만들 수 있는 정사각형의 최대 개수는 몇 개인가? (단, 완성된 정사각형 모양은 중간에 빈 공간이 없어야 한다.)

① 12개　② 14개　③ 16개　④ 22개　⑤ 33개

04 작년 사업부 A와 B의 전체 인원수는 600명이었다. 올해 사업부 A의 인원은 작년 대비 10% 증가, 사업부 B는 작년 대비 20% 감소되어 올해 전체 사업부 인원수는 작년 대비 60명이 줄어들었다고 할 때, 작년 사업부 A와 B의 인원수 차이를 구하시오.

① 180명　② 200명　③ 220명　④ 240명　⑤ 260명

05 모래시계 A와 B에 들어있는 모래의 용량은 각각 180g과 160g이며, 1초당 A는 1.2g, B는 0.8g의 모래가 떨어진다. 오후 1시에 A와 B가 가득 찬 상태에서 동시에 뒤집어 모래가 모두 떨어졌을 때마다 뒤집는다면 A와 B를 동시에 뒤집게 되는 첫 시점은 언제인지 구하시오.

① 1시 05분 ② 1시 08분 ③ 1시 10분
④ 1시 12분 ⑤ 1시 15분

06 K는 작년에 300만 원의 투자금을 상품 A와 B에 나누어 투자하여 올해 324만 원으로 투자금을 증액시켰다. 작년에 투자했던 상품 A의 수익률은 10%, 상품 B의 수익률은 5%라고 할 때, K가 작년에 상품 B에 투자했던 금액은 얼마인가? (단, 세금 등의 기타 비용은 고려치 않는다.)

① 100만 원 ② 120만 원 ③ 150만 원
④ 180만 원 ⑤ 200만 원

07 병찬이는 개당 70원을 받을 수 있는 휴대폰 안테나 조립 아르바이트를 하고 있다. 조립 도중 불량이 발생하면 600원을 보상해야 할 때, 총 800개를 조립 후 45,280원의 보수를 지급 받았다면 조립 중 불량이 발생했던 휴대폰은 총 몇 대인가?

① 13대 ② 14대 ③ 15대
④ 16대 ⑤ 17대

08 물질 A는 상온 노출 시 8일마다 용량이 반으로 줄어들며, 물질 B는 2일마다 용량이 반으로 줄어든다. A와 B가 동시에 상온에 노출된 지 24일 후 용량이 같아졌고, 물질 A의 최초 용량은 512g이었다고 할 때, 물질 B의 최초 용량은 얼마였는가?

① 2^{15}g ② 2^{16}g ③ 2^{17}g
④ 2^{18}g ⑤ 2^{19}g

09 작년 A 기업의 매출은 B 기업 매출의 $\frac{3}{7}$이었으며, 올해 A 기업의 매출은 B 기업의 $\frac{5}{8}$라고 한다. 올해 A 기업의 매출은 작년 대비 19억 원이 증가했고, B 기업의 매출은 작년 대비 29억 원이 감소했다고 할 때, 올해 B 기업의 매출을 구하시오.

① 150억 원 ② 155억 원 ③ 160억 원
④ 165억 원 ⑤ 170억 원

10 작년 A 사업장의 전체 인원수는 90명이었으며, 올해 전체 인원은 116명이다. 작년 대비 통근버스를 활용하여 출근하는 인원은 20% 증가하였고, 기타 수단을 활용하여 출근하는 인원은 40%가 증가하였다고 할 때, 통근버스를 활용하여 출근하는 인원은 몇 명 증가했는가?

① 5명 ② 7명 ③ 9명
④ 10명 ⑤ 12명

11 A, B, C 트럭을 이용하여 짐을 나르려고 한다. 각 트럭당 적재할 수 있는 박스의 개수는 A 트럭 15개, B 트럭 20개, C 트럭 16개이다. 트럭의 수는 A가 B의 3배이고, 트럭의 대수는 총 17대라면 최대로 많이 실을 수 있는 박스의 개수는?

① 275박스 ② 276박스 ③ 277박스
④ 278박스 ⑤ 279박스

12 도로의 양측에 가로수가 심어져 있다. 한쪽에는 은행나무가 4m 간격으로 심어져 있으며, 다른 쪽에는 벚나무가 7m 간격으로 심어져 있다. 첫 나무는 도로의 각 출발 지점에서 심었으며, 은행나무는 도로의 마지막에 1m의 공백이 남았고, 벚나무는 2m의 공백이 남았다고 한다. 은행나무가 벚나무보다 22그루 많다고 할 때, 도로의 길이는 몇 m인가?

① 205m ② 207m ③ 210m
④ 212m ⑤ 216m

13 A사는 2023년 총 400명의 신입사원을 채용하였으며, 2024년의 신입사원 채용 인원수는 전년 대비 3% 감소하였다고 한다. 2024년에 채용된 신입사원들은 사내에서 진행하는 중국어와 영어 중 하나를 선택하여 외국어 수업 교육과정을 반드시 이수해야 한다. 중국어 수업의 경우 한 팀에 8명으로 진행되었으며 6명으로 구성된 팀이 1개 팀 있었다. 영어 수업은 중국어 수업과 팀의 개수는 같으나 한 팀에 6명씩 구성되었으며 4명으로 이루어진 팀이 1개 팀 있었다. 이 때, 외국어 수업이 진행되었던 팀의 총 개수를 구하시오. (단, 외국어 수업은 복수 수강이 불가하다.)

① 50개 팀　② 52개 팀　③ 54개 팀
④ 56개 팀　⑤ 58개 팀

14 A 공장의 지난달 마우스와 키보드 생산량 비율은 2 : 3이었다. 이번 달에는 마우스를 80개 더 생산하고, 키보드를 180개를 덜 생산했더니 생산량의 비율이 5 : 6이 되었다고 할 때, 이번 달 A 공장의 마우스와 키보드 생산량 합계는 얼마인가?

① 1,900개　② 2,000개　③ 2,100개
④ 2,200개　⑤ 2,300개

15 초콜릿 35개, 사탕 45개, 젤리 60개를 최대한 많은 학생들에게 똑같이 나누어 주려고 했더니 초콜릿은 3개 남고, 사탕은 3개 부족하고, 젤리는 4개가 남았다고 한다. 이때 나누어 주려고 계획한 학생은 최대 몇 명인가?

① 8명　② 10명　③ 12명
④ 14명　⑤ 15명

속력, 일률, 농도, 가격

필수 이론

유형 설명

- GSAT을 비롯한 기타 인적성 평가와 공기업 필기 시험에도 자주 출제되는 대표 유형이다.
- "속력, 일률, 농도, 가격" 유형은 각 유형별로 활용되는 주요 공식들이 있다.
- '22년 하반기부터 '24년 하반기까지 2년간 출제되지 않았다.

풀이 TIP

- 각 유형별 공식을 일일이 수식화시키는 것보다는 시인성과 연산 편의성을 위해서는 '도표화' 방법 활용을 추천한다.

1 도표화, 공배수 활용(작업량)

도표화 방법은 각 유형별로 주요하게 사용되는 공식을 직관적으로 표현함으로써 계산을 빠르고 정확하게 수행할 수 있다는 장점이 있다. 또한, 대부분의 문제에 적용이 가능하기 때문에 몇 번의 연습을 통해 본인의 것으로 만드는 것을 추천한다.

공배수 가정은 주요 유형에서 특정 수치가 주어지지 않는(트랙의 길이, 프로젝트의 양, 욕조의 용량 등) 경우 1이나 100으로 가정하지 않고, 계산 편의성을 위해 나누어야 하는 숫자들의 공배수로 가정하는 방법이다. 최근 출제 빈도가 높은 작업량 유형에 대해 알아보면 다음과 같다.

작업량에서 활용되는 공식은, 단위시간당 작업량 $= \frac{\text{작업량}}{\text{소요시간}}$ 이다. 이를 직관적으로 계산하기 위해서는 아래와 같이 도표화하는 것을 추천한다.

	상황 1	상황 2	상황 3
작		작업량	
소		소요 시간	
숙		숙련도(단위시간당 작업량)	

첫째 줄 = 나머지 두 줄을 곱한 값, 무조건 나뉘는 대상

둘째 줄 $= \frac{\text{첫 번째 줄}}{\text{세 번째 줄}}$

셋째 줄 $= \frac{\text{첫 번째 줄}}{\text{두 번째 줄}}$

각 상황마다 작업량, 소요시간, 숙련도 수치들이 세로로 정렬되어 있기 때문에 첫째 줄을 분자, 둘째 줄을 분모로 인식하면 연산이 직관적으로 된다. 문제에서 주어진 상황과 대상의 작업량, 소요시간, 숙련도를 기입하며 오른쪽으로 표를 확장시켜 나가면서 정답을 도출하는 데 활용하도록 한다.

2 도표화, 공배수 활용(속력)

속력 유형에서 활용되는 공식은, 속력(Velocity) $= \dfrac{\text{이동 거리(Distance)}}{\text{이동 시간(Time)}}$ 이다. 이를 직관적으로 계산하기 위해서는 아래와 같이 도표화하는 것을 추천한다.

	상황 1	상황 2	상황 3
D		이동 거리	
T		이동 시간	
V		속력(단위시간당 이동 거리)	

첫째 줄 = 나머지 두 줄을 곱한 값, 무조건 나뉘는 대상

둘째 줄 $= \dfrac{\text{첫 번째 줄}}{\text{세 번째 줄}}$

셋째 줄 $= \dfrac{\text{첫 번째 줄}}{\text{두 번째 줄}}$

앞서 소개했던 작업량 유형의 "작소숙" 도표화와 호칭만 다를 뿐 개념은 동일하다.

3 도표화 활용(농도)

농도 유형에서 활용되는 공식은, 소금물의 농도(%) $= \dfrac{\text{소금의 양(용질)}}{\text{소금물의 양(용매 + 용질)}} \times 100$이다. 이를 직관적으로 계산하기 위해서는 아래와 같이 도표화하는 것을 추천한다.

	상황 1	상황 2	상황 3
소		소금	
물		물	
소		소금물	
농		농도	

첫째 줄 = 세 번째 × 네 번째, 무조건 나뉘는 대상

셋째 줄 $= \dfrac{\text{첫 번째 줄}}{\text{네 번째 줄}}$

넷째 줄 $= \dfrac{\text{첫 번째 줄}}{\text{세 번째 줄}}$

앞서 소개했던 "작소숙", "DTV" 도표화와 유사하다. 단, 두 번째 줄에 물의 양이 추가되었다. 물의 양은 소금물에서 소금을 빼면 된다.

보통 용액의 농도 문제를 풀이하는 방법으로 비율법(농도와 소금물의 양을 서로 비교)을 이야기하곤 한다. 하지만, 요즘에 주로 출제되는 유형의 문제는 소금물이 아닌 물(용액)만을 더하거나 빼는 유형이 자주 출제되며 이러한 경우 비율법은 거의 무용지물에 가깝다. 따라서, 물의 양을 별도로 고려해야 하는 상황이 자주 발생하는 트렌드에서 활용이 가능하기 위해 물의 양을 추가하였다.

4 도표화 활용(가격)

가격 유형에서는 보통 할인판매나 묶음판매 등의 상황이 자주 주어지기 때문에 상황을 잘 파악하는 것이 무엇보다도 중요하다. 가격 유형에서 활용되는 공식은, 정가(판매가) = 원가 + 이익이다.

이를 직관적으로 계산하기 위해서는 아래와 같이 도표화하는 것을 추천한다.

	정	원	이
상황 1			
상황 2	정가 = 원가 + 이익		
상황 3			

'작소숙, DTV, 소물소농' 도표화는 각각 작업량, 속력, 농도 유형에서 활용되는 공식들이 나눗셈과 곱셈의 형태로 이루어져 있기 때문에 분모와 분자 형태를 고려하여 각 수치들을 세로로 나열하였었다. 하지만, 가격 유형에서는 덧셈과 뺄셈으로 이루어진 공식이 활용되므로 직관성을 위해서는 해당 수치들을 가로로 나열하고 각 상황들을 아래로 추가하는 것이 훨씬 편리하다.

'18년부터 가격 유형에서 수율과 불량률을 적용시킨 문제가 심심찮게 출제되었다. 불량률과 수율의 개념은 다들 알고 있을 것이다. 하지만 역산의 개념에 대해서는 익숙지 않을 수 있다. 예를 들어, '개당 생산비용 100원인 제품의 불량률이 10%라고 할 때, 정상품의 개당 생산원가는 얼마인가?'라는 상황이 있다면, 불량률이 10%이고, 불량률이 적용된 후에는 무조건 금액이 증가할 것이라는 두 가지 요인 때문에 생산원가 = 100원 ×110% = 110원이라고 생각하시는 분들이 적잖이 계실 것이다.
하지만 이는 잘못된 계산이다. 10개를 생산하는 상황을 가정해보면, 총 투입 비용은 100원 × 10개 = 1,000원이다. 이후 10%의 불량률이 적용되면, 정상품은 총 9개가 생산되며 정상품 9개에 똑같은 비율로 전체 투입비용인 1,000원이 배분되어야 한다. 즉, 정상품 1개당 생산원가는 총 비용을 정상품의 개수로 나눈 값 1,000원 ÷ 9개 = 111.11원이 되어야 한다. 이러한 상황에서 직관적으로 수식을 수립하고 계산하기 위해서는 개념 정립이 명확해야 한다. 우리는, 계산 수식을 바로 수립하지는 못하더라도 "불량률이 적용되어야 하니 숫자가 커져야 하겠구나." or "불량률을 적용하기 전 값을 계산해야 하기 때문에 결과값은 줄어들겠구나." 정도의 숫자 변화에 대한 감각은 갖게 될 것이다. 따라서 두 가지만 기억하도록 하자.

4.0. 수율, 불량률 관련 문제가 주어지면 "수율"을 활용하자.

4.1. 숫자가 커지는 방향(= 불량률이 적용된 값 산출)으로 계산해야 할 때는
"수율로 나누자!"
수율은 항상 1(= 100%)보다 작기 때문에 결과값은 커지게 된다.

4.2. 숫자가 작아지는 방향(= 불량률 적용 전 값을 산출)으로 계산해야 할 때는
"수율을 곱하자!"
수율은 항상 1(= 100%)보다 작기 때문에 결과값은 줄어들게 된다.

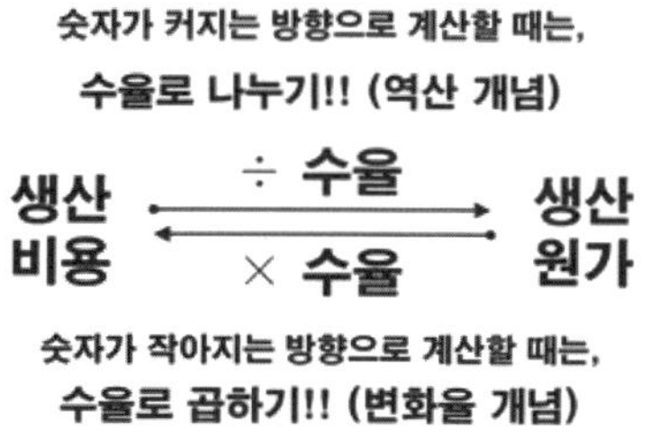

ex 1) 불량률 25%일 경우(= 수율 75%)

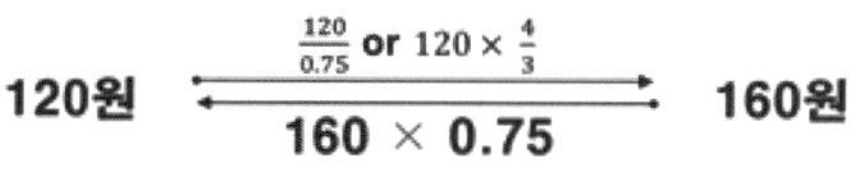

ex 2) 불량률 10%일 경우(= 수율 90%)

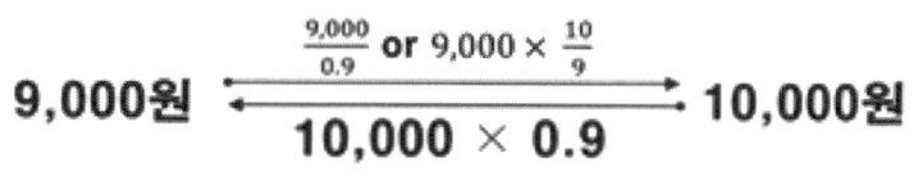

필수 유형 연습

예제 01 물탱크에 물을 가득 채우는 데 호스 A만을 사용하면 2시간, A와 B를 함께 사용하면 1시간 20분, B와 C를 사용하면 1시간이 걸린다고 한다. 호스 A, B, C를 모두 사용하면 물탱크에 물을 가득 채우기 위해 얼마의 시간이 소요되는가?

① 30분 ② 35분 ③ 40분
④ 45분 ⑤ 55분

치트키 풀이 상황 이해

A, B, C 모두 사용했을 때 얼마 걸리는지를 물었다. 그런데 A만 사용하면 2시간이고 B, C를 사용하면 1시간이니 B, C는 A를 2개 사용한 것과 같다. 결국 A, B, C 모두를 사용한다는 것은 A를 3개 사용한다는 것과 같으므로 A만 사용했을 때인 2시간 대비 3배 빠르게 끝날 것이다. 따라서 $\frac{2}{3}$ 시간 = 40분

치트키 풀이 도표화

	A	A, B	B, C	A, B, C
작	24	24	24	
소	2	$\frac{4}{3}$	1	
숙				

(1) 각 상황별 소요시간을 기입한다.
(2) 물탱크의 용량을 소요시간의 공배수인 24로 가정한다.
(계산 편의를 위한 방법이므로 반드시 최소공배수일 필요는 없다. 12, 24, 36, 120 모두 괜찮다.)

	A	A, B	B, C	A, B, C
작	24	24	24	24
소	2	$\frac{4}{3}$	1	$\frac{24}{36}$
숙	12	18	24	36

(3) 작업량(물탱크 24)을 각각 소요시간으로 나누어 숙련도를 구한다.
(4) A, B, C의 숙련도는 36으로 24의 물탱크를 채우는 데 걸리는 시간은 $\frac{24}{36}=\frac{4}{6}$ 시간 = 40분

일반 풀이

물탱크의 용량을 1로 가정하고, A, B, C를 사용하여 물을 가득 채우는 시간을 x라 하면,

$1=\frac{2}{A}=\frac{4}{3}\left(\frac{1}{A}+\frac{1}{B}\right)=\frac{1}{B}+\frac{1}{C}=x\left(\frac{1}{A}+\frac{1}{B}+\frac{1}{C}\right)$라 할 수 있다.

$\frac{1}{A}=0.5,\ \frac{1}{B}+\frac{1}{C}=1$이므로 $1=x(0.5+1) \Rightarrow x=\frac{1}{1.5}=\frac{4}{6}=40$분이다.

정답 ▶ ③

예제 02 **A, B, C는 공원을 두 바퀴씩 돌았다. 첫 번째 바퀴를 돌 때의 속력은 각각 2km/h, 4km/h, 3km/h였으며, 두 번째 바퀴를 돌 때의 속력은 각각 6km/h, 4km/h, 5km/h였다고 할 때, 공원을 도는 데 걸린 시간이 짧은 사람부터 차례대로 나열한 것으로 옳은 것을 고르시오.**

① A－B－C ② B－A－C ③ B－C－A
④ C－A－B ⑤ C－B－A

치트키 풀이

DTV 도표화로 풀이하자.

1) 각각 주어진 속력을 기입한다.

	A1	A2	B1	B2	C1	C2
D						
T						
V	2	6	4	4	3	5

2) 트랙의 길이를 6, 4, 5의 공배수인 120 정도로 가정하자.

3) 각 트랙을 도는 데 걸린 시간을 간단하게 계산할 수 있다.

	A1	A2	B1	B2	C1	C2
D	120					
T	60	20	30	30	40	24
V	2	6	4	4	3	5

4) A, B, C가 동일한 트랙을 도는 데 걸리는 시간이 각각 80, 60, 64이므로
걸린 시간이 짧은 순서대로 나열하면 B－C－A가 된다.

첨언 1. 주어진 속력을 단순히 산술평균 했을 때, 세 명 모두 4km/h이기 때문에 평균 속력이 같으니까 시간도 똑같지 않나?라고 생각한 사람은 문제를 풀면서 속으로 계속 갸우뚱할 수 있다. 산술평균이 적용 가능하기 위해서는 거리가 한 바퀴씩으로 같은 상황이 아니라 '걸었던 시간이 2시간씩으로 같았다'처럼 시간이 동일한 상황으로 주어졌어야 한다.

첨언 2. 실제로 평균 속력은 편차가 좁을수록 시간이 짧다는 원리를 알고 있었다면, 별도의 계산 없이 바로 4&4－3&5－2&6의 순서대로 빨랐다는 것을 알 수 있었을 것이다.

정답 ▶ ③

예제 03 비커 A에는 농도 12%의 소금물 500g이 들어있고, 비커 B에는 농도 15%의 소금물이 400g 들어있다. A는 기존 용량의 20%를 증발시키고, B는 50%를 증발시킨 후 A와 B를 섞은 혼합물의 농도는 얼마인가?

① 13%　② 15%　③ 18%
④ 20%　⑤ 22%

치트키 풀이 도표화

"소물소농" 도표화로 풀어보자

	A	B	A 20% 증발	B 50% 증발	섞어
소	60	60			120
물			−100	−200	
소	500	400			600
농	0.12	0.15			20.0%

1) A 농도 0.12, 소금물 500, 소금 60(=500×0.12)
2) B 농도 0.15, 소금물 400, 소금 60(=400×0.15)
3) A의 20% 증발이므로 물 −100(=500×0.2)
4) B의 50% 증발이므로 물 −200(=400×0.5)
5) 섞은 혼합액의 소금은 120(=60+60), 용량은 600(= 500 + 400 − 100 − 200)
6) 따라서, 농도는 $\frac{120}{600} = \frac{20}{100} = 20\%$

일반 풀이

이 문제는 '증발' 상황에서 소금까지 한꺼번에 덜어내었다면 13%로 오답을 선택하게 되는 문제이다.

$\text{농도} = \frac{\text{소금}}{\text{소금물}}$ 이므로 혼합액을 기준으로 정리하면,

$$\text{혼합액의 농도} = \frac{A\text{의 소금} + B\text{의 소금}}{A\text{의 소금물} + B\text{의 소금물}} = \frac{500\times12\% + 400\times15\%}{500\times(1-0.2) + 400\times(1-0.5)} = \frac{60+60}{400+200}$$

$$= \frac{120}{600} = \frac{20}{100} = 20\%\text{이다.}$$

정답 ▶ ④

예제 04 카페에서 조각 케이크를 3개를 한 세트로 묶어 20% 할인하여 판매하고 있다. 할인 판매하는 경우 조각 케이크의 이익률은 20%이며, 다섯 세트 판매 시 이익금은 15,000원이라고 할 때, 할인하지 않고 판매되는 조각케이크의 개당 이익률은 얼마인지 구하시오.

① 25% ② 30% ③ 40%
④ 45% ⑤ 50%

치트키 풀이 정원이 도표화

정가 = 원가 + 이익을 표현하는 정원이 도표를 활용하여 상황을 정리하자.

	정	원	이
−20%, 5묶음 (15)	90,000	75,000	15,000
−20% (1)	6,000	5,000	1,000
−0% (1)	7,500	5,000	2,500

첫째 줄) 20% 할인된 5묶음(15개) 판매 시 이익금은 15,000원이며 이익률은 20%이므로 원가는 75,000(=15,000÷0.2 또는 15,000×5)이다. 즉, 판매가는 90,000(=75,000+15,000)원임을 알 수 있다.

둘째 줄) 케이크 1개당 20% 할인가는 6,000(=90,000÷15), 원가는 5,000(=75,000÷15), 이익금은 1,000(=15,000÷15)이다.

셋째 줄) 20% 할인가 6,000원을 0.8로 나누거나 $\times\frac{5}{4}$ 하여 정가가 7,500임을 알 수 있다. 원가는 5,000원으로 불변이므로 이때의 이익금은 2,500원이고 이는 원가 대비 50%이다.

일반 풀이

케이크의 정가를 x, 원가를 y라 하면, 판매가=원가+이익이므로 15×0.8x=15y+15,000이다.

즉, 0.8x=y+1,000이며, 이때의 이익금 1,000원은 원가 y의 20%이므로 0.2y=1,000이다. 따라서, 원가 y=5,000원임을 알 수 있다.

0.8x=5,000+1,000 → x=7,500원이다. 정가가 7,500원이고 원가가 5,000원이므로 이익금은 2,500원이며, 이는 원가 대비 50%이다.

따라서, 정가 판매 시 이익률은 50%이다.

정답 ▶ ⑤

예제 05 **A 공장에서는 제품 X를 하나 생산할 때 18만 원의 비용이 투입되며 10%의 불량이 발생된다. B 공장에서 X를 생산하면 15%의 불량이 발생되며, 두 공장에서의 개당 생산 원가는 동일하다고 할 때, B 공장에서 X 생산을 위해 투입되는 비용은 얼마인가?**

① 16만 원　② 16만 5천 원　③ 17만 원
④ 17만 5천 원　⑤ 18만 5천 원

치트키 풀이

A는 18만 원에서 불량률 10%(= 수율 90%)이므로 제조원가는 $\frac{18}{0.9}=20$이다.

B의 제조원가 20에서 불량률 15%만큼 빼면 투입비용은 $20-(20\times0.15)=17$이다.

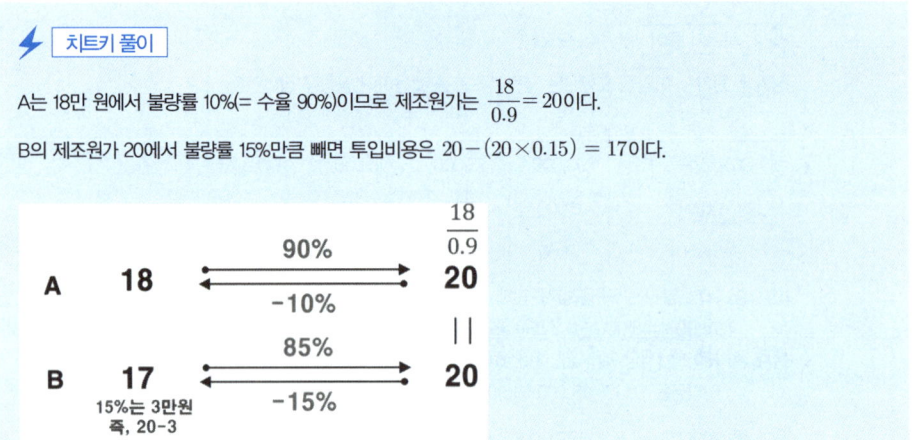

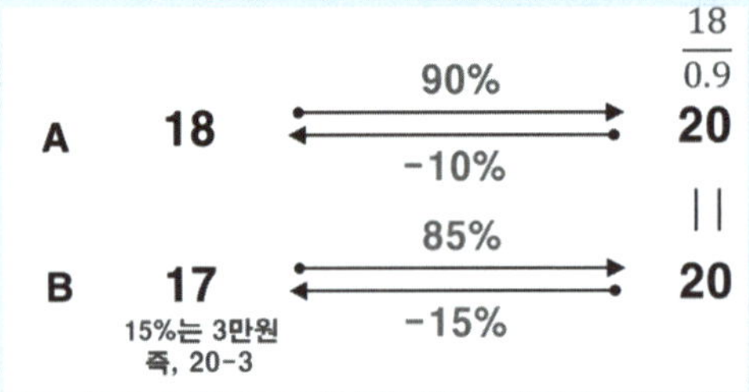

정답 ▶ ③

빈출 유형 공략

해설 p. 19

01 제품 A와 B의 원가 합계는 11,000원이며, 각 제품의 원가 대비 이익률을 제품 A는 20%, 제품 B는 30% 적용하여 판매하고 있다. 제품 A와 B를 3개씩 판매하여 8,400원의 이익금이 발생했다면, 제품 A의 원가는 얼마인가?

① 4,000원 ② 4,500원 ③ 5,000원
④ 5,500원 ⑤ 6,000원

02 월간 보고서를 작성 완료하는 데 A는 5시간이 걸리며, B는 3시간 30분이 걸린다. A와 B가 함께 한 시간 동안 작성 후 B 혼자 나머지를 작성하여 보고서를 완료했다고 했을 때, B가 혼자 작성했던 시간은 얼마인가?

① 1시간 ② 1시간 12분 ③ 1시간 24분
④ 1시간 36분 ⑤ 1시간 48분

03 최사원은 매일 같은 경로를 주행하여 평균 36km/h의 속력으로 출근하고, 평균 60km/h의 속력으로 퇴근한다. 퇴근 시간이 출근 시간보다 12분 더 적게 소요된다고 할 때, 최사원의 출퇴근 평균 속력을 구하시오.

① 40km/h ② 42km/h ③ 45km/h
④ 48km/h ⑤ 50km/h

04 농도 10%의 소금물이 들어있는 비커 A에서 전체 용량의 40%만큼을 증발시켰다. 이후 농도 15%의 소금물 200g을 추가했을 때 농도 16%의 소금물이 만들어졌다면, 증발 전 비커 A에 들어있던 소금물의 용량은 얼마였는지 구하시오.

① 400g ② 450g ③ 500g
④ 550g ⑤ 600g

05 A 회사에서 시행하는 직무능력평가는 언어, 수리, 추리, 시각의 네 가지 영역에서 출제되며 각 영역별 만점은 100점이다. 지성이의 점수는 언어와 수리 영역 점수의 합이 135점이었으며, 수리, 추리, 시각 영역의 합은 219점이었다. 지성이의 평균 점수가 71점이었다고 할 때, 수리 영역의 점수를 구하시오.

① 68점 ② 69점 ③ 70점
④ 71점 ⑤ 72점

06 농도 3%의 소금물 A와 농도 10%의 소금물 B 150g을 섞어 8% 소금물이 만들어졌을 때, 사용된 3% 소금물의 용량은 얼마인가?

① 50g ② 55g ③ 60g
④ 65g ⑤ 70g

07 15% 소금물 500g에서 한 컵의 소금물을 퍼낸 후 같은 무게의 물을 부었더니 6% 소금물 500g이 되었다. 퍼낸 소금물의 무게는 얼마인가?

① 270g ② 300g ③ 320g
④ 330g ⑤ 350g

08 C마트에서는 멜론 한 통에 원가 대비 40% 이익률을 적용하여 정가 판매하고 있다. 판매가 원활하지 않아 정가 대비 20% 할인하여 한 통을 판매한 뒤 발생되는 이익이 600원이었다면, 멜론 한 통의 원가는 얼마인가?

① 3,000원 ② 4,000원 ③ 5,000원
④ 6,000원 ⑤ 7,000원

09 A와 B는 45km 떨어진 거리에서 서로 마주 보고 이동하고 있다. A는 B를 향해 15km/h의 속력으로 이동 중이며, B는 A가 출발한 뒤 40분 후에 A를 향해 이동하기 시작했다. A가 출발한 지 2시간 20분 후 A와 B가 만났다고 할 때, B의 속력을 구하시오.

① 4km/h ② 4.5km/h ③ 5km/h
④ 5.5km/h ⑤ 6km/h

10 신발 10켤레를 생산하는데 장비 A는 1.5시간이 소요되며, 장비 B는 1.8시간이 소요된다. 신발 20켤레를 생산하기 위해 A와 B를 1시간 동안 함께 사용한 뒤 나머지는 A만을 사용하였다면 제품 생산 완료까지 소요된 전체 시간은 얼마인가?

① 2시간 4분 ② 2시간 10분 ③ 2시간 17분
④ 2시간 24분 ⑤ 2시간 30분

11 에어컨 1대 설치를 위해 A팀은 4시간, B팀은 5시간, C팀은 6시간이 소요된다. 에어컨 5대 설치를 위해 A, B, C팀이 동시에 5시간을 작업한 뒤 B팀이 작업에서 제외된 후 나머지 A팀과 C팀이 설치를 마무리 했다면 전체 작업이 완료되는 데 소요되는 시간은 얼마인가?

① 9시간 ② 9시간 12분 ③ 9시간 24분
④ 9시간 36분 ⑤ 9시간 48분

12 지성이는 스케이트를 신고 원형으로 된 트랙을 달리고 있다. 트랙 절반을 달린 후의 평균 속력은 40km/h였다. 남은 트랙을 모두 돌았을 때 전체 평균 속력이 48km/h가 되기 위해서는 나머지 구간을 시속 몇 km로 달려야 하는가?

① 52km/h ② 54km/h ③ 56km/h
④ 58km/h ⑤ 60km/h

13 비커 A에는 농도 20%의 소금물 500g, B에는 농도 15%의 소금물 400g이 들어있다. 비커 A와 B 용액에 들어있던 물의 절반씩을 각각 증발시킨 뒤 A와 B를 섞었다. 이후 일정 용량의 물을 추가하여 농도 25%의 혼합액을 만들었다면, 추가된 물의 용량은 얼마인가?

① 100g　② 110g　③ 120g　④ 130g　⑤ 140g

14 동일한 농도의 소금물이 비커 A와 B에 각각 500g, 200g 담겨 있다. 고온 챔버 1호기에 소금물을 넣을 경우 수분이 기존의 $\frac{7}{9}$로 줄어들고, 가습 챔버 2호기에 소금물을 넣을 경우 수분이 기존의 $\frac{14}{9}$로 늘어난다고 한다. 비커 A에 들어 있는 소금의 양이 50g이라면, 1호기를 거친 비커 A와 2호기를 거친 비커 B를 섞었을 때의 혼합물의 농도는 얼마인가?

① 10%　② 10.5%　③ 11%　④ 12.5%　⑤ 15%

15 전자제품 매장에서는 컴퓨터를 정가 대비 20% 세일하여 판매 중이다. 세일가격으로 판매 시 이익률은 원가 대비 12%이며, 5대를 판매하면 이익금이 90만원이다. 세일하지 않고 정가에 컴퓨터 3대를 판매했을 때의 총 이익금은 얼마인가?

① 150만 원　② 165만 원　③ 180만 원　④ 195만 원　⑤ 210만 원

16 작업자 A가 제품 X를 혼자서 검사 완료하는 데 걸리는 시간은 4시간이다. 작업자 B는 혼자 검사할 때 A 대비 절반의 시간이 걸리며, 작업자 C는 혼자 검사하면 B가 검사하는 시간의 세 배가 소요된다고 한다. 오후 2시부터 A와 B가 한 시간 동안 함께 검사 작업을 한 뒤, C에게 나머지를 인계하고 퇴근하였다고 할 때, 제품 X의 검사가 완료되는 시각은 언제인가?

① 4시　② 4시 15분　③ 4시 30분　④ 4시 45분　⑤ 5시

17 농도 15%의 소금물에서 전체 용량의 5%만큼을 증발시켰다. 이후 농도 30%의 소금물 200g을 추가했더니 농도 20%의 소금물이 되었다. 증발 전 농도 15% 소금물의 용량은 얼마인가?

① 400g ② 450g ③ 500g
④ 550g ⑤ 600g

18 진수는 스포츠카로 트랙을 네 바퀴 도는 훈련을 진행 중이다. 트랙을 세 바퀴 주행한 뒤 평균 속력이 150km/h였다면, 네 바퀴를 모두 완주한 뒤 전체 평균 속력이 160km/h가 되기 위해서는 네 번째 트랙을 평균 얼마의 속력으로 주행해야 하는가?

① 185km/h ② 190km/h ③ 195km/h
④ 200km/h ⑤ 210km/h

19 P 제과점에서는 케이크와 아메리카노를 판매하고 있다. 케이크 한 통의 원가는 12,000원이며 원가 대비 이익률 50%를 적용하여 판매 중이고, 아메리카노는 한 잔에 2,000원의 가격으로 판매하고 있다. 이번 달에는 케이크와 아메리카노를 동시에 구매할 경우 총 구매 금액에서 10%를 할인해 주는 행사를 진행하고 있다. 10% 행사 상품 판매 시 P 제과점의 이익금이 5,000원이라면 아메리카노의 원가는 얼마인가?

① 500원 ② 750원 ③ 1,000원
④ 1,250원 ⑤ 1,500원

20 유속 5km/h인 강에서 일정한 속도로 움직이는 보트를 타고 4km 거리에 위치한 하류 선착장까지 가는 데 16분이 걸렸다. 선착장에서 출발하여 강을 거슬러 처음 출발한 지점까지 돌아가는 데 걸리는 시간은 얼마인가?

① 32분 ② 36분 ③ 40분
④ 44분 ⑤ 48분

확률과 경우의 수

필수 이론

유형 설명

- 수리영역 20문항 중 약 1~2문항이 출제된다.
- 경우의 수를 고려하는 유형과 조건부 확률 유형이 주로 출제된다.
- 줄 세우기, 원형 탁자에 앉히기, 선출하기 등 공식을 바로 활용할 수 있는 유형들은 잘 출제되지 않는다.
- 방정식 유형과 마찬가지로 문제에서 주어진 상황을 그리고 쓰면서 잘 파악하는 것이 가장 중요하다.

풀이 TIP

- 확률과 경우의 수 유형에서 가장 주의해야 할 것은, 오답을 산출하는 것이다. 문제의 상황이 제대로 파악되지 않은 상태에서 숫자 계산을 중심으로 문제를 풀이하다 보면 오답을 산출하게 되는 경우가 잦다. 즉, 계산은 다 해놓고 오답을 고르는 경우가 빈번히 발생하기 때문에 타 유형 대비 오답률이 높은 유형이다.
- 따라서, 처음부터 숫자를 기입하며 계산 작업을 하는 것보다는 문제에서 정확히 뭘 구해야 하는지 파악하는 것이 중요하다. 확률과 경우의 수 유형은 빨리 풀이하는 것보다 정확히 풀이하는 것이 더 중요하다.
  1) '뭘 구해야 하는가?'라는 질문을 머릿속에 넣고 문제 상황을 그림도 그리고 써보면서 정답 대상을 정의한다.
  2) 뭘 구해야 하는지에 대한 정의가 끝났다면 이에 필요한 계산만을 수행한다.

1 경우의 수

문제에서 구해야 할 대상을 명확히 정의하는 데 집중한다.

2 조건부 확률

조건부 확률 유형은 한번 이해하고 나면 너무나도 쉬운 유형이 되지만, 조건부 확률에 대한 개념이 익숙지 않거나 헷갈린다면 아무리 풀어도 실력이 잘 늘지 않았을 것이다. 우선 개념을 이해하고, 풀이 요령을 함께 살펴보도록 한다.

사건 B가 일어났을 때(이러한 조건하에서) A가 발생할 확률이다.

다음과 같이 표기할 수 있으며, 결국 조건부 확률을 구하기 위해서는 B가 발생될 확률 P(B), A와 B가 동시에 발생될 확률 $P(A \cap B)$ 두 가지를 구해야 한다.

$$P(A|B) = \frac{P(A \cap B)}{P(B)}$$

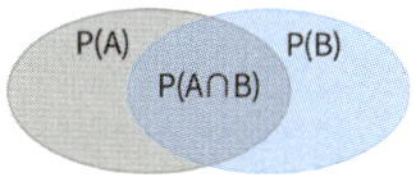

문제에서는 보통

- B 했을 경우, A 할 확률?
- B일 때, A일 확률?
- B였을 때, A였을 확률은?

으로 표현된다.

먼저 서술되는 B가 '분모', 뒤에 서술되는 A와 B의 교집합이 '분자'이며, 당연히 분자값은 분모값의 일부분이다. 이후 문제 풀이에서 설명하겠지만, $\frac{P(A \cap B)}{P(B)}$ 라는 "조건부 확률"은 결국 "분자 : 분모의 비율"을 묻는 문제이다. 따라서, 수식을 전개할 때 약분을 미리 해 놓는다면 더욱 수월한 연산이 가능하다.

3 확률 기본

일반적으로는 확률 곱셈의 형태로 상황이 주어지지만, 가끔 공식을 바로 활용할 수 있는 문제들도 출제된다.

- x명을 한 줄로 세우시오 : $x!$
- x명을 원형 탁자에 앉히시오 : $(x-1)!$
- x명 중 순서대로 y명 뽑으시오 : ${}_xP_y = \frac{x!}{(x-y)!} = x!$을 y번 계산
- x명 중 순서와 관계없이 y명 뽑으시오 : ${}_xC_y = \frac{{}_xP_y}{y!}$

이 중 특히 ${}_xP_y$와 ${}_xC_y$를 사용하는 것이 익숙하다면 활용하는 것이 좋지만, 익숙하지 않아도 문제 풀이에는 큰 지장이 없으므로 굳이 스트레스 받으면서 이 공식을 끼워 넣으려 하지 말자. 확률은 상황만 잘 이해하면 수식은 저절로 따라 온다.

필수 유형 연습

예제 01 **대리 5명과 과장 4명인 팀에서 3명의 출장 인원을 뽑을 때, 출장자 중 대리와 과장이 적어도 1명씩 포함될 확률을 구하시오.**

① $\frac{5}{6}$　　② $\frac{3}{4}$　　③ $\frac{2}{3}$

④ $\frac{7}{12}$　　⑤ $\frac{1}{2}$

일반 풀이 **경우의 수**

'적어도'라는 표현이 나오면, 여사건의 개념을 떠올리는 것이 유리하다.
전체 경우의 수에서 3명을 뽑았을 때 모두 대리이거나 모두 과장이 뽑히는 경우의 수를 제외하자.

즉, $\frac{\text{전체}-\text{3명 모두 대리}-\text{3명 모두 과장}}{\text{전체}}$ 이므로,

$$\frac{{}_9C_3-{}_5C_3-{}_4C_3}{{}_9C_3}=\frac{\frac{987}{321}-\frac{543}{321}-\frac{432}{321}}{\frac{987}{321}}=\frac{84-(10+4)}{84}=\frac{70}{84}=\frac{5}{6}$$

일반 풀이 **확률곱셈 풀이**

P(전체) − P(3명 모두 대리) − P(3명 모두 과장)이다.

$$1-\left(\frac{5}{9}\times\frac{4}{8}\times\frac{3}{7}\right)-\left(\frac{4}{9}\times\frac{3}{8}\times\frac{2}{7}\right)$$

$$=1-\frac{5}{42}-\frac{1}{21}=\frac{35}{42}=\frac{5}{6}$$

GSAT에서의 확률과 경우의 수 문제 난이도는 딱 이정도 수준이다. 너무 겁먹지 말자.

정답 ▶ ①

예제 02 신입사원 6명이 2인 1조로 A, B, C 3개 조를 구성하여 장기자랑을 준비할 계획이라고 할 때, 조 구성이 가능한 모든 경우의 수를 구하시오.

① 60가지 ② 90가지 ③ 120가지
④ 150가지 ⑤ 180가지

일반 풀이 **조합공식 풀이**

첫 번째 조 구성을 위해 6명 중 2명을 뽑고, 두 번째 조 구성을 위해 4명 중 2명을 뽑으면 된다.(나머지 2명은 1개조 되므로 경우의 수에 포함하지 않아도 됨)

따라서, 전체 경우의 수는 ${}_6C_2 \times {}_4C_2 = 15 \times 6 = 90$가지이다.

일반 풀이 **순열공식 풀이**

신입사원을 한 명씩 차례대로 일렬로 세운 후 2명씩 묶어 1개조를 구성한다. 이 때, 같은 조에서는 순서가 관계없기 때문에, 각 조에서 중복되는 경우의 수를 제거한다.

따라서, 전체 경우의 수는 $\frac{6!}{2 \times 2 \times 2} = \frac{720}{8} = 90$가지이다.

GSAT에서의 확률과 경우의 수 문제 난이도는 딱 이정도 수준이다. 너무 겁먹지 말자.

정답 ▶ ②

예제 03 10명의 직원을 대상으로 총 4일 동안 하루씩 휴가를 배정하려 한다. 1일 휴가 인원을 3명 이하로 제한할 때, 휴가를 분배할 수 있는 경우의 수를 구하시오. (단, 각 직원들의 휴가 사용 날짜는 고려하지 않는다.)

① 10가지 ② 12가지 ③ 14가지
④ 16가지 ⑤ 18가지

10명이 4일 동안 3명 이하로 분배되는 상황은 [3,3,3,1]과 [3,3,2,2]의 2가지 상황이다.

일반 풀이 **상황풀이**

1) [3,3,3,1] 상황 : [3,3,3,1], [3,3,1,3], [3,1,3,3], [1,3,3,3]의 4가지
2) [3,3,2,2] 상황 : [3,3,2,2], [3,2,2,3] [2,2,3,3], [3,2,3,2], [2,3,2,3], [2,3,3,2]의 6가지로 총 10가지이다.

일반 풀이 **공식풀이**

1) [3,3,3,1] 상황 : ${}_4C_1 = 4$가지
2) [3,3,2,2] 상황 : ${}_4C_2 = 6$가지로 총 10가지이다.

정답 ▶ ①

예제 04 **팀장, 과장, 대리 3명의 인원이 해외 출장에서 4명의 고객들과 원탁에 앉아 회의를 진행하려고 한다. 과장은 통역을 위해 팀장의 옆자리에 나란히 앉아야 할 때, 전체 인원이 원탁에 앉을 수 있는 경우의 수를 구하시오.**

① 48가지 ② 60가지 ③ 120가지

④ 240가지 ⑤ 480가지

일반 풀이

전체 인원은 7명 중 나란히 앉아야 하는 팀장과 과장을 하나로 묶어 생각하면, 총 6명의 인원이 원탁에 앉는 상황과 같다.

따라서 $(6-1)!=120$가지의 경우에서 하나로 묶었던 팀장과 과장이 서로 자리를 바꿀 수 있으므로 전체 경우의 수는 $(6-1)! \times 2=240$가지이다.

정답 ▶ ④

예제 05 5.8인치와 6.9인치 두 종류의 휴대전화에는 각각 배터리 A나 B 둘 중 한 가지가 사용되고 있다. 5.8인치 제품에서 배터리 A의 비중은 64%, 6.9인치 제품에서 배터리 A의 비중은 70%라고 한다. 제품 분석을 위해 5.8인치 4대, 6.9인치 6대를 구매하여 그 중 하나를 분해하였을 때 해당 제품의 배터리가 B였다면, 분해한 제품이 5.8인치 제품일 확률은 얼마인가?

① $\frac{4}{9}$　　② $\frac{13}{27}$　　③ $\frac{14}{27}$

④ $\frac{5}{9}$　　⑤ $\frac{16}{27}$

치트키 풀이

상황을 정리한 뒤 각 상황에서 '발생확률의 비율'을 산출하여 연산에 활용한다.
5.8인치와 6.9인치의 선택 비율은 2:3, 배터리 B의 각각 비율은 6:5이다.

따라서 조건부 확률은 $\frac{12}{12+15}=\frac{12}{27}=\frac{4}{9}$이다.

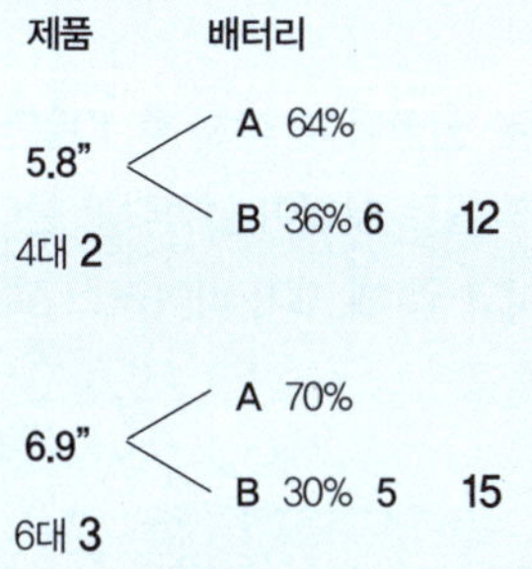

일반 풀이

$\frac{P(5.8인치 \cap 배터리\ B)}{P(배터리\ B)}$이므로 $\frac{0.4\times0.36}{0.4\times0.36+0.6\times0.3}=\frac{4}{9}$이다.
(약분과 통분을 통한 계산 요령은 각자 다르기 때문에 세부 수식 전개는 생략하였음.)

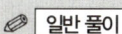

정답 ▶ ①

빈출 유형 공략

해설 p. 26

01 올해 영업 1팀에는 여자 신입사원 2명이 새로 입사하였다. 신입사원 환영회로 영업 1팀 전원 14명 중 일부와 신입사원 2명이 저녁식사를 하려고 한다. 식사장소에 준비된 원형 테이블에서 신입직원을 서로 이웃하게 위치시킬 경우 회식 참석 전원이 테이블에 앉을 수 있는 경우의 수가 총 240가지라고 한다면, 신입사원 환영회에 참석한 기존 영업 1팀 인원은 몇 명인가?

① 4명　② 5명　③ 6명
④ 7명　⑤ 8명

02 바이러스 A는 보균자와 함께 식사할 경우 75%의 확률로 전염되며, 식사 후 10일 내에 감염자는 84%의 확률로 발열 증상을 보였고, 비감염자는 93%의 확률로 발열이 없었다고 한다. B가 바이러스 보균자와 밥을 먹은 후 10일 내에 발열 증상을 보였다고 할 때, B가 바이러스 A에 감염되지 않았을 확률은 얼마인가?

① $\frac{1}{37}$　② $\frac{2}{37}$　③ $\frac{3}{37}$
④ $\frac{4}{37}$　⑤ $\frac{5}{37}$

03 A, B, C, D, E, F 여섯 명의 모임에서 대표를 1명 선출하려고 한다. 대표는 매일 하루 1회씩 선출 할 예정이며, 대표를 했던 인원은 다음 선출 시 대상에서 제외된다고 한다. 내일 첫 대표 선출 후 3일 동안 C가 대표를 2회 할 확률은?

① $\frac{1}{60}$　② $\frac{1}{30}$　③ $\frac{1}{15}$
④ $\frac{1}{12}$　⑤ $\frac{1}{10}$

04 빨간공 2개, 파란공 2개, 노란공 2개가 한 상자에 담겨져 있다. 상자에 들어있는 공을 하나씩 꺼내어 세 개의 주머니에 각각 두 개씩 차례대로 나누어 담았을 때, 각 주머니에 같은 색의 공이 들어있을 확률은 얼마인가?

① $\frac{1}{10}$ ② $\frac{1}{12}$ ③ $\frac{1}{15}$
④ $\frac{1}{30}$ ⑤ $\frac{1}{60}$

05 제조팀 6명과 영업팀 4명을 대상으로 3명의 파견자를 선출하려 한다. 이때, 파견자로 선출된 3명이 제조팀 2명과 영업팀 1명으로 구성될 확률을 구하시오.

① $\frac{1}{6}$ ② $\frac{1}{5}$ ③ $\frac{1}{4}$
④ $\frac{1}{3}$ ⑤ $\frac{1}{2}$

06 11명의 선수를 5명, 6명의 2개 조로 나눈 후, 조별로 한 명의 선수가 다른 모든 선수와 한 번씩 승부를 겨루는 리그전 방식으로 경기를 진행한다. 이후 각 조의 상위 2명이 본선에 진출한 뒤 토너먼트 방식을 통해 1위부터 4위까지의 순위가 정해진다. 예선 경기의 관람료는 경기당 1만 원, 본선 경기의 관람료는 경기당 2만 원이라고 할 때, 해당 경기를 모두 관람하기 위해 필요한 총 금액은 얼마인가?

① 33만 원 ② 35만 원 ③ 38만 원
④ 41만 원 ⑤ 44만 원

07 반도체 회사에서는 제품 S를 공장 A에서 40%, 공장 B에서 60%의 비중으로 생산하고 있다. 각 공장에서 불량이 발생할 확률은 A 공장 5%, B 공장 10%라고 한다. 제품 S를 하나 생산하였는데 해당 제품이 불량이었을 경우, 이 제품이 B 공장에서 생산되었을 확률은 얼마인가?

① $\frac{1}{2}$ ② $\frac{3}{5}$ ③ $\frac{3}{4}$
④ $\frac{7}{9}$ ⑤ $\frac{7}{8}$

08 독서 토론 모임은 30대 3명과 40대 3명으로 구성되어 있다. 오늘 발표자를 2명 선출한다고 할 때, 이 중 30대가 최소 1명 이상 포함되어 있을 확률을 구하시오.

① $\frac{1}{2}$ ② $\frac{2}{3}$ ③ $\frac{3}{4}$
④ $\frac{4}{5}$ ⑤ $\frac{5}{6}$

09 여자 선수 2명, 남자 선수 4명으로 구성된 계주 팀이 있다. 여자 선수가 연속으로 뛸 수 없을 때, 계주 순서를 결정하는 방법은 모두 몇 가지인가?

① 48가지 ② 120가지 ③ 240가지
④ 480가지 ⑤ 720가지

10 주사위를 던져 1이 나오면 상품 획득, 5 이상이 나오면 진행자와 가위바위보를 해서 승리해야 상품을 획득할 수 있다. 진행자와의 가위바위보는 첫 판에서 비기면 한번 더 진행하며, 두 번을 비기면 상품을 획득할 수 없다. 이 행사에서 상품을 획득할 수 있는 확률은 얼마인가?

① $\frac{13}{54}$ ② $\frac{7}{27}$ ③ $\frac{5}{18}$
④ $\frac{8}{27}$ ⑤ $\frac{17}{54}$

11 비가 온 다음날에는 $\frac{3}{5}$ 확률로 비가 오고, 비가 오지 않은 다음날에는 $\frac{3}{4}$ 확률로 비가 오지 않는다고 한다. 월요일에 비가 왔다면, 수요일에 비가 올 확률은 얼마인가?

① $\frac{3}{10}$ ② $\frac{9}{25}$ ③ $\frac{2}{5}$
④ $\frac{23}{50}$ ⑤ $\frac{1}{2}$

12 S 반도체에서 제품 A를 생산할 때 불량 발생 확률은 5%이며, 불량 검수를 위해 사용하는 장비가 판정을 틀리게 할 확률은 10%라고 한다. 제품 A가 생산된 후 검사 장비가 이를 불량이라고 판정했을 경우, 실제로 이 제품이 정상일 확률은 얼마인가?

① $\frac{9}{28}$ ② $\frac{5}{14}$ ③ $\frac{7}{14}$

④ $\frac{17}{28}$ ⑤ $\frac{19}{28}$

13 1~6의 눈이 그려진 주사위 네 개를 한꺼번에 던져 네 눈을 모두 곱한 값이 짝수일 경우 상품을 얻는 행사가 진행되고 있다. 한 번 던져 상품을 얻을 확률은 얼마인가?

① $\frac{23}{36}$ ② $\frac{3}{4}$ ③ $\frac{13}{16}$

④ $\frac{7}{8}$ ⑤ $\frac{15}{16}$

14 A, B, C 세 명의 선수가 팔씨름 경기에서 승부를 겨루고 있다. A는 부전승으로 결승 경기를 준비 중이며, B와 C가 승부를 겨루어 이긴 선수가 A와 결승전을 갖게 된다. A가 B를 이길 확률은 40%, A가 C를 이길 확률은 70%이며, B가 C를 이길 확률은 60%라고 할 때, A가 우승하게 될 확률은 얼마인가?

① 48% ② 50% ③ 52%

④ 55% ⑤ 58%

15 A는 강아지 9마리와 고양이 6마리가 있는 애완샵에 방문하여 애완동물 한 마리를 분양 받았다. A가 보유하고 있는 장난감을 강아지는 60% 확률, 고양이는 30% 확률로 좋아하며, 샵에서 분양받은 애완동물이 장난감을 좋아한다고 할 때, 그 동물이 고양이일 확률을 구하시오.

① $\frac{1}{4}$ ② $\frac{1}{5}$ ③ $\frac{1}{6}$

④ $\frac{1}{8}$ ⑤ $\frac{3}{8}$

필수유형 **04** | Chapter 01 응용수리

수식과 수열 응용

필수 이론

유형 설명

- 18번 문항은 보통 도표나 수식을 제시하고 이를 활용하는 연산 문제가 출제되어 왔다.
- 20번 문항은 수열을 응용한 문제가 출제되어 왔다.
- 벤다이어그램 유형은 '21년 하반기 이후 출제되지 않고 있다.

풀이 TIP

- 연산 문제는 2원 1차 연립방정식뿐만 아니라 2차 방정식이나 제곱, 제곱근 형태의 내용도 출제되었으므로 미리 연습할 필요가 있다.

1 수열 활용

총 20문제에서 0 ~ 1문제 정도가 출제되어 왔으며, 특정 유형으로 구분하기 힘들 정도로 새로운 유형의 문제가 출제되어 왔었다. 그중 대표적인 유형은, 수식이나 도표 또는 그림을 제시한 뒤 해당 정보를 통해 추가 내용을 계산하는 형태이다. 서술형의 방정식 유형에서 정보가 주어지는 형태가 변형된 유형이라고 볼 수 있다.

'17년부터 '20년까지는 단일항 수열이 주어지는 것이 대부분이었다. 즉, 단일항에서의 수열법칙을 추론하는 것이 주를 이루었다.

하지만, '21년 이후 2개의 수열이 주어지고, 두 수열의 차이/합계/역전 등을 묻는 문제의 빈도수가 높아지고 있다. 특히, '23년부터는 2개의 수열이 주어지는 문제만 출제되고 있다. 다행인 것은, 2개 수열 모두 계차수열(등차수열 포함)로 수열 법칙은 빠르게 파악할 수 있는 쉬운 수준이었다.

수열 문제의 난도는 그다지 높지 않으며, 굳이 수열을 수식화하지 않아도 직접 기입하며 수열을 확장하는 형태로 풀이하면 어렵지 않게 풀 수 있는 문제들이다. 수열의 종류와 형태를 나열하자면 다음과 같다.

1.1. 등차수열 : 일정 숫자가 더해지거나 빼지면서 변화하는 수열(덧셈, 뺄셈)

7 → 11 → 15 → 19 → 23 → ??

+4 +4 +4 +4 +4

1.2. 등비수열 : 일정 숫자가 곱해지면서 변화하는 수열(곱셈)

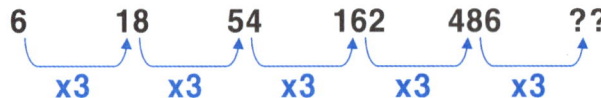

6 → 18 → 54 → 162 → 486 → ??

x3 x3 x3 x3 x3

1.3. 조화수열 : 역수가 등차수열인 수열(분수)

720	360	240	180	144	??
$\frac{1}{720}$	$\frac{2}{720}$	$\frac{3}{720}$	$\frac{4}{720}$	$\frac{5}{720}$	$\frac{6}{720}$

공차가 $\frac{1}{720}$이며, 일반항이 $\frac{n}{720}$으로 n에 숫자의 위치에 해당하는 자연수가 들어가는 규칙이다.

1.4. 계차수열 : 인접한 항 차이가 일정한 규칙을 갖는 수열(인접항)

3 4 6 10 18 ??

+1 +2 +4 +8 +16

1.5. 피보나치수열 : 앞선 n개 항에 의해 다음 항이 생겨나는 수열(덧셈, 뺄셈, 곱셈 모두 포함됨)

2	2	4	6	10	16	??
		2+2 = 4	2+4 = 6	4+6 = 10	6+10 = 16	10+16 = 26

앞선 두 항의 합이 다음 항을 만드는 규칙이다.

1.6. 군 수열(그룹 수열) : 각 항을 몇 개씩 묶었을 때 특정 규칙을 갖는 수열

4 3 5	6 8 10	5 12 ??
$4^2 + 3^2 = 5^2$	$6^2 + 8^2 = 10^2$	$5^2 + 12^2 = 13^2$

세 개의 항을 하나의 군으로 묶었을 때, $(\text{첫째항})^2 + (\text{둘째항})^2 = (\text{셋째항})^2$의 규칙이다.

1.7. 홀짝 수열 : 홀수항끼리, 짝수항끼리 각각의 규칙성을 갖는 수열

+3 +3 +3

3 4 6 7 12 10 24 ??

x2 x2 x2

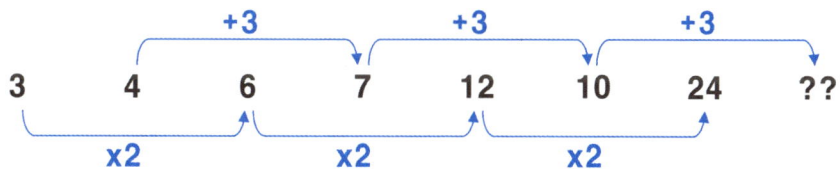

1.8. 교대 수열 : 숫자와 사칙연산(+, −, ×, ÷)의 규칙이 별도로 존재하는 경우의 수열

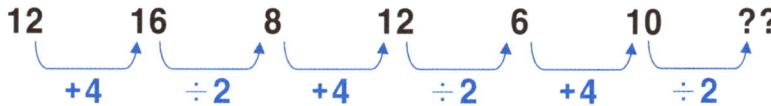

12 16 8 12 6 10 ??

+4 ÷2 +4 ÷2 +4 ÷2

1.9. 특수 점화식 수열 : n번째 항 이전의 항들을 기준으로 n번째 항의 값을 계산하는 수열

피보나치 수열도 점화식 수열에 포함된다.

* 점화식(漸化式, Recurrence relation) : 수열항 사이의 관계를 나타낸 식

$a_{n+1} = pa_n + q$, $a_n = pa_{n-2} + pa_{n-1} + r$ 등으로 표현할 수 있다(p, q, r은 수 또는 식).

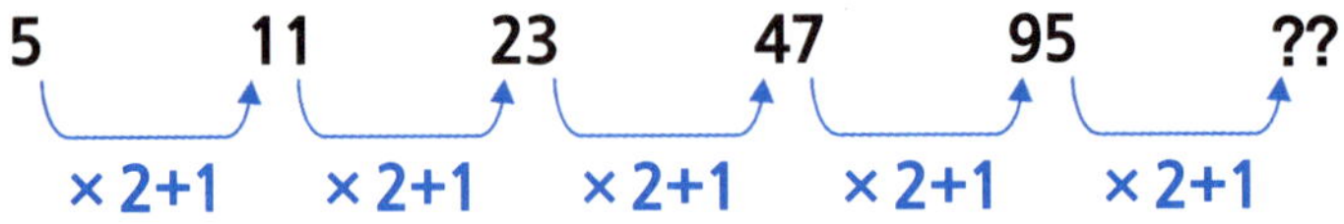

앞에서 설명한 예시는 수열의 개념일 뿐 실제 출제되는 문제는 특정 수열 형태로는 정의할 수 없는 법칙들이 더욱 자주 발생된다. 넓은 의미에서는 출제자가 어떠한 점화식과 법칙을 적용했느냐에 따라서 무수히 많은 경우의 수가 발생될 수 있는 유형이기 때문에, 숫자 변화에 대한 여러 가지 법칙을 가정해 볼 수 있도록 다양한 형태의 문제를 경험하는 것이 가장 중요하다.

필수 유형 연습

예제 01 외국어 어휘 습득력은 해외 체류기간 x(월)에 따라 $\frac{x^2}{A}+\frac{B}{x}+7$로 산출된다. 어휘 습득력이 해외 6개월 체류 시 30, 10개월 체류 시 60이라고 할 때, 수식에 적용되는 A와 B의 값으로 맞는 보기를 고르시오.

	A	B
①	2	30
②	2	60
③	2	120
④	4	30
⑤	4	60

일반 풀이

이러한 형태의 문제는 수식을 풀이하려는 시도보다 주어진 보기를 먼저 대입하는 시도를 먼저 떠올려야 한다.

$x=6$일 때, $\frac{36}{A}+\frac{B}{6}+7=30$

$x=10$일 때, $\frac{100}{A}+\frac{B}{10}+7=60$

위의 두 수식을 놓고, 주어진 보기를 대입하며 맞는 보기를 찾으면 A=2, B=30임을 알 수 있다.

정답 ▶ ①

수리

응용수리 ■ 자료해석

예제 02 **다음은 하루의 학습 시간 x에 따른 학업 성취도와 신체 피로도의 관계를 가정한 수식이다. 이를 활용하여 학업 성취도 A가 가장 높은 학습 시간 x와 해당 시점에서의 신체 피로도 B를 올바르게 계산한 보기를 고르시오.**

> 1) 학업 성취도 $A = -2x^2 + 28x + 12$
> 2) 신체 피로도 $B = 15x + 20$

	학습 시간 x	신체 피로도 B
①	5	95
②	5	125
③	7	95
④	7	110
⑤	7	125

일반 풀이

우리는 객관식 문제를 풀고 있다. 따라서 해당 문제는 이차함수의 최댓값 정리를 모르더라도 주어진 보기의 수치를 대입하여 풀 수 있다.

학업 성취도 A가 학습 시간으로 주어진 5와 7 중 어느 상황에서 값이 더 큰지 계산하자.

$x=5$일 때, $-2 \times 25 + 28 \times 5 + 12 = 102$

$x=7$일 때, $-2 \times 49 + 28 \times 7 + 12 = 110$

이므로 학습 시간은 7이다.

$x=7$일 때, 신체 피로도 B는 $15 \times 7 + 20 = 125$이므로 정답은 ⑤번임을 알 수 있다.

정답 ▶ ⑤

예제 03 다음은 제품 A와 B를 각각 조립하는 데 필요한 각 부품의 요구 수량과 해당 부품의 총 가격을 정리한 자료이다. 이를 통해 볼트와 너트의 개당 가격을 구하시오.

구분	부품 요구 수량		총 부품 가격
	볼트	너트	
제품 A	20	30	5,100
제품 B	30	60	9,000

	볼트	너트
①	120원	90원
②	120원	110원
③	150원	90원
④	150원	110원
⑤	150원	130원

일반 풀이

볼트의 개당 가격을 x, 너트의 개당 가격을 y라 하면,

제품 A (10으로 나누어 바로 수식을 구성한다) : $2x+3y=510$

제품 B (30으로 나누어 바로 수식을 구성한다) : $x+2y=300$

이후에는 주어진 보기를 수식에 대입해서 맞는 보기를 찾아도 되고, 연립 방정식을 풀이하여 $x=120$, $y=90$을 산출해도 된다.

정답 ▶ ①

예제 04 다음은 배양균 A를 동일한 환경에서 배양하며 개체수를 확인한 결과이다. 이를 통해 투입 10일 후에 관찰될 것으로 예상되는 A의 개체수를 올바르게 산출한 보기를 고르시오.

관찰 시점	배양균 A
투입	2
1일 후	5
2일 후	9
3일 후	19
4일 후	37
5일 후	75

① 1,195 ② 2,389 ③ 3,584
④ 4,779 ⑤ 7,168

일반 풀이

보통 아래의 접근 방식을 먼저 적용하며 수열 법칙을 확인하려 시도했을 것이라고 예상한다.
1) 수열의 변화 트렌드를 확인한다. 지속 증가하고 있다.
2) 공차(인접 항과의 차이)를 확인한다. [+3 +4 +10 +18 +38] 이지만, 뚜렷한 법칙이 확인되지 않는다.
3) 혹시나 몰라 2중 공차를 구해본다. [3 4 10 18 38]은 [+1 +6 +8 +20]의 공차를 갖고 있다. 아직도 잘 모르겠다.
4) 어쨌든, 등차수열이 아니기 때문에 알고 있는 다른 수열 법칙들을 적용해 본다.
이후 적용시켜 볼 수 있는 수열 법칙의 종류를 누가 더 많이 알고 있느냐(경험이 많으냐)에 따라 차이가 발생될 것이다.

결론적으로, 해당 수열은 크게 3가지 방식의 법칙으로 정리할 수 있다.
Case 1) 점화식 : $(n+2)=n\times2+(n+1)$
Case 2) 교대수열 : $n=(n-1)\times2+1$과 $n=(n-1)\times2-1$이 교번 적용 됨
Case 3) 인접항 합산 : 인접항을 더하면, [7 14 28 56 112]라는 등비수열 산출 가능

이후에는 주어진 보기에서 일의 자리수가 ②, ④번만 같다는 부분에 착안하여 모두 계산하지 않고 일의 자리만 계산하는 것이 조금이라도 시간을 줄이기 위한 전략이 되었을 것이다.

시점	수열	점화식	교대수열	합계
투입	2	–	–	–
1일	5	–	$=2\times2+1$	7
2일	9	$=2\times2+5$	$=5\times2-1$	14
3일	19	$=5\times2+9$	$=9\times2+1$	28
4일	37	$=9\times2+19$	$=19\times2-1$	56
5일	75	〃	〃	112
6일	149	〃	〃	224
7일	299	〃	〃	448
8일	597	〃	〃	896
9일	1,195	〃	〃	1,792
10일	2,389	〃	〃	3,584
11일	4,779	〃	〃	7,168
12일	9,557	〃	〃	14,336

정답 ▶ ②

예제 05 다음은 어느 기업에서 제작 중인 두 종류 제품의 일일 생산량을 정리한 자료이다. 이후 동일한 경향성을 갖고 생산량이 증가할 때, A와 B 제품의 일일 생산량 합계가 300ea 이상이 되는 최초의 요일을 예상하시오.

(단위 : ea)

일일 생산량	A 제품	B 제품
수	72	118
목	76	121
금	80	124
토	84	127
일	88	130
월	92	133

① 금 ② 토 ③ 일
④ 월 ⑤ 화

일반 풀이

A와 B가 각각 +4와 +3의 공차를 갖고 있는 등차수열이라는 점은 어렵지 않게 파악할 수 있다.
이후 풀이 과정에 따라 계산 시간의 차이가 발생될 것이다.
Case 1) 매일 A와 B의 생산량을 각각 산출한 뒤 합산하는 경우 가장 시간이 오래 걸린다.
Case 2) A와 B 생산량의 합계는 전일 대비 +7임을 활용하는 것이 대부분일 것이다. 주어진 테이블의 마지막 수치인 월요일 92+133=225를 기준으로 7씩 더하며 300 이상의 구간을 산출한다.
Case 3) A와 B의 생산량 합계는 매일 +7이며, 일주일씩 반복된다는 부분을 활용하여 일주일 후에는 +49가 되는 점을 활용하는 것이 가장 빠른 방법일 것이다.
수요일의 합계가 72+118=190이며, 목표치인 300까지는 110이 모자란 상황이다. 따라서 2주 후 수요일의 수치 128+160=288임을 산출하여 7씩 더하면 금요일에 302ea가 됨을 알 수 있다.
수요일뿐만 아니라 다른 요일에도 적용할 수 있다.

	A		B		합계	
수	72	–	118	–	190	–
목	76	4	121	3	197	7
금	80	4	124	3	204	7
토	84	4	127	3	211	7
일	88	4	130	3	218	7
월	92	4	133	3	225	7
화	96	4	136	3	232	7
수	100	4	139	3	239	7
목	104	4	142	3	246	7
금	108	4	145	3	253	7
토	112	4	148	3	260	7
일	116	4	151	3	267	7
월	120	4	154	3	274	7
화	124	4	157	3	281	7
수	128	4	160	3	288	7
목	132	4	163	3	295	7
금	136	4	166	3	302	7
토	140	4	169	3	309	7

정답 ▶ ①

빈출 유형 공략

해설 p. 30

01 어느 컴퓨터 게임의 누적 플레이 시간 x에 따른 오락 만족도 y를 조사한 결과 $y = -x^2 + 10x + 10$의 관계를 도출하였다. 이를 통해 오락 만족도의 수치가 가장 높은 플레이 시간 A와 만족도가 0 이하의 음수를 기록하게 되는 첫 플레이 시간 B를 각각 도출하시오.

	A	B
①	5	10
②	5	11
③	10	11
④	5	15
⑤	10	15

02 어느 기업의 인사과에서는 임직원의 근무 연차(x)에 따른 업무 능력(y)을 $y = 5 \times B - \frac{(A - x)^2}{2}$의 산술식으로 도출하고 있다. 8년차 직원의 업무 능력이 100으로 가장 높은 수치를 기록하였다고 할 때, 산술식에 활용된 계수 B와 10년차 직원의 업무 능력 y가 올바르게 연결된 보기를 고르시오.

	계수 B	10년차의 y
①	8	95
②	20	98
③	8	92
④	20	95
⑤	8	98

03 다음은 어느 매장의 두 제품에 대한 월간 판매량을 정리한 자료이다. 이를 활용하여 B 제품의 월간 판매량이 A 제품보다 많을 것으로 예상되는 첫 시점을 산출하시오.

(단위 : 대)

월간 판매량	제품 A	제품 B
1월	336	280
2월	334	276
3월	330	272
4월	324	268
5월	316	264

① 9월　② 10월　③ 11월
④ 12월　⑤ 내년 1월

04 다음은 동일한 조건의 사육 환경에서 관찰되는 두 종류 곤충의 개체 수 변화를 관찰한 결과이다. 이를 통해 12주 후 A와 B 개체 수의 차이를 예상한 것으로 옳은 것을 고르시오.

시점	A	B
초기 투입	8	3
1주 후	10	6
2주 후	14	12
3주 후	20	21
4주 후	28	33
5주 후	38	48

① 61　② 65　③ 68
④ 73　⑤ 77

05 동일한 종류의 균을 다른 환경에서 배양하는 실험을 진행 중이다. 각 환경에서 매 시간 개체 수 변화를 확인한 결과가 아래와 같다면, A와 B 환경의 개체 수 차이가 처음으로 100마리 이상 관찰되는 시점은 언제인가?

(단위 : 마리)

구분	A 환경	B 환경
초기 상태	5	6
1시간 후	7	11
2시간 후	11	21
3시간 후	17	36
4시간 후	25	56

① 8시간 후　② 9시간 후　③ 10시간 후
④ 11시간 후　⑤ 12시간 후

Chapter

02

자료해석

필수 유형 1. 자료이해/자료계산/자료변환

Chapter 소개

- 20문항 중 16문항 내외가 출제된다.
- 오프라인에서 온라인으로의 변화(A3 용지 전체 지면 → 모니터 한 화면)에 따라 문제에서 주어지는 도표나 그래프의 정보 volume이 상대적으로 줄어들었다.
- '20년 상반기에는 도표나 그래프의 양이 많아 한 문제에서 좌우 스크롤이나 상하 스크롤이 발생되는 경우도 있었지만, '20년 하반기 이후에는 한 화면에서 모두 표시가 가능할 정도로 도표나 그래프가 제시되고 있다.
- 2문제 세트 문항의 경우 문제풀이 화면에서 자료는 동일하게 주어지지만 문제는 다른 화면에서 따로 주어진다. (= 두 문제를 한꺼번에 볼 수 없고, 문항별 화면에서 한 문제씩 열람)

풀이 TIP

- 자료이해, 자료계산, 자료변환에서 기본적으로 필요한 스킬들을 한번씩 점검한 후에는 다양한 형태의 자료와 보기 선지를 경험하는 것이 유형에 대한 이해도를 높이는 데 도움이 되기 때문에 양치기(많은 문제를 한번씩 풀이)가 효과적이다.
- [사이버 국가고시센터]를 통해 다양한 형태와 표현의 도표 및 그래프를 경험할 수 있다. 단, 실제 GSAT보다 난이도가 상당히 높기 때문에 시간을 재고 풀기보다는 문제에 대한 경험을 늘인다는 생각으로 풀이하자. (정답은 제공되지만, 해설은 제공되지 않으므로 틀린 문제에 대해서만 왜 틀렸는지 되짚어보는 식으로 활용하는 것을 추천)
  ※ www.gosi.kr(사이버국가고시센터) 접속 → 시험문제/정답 배너 클릭 → 선택형 문제/정답 메뉴 클릭 → 과목별 조회 클릭 → 5급, 외교관, 지역인재 7급에서 실시되는 '자료해석영역' 클릭 → 회차별 문제 및 정답 다운로드 후 풀이
- 자료이해 : 자료해석 영역의 대표 유형이며, 연산능력보다는 독해력이 더욱 중요한 요소이므로 '양치기'가 유효할 수 있다.
- 자료계산 : 문제에서 도출해야 하는 항목을 파악한 후에는 '보기를 먼저' 보는 습관을 반드시 들이는 것이 좋다. 5지 선다형 보기를 통해 풀이 전략을 수립할 수 있기 때문이다.
- 자료변환 : GSAT에 출제되는 문제 자체의 난이도가 높지 않기 때문에 '트렌드 파악'에 대한 요령만 습득한다면 부담스럽지 않은 유형이 된다.

자료이해/자료계산/자료변환

필수 이론

유형 설명

- '20년 온라인 GSAT 시행 후 16문항이 꾸준히 출제되고 있다.
- 주어지는 도표와 정보의 양은 점차 줄어들고 있다. (도표나 그래프의 정보가 많은 경우 온라인 환경에서의 시인성이 감소하기 때문이라고 사료된다.)
- 대신, 주어진 보기를 검증하기 위한 난이도는 점차 높아지고 있다. 흔히 눈으로만 찾아서 검증할 수 있는 보기보다는 증감률, 대소비교, 백분위 등의 계산을 통해 검증하는 보기의 비중이 지속 증가하고 있다. (정보의 양을 줄인 상태에서 문제의 난이도를 유지하기 위한 방안일 것으로 예상한다.)

풀이 TIP

- 자료해석 영역 중에서도 자료이해, 자료계산, 자료변환을 각각 구분해서 인지할 수 있어야 한다.
- 각 유형에서 자주 활용되는 기본 스킬들에 익숙해지기 위해 노력하자.

1 풀이용지 활용법

- 자신만의 풀이용지 활용법을 발굴하자.

– 오프라인 대비 온라인 시험 환경에서 가장 불편함을 느끼는 유형이 바로 자료이해 유형이다. 주어진 도표나 그래프에 직접적으로 숫자를 표기하거나 표시를 할 수 없기 때문이다. 따라서, 모니터에 손을 짚지 않고 풀이용지를 사용하는 자신만의 활용법을 찾도록 노력해 보자.

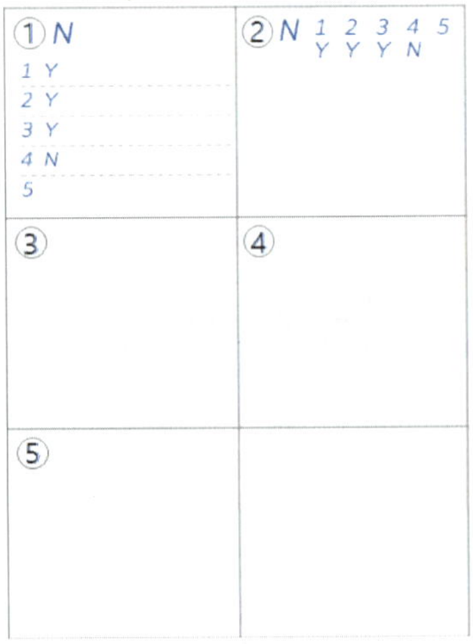

– 개인적으로는 문제 넘버 바로 옆에 Y나 N의 기호를 표기하고 왼쪽 그림의 1번 문제와 같이 1~5번 보기를 세로로 기입한 뒤 계산에 필요한 수식이나 풀이를 진행하였다. 하지만 지속적으로 풀이에 활용하는 공간이 제한적이라는 불편한 느낌을 받았었다. (뭔가 보이지 않는 줄이 있어서 영역을 넘어 계산하면 안 될 것 같은 기분이 들었다.)

– 이후 ②번 문제의 형태와 같이 가로로 1~5번을 기입한 뒤 아래의 빈 공간을 자유롭게 활용하니 훨씬 편했다. 왕도는 없을 것이다. 다만, 조그마한 변화를 주어서라도 스스로에게 편한 풀이 환경을 찾아보는 노력을 했으면 좋겠다.

2 문제 접근법

• 기존 오프라인 시험에서는 아래의 내용으로 문제 접근법을 추천했었다.

1) '옳은 것을 고르시오' 또는 '옳지 않은 것을 고르시오'라고 언급하기 때문에 각 문항마다 기준점을 기호(Y/N 또는 O/X)로 표기하자.

   – 수험장에서 자료이해 유형을 10문제 가까이 접하다보면 이번 문제에서는 옳은 것을 선택해야 하는지 틀린 것을 선택해야 하는지, 보기가 옳기 때문에 이게 정답인 건지, 보기가 틀리니까 틀린 것 찾으라고 했으니 이게 정답인지 등등 보기의 검증 완료 여부와는 관계없이 정답으로의 전환이 어려운 상황(흔히 얘기하는 뇌정지)이 가끔 발생되곤 한다. 따라서, 직관적인 판단이 가능하도록 기호로 표기해 놓는 것을 추천한다.

   – 개인적으로는 맞는 것 or 옳은 것을 찾으라 하면 "Y"를, 틀린 것 or 그른 것을 찾으라 하면 "N" 표시를 해놓고 문제 풀이를 시작한다. 이후 보기에 주어진 내용을 검증하여 보기의 내용이 맞으면 보기 문항 뒤에 "Y", 틀리면 "N"를 표기하고 문제에 써 놓았던 기호와 같은 기호가 나온다면 해당 보기를 정답으로 체크한다. 훨씬 직관적이지 않은가? 실제로 활용해 보면 상당히 효과적인 방법이라는 것을 알 수 있을 것이다.

2) 주어진 자료보다 보기를 먼저 읽는다.

   – 주어진 자료의 구분자, 연도, 단위 등을 체크하며 해당 정보를 이해한 뒤 보기를 검증하면 늦는다. 어차피 주어진 자료를 파악해야 하는 것은 맞지만, 되도록 보기에서 검증에 필요한 내용만을 발췌하는 것이 좋기 때문에 자료보다는 보기를 먼저 읽는 것이 시간을 단축시키는 측면에서는 도움이 된다.

3) 보기는 5번부터 1번의 역순으로 검증한다.

   – 보통의 수험자들이 1번 보기부터 문제를 풀이한다는 부분에 착안하여 출제자 입장에서는 동일 문제에서 변별력을 갖추기 위한 방법으로 정답 보기의 검증 난이도를 다른 보기보다 높게 설정하거나, 4~5번 후반부에 위치시키는 방법을 활용하기도 했었다. 어쨌든, 문제를 마주하는 우리 입장에서는 1~5번 보기 중 어떠한 보기가 정답일지 모르는 상황이기 때문에 조금이라도 시간을 단축하기 위해서는 5번 보기부터 검증하는 것을 추천한다.

   단, 온라인 환경에서 주어진 5개 선지 중 ⑤번 먼저 확인하는 것은 왠지 불편하고 어색함을 불러일으킨다. 따라서, 온라인 환경에서는 크게 추천하지 않는다.

4) 옳고 그름이 판단되어 정답이라고 생각되면 바로 다음 문제로 넘어간다.

   – 다른 보기들이 실제 맞는지 틀린지 검수하면 시간이 추가로 소모되기 때문에 정답이라고 판단되는 보기가 나오면 바로 정답으로 체크하고 다음 문제로 넘어가자. 이러한 시간들이 모여서 수험장에서 2~3문제의 차이를 만들어 내는 것이다.

5) 어려운 문제에 승부욕을 발휘하지 말자.

   – 문제의 난이도가 높다고 판단되면, 과감히 다음 보기 or 문제로 넘어가자. 5번 보기를 확인한 뒤 자료를 봤는데, 자료의 종류가 복잡하다거나 or 자료의 구성 자체를 이해하기가 힘들다거나 등의 이유로 바로 어떤 부분을 검증해야 하는지 판단이 서지 않는다면 4번 보기로 넘어가자. 그런데, 4번 보기도 검증하기가 녹록치 않다면? 이때는 해당 문제를 skip하고 다음 문제로 넘어가는 것이 전체적인 시험 운영 관점에서는 훨씬 도움이 된다.

자료해석(기본) 스킬 01 분자와 분모 구분

도표를 해석함에 있어 가장 기본이 되는 스킬 중 하나는 분모와 분자를 빠르게 구분하는 능력이다.
특히, 서술형 표현을 읽고 직관적으로 분자와 분모 구분은 연습이 필요하다.

TIP

A당 B, A 대비 B, A 기준 B 등의 표현은 모두 선술되는 A가 분모, 후술되는 B가 분자이다.

즉, 이러한 표현은 모두 $\frac{B}{A}$라고 빠르게 인식해야 한다.

트레이닝

〈표〉 A 시의 생활폐기물 수거 현황

(단위 : 개별 표기)

구분	단위	A 동	B 동	C 동	D 동
총 가구수	천 가구	24	30	40	70
수거 가구수	천 가구	10	15	30	60
수거 인력	명	123	105	130	133
총 수거비용	백만 원	6,443	5,399	6,033	7,928
톤당 수거비용	천 원/톤	76.3	54.0	36.0	61.3
주당 수거빈도	횟수/주	1	1	2	2

1	A동의 수거인력 1인당 수거가구 수 (가구/명)	
2	C동의 총 가구 대비 수거가구 비중 (%)	
3	B동의 수거 인력 1인당 수거비용 (백만 원/명)	
4	D동 대비 B 동의 수거인력 비율 (%)	
5	D동의 수거 1가구당 수거비용 (백만 원/가구)	
6	4개 동의 전체 수거가구 기준 A 동의 수거가구 비중 (%)	
7	4개 동의 전체 수거인력 중 C 동의 수거인력 비중 (%)	
8	B동에서 1천 원으로 수거 가능한 생활폐기물 무게 (kg/천 원)	

수리

응용수리

자료해석

정답

1	$\text{가구/명} = \dfrac{\text{수거 가구(천 가구)}}{\text{수거 인력(명)}} \times 1,000 = \dfrac{10}{123} \times 1,000 = 81.3\text{가구/명}$
2	$\% = \dfrac{\text{수거 가구(천 가구)}}{\text{총 가구(천 가구)}} = \dfrac{30}{40} = 75\%$
3	$\text{백만 원/명} = \dfrac{\text{수거 비용(백만 원)}}{\text{수거 인력(명)}} = \dfrac{5.399}{105} = 51.4\text{백만 원/명}$
4	$\% = \dfrac{B\text{동 수거 인력(명)}}{D\text{동 수거 인력(명)}} = \dfrac{105}{133} = 78.9\%$
5	$\text{백만 원/가구} = \dfrac{\text{수거 비용(백만 원)}}{\text{수거 가구(천 가구)}} \times \dfrac{1}{1,000} = \dfrac{7,928}{60} \times \dfrac{1}{1,000} = 0.132\text{백만 원/가구}$
6	$\dfrac{10}{10+15+30+60} = \dfrac{10}{115} = 8.7\%$
7	$\dfrac{130}{120+105+130+133} = \dfrac{130}{491} = 26.5\%$
8	$kg/\text{천 원} = \dfrac{1}{\text{톤당 수거 비용(천 원/톤)}} \times 1,000 = 18.5kg/\text{천 원}$

자료해석(기본) 스킬 02 비율과 백분위

회사에서 설계 엔지니어로 6년, 시장전략 마케터로 5년간 근무하며 흔히 일컫는 '숫자 감이 좋다'는 회사원들을 많이 만나보았을 때 느꼈던 공통점은 "단위 & 비율과 배율"에 대한 감각이 좋다는 것이었다.

TIP

아래의 표를 참고하여 백분위와 비율에 대한 감각을 키우는 데 활용하자.

1) 백분위 Table

등분	백분위	등분	백분위
1	100	11	9.0909
2	50	12	8.3333
3	33.3333	13	7.6923
4	25	14	7.1429
5	20	15	6.6667
6	16.6667	16	6.25
7	14.2857	17	5.8824
8	12.5	18	5.5556
9	11.1111	19	5.2632
10	10	20	5

① 기본 상식 (2, 3, 4, 5, 10)

100을 2로 나누면 50, 3으로 나누면 33.333, 4로 나누면 25, 5로 나누면 20, 10으로 나누면 10이라는 사실은 백분위에 있어서도 자주 활용되는 수치이다.

② 3배수의 백분위 (3, 6, 9, 12, 15, 18)

100을 3배수의 숫자들로 나누면 순환소수 형태의 값이 도출된다. 따라서 오히려 기억하기가 더 쉽다. 웬만하면 외워 놓도록 하자.

③ 1~11까지는 외워 놓자.

100을 7로 나누면 14.3, 9로 나누면 11.1, 11로 나누면 9.1이다. 하지만, 이를 기억하고 활용하는 사람은 별로 없을 것이다. 그렇기 때문에 차별화가 가능하다.

④ 역산도 가능

눈치 채신 분들도 계시겠지만 당연히 역산이 가능하다. $\frac{1}{5}=20\%$이므로 당연히 $\frac{1}{20}=5\%$이다. 그렇다면, 15%는 몇 분의 몇인가? 맞다. $\frac{1}{6.666}=15\%$이다. 12%는 몇 분의 몇? $\frac{1}{8.333}$이다. 여력이 된다면 역산 상황도 알아두도록 하자.

2) 백분위 산출 시 활용

보통 $\frac{1}{4}$은 25%, $\frac{1}{8}$은 12.5%, $\frac{1}{3}$은 33.3%라는 것을 알고 있다. 따라서, $\frac{1}{4}$이 25%이기 때문에 $\frac{3}{4}$는 75%이고, $\frac{5}{4}$는 125%이며, $\frac{1}{8}$이 12.5%이기 때문에 $\frac{3}{8}$이 37.5%라는 것을 빠르게 암산할 수 있을 것이다.

하지만, $\frac{2}{7}$나 $\frac{3}{11}$이 몇 %인지 바로 대답할 수 있는가? 이 경우 $\frac{1}{7}$과 $\frac{1}{11}$이 몇 %인지 알고 있었다면 바로 답변할 수 있었을 것이다. 한 번은 강의 도중 $\frac{5}{6}$를 83.3%라고 바로 기입했더니 의아해하는 수강생분들이 많아서 오히려 당황스러웠던 기억이 있다. $\frac{1}{6}$이 16.7%이니 $\frac{5}{6}$는 100−16.7 = 83.3%라고 생각할 수 있었던 이유는 단순히 $\frac{1}{6}$이 16.666%임을 알고 있을 뿐이었기 때문이다. 11까지는 외워 놓자!

3) 대소비교 시 빠른 연산

$\frac{326}{1,811}$이 18%인지를 묻는다면,

① 326 ÷ 1,811을 실제 연산한다.

② 또는, 10%에 해당하는 181.1과 8%인 18×8 = 144를 더하거나

③ 20%인 181×2 = 362에서 2%에 해당하는 36.2를 뺀 값이 분자와 유사한 값인지를 확인할 수도 있다.

④ 하지만, 18%가 $\frac{1}{5.5555}$임을 알고 있었다면, 분자인 326에 5.6을 곱하여 분모와 유사한지를 확인할 수도 있다. (특히, 도표에 숫자가 주어지고 그래프에 백분율이 주어지는 경우 요긴하게 활용할 수 있다.)

트레이닝

백분위(%)를 연산하시오.(소수점 둘째자리 반올림)

1	$\frac{1}{6}$	
2	$\frac{3}{8}$	
3	$\frac{2}{3}$	
4	$\frac{3}{4}$	
5	$\frac{9}{8}$	

6	$\frac{2}{9}$	
7	$\frac{7}{6}$	
8	$\frac{4}{11}$	
9	$\frac{9}{7}$	
10	$\frac{2}{13}$	

분위(%)값을 분수식으로 표현하시오.

11	40%	
12	75%	
13	120%	
14	66.7%	
15	110%	

16	7.7%	
17	12%	
18	15%	
19	36%	
20	17%	

도표에 주어진 지역과 그래프의 항목을 바르게 연결하시오.

〈그래프〉 지역별 20대 비중

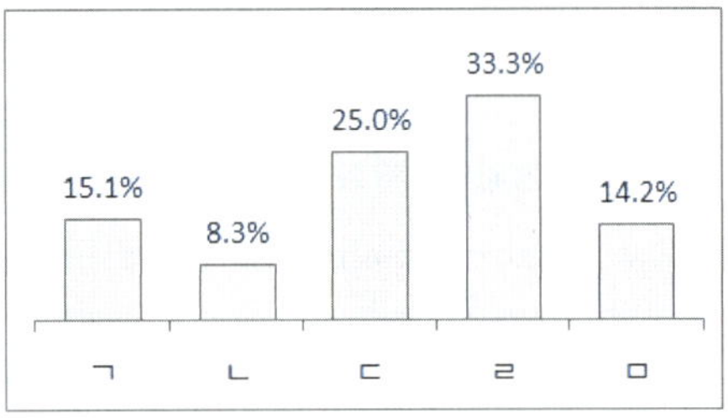

(단위 : 명)

지역	20대 인원	전체 인원
A	17	120
B	70	210
C	70	465
D	628	7,564
E	804	3,215

정답

1	16.7%
2	37.5%
3	66.7%
4	75%
5	112.5%

6	22.2%
7	116.7%
8	36.4%
9	128.6%
10	15.4%

11	$\frac{2}{5}$
12	$\frac{3}{4}$
13	$\frac{6}{5}$
14	$\frac{2}{3}$
15	$\frac{11}{10}, \frac{10}{9.1}$

16	$\frac{7.7}{100}, \frac{1}{13}$
17	$\frac{3}{25}, \frac{1}{8.33}$
18	$\frac{3}{20}, \frac{1}{6.67}$
19	$\frac{9}{25}, \frac{3}{8.33}$
20	$\frac{17}{100}, \frac{1}{5.9}$

A	ㅁ
B	ㄹ
C	ㄱ
D	ㄴ
E	ㄷ

자료해석(기본) 스킬 03 대소 비교

대소비교는 자료해석에서 자주 발생되는 상황 중 하나이다. 앞서 비율과 백분위, 분모와 분자 구분 방법의 마침표가 바로 대소 비교라 할 수 있겠다.

TIP

대소비교에는 상황별로 여러가지 방법이 존재하지만 사람마다 숫자를 인식함에 있어 나눗셈 연산 능력이 뛰어날 수도 비율과 배율에 대한 감각이 뛰어날 수도 백분위 수치에 대한 감이 좋을 수도 있다. 즉, 매번 대소비교 시 "이런 포멧에서는 요런 방법이 좋다."는 상황 파악 전에 본인만의 주력 방법을 적용하는 것이 훨씬 빠르고 효과적일 수 있다고 생각한다. 기본 요령을 습득한 이후에는 본인에게 맞는 방법을 찾도록 노력해보자.

1) 분자, 분모의 증감 트렌드 확인

다들 사용하고 있겠지만 가장 먼저 확인할 것은 분자와 분모의 증감 트렌드가 다른지 확인하는 것이다.
이 경우, 해당 값은 분자의 트렌드를 따르게 됨을 기억하자.
$\frac{12}{53}$ $vs.$ $\frac{11}{56}$의 경우 분자는 감소, 분모는 증가하고 있으므로 $\frac{12}{53} > \frac{11}{56}$이 된다.

2) 자릿수 변환

$\frac{5,636}{29,387}$ $vs.$ $\frac{54}{308}$를 '분자와 분모가 모두 증가'라고 판단하지 말자. 정확한 수치 산출이 아닌 상대비교의 상황이라면 대소비교가 쉬운 형태로 자릿수를 재구성하는 것이 기본이다.

① 단일 분수식에서 자릿수 변환

$\frac{B}{A}$ $vs.$ $\frac{D}{C}$ 당연하게도 단일 분수식에서는 분자와 분모에 같은 값을 곱하거나 나누는 것이 가능하다. 따라서, 분자 분모의 증감 트렌드 확인을 위해서는 분수식끼리의 자릿수를 맞춰주는 것이 효율적이다.

ex) $\frac{5,636}{29,387}$ $vs.$ $\frac{54}{308}$을 $\frac{564}{2,939}$ $vs.$ $\frac{540}{3,080}$ 또는 $\frac{56}{294}$ $vs.$ $\frac{54}{308}$ 또는 $\frac{5,636}{29,387}$ $vs.$ $\frac{5,400}{30,800}$으로 인식한다면 분자는 감소, 분모는 증가하고 있으므로 $\frac{5,636}{29,387} > \frac{54}{308}$ 임을 알 수 있다. (물론, 위 작업은 머릿속에서 암산으로 수행되는 것이 좋다.)

② 분자끼리, 분모끼리 자릿수 변환

비교 대상끼리는 분자와 분모끼리 서로 같은 값을 곱하거나 나누는 것이 가능하다.
만약, 가분수 형태가 대소비교 시 편하다면 어떻게 해서든 가분수 형태로 치환하려고 노력하는 것이 좋다. 또는, 분자

$\frac{B}{A}$ vs. $\frac{D}{C}$ 와 분모의 자릿수가 같은 경우가 편하다면 그렇게 만들 수 있어야 한다. $\frac{5,636}{29,387}\ vs.\ \frac{54}{308}$은 $\frac{563}{29,387}\ vs.\ \frac{5.4}{308}$과 같다. 단, 이러한 상황에서는 분자끼리 또는 분모끼리 자릿수를 변환하는 것은 대소비교에 비효율적이다.

ex) $\frac{38,154}{7,565,445}\ vs.\ \frac{41,984}{8,865,681}$은 $\frac{38,154}{75,654}\ vs.\ \frac{41,984}{88,657}$로 변환이 가능하다.

이는, ①의 원리에 따라 다시 $\frac{382}{757}\ vs.\ \frac{420}{887}$로 인식할 수 있다.

3) 변화량 비교

$\frac{382}{757}\ vs.\ \frac{420}{887}$의 상황처럼 분자와 분모가 모두 증가하고 있다면 분자와 분모의 변화량을 어림하여 서로 비교하는 방법이다.

- 분자는 382 → 420으로 약 +10%, 분모는 757 → 887로 약 +17%이다.

  즉, $\frac{+10\%}{+17\%}$ 또는 $\frac{1.1\text{배}}{1.17\text{배}}$라고 빠르게 인식할 수 있다면 $\frac{382}{757} > \frac{420}{887}$라 할 수 있다.

- 반대로 $\frac{420}{887}\ vs.\ \frac{382}{757}$를 비교해야하는 상황이라면 분자는 420 → 382로 −9%, 분모는 887 → 757로 −15%이므로

  $\frac{-9\%}{-15\%}$ 또는 $\frac{0.9\text{배}}{0.85\text{배}}$라고 인식하여 $\frac{420}{887} < \frac{382}{757}$라 판단할 수 있다.

▶ 변화율이나 배율에 대한 감각이 좋다면 위 방법이 편할 것이다.

4) 가분수 연산

동일한 나눗셈을 수행하더라도 보통은 가분수 형태가 훨씬 수월하다고 느낄 것이다. $\frac{382}{757} \fallingdotseq 0.5$보다는 $\frac{3,820}{757} \fallingdotseq 5.0$가 더 편하다는 것이다. 즉, $\frac{382}{757}\ vs.\ \frac{420}{887} = \frac{3,820}{757}\ vs.\ \frac{4,200}{887}$ 또는 $\frac{382}{76}\ vs.\ \frac{420}{89}$로 변환하여 비교하는 것이 더 수월할 수 있다.

▶ 백분위 산출 연산에 대한 감각이 좋다면 위 방법이 편할 것이다.

5) 통분 후 분자만 비교

$\frac{382}{757}\ vs.\ \frac{420}{887}$를 통분하려 한다면 $\frac{382}{757}$에서 분모인 757에 130을 더하면 된다. 그렇다면, 분자인 382에는 얼마를 더하면 될까? 이 연산이 바로 이루어 졌다면 비율에 대한 감각이 좋은 것이다. $\frac{382}{757}$을 약 $\frac{38}{76}$ 즉, $\frac{1}{2}$정도로 인식할 수 있다면 $\frac{382}{757} \fallingdotseq \frac{382+65}{757+130} \fallingdotseq \frac{447}{887}$라고 연산할 수 있다. 통분 된 후에는 분자의 값만 비교하면 된다는 장점이 있다.

▶ 분자와 분모의 비율에 대한 감각이 좋다면 위 방법이 편할 것이다.

트레이닝

주어진 분수식의 대소비교 결과를 부등호로 표기하시오.

1	$\frac{135}{75}$		$\frac{136}{72}$	6	$\frac{458,463}{8,524}$		$\frac{525,486}{9,036}$	11	$\frac{753}{42}$		$\frac{951}{55}$
2	$\frac{64}{87}$		$\frac{64}{90}$	7	$\frac{45.5}{754.2}$		$\frac{61.2}{1,244.9}$	12	$\frac{156,547}{245}$		$\frac{226,474}{324}$
3	$\frac{156,547}{245}$		$\frac{226,474}{324}$	8	$\frac{7,544}{78,454}$		$\frac{7,854}{88,654}$	13	$\frac{1.57}{46,149}$		$\frac{1.81}{50,149}$
4	$\frac{4,744}{3,354}$		$\frac{5,733}{3,671}$	9	$\frac{45.5}{3,927}$		$\frac{61.2}{4,076}$	14	$\frac{24.3}{35.5}$		$\frac{5,513}{7,547}$
5	$\frac{3,214}{7,854}$		$\frac{2,687}{8,151}$	10	$\frac{214}{3,354}$		$\frac{421}{6,845}$	15	$\frac{134.2}{4.57}$		$\frac{157.8}{5.46}$

정답

1	<	6	<	11	>
2	>	7	>	12	<
3	<	8	>	13	<
4	<	9	<	14	<
5	>	10	>	15	>

자료해석(기본) 스킬 04 역산 (逆算, Inverse Operation)

20,000원짜리 마우스를 20% 할인한다면 16,000원 임을 직관적으로 알 수 있다. 왜? 실생활에서 자주 접하기 때문이다. 그런데, 마우스 패드가 10% 할인되어 10,000원에 판매 중이라고 한다면 원래 가격은? 11,000원!!??? 틀렸다. 이게 역산이다. (마우스 패드의 원래 가격은, 11,111.1원이다.)

TIP

인적성 수리영역에서의 역산은 대게 분수식이나 백분율의 역수를 곱하는 형태로 활용되므로 연습만 한다면 헷갈리지 않게 된다. 앞선 마우스와 마우스 패드의 예시를 도식화하면 아래와 같다.

할인 전	20% 할인	할인 후	할인 전	10% 할인	할인 후
20,000원	→ $\times 0.8$ **or** $\times \frac{4}{5}$ → ← $\div 0.8$ **or** $\times \frac{5}{4}$ ←	**16,000원**	**11,111.1원**	→ $\times 0.9$ **or** $\times \frac{9}{10}$ → ← $\div 0.9$ **or** $\times \frac{10}{9}$ ←	**10,000원**

할인율, 변화율, 수율 & 불량률 모두 역산의 원리를 갖고 있다. 역산은 원리가 간단하기 때문에 실제 수식을 구성하는 연습을 통해 '잘못된 수식'을 수립하지 않고 상황에 익숙해지도록 연습하는 것이 더욱 중요하다.

트레이닝

1	올해 신입사원은 작년 대비 20% 증가된 300명을 채용할 계획이다. 작년 신입사원은 총 몇 명이었나?	
2	A 매장에서 자동차 한 대를 기존 대비 12% 할인하여 6,600만 원에 판매 중이라면, 할인 전 가격은 얼마인가?	
3	B 가게의 올해 제품 판매 수량은 총 720개이다. 올해 판매 수량이 작년 대비 25% 감소하였다면 작년에 판매했던 제품의 수량은 몇 개였나?	
4	지성이는 어제 갖고 있던 용돈의 $\frac{1}{8}$ 을 사용하여 오늘 수중에 56,000원이 남아있다. 지성이가 어제 갖고 있었던 용돈은 얼마인가?	
5	불량률 16%인 제품 C의 개당 생산 비용이 20,160원이라면 제품 C 1개의 제조 원가는 얼마인가?	

㉠부터 ㉤까지 각 빈칸에 알맞은 값을 연산하시오. (소수점 첫째자리 반올림)

구분	2018년		2019년		2020년	
	매출액	전년 대비	매출액	전년 대비	매출액	전년 대비
A 사	(㉠)	−7.0%	144	20.0%	137	−5.0%
B 사	154	18.0%	(㉡)	(　)	270	12.5%
C 사	650	13.5%	(㉢)	−10.8%	460	−20.7%
D 사	1,654	2.4%	2,718	64.3%	(㉣)	−16.7%
E 사	(㉤)	−6.5%	6,048	−12.5%	6,754	11.7%

정답

1	$\frac{300}{1.2}$ or $300 \times \frac{5}{6}$ = 250명	㉠	(2019년) $\frac{144}{1.2}$ or $144 \times \frac{5}{6}$ = 120
2	$\frac{6,600}{0.88}$ = 7,500만원	㉡	(2020년) $\frac{270}{1.125}$ or $270 \times \frac{8}{9}$
3	$\frac{720}{0.75}$ or $720 \times \frac{4}{3}$ = 960개	㉢	(2018년) 650×0.892, (2020년) $\frac{460}{0.793}$ = 580
4	$56,000 \times \frac{8}{7}$ = 64,000원	㉣	(2019년) $2,718 \times 0.833$ or $2,718 \times \frac{5}{6}$ = 2,265
5	$\frac{20,160}{0.84}$ = 24,000원	㉤	(2019년) $\frac{6,048}{0.875}$ or $6,048 \times \frac{8}{7}$

자료해석(자료이해) 스킬 05 증감률과 비중

증감률은 기준값 대비 관찰값이 변화된 정도를 기준값 대비 백분위로 나타내는 것이다. 따라서 어찌보면 기준값이 되는 분모의 수치가 변화량보다 더 중요한 경우가 생겨날 수도 있다. 비중 역시 분모가 적을수록 & 분자가 클수록 비중은 클 것이라는 특징을 상기하자.

TIP

특히 그래프에서 증감률은 그래프의 기울기로 판단하면 곤란하다. 주의하도록 하자.

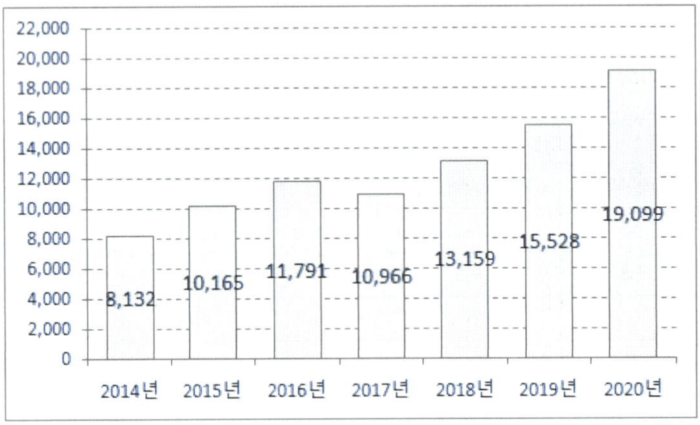

위 그래프에서 전년 대비 증가율이 가장 높은 해를 찾으라고 했을 때, 기울기를 고려한다면 '19년에서 '20년의 기울기가 가장 가파르다. 하지만, 실제 위 그래프에서 전년 대비 증가율이 가장 높았던 해는 '15년 이다. 이처럼 증감률은 기준점의 수치가 중요하기 때문에 기준값의 차이가 크다고 판단된다면 어림산을 통해 검토하는 것이 좋다.

년도	2014년	2015년	2016년	2017년	2018년	2019년	2020년
수치	8,132	10,165	11,791	10,966	13,159	15,528	19,099
증감률	–	25%	16%	–7%	20%	18%	23%

트레이닝

구분	수시 전형			정시 전형		
	인문 사회	자연 공학	합계	인문 사회	자연 공학	합계
2016년	435	340	775	1,234	865	2,099
2017년	661	527	1,188	1,506	1,829	3,335
2018년	807	763	1,570	2,125	1,817	3,942
2019년	1,300	1,777	3,077	1,300	1,714	3,014
2020년	2,456	2,965	5,421	1,272	1,567	2,839

1	A 대학에서 전년 대비 신입생 정원 증가율이 가장 높았던 해	
2	5개년 동안 수시 전형에서 자연 공학의 비중이 가장 높았던 해	
3	5개년 동안 정시 전형에서 인문 사회의 비중이 가장 높았던 해	

수리

응용수리

자료해석

정답

1	2017년 (57.4%)	2	2019년 (57.8%)	3	2016년 (58.8%)

자료해석(자료이해) 스킬 06 좌표형 차트

좌표형 차트는 GSAT 자료해석 중 한 문제 정도가 꾸준히 출제되어 왔다. 그래프 자체가 어렵지는 않으나 실생활이나 대학에서의 전공 학습 과정에서는 그다지 접할만한 상황이 많지 않기 때문에 특성 파악 유무에 따라 그래프 해석의 실력이 갈리기도 한다.

TIP

순위, 합계, 평균에 대한 직관적인 그래프 해석 요령 습득 필요

〈그래프〉 6개 업체의 공기청정기 소비자 만족도 점수

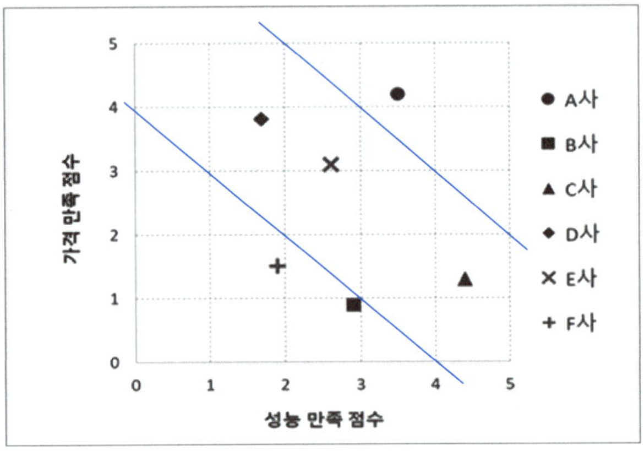

1) 순위 파악

X축과 Y축의 '축 제목'을 잘 파악해야 한다.

① "성능 만족 점수"가 높은 순서는 그래프의 "오른쪽"부터 C 〉 A 〉 B 〉 E 〉 F 〉 D이다.

② "가격 만족 점수"가 높은 순서는 그래프의 "위쪽"부터 A 〉 D 〉 E 〉 F 〉 C 〉 B이다.

– 단, 순위 파악의 경우 X축과 Y축이 별개로 해석되기 때문에 각 축의 Scale이나 좌표값은 고려치 않아도 된다.

2) 합계, 평균 점수 파악

X축과 Y축의 합계 점수는 X 절편과 Y 절편을 기준으로 사선을 그은 후 위/아래의 영역으로 구분하자.

① 가격 점수와 성능 점수의 합이 '7점 이상'인 경우는 (2,5)와 (5,2)를 잇는 사선을 기준으로 위쪽 영역에 위치하는 A이다. 또한, 이 기준선은 가격과 성능의 평균 점수 3.5점의 기준선이기도 하다.

② 가격 점수와 성능 점수의 합이 '4점 이하'인 경우는 (0,4)와 (4,0)을 잇는 사선을 기준으로 아래쪽 영역에 위치하는 B, F 이다. 또한, 이 기준선은 가격과 성능의 평균 점수 2점의 기준선이기도 하다.

③ 가격과 성능 점수의 합계가 높을수록 우상단 꼭짓점 (5,5)와의 거리가 가깝고, 합계가 낮을수록 좌하단 꼭짓점 (0,0)과의 거리가 가깝다. A가 가장 높은 점수, F가 가장 낮은 점수이다.

– 합계와 평균을 파악해야 하는 경우 X축과 Y축의 Scale을 반드시 확인해야 한다.

트레이닝

〈그래프〉 인적성 합격자의 영역별 못 푼 문제 개수

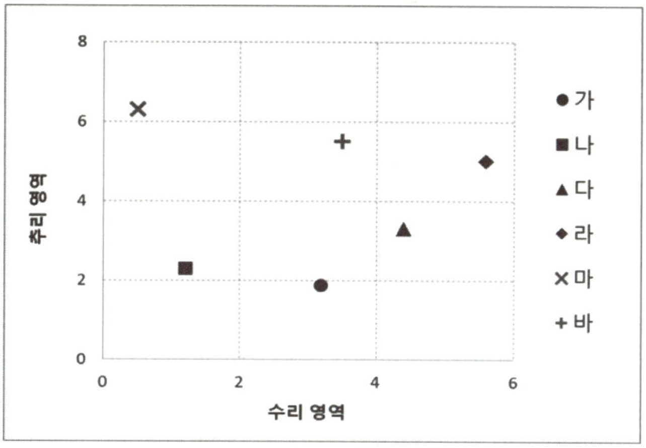

각 물음에 답하시오.

1	수리 영역 못 푼 문제의 수가 적은 순서대로 나열	
2	추리 영역 못 푼 문제의 수가 4개 이상 인원	
3	수리와 추리 못 푼 문제의 합계가 가장 많은 인원	
4	수리와 추리 못 푼 문제의 평균이 3개 이하 인원	
5	추리 영역 못 푼 문제의 수가 많은 순서대로 나열	
6	수리 영역 못 푼 문제의 수가 3개 이하인 인원	
7	수리와 추리 못 푼 문제의 합계가 가장 적은 인원	
8	수리와 추리 못 푼 문제의 평균이 5개 이상인 인원	

정답

1	마 〉 나 〉 가 〉 바 〉 다 〉 라	5	마 〉 바 〉 라 〉 다 〉 나 〉 가
2	라, 마, 바	6	나, 마
3	라	7	나
4	가, 나. (0,6)과 (0,6)을 잇는 선의 아래쪽	8	라. (2,8)과 (6,4)를 잇는 선의 위쪽

수리 ■ 응용수리 ■ 자료해석

자료해석(자료이해) 스킬 07 합산형 도표

전입/전출이나 수입/수출처럼 서로 다른 두 가지 이상의 상황에서 주어진 서로 간의 관계를 나타내는 도표가 주어지는 경우 합산의 방향이 헷갈릴 수 있다.

TIP

구분 항목별 수치 합계의 방향(행, 열)을 파악해야 한다. 조금 유치하지만, 개인적으로는 구분자 항목의 위치가 '위'(전입 항목의 기입 위치가 전출보다 위)에 있으면 아래로 내려오면서, '왼쪽(전출이 기입된 위치가 전입보다 왼쪽)'에 있으면 오른쪽으로 가면서 더해진다고 판단한다.
또한, 합계가 없는 도표의 경우 합계를 기입해 놓는 것이 풀이에 있어 훨씬 수월하다.

〈표〉 2020년 4개 도시의 전입 및 전출 인구 현황

(단위 : 백 명)

전출＼전입	A 시	B 시	C 시	D 시	합계
A 시	–	66	210	554	830
B 시	135	–	327	963	1,425
C 시	280		–	545	825
D 시	92	232	554	–	878
합계	507	298	1,091	2,062	3,958

트레이닝

〈표 1〉 로봇의 조류 식별 결과

(단위 : 건)

실제＼인식	비둘기	부엉이	올빼미	합계
비둘기	92	6	2	
부엉이	0	35	15	
올빼미	2	10	38	
합계				

* 에러율(%) = 오인식(건) / 실제 × 100

〈표 2〉 로봇의 어류 식별 결과

(단위 : 건)

실제＼인식	잉어	우럭	넙치	가자미	합계
잉어	35	3	1	1	
우럭	2	50	4	4	
넙치	3	2	32	13	
가자미	1	1	16	32	
합계					

1	비둘기의 인식 성공률(= 1-에러율)을 구하시오.	
2	넙치의 인식 성공률(= 1-에러율)을 구하시오.	
3	조류의 인식 에러율을 구하시오.	
4	어류의 인식 에러율을 구하시오.	
5	실제 개체보다 인식 건수가 많았던 대상은 부엉이, 올빼미, 넙치, 가자미이다.	O / X
6	올빼미를 부엉이로 오인식한 에러율과 부엉이를 올빼미로 오인식한 에러율은 같다.	O / X
7	어류 중에서는 우럭의 인식 성공률이 가장 높았다.	O / X
8	올빼미의 인식 에러율과 잉어의 인식 에러율은 같다.	O / X

정답

1	$\frac{92}{100}=92\%$
2	$\frac{32}{50}=64\%$
3	$\frac{6+2+0+15+2+10}{200}=17.5\%$
4	$\frac{(3+1+1+2+4+4+3+2+13+1+1+16)}{200}=25.5\%$
5	(X) 실제, 인식 횟수는 부엉이(50, 51), 올빼미(50, 55), 잉어(40, 41), 넙치(50, 53)
6	(X) 올빼미→부엉이: $\frac{10}{50}=20\%$, 부엉이→올빼미: $\frac{15}{50}=30\%$
7	(X) 잉어 $\frac{35}{40}=87.5\%$, 우럭 $\frac{50}{60}=83.3\%$, 넙치 = 가자미 $\frac{32}{50}=64\%$
8	(X) 올빼미 $\frac{2+10}{50}=24\%$, 잉어 $\frac{3+1+1}{40}=12.5\%$

자료해석(자료계산) 스킬 08 어림산과 끝자리 비교

자료계산의 경우 보통 보기가 숫자로 주어지는 경우가 많다. 우리는 주관식이 아닌 객관식 문제를 풀 것이기 때문에 보기를 통해 어림산의 기준이나 빠르게 정답을 산출할 수 있는 전략을 수립해야 한다.

TIP

문제에서 요구하는 바를 파악한 뒤 계산에 앞서 "보기를 먼저 보자!!" 보기에 전략이 숨어있다.

〈표〉 2017년 공사종류별 계약실적

(단위 : 건, 억 원)

구분	토목		건축		산업설비/조경	
	건수	금액	건수	금액	건수	금액
1월	2,139	45,844.2	2,423	70,793.1	350	10,503.0
2월	2,671	47,427.3	2,863	68,723.1	367	9,349.2
3월	3,539	35,537.4	3,866	95,796.0	552	9,693.0
4월	2,309	18,270.9	3,803	104,422.5	450	9,362.7
5월	2,129	15,564.6	3,719	88,281.9	421	8,082.9
6월	2,552	17,515.8	4,373	95,559.3	421	6,426.9

1) 단위와 자릿수가 같은 경우

문제 : 3월 중 계약실적 건수가 가장 많았던 공사종류의 공사 1건당 금액을 산출하시오 (백만원 미만 반올림한다.)

보기 : ① 2,374백만 원 ② 2,400백만 원 ③ 2,478백만 원 ④ 2,746백만 원 ⑤ 2,922백만 원

– 정답 산출을 위해서는 3월 건축 금액을 건수로 나누어야 한다.

〈정석 풀이〉 : 건축 금액(백만원) ÷ 건축 건수(건) = 9,579,600 ÷ 3,866 = 2,477.9백만 원이므로 정답은 2,478백만원이다. 그런데, 9,579,600 ÷ 3,866을 다 나누고 있을 건가??

〈치트키〉 : 이 문제를 풀면서 굳이 단위를 다 맞추겠다고 '일십백천만십만백만천만..'이러면서 동그라미 그리고 할 필요가 없다. 주어진 보기의 단위가 백만 원으로 같고, 자릿수가 천 단위로 같다. 즉, 정답 산출을 위해서는 단위와 자릿수를 계산하지 않아도 된다. 숫자의 생김새만 찾으면 된다!

또한, 계산할 때는 앞에서부터 세 자릿수 까지만 연산하면 숫자가 달라지므로(보기를 237, 240, 248, 275, 292로 인식해도 된다는 얘기) 정답을 찾아낼 수 있게 된다.

즉, 정답 산출을 위한 계산은 958 ÷ 387 ≒ 2.48이니 정답은 ③ 2,478백만 원이다.

즉, 보기를 보고 '아, 단위랑 자릿수는 신경 안 써도 되겠네. 그리고, 앞에서 세 자리정도 가면 숫자 차이가 나니 굳이 다 계산 안하고 어림산은 앞에 세 자리정도만 살려도 되겠네' 정도로 효율적인 연산의 전략을 세울 수 있어야 한다. 보기들을 보고, 이러한 판단이 2~3초 내에 가능해야 한다.

2) 자릿수가 다른 경우

문제 : 3월 중 계약실적 건수가 가장 많았던 공사종류의 공사 1건당 금액을 산출하시오. (백만원 미만 반올림한다.)

보기 : ① 237백만원 ② 248백만원 ③ 2,400백만원 ④ 2,478백만원 ⑤ 2,746백만원

– 보기들의 단위는 같지만 자릿수가 다르다. 이러한 경우에는 단위와 자릿수를 반드시 고려해서 연산해야 한다. (그런데, 보기가 이렇게 주어지는 경우는 드물다.)

3) 어림산의 기준 수립

(단위 : 명)

성별	2017년	2018년	2019년	2020년
남자	155,080	156,756	168,240	198,944
여자	172,308	188,884	217,188	264,764
총 계	327,388	345,640	385,428	463,708

문제 : 전년 대비 총 인원의 증가율이 가장 높았던 해의 여자 인원 비중을 구하시오.

보기 : ① 56.8% ② 57.1% ③ 57.4% ④ 57.5% ⑤ 57.7%

– 2020년에서의 여자 비중을 연산해야 한다.

〈정석 풀이〉 : 264,764 ÷ 463,708 = 0.57097로 정답 ② 57.1%

〈치트키〉 : 주어진 보기는 왼쪽부터 세번째 자릿수에서 구분이 된다. 즉, 최소 세자리까지는 살려야 한다. 265 ÷ 464 ≒ 0.5710이므로 정답 ② 57.1%

〈오답 풀이〉 만약 두 자릿수만 살려서 계산했다면, 27 ÷46 = 0.587 = 58.7%가 된다.

어림산을 할 때, 앞에서 두 자릿수만 살릴까.. 세 자릿수까지 살릴까.. 네 자릿수까지 살려야되나?로 고민하시는 분들이 많을 것이다. 결론부터 얘기하자면, 문제의 보기에서 주어진 값들이 구분되는 자릿수보다 동일하거나 한 자릿수 더 운영하면 된다.

ex 1) ① 23% ② 24% ③ 25% ④ 26% ⑤ 27%

① 5.3% ② 5.5% ③ 5.8% ④ 6.0% ⑤ 6.2%

– 단위와 소수점 표기와는 관계없이 두 개의 자릿수 보기가 있다면, 연산할 때 앞에서 세 개 자릿수까지는 살려서 계산해야 한다.

ex 2) ① 321만원 ② 325만원 ③ 328만원 ④ 330만원 ⑤ 332만원

– 연산 시 앞에서 네 개 자릿수까지는 연산을 해야 한다. 왜냐? 이 숫자들이 구분되는 기준이 앞에서 세 번째 자리에서 구분이 되기 때문이다.

만약 보기가 ① 54,700원 ② 55,300원 ③ 56,000원 ④ 56,600원 ⑤ 57,100원 으로 주어졌다면 앞에서 여섯 개 자릿수까지 고려해야 하나? 아니다. 위 주어진 보기는 ① 547백원 ② 553백원 ③ 560백원 ④ 566백원 ⑤ 571백원과 같다. 따라서, 세 개나 네 개 자릿수까지 살려서 어림산 한다면 정답을 구분하는데 충분한 어림산이 된다.

4) 특정 자리만 판별

연산 수식의 형태에 따라 다르기는 하지만 끝자리나 특정 자릿수만 고려하여 연산하는 것이 가능할 경우 모두 계산하지 않는 것이 좋다.

ex 1) ① 683개 ② 685개 ③ 687개 ④ 689개 ⑤ 670개

– 보기에서 1의 자리 수만 운영이 가능한 수식이라면 굳이 모두 계산할 필요가 없다.

ex 2) ① 27,600원 ② 28,400원 ③ 28,900원 ④ 29,200원 ⑤ 29,500원

– 백원 단위의 숫자가 뭐인지만 계산하면 된다. 만원, 천원 단위 이상의 숫자는 우리가 보기에서 정답을 고르기 위해서는 필요치 않은 연산이다.

(단위 : 개별 표기)

구분	단위	2016년	2017년	2018년	2019년	2020년
사업체수	개	16,189	15,078	14,440	13,844	12,363
종사자	명	95,051	91,893	87,281	80,388	73,993
매출액	억원	97,525	97,197	99,706	107,223	180,945
수출액	만 달러	26,389	27,154	27,938	32,146	32,773
수입액	만 달러	17,914	17,223	16,556	17,749	14,736

1	2017년 사업체 1개당 수출액은?	① 163백 달러 ② 168백 달러 ③ 175백 달러 ④ 180백 달러 ⑤ 188백 달러
2	2019년 종사자 1인당 수입액은?	① 1,884.7 달러 ② 1,896.9 달러 ③ 2,045.6 달러 ④ 2,165.4 달러 ⑤ 2,207.9 달러
3	2018년 수출입액 중 수출액의 비중은?	① 63% ② 64% ③ 65% ④ 66% ⑤ 67%
4	2020년 수출입액 중 수입액의 비중은?	① 30.8% ② 31.0% ③ 31.2% ④ 31.5% ⑤ 31.8%
5	2016년 대비 2019년 매출액 증가율은?	① 9.87% ② 9.91% ③ 9.94% ④ 10.03% ⑤ 10.05%

(단위 : 마리)

시점	곤충 X	곤충 Y
투입	8	3
1주 후	10	6
2주 후	14	12
3주 후	20	21
4주 후	28	33
5주 후	38	48

(단위 : 마리)

판매 종류	곤충 X	곤충 Y	가격
X	1	0	1,200원
Y	0	1	1,700원
A 세트	3	3	7,500원
B 세트	5	5	12,000원
C 세트	10	10	23,000원
D 세트	20	20	41,500원

6	곤충 X의 10주 후 개체 수는?	① 102 ② 106 ③ 110 ④ 114 ⑤ 118
7	곤충 Y의 8주 후 개체 수는?	① 111 ② 115 ③ 119 ④ 123 ⑤ 127
8	12주 후 곤충 X와 Y의 개체 수 차이는?	① 56 ② 62 ③ 68 ④ 73 ⑤ 81
9	3주 후 시점의 곤충 전 개체를 가장 싸게 매입하는 데 필요한 금액은?	① 41,500원 ② 42,000원 ③ 42,700원 ④ 43,200원
10	4주 후 시점의 곤충 전 개체를 가장 싸게 매입하는 데 필요한 금액은?	① 65,000원 ② 67,200원 ③ 69,500원 ④ 72,000원

수리

■ 응용수리

■ 자료해석

정답

1	④번, 272÷151 ≒ 1.80 → 180백 달러	6	⑤번, 끝자리 8
2	⑤번, 1775÷804 ≒ 2.207 → 2207달러	7	①번, 끝자리 1
3	①번, $\frac{280}{280+166}=0.628$ → 63%	8	④번, Y 끝자리 7 − X 끝자리 4 = 3
4	②번, $\frac{1474}{3278+1474}=0.310$ → 31.0%	9	④번 43,200원, D 1세트 + Y 1마리 구매 시 백원 단위 ??,200원
5	③번, $\frac{10,722-9,753}{9,753}=0.09935$ → 9.94%	10	③번 69,500원, D 1세트 + B 1세트 + A 1세트 + Y 5마리 = ??,500원

자료해석(자료계산) 스킬 09 평균 구하기

자료해석 영역에서의 평균값 연산은 보통 정확한 수치를 산출하기보다는 특정 수치나 기준점과의 대소비교 상황이 주어지기 때문에 편차를 활용하는 것이 좋다.

TIP

기준값(관측값)을 기준으로 편차 활용하자.

〈그래프〉 국내 주종별 출고량 현황

(단위 : 백만 상자)

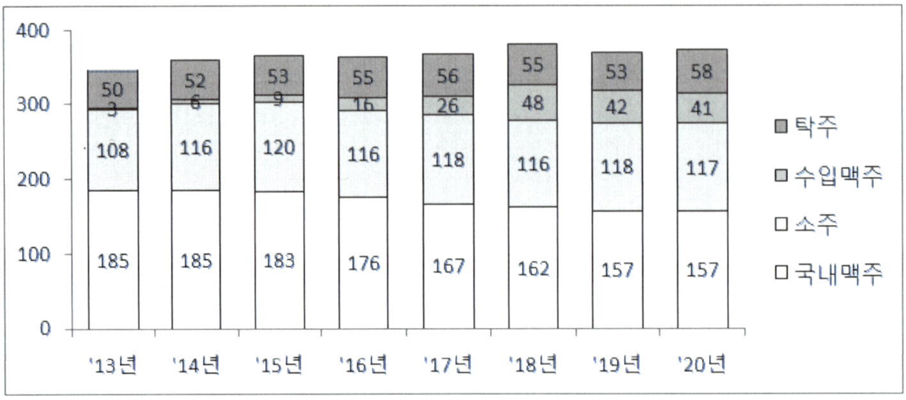

1) 기준값이 주어지는 경우

ex 1) "조사기간 동안 소주의 연평균 출하량은 115백만 상자 이상이다."라고 했다면, 115를 기준으로 매해 편차를 구하자. [−7 +1 +5 +1 +3 +1 +3 +2]이며, 합계는 +9로 양수이다. 이 경우, 기준값인 115보다 평균이 높을 것이다.

ex 2) "조사기간 동안 수입맥주의 연평균 출하량은 24백만 상자 이상이다."라고 했다면, 24를 기준으로 매해 편차를 구하자. [−21 −18 −15 −8 +2 +24 +18 +17]이며, 합계는 −1로 음수이다. 이 경우, 기준값인 24보다 평균이 낮을 것이다.

2) 평균값을 직접 산출해야 하는 경우

ex 1) "조사기간 8개년 동안 출하되었던 탁주의 연평균 출하량을 구하시오"라고 했다면, 그래프의 탁주 숫자들을 살핀 뒤 어림잡아 평균에 가까울 것으로 기대되는 값이나 편차 계산이 용이한 값을 기준값으로 설정하다. 이 경우, 탁주의 매년 출하량은 50 ~ 58백만 상자 수준이므로 기준값을 50으로 설정하면 편차 계산이 용이할 것이다. [0 +2 +3 +5 +6 +5 +3 +8]이며, 합계는 +32이다. 8개년이므로 32÷8 = 4를 기준값인 50에 더하면 평균이 된다. 즉, 탁주의 연평균 출하량은 54백만 상자이다.

ex 2) "조사기간 8개년 동안 출하되었던 국내맥주의 연평균 출하량을 구하시오" 157 ~ 185백만 상자 수준에서 움직이고 있다. 170 정도를 기준값으로 설정하면 편차는 [+15 +15 +13 +6 −3 −8 −13 −13]이며, 합계는 +12이다. 8개년이므로 12÷8 = 1.5를 더하면 평균은 171.5백만 상자이다.

트레이닝

〈그래프〉 법인세 고지 현황

(단위 : 억 원, 천 건)

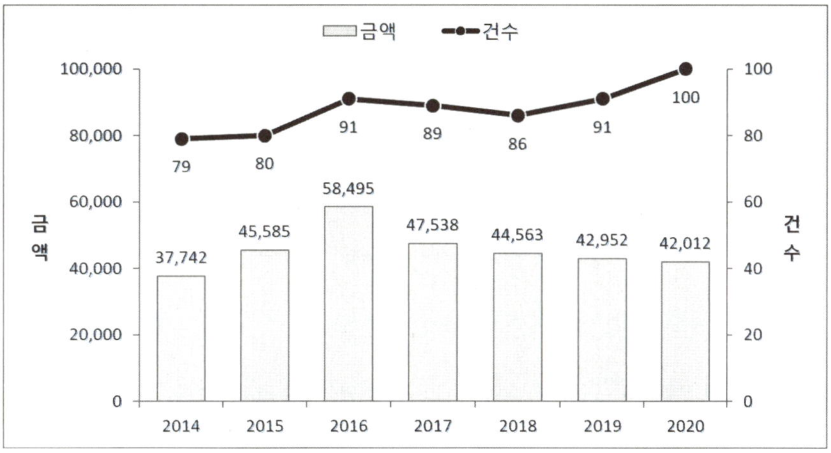

〈표〉 법인세 환급 현황

(단위 : 백만 원, 건)

구분	2014년	2015년	2016년	2017년	2018년	2019년	2020년
건수	109,764	119,943	130,412	138,712	147,422	162,103	166,973
금액	5,005,858	5,409,358	6,763,386	6,434,806	7,894,331	6,373,144	6,623,280

1	2020년 기준 최근 4년 동안의 연평균 법인세 환급 금액은 6.5조 원 이상이다.	O / X
2	조사기간 동안의 연평균 법인세 고지 금액은 4.5조 원 이상이다.	O / X
3	조사기간 동안의 연평균 법인세 환급 건수는 140천 건 이상이다.	O / X
4	조사기간 동안의 연평균 법인세 고지 건수는 몇 천 건인가? (소수점 둘째자리 반올림)	

정답

1	(O) 6.5조 원 기준 [−0.1 +1.4 −0.1 +0.1], Σ = +1.3 → 기준값 이상
2	(O) 45천억 원 기준 [−7 +1 +13 +3 0 −2 −3], Σ = +5 → 기준값 이상
3	(X) 140천 건 기준 [−30 −20 −10 −1 +7 +22 +27], Σ = −5 → 기준값 이하
4	(88.0천건) 90천 건 기준 [−11 −10 +1 −1 −4 +1 +10], Σ = −14, Avg = $90-\frac{14}{7}=88$

자료해석(자료계산) 스킬 10 번분수와 치환 계산

우리는 $\dfrac{\frac{A}{B}}{\frac{C}{D}} = \dfrac{A\times D}{B\times C}$ 라는 번분수의 원리는 알고 있다. 하지만, 문제에서 도표로 주어지고 활용해야 하는 경우 이따금씩 뇌정지가 오기도 한다.

TIP

특히, $\frac{A}{B}$와 $\frac{A}{C}$가 주어진 상황에서 $\frac{C}{B}$를 구하기 위해서는 $\dfrac{\frac{A}{B}}{\frac{A}{C}}$를 연산해야 하지만 보통 $\dfrac{\frac{A}{C}}{\frac{A}{B}}$로 실수하는 경우가 잦다.

분자가 같을 경우 역수 형태로 분수식을 구성해야 함에 주의하자.

ex) 직원 1인당 매출 a원$\left(=\frac{\text{매출}}{\text{직원수}}\right)$, 업체 1개당 매출 b원$\left(=\frac{\text{매출}}{\text{업체수}}\right)$이 주어졌을 때,

업체 1개당 직원수$\left(=\frac{\text{직원수}}{\text{업체수}}\right)$를 구하려면 $\frac{a}{b}$가 아닌 $\frac{b}{a}$를 연산해야 한다.

트레이닝

〈표〉 3개 기업의 재무 현황

(단위 : %)

구분	A	B	C
부채 비율	㉠	25.9	102.9
자기자본 비율	79.1	㉡	49.3
부채구성 비율	20.9	20.6	㉢

(단위 : 억 원)

구분	A	B	C
부채	120.0	③	⑤
자기자본	①	150.0	⑥
총 자산	②	④	180.0

1) 부채 비율(%) = 부채 ÷ 자기자본 × 100

2) 자기자본 비율(%) = 자기자본 ÷ 총 자산 × 100

3) 부채구성 비율(%) = 부채 ÷ 총 자산 × 100

위 도표에서의 빈칸 ㉠부터 ㉥에 해당하는 각 값을 연산하시오.

㉠	
㉡	
㉢	

-		③		⑤	
①		-		⑥	
②		④		-	

정답

㉠	$\frac{20.9}{79.1} \times 100 = 26.4$
㉡	$\frac{20.6}{25.9} \times 100 = 79.5$
㉢	$102.9 \times 49.3 \times \frac{1}{100} = 50.7$

-		③	$150 \times 25.9\% = 38.9$	⑤	$180 \times 50.7\% = 91.3$
①	$\frac{120}{26.4\%} = 454.5$	-		⑥	$180 \times 49.3\% = 88.7$
②	$\frac{120}{20.9\%} = 574.2$	④	$\frac{150}{79.5\%} = 188.7$	-	

자료해석(자료변환) 스킬 11 트렌드 읽기 (단일형)

GSAT 수리영역 20문제 중 19번은 자료 변환 유형이 주어진다. 특히, 막대그래프와 꺾은선그래프는 자료해석 영역 전체에 있어 가장 자주 등장하는 그래프이다. 따라서, 해당 그래프에서 트렌드를 빠르게 읽는 요령이 필요하다. 더군다나 GSAT 19번의 경우 보통 동일한 유형과 지칭 대상을 주고 올바르게 그린 것을 찾으라는 요청이기 때문에 하나씩 계산하기 보다는 트렌드를 빠르게 비교하는 것이 효과적이다.

TIP

파마리터 값에 대한 그래프인지 변화량 or 변화율에 대한 그래프인지를 우선 파악해야 한다.

이를 위해서는 제목이나 서술 내용을 확인해도 되지만, 보통 그래프 자체에 힌트가 있다. 바로, '0점 기준 선'이 있느냐 없느냐 이다.

〈1〉

(단위 : 만 명)

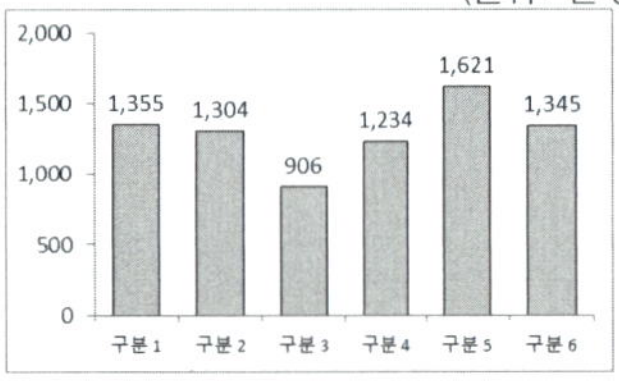

〈2〉

(단위 : 달러)

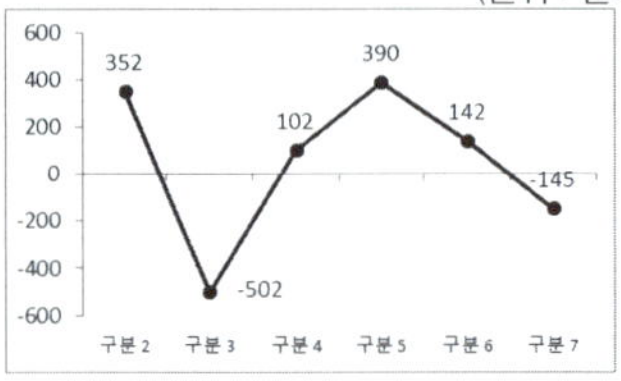

〈3〉

(단위 : 개소)

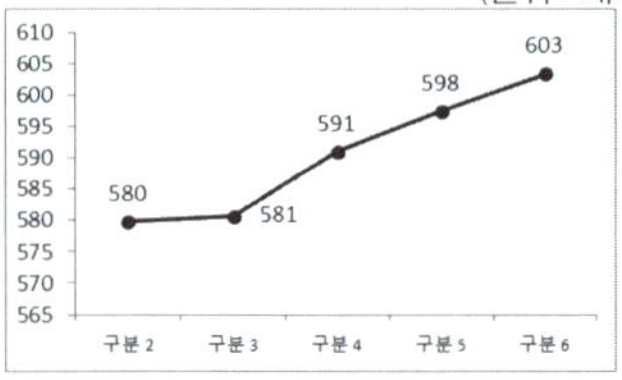

〈4〉

(단위 : km)

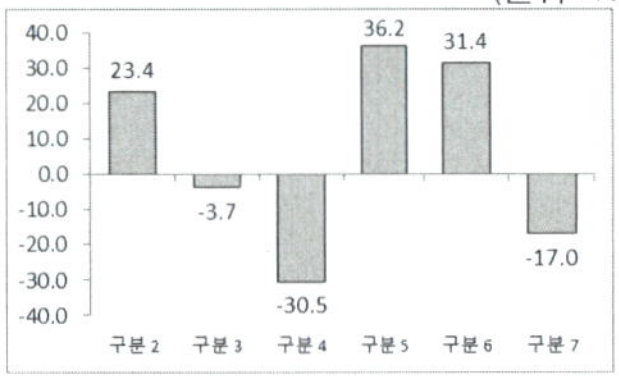

〈5〉

(단위 : km)

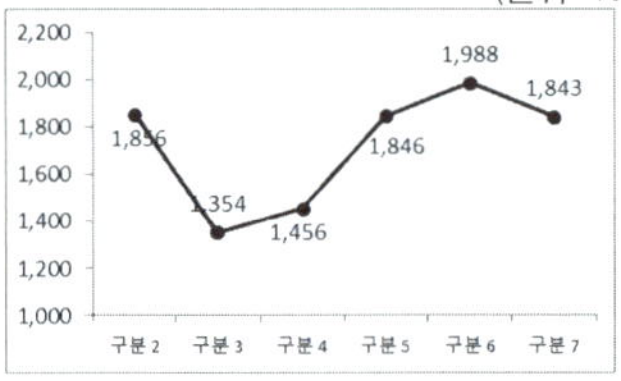

〈6〉

(단위 : 백분위)

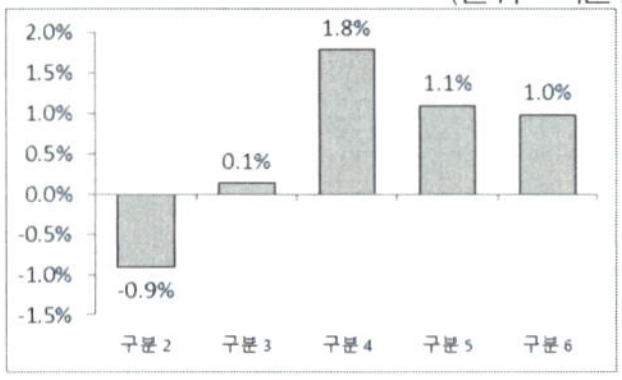

위 그래프들은 별도의 제목이나 단위가 주어지지 않았더라도 공통사항을 가고 있다. '0'이라는 기준선이 있느냐 없느냐이다. 보통 높은 확률로 '0'의 기준라인이 있는 경우는 '변화량' 또는 '변화율(증감율)'에 대한 그래프가 된다. 그렇지 않다면 표제에서 지칭하는 대상의 특정 파라미터 값이 되는 것이다.

① 파라미터 값 그래프
위 그래프 중 1, 3, 5번에 해당한다. 이러한 유형에서는 그래프의 등락(오름, 내림)을 기준으로 트렌드를 파악하자. 1번 그래프는 구분 1을 기준으로 [− − + + −], 3번 그래프는 구분 1을 기준으로 [+ + + +], 5번 그래프는 구분 1을 기준으로 [− + + + −]의 트렌드를 보인다.

② 변화량 or 변화율 그래프
위 그래프 중 2, 4, 6번에 해당한다. 이러한 유형에서는 '0'을 기준으로 위/아래의 영역으로 트렌드를 파악하자. 2번 그래프는 구분 1부터 [+ − + + + −], 4번 그래프는 구분 1부터 [+ − − + + −], 6번 그래프는 구분 1부터 [− + + + +]의 트렌드를 보인다.

트레이닝

〈표〉 이삿짐 센터의 연간 물류 처리량

(단위 : 톤)

시점	2014년	2015년	2016년	2017년	2018년	2019년	2020년
A	5,434	4,546	5,024	4,867	6,074	6,133	6,497
B	8,811	14,803	28,445	24,823	12,907	11,844	11,370
C	7,765	6,712	5,511	4,873	5,215	4,715	4,778

〈그래프〉 2020년 월별 배추의 도매가격 추이

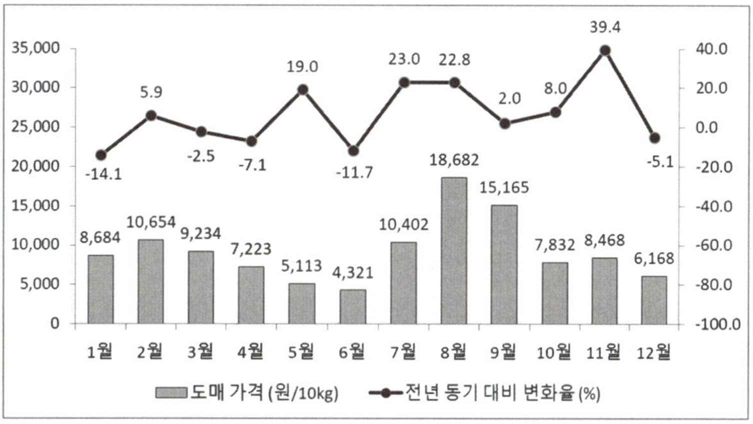

주어진 표와 그래프를 활용하여 각 지칭 대상의 트렌드를 기입하시오.

1	2014년 이후 이삿짐 센터 A의 전년 대비 물류 처리 변화량	
2	2014년 이후 이삿짐 센터 B 물류 처리량의 전년 대비 증감률	
3	2014년 이후 이삿짐 센터 C 물류 처리량의 전년 대비 증감률	
4	2020년 1월 이후 배추 도매가격의 전월 대비 변화율	
5	2020년 월간 배추 도매가격의 전년 동기 대비 변화율	

정답

1	2014년 기준 − + − + + +	2	2014년 기준 + + − − − −	3	2014년 기준 − − − + − +
4	2020년 1월 기준 + − − − − + + − − + −	5	2020년 1월부터 − + − − + − + + + + + −		

자료해석(자료변환) 스킬 12 트렌드 읽기 (계산형)

GSAT 19번은 보통 단일형 그래프를 해석하는 형태로 주어지지만 난이도가 증가되는 경우 도표나 그래프에서의 수치를 계산해야 하는 경우도 존재한다.

TIP

분자/분모로 연산이 이루어지는 경우도, 수치 계산보다는 트렌드를 먼저 파악하자.

〈표〉 서울시 주요 공원별 시설수와 면적

(단위 : 개소, m²)

공원 구분	항목	2012년	2013년	2014년	2015년	2016년	2017년
소공원	시설수	374	388	399	399	398	400
	면적	1,484,472	1,500,600	1,521,884	1,533,180	1,500,154	1,523,528
어린이공원	시설수	1,183	1,204	1,201	1,196	1,209	1,207
	면적	3,124,115	3,166,167	3,180,550	3,193,262	3,191,280	3,216,273
근린공원	시설수	458	423	421	424	419	418
	면적	44,583,835	41,729,272	41,166,654	42,964,748	40,453,180	39,642,423
역사공원	시설수	11	12	12	12	10	10
	면적	352,888	354,908	354,907	352,800	300,945	300,945

2012년 이후 각 공원종류별 시설당 면적의 그래프를 찾아야 하는 상황에서 각 수치를 하나씩 계산하는 것은 효율적이지 못하다. 시설당 면적은 '면적 ÷ 시설'이다. 즉, 분자는 면적, 분모는 시설이며 각각 분자와 분모의 트렌드를 먼저 파악한다면 시설당 면적의 트렌드를 빠르게 가늠할 수 있다.

공원 구분	항목	2012년	2013년	2014년	2015년	2016년	2017년
소공원	분모	시설 기준점	+	+	0	−	+
	분자	면적 기준점	+	+	+	−	+
어린이공원	분모	시설 기준점	+	−	−	+	−
	분자	면적 기준점	+	+	+	−	+
근린공원	분모	시설 기준점	−	−	+	−	−
	분자	면적 기준점	−	−	+	−	−
역사공원	분모	시설 기준점	+	0	0	−	0
	분자	면적 기준점	+	−	−	−	0

따라서, 각 공원별 '시설당 면적'의 변화 트렌드는 2012년을 기준으로 아래와 같다.

공원 구분	항목	2012년	2013년	2014년	2015년	2016년	2017년
소공원	시설당 면적		?	?	+	?	?
어린이공원	시설당 면적		?	+	+	−	+
근린공원	시설당 면적		?	?	?	?	?
역사공원	시설당 면적		?	−	−	?	0

이 경우, 분자와 분모의 트렌드가 같다면 직관적으로는 해당 수치의 트렌드를 파악할 수 없다는 단점이 있지만 그래도 알고 있는 부분만이라도 먼저 활용한다면 효과적일 수 있을 것이라고 생각한다.

트레이닝

주어진 표를 활용하여 그래프에 표현된 주요 지표 A, B, C를 ①, ②, ③ 항목에 올바르게 연결하시오.

〈표〉 연간 게임산업 규모 및 수출입 동향

(단위 : 개, 명, 억 원, 만 달러, %)

구분	2016년		2017년		2018년		2019년		2020년	
	총계	전년 대비	총계	전년 대비	총계	전년 대비	총계	전년 대비	총계	전년 대비
사업체수	16,189	−6.7	15,078	−6.9	14,440	−4.2	13,844	−4.1	12,363	−10.7
종사자	95,051	0.2	91,893	−3.3	87,281	−5.0	80,388	−7.9	73,993	−8.0
매출액	97,525	10.8	97,197	−0.3	99,706	2.6	98,467	−1.2	108,945	10.6
수출액	26,389	11.0	27,154	2.9	29,738	9.5	27,658	−7.0	30,347	9.7
수입액	17,914	−12.6	17,223	−3.9	16,556	−3.9	17,749	7.2	14,736	−17.0

〈그래프〉 게임산업의 연간 주요 지표 A, B, C

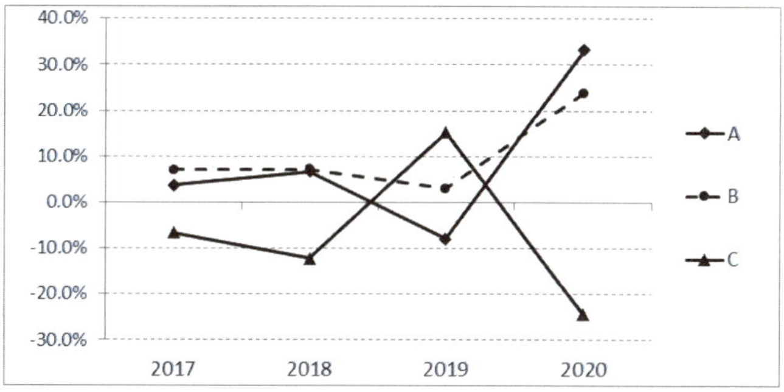

①	2016년 이후 게임산업 수출액 대비 수입액의 전년 대비 변화량	
②	2016년 이후 게임산업 수입액 대비 매출액의 전년 대비 변화량	
③	2016년 이후 게임산업 사업체당 평균 매출액의 전년 대비 변화량	

정답

①	(C) 분모(수출액) [+ + − +], 분자(수입액) [− − + −], 수출액 대비 수입액 [− − + −]
②	(A) 분모(수입액) [− − + −], 분자(매출액) [− + − +], 수입액 대비 매출액 [? + − +]
③	(B) 분모(사업체) [− − − −], 분자(매출액) [− + − +], 사업체당 평균 매출액 [? + ? +]

수리

■ 응용수리

■ 자료해석

01 다음은 국내 지역별 운영 중인 공영자전거의 보유 대수와 대여 실적을 조사한 자료이다. 주어진 〈표〉를 해석한 내용으로 옳은 보기를 고르시오.

〈표〉 지역별 공영자전거 운영 현황

(단위: 대, 건)

구분	2019년		2020년		2021년	
	자전거 보유	대여 실적	자전거 보유	대여 실적	자전거 보유	대여 실적
경상남도	4,653	5,043,393	4,504	4,359,270	4,789	4,283,320
경상북도	1,773	100,212	1,681	150,149	1,686	145,538
전라남도	1,097	388,825	1,088	471,780	1,116	399,530
전라북도	497	34,740	683	4,200	509	36,177
충청남도	932	149,340	897	128,238	930	165,043
충청북도	145	4,252	173	4,175	130	1,073

① 조사기간 동안 자전거 보유 대수가 2년 연속 증가했던 지역은 1개 도이다.
② 2021년 전라남도의 자전거 1대당 평균 대여 실적은 전년 대비 증가하였다.
③ 2020년 충청남도의 자전거 1대당 평균 대여 실적은 전년 대비 감소하였다.
④ 2021년 전라북도의 대여 실적은 전년 대비 800% 이상 증가하였다.
⑤ 6개 도를 기준으로 조사기간 동안 공영자전거 대여 실적의 순위는 매년 동일하였다.

02 다음은 국내 4년제 대학교 212개(캠퍼스 포함)의 각 학기별 전공과목 평가 결과 중 A 학점 이상의 비중과 평균 학점을 나타낸 자료이다. 이를 해석한 내용 중 옳은 보기를 고르시오.

〈그래프〉 전공과목의 학기별 A 학점 평가 비중과 평균 학점

(단위: 점, %)

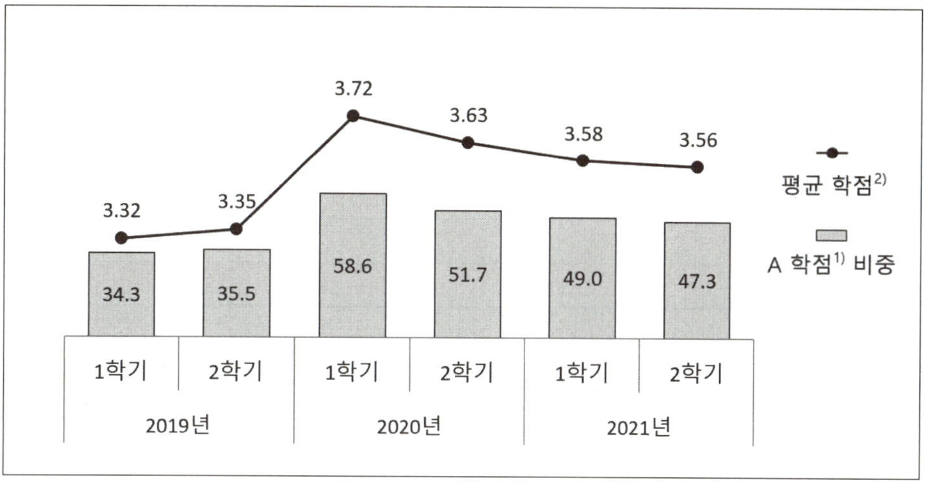

1) A 학점: A^+, A0, A^-의 평가 Grade를 모두 포함

2) 평균 학점: 4.5 만점 기준

① 주어진 기간 동안 전공과목의 평균 학점은 직전학기 대비 지속 증가하였다.

② 매년 1학기의 평균 학점은 2학기보다 높았다.

③ 2021년에 전공과목을 수강했던 4년제 대학생 2명 중 1명은 A 학점을 기록했을 것이다.

④ 2020년 2학기부터 2021년 2학기까지 전공과목의 평균 학점과 A 학점의 비중 모두 직전학기 대비 지속 감소하였다.

⑤ 2020년 1학기 전공과목 평균 학점은 직전학기 대비 15% 이상 증가하였다.

수리 ■ 응용수리 ■ 자료해석

03 다음은 국내 주요 배터리 제조업체들의 상호 인력 이동 현황을 조사한 자료이다. 이를 해석한 내용으로 옳은 보기를 고르시오.

〈표〉 국내 배터리 제조업체 간 인력 이동 현황

(단위: 명)

2023년 \ 2022년	A사	B사	C사	합계
A사	7,892	345	85	8,322
B사	533	8,632	12	9,177
C사	211	42	2,055	2,308
합계	8,636	9,019	2,152	19,807

※ 신규 입사나 퇴사 등을 제외한 3개 기업 간 인원 이동만을 고려하였음

① 2023년 A사 소속 인원은 2022년 대비 증가하였다.
② 2023년 B사 소속 인원은 2022년 대비 2% 이상 증가하였다.
③ 조사기간 동안 B사와 C사 간 상호 이동 인원은 모두 100명 이상이었다.
④ 2023년 C사 소속 인원 중 90% 이상은 2022년에도 C사 소속이었다.
⑤ 2022년 A사 소속 인원 중 5% 이상이 2023년 B사로 이동하였다.

04 다음은 국내 만 19세 이상 성인을 대상으로 음주율과 흡연율 변화를 정리한 자료이다. 이를 해석한 내용 중 옳은 보기를 고르시오.

〈그래프〉 국내 성인의 음주율[1)]과 흡연율[2)]

(단위: %)

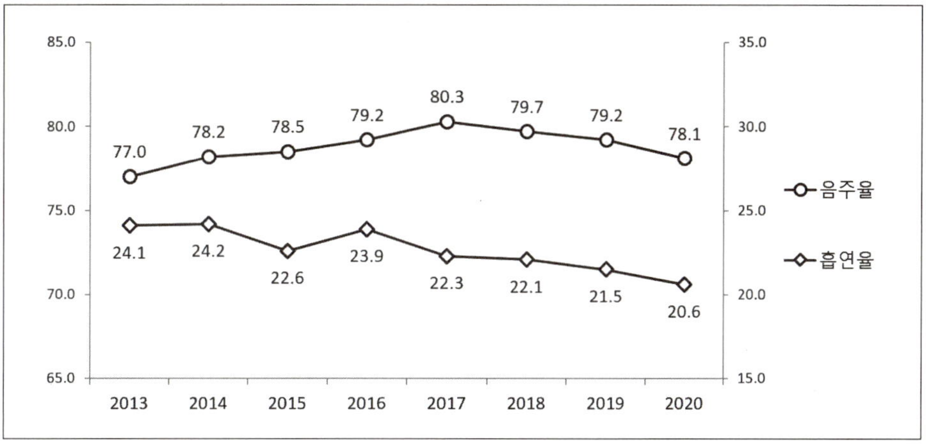

1) 음주율: 최근 1년 동안 1회 이상 음주한 분율
2) 흡연율: 평생 일반담배 5갑(100개비) 이상 피웠고, 현재 일반담배(궐련)를 피우는 분율

① 2020년 음주율과 흡연율은 2013년 대비 모두 감소하였다.
② 조사기간 동안 음주율은 흡연율보다 매년 55%p 이상 높은 수치를 기록하였다.
③ 2018년부터 음주율과 흡연율은 전년 대비 매년 감소하였다.
④ 조사기간 중 음주율과 흡연율 차이가 가장 컸던 해는 흡연율이 가장 낮았던 해와 같다.
⑤ 조사기간 중 음주율이 가장 낮았던 해에는 성인 4명 중 1명 이상이 최근 1년 동안 음주하지 않았다.

05 다음은 6개 국가에서 생산되고 있는 잎담배의 2021년 경작 현황을 정리한 자료이다. 이를 해석한 내용 중 옳은 보기를 고르시오.

〈그래프〉 잎담배 생산 주요 국가의 생산 현황

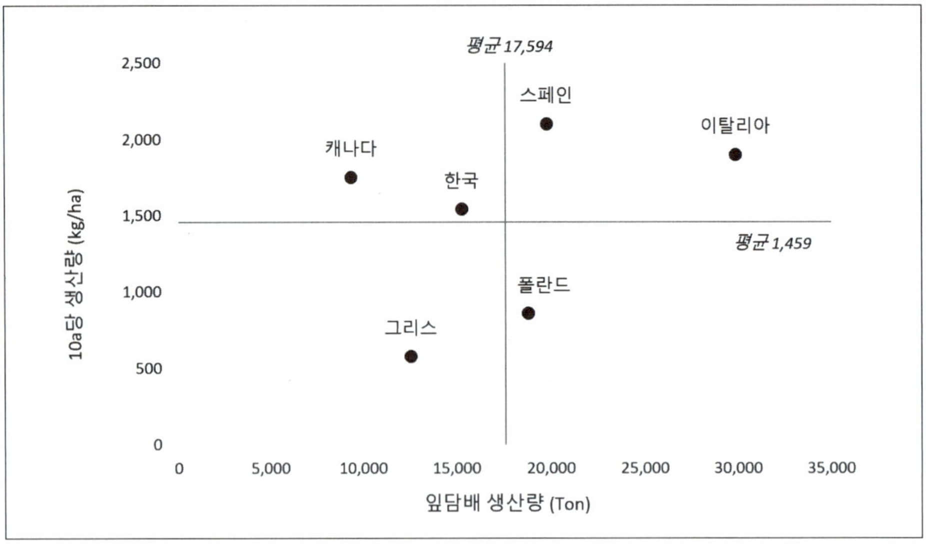

① 한국의 잎담배 생산량은 6개국 평균 생산량에 가장 근접하다.

② 잎담배 경작 면적이 가장 넓은 국가는 이탈리아이다.

③ 면적당 생산량이 평균 이하인 국가는 총 3개 국가이다.

④ 잎담배 생산량이 가장 많은 국가는 단위면적당 생산량 역시 가장 많았다.

⑤ 폴란드의 잎담배 경작 면적은 스페인보다 넓다.

06 다음은 국내 주요 직업군별 연간 취업자 현황에 대한 자료이다. 주어진 자료를 해석한 내용 중 옳은 것으로만 구성된 보기를 고르시오.

〈표〉 국내 각 직업군별 취업자 현황

(단위 : 천 명)

구분	2017년	2018년	2019년	2020년	2021년
관리자 및 전문직	5,739	5,861	5,965	5,876	5,979
사무직	4,663	4,762	4,749	4,691	4,751
서비스 및 판매직	6,037	6,005	6,146	5,943	5,839
농림, 어업 숙련직	1,198	1,266	1,332	1,383	1,396
기계, 기능 등 노무직	9,088	8,928	8,931	9,012	9,309
전체	26,725	26,822	27,123	26,905	27,274

a. 주어진 기간 동안 연간 전체 취업자의 전년 대비 증감 변화와 유사한 변화를 보였던 직군은 '관리자 및 전문직'이 유일하다.
b. 매년 취업자 5명 중 1명 이상은 '서비스 및 판매직'으로 취업했을 것이다.
c. 5개 직업군 중 2017년 대비 2021년 취업자 증가율이 가장 높았던 직업군은 '기계, 기능 등 노무직'이다.
d. 조사기간 5개년 동안 직업군별 취업자가 많았던 순위는 매년 동일하였다.

① a, b　② a, d　③ c, d
④ a, b, c　⑤ b, c, d

07 다음은 전국 PC방의 규모와 사업 현황에 대한 정보이다. 이를 올바르게 해석한 내용을 고르시오.

〈표〉 전국 PC방 규모와 사업 현황

(단위 : 개별 표기)

구분	2015년		2016년		2017년		2018년	
	총계	전년대비 증감률	총계	전년대비 증감률	총계	전년대비 증감률	총계	전년대비 증감률
사업체수(개소)	16,189	−6.7%	15,078	−6.9%	13,844	−8.2%	12,363	−10.7%
종사자(명)	31,684	0.2%	30,631	−3.3%	26,796	−12.5%	24,664	−8.0%
매출액(억 원)	29,258	10.8%	29,159	−0.3%	32,167	10.3%	32,684	1.6%
일 평균 사용자(명)	79,167	11.0%	81,462	2.9%	96,439	18.4%	98,320	2.0%

① 매출액과 일 평균 사용자는 매년 전년 대비 같은 증감 트렌드를 보였다.
② 2014년부터 2018년까지 사업체수와 종사자수는 지속 감소하였다.
③ 사업체 1개소 당 종사자 수는 지속 증가하였다.
④ 전년 대비 매출액이 감소했던 해에는 일 평균 사용자 인원수도 감소하였다.
⑤ 사업체 1개소당 매출액은 지속 증가하였다.

08 다음은 육상 교통수단별 수송실적 및 수송분담률에 대한 자료이다. 이에 대한 설명으로 옳은 것을 고르시오.

〈표〉 수송실적 및 수송분담률

(단위 : 1억 인−km, %)

구분		2014년	2015년	2016년	2017년	2018년
전체	수송실적	3,576	4,070	4,204	4,281	4,288
	수송분담률	100	100	100	100	100
철도	수송실적	584	630	701	664	679
	수송분담률	16.3	15.5	16.7	15.5	15.8
버스	수송실적	913	982	1,045	1,135	1,050
	수송분담률	25.5	24.1	24.9	26.5	24.5
택시	수송실적	134	148	139	140	138
	수송분담률	3.7	3.6	3.3	3.3	3.2
승용차	수송실적	1,945	2,310	2,319	2,342	2,421
	수송분담률	54.4	56.8	55.2	54.7	56.5

* 수송분담률(%) = (수송실적 ÷ 교통수단 전체 수송실적) × 100
* 대중교통 = 철도, 버스

① 조사기간 동안 철도의 수송실적은 매년 증가하였다.
② 매년 대중교통의 수송실적은 전체의 50% 이상이었다.
③ 전체 교통수단에는 철도, 버스, 택시, 승용차 이외의 다른 교통수단이 포함되지 않는다.
④ 승용차의 경우 조사기간 동안 수송실적과 수송분담률 모두 매년 증가하였다.
⑤ 2018년 택시의 수송실적이 200억 인−km이었다면 수송분담률은 5% 이상이었을 것이다.

09 다음은 국내 4년제 대학교 212개소(캠퍼스 포함)의 전공성적 분포를 정리한 자료이다. 이를 해석한 내용 중 옳지 않은 것을 고르시오.

〈그래프〉 국내 4년제 대학교의 전공성적 분포 현황

(단위: %)

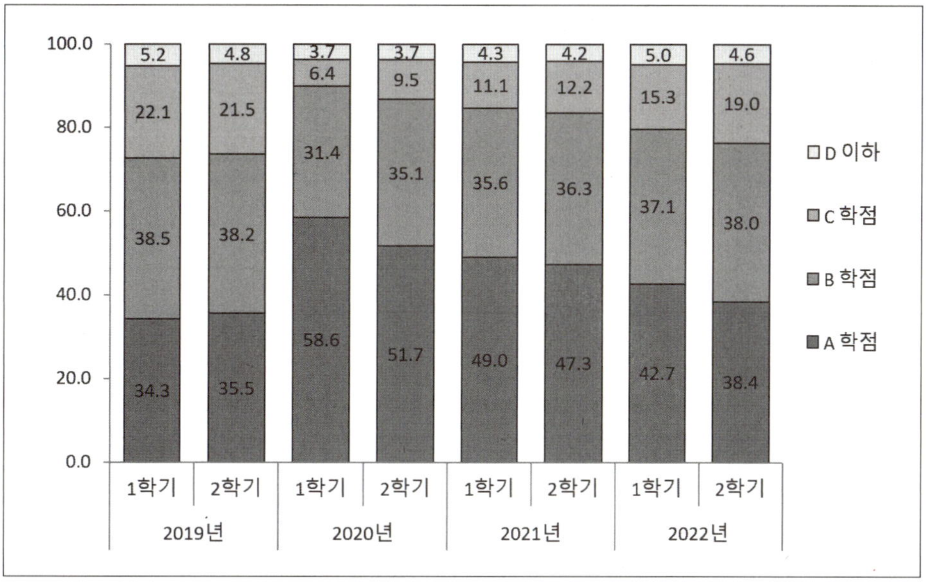

※ A 학점은 A^+, A_0, A^-를 모두 포함하며 B, C, D 학점 모두 동일

① A 학점의 비중은 2020년 1학기에 직전 학기 대비 급격히 증가한 이후 매 학기 지속 감소하였다.

② 조사기간 동안 매 학기 10명 중 3명 이상은 B 학점을 기록하였을 것이다.

③ 조사기간 중 C 학점의 비중이 가장 높았던 학기에 D 이하 학점의 비중 역시 가장 높았다.

④ 2019년 2학기와 2022년 2학기 성적분포 중 비중 변화가 가장 컸던 학점은 C 학점이었다.

⑤ 조사기간 동안 매 학기 3명 중 1명 이상은 A 학점을 기록하였다.

10 다음은 국내 주요 산업의 연간 기술수출금액을 조사한 자료이다. 주어진 자료를 해석한 내용으로 옳은 보기를 고르시오.

〈표〉 국내 주요 산업별 기술수출금액 추이

(단위: 천 달러)

산업 구분	2018년	2019년	2020년	2021년	2022년
정보통신	3,677,675	4,596,744	5,156,999	5,957,203	6,063,533
전기전자	3,672,302	4,315,132	4,035,624	4,070,683	3,345,136
기계	1,284,070	1,307,561	1,406,171	1,626,399	1,489,639
기술서비스	506,631	573,254	593,886	853,519	732,030
화학	826,365	332,199	301,696	505,665	440,076
건설	248,364	134,383	58,036	161,938	144,863
섬유	66,053	63,505	361,650	76,418	67,751
소재	25,750	15,179	15,670	13,146	27,172
농림수산	88,692	63,718	77,796	33,850	16,006
기타	291,537	396,565	402,344	456,751	453,859
합계	10,687,440	11,798,240	12,409,872	13,755,572	12,780,063

① 기타 항목을 제외하면 조사기간 동안 기술수출금액이 가장 낮았던 산업은 소재 산업이었다.
② 2020년 섬유산업의 전년 대비 기술수출금액 증가율은 500% 이상이었다.
③ 기타 항목을 제외하고 조사기간 동안 기술수출금액이 매년 증가했던 산업은 정보통신이 유일하다.
④ 2022년 기계 산업의 기술수출금액은 전년 대비 10% 이상 감소하였다.
⑤ 조사기간 동안 기술서비스의 기술수출금액은 매년 화학산업보다 낮았다.

11 다음은 국내에서 학업 중인 외국국적 대학생 현황을 조사한 자료이다. 이를 해석한 내용 중 옳은 것을 고르시오.

〈표〉 국내 외국 국적 대학생 현황

(단위 : 명)

구분	2020년		2021년	
	유학	일반연수	유학	일반연수
아시아	95,844	49,225	102,949	49,258
유럽	2,636	1,339	4,093	1,976
북아메리카	578	396	1,008	418
남아메리카	621	232	767	396
오세아니아	47	38	47	41
아프리카	2,084	321	2,312	432
총계	101,810	51,551	111,176	52,521

① 매년 전체 외국 국적 학생 중 40% 이상은 일반연수 목적으로 학업 중이다.
② 2021년 유럽계 대학생 중 유학 목적 인원의 전년 대비 증가율은 일반연수 인원의 증가율보다 높았다.
③ 2021년 오세아니아계 대학생의 전년 대비 증가율은 5% 이상이다.
④ 2021년 북아메리카계 대학생의 전년 대비 증가율은 50% 이상이다.
⑤ 매년 아시아계 대학생의 비중은 전체 외국 국적 대학생 중 95% 이상을 차지했다.

수리

응용수리

자료해석

12 다음은 2015년과 2020년 반려동물 보유가구의 가구주 연령대를 조사한 결과이다. 이를 해석한 내용 중 옳은 보기를 고르시오.

〈그래프〉 반려동물 보유가구의 가구주 연령대 분포 현황

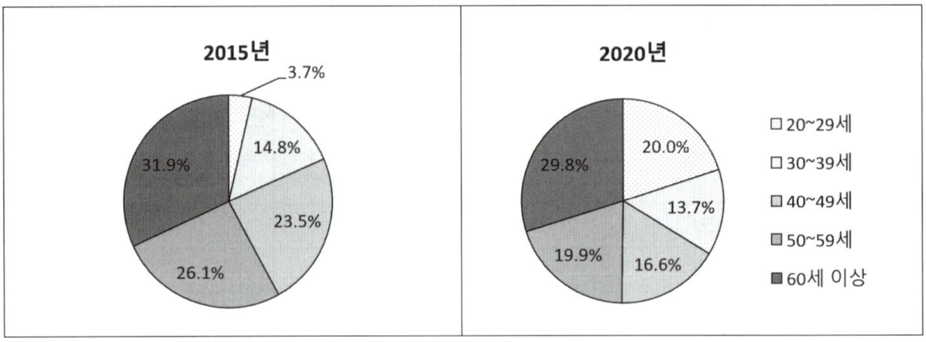

① 2015년 대비 2020년 반려동물 보유가구수는 증가하였다.
② 50세 이상 반려동물 보유가구 비중은 2015년 대비 2020년에 증가하였다.
③ 조사기간 2개년 동안 40~49세 반려동물 보유가구 비중은 매년 20% 이상이었다.
④ 조사기간 2개년 동안 반려동물 보유가구 세 가구 중 한 가구 이상은 60세 이상의 가구였다.
⑤ 2015년 대비 2020년 반려동물 보유가구 비중의 증가가 가장 높았던 연령대는 20~29세이다.

13 다음은 2023년 전국 프랜차이즈 업종별 가맹점과 사업 현황을 조사한 자료이다. 이를 해석한 내용 중 옳은 보기를 고르시오.

〈표〉 2023년 프랜차이즈 종류 및 가맹점 통계

(단위 : 개, 명, 백만 원)

주요 업종별	사업체수	종사자수	매출액	영업비용	인건비
안경 및 렌즈 소매업	3,260	8,566	1,021,605	921,684	160,151
한식 음식점업	35,349	113,788	8,939,579	8,402,505	1,549,353
외국식 음식점업	8,300	37,068	2,745,232	2,618,759	607,217
제과점업	7,701	33,604	3,079,086	2,909,984	366,824
치킨전문점	27,303	62,502	5,421,419	4,706,701	409,338
두발 미용업	4,126	19,790	1,042,899	921,711	293,408

① 사업체 1개당 종사자수가 가장 많았던 프랜차이즈는 외국식 음식점업이다.
② 치킨전문점 1개당 평균 매출액은 2억 원 이상이다.
③ 제과점업 1개당 평균 인건비는 5천만 원 이상이다.
④ 치킨전문점 종사자 1인당 평균 인건비는 7백만 원 이상이다.
⑤ 안경 및 렌즈 소매업 1개당 평균 영업비용은 2.5억 이상이다.

14 다음은 어느 회사에서 운영 중인 각 공장별 생산능력 현황을 정리한 자료이다. 주어진 자료를 해석한 내용 중 틀린 보기를 고르시오.

〈표〉 공장별 생산능력 현황

(단위 : 개별 기재)

구분	보유장비수 (대)	장비 1대당 1시간 생산량(개)	일 평균 생산시간(시간)	불량률 (%)
A 공장	8	30	5	20%
B 공장	10	20	5	15%
C 공장	5	50	10	10%
D 공장	12	30	4	25%

① 불량품을 포함하여 1시간에 생산하는 수량이 가장 많은 공장은 D 공장이다.
② 불량률이 가장 낮은 공장의 일 평균 생산시간은 4개 공장 중 가장 길다.
③ A 공장에서는 하루 평균 1,000개 이상의 정상품이 생산된다.
④ C 공장에서는 하루 평균 2,000개 이상의 정상품이 생산된다.
⑤ 4개 공장 중 장비가 가장 많은 공장의 불량률이 가장 높다.

15 다음은 국내에서 연간 발생되고 있는 산불 피해 현황을 정리한 자료이다. 이를 해석한 내용으로 틀린 보기를 고르시오.

〈표〉 국내 산불 발생 현황

(단위 : 개별 표기)

시점	2017년	2018년	2019년	2020년	2021년
발생 건수 (건)	692	496	653	620	349
피해 면적 (m^2)	224,172	100,710	501,836	486,459	5,641
피해 금액 (백만 원)	80,150	48,583	268,910	158,141	36,125

① 주어진 기간 동안 산불 발생 건수와 피해 면적의 전년 대비 증감 트렌드는 매년 유사하였다.
② 2018년 산불 1건당 평균 피해 금액은 전년 대비 감소하였다.
③ 2019년 산불 피해 금액의 전년 대비 증가율은 2019년 산불 피해 면적의 전년 대비 증가율보다 높았다.
④ 2020년 산불 1건당 평균 피해 면적은 전년 대비 감소하였다.
⑤ 2021년 산불 1제곱미터당 평균 피해 금액은 전년 대비 증가하였다.

16 다음은 우리나라 댐 저수 현황에 대한 자료이다. 이에 대한 설명으로 옳지 않은 것을 고르시오.

〈표〉 댐 저수 현황

구분	2009	2010	2011	2012	2013	2014	2015	2016
강수량(mm)	1,172	1,374	1,668	1,402	1,169	1,042	846	1,193
유입량(백만m^3)	12,854	19,495	25,867	19,178	14,458	11,329	7,832	12,581
방류량(백만m^3)	12,140	17,533	25,711	18,640	15,985	11,598	8,842	11,275
평균저수량(백만m^3)	5,602	6,445	7,295	7,320	7,037	5,885	5,474	6,108
평균저수율(%)	44.5	51.2	57.7	57.9	55.7	46.6	43.1	47.9

* 평균저수량 : 모든 댐의 연평균 저수량(월말 저수량의 평균값)을 합산한 값
* 평균저수율(%) = (평균저수량 ÷ 모든 댐 저수용량 합계) × 100%

① 전년 대비 강수량과 유입량의 증감 트렌드는 유사하다.
② 강수량이 전년 대비 증가했던 해에는 방류량 역시 늘어났다.
③ 2016년 모든 댐의 저수용량을 더하면 120억m^3 이상이다.
④ 유입량과 방류량의 차이가 가장 컸었던 해에 강수량이 가장 적었다.
⑤ 평균저수량과 평균저수율은 비례관계이다.

17 다음은 통계청에서 조사한 연도별 도시림 현황이다. 표에 대한 해석으로 적절한 것을 고르시오.

〈표〉 연도별 도시림 현황

시도	도시지역인구(천 명)			총 도시림 면적(ha)		
	2013	2014	2015	2013	2014	2015
합계	22,080	22,815	22,786	175,210	155,792	130,931
서울	9,820	10,291	10,208	14,272	17,973	13,714
부산	3,506	3,541	3,516	26,115	15,865	15,922
대구	2,424	2,445	2,446	21,622	24,056	24,173
인천	2,481	2,632	2,648	30,270	10,304	12,631
광주	1,418	1,417	1,434	19,479	23,622	24,278
대전	1,443	1,450	1,484	28,110	29,445	32,096
울산	988	1,039	1,050	35,342	34,527	8,117

① 인천광역시에서는 인구가 증가하면 도시림 면적이 감소했다.
② 2014년 1인당 도시림 면적이 가장 큰 지방은 대전이다.
③ 전국 평균 1인당 도시림 면적은 지속적으로 감소하고 있다.
④ 매년 도시림 면적이 증가한 지역은 도시지역인구도 지속 증가하였다.
⑤ 전년 대비 2014년 도시림 면적이 가장 많이 감소한 지역은 울산이다.

18 다음은 해외여행 경험이 있는 성인남녀에게 방문 국가별 여행 비용과 여행 만족도를 5점 척도로 조사한 결과이다. 주어진 정보를 해석한 내용으로 옳은 것을 고르시오.

〈그래프〉 해외여행 국가별 비용 및 여행 만족도

(단위 : 점)

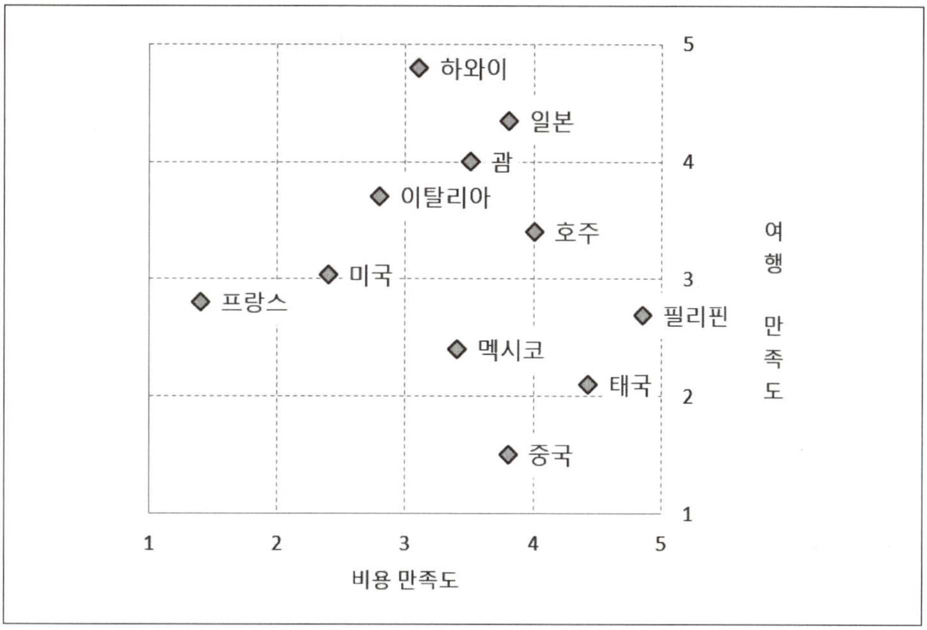

① 비용 만족도가 가장 낮은 국가와 여행 만족도가 가장 낮은 국가는 동일한 대륙에 위치하고 있다.

② 두 종류 만족도의 평균치가 가장 낮은 지역은 중국이다.

③ 여행 만족도와 비용 만족도가 각각 상위 3순위 이내인 국가는 호주가 유일하다.

④ 두 종류 만족도의 평균점수가 3점 미만인 국가는 총 네 곳이다.

⑤ 여행 만족도가 가장 높았던 지역은 필리핀이다.

19 다음은 한 학급에서 8명 학생의 국어와 수학 점수 분포를 나타낸 그래프이다. 추가로 주어진 정보를 통해 알파벳과 학생 이름이 올바르게 연결된 보기를 고르시오.

〈그래프〉 국어와 수학 과목 점수 분포

(단위 : 점)

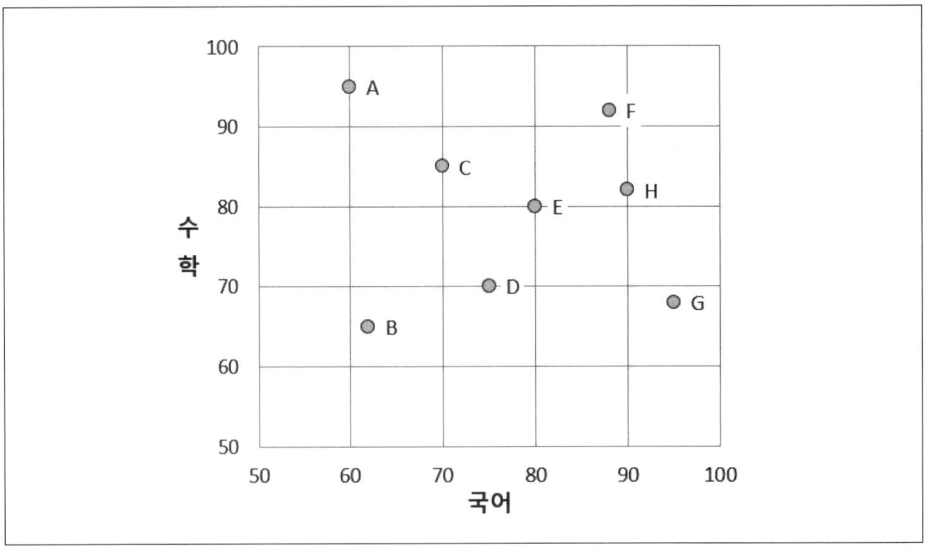

- 경희는 국어 또는 수학 과목에서의 성적이 가장 높았다.
- 두 과목의 점수 차이가 가장 적었던 사람은 민지이다.
- 두 과목 평균 점수가 가장 높았던 사람은 재영이다.
- 성찬이는 한 과목에서의 등수는 1등, 다른 과목은 8등이었다.

	민지	성찬	경희	재영
①	D	B	G	H
②	E	B	A	F
③	D	G	A	B
④	E	D	A	F
⑤	E	A	G	F

20 다음은 UNDP에서 조사한 아시아 주요 국가의 인간개발 지수와 기대 수명에 대한 자료이다. 이를 해석한 내용 중 옳은 것으로만 구성된 보기를 고르시오.

〈그래프〉 2019년 아시아 주요 국가의 인간개발 지수

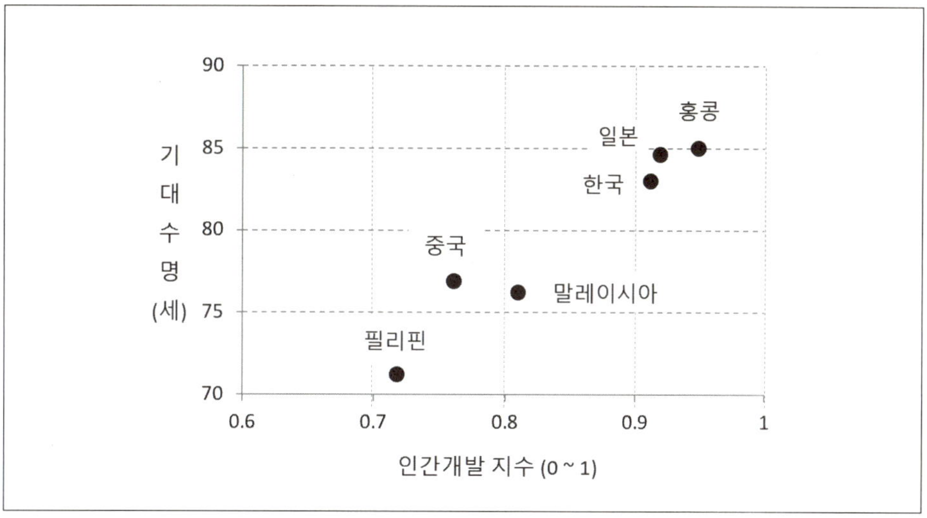

* 인간개발 지수: HDI, 인간개발의 주요 차원(건강한 장수, 지식 수준, 양질의 생활 수준)에 대한 정규화된 지수의 기하평균 값.

a. 기대수명이 높은 국가일수록 인간개발 지수 역시 높다.
b. 인간개발 지수가 0.9 이상인 국가의 기대수명은 80세 이상이다.
c. 조사대상 국가 중 한국의 기대수명과 인간개발 지수의 각 순위는 동일하다.
d. 조사대상 국가 중 기대수명이 가장 높은 국가와 낮은 국가는 15세 이상의 차이를 보였다.

① a, b ② b, c ③ c, d
④ a, d ⑤ b, c, d

21 다음은 연간 국내에 거래된 전력 거래량(Wh)과 거래금액(원)의 전년 대비 증감률을 나타낸 그래프이다. 이를 통해 알 수 있는 내용으로 옳은 것을 고르시오.

〈그래프〉 전력 거래량 및 거래금액의 전년 대비 증감률

(단위 : %)

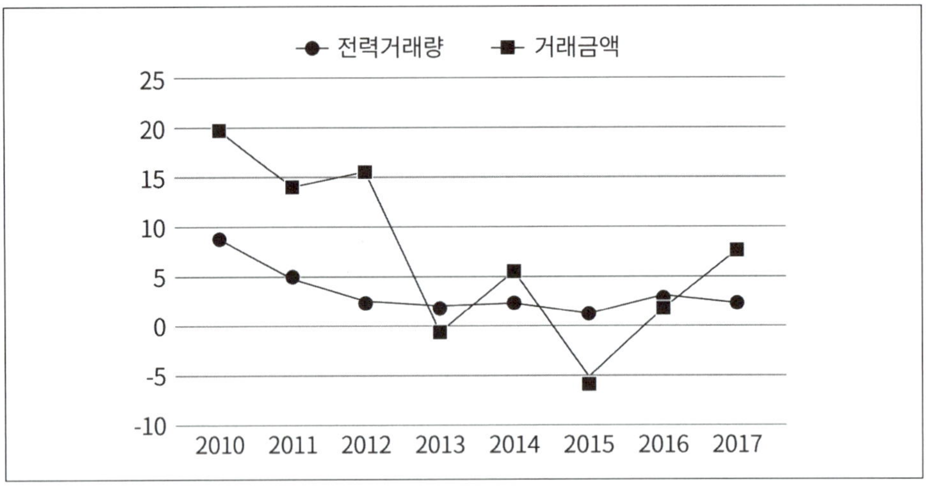

① 전력 거래량은 주어진 기간 동안 지속적으로 증가하였다.

② 2012년에는 1Wh당 거래금액이 전년 대비 감소하였다.

③ 주어진 구간에서 전력 거래량과 거래금액의 전년 대비 증감 변화는 유사하였다.

④ 2015년에는 1Wh당 거래가격이 전년 대비 증가하였다.

⑤ 전력 거래금액은 주어진 기간 동안 지속적으로 증가하였다.

22 다음은 연도별 'ㄱ' 국가고시의 연도별 응시 현황에 대한 자료이다. 이를 분석한 내용 중 옳은 것으로만 구성된 보기를 고르시오.

〈표〉 'ㄱ' 국가고시의 연도별 응시 현황

(단위 : 명)

구분		2016	2017	2018	2019	2020
1차	신청 인원	3,066	3,142	3,490	3,774	4,024
	응시 인원	2,030	2,532	2,630	2,654	3,064
	합격 인원	876	912	922	1,024	1,356
2차	신청 인원	1,430	1,276	1,028	954	1,042
	응시 인원	1,122	1,094	962	704	632
	합격 인원	178	264	136	108	56

* 응시율(%) = 응시 인원 ÷ 신청 인원 × 100
* 합격률(%) = 합격 인원 ÷ 응시 인원 × 100
* 1차 시험 합격자를 대상으로 2년 동안 2차 시험 응시자격이 유지됨

a. 조사기간 중 1차 시험의 응시율이 가장 높았던 해에 2차 시험의 응시율 역시 가장 높았다.
b. 조사기간 동안 2차 시험의 응시율이 1차 시험의 응시율보다 낮았던 해는 2020년이 유일하다.
c. 조사기간 동안 매년 2차 시험의 합격률은 10% 이상이었다.

① a ② b ③ c
④ a, b ⑤ b, c

23 다음은 각 국가별 '스스로 애국심이 있다고 생각하는가?'라는 질문에 대한 답변 결과를 정리한 자료이다. 이를 통해 알 수 있는 내용으로 틀린 것을 고르시오.

〈표〉 국가별 애국심 척도 설문 결과

(단위 : %)

구분	매우 그렇다	그렇다	모름	아니다	전혀 아니다	무응답
미국	24.0	50.5	20.2	4.0	1.1	0.2
독일	13.8	51.7	6.9	0.6	3.6	23.4
일본	11.2	48.8	24.2	2.5	3.2	10.1
중국	21.8	30.6	31.3	11.7	0.1	4.5
한국	8.9	38.2	38.9	12.0	1.9	0.1
프랑스	12.4	31.9	34.8	10.3	2.8	7.8
네덜란드	7.7	32.6	29.4	7.5	0.2	22.6
스웨덴	8.5	26.8	37.0	11.4	2.3	14.0

① 애국심을 보유하고 있는 국민의 비중이 가장 높은 국가는 미국이다.

② 조사대상 중 유럽지역 포함 국가 중 애국심 보유에 부정적인 답변을 했던 비중이 가장 높은 국가는 스웨덴이다.

③ '무응답' 비중이 가장 낮았던 국가의 애국심 보유 비중은 50% 이상이다.

④ '전혀 아니다'라고 응답했던 비중이 가장 높았던 국가의 '무응답' 비중이 가장 높다.

⑤ 조사대상 국가 중 '모름'의 응답 비중이 가장 높았던 국가는 '아니다'의 응답 비중 역시 가장 높았다.

24 다음은 서울경기 지역의 미세먼지(PM10) 대기오염도에 관한 내용이다. 이를 해석한 내용으로 옳은 것을 고르시오.

〈표〉 측정지역에 따른 미세먼지 농도

(단위 : ㎍/㎥)

지역 \ 날짜		16일	17일	18일	19일	20일
서울		32	37	76	127	112
경기	성남	33	35	80	112	98
	남양주	30	34	69	127	108
	부천	48	54	98	146	125
	의정부	40	58	87	132	121

① 서울의 미세먼지 농도는 경기도의 평균보다 항상 높다.
② 19일 성남의 미세먼지 농도는 전일 대비 30% 이상 증가하였다.
③ 미세먼지 농도는 지역과 관계없이 주어진 기간 동안 지속 증가하고 있다.
④ 17일과 18일 미세먼지 농도가 가장 높았던 지역은 같다.
⑤ 16일 미세먼지 농도가 가장 낮았던 지역은 20일 역시 농도가 가장 낮았다.

25 다음은 국내 청소년의 흡연 현황에 대한 자료이다. 이에 대한 설명으로 옳은 것을 고르시오.

〈표〉 청소년 흡연 현황 조사

학력	성별	2015년		2016년		2017년	
		조사 인원 (명)	흡연율[1] (%)	조사 인원 (명)	흡연율 (%)	조사 인원 (명)	흡연율 (%)
중학교	남학생	17,858	4.8	16,742	3.5	15,652	4.1
	여학생	16,441	1.7	15,477	1.3	15,233	1.8
	전체	34,299	3.3	32,219	2.5	30,885	3.0
고등학교	남학생	17,346	18.3	17,061	14.7	15,972	13.9
	여학생	16,398	4.5	16,248	3.8	15,419	4.1
	전체	33,744	11.7	33,309	9.5	31,391	9.2

1) 흡연율 : 최근 30일 동안 1일 이상 흡연한 사람의 분율

① 매년 중학교 남학생의 흡연율은 여학생보다 3배 이상 높다.
② 남학생의 흡연율은 학력에 관계없이 지속적으로 감소하였다.
③ 여학생의 흡연율은 학력에 관계없이 지속적으로 감소하였다.
④ 고등학생의 전체 흡연율은 지속 감소하고 있다.
⑤ 2017년 중학교 남학생 흡연 인원과 같은 해 고등학교 여학생 흡연 인원은 동일하다.

01 다음은 어느 팀에서 연말회식 때 식당에서 주문했던 술의 종류별 가격과 주문 수량을 정리한 자료이다. 이를 활용하여 연말회식 때 주문했던 전체 술의 1리터당 평균가격을 산출하시오.(일의 자리에서 반올림한다.)

〈표〉 주류 가격과 주문 수량

(단위: 개별 표기)

구분	1병당 용량(ml)	1병당 가격(₩)	주문 수량(병)
소주	360	4,000	5
맥주	500	5,000	6
막걸리	750	4,500	2
와인	900	12,000	1

① 9,380원 ② 9,620원 ③ 9,860원
④ 10,100원 ⑤ 10,340원

02 다음은 오세아니아주의 각 나라별 원목 생산량을 정리한 자료이다. 이를 활용하여 오세아니아주 전체 원목 생산량의 2021년 대비 2022년 변화율을 산출하시오.(소수점 둘째자리에서 반올림한다.)

〈표〉 오세아니아주의 나라별 원목 생산 현황

(단위: m³)

구분	2020년		2021년		2022년	
	생산량	비중	생산량	비중	생산량	비중
호주	34,150	44.6%	37,250	43.8%	32,180	40.2%
뉴질랜드	29,000	37.8%	33,450	39.3%	33,730	42.1%
파푸아뉴기니	9,600	12.5%	9,900	11.6%	9,650	12.1%
솔로몬제도	2,800	3.7%	3,350	3.9%	3,335	4.2%
피지	840	1.1%	850	1.0%	880	1.1%
바누아투	130	0.2%	130	0.2%	135	0.2%
사모아	75	0.1%	75	0.1%	80	0.1%
기타	50	0.1%	50	0.1%	50	0.1%

① −5.9% ② −6.9% ③ −7.9%
④ −8.9% ⑤ −9.9%

03 다음은 한국의 미래 인구지표를 전망한 예상치이다. 주어진 자료와 수식을 활용하여 빈칸 ⓐ과 ⓑ의 수치로 옳은 보기를 고르시오.(소수점 둘째자리에서 반올림한다.)

〈표〉 한국의 미래 인구지표 예상

(단위: %)

구분	2020년	2030년	2040년	2050년
유소년부양비	16.9	12.8	15.5	17.2
노년부양비	21.8	(ⓐ)	60.5	78.6
노령화지수	129.3	301.6	389.5	(ⓑ)

1) 유소년부양비(%) = 14세 이하 인구 ÷ 15세 ~ 64세 인구 × 100
2) 노년부양비(%) = 65세 이상 인구 ÷ 15세 ~ 64세 인구 × 100
3) 노령화지수(%) = 65세 이상 인구 ÷ 14세 이하 인구 × 100

	ⓐ	ⓑ
①	38.6	135.2
②	23.6	218.8
③	38.6	457.0
④	23.6	457.0
⑤	38.6	218.8

04 다음은 어느 회사에서 동일한 종류의 테이블과 의자를 구매하여 3곳의 회의실을 구성하는 데 필요한 비용을 산출한 자료이다. 주어진 도표의 빈칸 ⓐ의 숫자로 옳은 보기를 고르시오.

〈표〉 회의실용 사무가구 수량 및 비용 견적

(단위: ea, 만 원)

구분	테이블 수량	의자 수량	비용 견적
회의실 A	8	20	456
회의실 B	4	12	248
회의실 C	5	16	(ⓐ)

① 288 ② 306 ③ 312
④ 320 ⑤ 330

05 다음 기업별 경영 현황에 대한 자료를 해석한 내용으로 옳은 것을 고르시오.

〈표〉 기업별 경영 현황

(단위 : 백만 원)

구분	'ㄱ'사	'ㄴ'사	'ㄷ'사	'ㄹ'사
자기자본	8,000	6,000	4,500	2,000
순이익	4,000	1,500	450	1,000
액면가	20	10	15	5
주식가격	25	20	15	10

* 순이익률 = 순이익 ÷ 자기자본
* 주당 순이익 = 순이익 ÷ 발행 주식 수
* 자기자본 = 발행 주식 수 × 액면가

① 발행 주식 수가 가장 많은 기업은 'ㄹ'사다.
② 순이익률이 가장 낮은 기업은 'ㄴ'사다.
③ 주당 순이익이 가장 높은 기업은 'ㄱ'사다.
④ 자기자본이 많을수록 발행 주식 수 역시 많다.
⑤ 액면가가 높을수록 주식가격도 높다.

06 다음은 K사의 사업장별 직원 비중과 특정 사업장에서의 직원 수를 나타낸 자료이다. 이를 통해 K사의 전체 직원 수를 구하시오.

〈그래프 1〉 사업장별 직원 비중

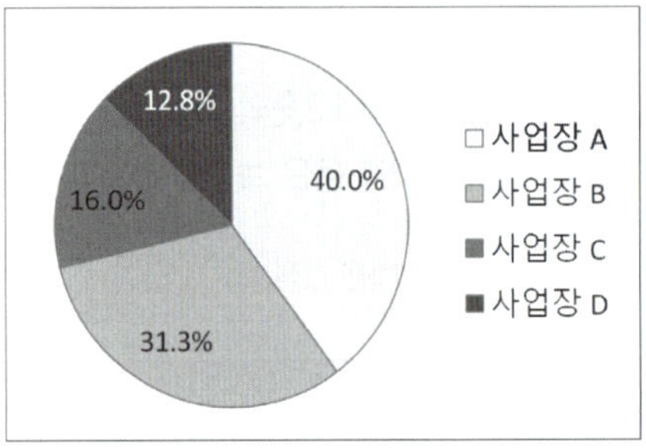

〈그래프 2〉 사업장 A의 직무별 직원 비중

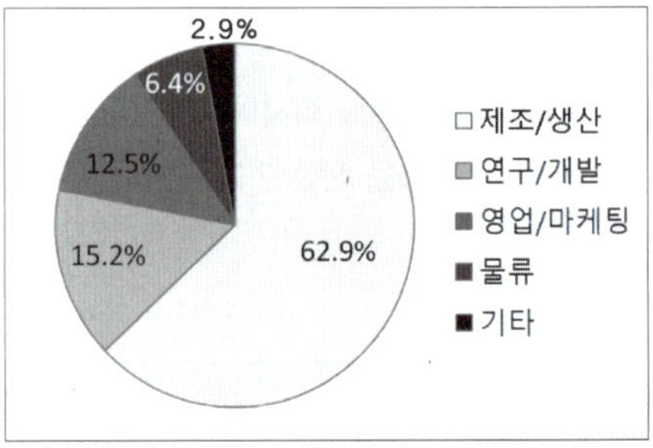

〈표〉 사업장 A의 직무별 직원 수

(단위 : 명)

구분	제조/생산	연구/개발	영업/마케팅	물류	기타
직원 수	841	203	167	86	39

① 3,215명 ② 3,272명 ③ 3,304명
④ 3,340명 ⑤ 3,386명

[07~08] 다음은 2021년 하반기와 2022년 상반기 기간 동안 DRAM 반도체의 월별 수출 현황을 정리한 자료이다. 이를 활용하여 이어지는 각 문항의 물음에 답하시오.

〈그래프〉 DRAM 반도체의 월별 수출 현황

(단위 : 백만 달러)

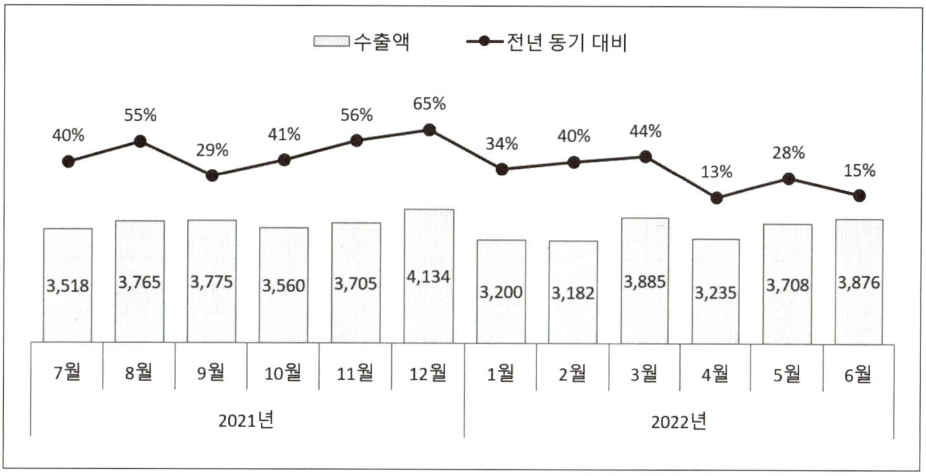

07

주어진 자료를 해석한 내용으로 틀린 보기를 고르시오.

① 조사기간 중 전년 동기 대비 수출액 증가율이 가장 높았던 달은 수출액 역시 가장 높았다.
② DRAM 반도체의 2021년 3사분기 총 수출액은 100억 달러 이상이다.
③ 조사기간 동안 DRAM 반도체의 수출액은 전월 대비 지속 증가하였다.
④ 2020년 7월의 DRAM 반도체 수출액은 2,300백만 달러 이상이었다.
⑤ 2022년 2사분기 DRAM 반도체의 월 평균 수출액은 3,500백만 달러 이상이다.

08

주어진 자료를 활용하여 2021년 7월 DRAM 반도체의 수출액의 전월 대비 증가율을 올바르게 계산한 보기를 고르시오.

① 4.4% ② 5.0% ③ 5.6%
④ 6.2% ⑤ 6.8%

수리 ■ 응용수리 ■ 자료해석

09 다음은 네 명의 진급 예정자를 대상으로 실시된 업무수행 역량 평가의 결과이다. 네 명의 대상자 중 D가 1등의 평균 성적을 거두기 위해서는 최소 일반상식 과목에서 최소 몇 점 이상의 점수를 취득해야 하는지 구하시오.

〈표〉 업무수행 역량 평가의 과목별 성적

(단위 : 점)

구분	회계	도표	컴퓨터	일반상식
A	65.6	55.8	82.1	70.5
B	65.3	88.8	90.4	44.5
C	92.2	60.5	50.6	82.7
D	72.5	70.3	70.0	( )

① 76.2점 ② 76.6점 ③ 77.0점
④ 77.4점 ⑤ 77.8점

10 다음은 어느 회사에서 판매중인 제품의 생산량과 정상품 판정된 수량을 정리한 자료이다. 네 가지 모델의 개당 생산비용이 동일하다고 할 때, 제품의 불량률이 높은 순서대로 정렬된 보기를 고르시오.

〈그래프〉 제품 모델별 생산 및 정상품 수량

(단위 : 개)

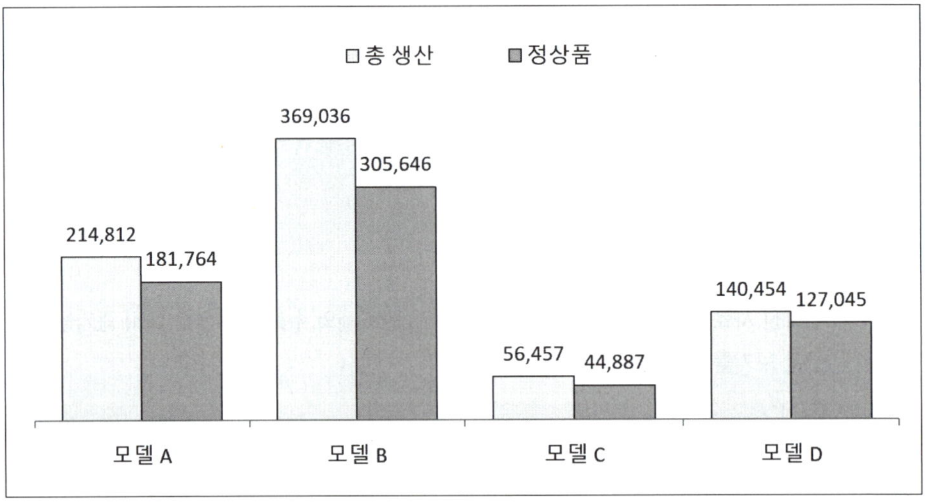

① 모델 A 〉 모델 B 〉 모델 C 〉 모델 D
② 모델 B 〉 모델 D 〉 모델 C 〉 모델 A
③ 모델 C 〉 모델 B 〉 모델 A 〉 모델 D
④ 모델 C 〉 모델 B 〉 모델 D 〉 모델 A
⑤ 모델 D 〉 모델 C 〉 모델 A 〉 모델 B

11 다음은 국내 수출입 규모에 따른 무역수지 현황에 대한 자료이다. 이를 통해 2017년 무역수지비를 예상한 것으로 옳은 것을 고르시오. (단, 소수점 첫째 자리에서 반올림한다.)

〈표〉 국내 수출입 규모와 무역수지 현황

(단위 : 백만 달러)

구분	2015년	2016년	2017년	2018년
수출액(A)	8,124	10,786	(　　)	15,947
수입액(B)	19,765	22,167	(　　)	26,938
무역규모(A+B)	27,889	32,953	38,488	42,885
무역수지(A−B)	−11,641	−11,381	−11,436	−10,991
무역수지비(A÷B)	41.1%	48.7%	(　　)	59.2%

① 51%　② 52%　③ 53%
④ 54%　⑤ 55%

12 다음은 한 해 동안의 백화점 3사의 주요 경영 실적과 운영 현황을 정리한 자료이다. 이를 분석한 내용 중 옳은 것으로 구성된 보기를 고르시오.

〈표〉 백화점 3사의 경영 및 운영 현황

(단위 : 백만 원, 명)

구분	매출액	영업이익	인건비	근로자 수
백화점 A	343,410	98,154	34,753	330
백화점 B	297,533	77,654	25,705	286
백화점 C	401,235	80,119	28,561	290

* 영업이익률(%) = 영업이익 ÷ 매출액 × 100

ㄱ. 매출액이 가장 높은 백화점은 근로자 1인당 인건비도 가장 높다.
ㄴ. 매출액이 가장 높은 백화점은 근로자 1인당 매출액도 가장 높다.
ㄷ. 영업이익률이 가장 높은 백화점은 A이다.
ㄹ. 인건비 지출이 많으면 영업이익이 높다고 할 수 있다.

① ㄱ, ㄴ　② ㄴ, ㄷ　③ ㄴ, ㄹ
④ ㄷ, ㄹ　⑤ ㄴ, ㄷ, ㄹ

[13~14] 다음은 각 공장별로 신발 한 켤레를 제작하는 데 투입되는 비용과 불량률에 따른 개당 생산 원가에 대한 정보이다. 이를 통해 각 물음에 답하시오.

(단위 : 원, %)

구분	개당 투입 비용	불량률	개당 생산 원가
공장 A	7,000	20%	( )
공장 B	8,500	( )	( )
공장 C	9,000	10%	( )

13 공장 B와 공장 C의 개당 생산 원가가 동일하다고 할 때, 공장 B의 불량률을 구하시오.

① 12.5% ② 15.0% ③ 17.5%
④ 20.0% ⑤ 22.5%

14 각 공장에서는 생산 원가와 동일한 가격으로 정상 제품을 고객사에게 공급하고 있다. C 공장에서 고객사에게 21켤레의 정상품을 공급했다면, 고객사는 동일한 비용으로 A 공장에서 몇 켤레의 신발을 공급받을 수 있는가?

① 21켤레 ② 22켤레 ③ 23켤레
④ 24켤레 ⑤ 25켤레

15 어느 기업에서 생산하는 제품 세 가지의 생산 투입비용과 불량률, 개당 생산원가가 아래와 같다고 한다. B의 개당 생산원가는 A의 2배이며 C의 개당 생산원가는 A와 같다고 할 때, 제품 B와 C의 불량률 차이는 얼마인가?

(단위 : 원)

제품 종류	개당 투입비용	불량률	개당 생산원가
A	4,000	20%	( )
B	9,500	( )	( )
C	4,500	( )	( )

① 2.5%p ② 5%p ③ 7.5%p
④ 10%p ⑤ 12.5%p

해설 p. 41

01 다음은 2021년 국내 혈액원에서 집계된 월별 헌혈 건수를 정리한 자료이다. 이를 활용하여 주어진 기간 동안 헌혈 건수의 전월 대비 변화율이 올바르게 표현된 그래프를 고르시오.

〈그래프〉 2021년 국내 월별 헌혈 건수 추이

(단위: 천 건)

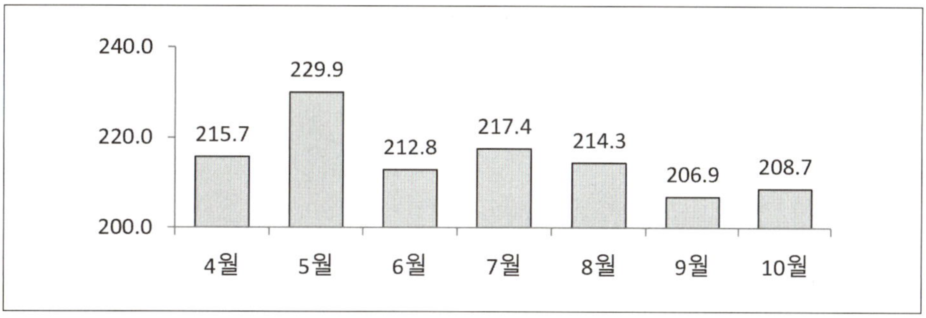

① 헌혈 건수의 전월 대비 변화율

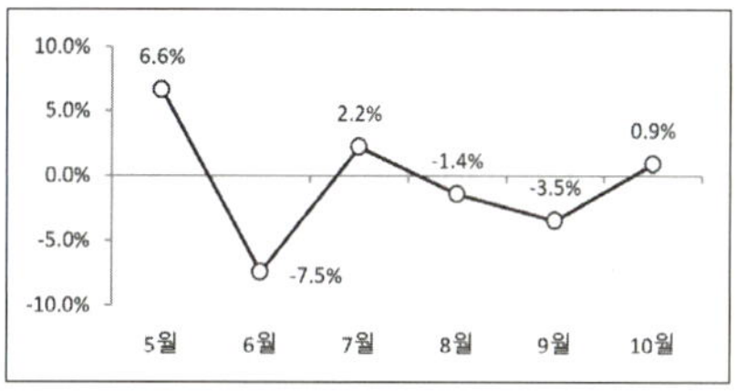

② 헌혈 건수의 전월 대비 변화율

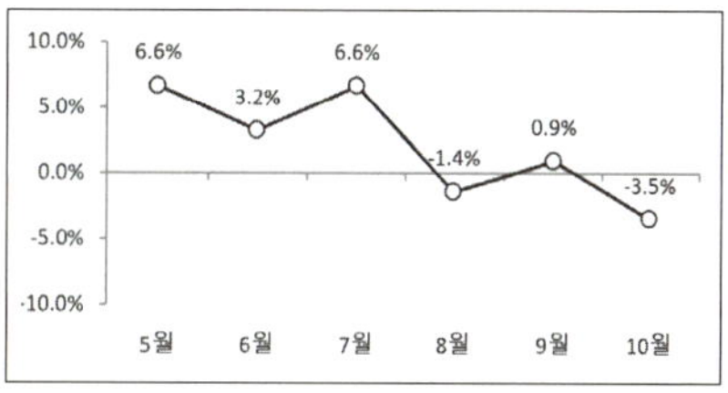

③ 헌혈 건수의 전월 대비 변화율

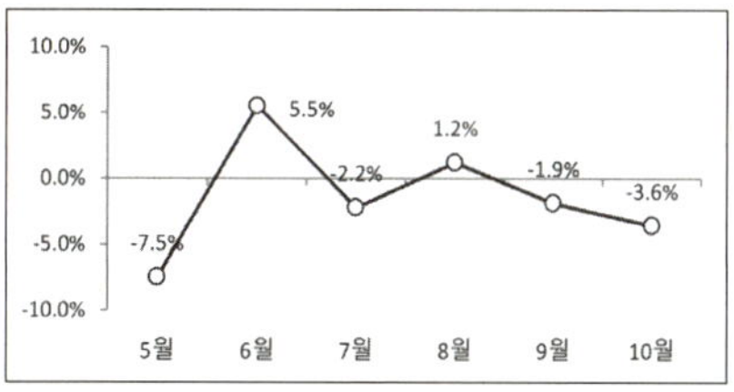

④ 헌혈 건수의 전월 대비 변화율

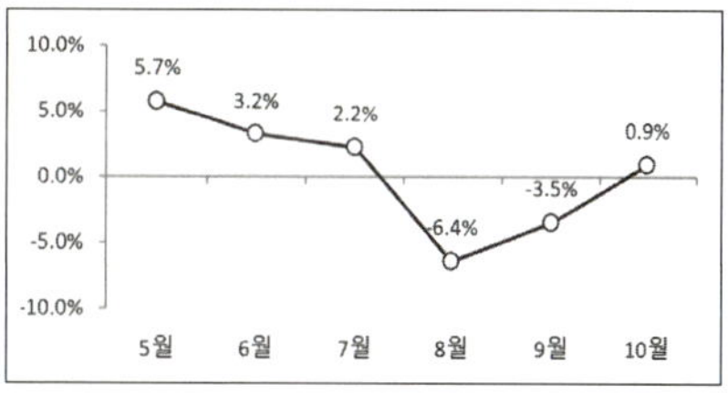

⑤ 헌혈 건수의 전월 대비 변화율

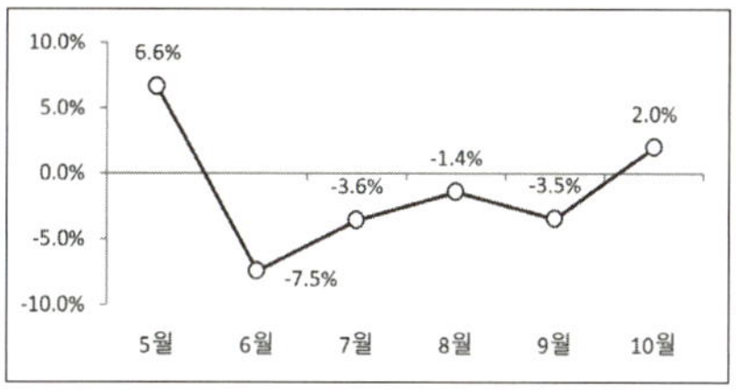

02 다음은 국내 30세 이상 성인을 대상으로 당뇨에 대한 유병률을 조사한 결과이다. 이를 활용하여 국내 30세 이상 남성 당뇨 유병률의 전년 대비 변화를 표현한 그래프로 맞는 것을 고르시오.

〈표〉 국내 30세 이상 성인의 당뇨 유병률 현황

(단위: %)

구분	2014년	2015년	2016년	2017년	2018년	2019년	2020년
남자	13.8	11.5	14.3	13.4	14.2	14.0	15.4
여자	9.2	8.9	10.5	9.2	9.1	9.5	10.4

* 당뇨 유병률(%): 전체 대상자 중 공복혈당이 126mg/dL 이상 또는 혈당강하제나 인슐린 주사를 사용하는 비율

① 30세 이상 남성의 전년 대비 당뇨 유병률 변화

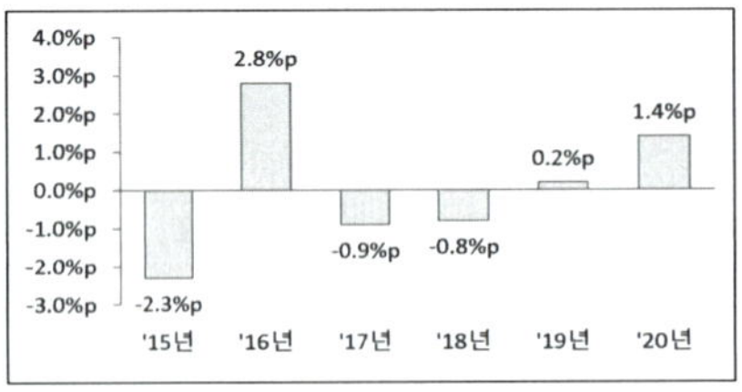

② 30세 이상 남성의 전년 대비 당뇨 유병률 변화

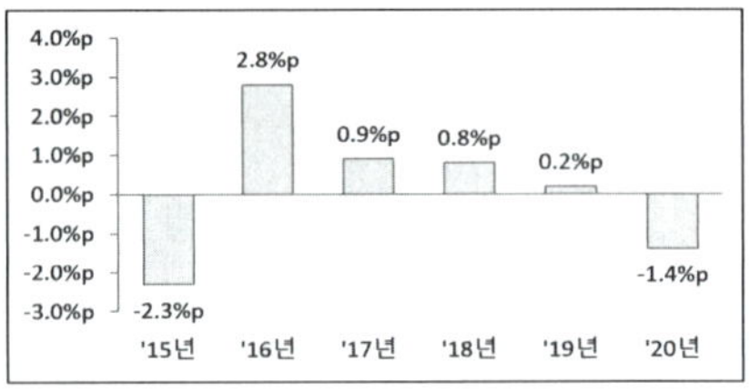

③ 30세 이상 남성의 전년 대비 당뇨 유병률 변화

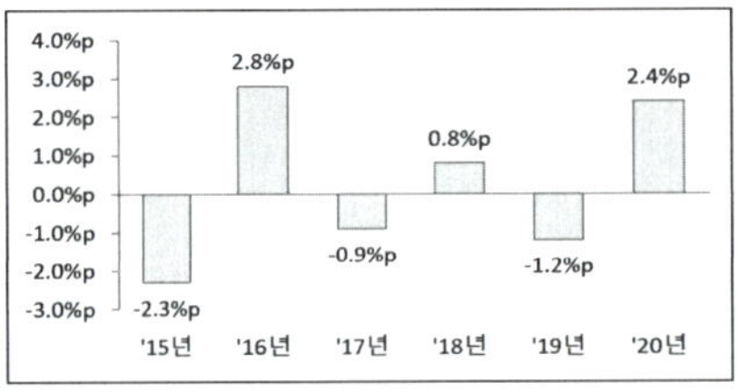

④ 30세 이상 남성의 전년 대비 당뇨 유병률 변화

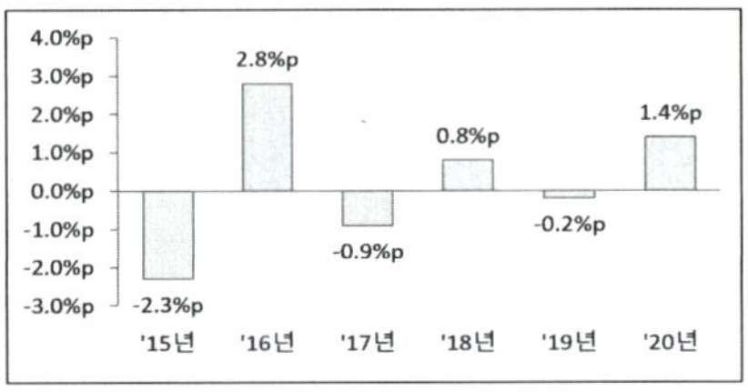

⑤ 30세 이상 남성의 전년 대비 당뇨 유병률 변화

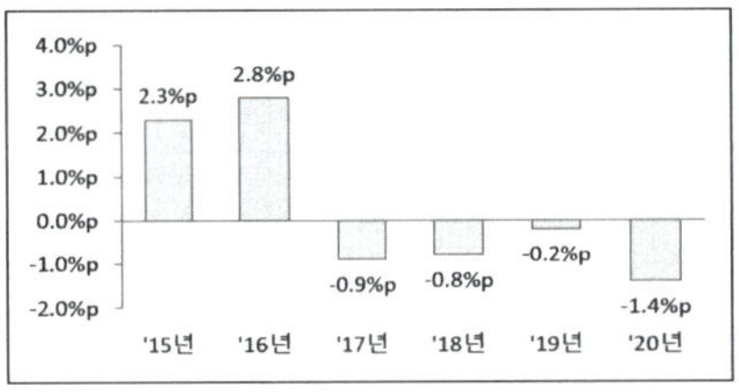

03 다음은 국내에서 진행된 뮤지컬의 공연건수와 공연횟수를 정리한 자료이다. 이를 활용하여 공연 1건당 평균 공연횟수를 연도별로 나타낸 그래프를 고르시오.

〈표〉 연간 뮤지컬 공연건수와 횟수

(단위 : 개별 기재)

항목	2015년	2016년	2017년	2018년	2019년	2020년
공연건수 (건)	2,592	2,523	2,749	3,317	3,422	701
공연횟수 (회)	36,193	39,669	34,047	39,268	34,951	15,712

① 연도별 뮤지컬 공연 1건당 공연횟수

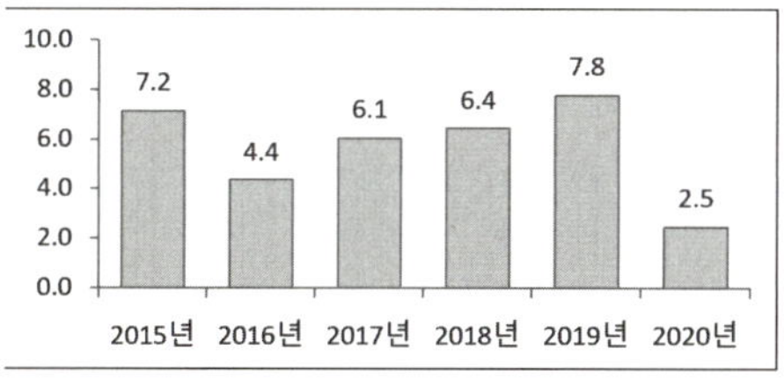

② 연도별 뮤지컬 공연 1건당 공연횟수

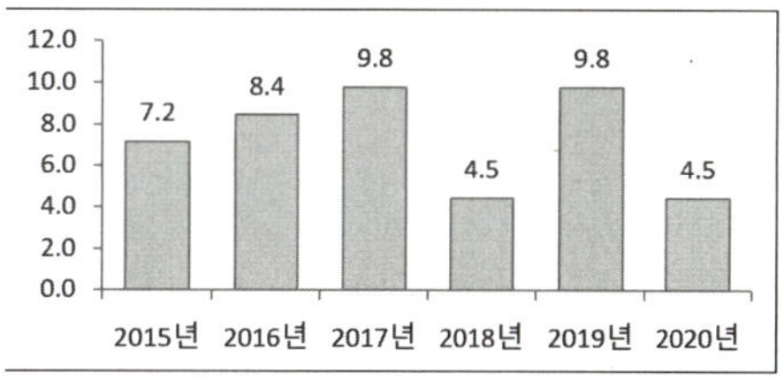

③ 연도별 뮤지컬 공연 1건당 공연횟수

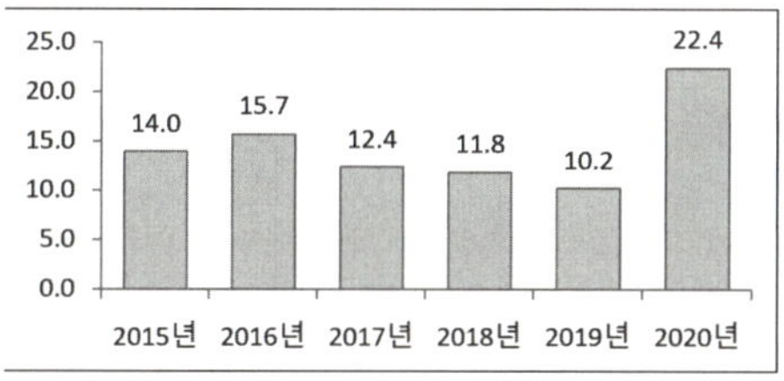

④ 연도별 뮤지컬 공연 1건당 공연횟수

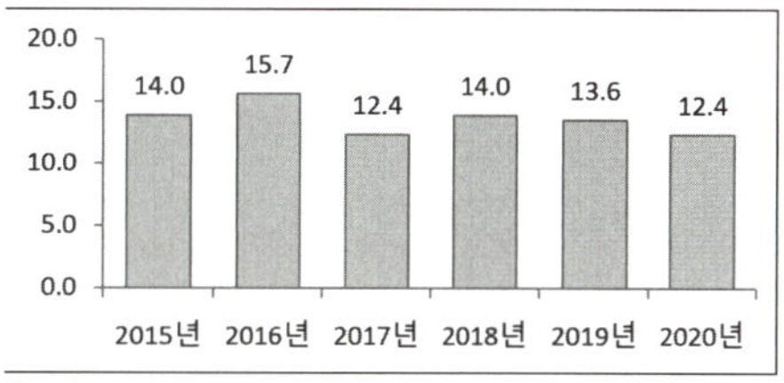

⑤ 연도별 뮤지컬 공연 1건당 공연횟수

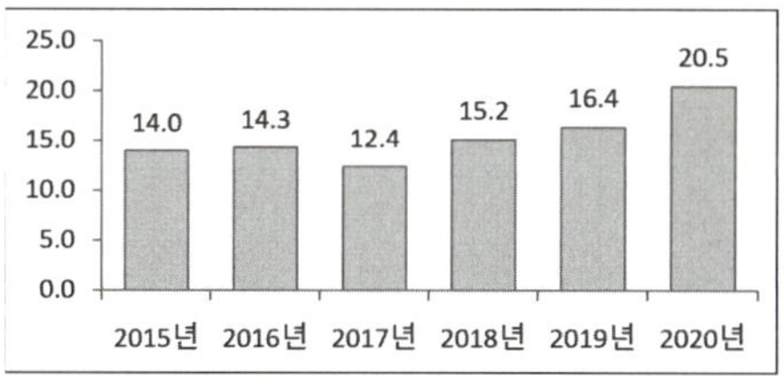

04 다음은 식품의약품안전처에서 조사한 2010년부터 2018년 기간의 국내 식중독 신고 건수와 환자 수에 대한 자료이다. 주어진 정보를 통해 식중독 신고 건수의 전년 대비 변화율을 나타낸 그래프로 옳은 것을 고르시오.

〈표〉 국내 식중독 신고 현황

(단위 : 건)

	'10년	'11년	'12년	'13년	'14년	'15년	'16년	'17년	'18년
신고건[1]	271	249	266	235	349	330	399	336	363

1) 신고건 : 동일한 식품의 섭취로 2인 이상의 사람이 유사한 질병을 경험한 사건의 신고 건수

① 식중독 신고 건수의 전년 대비 변화율(%)

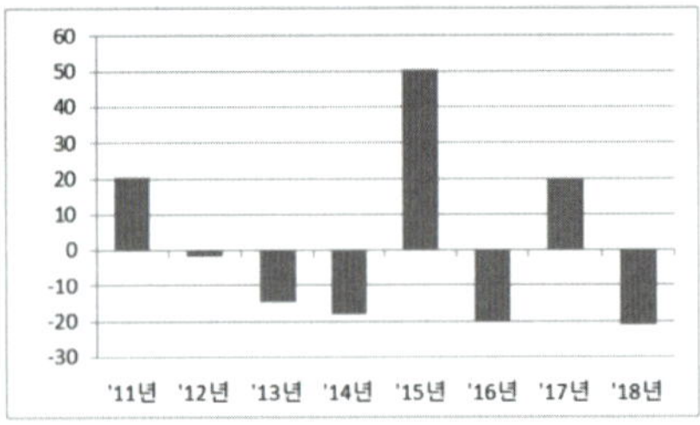

② 식중독 신고 건수의 전년 대비 변화율(%)

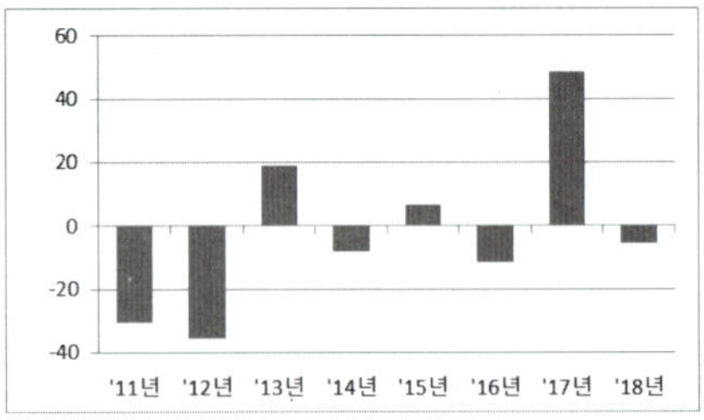

③ 식중독 신고 건수의 전년 대비 변화율(%)

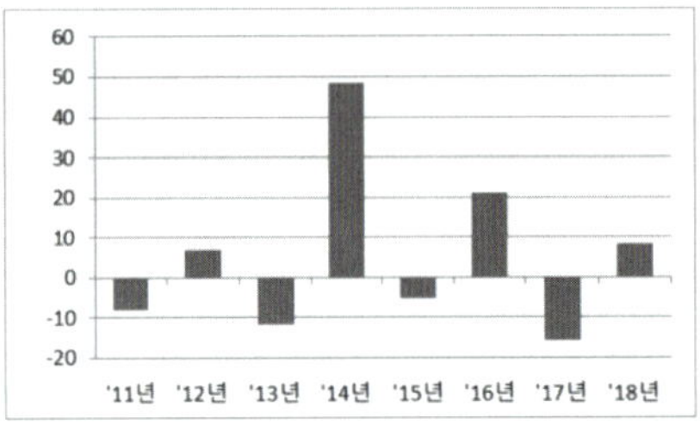

④ 식중독 신고 건수의 전년 대비 변화율(%)

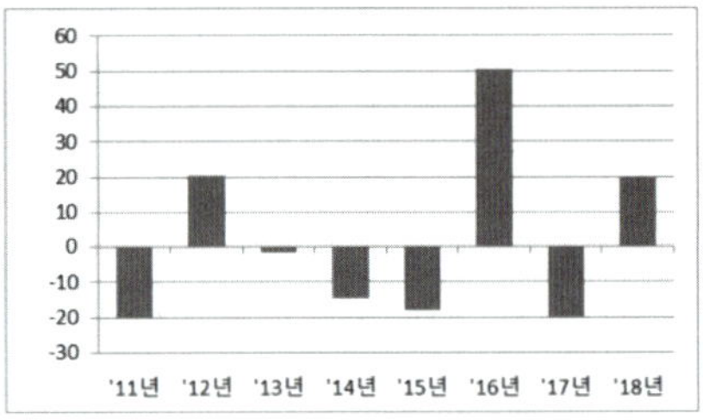

⑤ 식중독 신고 건수의 전년 대비 변화율(%)

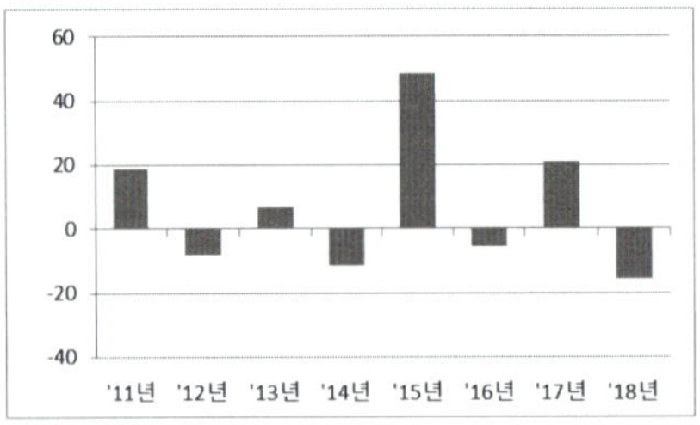

05 다음은 남아프리카공화국 인터넷 가입자 수의 연간 변화율을 나타낸 자료이다. 이를 활용하여 연도별 인터넷 가입자 수를 올바르게 표현한 그래프를 고르시오. (2014년 인터넷 가입자 수는 1,326천 명이었다.)

〈표〉 남아프리카공화국의 전년 대비 인터넷 가입자 수 변화

(단위 : %)

시점	'15년	'16년	'17년	'18년	'19년	'20년
전년비	6.3%	−6.0%	−15.2%	10.0%	7.0%	−1.4%

① 남아공의 연간 인터넷 가입자 수(천 명)

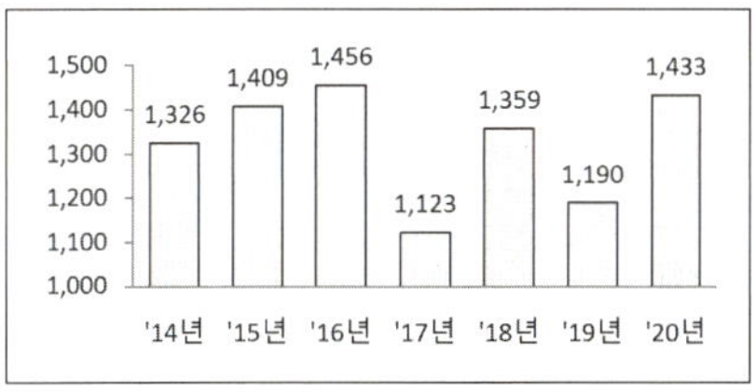

② 남아공의 연간 인터넷 가입자 수(천 명)

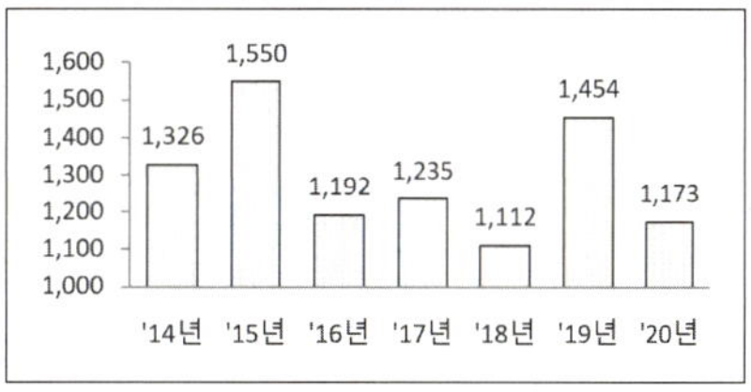

③ 남아공의 연간 인터넷 가입자 수(천 명)

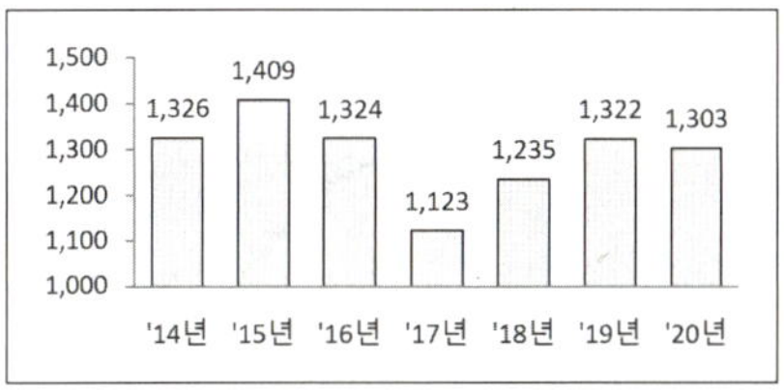

④ 남아공의 연간 인터넷 가입자 수(천 명)

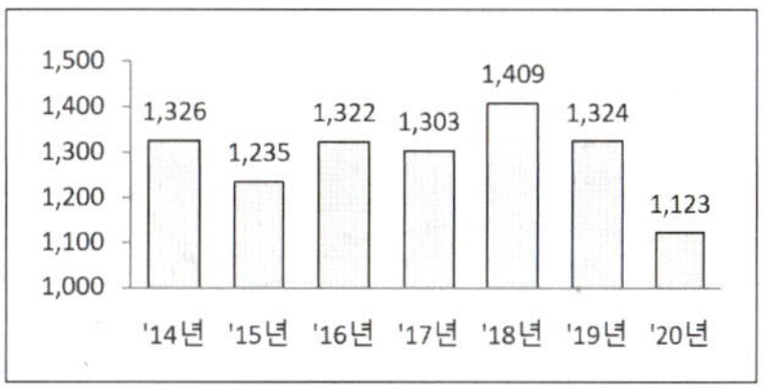

⑤ 남아공의 연간 인터넷 가입자 수(천 명)

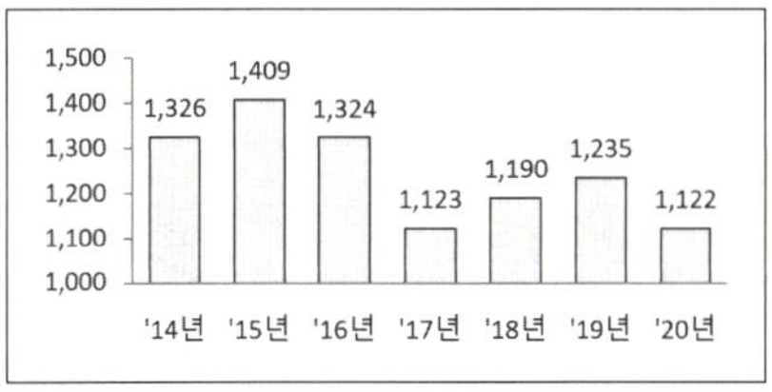

06 다음은 국내 휘발유의 리터당 원화 가격(₩/L)과 원달러 환율(₩/$)의 매월 종가를 정리한 자료이다. 이를 활용하여 동 시기 국내 휘발유의 리터당 달러 가격($/L)을 정리한 그래프로 옳은 보기를 고르시오.

〈표〉 국내 휘발유와 달러의 월별 종가

(단위 : ₩/L, ₩/$)

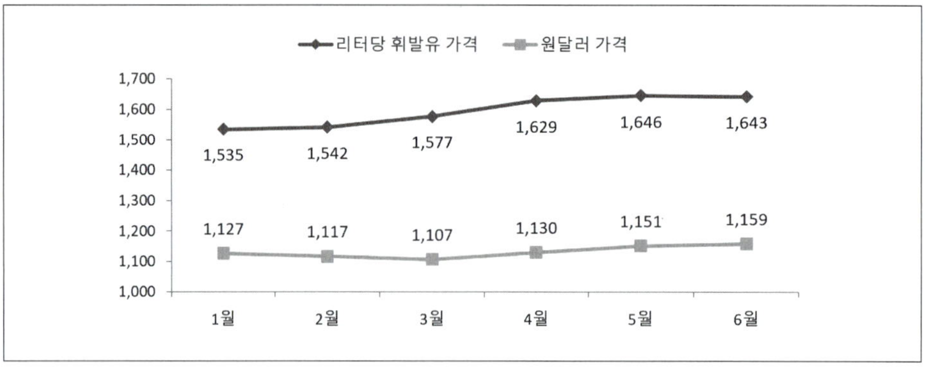

① 리터당 달러 가격 ($/L)

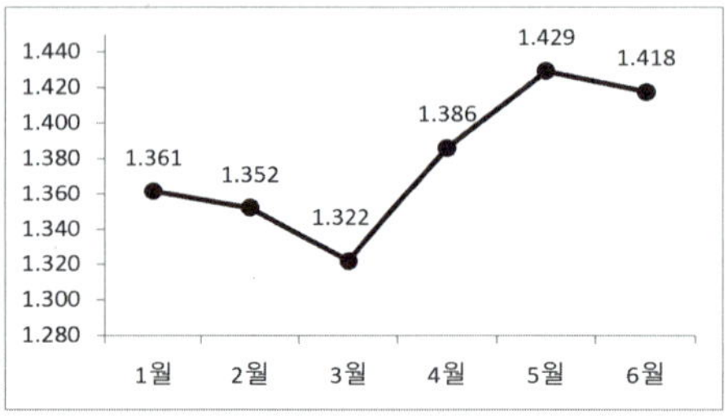

② 리터당 달러 가격 ($/L)

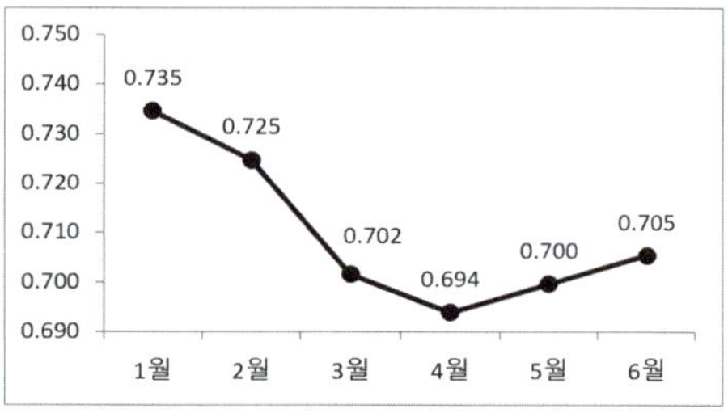

③ 리터당 달러 가격 ($/L)

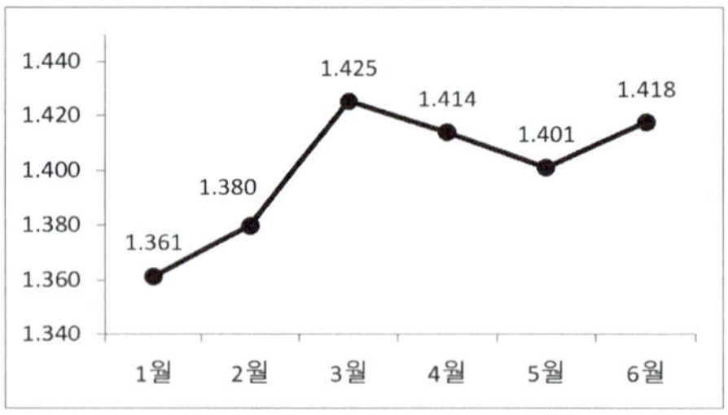

④ 리터당 달러 가격 ($/L)

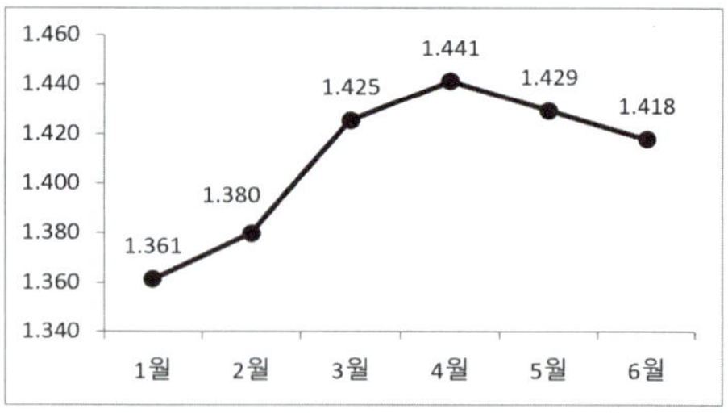

⑤ 리터당 달러 가격 ($/L)

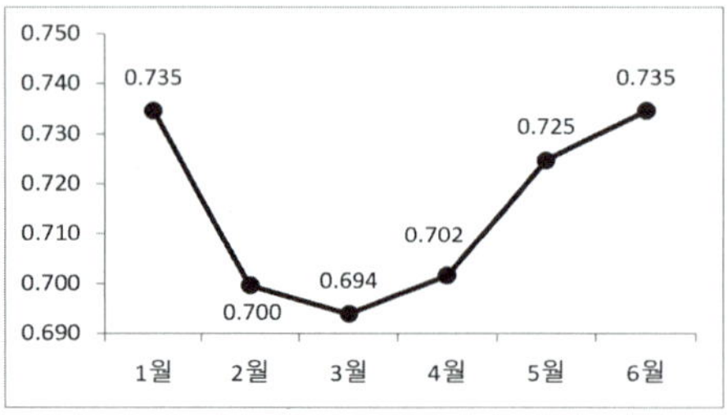

PART 04

추리

2025 상반기 GSAT 추리영역 기출 키워드

	4월 27일 오전	4월 27일 오후	4월 27일 오후
삼단논법	• 모모모 • 어모어 • 어모어	• 모모모 • 어모어 • 어모어	• 모모모 • 어모어 • 어모어
진실게임, 조건추리	• 4명 순서 구하기 • 6명이 스마트폰 3개 사용하기 • 8명이 4칸에 물건 넣기 • 8인 원형 테이블 • 스마트폰 무게 구하기 • 6명이 사용하는 기계 • 4자리 비밀번호 • 진실게임, 특정 물건은 거짓말 • 4명이 3개 과목 수강 • 요일별 날씨 구하기 • 진실게임	• 5명 순서 구하기 • 5명이 3개 사용 • 4명이 5개 공정 담당 • 요일별 날씨 구하기 • 6명이 세탁기 사용하는 경우 • 5자리 비밀번호 • 진실게임, 특정 음료수 거짓말 • 3×3 색칠 • 진실게임, 특정 자동차 거짓말	• 5명 순서 구하기 • 6명 부서 정하기 • 3명이 요일별 회의실 예약 • 5명 만족도 조사 • 4명 3×3 자리배치 • 5자리 비밀번호 • 진실게임, 거짓말 2명 • 5팀이 6개 회의실 예약 • 5명이 4개 국가 여행
도형추리	• 전체 1칸 이동 • 연산규칙 • 안과 밖 다른 규칙	• 전체 1칸 이동 • 안과 밖 다른 규칙 • 연산규칙	• 시계방향 90도 회전 • 전체 1칸 이동 • 연산규칙
도식추리	◎ 2431 ♠ 3142 □ +1 +1 +1 +1 ◐ +2 0 −2 0	♡ 2143 ◇ 3412 ♠ −1 −1 −1 −1 ○ +2 −2 +2 −2	☆ 4321 ▣ +1 −1 +1 −1 ○ 2143 ☎ +2 +2 −2 −2
문단배열, 논리추론	• 트롱프뢰유 • 인디아카 • 3D모니터 • 나노섬유 • 혼란포장 마케팅 • CMM-D	• 플라즈마 • 클럭드라이버 • 리컴번트 자전거 • 흑연, 음극재 • 폴더블폰 • 픽실레이션, 로토스코핑	• 임플로이언서 • 탄화규소 • 사이토카인 • 블루오션, 퍼플오션, 폴더블폰 • 럭비, 미식축구 • 알츠하이머, 베타단백질

Chapter

01

삼단논법

필수 유형 1. 어모어

필수 유형 2. 모모어

필수 유형 3. 모모모

Chapter 소개

- 삼단논법은 전통적으로 전제1, 전제2, 결론 중 한 칸을 비운 후 빈칸에 맞는 명제를 찾는 유형이 출제된다.
- 삼단논법은 명제 자체에 '모든', '어떤'을 추가한 경우 많은 학생들이 어려워하지만 풀이 요령만 익히면 시간을 투자하는 유형이 아니라 시간을 버는 유형으로 바뀐다.
- 최근의 트렌드는 대우도 하지 않고 직관적으로 풀 수 있을 정도로 쉽게 나온다. 하지만 어렵게 출제됐을 때에는 대우 뿐 아니라 말장난을 통해 직관적으로 '모든' 또는 '어떤' 중 어떤 것을 의미하는지 모르도록 꼬아서 내기도 한다.
- 총 30문제 중 3문제가 출제된다.

풀이 TIP

- 명제를 이을 수 있는 조건을 확인하며 속도를 높인다.
- 삼단논법의 특성을 확인 후 어모어, 모모어, 모모모를 활용한다.

어모어

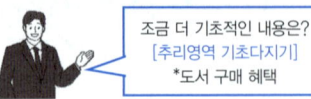

조금 더 기초적인 내용은?
[추리영역 기초다지기]
*도서 구매 혜택

필수 이론

유형 설명

- 최근 5년간 GSAT에서 어모어가 나오지 않은 적은 없다.
- 개인별 풀이 시간의 편차가 큰 유형으로서 스킬을 익히고 시간을 벌 수 있도록 해야 한다.
- 최근에는 정/부정을 맞추지 않고도 풀 수 있는 문제를 위주로 출제된다.
- 총 30문제 중 1~2문제가 출제된다.

풀이 TIP

- 정/부정을 통일한 후 '작은 애', '큰 애', '거는 애'를 찾는다.
- 개념의 위치가 아닌 개념의 구분으로 스킬을 적용한다.
- 주어진 전제에 어떤이 있다면 높은 확률로 어모어 유형이다.

1 어모어

어모어는 전제에서 어떤 1회, 모든 1회가 나오고 결론에 어떤이 나오는 유형을 말한다. 모든/어떤이 있는 대부분의 삼단논법 문제는 어모어 스타일로 나오기에 꼭 숙지해야 한다. 전제의 순서를 바꿔도 무방하기에 모어어라 말해도 되지만 그냥 어감상 One more와 같은 어모어가 좋아 어모어로 통일시켜 사용하겠다. 어모어를 이해하기 위해서는 '작은 애', '큰 애', '거는 애'의 개념을 확립해야 한다.

전제1 : 로또를 파는 모든 가게는 연금복권을 파는 가게다. 전제2 : 로또를 파는 어떤 가게는 토토를 파는 가게다. 결 론 : (   )

전제1로 벤 다이어그램을 그리면 로또는 연금복권의 부분집합이다. 모든이 들어간 전제에서 부분 집합을 '작은 애'라 칭하고 이를 감싸는 집합을 '큰 애'라 칭한다. 위 문제를 기준으로 작은 애는 로또, 큰 애는 연금복권이다.
전제2로 벤 다이어그램을 그리면 작은 애로 판별된 로또를 파는 가게와 토토를 파는 가게가 교집합을 이룬다. 어떤이 들어간 전제에서 '작은 애'가 아닌 집합을 '거는 애'라고 칭한다. 위 문제를 기준으로 거는 애는 토토이다. 어모어에서 주의할 점은 어떤이 들어간 전제에서는 작은 애와 거는 애가 만난다는 것이다. 큰 애와 거는 애가 만나면 어모어가 성립할 수 없다.
결론으로는 큰 애와 거는 애가 어떤으로 묶인다. 즉 교집합으로 만난다. 답을 구하자면 '연금복권 / 어떤 / 토토'이다. 즉 '연금복권을 파는 어떤 가게는 토토를 파는 가게다.' 또는 '토토를 파는 어떤 가게는 연금복권을 파는 가게다.'가 답이다. 답이 2개인 이유가 이해되지 않는다면 [2.2 어떤의 특성]을 다시 확인했으면 한다.

이 틀만 기억하면 어모어 문제의 풀이는 식은 죽 먹기다. 틀을 기억하기 편하게 강의에서는 이런 이야기를 한다.

옛날에 동생(작은 애)과 형(큰 애)이 살고 있었어요. – 전제의 모든
동생이 밖에서 놀다가 시비 거는 애한테 삥을 뜯겼어요. – 전제의 어떤
결론적으로 형이 화가 나서 시비 거는 애와 한판 붙었어요. – 결론의 어떤

다시 말해 전제의 모든은 작은 애와 큰 애가, 전제의 어떤은 작은 애과 거는 애가, 결론의 어떤은 큰 애와 거는 애가 온다는 이야기다. 다음의 문제도 풀어보자. 전제를 찾는 문제지만 작은 애, 큰 애, 거는 애만 잘 찾으면 쉽게 풀 수 있다.

전제1 : 행운을 주는 어떤 꽃은 아름다운 꽃이다. 전제2 : (   ) 결 론 : 아름다운 어떤 꽃은 겨울에 피는 꽃이다.

전제의 어떤과 결론의 어떤에 나온 개념이 아름다운 꽃이다. 즉, 거는 애라 볼 수 있다. 그렇다면 전제의 어떤을 보고 작은 애가 행운을 주는 꽃, 결론의 어떤을 보고 겨울에 피는 꽃이 큰 애인 것을 알 수 있다. 따라서 전제2에는 '행운 → 겨울'이 오는 것을 알 수 있다. 만약 선택지에 답이 없다면 모든을 붙여 봐도 좋고, 대우해도 좋다.

2 삼단논법 내 부정의 처리

2번 나온 개념의 정/부정이 다른 경우 정/부정을 맞춰준 후 푼다. 이는 어모어뿐 아니라 뒤에서 말할 모모어, 모모모에도 적용한다. 예를 들어, A개념이 2번 나왔는데 A, ~A로 제시했다면 A 또는 ~A로 맞춰준 후 풀이한다.

전제1 : 성실한 모든 학생은 성적이 좋지 않은 학생이다. 전제2 : 성적이 좋은 어떤 학생은 잠이 많은 학생이다. 결 론 : (   )

'성적이 좋은 학생, 성적이 좋지 않은 학생'으로 정/부정이 다르다. 모든이 있는 명제를 대우하면 '성적 → ~성실'이 된다. 따라서 '작은 애는 성적, 큰 애는 ~성실, 거는 애는 잠'이다. 결론은 '~성실 / 어떤 / 잠'이다.

A개념이 2번 나왔는데 ~A, ~A로 제시했다면 이미 ~A로 맞춰졌기에 그대로 사용한다. 억지로 A로 만든 후 푸는 것보다 ~A 자체를 그대로 받아들이는 것이 좋다. 마찬가지로 A개념이 1번 나왔고 ~A로 나온 경우도 자체를 그대로 받아들이는 것이 좋다.

전제1 : 겁을 상실한 쥐는 방울이 달리지 않은 쥐다. 전제2 : 쌀을 훔치는 어떤 쥐는 겁을 상실한 쥐다. 결 론 : (   )

'방울이 달리지 않은 쥐'와 같이 부정으로 제시했다. 이를 억지로 정의 개념으로 바꾸는 것 보다 자체를 그대로 받아들이는 것을 추천한다. '작은 애는 겁 상실, 큰 애는 ~방울, 거는 애는 쌀 훔침'이다. 따라서 결론은 '~방울 / 어떤 / 쌀 훔침'이다.

필수 유형 연습

예제 01 **다음 중 항상 참인 결론으로 적절한 것을 고르시오.**

[전제1] 공허한 어떤 눈빛은 이글거린다. [전제2] 공허한 눈빛은 사랑스럽지 않다. [결 론] ( )

① 이글거리는 모든 눈빛은 사랑스럽지 않다.
② 사랑스러운 어떤 눈빛은 이글거린다.
③ 이글거리는 어떤 눈빛은 사랑스럽지 않다.
④ 사랑스러운 눈빛은 이글거린다.
⑤ 사랑스럽지 않은 어떤 눈빛은 이글거리지 않다.

치트키 풀이

전제의 '어떤'을 보고 유형1. 어모어로 접근하자. 결론에 큰 애인 ~사랑과 거는 애인 이글이 어떤으로 묶인다.
작: 공허
큰: ~사랑
거: 이글

일반 풀이

공허한 눈빛은 사랑스럽지 않은 눈빛의 부분집합이다. 그러면서 공허한 눈빛과 이글거리는 눈빛의 교집합이 있다. 사랑스럽지 않은 눈빛의 부분집합인 공허한 눈빛과 이글거리는 눈빛의 교집합이 있으니 사랑스럽지 않은 눈빛과 이글거리는 눈빛의 교집합이 있다고 확인할 수 있다.

정답 ▶ ③

예제 02 **다음 중 결론을 항상 참으로 만드는 [전제2]를 고르시오.**

> [전제1] 위로가 되는 노래는 템포가 빠르지 않다.
> [전제2] (   )
> [결　론] 템포가 빠르지 않은 어떤 노래는 젊은이가 좋아한다.

① 젊은이가 좋아하는 어떤 노래는 위로가 되지 않는다.
② 젊은이가 좋아하지 않는 노래는 템포가 빠르지 않다.
③ 젊은이가 좋아하지 않는 어떤 노래는 템포가 빠르지 않다.
④ 위로가 되는 어떤 노래는 젊은이가 좋아한다.
⑤ 위로가 되는 노래는 젊은이가 좋아하지 않는다.

치트키 풀이

전제의 모든, 결론의 어떤으로 제시된 문제는 직관적으로 어떤 유형인지 알 수 없다. 최근 출제 경향에 따르면 모모모가 많이 나오지만 결론에 어떤으로 제시한 적이 거의 없다. 이에 따라 어모어로 먼저 접근하자.

작: 위로
큰: ~템.빠
거: 젊은이

전제2에 작은 애와 거는 애가 어떤으로 만난다. 다행스럽게 선택지에서 답을 확인할 수 있다.

일반 풀이

결론을 보면 템포가 빠르지 않은 노래와 젊은이가 좋아하는 노래가 교집합을 이룬다. 이를 보장하는 시나리오는 크게 3가지가 있다.

1. 위로가 되는 노래와 젊은이가 좋아하는 노래의 교집합
   템포가 빠르지 않은 노래의 부분집합인 위로가 되는 노래가 젊은이가 좋아하는 노래와 교집합이다. 따라서 위로가 되는 노래를 감싸고 있는 템포가 빠르지 않은 노래와 젊은이가 좋아하는 노래가 교집합을 이룬다고 알 수 있다. 이는 유형1. 어모어다.

2. 위로가 되는 노래가 젊은이가 좋아하는 노래의 부분집합
   템포가 빠르지 않은 노래, 젊은이가 좋아하는 노래 둘 다 위로가 되는 노래를 부분집합으로 삼는다. 이에 따라 템포가 빠르지 않은 노래와 젊은이가 좋아하는 노래가 위로가 되는 노래 영역만큼 교집합을 이룬다고 알 수 있다. 이는 유형2. 모모어다.

3. 젊은이가 좋아하는 노래가 위로가 되는 노래의 부분집합
   두 전제를 위로가 되는 노래를 매개념으로 이으면 [젊은이가 좋아하는 노래 → 위로가 되는 노래 → 템포가 빠르지 않은 노래]가 된다. [젊은이가 좋아하는 노래 → 템포가 빠르지 않은 노래]의 결론을 낼 수 있다. 이를 통해 젊은이가 좋아하는 노래 영역 만큼 젊은이가 좋아하는 노래와 템포가 빠르지 않은 노래가 교집합을 이룬다고 알 수 있다. 이는 유형3. 모모모이며 결론에서 어떤을 뽑은 경우이다.

정답 ▶ ④

예제 03 다음 중 결론을 항상 참으로 만드는 [전제1]를 고르시오.

[전제1] ( )
[전제2] 화학을 수강한 모든 학생은 물리를 수강한다.
[결 론] 생물을 수강한 어떤 학생은 화학을 수강하지 않는다.

① 물리를 수강한 어떤 학생은 생물을 수강한다.
② 화학을 수강한 어떤 학생은 생물을 수강한다.
③ 화학을 수강하지 않은 어떤 학생은 생물을 수강하지 않는다.
④ 물리를 수강한 모든 학생은 생물을 수강한다.
⑤ 물리를 수강하지 않은 어떤 학생은 생물을 수강한다.

치트키 풀이

전제의 '모든', 결론의 '어떤'을 보고 어떤 유형인지 확인할 수 없다. 2번 나온 개념인 화학의 정/부정을 맞추기 위해 전제2를 대우한 후 유형1. 어모어를 먼저 적용해보자.
작: ~물리
큰: ~화학
거: 생물

전제1에는 작은 애(~물리)와 거는 애(생물)가 '어떤'으로 만난다. 다행히 답이 있다. 이런 문제를 풀며 답을 도출했는데 선택지에 답이 없다면 유형2. 모모어, 유형3. 모모모도 해봐야 한다.

일반 풀이

전제의 '모든'으로 결론의 '어떤'을 보장하는 시나리오는 크게 3가지가 있다. 이를 편하게 설명하기 위해 전제2를 대우한 [물리를 수강하지 않는 학생 → 화학을 수강하지 않는 학생]을 기준으로 설명하겠다.

1. 물리를 수강하지 않은 학생과 생물을 수강한 학생의 교집합
   물리를 수강하지 않은 학생을 화학을 수강하지 않은 학생이 감싸고 있다. 이에 따라 물리를 수강하지 않은 학생과 교집합을 이루는 생물을 수강한 학생이 화학을 수강하지 않은 학생과도 교집합을 이룬다. 이는 유형1. 어모어다.

2. 물리를 수강하지 않은 학생이 생물을 수강한 학생의 부분집합
   화학을 수강하지 않은 학생과 생물을 수강한 학생이 물리를 수강하지 않은 학생만큼 교집합을 이룬다. 이는 유형2. 모모어다.

3. 생물을 수강한 학생이 물리를 수강하지 않은 학생의 부분집합
   [생물을 수강한 학생 → 물리를 수강하지 않은 학생 → 화학을 수강하지 않은 학생]으로 [생물을 수강한 학생 → 화학을 수강하지 않은 학생]의 결론을 도출할 수 있다. [생물을 수강한 학생 → 화학을 수강하지 않은 학생]의 명제만으로 생물을 수강한 학생만큼 생물을 수강한 학생과 화학을 수강하지 않은 학생이 교집합을 이룬다고 볼 수 있다. 이는 유형3. 모모모이며 결론의 '모든'에서 '어떤'을 뽑은 경우다.

정답 ▶ ⑤

모모어

필수 이론

유형 설명

- 가장 직관적인 유형으로 빠르게 풀고 넘어가야 한다.
- 최근에는 정/부정을 맞추지 않고도 풀 수 있는 문제를 위주로 출제된다.
- 총 30문제 중 0~1문제가 출제된다.

풀이 TIP

- 정/부정을 통일한 후 처, 음, 럼을 찾는다.
- 개념의 위치가 아닌 개념의 구분으로 스킬을 적용한다.
- 앞의 개념이 같은 경우가 아닌 뒤의 개념이 같은 경우에 유의한다.
- 두 전제가 모든으로 주어졌을 때 이어지는 느낌이 아니라면 모모어다.

1 모모어

눈치챘겠지만 모모어는 전제에서 모든이 2번 나오고 결론에 어떤이 나오는 유형을 말한다. 모모어를 애칭으로 '처음처럼 모모어'라 부르기도 한다.

전제1: 고음을 내는 모든 가수는 잘생긴 가수다.
전제2: 고음을 내는 모든 가수는 가요제 출신 가수다.
결 론: ( )

전제를 기반으로 벤 다이어그램을 그린 후 중복되는 개념을 중심으로 합쳐보자.

전제1	전제2	결론
		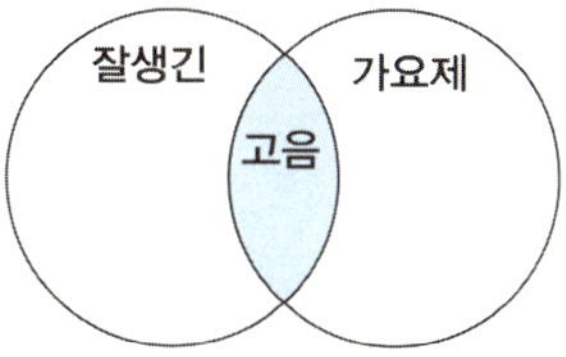

잘생긴 가수 집합과 가요제 집합이 교집합으로 만난다. 교집합인 영역은 고음을 내는 가수 집합이다. 따라서 결론은 '잘생긴 / 어떤 / 가요제'이다. 이와 같이 전제1, 2가 모든이고 앞의 개념(처)이 동일할 때 뒤의 개념(음, 럼)끼리 교집합을 보인다. 이를 쉽게 외우기 위해 처음처럼이라는 애칭을 붙였다.

전제1: 모든 처는 음이다. 전제2: 모든 처는 럼이다. 결 론: (   )

2 모모어의 변형

전제1: 도수가 높은 모든 술은 약이 되는 술이다. 전제2: 비싼 모든 술은 약이 되는 술이다. 결 론: (   )

모모어의 경우 전제1, 2가 모든이며, 두 전제 모두 앞의 개념이 동일해야 사용할 수 있었다. 하지만 위의 문제도 출제빈도는 굉장히 낮지만 모모어로 볼 수 있다. 궁금하면 전제1, 2 둘 다 대우해봤으면 한다.

필수 유형 연습

예제 01 **다음 중 항상 참인 결론으로 적절한 것을 고르시오.**

> [전제1] 귤이 들어간 초콜릿은 당도가 높다.
> [전제2] 귤이 들어간 초콜릿은 구하기 쉽다.
> [결 론] (   )

① 구하기 쉬운 어떤 초콜릿은 당도가 높지 않다.
② 구하기 쉽지 않은 어떤 초콜릿은 당도가 높다.
③ 당도가 높은 어떤 초콜릿은 귤이 들어가지 않는다.
④ 당도가 높은 어떤 초콜릿은 구하기 쉽다.
⑤ 당도가 높은 초콜릿은 구하기 쉽다.

치트키 풀이

두 전제가 모든이고 앞의 개념이 같다. 유형2. 모모어다. 결론에서 음과 럼이 어떤으로 만난다.
처: 귤
음: 당도
럼: 구.쉬

일반 풀이

전제1을 보면 당도가 높은 초콜릿의 부분집합이 귤이 들어간 초콜릿이고 전제2에서는 구하기 쉬운 초콜릿의 부분집합이 귤이 들어간 초콜릿이다. 둘 다 공통으로 귤이 들어간 초콜릿을 부분집합으로 삼는다. 즉 당도가 높은 초콜릿과 구하기 쉬운 초콜릿은 귤이 들어간 초콜릿만큼 교집합을 이룬다.

정답 ▶ ④

예제 02 다음 중 결론을 항상 참으로 만드는 [전제2]를 고르시오.

> [전제1] 운동화를 신지 않는 모든 사람은 모자를 쓰지 않는다.
> [전제2] (   )
> [결 론] 운동화를 신는 어떤 사람은 청바지를 입는다.

① 모자를 쓰지 않는 어떤 사람은 청바지를 입는다.
② 모자를 쓰지 않는 사람은 청바지를 입는다.
③ 운동화를 신는 어떤 사람은 청바지를 입지 않는다.
④ 모자를 쓰는 모든 사람은 청바지를 입는다.
⑤ 청바지를 입는 사람은 운동화를 신지 않는다.

치트키 풀이

전제의 모든, 결론의 어떤의 형태로는 어모어, 모모어, 모모모 중 무엇을 따르는지 확정할 수 없다. 전제1을 대우하여 운동화의 정/부정을 맞춘 후 어모어, 모모어, 모모모 순서로 확인해보자. 먼저 어모어다.

작: 모자
큰: 운동화
거: 청바지

전제2에는 [모자/어떤/청바지]가 온다. 그런데 선택지에서 어떤을 언급한 ①, ③번과 다르다. 따라서 어모어 유형이 아니다. 전제에 어떤이 오는 유형은 어모어뿐이다. ①, ③번을 소거 후 모모어로 확인해보자.

처: 모자
음: 운동화
럼: 청바지

전제2에 [모자 → 청바지]가 온다. 정답이 보인다.

일반 풀이

운동화를 신는 사람, 운동화를 신지 않는 사람으로 2번 나온 개념의 정/부정이 다르다. 모든으로 제시한 전제1을 대우하여 정/부정을 맞추자. 대우한 전제1은 [모자를 쓰는 사람 → 운동화를 신는 사람]이다. 이를 토대로 운동화를 신는 사람과 청바지를 입는 사람의 교집합이 있는 대표적 시나리오 3가지를 검토해보자.

1. 모자를 쓰는 사람과 청바지를 입는 사람이 교집합 (유형1. 어모어)
   전제1의 대우에 의해 모자를 쓰는 사람을 운동화를 신는 사람이 포함하고 있다. 모자를 쓰는 사람과 청바지를 입는 사람의 교집합이 있다면 청바지를 입는 사람과 운동화를 신는 사람이 교집합을 이룬다.

2. 모자를 쓰는 사람이 청바지를 입는 사람의 부분집합 (유형2. 모모어)
   운동화를 신는 사람, 청바지를 입는 사람 두 영역 모두 모자를 쓰는 사람을 포함하고 있다. 즉 모자를 쓰는 사람 영역만큼 운동화를 신는 사람, 청바지를 입는 사람이 교집합을 이룬다.

3. 청바지를 입는 사람이 모자를 쓰는 사람의 부분집합 (유형3. 모모모)
   [청바지를 입는 사람 → 모자를 쓰는 사람 → 운동화를 신는 사람]으로 포함 관계다. 운동화를 신는 사람이 청바지를 입는 사람을 포함한다. 이를 통해 청바지를 입는 사람 영역만큼 운동화를 신는 사람과 청바지를 입는 사람이 교집합을 이룬다고 판단한다.

이는 순차적으로 유형1. 어모어, 유형2. 모모어, 유형3. 모모모다.

정답 ▶ ④

모모모

필수 이론

유형 설명

- 기본적인 삼단논법으로 GSAT을 온라인으로 응시하게 되면서 비중이 늘어났다.
- 총 30문제 중 1~2문제가 출제된다.

풀이 TIP

- 정답인 명제를 만든 후 대우도 취해보며 선택지를 확인한다.
- 명제를 이을 수 있는 조건을 확인한다.
- 두 전제가 모든으로 주어졌을 때 이어지는 느낌이라면 모모모다.

1 명제를 이을 수 있는 조건

두 명제를 이어주는 개념(=중복으로 사용된 개념)을 매개념이라고 한다. 대우를 알고 있다면 가볍게 이을 수 있지만 풀이 속도를 조금이라도 높이기 위해 확인해보자.

* 참고
명제가 참이면 대우도 참이다.

1.1. 개념이 앞/뒤로 배치되고 정/부정이 동일할 때

- 지성이의 키가 크다면 영훈이는 머리가 크다.
- 영희가 예쁘다면 지성이의 키가 크다.

위의 두 명제에서 '지성이의 키가 크다.'라는 개념이 앞, 뒤에 존재하며 정/부정도 같다. 당연히 이어줄 수 있다. '영희가 예쁘다면 영훈이는 머리가 크다.'로 이을 수 있다.

1.2. 두 명제에서 앞 또는 뒤에만 배치되고 정/부정이 다를 때

- 영훈이가 만점을 받았다면 혜민이는 만점을 받지 못했다.
- 영희가 만점을 받았다면 혜민이는 만점을 받았다.

위의 두 명제에서 '혜민이는 만점을 받았다./받지 못했다.'로 정/부정이 다르지만 위치는 동일하다. 두 명제 중 하나를 대우 후 이을 수 있다.

2 모모모

모모모는 [A → B → C]의 구조를 보이는 기본적인 삼단논법이다. 다시 말해 모모모는 모든/어떤이 없는 삼단논법과 진배없다는 것을 알 수 있다.

전제1: 국수를 먹는 모든 사람은 떡을 먹는다. 전제2: 떡을 먹는 모든 사람은 고기를 먹는다. 결 론: ( )

위의 예시에서 두 전제 모두 모든이고 떡을 매개념으로 삼는다. [국수 → 떡 → 고기]를 도출할 수 있으며 결론에는 '국수를 먹는 모든 사람은 고기를 먹는다.'가 온다. 주어진 두 명제를 빠르게 이으며 정답을 찾자.

전제를 찾는 문제도 마찬가지다. 결론은 [A → C]의 형태를 띄기 때문에 제시한 전제와 비교하여 A 또는 C의 개념을 비교하며 후 문제를 풀이한다.

전제1: 나무로 만든 도장은 값이 비싸다. 전제2: ( ) 결 론: 장인이 만든 도장은 모두 비싸다.

결론은 [장인 → 비쌈]이고 전제1에 [나무 → 비쌈]이 왔다. 비쌈을 기준으로 문제를 풀 수 있겠다. 직관적으로 문제를 풀이할 수 있지만 A, B, C로 설명한다면 비쌈은 C이고 장인은 A이다. 따라서 나무가 B이다. 전제1은 [B → C]의 형태를 보이기 때문에 전제2는 [A → B]의 형태를 보여야 한다. 따라서 전제2에 '장인이 만든 모든 도장은 나무로 만든다.'가 온다.

3 결론의 말장난

모모모는 결론의 명제의 변형이 다양하다. 다음은 결론이 'A는 C이다.'일 때 결론에 자주 취하는 말장난이다. 요즘의 출제경향을 보면 결론에 대우를 취하는 말장난까지는 나올 수 있지만 어떤을 뽑는 경우가 출제될 가능성은 극히 적다고 판단된다.

해당 내용을 학습하며 전제에서 어떤을 뽑는 경우도 가능하다고 오해하는 경우가 많다. 결론의 모든에서만 취할 수 있다는 점을 기억하자.

- 대우
  → ~C는 ~A이다.
- A와 C가 교집합
  → 어떤 A는 C이다. / 어떤 C는 A이다.
- ~A와 ~C사이가 교집합
  → 어떤 ~C는 ~A이다. / 어떤 ~A는 ~C이다.

필수 유형 연습

예제 01 **다음 중 항상 참인 결론으로 적절한 것을 고르시오.**

[전제1] 김치가 들어간 찌개는 얼큰하지 않다.
[전제2] 국물 맛이 깊지 않은 찌개는 김치가 들어간다.
[결 론] ( )

① 김치가 들어가지 않은 어떤 찌개는 얼큰하지 않다.
② 국물 맛이 깊은 찌개는 김치가 들어간다.
③ 얼큰하지 않은 찌개는 김치가 들어가지 않는다.
④ 국물 맛이 깊지 않은 모든 찌개는 얼큰하지 않다.
⑤ 김치가 들어간 모든 찌개는 국물 맛이 깊다.

치트키 풀이

전제1, 전제2 둘 다 모든이다. 따라서 유형2. 모모어 또는 유형3. 모모모라고 예상할 수 있다. 주어진 두 전제가 이어지는 느낌이다. 즉 유형3. 모모모다.
전제2와 전제1을 김치가 들어간 찌개를 매개념으로 이어주면 [국물 맛이 깊지 않은 찌개 → 김치가 들어간 찌개 → 얼큰하지 않은 찌개]가 된다. [국물 맛이 깊지 않은 찌개 → 얼큰하지 않은 찌개]로 결론을 도출할 수 있다.

정답 ▶ ④

예제 02 **다음 중 결론을 항상 참으로 만드는 [전제1]을 고르시오.**

[전제1] (　　　　　　　　　　　　　　　　　　)
[전제2] 수박을 좋아하는 사람은 체리를 좋아하지 않는다.
[결 론] 살구를 좋아하는 사람은 수박을 좋아하지 않는다.

① 체리를 좋아하는 사람은 살구를 좋아하지 않는다.
② 체리를 좋아하지 않는 어떤 사람은 살구를 좋아하지 않는다.
③ 살구를 좋아하는 모든 사람은 체리를 좋아한다.
④ 체리를 좋아하는 어떤 사람은 살구를 좋아하지 않는다.
⑤ 수박을 좋아하는 어떤 사람은 살구를 좋아한다.

치트키 풀이

결론의 모든을 보고 모모모라고 알 수 있다. 수박이 2번 나왔는데 정/부정이 다르다. 전제2를 대우하든 결론을 대우하든 둘 중 하나의 방법으로 정/부정을 통일시켜주자. 전제2를 대우하면 [체리 → ~수박]이다. 결론을 보장하기 위해서는 [살구 → 체리 → ~수박]으로 명제가 이어져야한다. 즉 정답은 [살구 → 체리]다.

[오답 점검]

'살구를 좋아하는 모든 사람은 체리를 좋아한다.'는 '살구를 좋아하는 사람은 체리를 좋아한다.'와 뜻이 같다. 모든은 모든이 없어도 모든이다.

정답 ▶ ③

빈출 유형 공략

해설 p. 43

01 **다음 중 항상 참인 결론으로 적절한 것을 고르시오.**

[전제1] 인기가 많은 친구는 키가 크지 않다.
[전제2] 키가 크지 않은 친구는 웃음이 많다.
[결 론] (   )

① 인기가 많은 친구는 웃음이 많다.
② 웃음이 많지 않은 친구는 인기가 많다.
③ 인기가 많지 않은 어떤 친구는 키가 크지 않다.
④ 키가 크지 않은 모든 친구는 인기가 많지 않다.
⑤ 인기가 많지 않은 어떤 친구는 웃음이 많다.

02 **다음 중 항상 참인 결론으로 적절한 것을 고르시오.**

[전제1] 더운 날은 습하지 않다.
[전제2] 더운 어떤 날은 일교차가 크지 않다.
[결 론] (   )

① 일교차가 크지 않은 어떤 날은 습하지 않다.
② 더운 모든 날은 습하다.
③ 습하지 않은 날은 덥지 않다.
④ 습한 날은 일교차가 크다.
⑤ 습한 어떤 날은 덥다.

03 다음 중 항상 참인 결론으로 적절한 것을 고르시오.

[전제1] 빨간 사과는 독이 든 사과이다.
[전제2] 탐스러운 모든 사과는 빨갛지 않은 사과이다.
[결 론] (   )

① 탐스럽지 않은 사과는 독이 든 사과이다.
② 독이 든 어떤 사과는 탐스러운 사과이다.
③ 빨간 어떤 사과는 독이 들지 않은 사과이다.
④ 독이 들지 않은 어떤 사과는 탐스럽지 않은 사과이다.
⑤ 독이 든 어떤 사과는 탐스럽지 않은 사과이다.

04 다음 중 항상 참인 결론으로 적절한 것을 고르시오.

[전제1] 비닐봉지에 든 어떤 과자는 열량이 높지 않다.
[전제2] 열량이 높지 않은 모든 과자는 단맛이 강하다.
[결 론] (   )

① 비닐봉지에 들지 않은 과자는 단맛이 강하다.
② 열량이 높은 어떤 과자는 단맛이 강하다.
③ 열량이 높은 모든 과자는 단맛이 강하다.
④ 열량이 높지 않은 모든 과자는 단맛이 강하지 않다.
⑤ 비닐봉지에 든 어떤 과자는 단맛이 강하다.

05 다음 중 결론을 항상 참으로 만드는 [전제2]를 고르시오.

[전제1] 조회수가 높은 모든 영상은 선정적이지 않다.
[전제2] (   )
[결 론] 재생시간이 긴 영상은 선정적이지 않다.

① 재생시간이 긴 어떤 영상은 선정적이다.
② 조회수가 높은 어떤 영상은 재생시간이 길지 않다.
③ 조회수가 높지 않은 영상은 재생시간이 길지 않다.
④ 재생시간이 길지 않은 영상은 선정적이지 않다.
⑤ 재생시간이 길지 않은 영상은 조회수가 높다.

06 다음 중 [결론]을 항상 참으로 만드는 [전제2]를 고르시오.

[전제1] 무게중심이 낮은 의자는 편안하다. [전제2] (   ) [결 론] 무거운 의자는 편안하다.

① 무거운 의자는 무게중심이 낮다.
② 편안한 의자는 무겁다.
③ 무게중심이 낮은 의자는 무겁다.
④ 무거운 의자는 편안하지 않다.
⑤ 무게중심이 낮은 의자는 편안하지 않다.

07 다음 중 항상 참인 결론으로 적절한 것을 고르시오.

[전제1] 도넛을 좋아하는 모든 사람은 쿠키를 좋아한다. [전제2] 커피를 좋아하는 어떤 사람은 도넛을 좋아한다. [결 론] (   )

① 쿠키를 좋아하는 모든 사람은 커피를 좋아한다.
② 커피를 좋아하지 않는 어떤 사람은 쿠키를 좋아한다.
③ 커피를 좋아하는 모든 사람은 쿠키를 좋아한다.
④ 쿠키를 좋아하는 어떤 사람은 커피를 좋아한다.
⑤ 쿠키를 좋아하지 않는 어떤 사람은 커피를 좋아한다.

08 다음 중 결론을 항상 참으로 만드는 [전제1]을 고르시오

[전제1] (   ) [전제2] 합리적이지 않은 어떤 조건은 단순하다. [결 론] 단순한 어떤 조건은 명료하다.

① 합리적인 모든 조건은 명료하다.
② 합리적이지 않은 모든 조건은 명료하지 않다.
③ 명료한 조건은 모두 합리적이지 않다.
④ 명료한 어떤 조건은 합리적이지 않다.
⑤ 명료하지 않은 모든 조건은 합리적이다.

09 다음 중 결론을 항상 참으로 만드는 [전제2]를 고르시오.

[전제1] 야근을 하지 않은 사원은 안경을 썼다.
[전제2] (   )
[결 론] 안경을 쓰지 않은 사원은 직급이 낮다.

① 직급이 낮은 사원은 야근을 한다.
② 야근을 한 사원은 직급이 낮다.
③ 직급이 낮지 않은 사원은 야근을 한다.
④ 야근을 하지 않은 어떤 사원은 직급이 낮지 않다.
⑤ 야근을 한 어떤 사원은 직급이 낮지 않다.

10 다음 [결론]을 항상 참으로 만드는 [전제2]를 고르시오.

[전제1] 순이익이 많은 모든 회사는 신뢰가 간다.
[전제2] (   )
[결 론] 직원들의 만족도가 높은 어떤 회사는 신뢰가 간다.

① 직원들의 만족도가 높지 않은 어떤 회사는 순이익이 많다.
② 순이익이 많은 모든 회사는 직원들의 만족도가 높다.
③ 순이익이 많지 않은 어떤 회사는 직원들의 만족도가 높지 않다.
④ 직원들의 만족도가 높은 어떤 회사는 신뢰가 가지 않는다.
⑤ 순이익이 많은 모든 회사는 직원들의 만족도가 높지 않다.

11 다음 중 결론을 항상 참으로 만드는 [전제1]을 고르시오.

[전제1] (   )
[전제2] 발색이 좋은 모든 화장품은 끈적인다.
[결 론] 끈적이는 어떤 화장품은 잘 번지지 않는다.

① 발색이 좋지 않은 어떤 화장품은 잘 번지지 않는다.
② 잘 번지는 모든 화장품은 발색이 좋다.
③ 발색이 좋은 어떤 화장품은 잘 번지지 않는다.
④ 잘 번지는 어떤 화장품은 발색이 좋다.
⑤ 발색이 좋은 모든 화장품은 잘 번진다.

12 다음 중 [결론]을 참으로 만드는 [전제2]를 고르시오.

[전제1] 매끈하지 않은 기차는 빠르지 않다. [전제2] ( ) [결 론] 신속한 어떤 기차는 매끈하다.

① 매끈한 기차는 신속하지 않다.
② 빠른 기차는 신속하다.
③ 빠른 모든 기차는 신속하지 않다.
④ 빠른 어떤 기차는 신속하지 않다.
⑤ 신속한 모든 기차는 매끈하지 않다.

13 다음 중 [결론]을 항상 참으로 만드는 [전제1]을 고르시오.

[전제1] ( ) [전제2] 게임을 잘하는 모든 학생은 공부를 잘하지 않는다. [결 론] 게임을 잘하지 않는 어떤 학생은 운동을 잘한다.

① 공부를 잘하지 않는 어떤 학생은 운동을 잘한다.
② 운동을 잘하는 어떤 학생은 공부를 잘한다.
③ 운동을 잘하는 모든 학생은 공부를 잘하지 않는다.
④ 공부를 잘하는 모든 학생은 게임을 잘한다.
⑤ 운동을 잘하지 않는 어떤 학생은 공부를 잘한다.

14 다음 중 결론을 항상 참으로 만드는 [전제1]을 고르시오.

[전제1] ( ) [전제2] 손님이 붐비는 모든 식당은 회전율이 높지 않다. [결 론] 회전율이 높은 모든 식당은 리뷰가 많다.

① 리뷰가 많은 모든 식당은 손님이 붐빈다.
② 손님이 붐비지 않는 식당은 회전율이 높다.
③ 손님이 붐비는 모든 식당은 리뷰가 많다.
④ 리뷰가 많지 않은 어떤 식당은 손님이 붐빈다.
⑤ 손님이 붐비지 않는 식당은 리뷰가 많다.

15 다음 전제를 바탕으로 항상 참인 결론을 고르시오.

[전제1] 파채를 먹지 않는 사람은 쌈무를 먹지 않는다.
[전제2] 쌈무를 먹는 사람은 삼겹살을 먹는다.
[결 론] (   )

① 삼겹살을 먹는 어떤 사람은 파채를 먹는다.
② 삼겹살을 먹는 모든 사람은 파채를 먹지 않는다.
③ 삼겹살을 먹는 어떤 사람은 쌈무를 먹지 않는다.
④ 삼겹살을 먹지 않는 어떤 사람은 파채를 먹지 않는다.
⑤ 삼겹살을 먹는 어떤 사람은 파채를 먹지 않는다.

16 다음 중 항상 참인 결론으로 적절한 것을 고르시오.

[전제1] 힘이 되는 말은 아름답지 않은 말이다.
[전제2] 따듯하지 않은 어떤 말은 아름다운 말이다.
[결 론] (   )

① 따듯한 말은 힘이 되는 말이다.
② 힘이 되는 어떤 말은 따듯하지 않은 말이다.
③ 아름다운 어떤 말은 따듯한 말이다.
④ 힘이 되는 어떤 말은 따듯한 말이다.
⑤ 따듯하지 않은 어떤 말은 힘이 되지 않는 말이다.

17 다음 [결론]을 항상 참으로 만드는 [전제1]을 고르시오.

[전제1] 통근 거리가 짧은 어떤 회사원은 퇴근이 늦다.
[전제2] (   )
[결 론] 퇴근이 늦은 어떤 회사원은 연봉이 높지 않다.

① 통근 거리가 짧은 어떤 회사원은 연봉이 높다.
② 연봉이 높은 모든 회사원은 통근 거리가 짧지 않다.
③ 연봉이 높지 않은 어떤 회사원은 통근 거리가 짧다.
④ 연봉이 높은 모든 회사원은 통근 거리라 짧다.
⑤ 연봉이 높지 않은 모든 회사원은 통근 거리가 짧다.

18 **다음 중 항상 참인 결론으로 적절한 것을 고르시오.**

[전제1] 어떤 사원은 키가 크다. [전제2] 모든 사원은 매력이 많다. [결 론] ( )

① 매력이 많은 모든 사원은 키가 크다.
② 키가 큰 어떤 사원은 매력이 많지 않다.
③ 키가 큰 모든 사원은 매력이 많다.
④ 키가 크지 않은 사원은 매력이 많지 않다.
⑤ 어떤 사원은 매력이 많지 않다.

Chapter

02

진실게임

필수 유형 1. 표 그리기

필수 유형 2. 진술관계 활용

필수 유형 3. 조건+진실

필수 유형 4. 변수관계

Chapter 소개

- 전통적인 출제유형은 특정 행동을 한 사람을 찾거나 참 또는 거짓말을 하는 사람을 찾는 문제다. 다시 말해 나올 수 있는 경우 중 〈보기〉의 진술과 문제의 조건에 맞는 경우를 찾는 문제다. 예를 들어 A, B, C, D, E 5명 중 1명이 거짓말을 하고 1명이 물건을 훔쳤다고 할 때 나올 수 있는 경우는 5가지이다. A가 물건을 훔친 경우, B가 물건을 훔친 경우, C가 물건을 훔친 경우, D가 물건을 훔친 경우, E가 물건을 훔친 경우다. 문제의 조건인 1명만 거짓말을 하는 경우를 찾은 후 문제에서 요구하는 대상(훔친 사람 또는 거짓을 말하는 사람 등)을 찾는다고 생각하면 편리하다.
- 최근에는 진실게임 문제 유형이 다양한 형태로 출제되고 있으며 조건추리와 결합된 형태를 보이기도 한다. 기본 개념을 충실히 익혀 신유형 및 변형에 대비하길 추천한다.
- 총 30문제 중 0~2문제가 출제된다.

풀이 TIP

- 문제에서 제시한 상황(Action 몇 명, False 몇 명, Action 대상자 찾기, False 대상자 찾기 등)에 따라 접근법이 조금씩 다를 수 있다.
- 모순관계, 동일관계를 익혀 풀이 시간을 단축한다.
- 표를 그려 푸는 방법을 숙지하여 모순/동일 관계를 활용할 수 없을 때를 대비한다.

필수유형 01

Chapter 02 진실게임

표 그리기

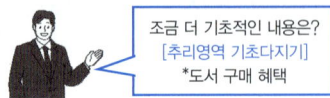

조금 더 기초적인 내용은?
[추리영역 기초다지기]
*도서 구매 혜택

필수 이론

유형 설명

- 표를 그려 푸는 방법은 진실게임 문제를 푸는 기본기라고 할 수 있다.
- 21년 하반기부터 출제된 선택지를 '~라면' 형식으로 제시한 문제의 경우 표로 접근했을 때 가장 빠르고 정확한 풀이를 보인만큼 스킬을 익히기 전에 충분히 기본을 다져야 한다.
- 총 30문제 중 0~1문제가 출제된다.

풀이 TIP

- 모순/동일 관계를 찾지 못하거나 적용할 수 없을 때 진술관계가 왜 보이지 않는지, 왜 활용하지 못하는지를 고민하는 것보다 표를 그려 푸는 것을 시간관리 측면에서 추천한다.
- 표를 채울 때 Action을 기준으로 T/F를 채우는 것보다 각 인물의 진술을 기준으로 T/F를 채우는 것이 보다 빠르다.

1 표 그리기

〈보기〉에 등장하는 인물의 참/거짓 여부를 판단하는 표를 그려 문제를 푸는 방법이다. 편의상 세로축에는 인물의 행동(Action)을 놓고, 가로축에는 인물의 진술을 놓고 고민해 보자. 표 안에는 참이면 T(True), 거짓이면 F(False)를 채운다. 표를 그렸을 때 각 행은 문제를 만족하는 각 경우를 의미한다. 다음에 이어지는 표를 보면 1) A가 늦은 경우, 2) B가 늦은 경우, 3) C가 늦은 경우, 4) D가 늦은 경우, 5) E가 늦은 경우로 나누었다고 이해하자.

* 참고

문제의 해설에서는 편의를 위해 True를 O, False를 X로 나타내기도 했다.

1.1. Action 기준 표 채우기

'A가 늦음'이 있는 행을 좌측부터 A가 늦었다는 가정하에 A의 진술이 T/F인지 채우기, A가 늦었다는 가정하에 B의 진술이 T/F인지 채우기 등으로 볼 수 있다. 다만 이 방식은 각 인물이 늦은 경우의 T/F를 채울 때 진술을 일일이 살펴봐야하기 때문에 비교적 오래 걸린다.

1.2. 진술 기준 표 채우기

각 진술을 토대로 T/F를 채우는 방식이다. A의 진술을 보면 D가 과제를 늦게 제출했다고 한다. A의 진술은 4) D가 늦은 경우에 참이고 나머지는 거짓이다. 4) D가 늦은 경우를 제외하고는 D 이외에 다른 인물이 늦었다고 지칭하고 있으며 1명이 과제를 늦게 제출했다. 따라서 4) D가 늦은 경우 외 다른 경우에서는 A의 진술은 거짓이다.
해당 설명이 어렵다면 다르게도 생각해보자. 5) E가 늦은 경우를 놓고 보면 1명만 과제를 늦게 제출했기 때문에 5) E가 늦은 경우가 내포하는 뜻은 A, B, C, D는 과제를 늦게 제출하지 않았다는 뜻이다. 이에 따라 5) E가 늦은 경우에서 D가 과제를 늦게 제출했다고 말하는 A의 진술이 거짓이 된다. 이와 같이 T/F를 채울 때 다음의 표를 기준으로 세로방향으로 채우면 보다 빠르게 표를 완성할 수 있다. 문제와 함께 더 자세히 알아보자.

> A, B, C, D, E 중 1명이 과제를 늦게 제출했다. 1명이 거짓말을 하고 있을 때 과제를 늦게 제출한 사람은 누구인가?
> • A: D가 과제를 늦게 제출했다.
> • B: C는 과제를 제때 제출했다.
> • C: E가 과제를 늦게 제출했다.
> • D: A의 말은 사실이다.
> • E: B는 과제를 제때 제출했다.

A의 진술의 참/거짓 여부를 확인해보자. A는 D가 과제를 늦게 제출했다고 한다. 그렇다면 D가 늦게 제출했을 때만 A의 진술이 참이고 나머지 경우는 A의 진술이 거짓이다. 5명 중 1명이 과제를 늦게 제출했기 때문에 D 외에 다른 인물이 늦게 제출했다는 가정 하에 D는 늦게 제출하지 않았기 때문이다. 이를 기초로 A열을 채울 수 있다. 같은 방법으로 C열도 채울 수 있다. C의 진술을 보면 E가 과제를 늦게 제출했다고 한다. E가 늦게 낸 경우만 참이고 나머지는 거짓이다. (1)
비슷한 맥락으로 B의 진술을 보자. B의 진술에 따르면 C가 과제를 제때 제출했다고 한다. C가 늦게 제출했다고 가정한 경우에서는 B의 진술은 거짓이 된다. 나머지 경우는 C가 아닌 다른 인물이 늦게 냈기 때문에 C는 제때 과제를 제출했고 B의 진술은 참이 된다. E의 진술도 동일하게 적용하면 쉽게 표를 그릴 수 있다. (2)
D의 진술을 보자. D는 A의 말이 사실이라고 한다. A의 말이 사실이면 D의 말은 사실이고, A의 말이 거짓이면 D의 말은 거짓이다. (3)

	A의 진술	B의 진술	C의 진술	D의 진술	E의 진술
1) A 늦음	F(1)	~~T(2)~~	F(1)	~~F(3)~~	~~T(2)~~
2) B 늦음	F(1)	~~T(2)~~	F(1)	~~F(3)~~	~~F(2)~~
3) C 늦음	F(1)	~~F(2)~~	F(1)	~~F(3)~~	~~T(2)~~
4) D 늦음	T(1)	T(2)	F(1)	T(3)	T(2)
5) E 늦음	F(1)	T(2)	T(1)	F(3)	T(2)

현재의 예시에서는 Action이 1명이기에 보다 편하게 표를 채울 수 있었다. 2명이 되면 조금은 복잡하지만 세로로 표의 내용을 채워가는 것이 편리한 것은 동일하다. 만약 표를 그릴 때 인물의 행동(Action)을 가로축으로 두었다면 가로 방향으로 채우는 것이 수월하다. 거짓말을 하는 사람이 1명이기 때문에 세로로 채우며 한 행(Action)에 F가 2개가 된다면 해당 행은 조건을 만족하지 않는 경우이기 때문에 표 채우기를 멈춰도 된다. 위의 표 중 빗금을 표기한 칸은 꼭 채우지 않아도 됐던 부분이다.

* 참고

A, B, C, D, E 중 2명이 과제를 늦게 제출했다고 하면 표를 그릴 때 세로축을 1) A가 늦은 경우, 2) B가 늦은 경우, 3) C가 늦은 경우, 4) D가 늦은 경우, 5) E가 늦은 경우와 같이 1명씩 놓는 것이 아니라 1) A, B가 늦은 경우, 2) A, C가 늦은 경우 ~ 9) C, E가 늦은 경우, 10) D, E가 늦은 경우와 같이 2명씩 놓고 풀어야 한다.

1.3. 가정 형태의 진술

〈보기〉에서 'A의 말이 참이라면 B가 물건을 훔쳤다.'와 같이 가정의 형태로 제시되는 경우가 있다. 이 때에는 조건부인 'A의 말이 참'을 만족했을 때 서술부인 'B가 물건을 훔침'이 참인지 거짓인지에 따라 참/거짓을 나눈다.

조건부가 만족하지 않는다면 대우를 하여 고민하는 것도 하나의 방법이다. 'B가 물건을 훔치지 않았다면 A의 말은 참이 아니다.'로 놓고 고민해도 된다. 이 때 조건부인 'B가 물건을 훔치지 않음'을 만족할 때 서술부인 'A의 말은 참이 아님(거짓)'을 놓고 참/거짓을 판단할 수 있다. 가정의 형태로 제시된 경우 일반적으로 조건부를 만족하는지 확인한 후 서술부의 참/거짓을 보고 진술(전체 문장)의 참/거짓을 판단한다.

필수 유형 연습

예제 01 A, B, C, D, E 중 1명이 징계를 받았다. 5명 중 2명만 거짓을 말한다고 할 때 〈보기〉를 참고하여 항상 참인 것을 고르시오.

〈 보 기 〉

A: D는 징계를 받은 사람이 아니다.
B: A와 E는 징계를 받지 않았다.
C: E가 징계를 받았다.
D: C는 징계를 받지 않았다.
E: A가 징계를 받았다.

① A가 진실을 말한다면 E가 징계를 받았다. ② B가 진실을 말한다면 B가 징계를 받았다.
③ C가 거짓을 말한다면 A가 징계를 받았다. ④ D가 진실을 말한다면 B가 징계를 받았다.
⑤ E가 거짓을 말한다면 E가 징계를 받았다.

일반 풀이

진술관계가 있든 없든 일반적으로 선택지가 '~라면'으로 제시된 문제는 표를 그려 푸는 것이 빠르다. 표를 그려보자.

징계 \ 진술	A	B	C	D	E	거짓말 인원
A	T	F	F	T	T	2
B	T	T	F	T	F	2
C	T	T	F	F	F	3
D	F	T	F	T	F	3
E	T	F	T	T	F	2

A가 징계를 받은 경우, B가 징계를 받은 경우, E가 징계를 받은 경우에 2명이 거짓을 말한다. 3가지 경우를 기준으로 정답을 찾아보자.

징계 \ 진술	A	B	C	D	E	거짓말 인원
A	T	F	F	T	T	2
B	T	T	F	T	F	2
E	T	F	T	T	F	2

[오답 점검]

① A가 진실을 말한다면 E가 징계를 받았다.
- A가 징계를 받았는지, B가 징계를 받았는지, E가 징계를 받았는지 확정할 수 없다.

③ C가 거짓을 말한다면 A가 징계를 받았다.
- A가 징계를 받았는지, B가 징계를 받았는지 확정할 수 없다.

④ D가 진실을 말한다면 B가 징계를 받았다.
- A가 징계를 받았는지, B가 징계를 받았는지, E가 징계를 받았는지 확정할 수 없다.

⑤ E가 거짓을 말한다면 E가 징계를 받았다.
- B가 징계를 받았는지, E가 징계를 받았는지 확정할 수 없다.

정답 ▶ ②

02 진술관계 활용

필수 이론

유형 설명

- 동일관계, 모순관계를 활용하여 진술의 참/거짓을 판별하고 진술의 참/거짓 정보에 따라 추가 정보를 얻으며 푸는 방법이다.
- 표 그리기와 비교하며 풀이 원리를 이해하면 보다 명확하다.
- 총 30문제 중 0~1문제가 출제된다.

풀이 TIP

- 문제에서 부여한 Action 대상자의 수, 거짓을 말하는 사람의 수 등 상황을 먼저 확인한다.
- 모순관계, 동일관계를 활용하여 진술의 참/거짓을 판별하거나 선택지를 소거한다.
- 진술의 참/거짓을 확인한 후 추가 정보를 얻고 다른 인물의 참/거짓을 판별하거나 선택지를 소거한다.
- 소거하고 남은 선택지를 토대로 정보를 얻어 문제를 풀이한다.

1 모순관계

모순관계란 모든 경우에 1명은 참, 1명은 거짓인 경우를 말한다. 다시 말해 모든 경우에 동시에 참이거나 동시에 거짓인 경우가 없는 관계를 말한다. 모순 관계를 보이는 대표 유형은 1) 다른 인물을 거짓이라고 하는 경우, 2) 한 인물의 Action 상태에 대한 진술이 상반되는 경우, 3) 한 인물의 진술(참/거짓)에 대한 진술이 상반되는 경우, 4) 드모르간이다. 다음의 예시와 함께 확인해보자.

A: B의 말은 거짓이다.
B: C가 물건을 훔쳤다.
C: D와 E가 물건을 훔쳤다.
D: E는 물건을 훔치지 않았다.
E: A가 물건을 훔쳤다.
F: A는 물건을 훔치지 않았다.
G: B의 말은 참이다.
H: D 또는 E는 물건을 훔치지 않았다.

1.1. 다른 인물을 거짓이라고 하는 경우

A: B의 말은 거짓이다.
B: C가 물건을 훔쳤다.

예시에서 A의 진술을 보자. B의 말을 거짓이라고 한다. 진실게임에서 진술은 참/거짓 나뉜다. 이를 토대로 A의 진술이 참이면 B의 말이 거짓이라 하니 B의 진술은 거짓이 된다. A의 진술이 거짓이면 B의 말이 거짓이라는 말이 거짓이니 B의 말이 참이다. 이 경우가 헷갈린다면 B의 진술이 참이면 B를 거짓이라 말하는 A의 진술이 거짓이다.
다른 인물을 참/거짓이라고 지칭하는 진술은 진술관계를 확인하기 가장 좋은 힌트다. 다른 인물을 참이라 말하는 진술은 [3. 동일관계]에서 설명하겠다.

1.2. 한 인물의 Action 상태에 대한 진술이 상반되는 경우

E: A가 물건을 훔쳤다.
F: A는 물건을 훔치지 않았다.

예시를 보면 인물의 상태가 물건을 훔쳤다와 물건을 훔치지 않았다로 나눌 수 있다. 이에 따라 한 인물에 대한 Action 상태, 즉 물건을 훔쳤는지 여부가 갈리는 진술은 모순관계를 형성한다. E와 F의 진술을 보면 E와 F는 A의 Action 상태에 대한 진술이 엇갈린다. E가 참이면 A가 물건을 훔쳤고 F의 말이 거짓이다. 반대로 F가 참이면 A가 물건을 훔치지 않았고 E가 거짓이다.

1.3. 한 인물의 진술(참/거짓)에 대한 진술이 상반되는 경우

A: B의 말은 거짓이다.
G: B의 말은 참이다.

이는 [1.2. 한 인물의 Action 상태에 대한 진술이 상반되는 경우]와 비슷하다. B의 진술은 참 또는 거짓 중 하나인데 A와 G의 진술은 B의 참/거짓 상태를 각각 다르게 진술한다. 이에 따라 A와 G의 진술은 모순관계다. A의 진술이 참이면 B의 말은 거짓이고 이에 따라 G의 진술은 거짓이다. 반대로 A의 진술이 거짓이면 B의 진술은 참이고 G의 진술도 참이다.

1.4. 드모르간의 법칙

PDF로 제공하는 [추리영역 기초다지기-진실게임]에서 [2.4. AND의 부정]에서 드모르간의 법칙을 설명했다. 이전에 집합 기호로 배웠을 때를 기억해보면 $A \cap B$의 여집합은 $A^C \cup B^C$였다. 여기서 ^{C}는 부정 또는 거짓을 의미한다고도 말할 수 있다. $\cap$는 AND를 $\cup$는 OR를 의미한다. 즉 $A \cap B$를 부정하면 $(A \cap B)^C$가 되는데 이는 $A^C \cup B^C$가 된다. 이를 명제 기호로 표현하면 ^{C}는 $\sim$이고 $\cap$는 $\wedge$, $\cup$는 $\vee$를 의미한다. 기호 등은 알지 못해도 문제를 풀이하는데 상관없지만 아는 척 해봤다.

C: D와 E가 물건을 훔쳤다.
H: D 또는 E는 물건을 훔치지 않았다.

C와 H의 진술을 보자. C의 진술이 거짓이라면 D가 물건을 훔치지 않았거나 E가 물건을 훔치지 않았다고 알 수 있다. 이는 H의 진술과 동일하다. 즉 C와 H는 동시에 참, 동시에 거짓일 수 없다. 모순관계를 형성한다.

1.5. 자주하는 실수

B: C가 물건을 훔쳤다. E: A가 물건을 훔쳤다.

B와 E의 진술을 살펴보자. 한 눈에 보기에 모순관계처럼 보이지만 아직 예시에서 몇 명이 물건을 훔쳤는지 상황을 부여하지 않았다. 1명이 물건을 훔쳤다고 가정해보자. B와 E의 진술이 모순관계를 형성한다고 자신 있게 말할 수 없다. 몇 명이 거짓을 말하는지 상황을 부여하지 않았다. 1명이 물건을 훔치고 2명이 거짓을 말한다고 할 때 B가 지칭하는 C, E가 지칭하는 A 이외에 다른 인물이 물건을 훔쳤다고 하면 B와 E의 진술은 동시에 거짓이다. 전하고자 하는 바를 요약하면 관계만으로 진술 관계를 찾기 어려운 경우도 많다. 몇 명이 Action 대상자인지, 몇 명이 거짓을 말하는지 등 문제에서 부여한 상황을 예의주시해야한다.

참고로 1명이 물건을 훔치고 1명이 거짓을 말하는 경우 B와 E의 진술을 모순관계처럼 쓸 수 있다. F가 물건을 훔친 경우와 같이 B와 E가 동시에 거짓을 말하는 경우도 있지만, 이는 1명이 거짓을 말한다는 문제의 조건을 벗어난다. 또한 1명만 물건을 훔치니 B와 E가 동시에 참을 말할 수 없다. 이에 따라 문제의 조건을 만족하는 경우에서 B와 E는 동시에 참, 동시에 거짓을 말할 수 없기에 모순처럼 쓸 수 있다. 참고 정도로만 알아두자.

C: D와 E가 물건을 훔쳤다. D: E는 물건을 훔치지 않았다.

C와 D의 진술을 살펴보자. C의 진술이 참이면 E가 물건을 훔쳤다. 이에 따라 D의 진술이 거짓이 된다. D의 진술이 참이면 E는 물건을 훔치지 않았고 C는 거짓을 말한다. C의 진술이 AND이기 때문에 D와 E 둘 다 물건을 훔친 경우만 참이 되기 때문이다. 이를 토대로 C와 D를 모순관계라 생각할 수 있지만 이는 실수다.

물건을 훔친 사람이 2명이고 A와 E가 물건을 훔쳤다고 가정해보자. C의 진술은 D가 물건을 훔치지 않았기에 거짓이다. 물건을 훔친 사람이 2명이고 A와 E가 물건을 훔쳤으니 나머지 인물은 물건을 훔치지 않았고 D가 물건을 훔치지 않았다고 알 수 있다. D의 진술은 E가 물건을 훔쳤기에 거짓이다. C와 D의 진술이 동시에 거짓인 경우도 존재한다. 모순관계는 모든 경우에 동시에 참, 동시에 거짓이 아닌 관계를 의미한다. 즉 모순관계라 보기 어렵다.

2 모순 관계의 활용

2.1. 모순 관계 밖의 인물의 참/거짓 따지기

A, B, C, D, E 5명 중 1명이 거짓말을 하고 A, B의 진술이 모순 관계라 가정하자. 이 경우 A가 거짓인 경우, B가 거짓인 경우로 나누어 문제를 풀기도 하지만 두 경우 모두 공통적으로 C, D, E가 참이라고 가정한다. C, D, E의 진술을 먼저 확인하는 것을 추천한다.

문제에서 물건을 훔친 사람을 고르라고 하는데 'D: A가 물건을 훔쳤다.'와 같은 진술이 있다면 훔친 사람으로 A를 고르며 시간을 단축할 수 있다.

2.2. 2개 이상의 모순 관계 활용하기

A, B, C, D, E 5명 중 1명이 거짓말을 하고 A, B의 진술이 모순 관계, B, C의 진술도 모순 관계라 하자. 2개의 모순 관계가 있고 공통적으로 B가 있다. 따라서 B가 거짓이다. 왜냐하면 A가 거짓이라고 하면 B는 참이고 C는 거짓이 된다. 거짓말을 하는 사람이 1명이기 때문에 B의 진술이 거짓임을 알 수 있다. 물론 문제의 조건이 거짓말 2명이라고 하면 B가 거짓말을 하는 사람이라고 볼 수 없다. 그렇다고 A, C가 거짓말이라고도 볼 수 없다. 남은 D, E 중 1명이 거짓말을 하면 B가 거짓이기 때문이다. 문제에서 Action, 참/거짓 대상자가 몇 명인지가 문제 풀이 방법에 큰 영향을 준다.

3 동일 관계

동일 관계는 꼭 착한 애가 있다. 누군가를 지지해준다. 이 때 지지대상의 참/거짓을 따라간다.

A: C는 물건을 훔치지 않았다. B: A는 거짓말을 하는 사람이 아니다.

B는 A의 진술이 거짓이 아니라고 지지하고 있다. B가 A를 지지하는 동일관계다. 이 때 A의 진술이 참이라면 B의 진술도 참이 된다. 반대로 A의 진술이 거짓이라면 B는 A가 거짓말을 하는 사람이 아니라고 하기에 거짓이 된다.

만약 문제에서 거짓말을 1명이 한다고 하면 위 상황에서 A, B는 거짓말을 하지 않는다. 왜냐하면 A, B는 동시에 참 또는 거짓말을 하는데 거짓말을 하는 사람이 1명이니 A, B는 거짓말을 하지 않는다고 볼 수 있다.

4 동일 관계의 활용

4.1. 1명이 참인 경우/1명이 거짓인 경우에 동일관계 활용하기

A, B, C, D, E 중 1명이 과제를 늦게 제출했다. 1명이 거짓말을 하고 있을 때 과제를 늦게 제출한 사람을 고르시오. A: D가 과제를 늦게 제출했다. D: A의 말은 사실이다.

거짓말을 하는 사람이 1명이고 A, D의 진술은 동일 관계다. 따라서 A, D의 진술은 거짓일 수 없다. A의 진술에 의해 D가 과제를 늦게 제출했다고 알 수 있다.

4.2. 동일관계와 모순관계 활용하기

A, B, C, D, E 중 1명이 참을 말하고 A와 B의 진술이 모순관계, B와 C의 진술이 동일관계라 가정해보자. 1명이 참을 말하니 B와 C의 진술은 거짓이다. B와 C의 진술이 참이라면 1명만 참이라는 문제의 조건을 만족하지 않는다. B의 진술이 거짓이니 B의 진술과 모순관계인 A의 진술이 참이다. 1명만 참을 찾는 문제라면 A가 참을 말한다를 고르고 Action 대상자를 고른다면 A의 진술이 참, B와 C의 진술이 거짓이라는 정보를 토대로 추가 정보를 얻는다.

5 진술에서 추가 정보 얻기

모순관계, 동일관계 등을 활용하여 일부 인원의 진술이 참 또는 거짓이라고 확정할 수 있을 때 추가로 얻을 수 있는 정보를 확인해보자.

A: B가 물건을 훔쳤다. B: A는 물건을 훔치지 않았다. C: A 또는 B가 물건을 훔쳤다. D: C와 D가 물건을 훔쳤다. E: A 또는 H 중 1명이 물건을 훔쳤다. F: D 또는 E는 물건을 훔치지 않았다. H: E와 F는 물건을 훔치지 않았다. I: J의 진술은 진실이다. J: R의 진술은 거짓이다.

10명의 진술이 모두 참이라면 정보를 그대로 활용한다. 즉 A가 B가 물건을 훔쳤다고 진술하고 A의 진술이 참이기 때문에 B가 물건을 훔쳤다는 정보를 얻을 수 있다. 그런데 자주 실수하는 진술이 E와 C의 진술이다. 1명이 물건을 훔치고 E의 진술이 참이라면 A가 물건을 훔친 경우와 H가 물건을 훔친 경우로 나눌 수 있다. 1명이 물건을 훔치고 C의 진술이 참이라면 A가 물건을 훔친 경우와 B가 물건을 훔친 경우로 나눌 수 있다. 하지만 2명이 물건을 훔친 경우는 말이 조금 달라진다. 2명이 물건을 훔치고 E의 진술이 참이라면 A와 다른 누군가가 훔친 경우와 H와 다른 누군가가 훔친 경우로 나눌 수 있다. 다만 A와 H 둘 다 훔친 경우는 1명이 물건을 훔쳤다는 진술에 맞지 않는다. 2명이 물건을 훔치고 C의 진술이 참이라면 A와 다른 누군가가 훔친 경우와 B와 다른 누군가가 훔친 경우로 나눌 수 있다. 더불어 A와 B 둘 다 물건을 훔친 경우도 고려해야한다.

이번에는 10명의 진술이 거짓인 경우, 얻을 수 있는 정보를 확인해보자.

A(거짓): B가 물건을 훔쳤다.	→ B는 물건을 훔치지 않음
B(거짓): A는 물건을 훔치지 않았다.	→ A가 물건을 훔침
C(거짓): A 또는 B가 물건을 훔쳤다.	→ A와 B는 물건을 훔치지 않음 (드모르간)
D(거짓): C와 D가 물건을 훔쳤다.	→ C 또는 D는 물건을 훔치지 않음 (드모르간)
E(거짓): A 또는 H 중 1명이 물건을 훔쳤다.	→ A와 H 둘 다 훔치거나 둘 다 훔치지 않음
F(거짓): D 또는 E는 물건을 훔치지 않았다.	→ D와 E는 물건을 훔침 (드모르간)
H(거짓): E와 F는 물건을 훔치지 않았다.	→ E 또는 F가 물건을 훔침 (드모르간)
I(거짓): J의 진술은 진실이다.	→ J의 진술이 거짓
J(거짓): R의 진술은 거짓이다.	→ R의 진술이 참

6 선택지 활용

Action 대상자를 고르라는 문제의 선택지는 Action 대상자 후보고, 참을 말하는 사람을 고르라는 문제의 선택지는 참을 말하는 사람 후보고, 거짓말하는 사람을 고르라는 문제의 선택지는 거짓말하는 사람 후보다. 일반적으로 1명의 대상자를 고르는 문제보다 2명의 대상자를 고르는 문제에서 선택지를 활용할 수 있는 가능성이 더 크다. 선택지가 다음과 같이 제시됐다는 가정 하에 활용하는 방법을 설명하겠다.

① A, B	② A, E	③ B, C
④ C, D	⑤ D, E	

6.1. 2명의 Action 대상자를 고르는 문제

표를 그릴 수밖에 없다면 5명 중 2명을 선택하는 경우인 10가지($_5C_2$)를 고민해야 한다. 하지만 선택지에 5가지의 경우만 제시했다. 5가지만 두고 표를 그려 시간을 아끼자.

진술관계를 통해 B가 Action 대상자라는 정보를 얻었다고 가정하자. 선택지 중 ① A, B ③ B, C를 두고 나머지를 소거한다. 2가지 경우에 대해 문제의 조건(n명이 참 또는 거짓)을 만족하는지 확인하자.

6.2. 2명의 참을 말하는 사람을 고르는 문제

B의 진술이 참이라는 정보를 얻었다고 가정하자. ① A, B ③ B, C를 두고 나머지를 소거한다. 선택지에 언급하지 않은 D, E의 진술이 거짓이다. 이를 통해 추가 정보를 얻을 수 있다. D와 E가 거짓인 이유를 추가로 설명하자면 아래와 같이 두 선택지 모두 D와 E의 진술이 거짓이라는 정보를 내포하고 있다.

① A, B (A, B는 참이고 C, D, E는 거짓)

③ B, C (B, C는 참이고 A, D, E는 거짓)

C와 D의 진술이 거짓이라는 정보를 얻었다고 가정하자. C와 D를 언급한 선택지를 소거하고 ① A, B ② A, E만 남기자. 남은 두 선택지 모두 A의 진술이 참이라고 하기 때문에 A의 진술이 참일 때 얻을 수 있는 추가 정보를 확인하자.

6.3. 2명의 거짓을 말하는 사람을 고르는 문제

접근법은 [6.2. 2명의 참을 말하는 사람을 고르는 문제]와 동일하다. 위 설명에서 참/거짓만 반대로 두고 고민해 보자.

필수 유형 연습

예제 01 A, B, C, D, E 중 1명이 결근했다. 5명 중 1명만 진실을 말하고 나머지 4명은 거짓을 말한다고 할 때 〈보기〉의 진술을 참고하여 진실을 말하는 사람을 고르시오.

〈 보 기 〉

A: B와 C는 결근하지 않았다.
B: C가 결근하거나 D가 결근했다.
C: B와 E는 결근하지 않았다.
D: A와 E는 결근하지 않았다.
E: A는 거짓을 말한다.

① A　② B　③ C
④ D　⑤ E

치트키 풀이

A와 E의 진술이 모순관계다. E의 진술이 진실이면 E의 진술에 의해 A의 진술이 거짓이고 E의 진술이 거짓이면 A가 거짓을 말한다는 진술이 거짓이기에 A의 진술은 진실이다. 둘 중 1명이 거짓을 말하고 나머지 1명은 진실을 말한다. 문제의 상황을 만족하는 경우에서는 A가 진실을 말하거나 E가 진실을 말한다. B, C, D의 진술은 거짓이다. 각 진술이 거짓일 때 얻을 수 있는 정보를 정리하며 누가 결근했는지 확인하자.

인물	진술	거짓을 말하기에 얻을 수 있는 정보
B	C가 결근하거나 D가 결근했다.	C와 D는 결근하지 않았다.
C	B와 E는 결근하지 않았다.	B 또는 E가 결근했다.
D	A와 E는 결근하지 않았다.	A 또는 E가 결근했다.

C와 D가 거짓일 때 얻을 수 있는 정보를 종합하면 E가 결근했다고 알 수 있다. E가 결근했으니 A의 진술이 진실이고 E의 진술이 거짓이다.

정답 ▶ ①

예제 02 A, B, C, D, E 중 2명이 주말에 출근한다. 5명 중 1명만 거짓을 말하고 나머지는 진실을 말한다고 할 때 〈보기〉를 참고하여 주말에 출근하는 인원을 고르시오.

〈보 기〉

A: D가 하는 말은 거짓이 아니다.
B: A 또는 C가 주말에 출근한다.
C: 주말에 출근하는 사람 중 1명은 D다.
D: B와 E는 주말에 출근하지 않는다.
E: B와 C는 주말에 출근하는 사람이 아니다.

① A, B ② A, C ③ B, D
④ C, D ⑤ D, E

치트키 풀이

A와 D의 진술이 동일관계다. 거짓을 말하는 사람이 1명이기 때문에 A, D의 진술은 참이다. 따라서 D의 진술이 참이기 때문에 B, E는 주말에 출근하지 않는다. 이를 토대로 선택지 ① A, B / ③ B, D / ⑤ D, E를 소거하자.
남은 선택지인 ② A, C / ④ C, D를 토대로 B, C, E의 진술 중 1명만 거짓이 나오는 경우를 확인해보자. 편의상 참은 O, 거짓은 X로 표기했다.

	B의 진술	C의 진술	E의 진술
② A, C	O	X	X
④ C, D	O	O	X

정답 ▶ ④

예제 03 A, B, C, D, E 중 1명이 커피를 마시고 나머지 4명은 탄산수를 마신다. 이들 중 2명만 진실을 말하고 나머지 3명은 거짓을 말한다고 할 때 〈보기〉의 진술을 참고하여 진실을 말하는 2명을 고르시오.

〈 보 기 〉

A: 나와 D는 탄산수를 마신다.
B: A는 거짓을 말한다.
C: E는 탄산수를 마신다.
D: B는 진실을 말한다.
E: A 또는 C가 커피를 마신다.

① A, B ② A, C ③ B, E
④ C, D ⑤ D, E

치트키 풀이

B는 A가 거짓을 말한다고 한다. B와 A의 진술은 모순관계다. 진실을 말하는 2명을 고르는 문제이기에 B와 A가 한 선택지에 둘 다 올 수 없고 B와 A가 모두 없는 선택지도 말이 되지 않는다. A와 B 중 1명은 진실을 말하고 나머지 1명은 거짓을 말하기 때문이다. 이를 토대로 ① A, B ④ C, D ⑤ D, E를 소거하자.
D는 B가 진실을 말한다고 한다. D와 B의 진술은 동일관계다. D와 B는 모든 경우에서 둘 다 진실을 말하거나 둘 다 거짓을 말한다. 즉 선택지에 D와 B가 둘 다 오거나 둘 다 오지 않아야 한다. ③ B, E를 소거하자.

일반 풀이

B와 A가 모순관계이고 B와 D가 동일관계다. 'B, D VS A'의 구조를 보이지만 2명이 진실을 말하기에 B, D가 참을 말하는지 또는 B, D가 거짓을 말하는지 확정하기 어렵다. 표를 그려 판별하자. 편의상 표 안에 진실이면 O, 거짓이면 X로 정리했다.

진술 / 커피	A	B	C	D	E
A	X	O	O	O	O
B	O	X	O	X	X
C	O	X	O	X	O
D	X	O	O	O	X
E	O	X	X	X	X

B가 커피를 마신 경우 2명만 진실을 말하며 그 2명은 A와 C이다.

정답 ▶ ②

예제 04 A, B, C, D, E 중 2명은 기숙사에 거주하고 나머지 3명은 자택에 거주한다. 이들 중 1명만 거짓을 말하고 나머지는 사실을 말한다고 할 때 거짓을 말하는 사람을 고르시오.

〈 보 기 〉

A: B의 말은 사실이 아니다.
B: A와 E는 자택에 거주한다.
C: B는 자택에 거주하지 않는다.
D: C는 기숙사에 거주하지 않는다.
E: A와 D는 자택에 거주한다.

① A ② B ③ C
④ D ⑤ E

치트키 풀이

A와 B의 진술이 모순관계다. 1명만 거짓을 말하기 때문에 C, D, E의 진술은 참이라고 알 수 있다. C, D, E의 진술을 토대로 기숙사 거주자와 자택 거주자를 나눠보면 다음과 같다.
기숙사 거주자: B
자택 거주자: C, A, D

언급하지 않은 E는 자연스럽게 기숙사에 거주한다고 알 수 있다. 이는 B의 진술을 거짓으로 만든다. 따라서 거짓을 말하는 인원은 B다.

정답 ▶ ②

조건+진실

필수 이론

유형 설명

- 일반적인 조건추리는 〈보기〉의 내용이 모두 참이지만 〈보기〉의 내용 중 n가지가 거짓이라는 상황을 부여한 문제이다. 최근 자주 출제되는 유형으로 진술관계를 통해 참/거짓을 판별하거나 가능한 경우를 줄인 후 조건추리를 푸는 방식과 동일하게 접근한다.
- 총 30문제 중 1~2문제가 출제된다.

풀이 TIP

- 모순관계, 동일관계를 활용하여 진술의 참/거짓을 판별하거나 경우를 줄여 풀이 속도를 높인다.
- '필수 유형 1. 표 그리기', '필수 유형 2. 진술관계 활용'에서 기본을 탄탄히 다진 후 원리에 입각하여 풀며 풀이 시간을 줄인다.

문제의 조건이나 Action 상태가 일반적인 진실게임 문제보다 많아 조금 더 복잡한 유형이다. 진술관계를 통해 참/거짓을 판별하거나 가능한 경우를 줄인 후 조건추리를 푸는 방식과 동일하게 접근한다. 유형을 정형화할 수 없기 때문에 자주 실수하는 내용을 점검 후 예제의 풀이를 통해 유형 이해도를 높이자.

1 Action 상태가 3가지 이상인 경우

일반적으로 진실게임에서 Action은 물건을 훔쳤다, 훔치지 않았다와 같이 두 가지 상태로 제시된다. 하지만 3가지 이상인 경우 한 인물에 대한 Action 상태를 다르게 칭한다고 하여 모순이라 볼 수 없다. 일반적인 진실게임 문제에 익숙하다 보면 자주 실수하기도 한다. 예시와 함께 실수하는 상황을 점검해보자.

> A, B, C는 검정, 노랑, 파랑 중 한 가지 색을 골랐다. 서로 고른 색은 같지 않고 1명만 진실을 말한다고 할 때 다음의 진술을 참고하여 항상 참인 것을 고르시오.
> A: B가 검정을 골랐다.
> B: A는 노랑을 골랐다.
> C: B는 노랑을 골랐다.

A와 C의 진술을 확인해보자. B의 Action 상태에 대한 진술이 엇갈린다. Action 상태가 2가지라면 둘의 진술이 모순관계라고 볼 수 있지만 Action 상태가 3가지 이상인 경우 모순관계라고 판단해서는 안 된다. B가 파랑을 고를 경우 A와 C의

진술이 거짓이 된다. 두 진술이 참이거나 거짓인 경우가 없어야 모순관계이기 때문이다.

B와 C의 진술도 확인해보자. 노랑을 고른 사람으로 각각 A와 B를 지칭한다. B가 참이면 C가 거짓이고 C가 참이면 B가 거짓이다. 모순관계를 형성하는 것처럼 보인다. 하지만 C가 노랑을 선택하는 경우 B, C의 진술은 모두 거짓이 된다. 따라서 B와 C의 진술을 모순관계로 볼 수 없다.

2 모순관계처럼 진술을 활용할 수 있는 경우

모순관계는 아니지만 특수한 상황에서 모순관계처럼 활용할 수 있는 진술이 있을 수 있다. 이를 '필수 유형 2. 진술관계 활용' 중 '1.5. 자주하는 실수'에서 설명했지만 다시 설명해보겠다.

> A, B, C, D, E는 복숭아, 배, 감, 딸기, 귤 중 한 가지 과일을 산다. 5명 모두 서로 다른 과일을 사고 5명 중 1명이 거짓을 말한다고 할 때 귤을 사는 사람을 고르시오.
> - A: B는 복숭아를 사고 E는 감을 산다.
> - C: D는 감을 산다.

5명이 서로 다른 과일을 산다. 그렇기에 A의 진술이 참이면 E가 감을 사고 C의 진술이 거짓이다. 마찬가지로 C의 진술이 참이면 D가 감을 사고 A의 진술이 거짓이다. 해당 경우만 가지고 A와 C의 진술을 모순관계라고 할 수 없다. B가 감을 사는 경우처럼 A와 C의 진술이 둘 다 거짓인 경우도 존재하기 때문이다.

하지만 문제에서 1명이 거짓을 말한다고 한다. 2명이 거짓을 말하는 경우는 문제의 조건을 벗어난다. A와 C의 진술이 동시에 참일 수 없고 동시에 거짓인 경우는 조건을 만족하지 않는다. A와 C의 진술은 둘 중 1명은 거짓을 말하고 나머지 1명은 참을 말하는 경우만 존재한다. 이와 같은 특수한 경우에서 모순관계처럼 활용할 수 있다. '필수 유형 2. 진술관계 활용' 중 '2.1. 모순관계 밖의 인물의 참/거짓 따지기'에서 설명한 것처럼 B, D, E의 진술은 참이고 B, D, E의 진술에 따라 추가 정보를 얻으며 문제를 풀이할 수 있다.

필수 유형 연습

예제 01 A, B, C는 검정, 노랑, 파랑 중 한 가지 색을 골랐다. 서로 고른 색은 같지 않고 1명만 진실을 말한다고 할 때 다음의 진술을 참고하여 항상 참인 것을 고르시오.

〈보 기〉

A: B가 검정을 골랐다.
B: A는 노랑을 골랐다.
C: B는 노랑을 골랐다.

① A가 파랑을 골랐다면 A의 진술은 거짓이다.
② C가 파랑을 골랐다면 B의 진술은 진실이다.
③ A가 검정을 골랐다면 C의 진술은 진실이다.
④ B가 검정을 골랐다면 B의 진술은 진실이다.
⑤ C가 검정을 골랐다면 B의 진술은 거짓이다.

일반 풀이

진술관계를 파악하기 어렵다. 3명이 3가지색을 고르는 6가지의 경우를 나누고 진술의 참/거짓을 나누어 판별하는 풀이방법과 선택지의 앞부분을 대입했을 때 뒷부분이 만족하는지 확인하는 방법으로 접근할 수 있겠다. 문제가 3명, 3가지 색으로 간단하여 후자로 풀어도 괜찮지만 가짓수가 적은 경우 전자의 풀이법이 조금 더 빠르고 정확하다. 먼저 선택지 자체를 판별하는 풀이방법으로 접근해보자.

① A가 파랑을 골랐다면 A의 진술은 거짓이다.
- B의 진술이 거짓이다. 하지만 B가 검정을 골랐는지 노랑을 골랐는지 확정할 수 없다. 즉 A의 진술이 진실인지 C의 진술이 진실인지 판별할 수 없다.

② C가 파랑을 골랐다면 B의 진술은 진실이다.
- C가 파랑을 골랐다고 하여 A, B, C의 진술이 참인지 거짓인지 판별할 수 없다. C가 파랑을 고르고 A가 노랑을 고른 경우와 B가 노랑을 고른 경우로 나누어 두 경우 모두 B의 진술이 참인지를 확인해야 하지만 시간이 오래 걸릴 것 같으니 일단 넘어가고 남은 선택지에서 답이 없을 때 다시 판별하자. (판별 결과는 다음의 표에서 제시하겠다.)

③ A가 검정을 골랐다면 C의 진술은 진실이다.
- B가 검정을 골랐다고 말하는 A의 진술이 거짓이다. 그러면서 A가 노랑을 골랐다고 말하는 B의 진술도 거짓이다. 따라서 C의 진술은 진실이다.

④ B가 검정을 골랐다면 B의 진술은 진실이다.
- A의 진술이 진실이고 C의 진술이 거짓이다. 그렇지만 A가 검정을 제외한 노랑을 골랐을지 파랑을 골랐을지 알 수 없다. 즉 B의 진술이 진실일 수도 있고 거짓일 수 있다. 현재의 정보로는 확정할 수 없다.

⑤ C가 검정을 골랐다면 B의 진술은 거짓이다.
- A의 진술이 거짓이다. 하지만 노랑을 고른 사람이 A인지 B인지 확정할 수 없다. 즉 B와 C 중 누가 진실을 말하는지 확인할 수 없다.

문제의 상황에 따른 전체 경우를 나눈 후 각 진술의 참/거짓을 정리하는 방식으로 풀어보자. 다음과 같이 정리할 수 있으며 Case 2, 3은 1명만 참을 말한다는 문제의 조건을 벗어나기에 제외하자. Case 1, 4, 5, 6을 기준으로 선택지에서 지칭하는 경우(Case)에 맞춰 진술의 참/거짓 여부와 선택지의 내용이 일치하는지 확인해보자.

	검정	노랑	파랑	A의 진술	B의 진술	C의 진술
Case 1	A	B	C	F	F	T
Case 2	~~A~~	~~C~~	~~B~~	~~F~~	~~F~~	~~F~~
Case 3	~~B~~	~~A~~	~~C~~	~~T~~	~~T~~	~~F~~
Case 4	B	C	A	T	F	F
Case 5	C	A	B	F	T	F
Case 6	C	B	A	F	F	T

정답 ▶ ③

추리

▪ 삼단논법
▪ 진실게임
▪ 조건추리
▪ 도형추리
▪ 도식추리
▪ 문단배열
▪ 논리추론

예제 02 A, B, C, D는 이번 추리 시험에서 1등부터 4등까지 차지한 우등생이다. 이들 중 1명이 거짓을 말한다고 할 때 〈보기〉를 참고하여 이들의 등수로 적절한 것을 고르시오. (좌측부터 1등이다.)

〈 보 기 〉

A: B는 C보다 성적이 우수하다.
B: A는 2등이고 D는 4등이다.
C: 내 바로 뒤 등수는 A이다.
D: C가 1등이거나 A가 3등이다.

① B – A – C – D
② C – A – B – D
③ B – D – C – A
④ D – B – C – A
⑤ A – B – C – D

일반 풀이

4명 중 1명이 거짓을 말한다. 4명 중 누가 거짓을 말하는지 확정할 수 없다. 또한 진술 관계가 명확히 보이지 않는다. 4명의 등수를 가르는 24가지(=4!) 경우를 상정하고 1명만 거짓을 만드는 경우를 찾아도 되지만 선택지에 24가지를 5가지로 좁혀 제시했다. 선택지의 내용을 기준으로 4명의 진술의 참/거짓을 판별하자.

경우	A진술	B진술	C진술	D진술	거짓말
① B – A – C – D	O	O	X	X	2명
② C – A – B – D	X	O	O	O	1명
③ B – D – C – A	O	X	O	X	2명
④ D – B – C – A	O	X	O	X	2명
⑤ A – B – C – D	O	X	X	X	3명

[오답 점검]
[B – C – A – D]의 순서도 4명의 진술 중 1명의 진술만 거짓이고 3명이 참을 말하는 경우이다. 문제에서는 등수로 적절한 것을 고르라고 했으니 선택지에서 만족하지 않는 경우를 소거하는 방식이 좋다.

정답 ▶ ②

예제 03 **영업팀, 인사팀, 홍보팀, 재경팀, 연구팀 중 2개 팀만 최우수 평점을 받았다. A, B, C, D, E 중 1명만 진실을 말한다고 할 때 〈보기〉의 진술을 토대로 최우수 평점을 받은 팀을 고르시오.**

〈 보 기 〉

A: 인사팀이 최우수 평점을 받았다.
B: D가 하는 말은 진실이 아니다.
C: 영업팀 또는 재경팀이 최우수 평점을 받았다.
D: 재경팀과 인사팀은 최우수 평점을 받지 않았다.
E: 홍보팀과 재경팀은 최우수 평점을 받지 않았다.

① 영업팀, 인사팀 ② 영업팀, 연구팀 ③ 인사팀, 재경팀
④ 홍보팀, 재경팀 ⑤ 홍보팀, 연구팀

치트키 풀이

B의 진술을 보면 D의 진술과 모순관계를 이룬다. 따라서 A, C, E의 진술은 거짓이다. A의 진술에 의해 ~인사팀, C의 진술에 의해 ~영업팀 AND ~재경팀으로 알 수 있다. 따라서 홍보팀과 연구팀이 최우수 평점을 받았다.

일반 풀이

선택지에 제시한 5가지 경우로 추려 참/거짓 여부를 판단하자. 편의상 참은 'O', 거짓은 'X'로 표를 채웠다. 표를 채울 때에는 진술을 기준으로 채우는 것이 편하다. 또한 1명만 진실이라고 하니 채우는 과정에서 진실이 2명이 나오는 선택지는 더 이상 점검할 필요가 없다. 점검할 필요가 없어진 경우는 '–'로 표현했다. 이해의 편의를 위해 (1)~(5)로 표를 채우는 순서를 제시했다.

	A	B	C	D	E
① 영업, 인사	O(1)	–(2)	O(2)	–(2)	–(2)
② 영업, 연구	X(1)	X(4)	O(2)	O(3)	–(3)
③ 인사, 재경	O(1)	–(2)	O(2)	–(2)	–(2)
④ 홍보, 재경	X(1)	O(4)	O(2)	X(3)	–(4)
⑤ 홍보, 연구	X(1)	X(4)	X(2)	O(3)	X(5)

정답 ▶ ⑤

예제 04 **A, B, C, D, E의 고향은 인천, 대전, 대구, 광주, 울산이다. 5명의 고향은 각기 다르고 5명 중 1명이 거짓을 말하고 나머지는 진실을 말한다고 할 때 〈보기〉를 토대로 C의 고향을 고르시오.**

〈 보 기 〉

A: B 또는 E의 고향은 광주이다.
B: C의 고향은 인천이고 D의 고향은 울산이다.
C: A와 E의 고향은 대전이 아니다.
D: B의 고향은 대전이고 나의 고향은 인천이다.
E: C의 고향은 대구이다.

① 인천 ② 대전 ③ 대구
④ 광주 ⑤ 울산

치트키 풀이

B와 E의 진술을 확인해보자. B의 진술이 진실이면 C의 고향은 인천이기 때문에 E의 진술이 거짓이다. E의 진술이 진실이면 C의 고향은 대구이기 때문에 B의 진술이 거짓이다. 물론 C의 고향이 대전인 경우처럼 B와 E의 진술을 동시에 거짓으로 만들 수 있지만 1명이 거짓을 말한다는 조건을 벗어난다. 이에 따라 1명이 거짓이라는 가정하에 B와 E의 진술은 동시에 진실, 동시에 거짓이 아니라고 알 수 있다. 즉 B와 E 중 1명이 거짓을 말한다.
A, C, D의 진술은 진실이다. D의 진술에 따라 B의 고향은 대전이고 D의 고향은 인천이라고 알 수 있다. A의 진술을 보면 B 또는 E의 고향이 광주라고 하는데 이미 B의 고향은 대전이다. E의 고향은 광주다.

A	B	C	D	E
	대전		인천	광주

D의 고향이 인천이기 때문에 B의 진술이 거짓, E의 진술은 진실이라고 알 수 있다. E의 진술에 의해 C의 고향이 대구라고 확정할 수 있다.

*참고: B와 D의 진술도 B와 E의 진술과 같이 1명이 거짓을 말한다는 조건 아래에 동시에 진실, 동시에 거짓이 되지 않는다. D의 고향을 각기 다르게 가리키고 AND를 활용한 진술이어서 그렇다. B vs D, B vs E의 구조를 파악했다면 B의 진술이 거짓임을 바로 파악할 수 있다.

일반 풀이

5명의 고향을 확정하는 경우는 120가지다. 120가지의 경우 중 1명이 거짓을 말하는 경우를 추리는 방법은 효율적이지 않다. 선택지를 토대로 소거할 수 있는지 확인해보자.

Case 1. C의 고향이 인천(① 인천)
D의 진술을 보면 본인의 고향이 인천이라고 한다. D의 진술은 거짓이다. E는 C의 고향이 대구라고 말한다. E의 진술도 거짓이다. C의 고향이 인천이라는 가정하에 이미 2명이 거짓을 말한다고 확인했다. C의 고향은 인천이 아니다.

Case 2. C의 고향이 대전(② 대전)
D는 B의 고향이 대전이라고 한다. E는 C의 고향이 대구라고 한다. D, E의 진술이 거짓이다. C의 고향이 대전이라고 가정했을 때 거짓을 말하는 사람이 최소 2명 이상이기 때문에 C의 고향은 대전이 아니다.
*참고: C의 고향이 대전일 때 B의 진술도 거짓이라고 알 수 있다.

Case 3. C의 고향이 대구(③ 대구)
B의 진술을 보면 C의 고향이 인천이라고 한다. C의 고향이 대구일 때 B의 진술은 거짓이다. B가 거짓을 말한다고 파악했고 아직 A, C, D의 진술은 모르고 E의 진술은 진실이다. 거짓을 말하는 최소 인원이 1명이기에 아직 파악할 수 없다. 소거하지 않고 보류하자.

Case 4. C의 고향이 광주(④ 광주)
C의 고향이 광주라 가정했을 때 A, B, E의 진술이 거짓이다. C의 고향은 광주가 아니다.

Case 5. C의 고향이 울산(⑤ 울산)
C의 고향이 울산일 때 B, E의 진술이 거짓이다. C의 고향은 울산이 아니다.

정답 ▶ ③

04 변수관계

필수 이론

유형 설명

- 기본적인 진실게임 유형에 Action 상태와 참/거짓 상태의 관계를 추가한 유형이다.
- 총 30문제 중 0~1문제가 출제된다.

풀이 TIP

- 모순관계, 동일관계의 진술을 적극 활용한다.
- 모순관계 또는 동일관계처럼 쓸 수 있는 진술을 활용한다.
- 선택지에 따라 소거 방식을 활용한다.

1 Action과 참/거짓 변수의 관계를 제시한 경우

Action, 참/거짓 변수가 독립적인 기본적인 유형과 달리 Action, 참/거짓 변수끼리의 관계를 설정하여 문제를 어렵게 만들기도 한다. T01과 함께 여러 풀이 방법을 알아보자.

T01 A, B, C, D, E 중 2명은 고전소설을 좋아하고 나머지 3명은 현대소설을 좋아한다. 고전소설을 좋아하는 사람은 항상 거짓을 말하고, 현대소설을 좋아하는 사람은 참을 말한다고 할 때 〈보기〉의 진술을 참고하여 다음 중 고전소설을 좋아하는 사람으로 구성된 것을 고르시오.

〈 보 기 〉

A: E는 현대소설을 좋아한다.
B: E가 하는 말은 거짓이다.
C: B는 고전소설을 좋아한다.
D: 나와 E는 현대소설을 좋아한다.
E: D는 고전소설을 좋아한다.

① A, C　② A, D　③ B, D
④ B, E　⑤ C, E

문제의 상황을 파악해보자. 5명 중 2명이 고전소설을 좋아하고 거짓을 말하는 사람이 2명이다. 그러면서 고전소설을 좋아하는 사람이 거짓을 말한다는 점도 추가되었다. 해당 문제를 푸는 여러 방법을 제시하겠다. 편의상 표를 그릴 때 참은 O, 거짓은 X로 표기했다.

1.1. 전체의 경우를 따져서 푸는 방법

5명 중 2명이 고전소설을 좋아하는 경우는 10가지다. 10가지의 경우 중 2명이 거짓을 말하는 경우를 먼저 찾아보자.

	A의 진술	B의 진술	C의 진술	D의 진술	E의 진술	거짓말 인원
A, B 고전	O	O	O	O	X	1
A, C 고전	O	O	X	O	X	2
A, D 고전	O	X	X	X	O	3
A, E 고전	X	O	X	X	X	4
B, C 고전	O	O	O	O	X	1
B, D 고전	O	X	O	X	O	2
B, E 고전	X	O	O	X	X	3
C, D 고전	O	X	X	X	O	3
C, E 고전	X	O	X	X	X	4
D, E 고전	X	X	X	X	O	4

A, C가 고전소설을 좋아하는 경우와 B, D가 고전소설을 좋아하는 두 경우만 거짓을 말하는 사람이 2명이다. 정답이 2개일 수 없다. 고전소설을 좋아하는 2명이 거짓을 말한다는 정보를 확인해보자. A, C가 고전소설을 좋아하는 경우 C와 E가 거짓을 말한다. 고전소설을 좋아하는 2명이 거짓을 말한다는 문제의 상황을 만족하지 않는다. B와 D가 고전소설을 좋아하는 경우 B와 D가 거짓을 말한다. 문제의 조건을 만족하는 경우는 B와 D가 고전소설을 좋아하는 경우다.

	A의 진술	B의 진술	C의 진술	D의 진술	E의 진술	거짓말 인원
A, C 고전	O	O	X	O	X	2
B, D 고전	O	X	O	X	O	2

1.2. 선택지에서 제시한 경우만 따져서 푸는 법

5명 중 2명이 고전소설을 읽는 경우는 10가지인데 선택지에서 제시한 경우는 5가지이다. 10가지 경우 모두 표를 그리지 않고 선택지에서 제시한 5가지 경우만 따져서 표를 그린 후 2.1. 전체의 경우를 따져서 푸는 방법과 같이 풀이하는 방법도 가능하다. 10가지를 경우를 모두 고려하는 것보다 5가지 경우만 고려하는 것이 더 빠르다.

1.3. 진술관계를 토대로 선택지에서 소거 후 푸는 법

B의 진술을 보면 E의 진술이 거짓이라고 말한다. B와 E의 진술은 모순관계다. 모순관계는 2명 모두 거짓을 말하지 않고 2명 모두 참을 말하지 않는 관계를 말한다. 즉 둘 중 1명은 참이고 나머지 1명은 거짓이다.

선택지에서 제시한 5가지 경우는 고전소설을 좋아하는 2명이기도 하고 거짓을 말하는 2명이기도 하다. B와 E는 동시에 거짓을 말할 수 없으니 ④ B, E를 소거한다.

비슷한 맥락으로 B와 E 중 1명은 무조건 거짓을 말한다. 선택지에 B나 E 중 1명이 반드시 있어야 한다. ① A, C ② A, D를 소거하자.

남은 ③ B, D ⑤ C, E에서 5명의 진술이 참인지 거짓인지 확인해보자. 운이 좋다. C와 E가 고전소설을 좋아하는 경우는 거짓을 말하는 사람이 4명이다. 거짓을 말하는 사람이 2명이라는 문제의 조건을 만족하지 않는다. ⑤ C, E를 소거하며 풀이를 마치자.

	A의 진술	B의 진술	C의 진술	D의 진술	E의 진술	거짓말 인원
B, D 고전	O	X	O	X	O	2
C, E 고전	X	O	X	X	X	4

만약 C와 E가 고전소설을 좋아하는 경우와 B, D가 고전소설을 좋아하는 경우에서 거짓을 말하는 사람이 각각 2명이라면 고전소설을 좋아하는 2명이 거짓을 말하는지를 점검하며 풀이하자.

1.4. Action, 참/거짓 변수끼리의 관계를 기준으로 소거하는 방법

문제에서 제시한 상황을 확인하면 현대소설을 좋아하는 사람은 참을 말하고 고전소설을 좋아하는 사람은 거짓을 말한다. A의 진술을 보면 E가 현대소설을 좋아한다고 하는데 이는 E가 참을 말한다는 뜻도 내포하고 있다. 이를 토대로 A와 E의 진술을 동일관계처럼 활용할 수 있다. 설명의 편의를 위해 정답인 B, D가 고전소설을 좋아하는 경우에서 A, B, C, D, E의 진술이 참인지 거짓인지 판별한 결과와 함께 알아보자.

	A의 진술	B의 진술	C의 진술	D의 진술	E의 진술
B, D 고전	O	X	O	X	O

A의 진술이 참이면 E는 현대소설을 좋아한다. 그러면서 E는 진실을 말한다. 만약 E가 고전소설을 좋아한다면 A의 진술은 거짓이 된다. 그러면서 E는 고전소설을 좋아하니 E도 거짓을 말한다. 이와 같이 A와 E의 진술은 동일관계처럼 쓸 수 있다.

같은 맥락으로 C의 진술을 확인해보자. C는 B가 고전소설을 좋아한다고 말한다. C의 진술이 참이면 B는 고전소설을 좋아하고 B가 고전소설을 좋아하기 때문에 B의 진술은 거짓이다. C의 진술이 거짓이면 B는 현대소설을 좋아하고 B는 현대소설을 좋아하기 때문에 B의 진술은 진실이다. 이와 같이 C와 B의 진술은 모순관계처럼 활용할 수 있다. 단 D의 진술과 같이 2명의 Action 상태를 동시에 언급한 경우 A와 E, C와 B처럼 동일 또는 모순관계처럼 사용하기 어렵다.

A와 E의 진술을 동일관계처럼 쓸 수 있다는 점을 토대로 선택지를 소거해보자. 선택지에서 제시한 5가지 경우는 거짓을 말하는 2명을 제시한 경우와 같다. A와 E는 동일관계이기에 선택지에 A와 E가 둘 다 오거나 둘 다 오지 않아야 한다.

A와 E가 아닌 누군가가 오는 경우와 E와 A가 아닌 누군가가 오는 경우는 성립하지 않는다. A가 선택지에 있다는 말은 A의 진술이 거짓이라는 것인데 E의 진술도 거짓이기 때문이다. 이 원리를 토대로 ① A, C ② A, D ④ B, E ⑤ C, E를 소거하자.

필수 유형 연습

예제 01 A, B, C, D, E 중 2명은 남자고 3명은 여자다. 이들 중 남자는 진실을 말하고 여자는 거짓을 말한다고 할 때 남자인 2명을 고르시오.

〈보 기〉

A: D는 진실을 말한다.
B: C가 하는 말은 거짓이다.
C: B는 남자가 아니다.
D: A 또는 B가 남자다.
E: A는 여자다.

① A, B ② A, D ③ C, D
④ C, E ⑤ D, E

치트키 풀이

진술관계를 살펴보자. B는 C의 말이 거짓이라 한다. B의 진술이 진실이면 C의 진술은 거짓이고, B의 진술이 거짓이면 C의 진술이 진실이다. B와 C의 진술은 모순관계다. 남자가 2명이니 진실을 말하는 사람도 2명이다. 2명 중 1명은 모순관계를 형성하는 B 또는 C 중 1명이다. 즉 선택지에 B, C 중 1명이 꼭 언급되어야 한다. ② A, D, ⑤ D, E를 소거하자. A는 D가 진실을 말한다고 한다. A와 D는 동일관계로 동시에 진실을 말하거나 거짓을 말한다. 즉 A, D는 둘 다 남자이거나 둘 다 여자이다. 선택지에 A, D가 둘 다 있거나 둘 다 없어야 한다. 물론 B, C 중 1명이 남자라고 알기 때문에 A, D가 둘 다 있을 수는 없다. A, D 중 1명만 온 ① A, B, ③ C, D을 소거하자.

일반 풀이

5명 중 2명이 남자인 경우는 총 10가지이다. 10가지 경우를 나누고 각 경우마다 5명의 진술이 진실인지 거짓인지 표를 그려보는 것이 맞지만 선택지에서 5가지로 좁혀서 제시했다. 5가지 경우만 살펴보자. 편의상 진실은 O, 거짓은 X로 표현했다.

남자	A의 진술	B의 진술	C의 진술	D의 진술	E의 진술
① A, B	O	O	X	O	X
② A, D	O	X	O	O	X
③ C, D	X	X	O	X	O
④ C, E	X	X	O	X	O
⑤ D, E	X	X	O	X	O

2명만 진실을 말하는 경우로 추려보면 ③, ④, ⑤번만 남는다. 그런데 ③ C, D의 경우 D는 남자인데 진술은 거짓으로 판명됐다. 조건을 만족하지 않는다. ⑤ D, E의 경우에서도 D는 남자인데 진술은 거짓으로 판명됐다. 조건을 만족하지 않는다. ④ C, E의 경우만 C, E가 남자이며 진실을 말한다.

정답 ▶ ④

예제 02 A, B, C, D, E 중 3명의 직급은 주임이고 2명의 직급은 수석이다. 직급이 주임인 사람은 거짓을 말하고 수석인 사람은 진실을 말한다고 할 때 〈보기〉의 진술을 토대로 직급이 수석인 사람을 고르시오.

〈 보 기 〉

A: C의 진술은 거짓이다.
B: E가 하는 말은 진실이 아니다.
C: E의 직급은 수석이다.
D: 나와 E의 직급은 주임이다.
E: B와 D의 직급은 수석이 아니다.

① A, C　② B, C　③ B, D
④ C, E　⑤ D, E

치트키 풀이

A는 C의 진술을 거짓이라 말한다. A의 진술이 진실이면 C의 진술이 거짓이고, A의 진술이 거짓이면 C의 진술은 진실이다. A와 C의 진술은 동시에 참, 동시에 거짓이 되지 않는 모순관계다. A와 C의 진술이 모순관계이니 둘은 동시에 주임, 동시에 수석이 될 수 없다. 또한 둘 중 1명은 반드시 수석이다. A, C를 동시에 언급한 ①번을 소거하고 A, C 중 1명을 언급하지 않은 ③, ⑤번을 소거하자.
B와 E의 진술도 모순관계다. 아쉽게도 ②, ④번 중 B와 E의 진술이 모순관계라는 정보로 소거할 수 없다. 다만 A, C의 진술이 모순관계이니 둘 중 1명이 진실을 말하고 B와 E의 진술도 모순관계니 둘 중 1명이 진실을 말한다고 알 수 있다. 언급하지 않은 D는 거짓을 말한다고 알 수 있다. D의 진술이 거짓이니 D 또는 E 중 1명이 수석이라고 알 수 있다. D, E 중 1명을 언급하지 않은 ②번을 소거하자.

일반 풀이

5명 중 2명이 수석인 경우는 10가지다. 선택지에서는 5가지로 뽑아 제시했다. 5가지의 각 경우에서 5명의 진술이 진실인지 거짓인지 정리해보자. 편의상 진실은 O, 거짓은 X로 표현했다.

수석	A의 진술	B의 진술	C의 진술	D의 진술	E의 진술
① A, C	O	X	X	O	O
② B, C	O	O	X	O	X
③ B, D	O	O	X	X	X
④ C, E	X	X	O	X	O
⑤ D, E	X	O	O	X	X

2명만 진실을 말하는 ③ B, D ④ C, E ⑤ D, E를 살리고 나머지는 소거하자. 그러면서 수석인 2명이 진실을 말한다는 점에 주목하자. ③ B, D에서는 D가 진실을 말해야 하는데 거짓을 말한다. ⑤ D, E에서는 D, E 둘 다 진실을 말해야하지만 거짓을 말한다. ③, ⑤번은 문제의 조건을 만족하지 않는다. 확인차 ④ C, E를 보면 수석인 C, E가 진실을 말하고 나머지는 거짓을 말한다.

정답 ▶ ④

예제 03 A, B, C, D, E는 위나라, 촉나라, 오나라 중 한 나라를 연구한다. 위나라를 연구하는 사람은 2명, 촉나라를 연구하는 사람도 2명, 오나라를 연구하는 사람은 1명이다. 위나라를 연구하는 2명은 거짓을 말하고 나머지 3명은 참을 말한다고 할 때 위나라를 연구하는 2명을 고르시오.

〈 보 기 〉

A: C와 E는 위나라를 연구한다.
B: D는 참으로 진술한다.
C: A와 D는 촉나라를 연구한다.
D: A 또는 B가 오나라를 연구한다.
E: D는 촉나라를 연구한다.

① A, C ② B, C ③ B, D
④ C, E ⑤ D, E

치트키 풀이

B는 D가 참으로 진술한다고 한다. B의 진술이 참이면 D의 진술도 참이고 B의 진술이 거짓이면 D의 진술도 거짓이다. B와 D는 모든 경우에서 둘 다 참을 말하거나 둘 다 거짓을 말한다. 선택지에 제시된 2쌍은 위나라를 연구하는 2명이다. 즉 거짓을 말하는 2명이다. 이를 토대로 B와 D가 둘 다 있는 선택지, B와 D가 둘 다 없는 선택지를 제하고 소거하자. ② B, C ⑤ D, E를 소거하자.
남은 세 선택지를 기준으로 조건을 만족하는지 확인해보자.

① A, C
A와 C는 위나라를 연구한다. D의 진술이 참이기에 B는 오나라를 연구하고 E의 진술이 참이기에 D는 촉나라를 연구한다. 아직 어느 나라를 연구하는지 확정하지 않은 E는 촉나라를 연구한다.
A의 진술과 C의 진술이 거짓이고 B의 진술은 참이다. 조건을 모두 만족한다.

③ B, D
B와 D가 위나라를 연구한다. A의 진술이 참이기에 C와 E도 위나라를 연구해야 하는데 위나라를 연구하는 사람이 2명이라는 조건을 만족하지 않는다. 또는 C와 E가 참이라는 조건을 만족하지 않는다.

④ C, E
C와 E가 위나라를 연구한다. E의 진술이 거짓이기에 D는 촉나라를 연구하지 않는다. D는 위나라를 연구하거나 오나라를 연구한다. 이미 위나라를 연구하는 2명이 있기에 또는 D는 참을 말하기에 D는 오나라를 연구한다. 그런데 D는 A 또는 B가 오나라를 연구한다고 진술한다. D가 오나라를 연구하면 D의 진술이 거짓이 된다. 조건을 만족하지 않는다.

[오답 점검]
E는 D가 촉나라를 연구한다고 한다. E의 진술이 참이면 D는 촉나라를 연구하고 촉나라를 연구하기에 D의 진술은 참이다. 이를 통해 D와 E의 진술이 동일관계라고 보는 실수를 하지 않았으면 한다. E의 진술이 거짓이면 D는 촉나라를 연구하지 않는다. D는 위나라를 연구하거나 오나라를 연구한다. D가 위나라를 연구하면 D의 진술은 거짓이고 D가 오나라를 연구하면 D의 진술은 참이다. D와 E의 진술은 둘 중 1명이 참을 말하고 나머지 1명이 거짓을 말하는 경우도 존재하기에 동일관계라 볼 수 없다.

정답 ▶ ①

해설 p. 48

01 구직자인 A, B, C, D, E 중 1명은 바이오 산업을 희망하고 나머지 4명은 반도체 산업을 희망한다. 이들 중 1명만 거짓을 말하고 나머지 4명은 참을 말한다고 할 때 〈보기〉의 진술을 토대로 바이오 산업을 희망하는 사람을 고르시오.

〈 보 기 〉

A: B는 바이오 산업을 희망한다.
B: A는 반도체 산업을 희망한다.
C: A는 참을 말한다.
D: 나와 C는 반도체 산업을 희망한다.
E: D의 진술은 거짓이다.

① A ② B ③ C
④ D ⑤ E

02 A, B, C, D, E 중 1명이 육아휴직을 사용한다. 5명 중 2명이 거짓을 말하고 나머지 3명은 진실을 말한다고 할 때 거짓을 말하는 2명을 고르시오.

〈 보 기 〉

A: E가 육아휴직을 사용한다.
B: C는 육아휴직을 사용하지 않는다.
C: D가 육아휴직을 사용한다.
D: B는 거짓을 말한다.
E: A는 진실을 말하지 않는다.

① A, B ② A, D ③ B, E
④ C, D ⑤ C, E

03 A, B, C, D, E 중 2명이 마라톤을 완주하지 못했다. 이들 중 1명만 참을 말한다고 할 때 참을 말하는 인원을 고르시오.

〈 보 기 〉

A: C와 D는 마라톤을 완주했다.
B: C 또는 E 중 1명이 마라톤을 완주하지 못했다.
C: A는 마라톤을 완주하지 못한 사람이다.
D: E는 마라톤을 완주한 사람이다.
E: A의 진술은 거짓이다.

① A ② B ③ C
④ D ⑤ E

04 A, B, C, D, E 중 2명은 베트남으로 출장을 간다. 이들 중 1명만 참을 말한다고 할 때 출장 가는 사람을 고르시오.

〈 보 기 〉

A: D가 베트남으로 출장을 간다.
B: 베트남으로 출장을 가는 사람은 C 또는 D 중 1명이다.
C: B의 진술은 거짓이다.
D: A 또는 B 중 1명이 베트남으로 출장을 간다.
E: C는 베트남으로 출장을 가지 않는다.

① A, B ② B, C ③ C, D
④ C, E ⑤ D, E

05 A, B, C, D, E 중 2명은 아몬드를 좋아하고 나머지 3명은 땅콩을 좋아한다. 아몬드를 좋아하는 사람이 거짓말을 하고 땅콩을 좋아하는 사람은 진실을 말한다고 할 때 아몬드를 좋아하는 사람을 고르시오.

〈 보 기 〉

A: D와 E는 땅콩을 좋아한다.
B: C와 E는 아몬드를 좋아하지 않는다.
C: B는 땅콩을 좋아한다.
D: C 또는 E가 아몬드를 좋아한다.
E: C는 땅콩을 좋아한다.

① A, B ② A, C ③ A, D
④ B, C ⑤ D, E

06 A, B, C, D, E는 회식에서 술을 마신다. 이들 중 2명은 소주를 마시고 나머지 3명은 맥주를 마신다. 소주를 마시는 2명은 거짓을 말하고 맥주를 마시는 3명은 진실을 말한다고 할 때 〈보기〉의 진술을 참고하여 소주를 마시는 2명을 고르시오.

〈 보 기 〉

A: D가 맥주를 마신다.
B: A와 D 중 1명 이상이 소주를 마신다.
C: 나와 D는 맥주를 마신다.
D: C는 맥주를 마신다.
E: C가 소주를 마신다.

① A, C ② A, E ③ B, C
④ B, E ⑤ C, D

07 A, B, C, D, E 중 2명이 요가를 하고 나머지 3명은 헬스를 한다. 요가를 하는 2명은 진실을 말하고 헬스를 하는 3명은 거짓을 말한다고 할 때 진실을 말하는 2명을 고르시오.

〈보 기〉

A: C 또는 D 중 1명이 요가를 한다.
B: A가 요가를 한다.
C: D가 요가를 한다.
D: E가 하는 말은 거짓이다.
E: B와 D는 헬스를 한다.

① A, B ② A, E ③ B, C
④ C, D ⑤ C, E

08 A, B, C, D, E 중 2명이 감기에 걸렸다. 감기에 걸린 사람은 거짓을 말하고 나머지 3명은 진실을 말한다고 할 때 감기에 걸린 사람을 고르시오.

〈보 기〉

A: C가 감기에 걸렸다.
B: C 또는 E 중 1명만 감기에 걸렸다.
C: B와 E 중 1명이 감기에 걸렸다.
D: A와 C는 감기에 걸리지 않았다.
E: A 또는 C 중 1명이 감기에 걸렸다.

① A, B ② A, E ③ C, D
④ C, E ⑤ D, E

09 호연, 하린, 라은, 선율, 은빈 중 1명이 이직을 했다. 이직한 1명은 거짓을 말하고 나머지 4명은 참을 말한다고 할 때 이직한 사람을 고르시오.

〈보 기〉

호연: 은빈이가 이직했다.
하린: 선율이와 은빈이는 이직하지 않았다.
라은: 호연이가 이직했다.
선율: 하린이는 이직하지 않았다.
은빈: 선율이는 이직하지 않았다.

① 호연 ② 하린 ③ 라은
④ 선율 ⑤ 은빈

10 A, B, C, D, E는 중화요리점에서 음식을 하나씩 주문한다. 짜장면을 시키는 사람이 2명, 짬뽕을 시키는 사람이 2명, 울면을 시키는 사람이 1명이고 짜장면을 시키는 2명만 거짓을 말한다고 할 때 〈보기〉의 진술을 토대로 거짓을 말하는 2명을 고르시오.

〈보 기〉

A: C의 진술은 거짓이다.
B: D가 울면을 시키거나 E가 울면을 시킨다.
C: A와 B는 짬뽕을 시킨다.
D: C는 짜장면을 시킨다.
E: A는 울면을 시킨다.

① A, C ② A, E ③ B, C
④ B, E ⑤ C, D

11 A, B, C, D, E 중 1명이 부서를 이동한다. 이들 중 3명은 거짓을 말하고 나머지 2명은 사실을 말한다고 할 때 〈보기〉를 참조하여 항상 참인 것을 고르시오.

〈보 기〉

A: E가 부서를 이동한다.
B: E는 부서를 이동하지 않는다.
C: B 또는 E가 부서를 이동한다.
D: A가 부서를 이동한다.
E: B의 말은 사실이다.

① D가 거짓을 말한다면 B가 부서를 이동한다.
② C가 거짓을 말한다면 D가 부서를 이동한다.
③ B가 사실을 말한다면 D가 부서를 이동한다.
④ E가 거짓을 말한다면 E가 부서를 이동한다.
⑤ A가 거짓을 말한다면 C가 부서를 이동한다.

12 반장 선거에 출마한 A, B, C, D, E 중 1명은 반장, 1명은 부반장이 되었다. 5명 중 1명만 거짓을 말한다고 할 때 반장과 부반장으로 알맞게 짝지은 것을 고르시오.

〈보 기〉

A: C는 반장 또는 부반장이 되었다.
B: 나는 반장이 되었다.
C: D는 부반장이 되지 못했다.
D: E는 반장이 되었고 B는 부반장이 되었다.
E: A는 반장이 되지 못했고 부반장도 되지 못했다.

	반장	부반장
①	A	D
②	B	C
③	E	B
④	C	A
⑤	D	E

13 A, B, C, D, E는 100미터 달리기 경주를 하여 1위부터 5위까지 순위를 가렸다. 이들 중 1명만 거짓을 말한다고 할 때 이들의 순위로 적절한 것을 고르시오.

〈보 기〉

A: B는 3등인 인원보다 먼저 결승점에 들어왔다.
B: C는 E보다 결승점에 늦게 들어왔다.
C: D는 3등 또는 5등이다.
D: B가 결승점에 마지막으로 들어왔다.
E: A가 2등이고 나는 3등이다.

	1등	2등	3등	4등	5등
①	C	A	E	B	D
②	B	A	E	D	C
③	B	C	D	A	E
④	B	A	E	C	D
⑤	A	D	E	C	B

추리

삼단논법 / 진실게임 / 조건추리 / 도형추리 / 도식추리 / 문단배열 / 논리추론

14 A, B, C, D, E는 정수기, 태블릿, 모니터, 커피머신, 마우스를 산다. 각자 하나의 전자제품만 구매하고 서로 같은 전자제품을 구매하는 사람은 없다. 5명 중 1명만 거짓을 말하고 나머지는 진실을 말한다고 할 때 다음 중 항상 참인 것을 고르시오.

〈보 기〉

A: C는 정수기 또는 태블릿을 구매한다.
B: D는 태블릿을 구매하고 E는 마우스를 구매한다.
C: E는 정수기를 구매하지 않는다.
D: C는 모니터 또는 커피머신을 구매한다.
E: A와 B는 커피머신을 구매하지 않는다.

① A는 태블릿을 구매한다.
② B는 모니터를 구매한다.
③ C는 커피머신을 구매한다.
④ D는 마우스를 구매한다.
⑤ E는 정수기를 구매한다.

15 A, B, C, D, E가 좋아하는 색은 빨강, 주황, 노랑, 초록, 파랑이다. 각자 1가지 색을 좋아하고 이들이 좋아하는 색은 서로 겹치지 않는다. 5명 중 1명이 거짓을 말할 때 E가 좋아하는 색을 고르시오.

〈보 기〉

A: 파랑을 좋아하는 사람은 D 또는 E이다.
B: E는 빨강 또는 초록을 좋아한다.
C: D는 주황을 좋아한다.
D: C는 노랑을 좋아하지 않는다.
E: B가 하는 말은 사실이 아니다.

① 빨강 ② 주황 ③ 노랑
④ 초록 ⑤ 파랑

16 A, B, C, D, E는 문구점에서 필기구를 구매했다. 이들이 구매한 필기구의 종류는 연필, 볼펜, 사인펜, 형광펜, 매직이고 같은 종류의 필기구를 구매한 사람은 없다. 5명 중 1명만 거짓을 말한다고 할 때 〈보기〉의 진술을 참고하여 B가 구매한 필기구를 고르시오.

〈 보 기 〉

A: B 또는 D가 매직을 구매했다.
B: C는 연필을 구매했고 E는 볼펜을 구매했다.
C: D는 사인펜을 구매했다.
D: B가 하는 말은 사실이다.
E: A는 형광펜을 구매했다.

① 연필 ② 볼펜 ③ 사인펜
④ 형광펜 ⑤ 매직

Chapter

03

조건추리

필수 유형 1. 줄 세우기

필수 유형 2. 테이블

필수 유형 3. O, X 채우기

필수 유형 4. 2×n, 3×3

필수 유형 5. 가지치기

필수 유형 6. 가변적 틀

필수 유형 7. 리그/토너먼트

필수 유형 8. 계산

필수 유형 9. 그룹짓기

필수 유형 10. 정보정리

Chapter 소개

- 문제와 〈보기〉의 조건을 만족하며, 문제의 물음에 맞는 답을 찾는 유형이다. 문제에서 제시한 상황을 토대로 나올 수 있는 수많은 경우 중 〈보기〉의 조건을 만족하지 않는 경우를 제거해 가는 방식으로 문제를 푼다. 예를 들어 A, B, C, D, E 5명이 일렬로 줄을 선다고 할 때 나올 수 있는 경우의 수는 120가지(5!)이다. 120가지의 경우 중 1번째로 오는 사람이 A라는 조건이 있다면 나올 수 있는 경우의 수는 24가지(4!)이다. 이와 같이 조건을 하나씩 넣어보면서 가능한 경우를 탐색하며 조건 추리 문제를 푼다.
- 더불어 변수를 기준으로 나올 수 있는 경우를 나누고 다음 변수를 기준으로 나올 수 있는 경우를 세밀하게 또 나누는 등 가지치기 방식으로도 문제를 푼다.
- 전체의 조건을 만족하는 경우는 1가지가 아니라 여러 가지가 나올 수 있다. 여러 가지인 경우 선택지에서 'B가 2번째로 줄을 선다면 C는 4번째로 줄을 선다.'와 같이 가정을 통해 정보를 추가로 제공하기도 한다. 이런 선택지는 B가 2번째로 줄을 선다는 조건을 추가했을 때 C가 확정적으로 4번째에 오는지 오지 않는지를 통해 답을 선별한다.
- 문제의 물음은 크게 특정 칸을 물어보는 물음과 참/거짓 여부를 선별하는 물음으로 나눌 수 있다. 대체적으로 특정 칸을 물어보는 문제의 난도가 참/거짓 여부를 선별하는 문제보다 낮다. 참/거짓 여부의 물음에는 주로 항상 참, 항상 거짓, 참이 아닌 것을 묻고 항상 거짓이 아닌 것을 묻는 경우는 드물다.
- 총 30문제 중 9~11문제가 출제된다. 추리 고득점을 위한 가장 중요한 영역이다.

풀이 TIP

- 도식의 틀을 만들고 값을 기입한다.
- 고정조건 및 제약조건을 확인 후 반고정조건을 토대로 경우가 나뉨을 인지한다.
- 문제 유형에 맞춰 선택지를 판별한다.
- 변수와 조건을 꼼꼼하게 점검한다.

필수유형 Chapter 03 조건추리

01 줄 세우기

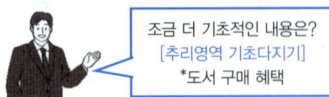

조금 더 기초적인 내용은?
[추리영역 기초다지기]
*도서 구매 혜택

필수 이론

유형 설명

- 5명을 일렬로 줄 세우거나 4층 건물의 각 층에 사람이 사는 등 일자형 도식을 주로 사용하는 유형을 말한다.
- 조건추리 중 가장 쉬운 난이도로서 시간을 절약하는 문제다.
- 총 30문제 중 1~2문제가 출제된다.

풀이 TIP

- 고정조건을 토대로 경우의 수를 줄인다.
- 자리를 바꿀 수 있는 반고정조건을 확인한다.
- 순서를 기준으로 도식을 정리한다.

1 기준 변수 설정하기

기준으로 변수를 누구로 두느냐에 따라 직관성이 달라진다. 일반적으로 1, 2, 3과 같이 순차성을 띄는 것을 기준 변수로 추천한다. 이를 예시로 설명하겠다.

> A, B, C, D, E, F는 퇴근카드를 찍기 위해 일렬로 줄을 선다. 다음을 참고하여 항상 참인 것을 고르시오.
> - F는 4번째로 줄을 선다.
> - B는 F 바로 앞에 줄을 선다.
> - A와 B 사이에 1명이 줄을 선다.

변수가 사람과 순서로 2가지다. 사람을 기준으로 도식을 그리면 〈보기〉의 조건에서 바로 앞, 바로 뒤 등을 표현하기 어렵다. 즉 직관적으로 도식을 알아보기 어렵다. 기준 변수를 잡을 때에는 변수 내 값이 많은 것, 연속성을 보이는 것으로 잡을 때 도식이 비교적 단순하다. 일반적으로 줄 세우기 유형에서는 줄서는 순서를 기준변수로 두는 풀이가 가장 활용하기 좋다.

A	B	C	D	E	F
					4

사람이 기준변수 (추천하지 않음)

1	2	3	4	5	6
			F		

순서가 기준변수

2 한 행을 경우로 표현하기

문제마다 딱 맞는 도식화 방법이 존재한다. 줄 세우기 유형의 경우 한 행이 하나의 경우를 나타내도록 하는 것이 좋다. O, X로 도식을 채우는 방법으로 푸는 사람도 있는데 변수끼리 1:1의 경우 O, X는 비효율적이다. 또한 변수의 종류가 3가지 이상인 경우 2가지 변수만을 고려하는 O, X의 방법으로는 모든 정보를 한 도식에 담기 어렵기 때문에 선택지를 판별하는 과정에서 정보를 종합해야하는 번거로움이 있다. 다음의 예시를 O, X로 정리해보자.

A, B, C, D, E, F는 퇴근카드를 찍기 위해 일렬로 줄을 선다. 다음을 참고하여 항상 참인 것을 고르시오.
- F는 4번째로 줄을 선다.
- F와 E 사이에는 1명이 줄을 선다.

	1	2	3	4	5	6
A				X		X
B				X		X
C				X		X
D				X		X
E	X	X	X	X	X	O
F	X	X	X	O	X	X

Case 1

	1	2	3	4	5	6
A		X		X		
B		X		X		
C		X		X		
D		X		X		
E	X	O	X	X	X	X
F	X	X	X	O	X	X

Case 2

F를 고정한 후 E가 6번째로 줄서는 경우와 2번째로 줄서는 경우로 나눴다. F가 4번째라는 정보를 표현하기 위해 수많은 X를 그려야 한다. 더불어 경우가 나뉠 때 같은 도식을 추가로 그려야하는 번거로움도 있다. 기준변수는 앞서 설명한 것처럼 순서로 두고 한 행이 경우를 나타내도록 도식을 그려보자. O, X로 채우는 도식보다 Case 나뉨을 표현하기 용이하다.

	1	2	3	4	5	6
Case 1				F		E
Case 2		E		F		

3 빗금 활용하기

조건추리 전반에 적용할 수 있는 팁이다. 도식을 채우다보면 칸에 들어가는 값을 바꿀 수 있을 경우가 있다. 이를 경우를 새로 나누는 것보다 빗금을 활용하여 정리하면 보다 편리하다. 다만 빗금을 너무 자주 쓰는 경우 헷갈릴 수 있으니 문제를 풀며 본인만의 허용범위를 설정해두자.

> A, B, C, D, E, F는 퇴근카드를 찍기 위해 일렬로 줄을 선다. 다음을 참고하여 항상 참인 것을 고르시오.
> - F는 4번째로 줄을 선다.
> - F와 E 사이에는 1명이 줄을 선다.
> - A와 B는 인접하게 줄을 선다.

E는 2번째 또는 6번째로 줄을 선다. E가 2번째로 줄을 서는 경우를 Case 2라 명명하고 Case 2만 살펴보자. A와 B가 인접하게 줄을 선다. A가 먼저일 수도 있고 B가 먼저일 수도 있다. 둘의 순서를 바꿀 수 있다. 이를 다음과 같이 경우를 나누어 풀어도 되지만 한 행을 더 그리기 손이 많이 간다.

	1	2	3	4	5	6
Case 2.1		E		F	A	B
Case 2.2		E		F	B	A

이를 조금이라도 간소화하기 위해 다음과 같이 빗금(/)을 활용하여 A와 B의 자리를 바꿀 수 있다고 표기해보자.

	1	2	3	4	5	6
Case 2		E		F	A/B	B/A

4 3가지 변수의 접근

줄 세우기 유형은 변수가 3가지로 출제되더라도 일반적으로 기준변수를 순차성을 띄는 변수로 두는 것이 편하다. 기준 변수가 아닌 나머지 변수들은 각 행에 두어 정리해보자.

> 갑 팀인 A, B와 을 팀인 C, D와 병 팀인 E, F는 퇴근카드를 찍기 위해 일렬로 줄을 선다. 다음을 참고하여 항상 참인 것을 고르시오.
> - F는 4번째로 줄을 선다.
> - 갑 팀은 1번째와 3번째로 줄을 선다.
> - C는 2번째 또는 5번째로 줄을 선다.

갑 팀이 1, 3번째로 줄을 선다. 이를 토대로 A, B가 1, 3번째로 줄을 서지만 둘 중 누가 1번째인지는 알 수 없다. 한 표에 모든 정보를 볼 수 있도록 한 행에 사람, 다른 한 행에 소속팀을 두자. 더불어 C는 2번째 또는 5번째로 줄을 선다. 이를 토대로 경우를 나누면 다음과 같다.

	1	2	3	4	5	6
Case 1	A/B	C	B/A	F		
	갑	을	갑	병		
Case 2	A/B		B/A	F	C	
	갑		갑	병	을	

참고로 Case 1과 2는 A, B의 위치에 따라 2가지 경우로 더 나뉘지만 간단한 도식화를 위해 빗금을 활용했다. 사람마다 3가지 변수를 대하는 방식이 조금 다르기도 하다. 기준 변수 위에 팀을 적는 방법과 사람 옆에 팀을 적는 방법도 소개한다. 본인이 편한 방식으로 풀어봤으면 한다.

갑		갑	병	을	
1	2	3	4	5	6
A		B	F	C	

기준 변수 위에 팀을 적는 방법

1	2	3	4	5	6
A갑	C을	B갑	F병		

사람 옆에 팀을 적는 방법

필수 유형 연습

예제 01 A, B, C, D, E는 입사성적 상위 5명이다. 등수가 같은 인원은 없고 선택지의 왼쪽부터 1등이라 할 때 〈보기〉를 참고하여 이들이 등수로 적절한 것을 고르시오.

〈 보 기 〉

- B와 D의 등수는 1이 차이나며 D의 입사성적이 B의 입사성적보다 낮다.
- A는 C보다 입사성적이 높지 않다.
- D의 등수는 5등이 아니고 E의 등수는 짝수다.
- C의 등수가 1등이라면 A는 4등이다.

① A – E – B – D – C
② B – D – C – E – A
③ B – C – D – E – A
④ C – B – D – A – E
⑤ C – B – D – E – A

치트키 풀이

선택지에 정보가 많다. 〈보기〉의 조건을 토대로 선택지를 소거하자.
– B와 D의 등수는 1이 차이나며 D의 입사성적이 B의 입사성적보다 낮다.
→ ③번 소거
– A는 C보다 입사성적이 높지 않다.
→ ①번 소거
– D의 등수는 5등이 아니고 E의 등수는 짝수다.
→ ④번 소거
– C의 등수가 1등이라면 A는 4등이다.
→ ⑤번 소거

일반 풀이

B 다음으로 성적이 높은 사람은 D다. B가 1등이면 D가 2등이다. B를 기준으로 1등인 경우, 2등인 경우, 3등인 경우, 4등인 경우로 나누어 고민해보자.

	1등	2등	3등	4등	5등
Case 1	B	D			
Case 2		B	D		
Case 3			B	D	
Case 4				B	D

D의 등수는 5등이 아니다. Case 4는 조건을 만족하지 않는다. E의 등수는 짝수다. Case 1, 2, 3에 E를 배정하자. A는 C보다 입사 성적이 높지 않다. 등수가 같은 사람이 없으니 C가 A보다 성적이 높다고 알 수 있다. 남은 두 등수에 C, A 순서로 기입하자.

	1등	2등	3등	4등	5등
Case 1	B	D	C	E	A
Case 2	C	B	D	E	A
Case 3	C	E	B	D	A

아직 고려하지 않은 C의 등수가 1등이라면 A의 등수가 4등이라는 조건을 고민해보자. C의 등수가 1등이라는 조건부(=전건)는 Case 2, 3을 의미한다. 그런데 Case 2, 3 모두 4등은 A가 아니다. 따라서 모든 조건을 만족하는 경우는 Case 1이다.

정답 ▶ ②

예제 02 A, B, C, D, E, F는 구내식당 입장을 위해 일렬로 줄을 선다. 이들이 식사할 메뉴는 한식, 중식, 양식이고 인당 한 메뉴만 먹는다. 각 메뉴별로 식사하는 인원이 2명씩이라 할 때 〈보기〉를 토대로 항상 참인 것을 고르시오.

〈 보 기 〉

- 같은 메뉴를 먹는 인원끼리 인접하게 줄을 서지 않는다.
- 4번째로 줄을 서는 사람은 양식을 먹을 예정이다.
- D와 E는 같은 메뉴를 먹을 예정이다.
- B 바로 뒤에 F가 줄을 선다.
- F는 한식을, A는 양식을 먹을 예정이다.
- C는 2번째로 줄을 선다.

① 1번째로 줄을 서는 사람은 양식을 먹을 예정이다.
② 2번째로 줄을 서는 사람은 중식을 먹을 예정이다.
③ 3번째로 줄을 서는 사람은 한식을 먹을 예정이다.
④ 5번째로 줄을 서는 사람은 한식을 먹을 예정이다.
⑤ 6번째로 줄을 서는 사람은 중식을 먹을 예정이다.

일반 풀이

메뉴에 대한 정보가 많다. 이들이 어떤 메뉴를 먹는지 먼저 확인해보자. F는 한식, A는 양식을 먹는다. D와 E는 같은 메뉴를 먹는데 메뉴별 식사하는 인원이 2명씩이기 때문에 D와 E는 한식, 양식을 먹지 않는다. D와 E는 중식을 먹는다.
한식: F / 중식: D, E / 양식: A

B 바로 뒤에 F가 줄을 선다. 같은 메뉴를 먹는 인원끼리 인접하게 줄을 서지 않는다는 조건을 보며 B는 F가 먹는 한식을 먹지 않는다고 알 수 있다. B는 양식을 먹고 아직 언급하지 않은 C는 한식을 먹는다.
한식: F, C / 중식: D, E / 양식: A, B

자리를 배치해보자. C를 2번째 자리에 두고 양식을 먹는 사람만 가능한 4번째 자리에 A가 오는 경우와 B가 오는 경우로 나누어 고민해보자.

	1	2	3	4	5	6
Case 1		C(한)		A(양)		
Case 2		C(한)		B(양)	F(한)	

A가 4번째로 줄을 서는 경우 B, F가 연달아 줄을 설 곳이 없다. B가 5번째로 줄을 서는 경우 같은 메뉴를 먹는 인원끼리 인접하게 줄을 서지 않는다는 조건을 만족하지 않는다. Case 2에서 양식을 먹는 A는 3번째로 줄을 서지 않는다. A가 1번째로 줄을 서는 경우와 6번째로 줄을 서는 경우로 경우를 나눠보자.

	1	2	3	4	5	6
Case 2.1	A(양)	C(한)	중	B(양)	F(한)	중
Case 2.2	중	C(한)	중	B(양)	F(한)	A(양)

정답 ▶ ④

예제 03 A, B, C, D, E, F, G는 7층의 건물 각 층에 거주한다. 이들 중 3명이 반려동물을 키우고 반려동물을 키우지 않는 인원끼리 인접하게 거주하지 않는다고 할 때 〈보기〉를 토대로 항상 참인 것을 고르시오.

〈보 기〉

- G의 바로 위층에 C가 거주한다.
- D와 F는 반려동물을 키운다.
- B와 E가 거주하는 층 사이에 1명이 거주한다.
- A는 5층에 거주한다.

① B는 1층에 거주한다.
② G는 6층에 거주한다.
③ D는 4층에 거주한다.
④ F는 2층에 거주한다.
⑤ E는 3층에 거주한다.

일반 풀이

제약사항을 통해 틀을 정리하자. 7명 중 3명이 반려동물을 키우고 반려동물을 키우지 않는 사람끼리 인접하게 거주하지 않는다. 2, 4, 6층에 거주하는 사람이 반려동물을 키운다고 알 수 있다. D, F가 반려동물을 키우고 G 바로 위층에 C가 거주한다. G인지 C인지는 모르겠지만 둘 중 1명도 반려동물을 키운다.

A를 5층에 고정 후 반려동물을 키우지 않는 B와 E 사이에 1명이 거주하는 경우를 고민해보자. B와 E는 1/3층, 3/5층, 5/7층에 거주할 수 있는데 이미 A가 5층에 거주하니 B와 E는 1층과 3층에 산다. 하지만 아직 누가 1층인지 확정할 수 없다.

1층	2층	3층	4층	5층	6층	7층
B/E		E/B		A		

G 바로 위에 C가 거주한다. G, C를 6층과 7층에 배정하자. 남은 2층과 4층은 D와 F의 층이고 누가 어느 층에 사는지는 확정할 수 없다.

1층	2층	3층	4층	5층	6층	7층
B/E	D/F	E/B	F/D	A	G	C

위 도식에서 빗금으로 둘이 자리를 바꿀 수 있음을 표현했다. 이를 풀어서 도식화하면 다음과 같다.

1층	2층	3층	4층	5층	6층	7층
B	D	E	F	A	G	C
B	F	E	D	A	G	C
E	D	B	F	A	G	C
E	F	B	D	A	G	C

정답 ▶ ②

02 테이블

필수 이론

유형 설명

- 원형, 육각형, 사각형 등의 테이블의 형태로 문제의 상황을 제시한다.
- 전통적으로 자주 나오는 유형이었지만 최근 1년간 출제 트렌드를 봤을 때 잘 출제되지는 않는다.
- 총 30문제 중 0~2문제가 출제된다.

풀이 TIP

- 일반적으로 마주 보고 앉는다는 조건을 고정조건처럼 사용할 수 있다.
- 자리를 바꿀 수 있는 반고정조건을 확인한다.
- 도식을 그릴 때 ✳과 같이 선을 그어 간략히 표현한다.

1 마주 보고 앉는다는 조건

테이블 문제에서 고정조건처럼 활용할 수 있는 건 마주본다는 조건이다. A와 B가 마주본다고 할 때 이를 먼저 고정 후 문제를 풀이하는 것이 좋다. A와 B가 자리를 바꿀 수 있다고 생각할 수 있지만 테이블을 회전하면 마찬가지이기 때문에 A, B를 고정 후 문제를 풀이할 수 있다. 다만 자리에 번호, 도착순서 등이 정해진 경우 마주본다는 조건에 해당된 사람이 자리를 바꾸는 경우도 확인해야 한다.

2 서로 인접하지 않는다는 조건

서로 인접하지 않는다는 조건을 제시할 때가 있다. 6명이 앉는 테이블에서 갑 팀이 3명, 을 팀이 2명, 병 팀이 1명으로 나뉘는 경우 3명은 삼각형 또는 역삼각형의 형태로 앉는다.

다만 인당 한 팀에 속하고 6명이며 같은 팀인 사람끼리 이웃하게 앉지 않는다는 문제에서 자주 실수하기도 한다. 현재 주어진 상황에서는 팀별 인원이 몇 명인지 모르는데 무조건 삼각형을 그리며 앉는다고 착각하는 경우다. 다음의 예시와 같이 각 팀의 인원이 2명인 경우 꼭 삼각형을 그리며 앉지 않는다.

3 부등호 처리

조건추리 전반에 적용할 수 있는 팁이다. 〈보기〉의 조건에서 크다, 작다, 크거나 같다, 작거나 같다 등의 조건이 있을 때 >, <, ≥, ≤의 기호로 정리하는 것보다 숫자를 대입하며 경우를 뽑아 단순하게 인식할 수 있도록 만드는 작업이 필요하다.

A, B, C, D, E, F는 원형의 테이블에 동일한 간격으로 앉는다. 같은 팀인 인원끼리 인접하게 앉지 않는다고 할 때 다음을 참고하여 항상 참인 것을 고르시오. • 갑 팀인 인원은 을 팀 인원보다 많다. • 병 팀의 소속원은 1명이다.

위 예시에서 '갑 > 을'과 같이 〈보기〉를 정리하지 말고 숫자를 대입하여 가능한 경우를 뽑아보자. 갑 팀은 3명, 을 팀은 2명, 병 팀은 1명으로 정리할 수 있다. 같은 팀원끼리 인접하게 앉지 않기 때문에 갑 팀인 3명은 삼각형 또는 역삼각형을 그리며 앉는다고 알 수 있다. 이를 제약사항 또는 고정조건처럼 활용할 수 있다.

다만 팀원이 2명, 2명, 2명으로 나뉘는 경우 삼각형 모양을 보장하지 않는다. 전체 인원 수와 팀원인 인원 수를 확인한 후 삼각형 모양을 떠올리자.

4 도식 간략화

원형 테이블에 6명이 앉는 문제나 육각형 테이블에 6명이 앉는 문제는 같은 유형이라 봐도 무방하다. 테이블 모양을 그리는 것보다 인원수에 따라 다음의 모양을 그린 후 문제를 풀이하는 것이 보다 편리하다. 특히 인원이 많을 경우 도식의 오와 열이 맞지 않게 그렸다면 마주보는지 아닌지 등을 헷갈릴 때가 있는데 이런 실수를 방지하기 용이하다.

정리하기에 용이하다는 것이지 경우가 여럿이 나뉨에도 한 도식에 모든 것을 정리해야 한다는 것은 아니다. 풀이 초반에 경우가 나뉘면 테이블을 1~2가지 더 그려 정리하는 것이 보다 수월하다. 경우가 나뉘는 것을 모두 머리로 기억하고 푸는 방법은 생각보다 시간이 더 소모되고 정답률이 낮다. 경우를 나누어 정리하는 예시는 이어지는 '5. 3가지 변수의 접근'에서 들겠다.

5 3가지 변수의 접근

변수의 종류가 3가지가 되더라도 테이블의 모양을 중심으로 한 뒤 자리에 앉는 사람과 팀과 같은 추가 정보를 함께 정리하여 혼란을 줄여보자. 도식하는 방법을 예시로 들면 다음과 같다.

> 1학년인 A, B, C, 2학년인 D, E, 3학년인 F가 원탁에 같은 간격으로 앉아 회의한다. 다음을 참고하여 반드시 거짓인 것을 고르시오.
> • 학년이 같은 학생끼리 인접하게 앉지 않는다.
> • C는 D와 인접하게 앉는다.
> • A와 F는 마주 보고 앉는다.

A와 F를 마주보는 자리에 고정하자. 1학년이 3명이고 학년이 같은 학생끼리 인접하게 앉지 않기 때문에 삼각형을 그리며 앉는다.

B와 C는 F와 인접한 두 자리에 앉는다. 하지만 누가 F의 오른쪽에 앉는지 알 수 없다. 풀이 초반이기에 경우를 나눠보자. 그러면서 C와 D를 인접하게 앉도록 정리하자. 남은 한 자리는 언급하지 않은 E의 자리다.

필수 유형 연습

예제 01 A, B, C, D, E, F는 저녁 식사를 위해 한 식당에 모인다. 본인이 도착한 순서와 동일한 숫자의 자리에 앉고 동시에 도착한 사람은 없다고 할 때 〈보기〉를 토대로 항상 참인 것을 고르시오.

〈보 기〉

- C는 E보다 먼저 식당에 도착한다.
- A와 B는 마주보는 자리에 앉는다.
- F는 3번째로 식당에 도착한다.
- D는 홀수 번째로 식당에 도착한다.

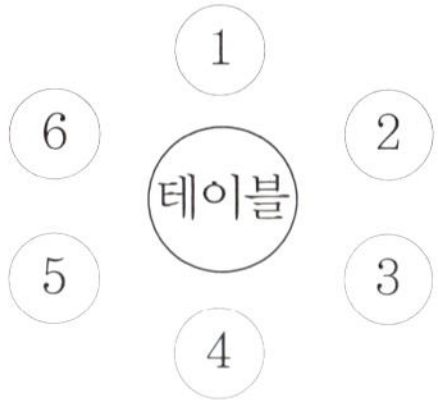

① A와 D는 서로 인접한 자리에 앉는다.
② E와 F는 서로 마주보는 자리에 앉는다.
③ B와 인접한 왼쪽 자리에 D가 앉는다.
④ D와 C는 서로 인접한 자리에 앉는다.
⑤ A와 인접한 오른쪽 자리에 C가 앉는다.

일반 풀이

F를 3번 자리에 고정하자. A와 B가 마주보고 앉는다. A와 B는 1, 4번 자리에 앉거나 2, 5번 자리에 앉고 A와 B의 자리는 서로 바꿀 수 있다. 1, 3, 5의 홀수 중 2가지 자리의 주인이 정해졌다. 홀수 중 나머지 한 자리에 D를 배정하자. 이제 남은 자리는 둘이다. C에게 남은 두 자리 중 숫자가 적은 자리를 배정하자. A와 B의 자리를 바꿀 수 있는 건 AB 또는 BA로 표현했다.

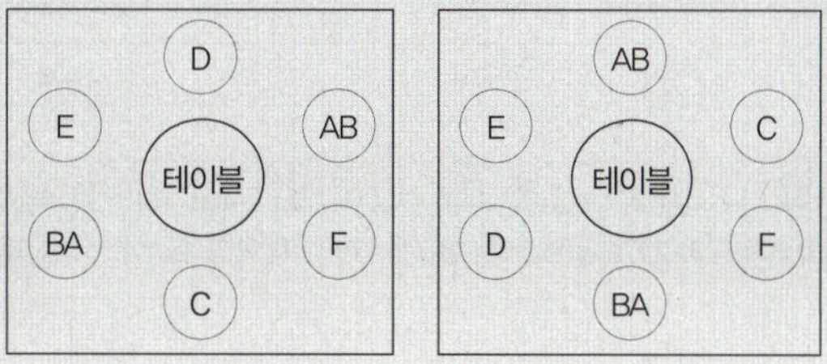

Case 1 Case 2

정답 ▶ ②

예제 02 가 팀 소속 3명, 나 팀 소속 2명, 다 팀 소속 1명으로 이뤄진 A, B, C, D, E, F는 육각형의 테이블 모서리에 놓인 의자에 각각 앉아 회의한다. 같은 팀끼리 이웃하게 앉지 않는다고 할 때 〈보기〉를 토대로 항상 참인 것을 고르시오.

〈보 기〉

- C와 인접한 왼쪽 자리에 D가 앉는다.
- E와 A는 마주보는 자리에 앉는다.
- B와 C는 같은 팀이다.

① E가 가 팀이라면 A는 다 팀이다.
② D가 나 팀이라면 F는 다 팀이다.
③ C가 가 팀이라면 D는 나 팀이다.
④ F가 나 팀이라면 B는 가 팀이다.
⑤ D가 다 팀이라면 C는 나 팀이다.

일반 풀이

육각형의 테이블에 앉든 원형의 테이블에 앉든 기본 원리는 동일하다. 같은 팀끼리 이웃하게 앉지 않는다는 조건을 통해 소속원이 3명인 가 팀의 인원은 삼각형 또는 역삼각형의 모양을 그리며 앉는다고 알 수 있다.
E와 A가 마주보는 자리에 앉는다. 자리를 고정하자. 그러면서 E와 A는 같은 팀이 아니라고 알 수 있다. C와 D를 배치 후 B와 C가 같은 팀인 점을 고려해보자. B와 C가 마주보는 자리에 앉을 수 없다. C와 마주보는 자리가 아닌 남은 한 자리에 B를 배정하자.

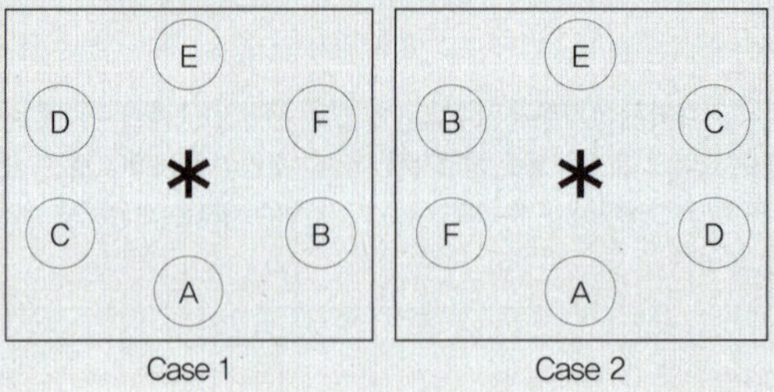

아직 이들이 어느 팀 소속인지는 알 수 없다. 선택지의 조건을 고려하며 문제를 풀어보자. F가 나 팀인 경우 Case 1에서는 E, C, B가 가 팀이고 Case 2에서는 B, C, A가 가 팀이다.

정답 ▶ ④

O, X 채우기

필수 이론

유형 설명

- 변수의 종류가 2가지이고 변수끼리의 관계가 다:다인 경우 용이하다.
- 상동(≡), 부분집합(⊂), 교집합(∩), 겹치지 않음 등의 관계를 나타난 조건에 유의한다.
- 총 30문제 중 1~2문제가 출제된다.

풀이 TIP

- 고정조건을 토대로 표 안에 O 또는 X를 기입한다.
- 제약사항을 토대로 남은 칸의 O, X를 추리한다.
- 문제의 상황과 〈보기〉의 조건을 만족하는 경우가 1~2가지 정도일 확률이 높기 때문에 일반적으로 경우가 나뉘는 칸은 빈 칸으로 두고 풀이하는 편이 낫다.

1 변수로 파악하는 O, X 유형

앞서 '필수 유형 1. 줄 세우기'에서 O, X는 변수끼리 1:1 관계일 때 공간을 많이 차지하고 손이 많이 가기 때문에 용이하지 않다고 전했다. 하지만 문제에서 변수의 종류가 2가지이고 변수끼리 다:다(n:m 또는 多:多) 관계를 형성할 때 각 변수를 축으로 두고 값을 O 또는 X로 채우는 것이 보다 직관적이다.

> A, B, C, D는 주황, 분홍, 보라, 자주 중 최대 3개까지 색을 고른다. 다음을 참고하여 항상 거짓인 것을 고르시오.
> • A는 자주를 고르지 않았다.
> • 주황을 고른 사람은 2명이다.
> • B는 분홍색을 고른다.

예시를 토대로 도식을 그리고 바로 알 수 있는 조건을 채워보자.

	A	B	C	D
주황(2)				
분홍		O		
보라				
자주	X			

'B: 분홍'과 같이 글로 정리하는 것보다 O, X로 표기하는 장점은 B가 분홍 외에 다른 색을 고르지 않은 것인지 아직 판별하지 못 한건지 쉽게 확인할 수 있다. 글로 정리한다면 'B: 분홍, ~보라'와 같이 선택하지 않음을 표기할 수는 있지만 가로, 세로축으로 바로 확인할 수 있는 O, X만큼 직관적이지는 않다. 주황을 고른 사람이 2명인데 2명인지 아닌지 세어보며 확인해야하는 것보다 바로 눈으로 확인하는 것이 더 편리하다.

* 참고
  설명하기 위해 '~보라'를 언급했지 아직은 B가 보라를 고르지 않았다고 확정할 수 없다. 또한 ~은 not을 의미한다. 편의상 보라로 적어도 무방하다.

2 상동(≡), 부분집합(⊂), 교집합(∩), 겹치지 않음

조건추리 전반에 쓸 수 있는 내용이다. 상동(≡), 부분집합(⊂), 교집합(∩), 겹치지 않음은 O, X로 채우는 문제에서 자주 나오기 때문에 해당 유형에서 설명하겠다.

A, B, C, D는 주황, 분홍, 보라, 자주 중 최대 3개까지 색을 고른다. 다음을 참고하여 항상 거짓인 것을 고르시오.
- A는 자주를 고르지 않았다.
- 주황을 고른 사람은 2명이다.
- B가 고른 색 모두를 C도 고른다.
- A가 고른 색과 D가 고른 색은 겹치지 않는다.
- A와 B가 고른 색은 같다.
- B는 분홍색을 고른다.

추가된 조건에 따라 내용을 더 채우면 다음과 같다. 칸을 채운 이유와 함께 각 조건을 어떻게 다룰지 확인하자.

	A	B	C	D
주황(2)	X(4)	X(4)	O(4)	O(4)
분홍	O(1)	O	O(2)	X(3)
보라				
자주	X	X(1)		

(1) A와 B가 고른 색이 같다. 따라서 A는 분홍을 고르고 B는 자주를 고르지 않는다.
(2) B가 고른 색 모두를 C도 고른다. B가 고른 분홍을 C도 고른다.
(3) A가 고른 색과 D가 고른 색은 겹치지 않는다. D는 A가 고른 분홍을 고르지 않는다.
(4) 주황을 고른 사람이 2명이다. A, B가 주황을 고르면 C도 주황을 골라야 한다. 따라서 A, B는 주황을 고르지 않고 C와 D가 주황을 고른다.

2.1. 자주 실수하는 내용

- B가 고른 색 모두를 C도 고른다.

  'B ⊂ C'의 관계를 형성한다. C는 B가 고른 색 이외에 추가로 색을 고를 수 있다. 다시 말해 B가 분홍을 고른다고 했을 때 C는 분홍, 자주와 같이 추가로 색을 더 고를 수 있다. 부분집합을 보이는 조건을 가지고 'B ≡ C'와 같이 상동이라 오해하는 실수가 잦다. 포함인지 상동인지 꼭 잘 살펴봐야 한다.

  만약 인당 고르는 색이 2가지씩이라고 같은 가지 수를 선택한다면 'B가 고른 색 모두를 C도 고른다.'는 조건이 포함을 의미하지만 'B ≡ C'라고 이해할 수 있다. B가 2가지 색을 고르고 C도 2가지 색을 고르니 C는 B가 고른 모든 색을 고르고 B가 고르지 않은 색은 C도 고르지 않았다고 알 수 있다. 문제의 상황, 제약사항 등에 따라 해석이 달라질 수 있으니 유의하자. 이런 부분은 문제를 많이 풀고 점검하며 개인 경험치를 쌓아 가야하는 영역으로 생각된다.

- A가 고른 색과 D가 고른 색은 겹치지 않는다.

  D는 A가 고른 색을 고르지 않는다. 하지만 A가 고르지 않았다고 하여 D가 고른다고 할 수 없다. 둘 다 고르지 않는 색이 있을 수 있다. 자주 실수하는 내용 중 하나이니 주의하자.

  만약 4가지 색상 중 A도 2가지 색상을 고르고 D도 2가지 색상을 고른다면 A가 고르지 않은 색을 D가 고른다고 판별할 수 있다. 위 예시와 함께 예를 들면 A가 주황, 분홍을 고르면 D는 보라, 자주를 고른다. 색이 총 4가지이니 가능하다. 만약 색이 5가지이고 A, D가 2가지 색상을 고른다면 A가 고르지 않았다고 하여 D가 고른다고 할 수 없다. 위 설명과 마찬가지로 문제의 상황, 제약사항 등에 따라 해석이 달라질 수 있다는 점을 유의하자.

- A와 B가 고른 색은 같다.

  상동이다. A가 고른 색을 B가 골랐고 A가 고르지 않은 색을 B가 고르지 않았다고 알 수 있다.

3 3가지 변수의 접근

O, X 채우기는 변수의 종류가 2가지인 문제에서 용이하다. O, X 채우기 유형처럼 보이는데 변수의 종류가 3가지라면 일반적으로 '필수 유형 1. 줄 세우기' 또는 '필수 유형 9. 정보정리'의 3가지 변수 접근법을 추천한다.

필수 유형 연습

예제 01 A, B, C, D는 진돗개를 키운다. 이들이 키우는 진돗개는 털색에 따라 백구, 호구, 황구, 재구로 나뉜다. 각자 키우는 진돗개가 2종류 이상이라고 할 때 〈보기〉를 참고하여 반드시 거짓인 것을 고르시오.

〈 보 기 〉

- B가 키우는 종류의 진돗개를 D도 키운다.
- A가 키우는 종류의 진돗개를 C는 키우지 않는다.
- A와 D만 호구를 키운다.
- 황구를 키우는 사람은 1명뿐이다.

① C는 재구를 키운다.
② A는 백구를 키운다.
③ D는 황구를 키운다.
④ B는 재구를 키운다.
⑤ C는 황구를 키운다.

일반 풀이

사람을 기준으로 키우는 진돗개가 2종류 이상이다. O, X로 표를 채워 직관성을 높여보자. A, D만 호구를 키운다. B가 키우는 종류의 진돗개를 D도 키우기 때문에 B는 1명만 키우는 황구를 키우지 않는다. 인당 키우는 진돗개가 2종류 이상이기 때문에 B는 백구와 재구를 키운다. B가 키우는 종류의 진돗개를 D도 키운다. 이를 통해 D는 백구와 재구도 키운다고 알 수 있다.

	백구	호구	황구(1)	재구
A		O		
B	O	X	X	O
C		X		
D	O	O		O

A와 C가 키우는 진돗개의 종류가 다르다. 만약 D가 황구를 키운다면 인당 키우는 진돗개의 종류가 2종류 이상이기 때문에 A와 C가 키우는 진돗개의 종류가 겹친다. 따라서 D는 황구를 키우지 않는다.

	백구	호구	황구(1)	재구
A		O		
B	O	X	X	O
C		X		
D	O	O	X	O

정답 ▶ ③

예제 02 A, B, C, D는 매일 견과류를 챙겨먹는다. 이들이 먹는 견과는 땅콩, 아몬드, 호두이고 인당 1가지 이상의 견과를 먹는다고 할 때 〈보기〉를 참고하여 항상 거짓인 것을 고르시오.

〈 보 기 〉

- C는 아몬드를 먹는다.
- A가 먹는 견과를 D도 먹는다.
- B와 C가 먹는 견과는 서로 다르다.
- B와 D가 먹는 견과 중 1가지가 같다.
- 호두를 먹는 사람은 2명이다.
- 땅콩을 먹는 사람은 1명이다.

① D는 아몬드를 먹는다.
② C는 호두를 먹는다.
③ D는 호두를 먹는다.
④ A는 아몬드를 먹는다.
⑤ C는 땅콩을 먹는다.

일반 풀이

인당 1가지 이상의 견과를 먹는다. 한 축에 견과를 놓고 한 축에 사람을 둔 후 O, X로 채우며 직관적으로 문제를 풀어보자. C는 아몬드를 먹고 호두를 먹는 사람은 2명, 땅콩을 먹는 사람은 1명이다.

	A	B	C	D
땅콩(1)				
아몬드			O	
호두(2)				

B와 C가 먹는 견과는 다르다. 따라서 B는 아몬드를 먹지 않는다. A가 먹는 견과를 D도 먹는다. 땅콩은 1명만 먹기 때문에 A는 땅콩을 먹지 않는다. B와 D가 먹는 견과 중 1가지가 같다. 이미 B는 아몬드를 먹지 않고 땅콩은 1명만 먹기 때문에 B와 D가 먹는 견과중 겹치는 견과가 땅콩이라 볼 수 없다. B와 D는 호두를 먹는다.

	A	B	C	D
땅콩(1)	X			
아몬드		X	O	
호두(2)		O		O

남는 칸을 채워보자. C는 땅콩을 먹는다. 호두를 먹는 2명이 확정됐기에 A, C는 호두를 먹지 않는다. 인당 1가지 이상의 견과를 먹기 때문에 A는 아몬드를 먹는다. A가 먹는 견과를 D도 먹기 때문에 D도 아몬드를 먹는다.

	A	B	C	D
땅콩(1)	X			
아몬드	O	X	O	O
호두(2)	X	O	X	O

정답 ▶ ②

예제 03 A, B, C, D는 반찬을 골라서 결제할 수 있는 식당을 찾았다. 이들이 추가로 고른 반찬은 장아찌, 겉절이, 콩자반, 소세지이고 모두 하나 이상의 반찬을 고른다. 〈보기〉를 참고하여 항상 거짓인 것을 고르시오.

〈보 기〉

- 4가지 반찬을 모두 고른 사람은 1명이다.
- B가 고른 반찬을 C도 모두 고른다.
- A와 D가 고른 반찬 중 1가지 반찬이 겹친다.
- C와 A가 고른 반찬은 서로 겹치지 않는다.
- A는 장아찌를 고르고 B는 겉절이를 고른다.

① 겉절이를 고른 사람은 3명이다.
② 소세지를 고른 사람은 2명이다.
③ 장아찌를 고른 사람은 3명이다.
④ 콩자반을 고른 사람은 3명이다.
⑤ 소세지를 고른 사람은 3명이다.

일반 풀이

4가지 반찬을 모두 고른 사람은 1명이고 모두 하나 이상의 반찬을 고른다. B가 고른 반찬을 C가 모두 고른다. B가 4가지 반찬을 모두 고른 사람이라면 C도 4가지 반찬을 모두 고른 사람이 되는데 이는 4가지 반찬을 고른 사람이 1명이라는 조건을 만족하지 않는다. C와 A가 고른 반찬은 서로 겹치지 않는다. C가 4가지 반찬을 고른다면 A는 아무 반찬도 고르지 않는다. 하나 이상의 반찬을 고른다는 조건을 만족하지 않는다. A가 4가지 반찬을 고른 경우도 마찬가지다. A, C 둘 다 4가지 반찬을 고르지 않는다. 결국 4가지 반찬을 고른 사람은 D이다.
A가 장아찌, B가 겉절이, D가 4가지 반찬을 고른다는 정보를 O, X로 기입하는 표에 넣자. 그러면서 A와 D가 고른 반찬 중 1가지 반찬이 겹친다. D가 4가지를 다 고르기 때문에 A는 장아찌만 고른다.

	A	B	C	D
장아찌	O			O
겉절이	X	O		O
콩자반	X			O
소세지	X			O

C와 A가 고른 반찬은 다르기 때문에 C는 장아찌를 고르지 않는다. B가 장아찌를 고르면 C도 장아찌를 골라야 한다. 이미 C가 장아찌를 고르지 않는다고 알고 있으니 B도 장아찌를 고르지 않는다. B가 고른 반찬을 C도 고르기 때문에 C도 겉절이를 고른다.

	A	B	C	D
장아찌	O	X	X	O
겉절이	X	O	O	O
콩자반	X			O
소세지	X			O

[오답 점검]
C와 A가 고른 반찬은 서로 겹치지 않는다는 조건을 보고 A가 고르지 않은 반찬을 C가 꼭 골랐다고 볼 수 없다.

정답 ▶ ③

2×n, 3×3

필수 이론

유형 설명

- 최근 트렌드를 보면 2×3, 2×4, 3×3 형태의 문제는 한 문제는 꼭 출제된다고 볼 수 있다.
- 일부 칸에 값이 오지 않는 문제도 자주 출제된다.
- 고정조건 – 반고정조건의 순서로 도식을 채우고 경우를 나눈다.
- 총 30문제 중 1~2문제가 출제된다.

풀이 TIP

- 고정조건 및 제약사항을 토대로 경우의 수를 줄인다.
- 자리를 바꿀 수 있는 반고정조건을 확인한다. 일반적으로 반고정조건으로 경우를 나누는 경우 머리로 처리하는 것 보다 도식을 1~2가지 더 추가로 그리는 풀이 방법이 보다 빠르다.
- 빈 칸은 경우가 나뉨을 의미한다. 쉬운 문제일 때 경우가 나뉘게 되면 새로 도식을 추가하여 그리는 것보다 빈 칸을 두고 나뉠 수 있는 경우를 이해한 채 문제를 푸는 것도 방법이다.
- '미정' 칸을 〈보기〉에서 제시한 정보를 한 눈에 볼 수 있도록 한다.

1 주어진 틀 그대로 활용

2 × n, 3 × 3 유형은 문제에 도식의 틀을 제공하는 경우가 많다. 본인만의 도식화 방법을 토대로 새로 정리하지 말고 주어진 도식을 그대로 활용해보자. 만약 도식을 주지 않는다면 행과 열 또는 층과 좌/우 등의 지표를 주기에 이를 토대로 도식을 그린 후 문제의 상황과 〈보기〉에서 주는 정보를 채워보자. 예를 들면 다음과 같다.

> A, B, C, D, E는 3행 2열로 배치된 사물함을 한 칸씩 사용한다. 1행 2열에 위치한 사물함은 아무도 사용하지 않는다고 할 때 다음을 참고하여 C가 사용하는 사물함의 위치를 고르시오.
> - A와 D는 같은 행에 위치한 사물함을 사용한다.
> - E는 2행 1열에 위치한 사물함을 사용한다.

추리
삼단논법 진실게임 조건추리 도형추리 도식추리 문단배열 논리추론

따로 틀을 주지는 않았지만 3행 2열의 칸을 그리고 정보를 채워보자. 고정조건인 E가 2행 1열 사용, 빈 사물함은 1행 2열이라는 정보를 정리하자(설명의 편의를 위해 1행, 2행 등의 정보를 기입했지만 실제 풀이에서는 적을 필요가 없다).

1행		X
2행	E	
3행		
	1열	2열

A와 D는 3행에 위치한 사물함을 사용한다. 각 행에 두 칸의 사물함이 있는데 1행은 아무도 사용하지 않는 사물함이 있고 2행의 두 칸 중 한 칸의 사물함은 E가 사용한다. 따라서 A와 D는 3행의 사물함을 사용한다. 다만 누가 3행 1열의 사물함을 사용하는지는 확정할 수 없다. 이를 '필수 유형 1. 줄세우기' 중 '3. 빗금 활용하기'에서 언급한 것처럼 빗금을 활용하여 간략하게 정리해보자.

1행		X
2행	E	
3행	A/D	D/A
	1열	2열

2 경우의 나뉨

2 × n, 3 × 3의 유형은 문제에 도식이 X, Y 축으로 이뤄질 확률이 높아 경우가 나뉘는 것을 머리로 기억하기가 어렵다. 기억하며 풀 수 있다고 하더라도 풀이속도가 저하된다. 따라서 경우가 나뉘는 것을 머리로 기억하지 말고 도식이 비교적 간단하다면 빗금을, 도식이 복잡하다면 도식을 추가하여 경우가 나뉜다는 것을 보이자. 특히 '필수 유형 2. 테이블' 중 '5. 3가지 변수의 접근'에서 예시를 든 것처럼 초반에 경우가 나뉜다면 도식을 추가로 더 그린 후 푸는 것을 추천한다. 예시는 다음의 접근과 같다.

> A, B, C, D, E는 3행 2열로 배치된 사물함을 한 칸씩 사용한다. 여섯 칸의 사물함 중 한 사물함은 아무도 사용하지 않는다고 할 때 다음을 참고하여 C가 사용하는 사물함의 위치를 고르시오.
> - B와 D가 사용하는 사물함은 같은 열에 위치한다.
> - A는 1행 2열에 위치한 사물함을 사용한다.
> - E는 3행 1열에 위치한 사물함을 사용한다.

고정조건인 A와 E가 사용하는 사물함을 정리하자. 이후 B와 D가 사용하는 사물함이 같은 열에 위치한다는 정보를 토대로 두 경우로 나눠보자. B와 D가 사용하는 사물함의 위치가 서로 바뀔 수 있다는 것은 빗금으로 정리하되 B와 D가 1열에 위치한 사물함을 사용하는 경우와 2열에 위치한 사물함을 사용하는 경우는 도식을 더 그려 정리해보자.

B/D	A
D/B	
E	

Case 1

	A
	B/D
E	D/B

Case 2

3 미정인 칸 두기

도식을 만들고 정리하다보면 칸에는 넣을 수 없지만 정보는 알고 있을 때가 있다. 이럴 때 미정인 칸을 두어 한 도식에서 정보를 한눈에 볼 수 있도록 만들어 문제풀이의 실수를 줄이고 효율성을 높였으면 한다. 예를 들면 다음과 같다.

> A, B, C, D, E는 3행 2열로 배치된 사물함을 한 칸씩 사용한다. 여섯 칸의 사물함 중 한 사물함은 아무도 사용하지 않는다고 할 때 다음을 참고하여 C가 사용하는 사물함의 위치를 고르시오.
> - B는 1행에 위치한 사물함을 사용한다.
> - E는 2열에 위치한 사물함을 사용한다.
> - D는 2행 2열에 위치한 사물함을 이용한다.

고정조건인 'D는 2행 2열에 위치한 사물함을 이용한다.'를 먼저 정리하자. B는 1행에 위치한 사물함을 사용한다. B가 1행의 1열에 위치한 사물함을 사용하는지 2열에 위치하는 사물함을 사용하는지 확정할 수 없다. B를 1행이며 미정인 칸에 두자. 마찬가지로 E를 2열이며 미정인 칸에 적어 도식 안에서 정보를 쉽게 알아볼 수 있도록 정리하자.

B		
		D
		E

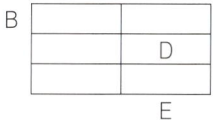

이후 접근은 문제마다 다르다. 예시에서 들지는 않았지만 다른 반고정조건을 토대로 경우를 나눈 후 풀 수도 있고 경우를 나눌만한 조건이 보이지 않는다면 미정의 값을 토대로 경우를 나누어 풀기도 한다. 위 예시에 이어 E를 토대로 경우를 나누며 정리하면 다음과 같다.

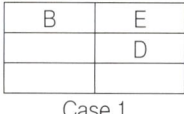

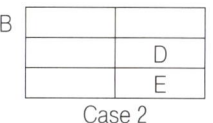

B	E
	D

Case 1

B		
		D
		E

Case 2

4 '~라면'의 선택지

선택지가 '~라면'으로 제시된 문제는 크게 1) 문제의 상황과 〈보기〉를 만족하는 모든 경우를 정리한 후 풀기, 2) 선택지의 앞부분을 대입했을 때 뒷부분을 만족하는지 아닌지 확인하는 방법으로 풀기로 접근할 수 있다. 고정조건 및 반고정조건이 잘 나와서 문제의 상황과 〈보기〉를 만족하는 경우가 소수라고 판단되면 1)의 방법으로 문제를 풀고 고정조건이 없고 반고정조건도 소수만 제시됐다면 2)의 방법으로 푼다.

최근 트렌드를 반영했을 때 2×n, 3×3 유형의 문제는 문제의 상황과 〈보기〉를 만족하는 경우가 소수로 제시되는 경우가 많아 1)의 방법이 효율적일 가능성이 크다. 무조건 1)의 방법으로 풀기보다는 문제의 상황과 〈보기〉를 만족하는 경우가 많을지 적을지를 가늠한 뒤 풀이방법을 선택하길 바란다.

선택지가 '~라면'으로 제시됐을 때 1)과 2)의 방법 중 택일하는 방법, 풀이법은 조건추리 전반에서 활용할 수 있다.

5 3가지 변수의 접근

2 × n, 3 × 3은 이미 행, 열, 값/층, 좌/우, 사람과 같이 변수의 종류가 3가지로 보인다. 앞선 풀이법으로 접근하는 문제가 다수이다.

필수 유형 연습

예제 01 A, B, C, D, E, F, G는 3행 3열로 배치된 9칸의 사물함 중 1칸씩 사용한다. 〈보기〉를 참고하여 항상 거짓인 것을 고르시오.

〈 보 기 〉

- F가 사용하는 사물함과 같은 행에 위치한 사물함 중 1칸은 빈칸이다.
- G와 B는 1열에 위치한 사물함을 사용한다.
- A와 C는 같은 행에 위치한 사물함을 사용하며 A와 C가 사용하는 사물함은 인접하다.
- D는 2행 3열에 위치한 사물함을 사용한다.
- E는 1행 2열에 위치한 사물함을 사용한다.

① 3행 2열에 위치한 사물함은 빈칸이다.
② 3행 1열에 위치한 사물함은 빈칸이다.
③ 2행 1열에 위치한 사물함은 빈칸이다.
④ 3행 3열에 위치한 사물함은 빈칸이다.
⑤ 1행 1열에 위치한 사물함은 빈칸이다.

일반 풀이

선택지 모두 빈칸인 사물함의 위치를 묻는다. 9칸의 사물함 중 7칸을 사용하니 빈칸인 사물함이 2칸이라는 점을 유의하며 문제를 풀어보자.

고정조건을 먼저 확인하자. D와 E를 배치한 뒤 A와 C를 배치하자. A, C의 위치는 선택지에서 묻지 않으니 정확히 몰라도 문제를 풀 수 있다고 예상된다. A와 C의 자리를 ★로 표기하겠다. A, C는 같은 행이며 인접한 사물함을 사용한다. 이를 토대로 경우를 나누면 다음과 같다.

	E	
★	★	D

Case 1

	E	
		D
★	★	

Case 2

	E	
		D
	★	★

Case 3

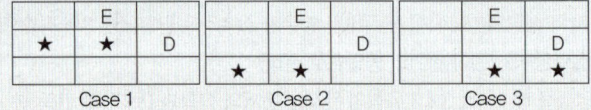

G와 B는 1열에 위치한 사물함을 사용한다. 그러면서 F가 사용하는 사물함과 같은 행에 위치한 사물함 중 1칸은 빈칸이다. 이 둘을 조합했을 때 Case 2는 불가하고 Case 3은 G, B가 사용하는 사물함의 위치로 크게 3가지 경우로 나뉘지만 1가지 경우만 가능하다. 설명을 위한 정리는 다음과 같다. G와 B가 사용하는 사물함을 편의상 ●로 표기하겠다.

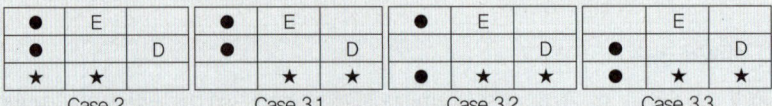

●	E	
●		D
★	★	

Case 2

●	E	
●		D
	★	★

Case 3.1

●	E	
		D
●	★	★

Case 3.2

	E	
●		D
●	★	★

Case 3.3

Case 2, 3.1은 F가 사용하는 사물함과 같은 행에 위치한 사물함 중 1칸은 빈칸이라는 조건을 만족하지 않는다. 가능한 경우인 Case 1, 3.2에서 G, B가 사용하는 사물함의 위치를 ●로 표기하면 다음과 같다.

●	E	
★	★	D
●		

Case 1

●	E	
		D
●	★	★

Case 3.2

	E	
●		D
●	★	★

Case 3.3

Case 1에서 3행 2열에 위치한 사물함과 3행 3열에 위치한 사물함은 F가 사용하는 사물함과 빈칸인 사물함이다. 3행 2열에 위치한 사물함이 빈칸인 경우와 3행 3열에 위치한 사물함이 빈칸인 경우로 나뉜다. Case 3.2에서 2행 1열에 위치한 사물함과 2행 2열에 위치한 사물함은 F가 사용하는 사물함과 빈칸인 사물함이다. 2행 1열에 위치한 사물함이 빈칸인 경우와 2행 2열에 위치한 사물함이 빈칸인 경우로 나뉜다. Case 3.3에서 1행 1열의 사물함과 1행 3열의 사물함은 F가 사용하는 사물함과 빈칸인 사물함이다. 1행 1열의 사물함이 빈칸인 경우와 1행 3열의 사물함이 빈칸인 경우로 나뉜다.

정답 ▶ ②

예제 02 A, B, C, D, E는 2열 종대로 놓인 책상에 앉아 수업을 듣는다. 책상은 총 6개이고 이 중 한 책상에는 아무도 앉지 않는다고 할 때 〈보기〉를 참고하여 아무도 앉지 않는 책상의 위치를 고르시오.

〈 보 기 〉

- B와 D가 앉은 책상은 같은 열에 위치하지 않는다.
- B와 D는 같은 행에 위치한 책상에 앉지 않는다.
- A는 1행에 위치한 책상에 앉고 C는 2열에 위치한 책상에 앉는다.
- E가 앉는 책상과 같은 열에 아무도 앉지 않는 책상이 있다.
- C가 3행에 위치한 책상에 앉는다면 E는 1행에 위치한 책상에 앉는다.
- A가 앉는 책상과 같은 열이며 바로 뒤에 위치한 책상에 D가 앉는다.

	1열	2열
1행		
2행		
3행		

① 1행 1열 ② 1행 2열 ③ 2행 1열
④ 3행 1열 ⑤ 3행 2열

일반 풀이

특정 칸에 고정할 수 있는 조건이 없다. 1행에 위치한 책상에 A를 배치하고 A 바로 뒤의 자리에 D를 배치하자. 더불어 2열에 위치한 책상에 C를 배치하는 경우는 다음과 같다.

A	C
D	

Case 1

A	
D	C

Case 2

A	
D	
	C

Case 3

	A
	D
	C

Case 4

E가 앉는 책상과 같은 열에 위치한 책상 중 하나가 아무도 앉지 않는 책상이다. 이에 따라 E는 Case 1, 2, 3에서 2열에 앉고 Case 4에서는 1열에 앉는다. B와 D는 같은 열에 위치한 책상에 앉지 않는다. Case 1, 2, 3의 경우 B가 2열에 위치한 책상에 앉아야 한다. 2열의 책상에 B, C, E가 앉는다. E가 앉는 책상과 같은 열에 아무도 앉지 않는 책상이 있다는 조건을 만족하지 않는다.

Case 4만 고려해보자. C가 3행에 위치한 책상에 앉는다. 이에 따라 E가 1행에 위치한 책상에 앉는다고 알 수 있다. B와 D는 같은 행에 위치한 책상에 앉지 않는다. B는 3행에 위치한 책상에 앉는다. 이를 정리하면 다음과 같다.

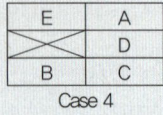

E	A
╳	D
B	C

Case 4

정답 ▶ ③

예제 03 A, B, C, D, E, F는 4층의 빌라에 산다. 빌라 각 층은 1호와 2호로 이뤄져있고 1층 1호와 3층 2호는 공실이라 할 때 〈보기〉를 토대로 항상 참인 것을 고르시오.

〈 보 기 〉

- D는 2층 1호에 산다.
- C보다 한 층 위에 F가 산다.
- B와 E는 같은 층에 살지 않는다.
- A가 사는 층에 공실이 있다.

	1호	2호
4층		
3층		×
2층		
1층	×	

① A가 2호에 살면 F는 1호에 산다.
② C가 1호에 살면 B는 2호에 산다.
③ B가 2호에서 살면 E는 1호에 산다.
④ E가 1호에 살면 B는 2호에 산다.
⑤ F가 1호에서 살면 C는 2호에 산다.

일반 풀이

D를 2층 1호에 고정하자. 이후 C보다 한 층 위에 F가 살며 A가 사는 층에 공실이 있도록 하는 경우를 찾아보면 다음과 같다.

Case 1

	1호	2호
4층		
3층	A	×
2층	D	F
1층	×	C

Case 2

	1호	2호
4층		
3층	F	×
2층	D	C
1층	×	A

Case 3

	1호	2호
4층	F	
3층	C	×
2층	D	
1층	×	A

Case 4

	1호	2호
4층		F
3층	C	×
2층	D	
1층	×	A

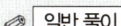

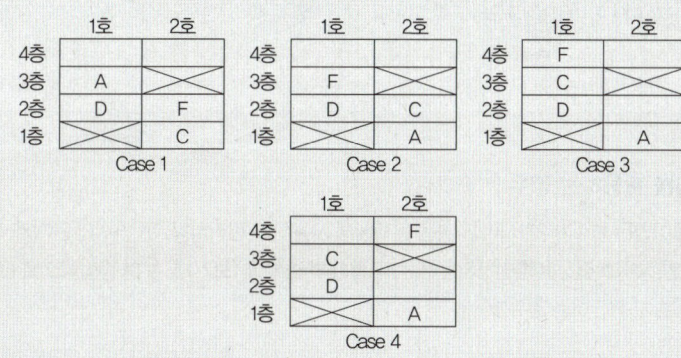

Case 1과 2는 B와 E가 4층에 사는데 이는 B와 E가 같은 층에 살지 않는다는 조건을 만족하지 않는다. 따라서 Case 3, 4만 가능하고 B와 E는 서로 자리를 바꿀 수 있다.

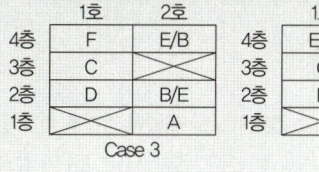

Case 3

	1호	2호
4층	F	E/B
3층	C	×
2층	D	B/E
1층	×	A

Case 4

	1호	2호
4층	E/B	F
3층	C	×
2층	D	B/E
1층	×	A

정답 ▶ ④

가지치기

필수 이론

유형 설명

- 비교적 쉬운 문제일 때 문제의 상황 중 〈보기〉의 조건을 만족하는 경우로 추리는 방법이 아닌 변수가 취할 수 있는 값을 토대로 경우를 도출하는 방법이다.
- 총 30문제 중 0~1문제가 출제된다.

풀이 TIP

- 변수의 종류가 2가지이고 1:1 또는 1:n의 관계를 보이는지 확인하며 가지치기를 활용할지 판별한다.
- 취할 수 있는 값이 적은 변수의 값(A인지 B인지 등)을 찾고 적은 순으로 변수를 배치한다.
- 각 열은 하나의 변수의 값을 대표하도록 그린다. 즉 한 열에 여러 변수의 값이 혼재되어 알아보기 어렵게 만들지 않는다.

1 가지치기를 활용하는 경우

가지치기 풀이법은 변수가 2가지이고 쉬운 문제에서 사용하기 편리하다. 두 변수의 관계가 다대다이거나 변수의 값이 5가지 이상인 경우 복잡하여 추천하지는 않는다. 문제의 상황과 〈보기〉를 보며 종합적으로 판단해야 한다. 다음은 가지치기를 활용할지 판단하는 힌트다.

- 변수의 종류가 2가지
- 변수의 관계가 1:1인 경우
- 선택지에서 경우의 수를 묻는 경우

2 가지치기 풀이법

어릴 적 동전을 2번 던져 앞/뒷면이 나오는 경우의 수를 찾았던 방법을 기억해보자. 지금은 2^2로 쉽게 구하겠지만 첫 시행에서 앞면인 경우와 뒷면인 경우로 나누고, 두 번째 시행에서 각 경우에 앞면인 경우와 뒷면인 경우로 추가로 나눴다. 이를 제시하면 다음과 같다. 편집프로그램의 한계로 표처럼 표현했지만 앞 – 앞과 같이 선을 그으며 정리하면 보다 편리하다.

시행1	시행2
앞	앞
	뒤
뒤	앞
	뒤

일반적으로 조건추리를 풀 때 문제의 상황을 만족하는 전체 경우 중 〈보기〉의 각 조건을 만족하는 소수의 경우로 추려가는 것과는 다르게 변수가 취할 수 있는 값을 기준으로 경우를 나누며 찾는 방법이다.

간편한 풀이를 위해 취할 수 있는 값이 적은 변수를 먼저 배치하는 것이 좋다. 답이 나오는 데에는 어떤 변수를 먼저 배치하든 상관이 없으나 〈보기〉의 조건, 제약사항에 의해 경우를 지워야 할 때가 많은데 먼저 배치한 변수가 많은 값을 취한다면 그만큼 지워야할 일도 많기 때문이다. 다음의 예시와 함께 더 자세히 알아보자.

> A, B, C, D는 배드민턴 경기를 통해 1등부터 4등까지 순위를 정했다. 다음을 참조하여 항상 참이 아닌 것을 고르시오.
>
> • D는 2등 또는 4등이다.
> • C는 1등이 아니다.
> • D가 2등이 아니라면 A는 3등이다.
>
> ① D가 4등인 경우는 1가지다.
> ② B가 3등인 경우 C는 4등일 수 있다.
> ③ A가 4등인 경우 C는 2등일 수 있다.
> ④ C가 2등인 경우 B는 1등일 수 있다.
> ⑤ B가 4등인 경우 C는 3등일 수 있다.

가지치기 방식으로 가능한 경우를 판별해보자. D의 경우 2등과 4등으로 2개 등수로 좁힌 힌트가 존재하며 3번째 보기를 보면 'D가 2등이 아니라면'과 같이 추가 정보도 얻을 수 있다고 판단된다. D를 중심으로 나눠보자. D가 4등인 경우 A의 등수는 3등이라고 알 수 있다. 이후 C는 2, 3, 4등을 할 수 있다고 보이기에 D의 경우를 나눈 후 C의 경우를 바로 나눠보자.

D	C	A
2등	3등	
	4등	
4등	2등	3등

A의 경우를 확인해보자. D가 2등이 아닌 경우(= D가 4등인 경우)는 3등이라 고정할 수 있지만 D가 2등인 경우 A의 등수를 고정할 수 없다. A의 등수를 부여한 후 B의 등수도 같이 정리하자.

D	C	A	B
2등	3등	1등	4등
		4등	1등
	4등	1등	3등
		3등	1등
4등	2등	3등	1등

정답 ▶ ③

가지치기를 할 때 각 열은 하나의 변수 값을 대표해야 한다. 예를 들어 3열은 A가 취할 수 있는 값이다. 3열을 A가 취하는 값과 B가 취하는 값을 혼재하여 정리하면 문제를 풀 때 알아보기 복잡하다. 빠른 선택지 비교를 위해 잘 보이도록 정리가 필요하다.

꼭 가지치기가 정답은 아니다. 하지만 이 문제를 표를 그리며 조건만으로 등수를 확인하고자 하는 경우 시간이 오래 걸릴 수 있다. 이보다 덜 아쉬운 풀이 방법은 선택지의 정보를 넣으며 푸는 방법이다. 바로 답이 나온다면 좋지만 그렇지 않다면 가지치기 방식보다 시간이 더 소요될 수 있다.

① D가 4등인 경우는 1가지다.
D를 4등에 고정하자. 3번째 조건에 의해 A는 3등이다. 2번째 조건과 정리한 정보를 토대로 C는 ~1, ~4, ~3라 알 수 있다. 따라서 C는 2등이다. 따라서 D가 4등인 경우는 1가지라 알 수 있다.

1등	2등	3등	4등
B	C	A	D

② B가 3등인 경우 C는 4등일 수 있다.
B를 3등에 고정하자. 3번째 조건을 보면 앞의 조건부를 만족하면 A가 3등이 되기 때문에 D가 2등이 아닌 것이 아닌 걸 알 수 있다. 부정의 부정이니 D는 2등이다. C는 1등이 아니다. 그리고 이미 2등, 3등의 자리는 D, B의 자리다. 따라서 C는 4등이다.

1등	2등	3등	4등
A	D	B	C

③ A가 4등인 경우 C는 2등일 수 있다.
A를 4등에 고정하자. 3번째 조건을 보면 앞의 조건부를 만족하면 A가 3등이 되기 때문에 D는 2등이다. 따라서 C는 2등일 수 없다.

1등	2등	3등	4등
B	D	C	A

④ C가 2등인 경우 B는 1등일 수 있다.
C를 2등에 고정하자. D의 등수가 2등 또는 4등이기 때문에 D가 4등이 된다. D가 2등이 아니라는 3번째 보기의 조건부를 만족한다. 따라서 A는 3등이다. 자연스럽게 남은 1등은 B이다.

1등	2등	3등	4등
B	C	A	D

⑤ B가 4등인 경우 C는 3등일 수 있다.
B가 4등이니 D는 2등이다. C는 1등이 아니기 때문에 3등이다.

1등	2등	3등	4등
A	D	C	B

필수 유형 연습

예제 01 A, B, C, D의 성씨는 김, 이, 박, 최이다. 성씨가 같은 사람은 없다고 할 때 〈보기〉를 참고하여 항상 참인 것을 고르시오.

〈 보 기 〉

- C는 박 씨이다.
- A는 김 씨 또는 최 씨이다.
- B는 김 씨가 아니다.

① A는 김 씨이다.
② B는 최 씨이다.
③ B는 이 씨이다.
④ D는 김 씨이다.
⑤ 4명의 성씨를 정할 수 있는 경우의 수는 총 3가지이다.

일반 풀이

사람당 성씨가 하나씩 배정되며 〈보기〉에서 일부 인물의 성씨 범위를 좁혀주는 조건을 제시했다. 가지치기 방식으로 접근해보자.

C에 박 씨를 고정하자. A는 선택할 수 있는 범위가 2가지, B는 3가지이다. A를 먼저 고려하며 경우를 나눠보자. A가 김 씨인 경우와 최 씨인 경우로 나눠보자.

C	A
박	김
	최

이어서 B가 이 씨, 박 씨, 최 씨인 경우로 각 경우를 더 나누어보자. 성씨가 같은 사람은 없기에 B는 C의 성씨인 박 씨가 아니다.

C	A	B
박	김	이
		최
	최	이

각 경우에서 언급하지 않은 성씨를 D에 배정하자.

C	A	B	D
박	김	이	최
		최	이
	최	이	김

*참고
가지치기를 해설에서 편집 프로그램의 한계로 표로 나타내지만 '박 - 김'처럼 선으로 나타내는 것이 더 편하다.

정답 ▶ ⑤

예제 02 **A, B, C, D는 월요일부터 금요일 중 하루를 쉰다. 4명 모두 쉬는 요일이 다르다고 할 때 〈보기〉를 참고하여 항상 거짓인 것을 고르시오.**

〈 보 기 〉

- C는 화요일에 쉰다.
- D는 월요일 혹은 목요일에 쉰다.
- A는 목요일 혹은 금요일에 쉰다.
- B는 금요일에 쉬지 않는다.

① B가 수요일에 쉬면 D는 목요일에 쉰다.
② A가 금요일에 쉬면 B는 수요일에 쉰다.
③ D가 월요일에 쉬면 A는 금요일에 쉰다.
④ B가 월요일에 쉬면 A는 목요일에 쉰다.
⑤ A가 목요일에 쉬면 B는 수요일에 쉰다.

일반 풀이

한 사람에 쉬는 요일이 하나씩 매치된다. 그러면서 〈보기〉에서 특정 사람의 쉬는 요일의 범위를 좁혀주는 조건이 존재한다. 가지치기 방식으로 풀어보자.

C에 화요일을 고정하자. 이후 D로 경우를 나눠보자. D의 쉬는 요일도 2가지, A의 쉬는 요일도 2가지이기에 D와 A의 우선순위가 같다. 임의로 D로 먼저 나눴을 뿐이다.

C	D
화	월
	목

이어서 위의 두 경우를 A가 목요일에 쉬는 경우와 금요일에 쉬는 경우로 더 나눠보자.

C	D	A
화	월	목
		금
	목	금

B는 금요일에 쉬지 않는다. B는 월, 화, 수, 목 중 하루에 쉰다. 이를 토대로 경우를 더 나누면 다음과 같다.

C	D	A	B
화	월	목	수
		금	수
			목
	목	금	월
			수

*참고
가지치기를 해설에서 편집 프로그램의 한계로 표로 나타내지만 '화 – 월'처럼 선으로 나타내는 것이 더 편하다.

[오답 점검]
사람을 기준으로 두어야 풀이가 효율적이다. 요일을 기준으로 두었다면 〈보기〉에서 제시한 조건의 주어가 사람이기에 어떤 요일에 누가 쉴 수 있을지 〈보기〉의 조건을 복잡하게 이해해야 한다.

정답 ▶ ④

가변적 틀

필수 이론

유형 설명

- 간헐적으로 출제되는 유형이지만 도식의 틀이 여럿으로 나올 수 있는 유형으로 실수가 잦아 따로 유형으로 분류하여 설명한다. 개념을 익히기보다는 실수를 줄이자는 메시지를 담은 유형 분류로 이해해주면 고맙겠다.
- 총 30문제 중 0~1문제가 출제된다.

풀이 TIP

- 문제의 상황을 만족하는 도식의 틀을 모두 도출한 후 〈보기〉의 조건을 대입하며 소거하는 방식으로 풀며 실수를 줄인다.
- 고정조건을 토대로 경우의 수를 줄이고 자리를 바꿀 수 있는 반고정조건을 확인한다.
- 경우가 나뉠 때 빗금 또는 새로 도식을 그리며 빠르게 풀이한다.

1 가변적 틀

표(도식의 틀)가 한 가지만 나오지 않기도 한다. 다시 말해 도식의 틀이 여러 가지로 제시될 수 있다.

- 가변적 도식을 제시하는 문제의 예
  → 4층의 건물에 A, B, C, D, E 5명 거주하며 아무도 살지 않는 층은 없다.

언뜻 보기에는 일자형 도식으로 보인다. 하지만 층 변수의 값은 4개, 인물 변수 값은 5개다. 2명이 함께 사는 층이 존재하고 현재로서는 몇 층이 2명이 함께 사는 층인지 알 수 없다. 이와 같이 변수의 값이 다른 경우 가변적인 도식을 보인다.

4층	1명
3층	1명
2층	1명
1층	2명

Case 1

4층	1명
3층	1명
2층	2명
1층	1명

Case 2

4층	1명
3층	2명
2층	1명
1층	1명

Case 3

4층	2명
3층	1명
2층	1명
1층	1명

Case 4

가변적인 틀인 경우 〈보기〉를 통해 불가능한 도식의 틀을 제거해나간다. 예를 들어 위의 예시 중 조건으로 'A의 위층에는 2명이 거주한다.'가 있다면 아래와 같이 도식의 틀이 줄어든다.

추리
삼단논법
진실게임
조건추리
도형추리
도식추리
문단배열
논리추론

4층	1명
3층	1명
2층	A
1층	2명

Case 1

4층	1명
3층	1명
2층	A, ?
1층	1명

Case 2

4층	2명
3층	A
2층	1명
1층	1명

Case 4

따라서 가변적인 도식이 예상되면 처음부터 모든 도식을 그리는 것보다 〈보기〉의 조건을 보며 나올 수 없는 경우를 제한 후 그리면 시간을 단축할 수 있다.

필수 유형 연습

예제 01 A, B, C, D, E는 4대의 차량이 줄지어 이동하는 퍼레이드를 한다. 4대의 차량 중 1대는 2명이 타고 나머지는 1명씩 탄다고 할 때 〈보기〉를 참고하여 반드시 거짓인 것을 고르시오.

〈 보 기 〉

- C 뒤에 3명이 있다.
- A 바로 앞에 B가 있다.
- D는 E보다 뒤에 있다.
- A가 4번째 차량을 탄다면 D는 2번째 차량을 탄다.

① D는 3번째 차량을 탄다.
② B는 1번째 차량을 탄다.
③ A는 2번째 차량을 탄다.
④ E는 3번째 차량을 탄다.
⑤ C는 1번째 차량을 탄다.

일반 풀이

틀이 가변적이다. C 뒤에 3명이 있는 경우를 고민해보면 다음과 같다.

<table>
<tr><th></th><th>1</th><th>2</th><th>3</th><th>4</th></tr>
<tr><td rowspan="2">Case 1</td><td>C</td><td rowspan="2"></td><td rowspan="2"></td><td rowspan="2"></td></tr>
<tr><td></td></tr>
<tr><td rowspan="2">Case 2</td><td rowspan="2"></td><td rowspan="2">C</td><td></td><td rowspan="2"></td></tr>
<tr><td></td></tr>
<tr><td rowspan="2">Case 3</td><td rowspan="2"></td><td rowspan="2">C</td><td rowspan="2"></td><td></td></tr>
<tr><td></td></tr>
</table>

A 바로 앞에 B가 있다. Case 2, 3의 경우 B가 3번째, A가 4번째 차량에 탄다. 하지만 A가 4번째 차량에 타면 D가 2번째 차량에 타야하는데 이미 C가 혼자 타는 2번째 차량에 타고 있다. Case 2, 3은 조건을 만족하지 않는다. Case 1에서 A가 2, 3, 4번째 차량에 타는 경우로 나누고 D와 E를 배치해보자.

<table>
<tr><th></th><th>1</th><th>2</th><th>3</th><th>4</th></tr>
<tr><td rowspan="2">Case 1.1</td><td>C</td><td rowspan="2">A</td><td rowspan="2">E</td><td rowspan="2">D</td></tr>
<tr><td>B</td></tr>
<tr><td rowspan="2">Case 1.2</td><td>C</td><td rowspan="2">B</td><td rowspan="2">A</td><td rowspan="2">D</td></tr>
<tr><td>E</td></tr>
<tr><td rowspan="2">Case 1.3</td><td>C</td><td rowspan="2">D</td><td rowspan="2">B</td><td rowspan="2">A</td></tr>
<tr><td>E</td></tr>
</table>

정답 ▶ ①

07 리그/토너먼트

필수 이론

유형 설명

- 리그전 또는 토너먼트전의 성격을 이해하여 문제를 접근해야한다.
- 리그전은 경기를 치르는 모든 인원이 서로 1번씩 경기를 한다는 특성을 지니고 있다.
- 토너먼트에서 부전승, 시드의 위치가 풀이에 영향을 준다.
- 2020년 하반기부터 2022년 상반기까지 자주 출제됐으나 최근 출제 빈도는 낮아지는 추세다.
- 총 30문제 중 0~1문제가 출제된다.

풀이 TIP

- 문제의 물음에 맞춰 〈보기〉를 접근한다. 풀이에 꼭 필요한 정보를 얻으려 하는 것보다 정답을 찾는데 집중한다.
- 고정조건을 통해 자리를 고정한 후 제약사항 및 반고정조건을 통해 경우를 나누거나 소거한다.

1 리그전

리그전 방식으로 치르는 경기는 각자 1번씩 경기를 치른다. 4명이 리그 방식으로 경기를 치른다면 4명 중 2명을 뽑는 경우($_4C_2$)인 6번의 경기를 치른다. 또한 본인을 제외한 3명과 경기를 치르기 때문에 개인의 승과 패의 합이 3이라는 점도 기억하자.

> A, B, C, D는 리그전 방식으로 진행하는 복싱대회에 참여한다. 무승부는 없다고 할 때 다음을 토대로 항상 참인 것을 고르시오.
> - A는 B와의 경기에서 승리한다.
> - C의 전적은 1승 2패다.
> - D는 C와의 경기에서 패배한다.

위 예시를 가로축, 세로축에 사람을 놓고 승/패를 찾으며 풀기도 한다. 예를 들면 다음과 같은데 직관성이 떨어진다. 'A는 B와의 경기에서 승리한다.'를 표현하기 위해 A와 B가 만나는 칸을 찾고 누가 이겼는지 또는 승인지 패인지 등을 기입한다. 기입하기 위해 만나는 칸을 찾기도 다소 귀찮고 문제를 풀 때 알아보기 어렵다.

	A	B	C	D
A		승		
B	A승B패			
C				
D				

경기의 수가 많지 않기 때문에 경기를 나열한 후 누가 승자이고 누가 패자인지를 택하며 푸는 것이 간편하다. 승자에게 O를 치고 패자에게 –을 그어 표기하는 방식이 보다 편리하다.

Ⓐ : ~~B~~ Ⓑ : ~~C~~

Ⓐ : ~~C~~ B : D

A : D Ⓒ : ~~D~~

2 토너먼트

대진표를 줄 때가 있고 주지 않을 때가 있지만 풀이에 큰 지장을 주지 않는다. 토너먼트는 승자는 위로 올라가고 패자는 올라가지 않는다는 특성을 고민해보자. 그러면서 부전승이 있다면 부전승 대상자가 누구인지, 시드는 어떻게 되는지 특성을 확인해야 한다. 예시와 함께 알아보자.

A, B, C, D, E, F, G는 토너먼트 방식으로 진행하는 복싱대회에 참여한다. 무승부는 없다고 할 때 다음을 토대로 항상 참인 것을 고르시오. • A는 B와의 경기에서 승리한다. • C의 전적은 2승 1패다. • D는 C와의 경기에서 패배한다. • 부전승 진출자는 결승전에 오른다.

C의 전적이 2승 1패다. 8강, 4강, 결승으로 이어지는 토너먼트의 성격을 고려하면 C가 결승전까지 올랐고 결승전에서 패배한다고 알 수 있다. 이에 따라 C는 부전승 자리인 7번 자리에 오지 않는다. 또한 부전승 진출자가 결승전에 오르기 때문에 C는 5, 6번 자리에 오지 않는다. C의 시드를 1, 2 또는 3, 4로 확인할 수 있다. 편의를 위해 번호를 명명했지만 C가 1번 시드이든 2번 시드이든 뜻하는 바는 동일하다.

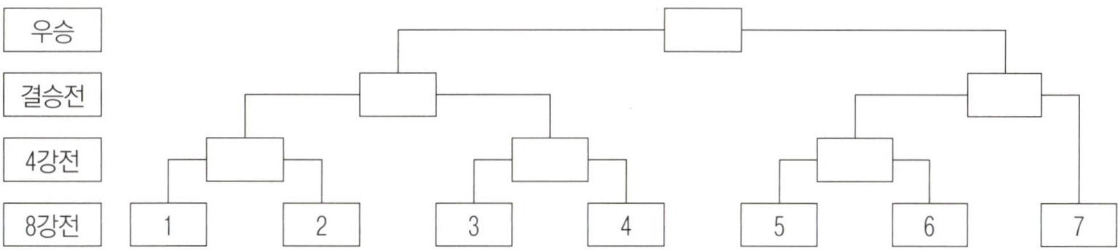

이와 같이 토너먼트의 뼈대를 잡은 후 승/패의 전적을 토대로 4강, 결승 등 어디까지 진출했는지를 알아보기도 하고 처음 배정받은 시드가 어디인지도 확인하며 문제를 풀이한다.

필수 유형 연습

예제 01 A, B, C, D는 서로 1번씩 경기하는 테니스 리그전에 참여했다. 무승부인 경기는 없었고 모든 경기는 1:1로 치렀다고 할 때 〈보기〉를 토대로 반드시 거짓인 것을 고르시오.

〈 보 기 〉

- D는 B와의 경기에서 이겼다.
- A의 전적은 2승 1패다.
- C의 전적은 1승 2패다.
- B는 A와의 경기에서 이겼다.

① B의 전적은 2승 1패다.
② D의 전적은 3승이다.
③ B의 전적은 1승 2패다.
④ D의 전적은 2승 1패다.
⑤ D의 전적은 1승 2패다.

일반 풀이

4명 중 2명씩 만나 경기를 치르는 경우는 $_4C_2$로 6가지다. 이를 간단하게 그리고 고민해보자. B는 A와의 경기에서 이겼다. B가 1승, A가 1패다. A의 전적은 2승 1패다. A는 B가 아닌 C, D와의 경기에서 이겼다. 따라서 D는 3승일 수 없다.

[오답 점검]

이들의 경기 결과로 가능한 경우를 추리면 다음과 같다. B vs C의 경기와 C vs D의 경기 결과를 확정할 수 없어 2가지 경우로 나눴다.

	승	패
A vs B	B	A
A vs C	A	C
A vs D	A	D
B vs C	B	C
B vs D	D	B
C vs D	C	D

Case 1

	승	패
A vs B	B	A
A vs C	A	C
A vs D	A	D
B vs C	C	B
B vs D	D	B
C vs D	D	C

Case 2

정답 ▶ ②

예제 02 A, B, C, D, E, F, G, H는 토너먼트 방식으로 진행하는 축구대회 참가국이다. 8강, 4강, 결승전을 치르며 국가를 기준으로 최대 3번의 경기에 임했다고 할 때 〈보기〉를 토대로 항상 참인 것을 고르시오.

〈보 기〉

- C의 전적은 2승 1패다.
- D는 A와의 경기에서 패했다.
- B와 E는 4강전에서 맞붙었다.

① B의 전적은 3승이다.
② F는 E와 맞붙었다.
③ H의 전적은 1승 1패다.
④ E는 준우승을 했다.
⑤ A의 전적은 1승 1패다.

일반 풀이

8강, 4강, 결승으로 우승국과 준우승국은 3번의 경기를 치른다. C의 전적이 2승 1패이기 때문에 C가 준우승을 했다고 알 수 있다. 토너먼트 방식의 대진표를 그리고 C를 결승까지 진출했다고 표기하자.
B와 E는 4강전에서 맞붙었다. 4강전에 오른 국가는 B, E, C이고 B와 E를 C와 경기하지 않는 4강전 시드에 배정하자. D는 A와의 경기에서 패했다. D와 A가 경기를 치를 수 있는 곳은 8강 뿐이다. 이를 통해 A가 4강전에 진출했고 4강전에서 C와 경기했다고 알 수 있다.

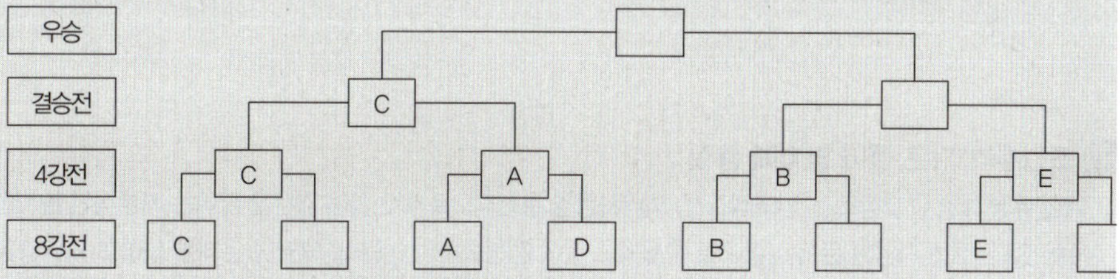

[오답 점검]
4강전에서 B와 E의 경기 결과를 알 수 없다. 그러면서 준우승국은 2승 1패인 C이다.
F, G, H는 8강전에서 패했다. 전적으로는 1패다. 하지만 어느 국가와 붙었는지는 확정할 수 없다.

정답 ▶ ⑤

필수유형 08 | Chapter 03 조건추리

계산

필수 이론

유형 설명

- 숫자야구, 비밀번호 만들기, 가격 비교, 승점 비교 등 다양한 유형으로 계산을 곁들인 문제가 최근에 출제되고 있다. 매 시험마다 다양한 유형이 출제됨으로 고정조건, 반고정조건 순서로 경우를 줄이며 제약사항을 함께 확인하는 방법으로 풀이를 추천한다.
- 총 30문제 중 0~1문제가 출제된다.

풀이 TIP

- 문제에서 부여한 상황을 고려하여 풀이의 뼈대를 잡는다.
- 고정조건, 반고정조건, 제약사항을 우선적으로 확인하여 경우를 줄인다.
- 선택지가 특정 값을 지칭하면 비교적 쉬운 문제일 가능성이 높기 때문에 도전하자.
- '~라면'과 같이 가정의 형태로 제시된 경우 시간이 오래 걸리고 어려운 문제일 가능성이 높다. 남은 시간을 고려하며 풀지 말지를 판단하는 눈을 키워야 한다.

1 조건추리 기본 풀이 방법에 충실

계산 유형의 경우 고정조건, 반고정조건, 제약사항을 우선적으로 확인하여 경우를 줄이는 기본적인 풀이법에 충실할 수밖에 없다. 매번 다양한 문제 상황으로 출제되고 있어 정형화하기 어렵다. 다양한 문제를 풀어보며 유형을 익히길 추천하며 양해를 구한다.

필수 유형 연습

예제 01 A는 1부터 4까지 숫자로만 이뤄진 6자리 비밀번호를 만든다. 좌측부터 1번째 숫자라 지칭할 때 〈보기〉를 토대로 항상 참이 아닌 것을 고르시오.

〈 보 기 〉

- 같은 숫자는 최대 2번까지 사용한다.
- 3번째 숫자와 6번째 숫자는 같다.
- 2번째 숫자는 4번째 숫자보다 크다.
- 1번째 숫자는 4번째, 5번째로 사용한 숫자의 평균이다.
- 6번째 숫자는 1번째 숫자보다 크다.

① 1번째 자리 숫자는 2이다.
② 2번째 자리 숫자는 2이다.
③ 3번째 자리 숫자는 4이다.
④ 4번째 자리 숫자는 1이다.
⑤ 5번째 자리 숫자는 3이다.

일반 풀이

숫자는 4가지, 자리는 6자리다. 같은 숫자를 최대 2번까지 사용하기 때문에 2번 사용하는 숫자가 2가지, 1번 사용하는 숫자가 2가지라고 알 수 있다. 1번째로 숫자는 4, 5번째로 사용한 숫자의 평균이다. 1, 4, 5번째 숫자가 모두 1인 경우처럼 세 숫자가 같을 수 있지만 이는 숫자를 최대 2번까지 사용한다는 조건을 만족하지 않는다. 평균이 정수로 나오려면 평균을 내는 두 수가 홀수이거나 짝수이어야 한다. 홀수와 짝수 조합으로는 '.5'가 붙는다. 이에 따라 4/5번째로 사용한 숫자는 1/3이고 1번째로 사용한 숫자가 2인 경우와 4/5번째로 사용한 숫자는 2/4이고 1번째로 사용한 숫자가 3인 경우로 나눌 수 있다. 이를 정리하면 다음과 같다.

	1	2	3	4	5	6
Case 1	2			1/3	3/1	
Case 2	3			2/4	4/2	

3번째 숫자와 6번째 숫자가 같다. 같은 숫자를 최대 2번 사용할 수 있기 때문에 각 Case에서 사용하지 않은 숫자가 3번째, 6번째의 숫자다. Case 1에서는 4이고 Case 2에서는 1이다. 6번째 숫자는 1번째 숫자보다 크다는 조건이 있기 때문에 Case 2는 조건을 만족하지 않는다. Case 1을 토대로 정리해보자. 편의상 4/5번째의 숫자가 바뀔 수 있는 점을 Case 1.1과 1.2로 나눴다.

	1	2	3	4	5	6
Case 1.1	2		4	1	3	4
Case 1.2	2		4	3	1	4

2번째 숫자는 4번째 숫자보다 크다. Case 1.1에서는 2번째 숫자가 2 또는 3이다. 4는 이미 2번 나왔기에 2번째 숫자가 될 수 없다. Case 1.2에서는 4번째 숫자가 3이다. 2번째 숫자는 4가 되어야 하는데 이미 4는 2번 나왔다. 따라서 Case 1.1만 만족하고 2번째 자리 숫자는 2 또는 3이다.

	1	2	3	4	5	6
Case 1.1	2	2/3	4	1	3	4

정답 ▶ ②

예제 02 A, B, C, D는 1회, 2회, 3회로 치러진 과녁 맞추기 경기에 모두 참여하여 점수를 얻었다. 이들이 매 경기에서 획득한 점수는 1, 2, 3점 중 하나이고 점수의 총합이 같은 사람은 없다고 할 때 〈보기〉를 참조하여 A가 획득한 점수의 총합을 고르시오.

〈 보 기 〉

- 4명 모두 2점을 1번 이상 받았다.
- 이들이 치른 12번의 경기에서 3점은 4번 나왔다.
- C의 점수 총합은 B의 점수 총합보다 크다.
- 매 회차마다 B는 D보다 높은 점수를 받았다.
- A의 점수 총합보다 점수 총합이 낮은 사람은 1명이다.

① 4점 ② 5점 ③ 6점
④ 7점 ⑤ 8점

일반 풀이

3회의 경기에서 2점을 획득하지 않은 사람은 없다. C의 점수 총합은 B의 점수 총합보다 크다. C가 받을 수 있는 점수 총합의 최댓값은 8점(3점, 3점, 2점)이기 때문에 B가 받을 수 있는 점수 총합의 최댓값은 7점이다.
매 회차마다 B는 D보다 높은 점수를 받았다. B와 D 모두 2점을 최소 1번은 획득했다고 알기 때문에 B는 2점, 3점을 획득한다. 2점은 인당 최소 1번 받았고, 3점은 D가 2점을 받은 회차에서 D보다 높은 점수이어야 하니 받았을 것이다. 또한 B는 D보다 늘 점수가 높아야하기 때문에 1점을 받지 않았다. 따라서 앞선 2점, 3점 외 나머지 한 점수가 2점이라고 알 수 있다. 3점일 경우 C가 받을 수 있는 최댓값인 8과 동일하기 때문에 조건을 만족하지 않는다.
B의 점수 총합이 7점(2점, 3점, 2점)으로 알게 됐다. D는 B보다 높은 점수를 받을 수 없고 2점은 최소 1회를 받았으니 4점(1점, 2점, 1점)이다.

B: 7점(2점, 3점, 2점)
C: 8점(3점, 3점, 2점)
D: 4점(1점, 2점, 1점)

12번의 경기 중 3점이 4번 나왔다. 앞선 정리에서 3점이 3번 나왔으니 A가 3점을 1회 받았다고 알 수 있다. 또한 2점은 최소 1회가 나와야 하니 A가 3점, 2점을 받았다고 알 수 있다. 나머지 1회의 점수는 1점 또는 2점이 가능한데 2점일 경우 B의 점수 총합과 동일하여 조건을 만족하지 않는다. 따라서 A는 3점, 2점, 1점으로 총 6점을 받았다고 알 수 있다.

정답 ▶ ③

예제 03 A, B, C, D는 1부터 4까지 숫자가 하나씩 적혀있는 4장의 카드 중 2장을 뽑았다. 개인이 뽑은 2장의 카드에 적힌 숫자가 다르다고 할 때 〈보기〉를 토대로 반드시 거짓인 것을 고르시오.

〈 보 기 〉

- B가 뽑은 숫자의 합은 D가 뽑은 숫자의 합보다 적다.
- A는 2와 3을 뽑았다.
- B가 뽑은 숫자와 C가 뽑은 숫자 중 한 숫자가 겹친다.
- 각 숫자를 뽑은 인원은 2명씩이다.

① C는 4를 뽑지 않는다. ② B는 3을 뽑지 않는다. ③ D는 4를 뽑지 않는다.
④ C는 2를 뽑지 않는다. ⑤ D는 2를 뽑지 않는다.

일반 풀이

사람을 기준으로 2개의 숫자를 뽑는다. 숫자를 기준으로도 같은 숫자를 뽑은 사람은 2명씩이다. 2개 이상의 값을 취하고 변수가 2종류이기 때문에 O, X로 채우는 표가 직관적이겠다. A가 2, 3을 뽑았다는 정보를 기입 후 B와 C가 뽑은 숫자 중 한 숫자가 겹친다는 조건을 고민해보자. 각 숫자를 뽑은 사람이 2명이기 때문에 이미 A가 뽑은 2와 3은 B와 C가 겹치게 뽑은 숫자가 아니다. B, C가 1을 겹치게 뽑은 경우와 4를 겹치게 뽑은 경우로 나눌 수 있다.

	A(2)	B(2)	C(2)	D(2)
1(2명)	X	O	O	X
2(2명)	O			
3(2명)	O			
4(2명)	X			

Case 1

	A(2)	B(2)	C(2)	D(2)
1(2명)	X			
2(2명)	O			
3(2명)	O			
4(2명)	X	O	O	X

Case 2

B가 뽑은 숫자의 합은 D가 뽑은 숫자의 합보다 적다. Case 2를 보면 D는 4를 뽑지 않았다. D가 뽑은 숫자 합의 최댓값은 2와 3을 뽑은 5다. 그런데 B는 이미 4를 뽑았고 B가 뽑은 숫자 합의 최솟값은 1과 4를 뽑은 5다. Case 2는 조건을 만족하지 않는다.

Case 1에서 D가 숫자를 뽑은 경우는 (2, 3), (2, 4), (3, 4)로 3가지다. 경우가 여럿이 나오니 O, X를 채우는 표는 표 하나가 하나의 경우를 의미하니 비효율적이다. 숫자로 정리해보자. 각 경우에서 B가 뽑은 숫자로 가능한 경우를 정리하면 다음과 같다.

D	B
2, 3	1, 4
2, 4	1, 3
	1, 4
3, 4	1, 2
	1, 4

D가 (2, 3)을 뽑은 경우 B는 (1, 4)를 뽑을 수밖에 없는데 이는 B가 뽑은 숫자의 합이 D가 뽑은 숫자의 합보다 적다는 조건을 만족하지 않는다. 각 경우로 A와 C가 뽑은 숫자를 정리하면 다음과 같다.

A	D	B	C
2, 3	2, 4	1, 3	1, 4
		1, 4	1, 3
	3, 4	1, 2	1, 4
		1, 4	1, 2

정답 ▶ ③

그룹짓기

필수 이론

유형 설명

- 변수의 종류가 2가지인 유형이다. 변수의 종류를 사람과 그룹이라고 칭할 때 사람은 1가지의 그룹만 택하며 사람이 5명, 그룹이 3개와 같이 사람이 취하는 값의 수가 소수인 유형이다.
- 기준이 되는 변수를 사람이 아니라 사람이 취하는 값 또는 사람이 속하는 대상으로 삼고 푸는 방법이 유리한 유형이다.
- 총 30문제 중 1~2문제가 출제된다.

풀이 TIP

- 변수의 종류가 2가지인 문제인지 확인한다.
- 사람이 값을 하나씩 취하는지를 확인한다. 사람이 값을 n가지를 택한다면 O, X로 표 안을 채우는 풀이법이 유리하다.
- 사람과 취하는 값의 수의 차이가 꽤 나는지 확인한다. 사람의 수가 5명이고 취하는 값의 수가 4명이라면 그룹짓기 외 가지치기, 정보정리 등의 방법으로 풀이해도 무방하다. 사람의 수가 5명이고 취하는 값의 수가 3가지라면 그룹짓기 풀이 방법이 유리하다.

1 O, X 채우기와 그룹짓기 풀이법의 구분

'필수유형 03. O, X 채우기'와 '필수유형 09. 그룹짓기' 풀이법 모두 변수의 종류가 2가지인 문제에서 활용하기 용이하다. 차이가 있다면 사람이 n가지의 값을 취할 수 있어 다대다의 구조를 보인다면 누가 무엇을 취하거나 취하지 않는지의 정보와 어떤 칸을 더 채워야 할지를 시각적으로 쉽게 확인할 수 있는 O, X 채우기 풀이법이 유리하다. 사람이 1가지의 값을 취할 수 있고 취하는 하나의 값을 기준으로 n명이 하나의 값을 취한다면 그룹짓기 풀이법이 유리하다.

> A, B, C, D, E는 빨강, 노랑, 파랑 중 2가지 색을 고른다.
> - A와 B는 빨강을 고른다.
> - D와 E는 노랑을 고르지 않는다.

예시를 보면 사람이 2가지씩 색을 취한다. 다대다의 구조로 다음과 같은 O, X 채우기 풀이법이 유리하다.

	A	B	C	D	E
빨강	O	O		O	O
노랑				X	X
파랑				O	O

이번에는 예시를 조금 바꿔보자. 사람이 색을 하나씩 고른다. 색을 대상으로 하나의 색을 고르는 사람이 1명 이상이 된다.

> A, B, C, D, E는 빨강, 노랑, 파랑 중 1가지 색을 고른다.
> • A와 B는 빨강을 고른다.
> • D와 E는 노랑을 고르지 않는다.

O, X 채우기로 접근해도 무방하다. 그룹짓기 풀이법을 쓸지는 효율적인 풀이를 위한 고민이다. O, X 채우기는 경우를 더 나눠야 할 때 확장성이 떨어지며 풀이 공간을 많이 차지한다. 작은 칸에 문제를 풀어야 하는 GSAT을 고려했을 때 O, X 채우기가 아닌 다른 풀이 방법이 더 효율적일 때도 있다. 아래와 같이 그룹짓기는 O, X 채우기보다 확장성이 좋다.

빨강: A, B, E 노랑: 파랑: D	빨강: A, B 노랑: 파랑: D, E	빨강: A, B, D, E 노랑: 파랑:	빨강: A, B, D 노랑: 파랑: E

2 기준변수에 대한 고민

조건추리 도식화 방법 선택하는 과정은 기준을 어떤 변수로 삼는지를 고민하는 과정과 비슷하다. 변수의 종류가 2가지인 문제를 대상으로 설명하겠다. 어떤 변수를 기준변수로 삼든 문제는 풀리나 효율적 풀이를 위한 고민이다.
'필수유형 01. 줄 세우기'에서 본 문제나 '필수유형 08. 계산'에서 비밀번호를 만드는 문제와 같이 순차성을 보이는 문제는 순서, 요일 등을 기준으로 삼는 것이 좋다. 이런 특수한 경우를 제외하면 일반적으로 사람을 기준으로 삼을 때가 많다.

> A, B, C, D, E는 빨강, 노랑, 파랑, 초록, 보라 중 한 가지를 고른다. 같은 색을 고른 사람은 없다고 할 때
> • A는 빨강을 고른다.
> • B는 파랑과 노랑 중 한 가지를 고른다.
> • D와 E는 노랑을 고르지 않는다.
> • D와 E는 같은 색을 고른다.

사람을 기준변수로 삼고 내용을 정리하면 다음과 같다. 개인 기호에 따라서는 '필수유형 05. 가지치기'에서 소개한 방법으로 풀이할 수도 있겠다.

			~노랑	~노랑
A	B	C	D	E
빨강	파랑			
빨강	노랑			

사람을 기준으로 삼게 되면 〈보기〉에서 제시한 조건을 직관적으로 이해할 수 있다. 기준을 사람이 아니라 색으로 잡게 되면 〈보기〉의 조건을 토대로 '노랑을 고를 수 있는 사람은 누구지?'와 같이 한 번 더 생각해야 하기에 주어로 자주 쓰이는 사람을 기준변수로 두고 풀이하는 게 유리할 때가 많다.
사람이 아닌 사람이 취하는 값(예시에서는 색)을 기준으로 삼는 경우는 사람이 값을 하나씩 가져가며 사람의 수보다 취하는 값의 수가 꽤 적은 경우이다. '꽤'라는 표현이 모호할 수도 있어 숫자로 설명하면 사람이 5명, 색이 4개나 5개인 문제는 사람을 기준으로 삼는 편이 낫다. 사람의 수와 얼마 차이도 안 난다. 〈보기〉를 직관적으로 이해하는 장점을 놓칠 수 없다. 사람이 5명, 색이 2개나 3개인 문제는 색을 기준으로 삼는 것이 낫다. 이를 예시로 설명하겠다.

A, B, C, D, E는 빨강, 노랑, 파랑 중 한 가지를 고른다. 같은 색을 고른 사람은 없다고 할 때 • A는 빨강을 고른다. • B는 파랑과 노랑 중 한 가지를 고른다. • D와 E는 노랑을 고르지 않는다. • D와 E는 같은 색을 고른다.

사람이 취하는 값, 즉 색이 3개다. 색을 기준으로 경우를 나누면 다음과 같다.

빨강: A, D, E 노랑: B 파랑:	빨강: A 노랑: B 파랑: D, E	빨강: A, D, E 노랑: 파랑: B	빨강: A 노랑: 파랑: B, D, E

같은 색을 고르는 사람이 누구인지를 알아보기에 편리하다. 이에 선택지의 내용이 다음과 같다면 그룹짓기의 풀이가 더 금상첨화일 것으로 예상된다.

① A와 B는 같은 색을 고른다. ② A와 C는 다른 색을 고른다. ③ C는 노랑을 고른다. ④ D는 파랑을 고른다.

필수 유형 연습

예제 01 A, B, C, D, E는 가, 나, 다 업무를 담당한다. 업무를 담당하지 않는 사람은 없다고 할 때 〈보기〉를 참고하여 항상 참인 것을 고르시오.

〈보 기〉

- 각 업무는 2명씩 담당한다.
- A는 B와 같은 업무를 하지 않는다.
- C는 E와 같은 업무를 담당한다.
- E는 가와 나 업무를 한다.

① A가 가 업무를 하면 B는 나 업무를 한다.
② D가 다 업무를 하면 B는 가 업무를 한다.
③ A가 다 업무를 하면 C는 가 업무를 한다.
④ C가 가 업무를 하면 B는 나 업무를 한다.
⑤ B가 가 업무를 하면 A는 다 업무를 한다.

일반 풀이

가, 나 업무에 E를 배정하자. 각 업무를 2명씩 담당하고 업무를 담당하지 않는 사람은 없다. 업무별 2명씩이니 6자리인데 인원은 5명이다. 1명의 인원이 2개 업무를 담당하고 2개 업무를 담당하는 당사자가 E라고 알 수 있다.
E와 C는 같은 업무를 담당한다. C가 가 업무를 하는 경우와 나 업무를 하는 경우로 나눌 수 있다. A와 B는 같은 업무를 하지 않는다. C가 담당하는 업무를 제외한 나머지 두 업무를 A와 B가 각자 담당한다. 이를 정리하다보면 A, B 중 1명이 다 업무를 담당한다고 알 수 있다. 이를 통해 아직 언급하지 않은 D가 다 업무를 담당한다고 알 수 있다.

	담당자
가 업무	E, C
나 업무	E, A/B
다 업무	B/A, D

Case 1

	담당자
가 업무	E, A/B
나 업무	E, C
다 업무	B/A, D

Case 2

정답 ▶ ⑤

예제 02 A, B, C, D, E, F, G, H는 전자제품 매장에서 스마트폰, 냉장고, 세탁기를 구매한다. 인당 하나의 제품만 구매했으며 스마트폰을 구매한 사람은 2명이고 냉장고와 세탁기를 구매한 사람은 3명이라고 할 때 〈보기〉를 참고하여 이들이 제품을 구매하는 모든 경우가 몇 가지인지 고르시오.

〈 보 기 〉

- A와 G는 같은 제품을 구매한다.
- H와 C는 냉장고를 구매한다.
- F와 B는 같은 제품을 구매한다.

① 1가지 ② 2가지 ③ 3가지
④ 4가지 ⑤ 5가지

일반 풀이

H와 C는 냉장고를 구매한다는 고정조건을 먼저 정리하여 풀이를 간단하게 만들자. 또한 스마트폰를 구매하는 사람이 2명이고 냉장고와 세탁기를 구매하는 사람이 3명이라는 정보를 헷갈리지 않도록 적어두자.

스마트폰(2):
냉장고(3): H, C
세탁기(3):

A와 G는 같은 제품을 구매한다. 냉장고는 3명이 구매하는데 H와 C가 냉장고를 구매한다고 알고 있으니 A와 G는 냉장고를 구매하지 않는다. A와 G가 스마트폰을 구매하는 경우와 세탁기를 구매하는 경우로 나눠보자.
F와 B는 같은 제품을 구매한다. 위와 같은 맥락으로 F와 B는 냉장고를 구매하지 않는다. A와 G가 스마트폰을 구매하면 F와 B는 세탁기를 구매하고 A와 G가 세탁기를 구매하면 F와 B는 스마트폰을 구매한다.

Case 1	Case 2
스마트폰(2): A, G	스마트폰(2): F, B
냉장고(3): H, C	냉장고(3): H, C
세탁기(3): F, B	세탁기(3): A, G

아직 정리하지 않은 인물은 D와 E다. 둘 중 1명이 냉장고를 구매하고 나머지 한명은 세탁기를 구매한다. D와 E가 구매하는 제품을 바꿀 수 있으니 편의상 D/E 또는 E/D로 표현하겠다.

Case 1	Case 2
스마트폰(2): A, G	스마트폰(2): F, B
냉장고(3): H, C, D/E	냉장고(3): H, C, D/E
세탁기(3): F, B, E/D	세탁기(3): A, G, E/D

정답 ▶ ④

정보정리

필수 이론

유형 설명

- 도식을 그리기 모호한 유형의 문제도 출제된다. 도식화를 하는 것보다 정보를 정리하며 문제를 풀이하는 유형을 정보정리라는 이름으로 소개한다.
- 총 30문제 중 1~2문제가 출제된다.

풀이 TIP

- 어려운 문제는 문제의 상황, 〈보기〉에 따라 경우를 나누어 풀어야 하기도 한다. 나뉘는 모든 경우를 고려하여 문제를 푼다.
- 선택지가 '~라면'의 가정형태로 제시된다면 문제의 상황과 〈보기〉의 조건을 만족하는 경우가 소수라고 판단하면 경우를 구한 후 풀고, 아니라면 채울 수 있는 정보만 채운 뒤 각 선택지의 앞부분을 대입하며 뒷부분을 만족하는지 파악하며 푼다.

1 정보정리 유형의 접근법

조건추리 전반에 활용되는 팁이다. 고정조건은 경우가 나뉘더라도 항상 유지되는 내용이다. 최대한 고정조건으로 칸을 채운 후 반고정조건 또는 채우지 못한 칸이 경우가 나뉜다는 점을 고려하며 문제를 풀어야 한다.

> A, B는 갑 팀이고 C, D는 을 팀이다. 각 팀에서 최소 1명 이상이 보직변경을 신청한다고 할 때 다음을 참고하여 반드시 거짓인 것을 고르시오.
> - A는 보직변경을 신청한다.
> - A가 보직변경을 신청한다면 C는 보직변경을 신청하지 않는다.

A가 보직변경을 신청한다는 고정조건이 있다. 이를 토대로 C는 보직변경을 신청하지 않는다고 알 수 있고 각 팀에서 최소 1명 이상이 보직변경을 신청하기 때문에 D는 반드시 보직변경을 신청한다고 알 수 있다. 이와 같이 고정조건을 통해 A, ~C, D의 정보를 얻은 후 B가 보직변경을 신청하는 경우와 신청하지 않는 경우로 나누어 문제를 풀어야 한다. B의 보직변경 신청여부를 알 수 없었다. 이를 강의에서 빈 칸은 경우가 나뉨을 의미한다는 말로 표현하고는 한다.

Case 1. 신청: A, D / 미신청: B, C

Case 2. 신청: A, B, D / 미신청: C

위의 풀이방법은 문제의 상황과 〈보기〉의 조건을 만족하는 경우를 모두 찾은 후 푸는 방법이다. 다른 풀이법은 A, D가 신청하고 C가 신청하지 않았다는 정보에서 선택지의 앞부분을 대입하며 푸는 방식이다. 즉 B의 신청여부까지는 고려하지 않고 빈 칸으로 둔 채 경우가 나뉜다는 가능성을 열어두고 선택지를 판별하는 방법이다.

2 3가지 변수의 접근

'필수 유형 4. 2 × n, 3 × 3'과 접근법이 비슷하다. 변수의 종류가 3가지인 경우 두 변수를 축으로 두고 남은 한 변수를 도식 안에 값으로 채우며 풀이한다. 이때 일반적으로는 사람(변수)을 값으로 채우는 것을 추천한다. 사유는 '어떤 사람이 몇 조다.', '어떤 사람이 남자다.'와 같이 사람을 중심으로 표현하기 때문이다. 다시 말해 축으로 두는 두 변수와 각각 연관성을 띄는 변수를 값으로 넣는 것이 가장 직관적이다. 이후 경우를 나누는 법, 빗금 활용, 선택지에 따른 접근 등은 앞선 필수 유형에서 설명한 바와 동일하다.

2.1 경우 나누기

경우가 나뉘는 것을 머리로 기억하지 말고 도식이 비교적 간단하다면 빗금을, 도식이 복잡하다면 도식을 추가하여 경우가 나뉜다는 것을 보이자. 종이와 펜은 머리가 기억할 내용을 적어두어 머리의 리소스를 아껴 풀이속도를 높이는 역할이라 생각해주면 좋겠다.

> 남자인 A, B, C, D와 여자인 E, F, G, H는 2인 1조로 조별활동을 한다. 각 조의 조원의 성별은 서로 다르다고 할 때 다음을 참고하여 항상 참인 것을 고르시오.
> - D는 2조이고 F는 3조이다.
> - B와 C는 1조가 아니다.

예시를 보면 변수가 사람, 성별, 조로 3가지다. 3가지 변수를 한 도식에 정리하려면 사람을 채워 풀이하는 것이 보다 편리하다. 도식의 축을 그리고 D, F를 채우자.

	1조	2조	3조	4조
남		D		
여			F	

B와 C는 1조가 아니다. 1조인 남자는 A이다. B가 3조일지 4조일지 확정할 수 없다. 이를 빈 칸으로 둔 채 문제를 풀어도 되지만 B와 C를 빗금으로 표현하여 정리해도 무방하겠다.

	1조	2조	3조	4조
남	A	D	B/C	C/B
여			F	

만약 B, C의 자리가 3조 또는 4조인 것을 머리로만 기억하며 문제를 푸는 경우 B, C가 3조 또는 4조라는 정보를 잊어버려 오답을 낼 수도 있고 자꾸 기억한 채로 추리해야하기 때문에 추리 속도가 느려지기도 한다. 조금은 귀찮더라도 빗금 또는 새 도식을 그려 경우가 나뉨을 나타내자. 새로 도식을 그려 문제를 푸는 경우는 예제에서 설명하겠다.

2.1.1. 반고정의 복합 활용

고정조건을 통해 칸을 채운 후 반고정조건으로 경우를 나눈다. 반고정조건이 2가지 이상인 경우 조건을 하나씩 확인하는 풀이보다 동시에 2가지 조건을 확인하는 풀이가 보다 빠르다. 하지만 숙달되기 전에는 실수가 잦을 수 있으니 연습을 통해 익숙해지자. 교재의 해설에서는 이해를 돕기 위해 반고정조건을 하나씩 다룬다. 해설이 최단시간의 풀이법이 아님을 전한다.

2.2. 미정인 칸 두기

도식을 만들고 정리하다보면 칸에는 넣을 수 없지만 정보는 알고 있을 때가 있다. 이럴 때 미정인 칸을 두어 한 도식에서 정보를 한눈에 볼 수 있도록 만들어 문제풀이의 실수를 줄이고 효율성을 높였으면 한다.

대학교 1, 2, 3학년인 A, B, C, D, E, F는 하루에 1번씩 공원을 산책한다. 이들이 산책하는 시간대는 오전과 저녁이라고 할 때 다음을 참고하여 항상 거짓인 것을 고르시오.
- A와 B는 1학년이다.
- D는 오전에 산책한다.

예시를 토대로 한 축에는 학년, 한 축에는 산책시간을 두며 도식을 그리자. A, B가 1학년이라고 알 수 있지만 오전에 산책하는지 오후에 산책하는지 알 수 없다. 이럴 경우 시간 미정을 두어 A, B를 채우자. 마찬가지로 D는 오전에 산책한다고 알 수 있지만 학년을 모른다. 마찬가지로 학년 미정을 두어 D를 채우자.

	1학년	2학년	3학년	학년 미정
오전				D
저녁				
시간 미정	A, B			

필수 유형 연습

예제 01 A, B, C, D, E, F 중 A와 B는 갑팀, C와 D는 을팀, E와 F는 병팀 소속이다. 각 팀에서 최소 1명이 이직한다고 할 때 〈보기〉를 참고하여 반드시 이직하는 사람을 고르시오.

〈 보 기 〉

- 6명 중 4명이 이직한다.
- 을팀 소속의 인원 중 1명만 이직한다.
- F가 이직한다면 A도 이직한다.
- B와 D 중 1명은 반드시 이직하며 둘 다 이직하지 않는다.

① A　② B　③ C
④ D　⑤ E

일반 풀이

6명 중 4명이 이직하며 각 팀에서 최소 1명이 이직한다. 세 팀 중 한 팀은 2명이 이직하고 나머지 두 팀은 1명이 이직한다. 을팀 소속의 인원 중 1명만 이직하기 때문에 갑팀에서 2명이 이직하는 경우(갑2, 을1, 병1 이직)와 병팀에서 2명이 이직하는 경우(갑1, 을1, 병2 이직)로 나뉜다.
을팀 소속의 인원 중 1명만 이직한다. 이에 따라 C가 이직하고 D가 이직하지 않는 경우와 C가 이직하지 않고 D가 이직하는 경우로 나눠보자. 이후 B와 D 중 1명은 반드시 이직하며 둘 다 이직하지 않는다는 조건을 고려하여 D가 이직하지 않는 경우 B가 이직하고 D가 이직하는 경우 B가 이직하지 않는다고 정리하자.

Case 1	Case 2
이직: C, B ~이직: D	이직: D ~이직: C, B

Case 1은 갑팀(A, B)인 2명이 모두 이직하는 경우와 병팀(E, F)인 2명이 모두 이직하는 경우로 나뉜다. 그런데 병팀 2명이 모두 이직하게 되면 F가 이직한다면 A도 이직한다는 조건에 의해 A도 이직하게 되는데 이직하는 인원이 5명이 된다. 6명 중 4명이 이직한다는 조건을 만족하지 않는다. Case 1에서 갑팀(A, B)인 2명이 이직한다. E와 F 중 누가 이직하는지 확정할 수 없기에 편의상 E/F 또는 F/E로 정리했다.
Case 2에서 갑팀인 B가 이직하지 않는다. 병팀(E, F)인 2명이 모두 이직하고 B가 아닌 갑팀인 A도 이직한다고 알 수 있다.

Case 1	Case 2
이직: C, B, A, E/F ~이직: D, F/E	이직: D, E, F, A ~이직: C, B

두 경우에서 반드시 이직하는 사람은 A이다.

정답 ▶ ①

예제 02 **남자 3명, 여자 3명으로 이뤄진 A, B, C, D, E, F는 소풍을 떠난다. 소풍에서 먹을 간식을 하나씩 가져왔고 빵을 가져온 사람이 2명, 김밥을 가져온 사람이 2명, 샐러드를 가져온 사람이 2명이라고 할 때 〈보기〉를 토대로 항상 참인 것을 고르시오.**

〈 보 기 〉

- 남자 3명이 가져온 간식은 서로 같지 않다.
- B와 D는 같은 간식을 가져왔다.
- C는 여자이고 샐러드를 가져왔다.
- F와 A의 성(性)은 같다.
- E는 김밥을 가져왔다.

① A와 E는 같은 간식을 가져왔다.
② F와 B는 성(性)이 다르다.
③ E와 C는 성(性)이 같다.
④ C와 F는 서로 다른 간식을 가져왔다.
⑤ B와 A는 성(性)이 같다.

일반 풀이

변수가 성별, 사람, 간식으로 3가지다. 성별과 사람이 관계를 보이고 사람과 간식이 관계를 보인다. 사람을 표 안에 넣고 각 축에 성별과 간식을 적는 방법으로 도식화를 해보자.
남자 3명이 가져온 간식을 서로 같지 않다. 남자 3명이 각각 가져온 간식이 빵, 김밥, 샐러드다. 이를 토대로 여자 3명이 가져온 간식도 서로 같지 않고 여자 3명이 가져온 간식도 빵, 김밥, 샐러드라 알 수 있다.
C를 여자이며 샐러드인 칸에 배정하자. E는 성별은 모르지만 김밥을 가져왔다. 성별 미정을 두어 E가 김밥을 가져왔다는 정보를 도식에서 바로 보일 수 있도록 만들자.

	빵	김밥	샐러드
남자			
여자			C
미정		E	

B와 D가 같은 간식을 가져왔다. 이미 김밥과 샐러드를 가져온 1명씩을 알고 있으니 B와 D는 빵을 가져왔다고 알 수 있다. 또한 남자 3명이 각각 가져온 간식도 다르고 여자 3명이 각각 가져온 간식도 다르다. B와 D의 성별이 다르다고 알 수 있다.
F와 A의 성별이 같다. F와 A는 남자다. 왜냐하면 3명의 여자 중 1명은 C이고 또 다른 1명은 B 또는 D이다. F와 A는 여자일 수 없다. F와 A를 남자이면서 F가 김밥을 가져오거나 샐러드를 가져오는 경우를 빗금으로 표현하여 정리해보자. 자연스럽게 E는 여자이고 김밥을 가져왔다고 알 수 있다.

	빵	김밥	샐러드
남자	B/D	F/A	A/F
여자	D/B	E	C

정답 ▶ ③

 해설 p. 54

01 A, B, C, D는 일렬로 줄을 선다. 〈보기〉를 참고하여 항상 참인 것을 고르시오.

〈 보 기 〉

- B는 맨 앞에 줄을 서지 않는다.
- A와 C는 서로 인접하게 줄을 서지 않는다.
- B는 D보다 앞에 줄을 선다.

① A는 1번째로 줄을 선다.
② B는 2번째로 줄을 선다.
③ C는 2번째로 줄을 선다.
④ C는 3번째로 줄을 선다.
⑤ D는 4번째로 줄을 선다.

02 대학생인 A, B, C, D는 서로 학년이 다르다. 이들의 학년이 1, 2, 3, 4학년이라 할 때 〈보기〉를 참고하여 4명의 학년을 정할 수 있는 경우가 모두 몇 가지인지 고르시오.

〈 보 기 〉

- B는 2학년이거나 4학년이다.
- A는 C보다 학년이 높다.
- D의 학년은 A와 C의 학년을 더한 값과 같다.

① 1가지 ② 2가지 ③ 3가지
④ 4가지 ⑤ 5가지

03 A, B, C, D, E, F의 소속은 PA팀과 GL팀이다. 6명 모두 한 팀에만 속해있고 PA팀에 3명, GL팀에 3명씩 속한다고 할 때 〈보기〉를 참고하여 항상 참인 것을 고르시오.

〈보 기〉

- E는 GL팀 소속이다.
- C가 PA팀 소속이라면 F는 GL팀 소속이다.
- B와 D의 소속팀은 같다.
- E가 PA팀이 아니라면 C는 PA팀 소속이다.

① E와 A는 소속팀이 같다.
② B와 C는 소속팀이 다르다.
③ D와 F는 소속팀이 같다.
④ F와 E는 소속팀이 다르다.
⑤ A와 C는 소속팀이 같다.

04 A, B, C, D가 다룰 수 있는 문서프로그램의 이니셜은 E, W, H다. 4명 모두 최소 1가지의 문서프로그램을 다룬다고 할 때 〈보기〉를 토대로 반드시 거짓인 것을 고르시오.

〈보 기〉

- E, W, H 프로그램을 모두 다루는 사람은 1명이다.
- E 프로그램을 다루는 사람은 3명이고 W 프로그램을 다루는 사람은 2명이다.
- B는 D가 다루는 문서프로그램을 모두 다룬다.
- A는 B가 다루는 문서프로그램을 다루지 못한다.
- H 프로그램을 다루는 사람은 A와 C뿐이다.

① D는 E 프로그램을 다룬다.
② C는 E 프로그램을 다룬다.
③ B는 W 프로그램을 다룬다.
④ A는 W 프로그램을 다룬다.
⑤ A는 E 프로그램을 다룬다.

05 A, B, C, D, E, F는 원형의 테이블에 일정한 간격으로 앉는다. 누군가를 마주보고 앉는다고 할 때 〈보기〉를 참고하여 D와 인접하게 앉을 가능성이 있는 사람은 모두 몇 명인지 고르시오.

〈 보 기 〉

- A와 D는 서로 마주 보는 자리에 앉는다.
- C는 D와 인접한 자리에 앉지 않는다.
- B와 E는 서로 인접한 자리에 앉는다.

① 1명 ② 2명 ③ 3명
④ 4명 ⑤ 5명

06 A, B, C, D, E는 토너먼트로 진행한 격투기 게임 대회 참가자다. 격투기 게임의 결과는 승과 패만 있었고 우승자가 정해졌다고 할 때 〈보기〉와 〈대진표〉를 참고하여 결승전에 오른 2명을 고르시오.

〈 보 기 〉

- B는 E와 경기를 치렀고 B는 E에게 졌다.
- C는 시드2를 받았다.
- D는 A와 경기를 치렀고 D가 A를 이겼다.
- 경기를 3번 치른 사람은 없다.

〈대진표〉

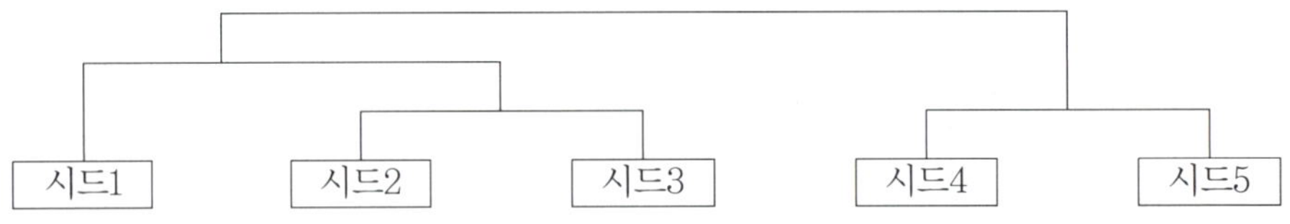

① A, B ② A, C ③ B, D
④ C, D ⑤ D, E

07 A, B, C, D, E, F는 각 층에 3개의 호실로 이뤄진 3층의 빌라에 거주한다. 총 9개의 호실 중 3개 호실은 공실이라고 할 때 〈보기〉와 빌라 내 호실 배치를 토대로 A가 거주하는 호실을 고르시오.

〈 보 기 〉

- B와 F는 같은 층에 거주한다.
- E가 거주하는 호실과 A가 거주하는 호실의 끝 번호가 같다.
- 302호와 101호는 공실이고 D는 102호에 거주한다.
- C와 E가 거주하는 호실은 같은 층이며 끝 번호 차이가 1이다.

301	302	303
201	202	203
101	102	103

호실 배치

① 103호 ② 201호 ③ 203호
④ 301호 ⑤ 303호

08 4층의 건물에 있는 최대 2명이 탈 수 있는 엘리베이터를 A, B, C, D가 이용한다. 엘리베이터의 문이 열리면 엘리베이터 안에 있는 사람이 나간 후 밖에 있는 사람이 타고 엘리베이터는 1층에서 출발해 4층에 도착한다고 할 때 〈보기〉를 참고하여 항상 거짓인 것을 고르시오.

〈 보 기 〉

- 1층에서 엘리베이터를 내리는 사람은 없으며 4층에서 타는 사람도 없다.
- A는 1층에서 엘리베이터를 타고 3층에서 내린다.
- D는 4층에서 엘리베이터를 내린다.
- B는 C와 엘리베이터를 같이 이용하지 않고 B가 C보다 먼저 엘리베이터를 탄다.
- C는 3층에서 엘리베이터를 내린다.

① 1층에서 엘리베이터를 타는 사람은 2명이다.
② 2층에서 엘리베이터를 타는 사람은 1명이다.
③ 3층에서 엘리베이터를 타는 사람은 1명이다.
④ 3층에서 엘리베이터를 내리는 사람은 2명이다.
⑤ 4층에서 엘리베이터를 내리는 사람은 2명이다.

09 L은 월요일부터 금요일까지 하루에 한 번 등산을 한다. L이 오르는 산은 설악산, 한라산, 주왕산이라 할 때 〈보기〉의 조건을 토대로 항상 참인 것을 고르시오.

〈 보 기 〉

- 연속하여 같은 산을 오르지 않는다.
- 5일 중 설악산은 2번 오른다.
- 금요일에 주왕산을 오르지 않는다.
- 목요일에 한라산을 오른다.

① L이 화요일에 한라산을 오른다면 수요일에 주왕산을 오른다.
② L이 금요일에 설악산을 오른다면 화요일에 주왕산을 오른다.
③ L이 월요일에 설악산을 오른다면 화요일에 한라산을 오른다.
④ L이 월요일에 주왕산을 오른다면 수요일에 설악산을 오른다.
⑤ L이 화요일에 설악산을 오른다면 월요일에 한라산을 오른다.

10 A, B, C, D, E는 1팀, 2팀, 3팀을 구성하는 팀원이다. 5명 중 3명이 남자고 2명이 여자이며 팀원이 없는 팀은 없다고 할 때 〈보기〉를 참고하여 반드시 거짓인 것을 고르시오.

〈 보 기 〉

- B와 D의 성별은 같다.
- 3팀의 팀원 수는 2팀의 팀원 수보다 적다.
- A와 E는 같은 팀이다.
- 2팀의 팀원은 모두 남자다.
- C는 여자이며 3팀의 팀원이다.

① D는 남자다.　② A는 여자다.　③ B는 2팀이다.
④ E는 남자다.　⑤ A는 2팀이다.

11 **T는 AI와 숫자야구 게임을 했다. 〈보기〉를 참고하여 AI가 출제한 숫자를 고르시오.**

〈 보 기 〉

규칙: T가 제출한 숫자가 자릿수와 숫자가 맞으면 S(Strike), 자릿수는 맞지 않지만 숫자가 맞으면 B(Ball)로 AI가 답한다. 예를 들어 AI가 출제한 숫자가 1234이고 T가 2834을 부르면 2S 1B로 답한다.

- 숫자는 네 자리이며 사용한 네 개의 숫자는 모두 다르다.
- T가 4230를 불렀더니 AI는 2B을 답했다.
- T가 3456을 불렀더니 AI는 4B을 답했다.
- T가 9715를 불렀더니 AI는 1S를 답했다.

① 4365 ② 6345 ③ 3456
④ 4536 ⑤ 5643

12 **A, B, C, D, E는 3층의 호텔에 투숙한다. 각 층에는 3개씩 호실이 있으며 103호, 202호, 302호, 303호는 공실이라 할 때 〈보기〉를 토대로 C가 투숙할 수 있는 호실의 수를 구하시오.**

〈 보 기 〉

- C가 투숙하는 층보다 1개 층이 높은 층에 E가 투숙한다.
- B와 D가 투숙하는 호실의 호수(일의 자리)는 같다.
- A는 B가 투숙하는 호실의 층보다 낮은 층의 호실에 투숙한다.
- C와 A는 같은 층의 호실에 투숙하지 않는다.

301호	~~302호~~	~~303호~~
201호	~~202호~~	203호
101호	102호	~~103호~~

① 1개 ② 2개 ③ 3개
④ 4개 ⑤ 5개

13 **A, B, C, D, E는 다트 동호회 회원이다. 다트를 던져 제일 높은 점수를 획득한 순서대로 1등부터 5등까지 부여했다고 했을 때 〈보기〉를 참조하여 이들의 등수로 가능한 경우를 고르시오.**

〈 보 기 〉

- A와 D의 점수 차가 가장 근소하다.
- C는 E보다 높은 점수를 획득하지 못했다.
- B의 등수는 짝수이다.
- C는 5등이 아니다.

	1등	2등	3등	4등	5등
①	E	B	C	A	D
②	A	D	E	B	C
③	A	B	C	D	E
④	D	A	E	B	C
⑤	C	D	A	B	E

14 **A, B, C, D, E, F, G, H는 동아리 송년회를 찾아 4행 2열로 배치된 자리에 앉는다. 이들 중 C, D, E, F는 YB이고 나머지 4명은 OB라 할 때 〈보기〉를 토대로 항상 참인 것을 고르시오.**

〈 보 기 〉

- E는 H보다 앞쪽에 배치된 자리에 앉는다.
- D는 A와 같은 행에 배치된 자리에 앉는다.
- H는 3행에 배치된 자리에 앉고 C는 2행에 배치된 자리에 앉는다.
- OB는 모두 1열에 배치된 자리에 앉는다.

앞

	1열	2열
1행		
2행		
3행		
4행		

① B는 E와 같은 행에 배치된 자리에 앉는다.

② D가 앉는 자리의 바로 앞자리에 C가 앉는다.

③ F는 H와 같은 행에 배치된 자리에 앉는다.

④ C와 B는 같은 행에 배치된 자리에 앉는다.

⑤ G가 앉는 자리의 바로 뒷자리에 H가 앉는다.

15 A, B, C, D는 필기구를 사기 위해 문구점을 찾았다. 문구점에 필기구는 연필, 볼펜, 형광펜, 매직이 있으며 각 품목당 재고는 2자루씩이다. 인당 2품목의 필기구를 1자루씩 구매한다고 할 때 〈보기〉를 토대로 항상 참인 것을 고르시오.

〈 보 기 〉

- B가 구매하는 필기구 중 같은 품목의 필기구 1자루를 D가 구매한다.
- C는 연필을 구매하고 A는 매직을 구매한다.
- D는 형광펜을 구매하지 않는다.

① B가 매직을 구매한다면 D는 연필을 구매한다.
② D가 볼펜을 구매한다면 A는 연필을 구매한다.
③ A가 연필을 구매한다면 B는 매직을 구매한다.
④ D가 연필을 구매한다면 C는 형광펜을 구매한다.
⑤ C가 형광펜을 구매한다면 B는 연필을 구매한다.

16 A, B, C, D는 과일가게에서 과일을 하나씩 산다. 과일가게에서 판매하는 과일은 참외, 자두, 수박, 사과, 딸기이며 한 종류의 과일은 한 명만 살 수 있다고 할 때 〈보기〉를 참고하여 항상 참인 것을 고르시오.

〈 보 기 〉

- C는 자두를 사거나 수박을 산다.
- 딸기를 사는 사람은 A이거나 B이다.
- D는 참외를 사지 않고 사과를 사지 않는다.
- B는 참외를 사거나 자두를 산다.

① 이들이 과일을 살 수 있는 경우의 수는 3가지이다.
② B는 자두를 산다.
③ B는 참외를 산다.
④ C는 수박을 산다.
⑤ D는 자두를 산다.

17 **A, B, C, D는 다트를 2번씩 던진다. 다트를 한 번 던질 때마다 1점, 2점, 3점, 4점 중 한 점수를 받았고 처음으로 받은 점수와 두 번째로 받은 점수가 같은 사람은 없다고 할 때 〈보기〉를 참고하여 C가 받은 두 점수의 합을 고르시오.**

〈 보 기 〉

- B가 받은 모든 점수의 합은 C가 받은 모든 점수의 합보다 작다.
- 3점을 받은 사람은 A와 D뿐이다.
- A가 받은 두 점수는 C가 받은 두 점수와 같지 않다.
- 4점을 받은 사람은 1명이다.
- A가 받은 모든 점수의 합은 D가 받은 모든 점수의 합보다 크다.

① 3점 ② 4점 ③ 5점
④ 6점 ⑤ 7점

18 **A, B, C, D, E, F, G, H는 토너먼트 방식으로 진행하는 가위바위보대회에 참가했다. 무승부는 없었으며 8강전에서 이긴 사람은 4강전으로, 4강전에서 이긴 사람은 결승전으로 진출했다. 〈보기〉와 〈대진표〉를 토대로 반드시 거짓인 것을 고르시오.**

〈 보 기 〉

- C와 H는 8강전에서 만났고 H가 C를 이겼다.
- B는 결승전까지 진출했다.
- E와 G는 4강전에서 만나 경기를 치렀다.

〈대진표〉

① A의 전체 전적은 1패다. ② H의 전체 전적은 3승이다.
③ G의 전체 전적은 1승 1패다. ④ D의 전체 전적은 1패다.
⑤ F의 전체 전적은 1패다.

19 **5층의 건물에 A, B, C, D 매장이 입주한다. 네 매장 모두 1개 층만 사용한다고 할 때 〈보기〉를 참고하여 항상 거짓인 것을 고르시오.**

〈 보 기 〉

- A는 C보다 낮은 층에 입주한다.
- D는 짝수 층에 입주한다.
- B가 입주하는 층의 바로 위층에 입주한 매장은 없다.

① A는 B가 입주하는 층보다 높은 층에 입주한다.
② B는 D가 입주하는 층보다 높은 층에 입주한다.
③ D는 C가 입주하는 층보다 높은 층에 입주한다.
④ D는 A가 입주하는 층보다 높은 층에 입주한다.
⑤ B는 A가 입주하는 층보다 높은 층에 입주한다.

20 **A의 사번은 네자리의 숫자로 이뤄졌다. 각 자리의 숫자는 '천의 자리 < 백의 자리 < 십의 자리 < 일의 자리'와 같이 천의 자리가 가장 작고 자릿수가 적을수록 숫자가 크다고 할 때 〈보기〉를 참고하여 A의 사번으로 알맞은 것을 고르시오.**

〈 보 기 〉

- 사번에 활용한 각 자리의 숫자는 서로 다르고 천의 자리는 0이 아니다.
- 2, 3, 5, 8 중 두 숫자가 사번에 사용한 숫자와 같다.
- A의 사번 중 하나는 7이며 7은 일의 자리가 아니다.
- 1, 3, 6, 9는 사번 생성에 사용하지 않았다.
- 0, 4, 5, 9 중 두 숫자가 사번에 사용한 숫자와 같다.

① 0257 ② 5078 ③ 4578
④ 2359 ⑤ 6789

21 A, B, C, D, E, F, G는 3 × 3으로 배치된 사물함의 1칸씩 사용한다. 사물함의 위치에 따라 아래부터 1층, 2층, 3층이라 칭하고 왼쪽부터 1열, 2열, 3열이라 칭할 때 〈보기〉를 참고하여 항상 참인 것을 고르시오.

〈보 기〉

- B와 E는 3층의 사물함을 사용한다.
- F와 G는 2열의 사물함을 사용한다.
- C와 같은 열이며 한 층 위의 사물함을 D가 사용한다.
- 2층 3열의 사물함은 비었다.
- D가 사용하는 사물함과 같은 층이며 1열이 큰 사물함은 비었다.

① A는 1층 3열의 사물함을 사용한다.
② B는 3층 1열의 사물함을 사용한다.
③ C는 1층 2열의 사물함을 사용한다.
④ D는 2층 2열의 사물함을 사용한다.
⑤ F는 1층 2열의 사물함을 사용한다.

22 A, B, C, D, E, F, G, H는 2인 1조로 짝을 이뤄 놀이기구 탑승을 대기한다. 2열 종대이며 1조, 2조, 3조, 4조의 순서로 줄을 섰고 성별이 같은 인원끼리 같은 조를 이루지 않는다고 할 때 〈보기〉를 참고하여 8명의 조와 성별을 확정하는 경우가 모두 몇 가지인지 고르시오.

〈보 기〉

- E와 G는 남자다.
- B가 여자라면 F는 1조이다.
- D는 2조이고 G는 3조이다.
- A와 H는 같은 조다.
- C는 D보다 앞에 줄을 선다.
- B와 C의 성별은 같다.

앞

1조		
2조		
3조		
4조		

① 1가지 ② 2가지 ③ 3가지
④ 4가지 ⑤ 5가지

23 A, B, C, D, E는 오페라를 관람하기 위해 일렬로 나란한 1번부터 6번까지의 자리를 예매한다. 이들 중 1명은 편하게 보기 위해 붙어있는 2자리를 예매한다고 할 때 〈보기〉를 참고하여 붙어있는 2자리를 예매할 수 없는 사람을 고르시오.

〈 보 기 〉

- B가 예약한 자리는 D가 예약한 자리와 인접하지 않는다.
- 5번 자리를 예약한 사람은 E다.
- A가 예약한 자리와 인접한 자리를 C가 예약한다.
- B는 6번 자리를 예약하지 않는다.

① A ② B ③ C
④ D ⑤ E

24 1경기부터 4경기까지 1:1로 4번 경기를 치르는 천하제일무술대회에 A, B, C, D가 참여한다. 인당 2번씩 경기를 치렀고 한번 맞붙은 상대와 다시 붙지 않는다고 할 때 〈보기〉를 토대로 반드시 거짓인 것을 고르시오.

〈 보 기 〉

- D는 2경기와 4경기에 참여했다.
- C는 1경기에 참여했다.
- A는 D와 경기를 치렀다.
- B는 1경기에 참여했다.

① B가 2경기에 참여했다면 A는 C와 경기를 치렀다.
② C가 2경기에 참여했다면 A와 B가 경기를 치렀다.
③ B가 3경기에 참여했다면 C는 A와 경기를 치렀다.
④ A가 2경기에 참여했다면 B는 D와 경기를 치렀다.
⑤ C가 3경기에 참여했다면 D는 B와 경기를 치렀다.

25 **태형, 민선, 윤지, 연아, 진주는 일렬로 줄지어 승마를 즐기고 있다. 4마리의 말 중 사람이 타지 않은 말은 없으며 말 1마리에는 2명이 탄다고 할 때 〈보기〉를 참조하여 항상 참인 것을 고르시오.**

〈보 기〉

- 민선이 앞에는 2명이 승마를 즐기고 있다.
- 윤지는 혼자 말을 타지 않았다.
- 태형이는 연아보다 앞에서 말을 타고 있다.
- 진주는 혼자 말을 타며 민선이보다 뒤에 있다.

① 3번째 말에 연아가 탄다.
② 2번째 말에 민선이가 탄다.
③ 4번째 말에 진주가 탄다.
④ 2번째 말에 윤지가 탄다.
⑤ 1번째 말에 태형이가 탄다.

26 **A, B, C, D, E, F는 회의장에 도착한 순서와 같은 숫자가 적힌 자리에 앉는다. 이들이 앉는 여섯자리는 원탁을 마주보고 일정한 간격으로 배치됐다고 할 때 〈보기〉 및 자리배치를 토대로 항상 거짓인 것을 고르시오.**

〈보 기〉

- D는 F보다 먼저 회의장에 도착한다.
- B와 E는 마주보는 자리에 앉는다.
- A는 3번째로 회의장에 도착한다.
- F는 맨 마지막으로 회의장에 도착하지 않는다.
- E와 C는 서로 이웃한 자리에 앉지 않는다.

① C가 6번 자리에 앉는다면 D는 2번 자리에 앉는다.
② B가 1번 자리에 앉는다면 F는 5번 자리에 앉는다.
③ D가 2번 자리에 앉는다면 B는 4번 자리에 앉는다.
④ E가 2번 자리에 앉는다면 C는 6번 자리에 앉는다.
⑤ F가 4번 자리에 앉는다면 B는 5번 자리에 앉는다.

27 A, B, C, D, E, F는 그리고등학교 학생이다. 이들의 학년이 1, 2, 3학년이라 할 때 〈보기〉를 참조하여 항상 참인 것을 고르시오.

〈 보 기 〉

- 2학년인 학생 수는 3학년인 학생 수보다 많다.
- C는 E보다 한 학년이 높다.
- F와 학년이 같은 인원은 없다.
- D가 2학년이라면 A는 1학년이다.
- F가 3학년이라면 B는 1학년이다.

① E와 A의 학년이 같다.
② C와 D의 학년이 같다.
③ B와 C의 학년이 다르다.
④ A와 B의 학년이 다르다.
⑤ D와 E의 학년이 다르다.

28 어린이인 A, B, C, D와 어른인 E, F, G, H는 기차를 타고 이동한다. 어린이 보호를 위해 한 열에 어린이와 어른이 같이 앉는다. 〈보기〉와 자리 번호를 토대로 다음 중 항상 거짓인 것을 고르시오.

〈 보 기 〉

- 어린이는 서로 바로 앞 또는 바로 뒤에 앉지 않는다.
- F와 G는 창측에 앉는다.
- B와 H는 같은 열에 앉는다.
- C는 1번 자리에 앉는다.
- A의 자리 번호는 F보다 빠르다.

		1열	2열	3열	4열
앞	창측	2	4	6	8
	내측	1	3	5	7

① C와 G는 같은 열에 앉는다.
② E와 B는 같은 측에 앉는다.
③ B와 F는 창측에 앉는다.
④ H와 E는 내측에 앉는다.
⑤ 창측에는 A, B, D 중 2명이 앉을 수 있다.

29 A, B, C의 소속은 X그룹이고 D, E, F의 소속은 Y그룹, G, H, I의 소속은 Z그룹이다. 9명 중 5명이 진급하고 진급자가 없는 그룹은 없다고 할 때 〈보기〉를 토대로 항상 참인 것을 고르시오.

〈 보 기 〉

- Z그룹 진급자는 X그룹 진급자보다 많다.
- H가 진급자라면 E는 진급자가 아니다.
- C가 진급하지 않으면 I도 진급하지 않는다.

① B가 진급하지 않으면 H가 진급한다.
② D가 진급하지 않으면 C가 진급한다.
③ I가 진급하지 않으면 A가 진급한다.
④ E가 진급하지 않으면 G가 진급한다.
⑤ A가 진급하지 않으면 F가 진급한다.

30 J는 월요일부터 일요일까지 매일 한가지의 물건을 구매한다. J가 구매한 물건은 A, B, C, D, E, F, G라고 할 때 〈보기〉를 참고하여 항상 참인 것을 고르시오.

〈 보 기 〉

- B를 구매한 다음날 E를 구매한다.
- A를 구매한 다음날에 G를 구매하지 않는다.
- 목요일에 D 또는 C를 구매한다.
- G를 토요일에 구매한다.
- F를 구매하고 이틀 뒤에 A를 구매한다.

① J는 화요일에 B를 구매한다.
② J는 목요일에 C를 구매한다.
③ J는 월요일에 D를 구매한다.
④ J는 수요일에 E를 구매한다.
⑤ J는 금요일에 F를 구매한다.

31 A, B, C, D, E, F는 미니버스를 타고 이동한다. 버스의 좌석과 좌석에 부여된 번호가 다음과 같다고 할 때 〈보기〉를 토대로 항상 참인 것을 고르시오.

〈보 기〉

- A는 맨 앞의 자리와 맨 뒤의 자리에 앉지 않는다.
- B는 C보다 앞쪽에 위치한 자리에 앉는다.
- D는 5번 자리에 앉는다.
- F는 맨 뒤의 자리에 앉지 않는다.
- A와 E는 우측의 자리에 앉으며 둘의 자리는 앞/뒤로 붙어 있다.

앞

좌측	우측
1	2
3	4
5	6

① C가 3번 자리에 앉는다면 E는 6번 자리에 앉는다.
② F가 1번 자리에 앉는다면 B는 2번 자리에 앉는다.
③ B가 1번 자리에 앉는다면 C는 6번 자리에 앉는다.
④ A가 4번 자리에 앉는다면 F는 1번 자리에 앉는다.
⑤ C가 6번 자리에 앉는다면 E는 1번 자리에 앉는다.

32 A, B, C, D, E, F는 출입카드를 찍기 위해 일렬로 줄을 선다. 이들의 소속팀은 갑과 을이고 갑팀인 인원이 모두 줄을 선 뒤 을팀이 줄을 선다고 할 때 〈보기〉를 토대로 반드시 을팀 소속이라고 할 수 있는 인원수를 고르시오.

〈보 기〉

- C와 D의 소속팀은 같다.
- B와 E의 소속팀은 다르다.
- 4번째로 줄을 서는 사람은 을팀이다.
- F는 2번째로 줄을 서고 A는 3번째로 줄을 선다.

① 1명 ② 2명 ③ 3명
④ 4명 ⑤ 5명

33 A, B, C, D, E는 물리, 화학, 생물 중 1가지 이상의 강의를 듣는다. 〈보기〉를 참고하여 항상 참인 것을 고르시오.

〈 보 기 〉

- 물리를 듣는 사람은 2명, 화학을 듣는 사람은 3명, 생물을 듣는 사람은 1명이다.
- C가 듣는 강의와 E가 듣는 강의는 겹치지 않는다.
- A는 D가 듣는 강의를 모두 듣는다.
- B는 화학 강의만 듣는다.

① A는 물리를 듣는다.
② C는 물리를 듣는다.
③ C는 생물을 듣는다.
④ D는 화학을 듣는다.
⑤ E는 화학을 듣는다.

34 A, B, C, D, E는 서울, 부산, 제주 중 한 곳으로 휴가를 갈 예정이다. 5명이 휴가를 가는 달은 9월, 10월, 11월 중 한 달이고 휴가를 2번 이상 가는 사람은 없다. 아무도 가지 않는 휴가지는 없고 아무도 휴가를 가지 않는 달도 없다고 할 때 항상 거짓인 것을 고르시오.

〈 보 기 〉

- 같은 달에 최대 2명까지 휴가를 간다.
- 9월에 서울로 휴가를 가는 사람은 없다.
- A와 D의 휴가지가 같다.
- D와 E는 같은 달에 휴가를 간다.
- C는 11월에 제주로 휴가를 간다.
- 부산으로 휴가를 가는 사람은 2명이고 B는 부산으로 휴가를 가지 않는다.

① E와 B는 같은 곳으로 휴가를 간다.
② A와 C는 같은 달에 휴가를 간다.
③ C와 E는 같은 곳으로 휴가를 간다.
④ B와 C는 같은 달에 휴가를 간다.
⑤ B와 D는 같은 곳으로 휴가를 간다.

35 이종격투기 선수인 A, B, C, D, E는 서로 1번씩 경기하는 리그전을 치른다. 리그전 결과에 따라 토너먼트 시드를 배정받고 다시 토너먼트를 진행하여 우승자를 가린다. 모든 경기의 결과는 승과 패만 있고 리그전의 전적이 같은 인원은 없다. 우승자의 리그전, 토너먼트전을 모두 합친 전적이 5승 2패라 할 때 〈보기〉 및 토너먼트 대진표를 참고하여 우승자를 고르시오.

〈 보 기 〉

- E의 리그전 전적은 4승이다.
- A의 리그전 전적은 3승 1패다.
- 리그전과 토너먼트전에서 B는 C와 2번 경기하고 2번 다 이긴다.

〈대진표〉

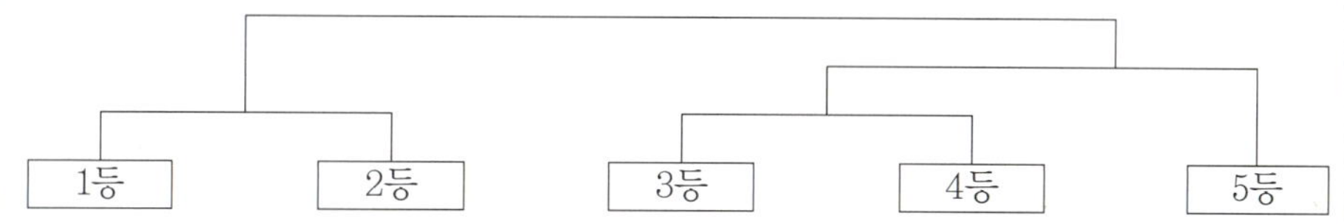

① A ② B ③ C
④ D ⑤ E

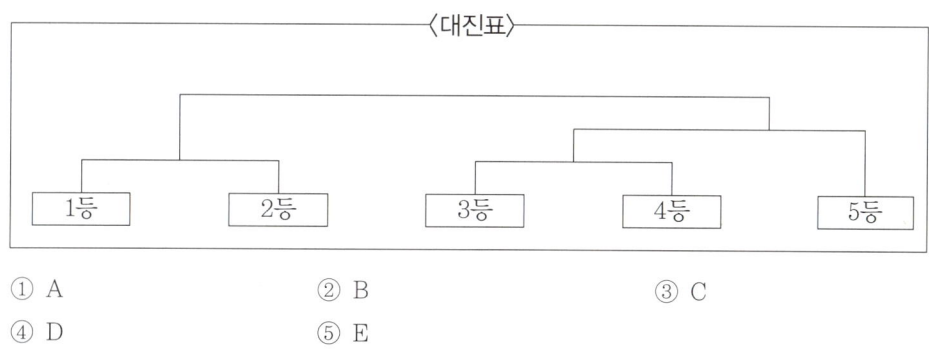

36 A, B, C, D, E는 전구 성능테스트에 참여한다. 전구는 스위치를 짝수번 누르면 켜지고 홀수번 누르면 꺼진다. 5명 모두 스위치를 1번 이상 눌렀다고 할 때 C가 스위치를 몇 번 눌렀는지 구하시오.

〈 보 기 〉

- 5명이 스위치를 모두 누른 결과 전구는 꺼졌다.
- 5명이 스위치를 누른 횟수는 각기 다르며 최대 6번까지 스위치를 누른다.
- D는 스위치를 2번 눌렀다.
- B가 스위치를 홀수번 눌렀다면 C는 스위치를 짝수번 눌렀다.
- E가 스위치를 누른 횟수는 D가 스위치를 누른 횟수보다 적다.
- A는 B가 스위치를 누른 횟수보다 스위치를 1번 더 눌렀다.

① 1번 ② 3번 ③ 4번
④ 5번 ⑤ 6번

Chapter

04

도형추리

필수 유형 1. 배경이 있는 도형추리

필수 유형 2. 배경이 없는 도형추리

필수 유형 3. 두 가지 규칙이 적용되는 도형추리

필수 유형 4. 특수형태의 도형추리

Chapter 소개

- 도형 사이의 규칙을 찾고 적용하여 답을 찾는 문제다. 제시된 도형, 배경색 중 어떤 것은 가로로, 어떤 것은 세로로 규칙을 보이며 2×2, 3×3, 4×4, 피자모양 등 여러 형태로 도형을 제시한다.
- 이동과 동시에 색이 반전되는 등 한 번의 움직임에 2개 규칙이 적용되는 유형과 첫 규칙과 다음 규칙이 각기 다른 유형에 유의해야 한다. (2in1)
- 3×3 박스형의 출제 빈도가 높다.
- 총 30문제 중 3문제가 출제된다.

풀이 TIP

- 한 눈에 보이지 않으면 넘어갔다가 다시 푼다. 그래도 보이지 않을 때 스킬을 적용한다.
- 배경색의 개수 또는 같은 모양인 도형의 수를 세어 방향성을 파악한다.
- 제시된 도형의 모양이 박스의 형태일 때 정 가운데 칸의 변화를 살핀다.
- 이동(→, ←, ↑, ↓ 및 회전하듯 이동), 회전, 연산, 2in1이 빈출 규칙이다.

필수유형

01 배경이 있는 도형추리

조금 더 기초적인 내용은?
[추리영역 기초다지기]
*도서 구매 혜택

필수 이론

유형 설명

- 배경과 도형 1~2개가 제시되는 전통적 유형과 배경만 제시되는 유형으로 나눌 수 있다.
- 전통적 유형은 최근 출제 빈도가 낮지만 다시 또 나올 수 있으니 풀이방법을 익혀두자.
- 배경만 나오는 경우 난이도가 쉬운 문제다. 빠르게 풀며 시간을 벌자.
- 총 30문제 중 0~1문제가 출제된다.

풀이 TIP

- 전통적 유형의 경우 배경색, 도형 등 객체의 규칙이 각각 다르고 규칙을 보이는 방향이 서로 다를 수 있다. 배경색은 가로로 규칙을 보이고 도형은 세로로 규칙을 보일 수 있다.
- 배경색만 제시한 경우 상하좌우 이동, 회전, 연산을 위주로 확인한다.
- 배경색이 눈에 들어오지 않을 경우 배경색이 칠해진 개수를 세며 규칙의 방향성을 예상한다.

1 전통적 유형

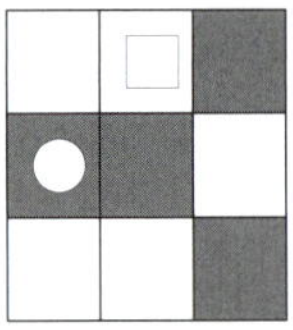

상기의 그림과 같이 배경색과 도형이 같이 제시되는 유형이다. 과거의 GSAT에서 간헐적으로 보였으나 요즘은 많이 출제 되지 않는 추세다. 특이점은 배경색과 도형의 규칙과 규칙을 보이는 방향이 각기 다를 수 있다는 점이다. 또한 도형 역시 규칙과 규칙을 보이는 방향이 각기 다를 수 있다. 이어지는 예제를 통해 전통적 유형의 풀이법을 익혀보자.

2 배경만 제시되는 유형

위의 그림과 같이 배경만 제시되기도 한다. 배경만 제시되는 경우 쉬운 문제가 되며 배경이 분포된 특징을 확인하여 규칙을 추론하는 것도 방법이다. 위의 그림에서는 개인차가 있겠지만 하위의 모양이 가장 두드러진 특징이다.

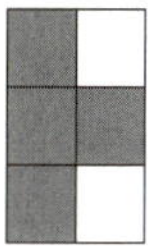

주로 적용되는 규칙은 이동, 회전, 연산이 있다. 연산의 경우 배경이 칠해진 칸의 수가 다를 수 있다는 점을 기억하자. 이동이라면 이동하더라도 배경이 칠해진 칸의 수가 달라지지 않는다. 회전도 마찬가지다. 8개의 그림 중 배경이 칠해진 칸의 수를 세었을 때 예시1과 같은 분포를 보인다면 가로방향으로 규칙을 보인다고 가정할 수 있다. 가정하는 이유는 높은 확률로 가로방향의 규칙이겠지만 연산 등의 규칙으로 세로방향으로 규칙을 보일 수도 있기 때문이다. 예시2를 보면 배경이 칠해진 칸의 수가 가로방향으로 일정하지 않고 세로방향으로도 일정하지 않다. 이럴 때 연산을 의심할 수 있다. 다만 연산은 규칙을 보이는 방향이 가로일지 세로일지 확인해봐야 한다.

3	3	3
4	4	4
2	2	?

예시 1

3	5	2
3	5	4
4	3	?

예시 2

필수 유형 연습

예제 01 다음 도형들은 일정한 규칙을 가지고 있다. 물음표에 들어갈 알맞은 도형을 고르시오.

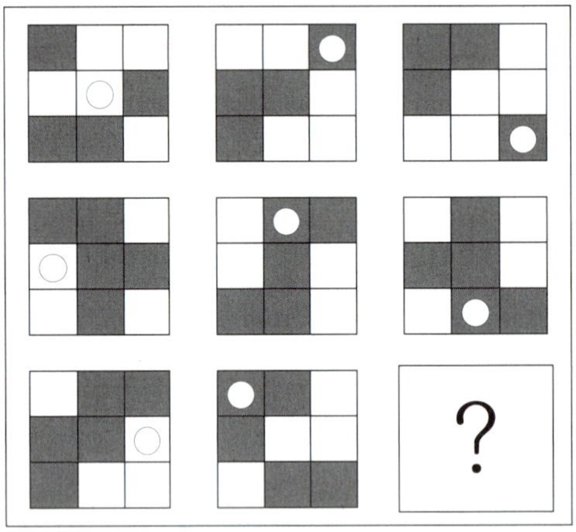

①
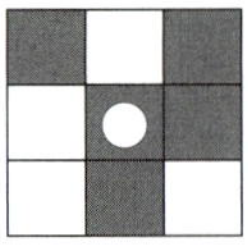

②
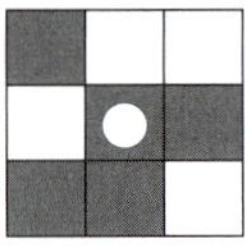

③
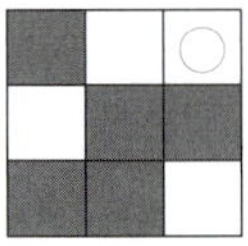

④
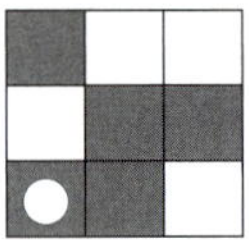

⑤
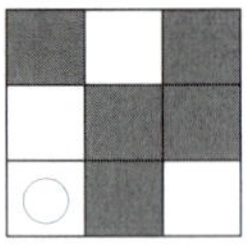

일반 풀이

배경: [가로규칙] 위(↑)로 1칸씩 이동

○: [세로규칙] 좌(←)로 1칸씩 이동

정답 ▶ ④

예제 02 다음 도형들은 일정한 규칙을 가지고 있다. 물음표에 들어갈 알맞은 도형을 고르시오.

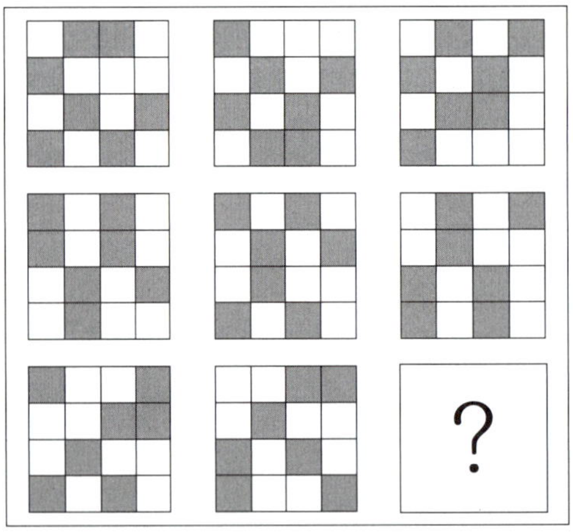

①
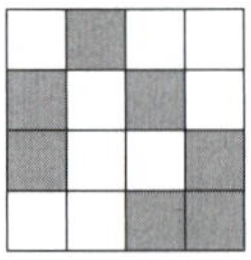

②
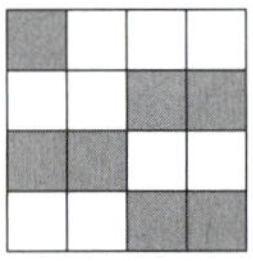

③
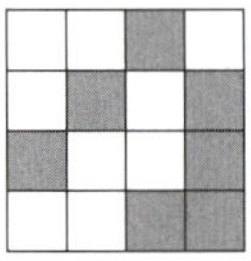

④
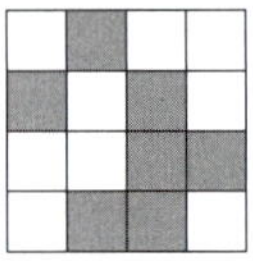

⑤
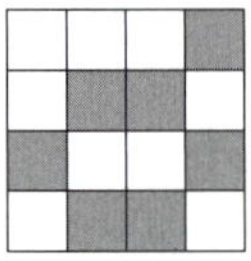

일반 풀이

[가로규칙] 이동

위(↑)로 1칸씩 이동

정답 ▶ ①

예제 03 다음 도형들은 일정한 규칙을 가지고 있다. 물음표에 들어갈 알맞은 도형을 고르시오.

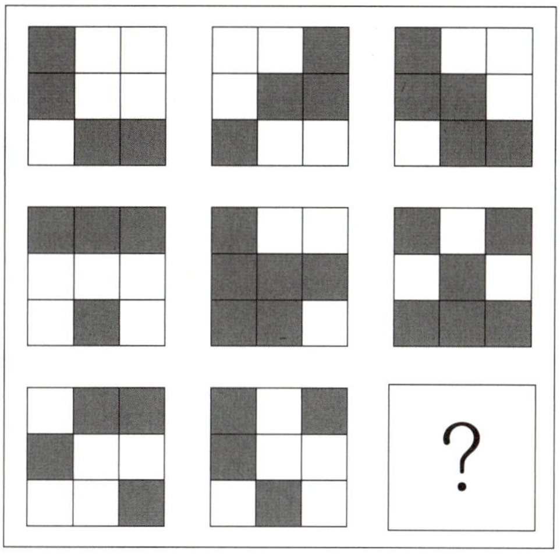

①
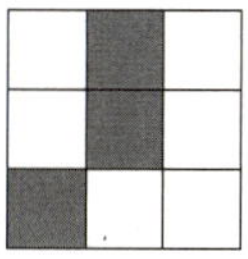

②
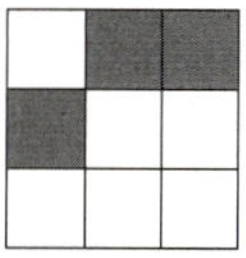

③
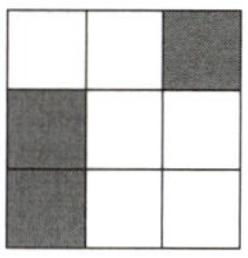

④
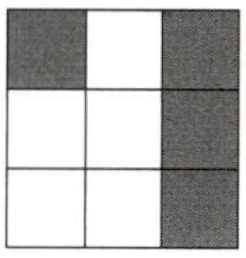

⑤
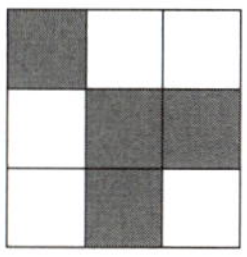

일반 풀이

[세로규칙] 연산

첫 번째 그림과 두 번째 그림을 겹쳤을 때 같은 색이 만나면 백색, 다른 색이 만나면 흑색으로 세 번째 그림에 표현 (= 같흰다검)

정답 ▶ ③

필수유형 | Chapter 04 도형추리

02 배경이 없는 도형추리

필수 이론

유형 설명

- 가장 자주 나오는 유형이다. 최근에는 9칸을 꽉 채우지 않고 빈 칸을 함께 출제하기도 한다.
- 전통적 유형의 경우 객체마다 규칙을 보이는 방향이 다르지만 배경이 없는 도형추리는 규칙을 보이는 방향이 같다.
- 총 30문제 중 1~2문제가 출제된다.

풀이 TIP

- 순환, 행별 이동, 열별 이동, 연산 등 까탈스러운 규칙에 대해 이해하여 직관적으로 규칙이 보일 수 있도록 한다.
- 규칙의 방향성이 보이지 않을 경우 같은 모양의 도형의 개수를 세어 방향성을 예상한다.

1 빈 칸 집중하기

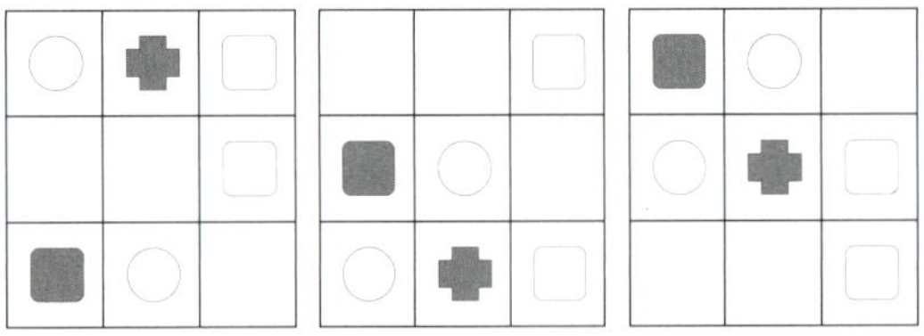

위의 예시와 같이 모든 칸을 채우지 않고 문제를 출제한 경우 빈 칸의 분포를 특징으로 보고 규칙을 확인하는 것도 방법이다. 좌/우로 인접한 빈 칸을 집중했다면 위(↑)로 1칸씩 이동하고 있다고 바로 알 수 있다.

2 도형의 개수 세기

도형추리는 직관적으로 규칙이 보일 때 가장 효율적이다. 그래도 보이지 않으면 스킬을 쓰는데 도형만 제시된 도형추리(배경이 없는 도형추리)의 경우 같은 모양의 도형의 개수를 세며 방향성을 예측할 수 있다.

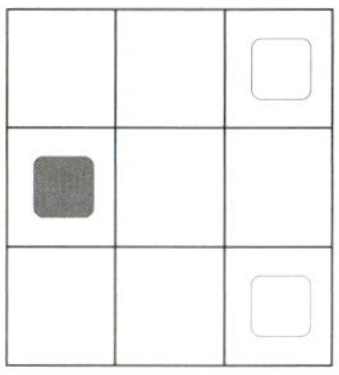

위에서는 □, ■가 혼재됐지만 색으로 구분하지 않고 모양만으로 네모 3개로 센다. 색을 구분하지 않는 이유는 필수 유형 3에서 설명할 2in1으로 일부 행 또는 열의 색상을 바꿀 수 있기 때문이다. 네모의 개수를 세 봤을 때 다음의 분포를 보인다면 높은 확률로 세로로 규칙성을 보인다고 예상할 수 있다.

3	5	4
3	5	4
3	5	?

비슷한 방법으로 도형의 개수를 세는 것처럼 색칠된 도형의 개수를 세어보거나 분포를 확인하는 방법도 있다.

3 행별 이동 또는 열별 이동

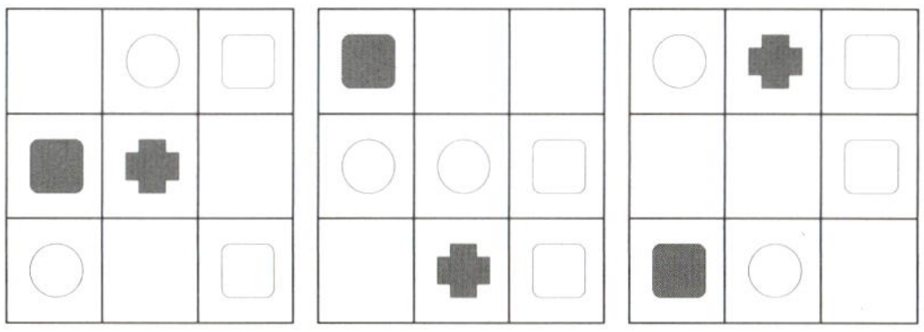

행끼리 이동, 열끼리 이동할 수 있다는 점을 알지 못하면 문제를 풀기 어렵다. 위의 예시는 열끼리 이동하고 있다. 1열과 3열은 위(↑)로 1칸씩 이동하고 2열은 아래(↓)로 1칸씩 이동한다. 도형추리를 풀 때에는 특징을 위주로 확인하는 것이 좋다. 위의 예시에서는 색이 칠해진 도형이 2개뿐이니 색이 칠해진 도형을 위주로 확인한다면 규칙을 쉽게 파악할 수 있다.

필수 유형 연습

예제 01 다음 도형들은 일정한 규칙을 가지고 있다. 물음표에 들어갈 알맞은 도형을 고르시오.

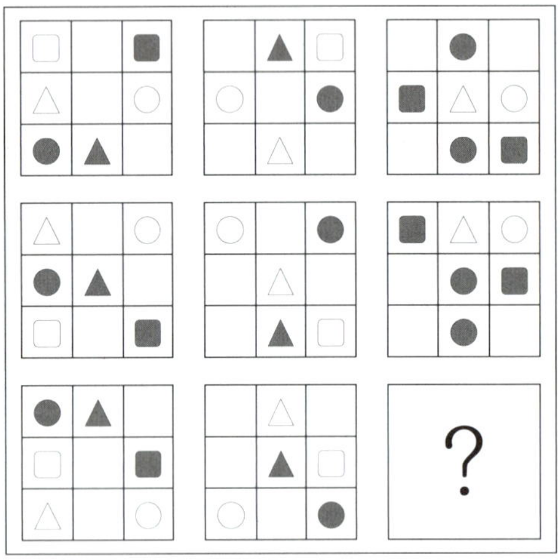

①

②
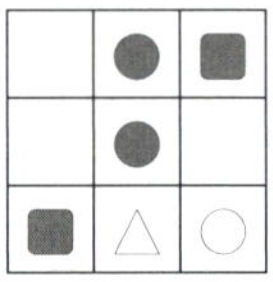

③
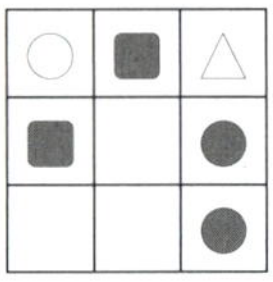

④
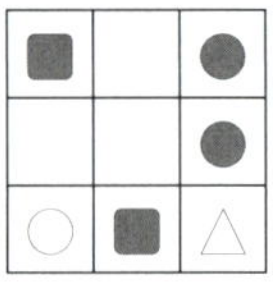

⑤
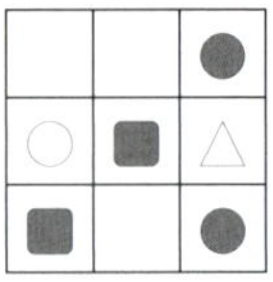

일반 풀이

[세로규칙] 이동
위(↑)로 1칸씩 이동

정답 ▶ ②

예제 02 다음 도형들은 일정한 규칙을 가지고 있다. 물음표에 들어갈 알맞은 도형을 고르시오.

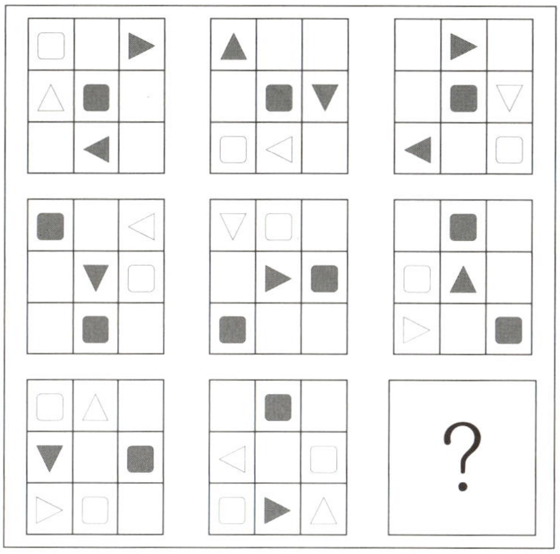

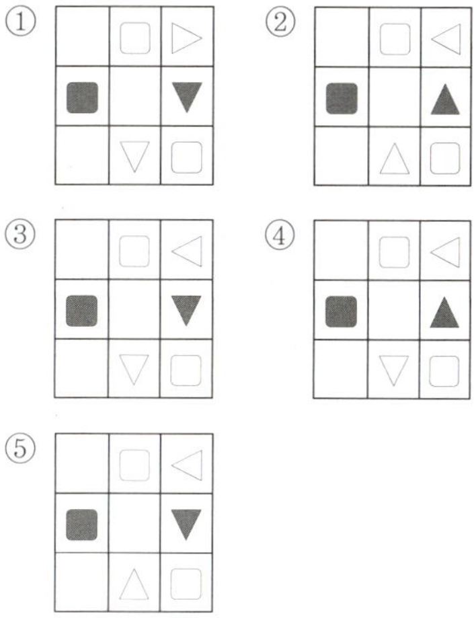

일반 풀이

[가로규칙] 회전

반시계방향으로 90도 회전

정답 ▶ ④

예제 03 다음 도형들은 일정한 규칙을 가지고 있다. 물음표에 들어갈 알맞은 도형을 고르시오.

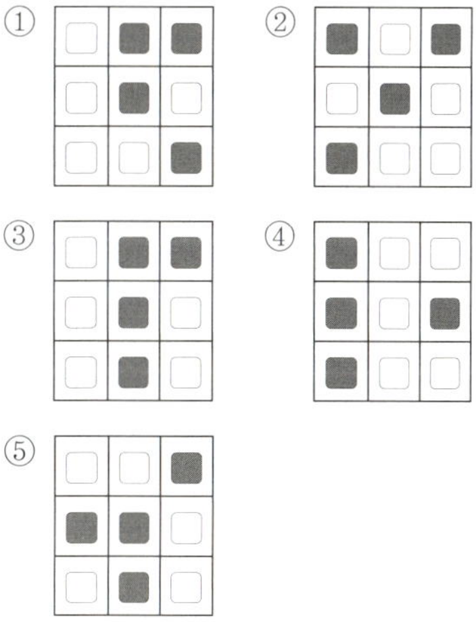

일반 풀이

[가로규칙] 연산

좌측 두 그림을 겹쳤을 때 내부도형이 같은 색으로 만나면 백, 다른 색으로 만나면 흑으로 맨 우측 그림에 표현 (=같흰다검)

정답 ▶ ①

필수유형 | Chapter 04 도형추리

03 두 가지 규칙이 적용되는 도형추리

필수 이론

유형 설명

- 같은 방향에 첫 번째 규칙과 두 번째 규칙이 다르게 적용되는 유형은 잘 출제되지 않는다.
- 이동 후 일부 행 또는 열 회전, 회전 후 일부 행 또는 열의 색 반전 등 2가지 규칙이 한 번에 적용되는 유형(2in1)이 주로 출제된다.
- 총 30문제 중 0~1문제가 출제된다.

풀이 TIP

- 규칙을 알지 못하면 접근하기 어렵기 때문에 어떻게 2가지 규칙이 한 번에 적용되는지를 파악해야 한다.

1 첫 규칙과 다음 규칙이 각기 다른 유형

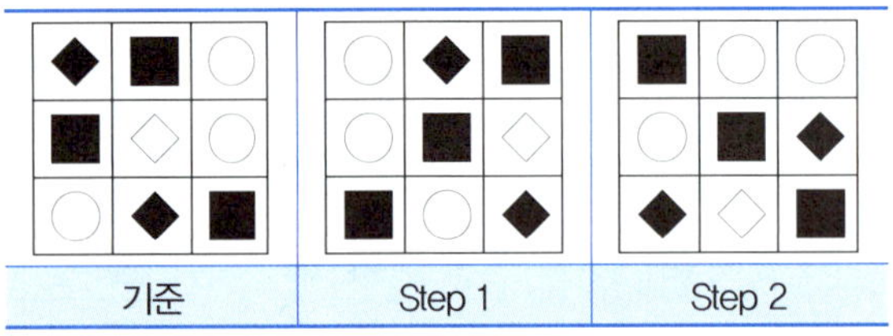

Step 1을 도출하는 규칙과 Step 2를 도출하는 규칙이 다르다. 첫 규칙은 우측으로 1칸 이동이고, 두 번째 규칙은 전체 그림을 시계방향으로 90° 회전이다. 이와 같이 하나의 규칙을 그대로 적용하는 것이 아니라 각기 다른 규칙을 적용할 수도 있다.

2 2가지 규칙이 한 번에 적용되는 유형(2in1)

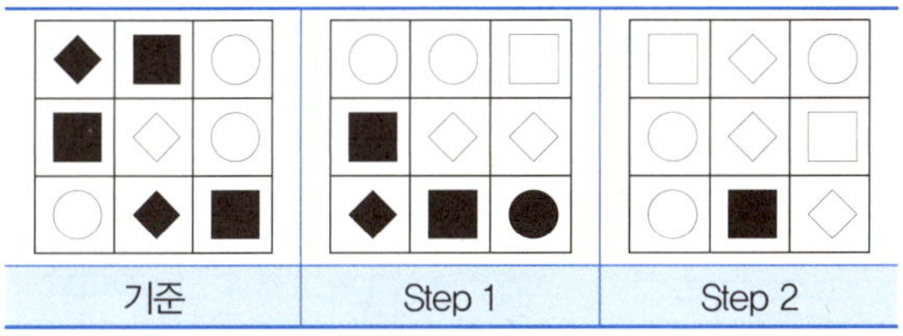

2가지 규칙을 동시에 적용했다. 규칙을 먼저 말하면 '① 반시계방향으로 90도 회전한다. ② 3열에 해당하는 내부도형의 색을 반전한다.'이다. 2가지 규칙을 동시에 적용한다는 것을 모르면 풀기 매우 까탈스럽다. 위 예시에서는 전체 규칙을 회전으로 제시했지만 회전 대신 이동 등이 올 수 있다. 부분 규칙을 색 반전으로 제시했지만 이를 내부도형의 대칭, 회전 등으로도 제시할 수 있다.

빈출 규칙은 회전 후 한 행 또는 한 열에 위치한 도형의 색을 반전하는 것이다. 최근에는 이동 후 한 행 또는 한 열에 위치한 도형을 회전하기도 했다.

필수 유형 연습

예제 01 다음 도형들은 일정한 규칙을 가지고 있다. 물음표에 들어갈 알맞은 도형을 고르시오.

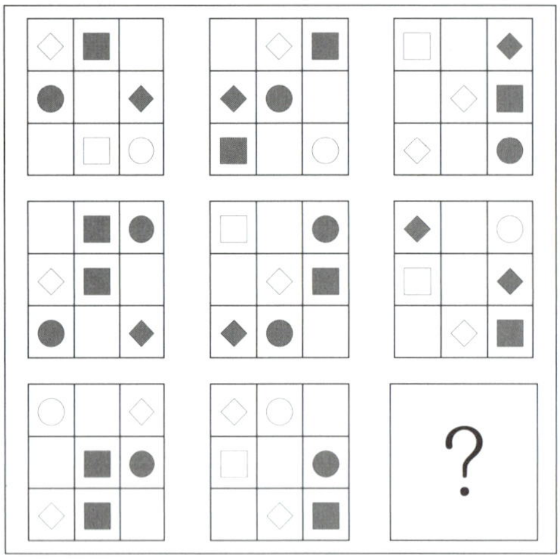

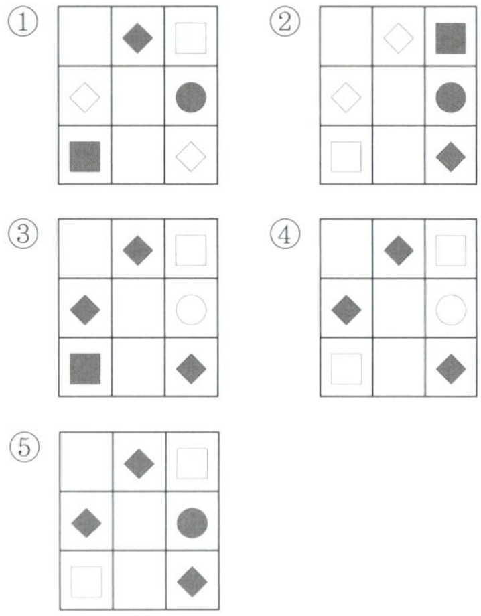

일반 풀이

[세로규칙] 2in1

아래(↓)로 1칸 이동 후 1행에 위치한 도형의 색을 반전(흑↔백)

정답 ▶ ④

예제 02 다음 도형들은 일정한 규칙을 가지고 있다. 물음표에 들어갈 알맞은 도형을 고르시오.

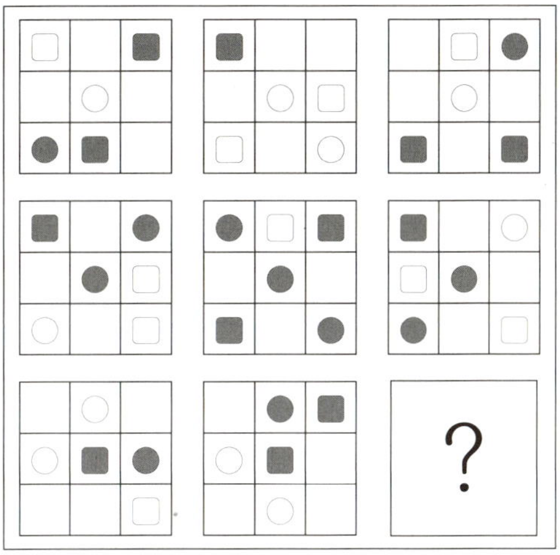

①
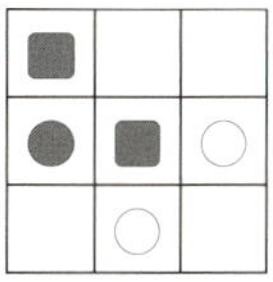

②
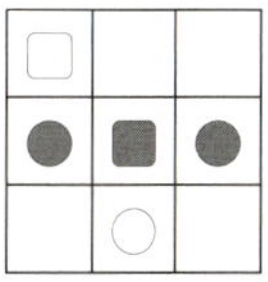

③
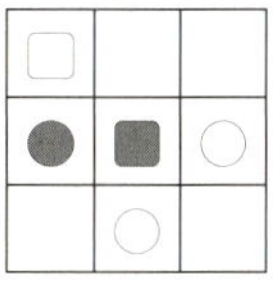

④
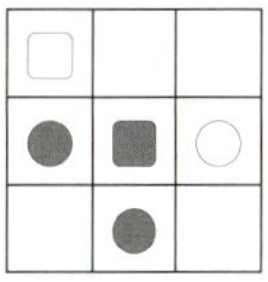

⑤
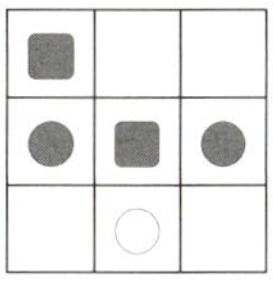

일반 풀이

[가로규칙] 2in1

전체를 반시계방향으로 90도 회전 후 3열에 해당하는 도형의 색 반전(흑↔백)

정답 ▶ ⑤

04 특수형태의 도형추리

필수 이론

유형 설명

- '4×4의 변형', '4×4 +1'은 23년 하반기에 1번 출제된 것으로 보이나 요즘은 잘 출제되지 않는다.
- 자주 나오는 규칙은 회전하듯 이동이다.
- 총 30문제 중 1문제가 출제된다.

풀이 TIP

- 특징적인 부분을 토대로 규칙의 방향성을 확인한다.

1 피자

내부의 원을 기준으로 안/밖의 규칙이 다르다. 주로 회전하듯 이동하는 규칙을 보이며 안/밖의 이동방향이 다를 수 있다.

1.1. 회전하듯 이동

앞서 설명에서 상하좌우로 이동(→, ←, ↑, ↓) 또는 대각선 방향으로 이동(↗, ↙, ↖, ↘)을 설명했지만 시계방향(↷), 반시계방향(↶)으로 회전하듯 이동하는 경우도 있다.

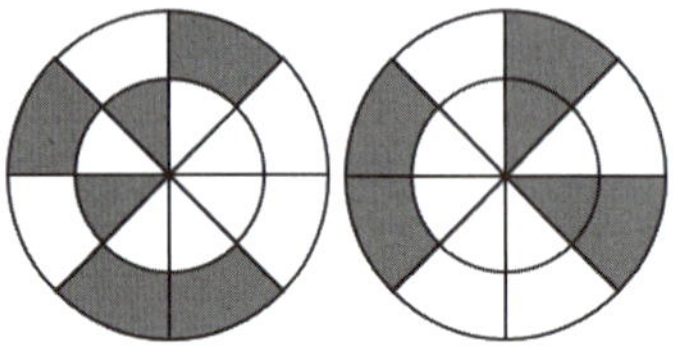

위의 예시를 보면 내부의 원 밖의 칸을 보면 색칠된 두 칸이 붙어있는 특징을 볼 수 있다. 이를 통해 밖은 시계방향으로 2칸씩 이동한다고 알 수 있다. 내부의 원 안을 보면 시계방향으로 3칸씩 이동한다. 이와 같이 방향은 같고 이동하는 칸 수가 다를 수도 있고 이동하는 방향도 시계방향/반시계방향으로 각기 다를 수 있다. 최근의 출제 경향은 안의 이동방향과 밖의 이동방향이 각기 다르며 1~3칸씩 이동한다.

2 4×4의 변형

피자와 마찬가지로 안과 밖의 방향이 다르며 회전하듯 이동 규칙을 적용한 문제가 출제됐지만 연산, 전체 회전 등으로도 충분히 출제될 수 있다고 예상된다.

위 예시에서 삼각형 4개로 이뤄진 내부의 네모(⊠)를 안이라 지칭하고 삼각형 4개로 이뤄진 내부의 네모(⊠)를 제외한 부분을 밖이라 지칭하겠다. 안은 시계방향(↷)으로 1칸 이동하며 밖은 반시계방향(↶)으로 1칸 이동한다.

3 4×4 +1

일반적인 4×4 형태에 가운데 한 칸을 더 추가한 형태이다. 최근 시험에서 연산 규칙을 적용한 문제가 나왔다. 출제경향을 고려했을 때 향후 나올 수 있는 하위의 연산 규칙은 2가지 정도로 추릴 수 있으나 전체회전과 같이 다른 규칙으로도 출제될 수 있다고 예상된다.

3.1. 같흰다검(연산)

다음의 예시와 같이 첫 번째 도형과 두 번째 도형을 겹쳤을 때 같은 색이 만나면 백색, 다른 색이 만나면 흑색으로 세 번째 도형에 표현한 규칙을 말한다.

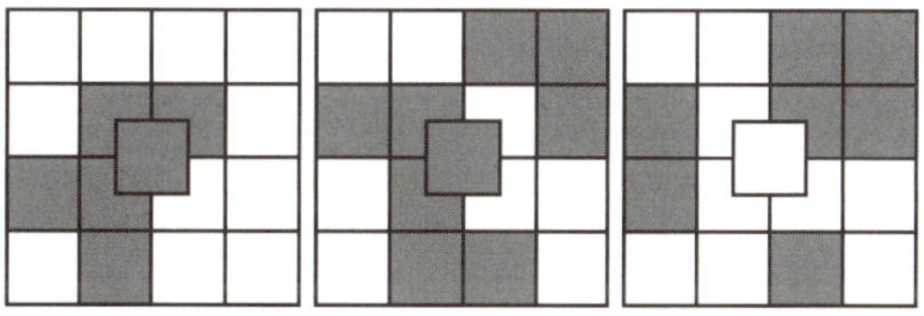

3.2. 같검다흰(연산)

다음의 예시와 같이 첫 번째 도형과 두 번째 도형을 겹쳤을 때 같은 색이 만나면 흑색, 다른 색이 만나면 백색으로 세 번째 도형에 표현한 규칙을 말한다.

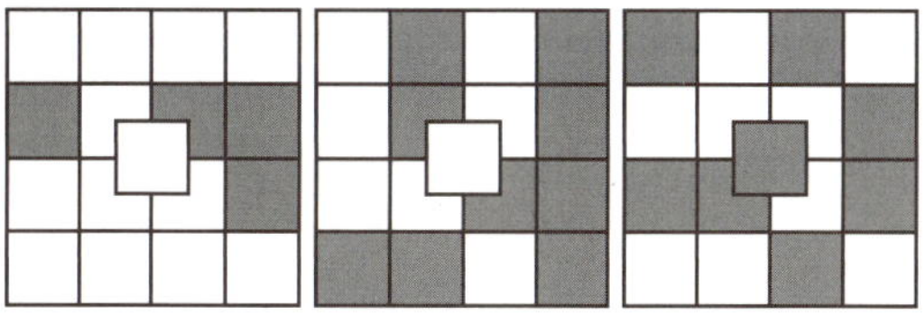

필수 유형 연습

예제 01 다음 도형들은 일정한 규칙을 가지고 있다. 물음표에 들어갈 알맞은 도형을 고르시오.

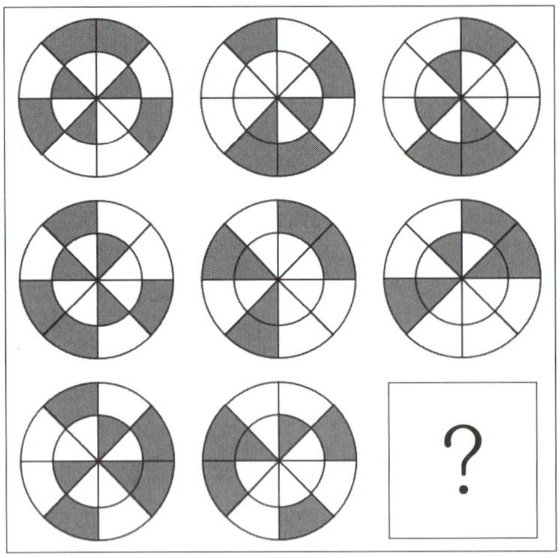

①
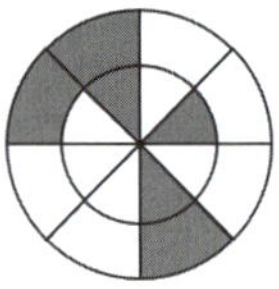

②
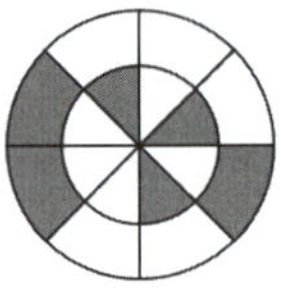

③
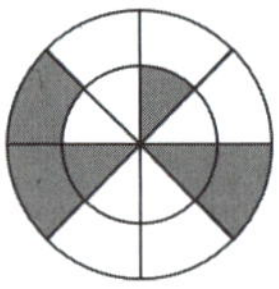

④
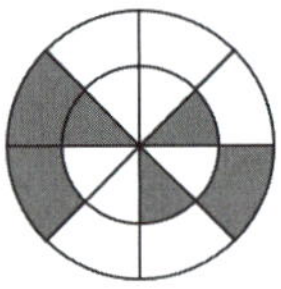

⑤
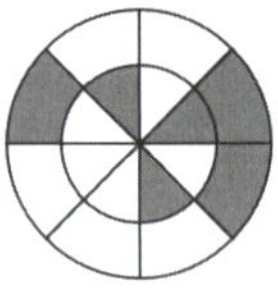

일반 풀이

[세로규칙] 내부의 원을 기준으로 안/밖의 규칙이 다름

안: 시계방향으로 2칸씩 이동

밖: 반시계방향으로 3칸씩 이동

정답 ▶ ②

예제 02 다음 도형들은 일정한 규칙을 가지고 있다. 물음표에 들어갈 알맞은 도형을 고르시오.

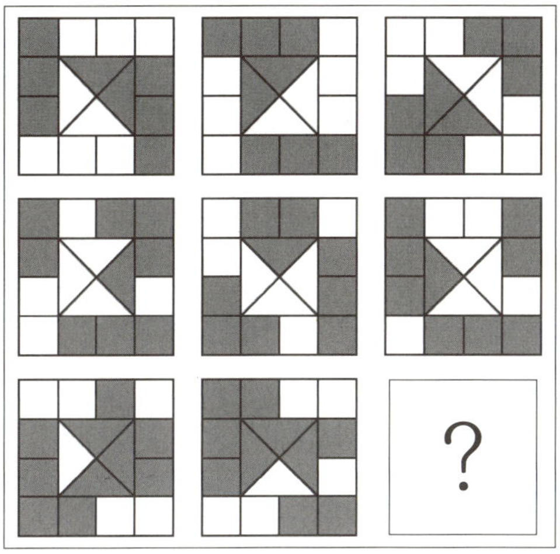

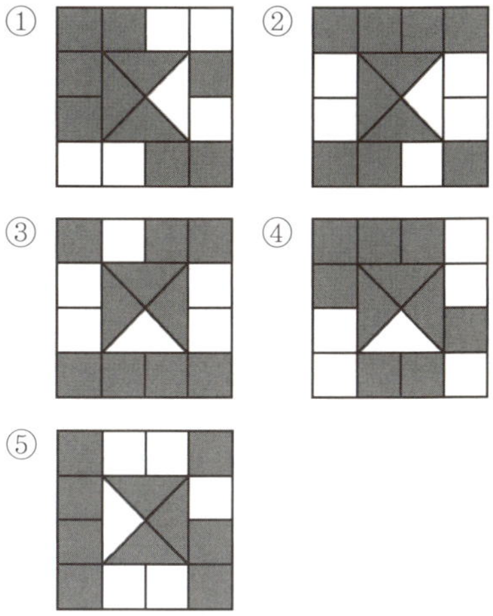

일반 풀이

[가로규칙] 회전하듯 이동
안: 반시계방향(↶)으로 1칸씩 이동
밖: 시계방향(↷)으로 2칸씩 이동

*참고
안: 삼각형 4개로 이뤄진 내부의 네모(☒)를 안이라 지칭
밖: 삼각형 4개로 이뤄진 내부의 네모(☒)를 제외한 부분을 밖이라 지칭

정답 ▶ ②

예제 03 다음 도형들은 일정한 규칙을 가지고 있다. 물음표에 들어갈 알맞은 도형을 고르시오.

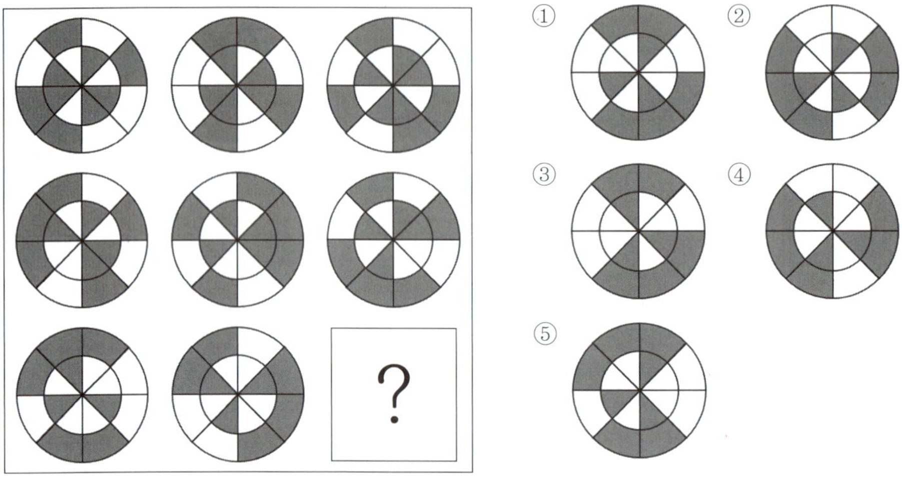

일반 풀이

[가로규칙] 가운데 원을 기준으로 안/밖의 규칙이 다름

안: 반시계방향으로 1칸씩 이동

밖: 시계방향으로 3칸씩 이동

정답 ▶ ②

예제 04 다음 도형들은 일정한 규칙을 가지고 있다. 물음표에 들어갈 알맞은 도형을 고르시오.

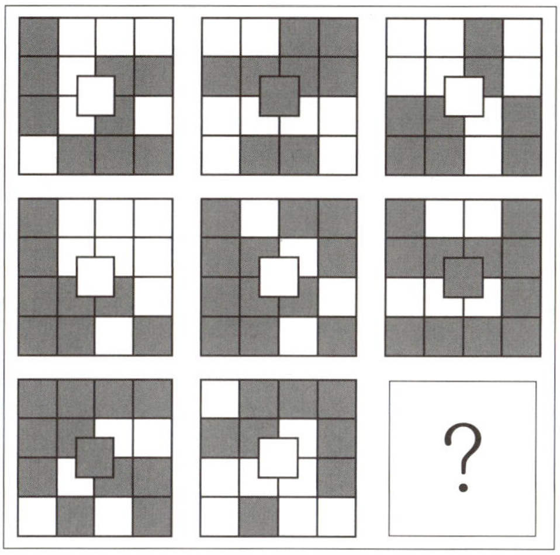

①
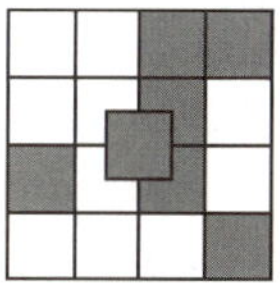

②
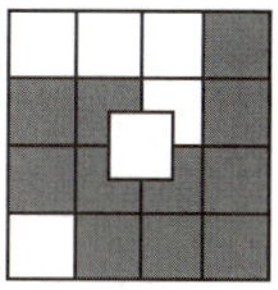

③
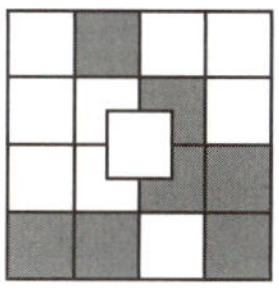

④
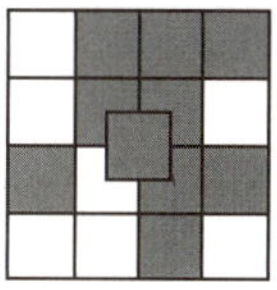

⑤
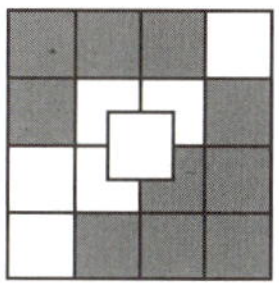

일반 풀이

[세로규칙] 연산

첫 번째 도형과 두 번째 도형을 겹쳤을 때 같은 색이 만나면 흑색, 다른 색이 만나면 백색으로 세 번째 도형에 표현 (같검다흰)

정답 ▶ ③

해설 p. 70

01 다음 도형들은 일정한 규칙을 가지고 있다. 물음표에 들어갈 알맞은 도형을 고르시오.

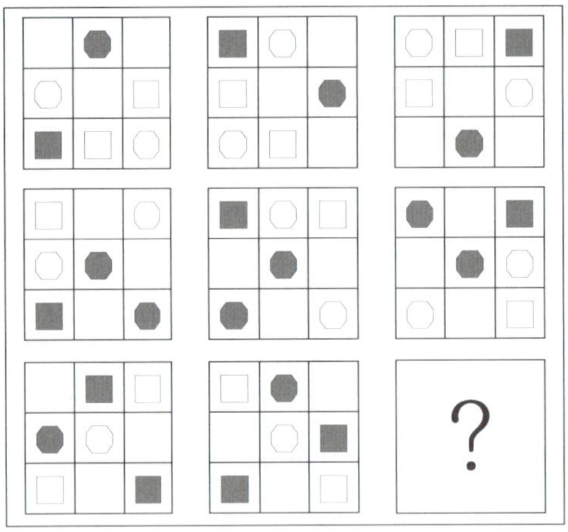

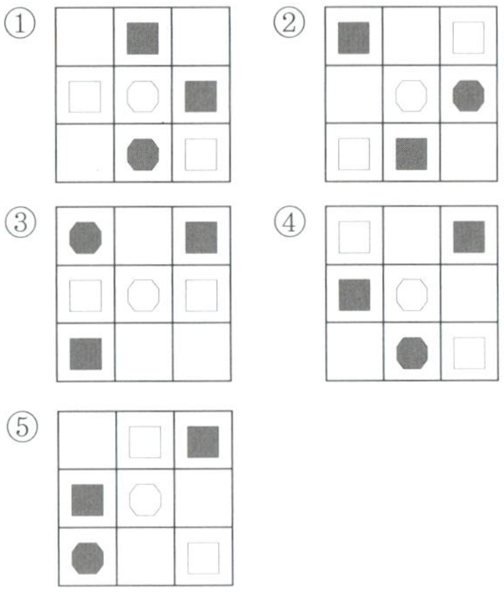

02 다음 도형들은 일정한 규칙을 가지고 있다. 물음표에 들어갈 알맞은 도형을 고르시오.

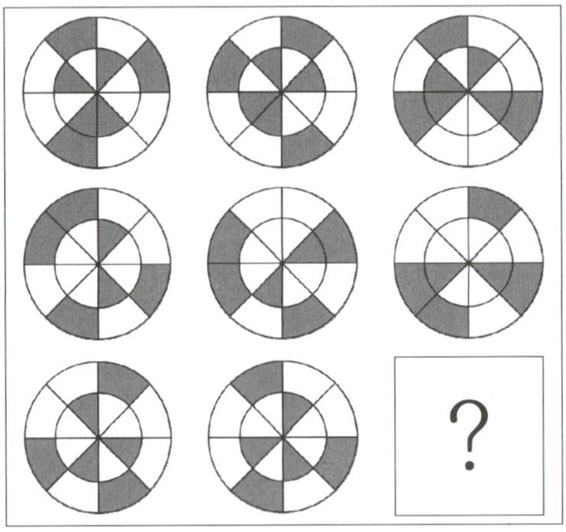

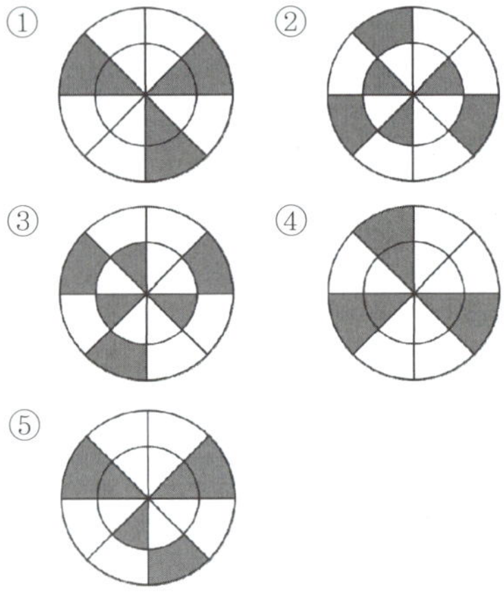

03 다음 도형들은 일정한 규칙을 가지고 있다. 물음표에 들어갈 알맞은 도형을 고르시오.

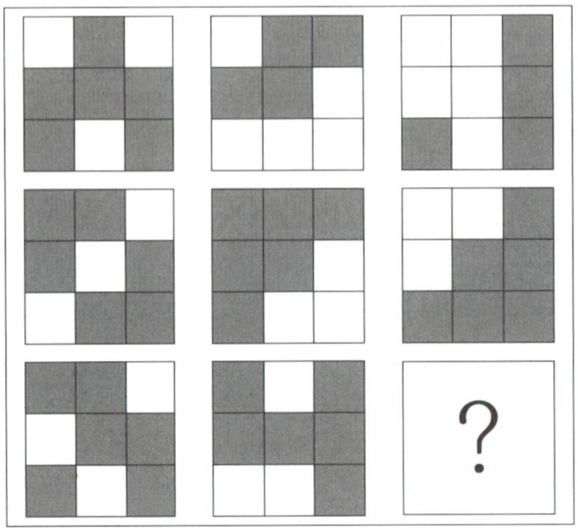

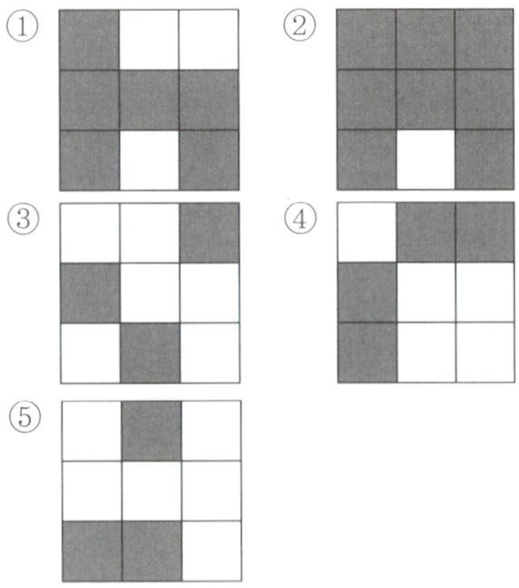

04 다음 도형들은 일정한 규칙을 가지고 있다. 물음표에 들어갈 알맞은 도형을 고르시오.

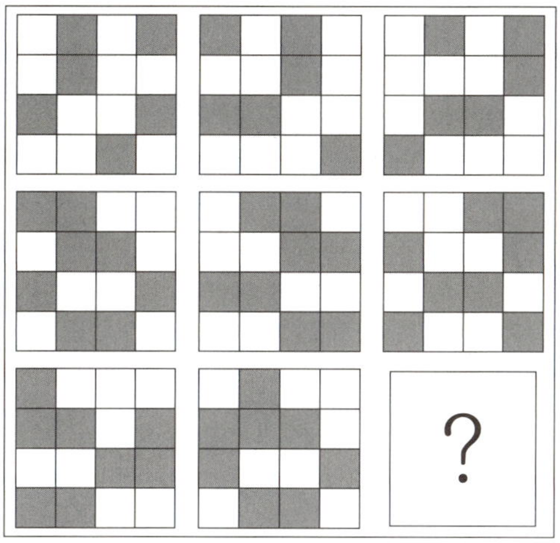

①
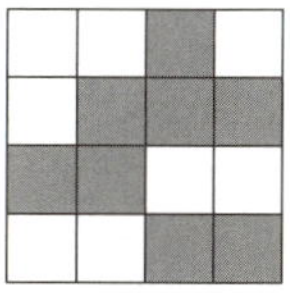
②
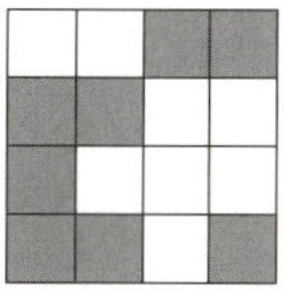
③
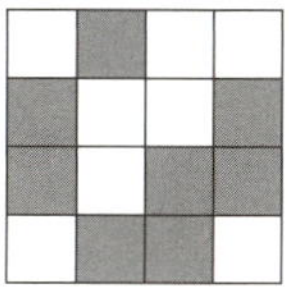
④
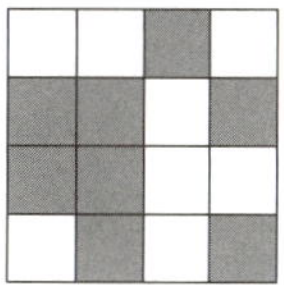
⑤
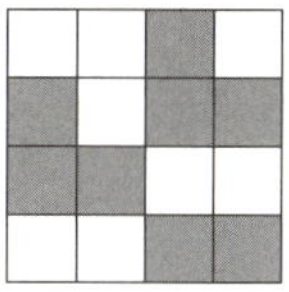

05 다음 도형들은 일정한 규칙을 가지고 있다. 물음표에 들어갈 알맞은 도형을 고르시오.

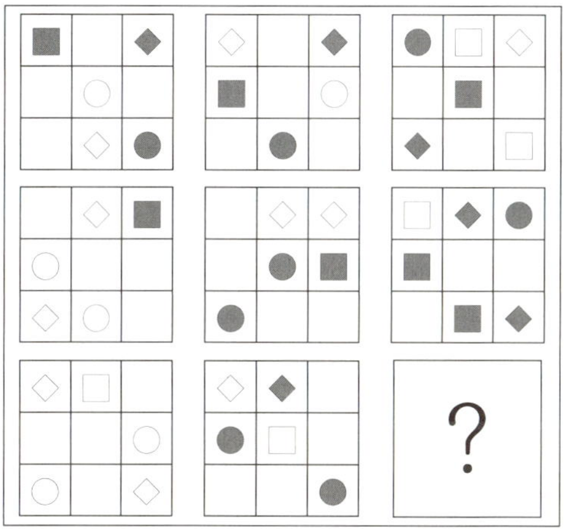

①
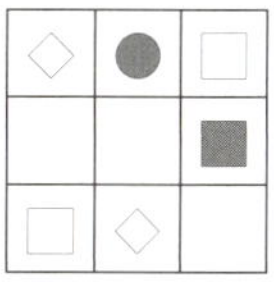
②
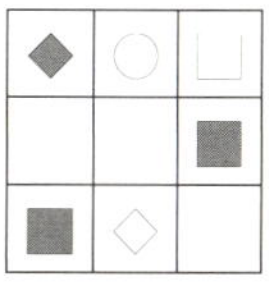
③
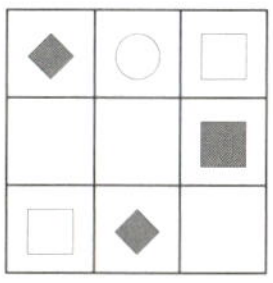
④
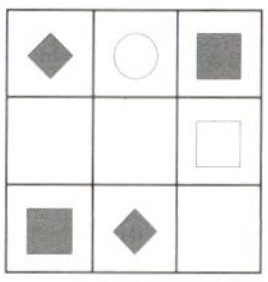
⑤
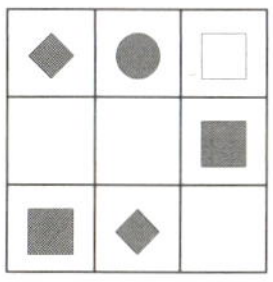

06 다음 도형들은 일정한 규칙을 가지고 있다. 물음표에 들어갈 알맞은 도형을 고르시오.

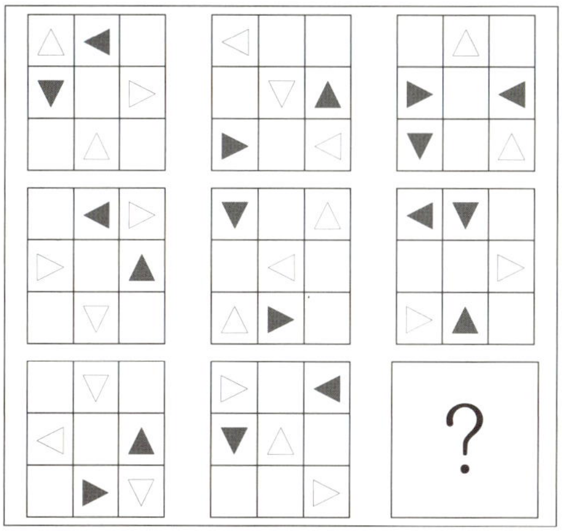

①
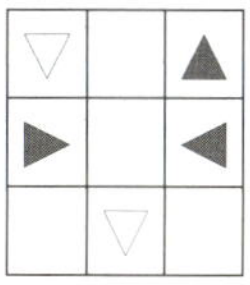
②
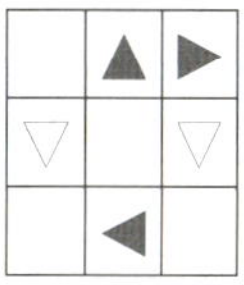
③
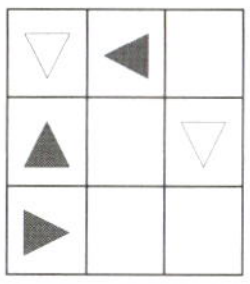
④
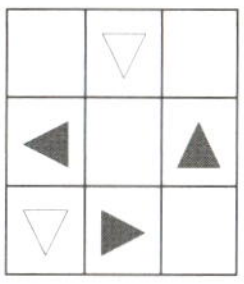
⑤
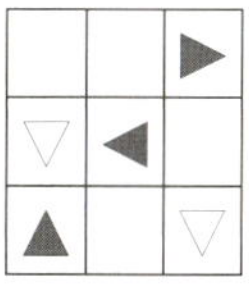

07 다음 도형들은 일정한 규칙을 가지고 있다. 물음표에 들어갈 알맞은 도형을 고르시오.

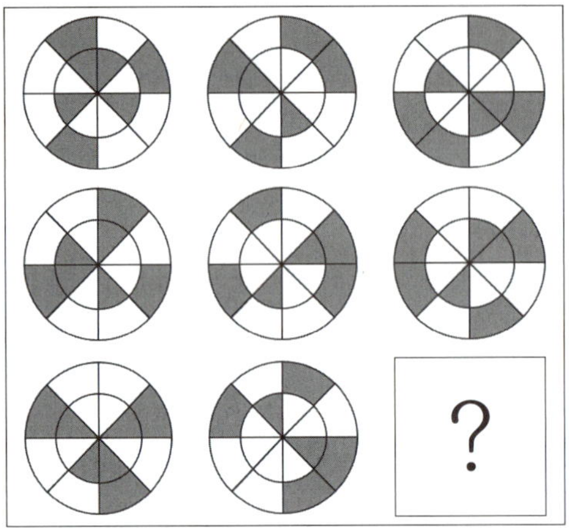

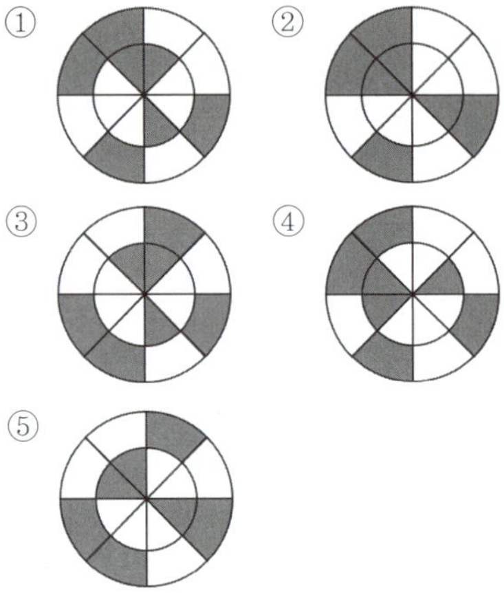

08 다음 도형들은 일정한 규칙을 가지고 있다. 물음표에 들어갈 알맞은 도형을 고르시오.

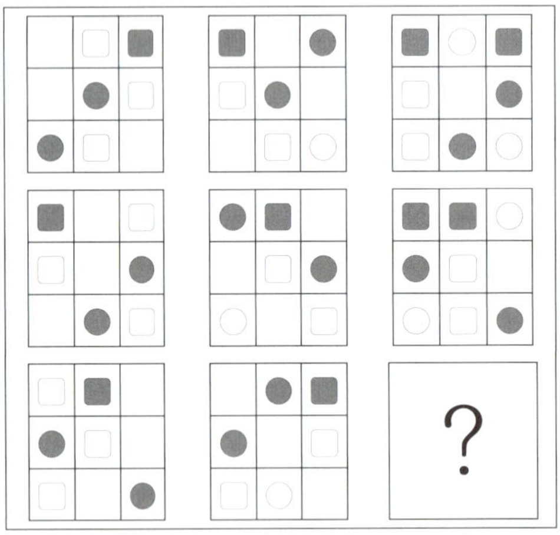

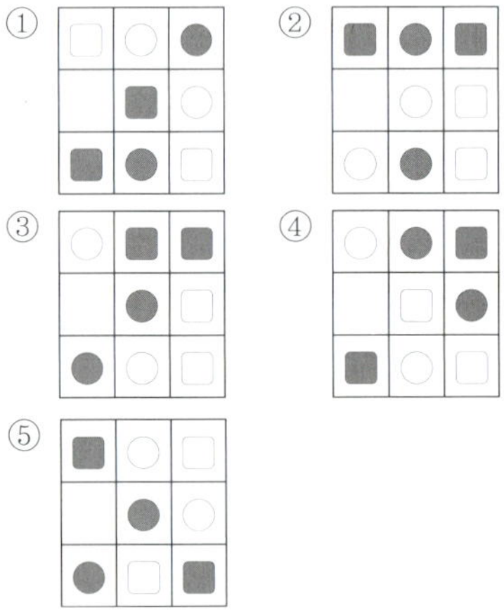

09 다음 도형들은 일정한 규칙을 가지고 있다. 물음표에 들어갈 알맞은 도형을 고르시오.

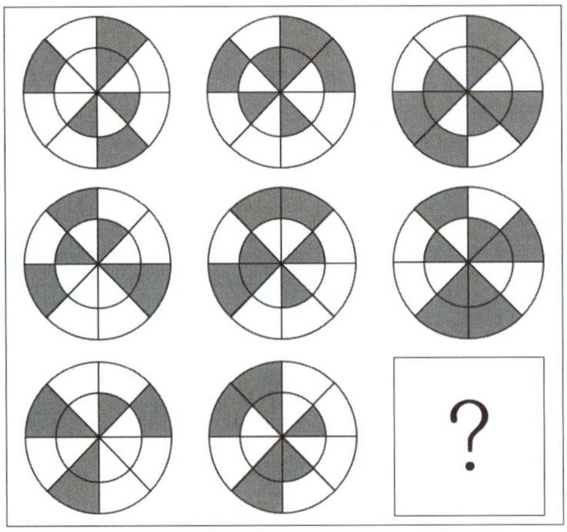

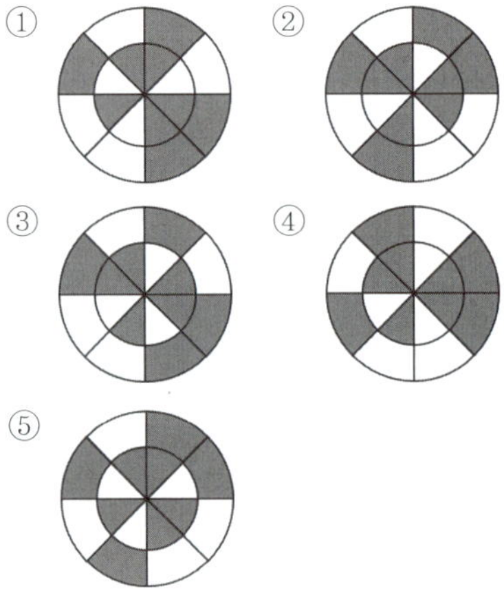

10 다음 도형들은 일정한 규칙을 가지고 있다. 물음표에 들어갈 알맞은 도형을 고르시오.

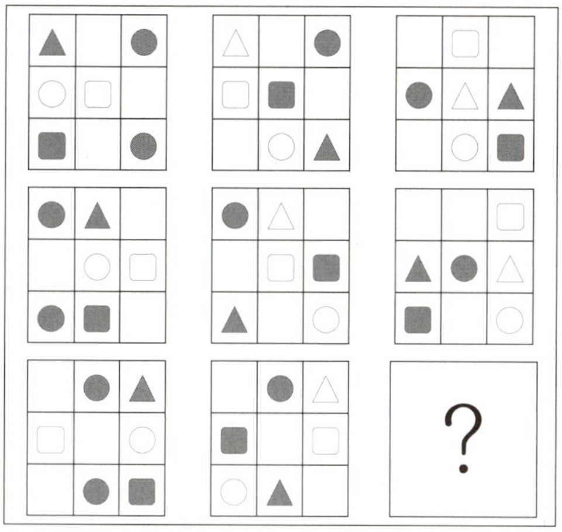

①

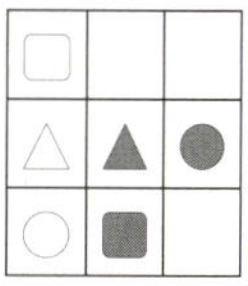

②

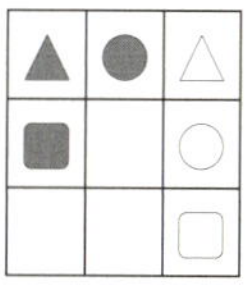

③

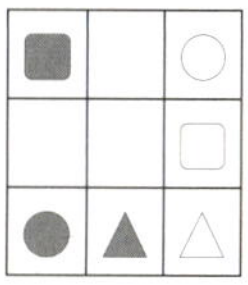

④

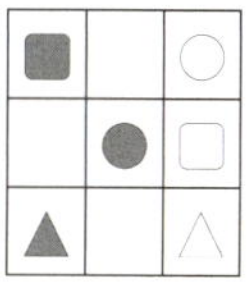

⑤

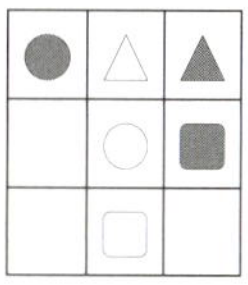

11 다음 도형들은 일정한 규칙을 가지고 있다. 물음표에 들어갈 알맞은 도형을 고르시오.

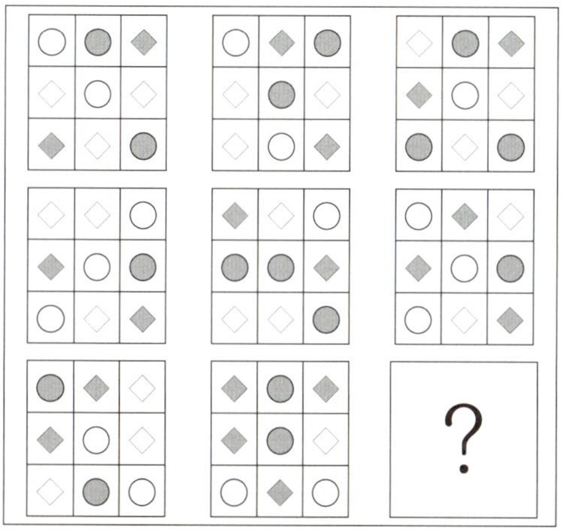

①

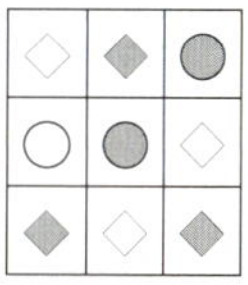

②

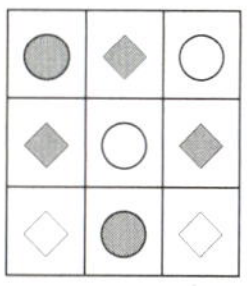

③

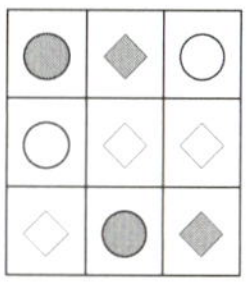

④

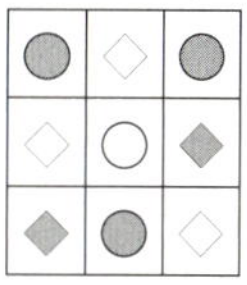

⑤

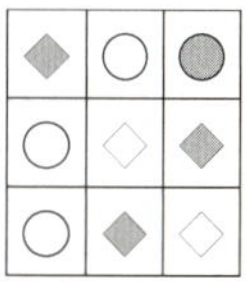

12 다음 도형들은 일정한 규칙을 가지고 있다. 물음표에 들어갈 알맞은 도형을 고르시오.

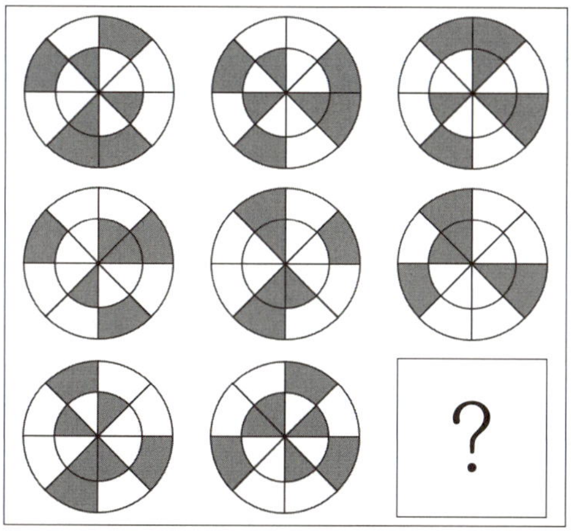

①

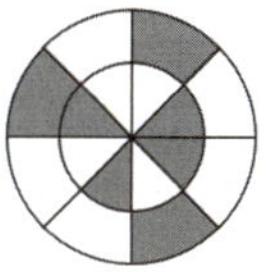

②

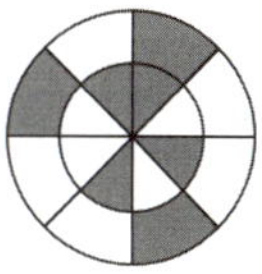

③

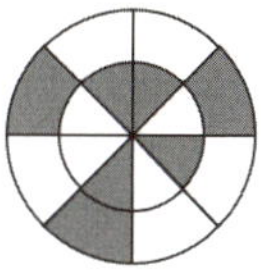

④

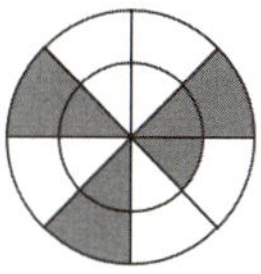

⑤

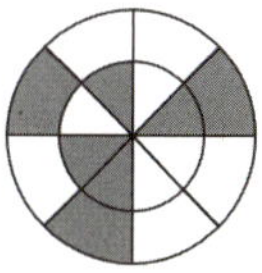

13 다음 도형들은 일정한 규칙을 가지고 있다. 물음표에 들어갈 알맞은 도형을 고르시오.

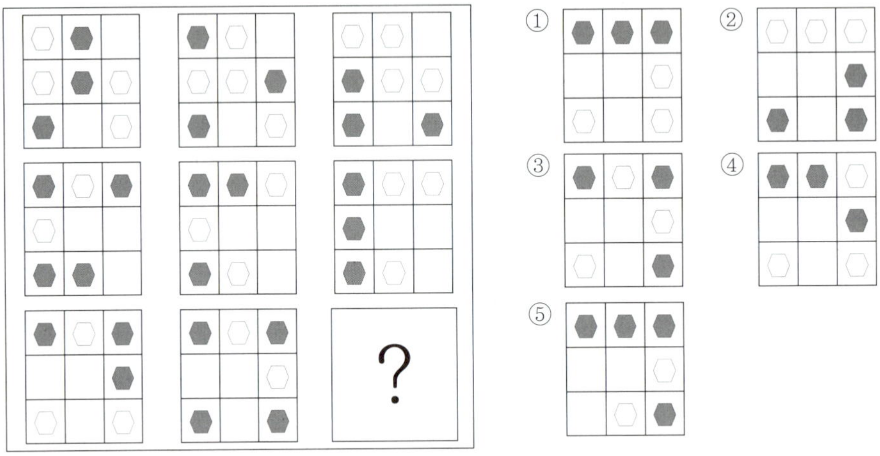

14 다음 도형들은 일정한 규칙을 가지고 있다. 물음표에 들어갈 알맞은 도형을 고르시오.

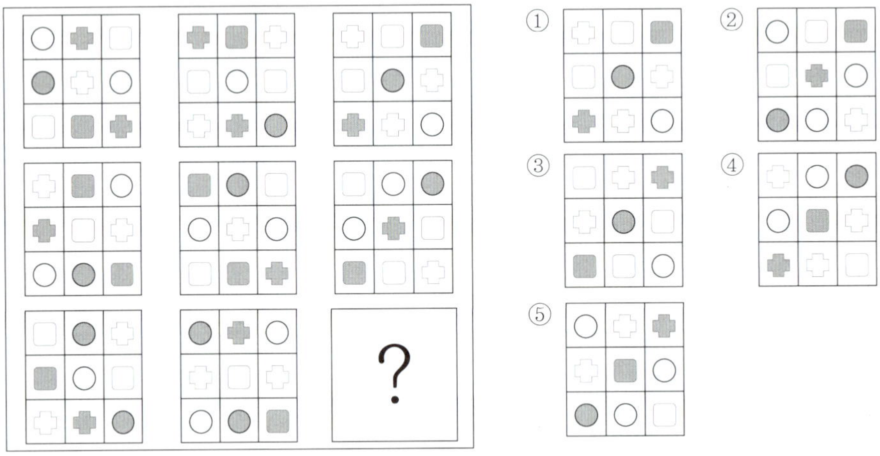

15 다음 도형들은 일정한 규칙을 가지고 있다. 물음표에 들어갈 알맞은 도형을 고르시오.

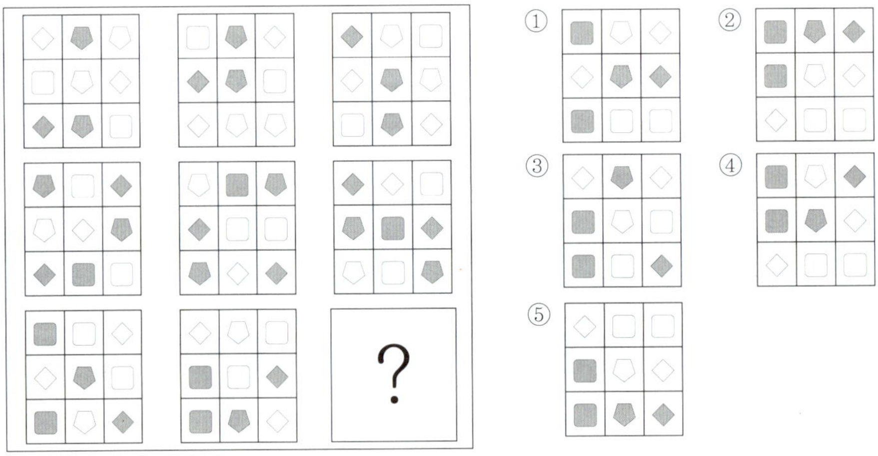

16 다음 도형들은 일정한 규칙을 가지고 있다. 물음표에 들어갈 알맞은 도형을 고르시오.

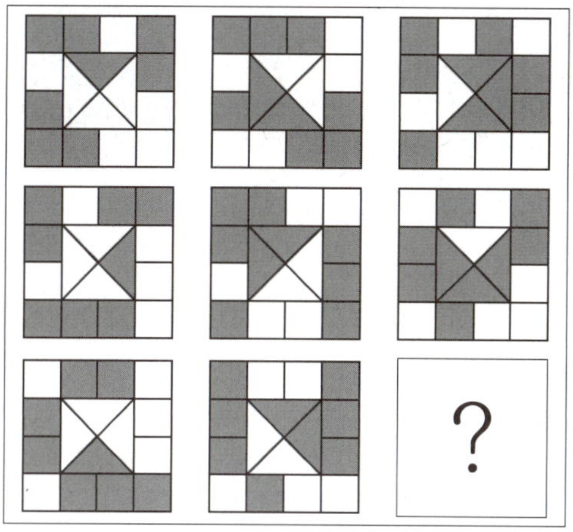

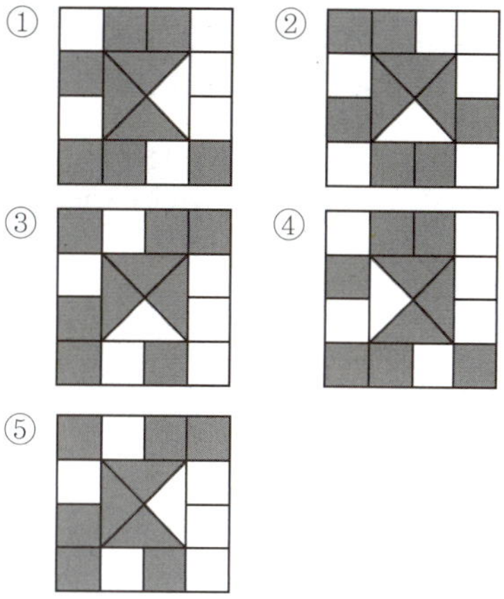

17 다음 도형들은 일정한 규칙을 가지고 있다. 물음표에 들어갈 알맞은 도형을 고르시오.

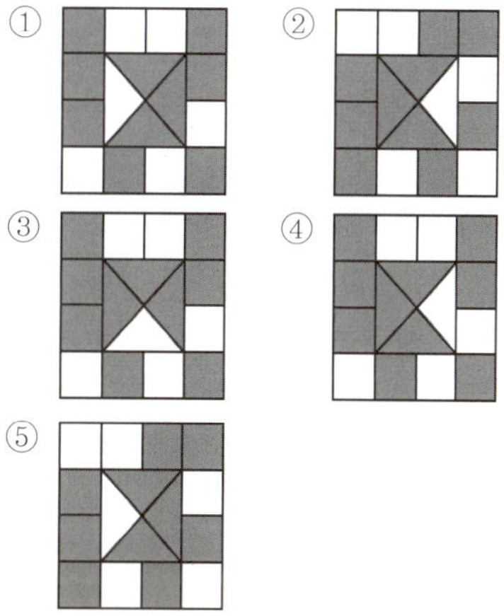

18 다음 도형들은 일정한 규칙을 가지고 있다. 물음표에 들어갈 알맞은 도형을 고르시오.

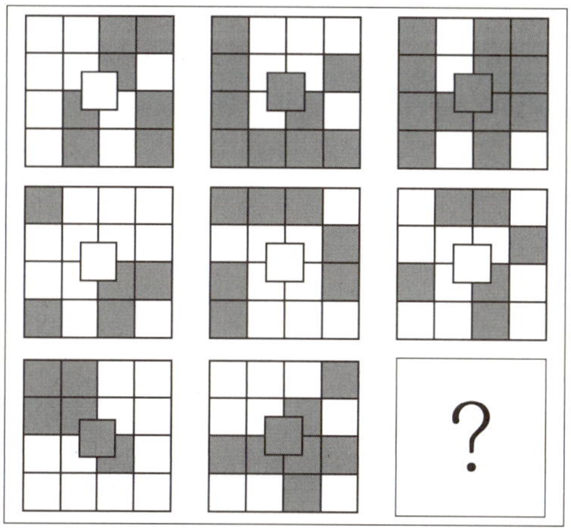

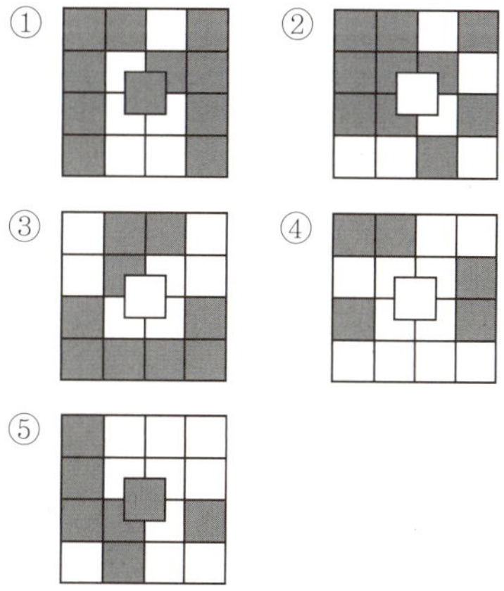

Chapter

05

도식추리

Chapter 소개

- 각 도형마다 문자(숫자 포함)를 변환하는 규칙이 있다. 주어진 〈보기〉를 통해 도형의 규칙을 찾고 문제 풀이에 적용하는 유형이다. 문자를 바꾸는 규칙은 문자의 증감을 표하는 규칙과 문자의 배열을 바꾸는 규칙(순서 변경 또는 위치 변경)으로 나뉜다.
- 반복 숙달로 풀이시간을 줄일 수 있는 유형이고 풀이시간의 편차가 큰 유형이다. 자주 연습하여 조건추리를 위한 시간을 벌었으면 한다.
- 4문제가 한 세트로 출제된다.

풀이 TIP

- 문자 Pool 사용 경우와 증감 규칙을 이해한다.
- 규칙에 선입견을 가지지 않는다.
- 도식의 규칙을 쉽게 판단할 수 있는 흐름부터 확인한다.
- 순서규칙을 역으로 적용할 경우 실수에 유의한다.
- 경우의 수를 따져야 할 경우 2개의 흐름을 비교한다.

필수유형 01

Chapter 05 도식추리

단일도식

필수 이론

유형 설명

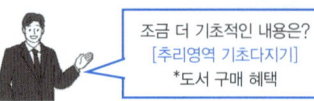

- 가장 자주 나오는 유형이다. 하나의 도형을 활용한 흐름을 먼저 파악하여 도형의 규칙을 찾고 이를 토대로 다른 도형의 규칙을 찾아가는 유형이다.

풀이 TIP

- 단일도식을 먼저 확인한다.

1 단일도식

CHDG ⇨ ♣ ⇨ DIEH

CHDG ⇨ ● ⇨ GDHC

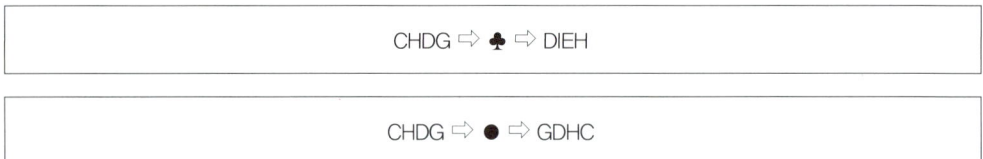

Input과 Output 사이에 하나의 문자만 온 흐름을 먼저 주목해야 한다. 첫 번째 예는 Input과 Output에서 사용한 문자가 다르기에 증감이다. [♣: +1 +1 +1 +1]을 보인다. Input과 Output 사이에 문자가 2개 이상이 오면 '어떤 문자의 규칙이 증감(또는 순서)일 것이다.'로 가정하며 푸는 것이 대부분이지만 Input과 Output 사이에 문자가 1개라면 바로 증감인지 순서인지 확정할 수 있다. 두 번째 예는 Input과 Output에 사용한 문자가 동일하다. 순서를 바꾸는 규칙임을 알 수 있고 [●: 4321]을 보인다.

필수 유형 연습

[01~03] 다음 문자와 도형의 흐름을 참고하여 물음에 답하시오.

		ERGV				
		⇩				
JD83	⇨	♡	⇨	IC72		
		⇩		⇩		
4N6H	⇨	◇	⇨	△	⇨	I47J
		⇩		⇩		
		UFDQ		□		
				⇩		
				J80A		

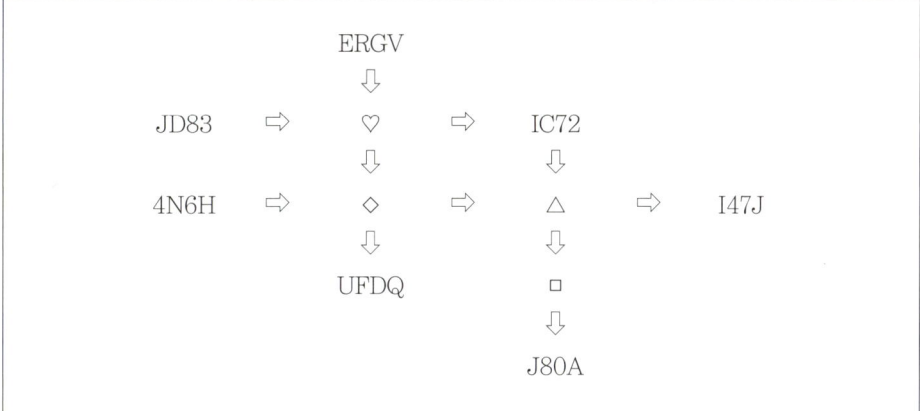

예제 01 다음 중 물음표에 들어갈 문자로 알맞은 것을 고르시오.

NIPH ⇨ ♡ ⇨ □ ⇨ ?

① GOHM ② MGOH ③ OGMH
④ OIQJ ⑤ JQIO

예제 02 다음 중 물음표에 들어갈 문자로 알맞은 것을 고르시오.

? ⇨ △ ⇨ ◇ ⇨ 6187

① 9542 ② 9827 ③ 7980
④ 7605 ⑤ 8720

예제 03 다음 중 물음표에 들어갈 문자로 알맞은 것을 고르시오.

? ⇨ ◇ ⇨ ♡ ⇨ □ ⇨ 6BT7

① SA65 ② CU78 ③ AS56
④ UC87 ⑤ S56A

✐ 일반 풀이

하나의 규칙을 적용한 [JD83 ⇨ ♡ ⇨ IC72]의 흐름을 먼저 확인하자. Input과 Output의 문자가 다른 것을 보며 ♡의 규칙이 증감규칙일 것이라 예상하며 규칙을 찾아보자.

♡: −1 −1 −1 −1

이어서 ♡의 규칙을 적용하여 다른 규칙을 찾아보자.

[ERGV ⇨ ♡ ⇨ ◇ ⇨ UFDQ]

[DQFU ⇨ ◇ ⇨ UFDQ]

◇: 4312

이번에는 ◇의 규칙을 적용하여 다른 규칙도 알아보자.

[4N6H ⇨ ◇ ⇨ △ ⇨ I47J]

[H64N ⇨ △ ⇨ I47J]

△: +1 −2 +3 −4

마지막으로 △의 규칙을 적용하여 나머지 규칙도 확인하자.

[IC72 ⇨ △ ⇨ □ ⇨ J80A]

[JA08 ⇨ □ ⇨ J80A]

□: 1432

예제 01

[NIPH ⇨ ♡ ⇨ □ ⇨ ?]

[MHOG ⇨ □ ⇨ ?]

[MGOH]

예제 02

[? ⇨ △ ⇨ ◇ ⇨ 6187]

[? ⇨ △ ⇨ 8716]

[7980]

예제 03

[? ⇨ ◇ ⇨ ♡ ⇨ □ ⇨ 6BT7]

[? ⇨ ◇ ⇨ ♡ ⇨ 67TB]

[? ⇨ ◇ ⇨ 78UC]

[UC87]

예제 01 정답 ▶ ②

예제 02 정답 ▶ ③

예제 03 정답 ▶ ④

반복도식

필수 이론

유형 설명

- 증감규칙이 반복되어 나온 흐름을 토대로 규칙을 찾는다. 순서규칙이 반복된 흐름에서 만족하는 규칙이 많기 때문에 반복된 순서규칙이 있는 흐름은 좋은 정보가 아니다.

풀이 TIP

- 증감규칙이 반복된 흐름을 활용한다.
- 순서규칙이 반복된 흐름은 가능한 규칙이 많기에 추천하지 않는다.
- 증감규칙이 반복된 흐름이며 Input과 Output에 숫자를 활용한 경우 증감규칙이 +인지 −인지 확인하기 어렵다.

1 반복도식

1.1. 증감규칙의 반복

OUIS ⇨ ♣ ⇨ ♣ ⇨ SYMW

예시를 보며 한 번에 ♣의 규칙을 확인할 수 없다. 하지만 Input과 Output을 보며 ♣가 2번 적용됐을 때의 규칙을 알 수 있다. [♣×2: +4 +4 +4 +4]이다. 2번 반복됐으니 2로 나누면 [♣: +2 +2 +2 +2]가 된다. 증감규칙이 반복된 흐름은 단일도식이 나온 흐름처럼 낮은 난도를 보인다. 하지만 순서가 반복된 도식은 활용하기 어렵다.

1.2. 순서 규칙의 반복

OUIS ⇨ ♠ ⇨ ♠ ⇨ OUIS

Input과 Output에 사용한 문자가 동일하다. 게다가 순서까지도 같다. ♠가 증감으로 [0 0 0 0]의 규칙을 보인다고 볼 수 있지만 아직까지는 [0 0 0 0]의 규칙이 출제된 적이 없다. ♠를 순서로 놓고 가능한 경우를 고민해보자. [4321], [2134], [2143], [1243], [3412], [4231] 등 정말 여러 규칙이 나온다. 따라서 반복도식이지만 Input과 Output에 사용한 문자가 같은 흐름이 있다면 후순위로 점검하기를 추천한다.

1.3. 증감규칙의 반복과 숫자

3D2Y ⇨ ★ ⇨ ★ ⇨ 9F6S

Input과 Output에 사용한 문자가 다르다. 증감규칙이 반복됐다고 알 수 있다. 3이 9가 되는 경우를 확인해보자. +6일 수도 있고 −4일 수도 있다. 즉 ★의 첫 번째 규칙이 +3인지 −2인지 확정할 수 없다. 같은 맥락으로 2가 6이 된 경우도 확인해보자. +4일 수도 있고 −6일 수도 있다. ★의 세 번째 규칙 +2인지 −3인지 확정할 수 없다.
위와 같이 문제가 출제됐다면 단일도식을 활용한 흐름이 있을 확률이 높고 없다면 ★의 첫 번째 규칙이 +3인 경우와 −2인 경우, ★의 세 번째 규칙이 +2인 경우와 −3인 경우로 총 4가지 경우를 상정하여 문제를 풀어야 한다.

필수 유형 연습

[01~03] 다음 문자와 도형의 흐름을 참고하여 물음에 답하시오.

		8257		NEKL				
		⇩		⇩				
D63N	⇨	■	⇨	◎	⇨	■	⇨	C15F
		⇩		⇩				
CJKR	⇨	◆	⇨	◎	⇨	DJLP		
		⇩		⇩				
		7504		PCOH				

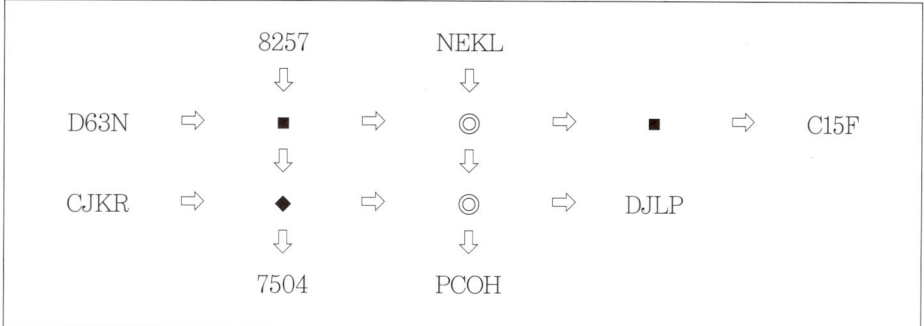

예제 01 물음표에 들어갈 문자로 알맞은 것을 고르시오.

K5Q4 ⇨ ■ ⇨ ◆ ⇨ ?

① 13QJ ② LQ77 ③ LQ37
④ JQ31 ⑤ 77QL

예제 02 물음표에 들어갈 문자로 알맞은 것을 고르시오.

? ⇨ ◆ ⇨ ◎ ⇨ H61X

① G14U ② G97Z ③ G37A
④ I35V ⑤ I18A

예제 03 물음표에 들어갈 문자로 알맞은 것을 고르시오.

3NA7 ⇨ ◎ ⇨ ◆ ⇨ ■ ⇨ ?

① 5EM8 ② 1WO6 ③ 3AO2
④ 5WO2 ⑤ 3AM2

✎ 일반 풀이

증감규칙이 반복된 [NEKL ⇨ ◎ ⇨ ◎ ⇨ PCOH]의 규칙을 먼저 확인하자. [◎×2: +2 −2 +4 −4]를 확인하며 ◎의 규칙을 찾을 수 있다.

◎: +1 −1 +2 −2

[CJKR ⇨ ◆ ⇨ ◎ ⇨ DJLP]의 흐름에서 ◎규칙을 역으로 적용한 뒤 ◆의 규칙을 찾아보자.

[CJKR ⇨ ◆ ⇨ ◎ ⇨ DJLP]

[CJKR ⇨ ◆ ⇨ CKJR]

◆: 1324

[8257 ⇨ ■ ⇨ ◆ ⇨ 7504]의 흐름에서 ◆규칙을 역으로 적용한 뒤 ■의 규칙을 확정하자.

[8257 ⇨ ■ ⇨ ◆ ⇨ 7504]

[8257 ⇨ ■ ⇨ 7054]

■: −1 −2 0 −3

예제 01

[K5Q4 ⇨ ■ ⇨ ◆ ⇨ ?]

[J3Q1 ⇨ ◆ ⇨ ?]

[JQ31]

예제 02

[? ⇨ ◆ ⇨ ◎ ⇨ H61X]

[? ⇨ ◆ ⇨ G79Z]

[G97Z]

예제 03

[3NA7 ⇨ ◎ ⇨ ◆ ⇨ ■ ⇨ ?]

[4MC5 ⇨ ◆ ⇨ ■ ⇨ ?]

[4CM5 ⇨ ■ ⇨ ?]

[3AM2]

예제 01 정답 ▶ ④

예제 02 정답 ▶ ②

예제 03 정답 ▶ ⑤

순서 활용

필수 이론

유형 설명

• 공통으로 쓰인 순서규칙을 토대로 문제를 풀이하는 유형이다. 특수한 풀이법이기에 출제빈도는 굉장히 낮아 참고용으로 확인하길 바란다.

풀이 TIP

• 공통으로 쓰인 순서규칙은 순서와 위치가 동일할 때만 활용한다.

1 순서 활용

ALKM ⇨ ■ ⇨ ♣ ⇨ LAKM
PIZD ⇨ ■ ⇨ ♣ ⇨ ● ⇨ HOYC

위의 예와 같이 2개의 흐름이 〈보기〉에 존재한다고 가정해보자. 첫 번째 예시를 보며 Input과 Output의 문자가 같기에 조심스럽게 ■, ♣의 규칙이 순서라고 가정해볼 수 있다. 가정이라 하는 이유는 항상 순서라고는 말할 수 없기 때문이다. 아쉽게도 ■, ♣의 각 규칙까지는 확인하기 어렵다. 하지만 이 둘이 만났을 때의 규칙을 알 수 있다. [■ ⇨ ♣: 2134]를 도출하며 이를 두 번째 예시에 적용한다. [PIZD ⇨ ■ ⇨ ♣ ⇨ IPZD]을 도출한 후 [IPZD ⇨ ● ⇨ HOYC]를 따져보면 [●: −1 −1 −1 −1]임을 알 수 있다. 이렇게 알게 된 ●의 규칙을 토대로 다른 흐름에 적용하며 문제를 푼다.

여기서 주의해야 하는 점은 [■ ⇨ ♣: 2134]의 순서가 바뀌었을 때 규칙도 따라가지 않는다는 것이다. 일반적으로 [EZCD ⇨ ♥ ⇨ ZECD]로 흐름이 제시됐을 때 ♥를 거꾸로 따라가도 2134의 규칙을 적용하면 된다. 하지만 [■ ⇨ ♣: 2134]의 순서를 바꿔 [♣ ⇨ ■]가 됐을 때 2134의 규칙을 보장하지는 않는다. 궁금하면 가능한 ■, ♣가 가능한 순서규칙을 상정하여 테스트 해봤으면 한다. 따라서 규칙의 순서까지도 동일할 때만 사용할 수 있는 팁이다.

필수 유형 연습

[01~03] 다음 문자와 도형의 흐름을 참고하여 물음에 답하시오.

				ENIV		G73Y		
				⇩		⇩		
V4U1	⇨	♣	⇨	◆	⇨	●	⇨	9X2W
				⇩		⇩		
		OWEB	⇨	♣	⇨	◆	⇨	BOWE
				⇩		⇩		
				IVNE		EA91		

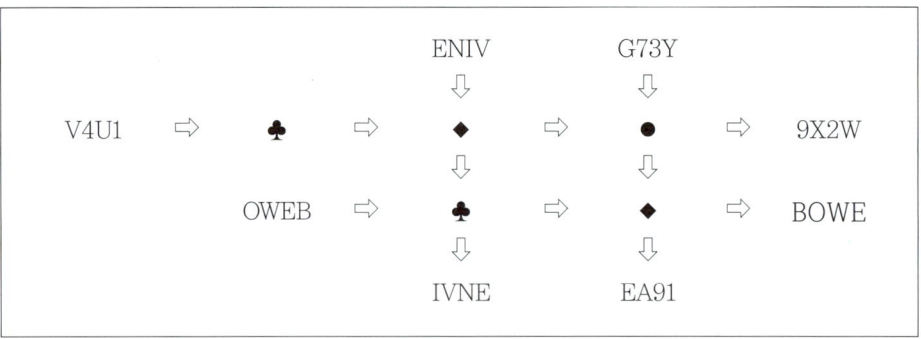

예제 01 물음표에 들어갈 문자로 알맞은 것을 고르시오.

? ⇨ ● ⇨ ◆ ⇨ GKDL

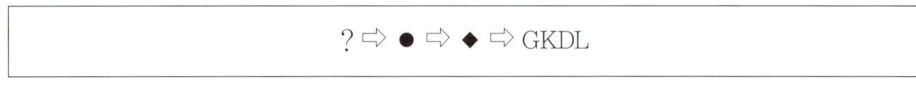

① IJMB ② ENIM ③ IBNI
④ ENIF ⑤ EFJM

예제 02 물음표에 들어갈 문자로 알맞은 것을 고르시오.

XELS ⇨ ● ⇨ ♣ ⇨ ?

① YQCN ② QCNY ③ UGJV
④ YNQC ⑤ VUGJ

예제 03 물음표에 들어갈 문자로 알맞은 것을 고르시오.

ANTC ⇨ ◆ ⇨ ● ⇨ ♣ ⇨ ?

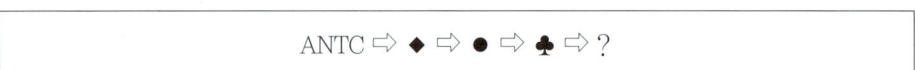

① VELY ② YVEL ③ YEPR
④ EPRY ⑤ EYPR

✐ 일반 풀이

[OWEB ⇨ ♣ ⇨ ◆ ⇨ BOWE]의 흐름과 [V4U1 ⇨ ♣ ⇨ ◆ ⇨ ● ⇨ 9X2W]의 흐름을 확인해보면 [♣ ⇨ ◆]가 공통적으로 쓰이고 적용방향 및 도형의 순서가 같다고 알 수 있다. [♣ ⇨ ◆]의 규칙을 먼저 찾고 [V4U1 ⇨ ♣ ⇨ ◆ ⇨ ● ⇨ 9X2W]의 흐름에 대입하여 ●의 규칙을 찾자.

[OWEB ⇨ ♣ ⇨ ◆ ⇨ BOWE]
♣ ⇨ ◆: 4123

[V4U1 ⇨ ♣ ⇨ ◆ ⇨ ● ⇨ 9X2W]
[1V4U ⇨ ● ⇨ 9X2W]
●: −2 +2 −2 +2

●의 규칙을 [G73Y ⇨ ● ⇨ ◆ ⇨ EZ91]의 흐름에 적용하며 ◆의 규칙을 확인하자.
[G73Y ⇨ ● ⇨ ◆ ⇨ EZ91]
[E91A ⇨ ◆ ⇨ EA91]
◆: 1423

[ENIV ⇨ ◆ ⇨ ♣ ⇨ IVNE]의 흐름에 ◆의 규칙을 적용하여 ♣의 규칙을 알아보자.
[ENIV ⇨ ◆ ⇨ ♣ ⇨ IVNE]
[EVNI ⇨ ♣ ⇨ IVNE]
♣: 4231

예제 01

[? ⇨ ● ⇨ ◆ ⇨ GKDL]
[? ⇨ ● ⇨ GDLK]
[IBNI]

예제 02

[XELS ⇨ ● ⇨ ♣ ⇨ ?]
[VGJU ⇨ ♣ ⇨ ?]
[UGJV]

예제 03

[ANTC ⇨ ◆ ⇨ ● ⇨ ♣ ⇨ ?]
[ACNT ⇨ ● ⇨ ♣ ⇨ ?]
[YELV ⇨ ♣ ⇨ ?]
[VELY]

예제 01 정답 ▶ ③
예제 02 정답 ▶ ③
예제 03 정답 ▶ ①

필수유형 04 | Chapter 05 도식추리

경우의 수

필수 이론

유형 설명

• 경우를 상정하여 풀이하는 방법이다. 굉장히 어렵고 복잡한 유형이고 실제 시험에 출제될 확률은 지극히 낮다.

풀이 TIP

• 증감규칙을 먼저 확인한 후 크로스로 체크하며 규칙을 찾는다.

1 경우의 수

도식추리 문제의 난이도가 높아지면 규칙을 바로 알 수 없고 경우의 수를 따져 풀 수 밖에 없게 제시한다. 〈보기〉에서 제시한 흐름이 아래와 같다고 가정해보자.

〈 보 기 〉

		K39C		LDUB		
		⇩		⇩		
YEAI	⇨	◆	⇨	■	⇨	ACDM
		⇩		⇩		
19SD	⇨	♠	⇨	■	⇨	D91S
		⇩		⇩		
		GM21		LDUB		

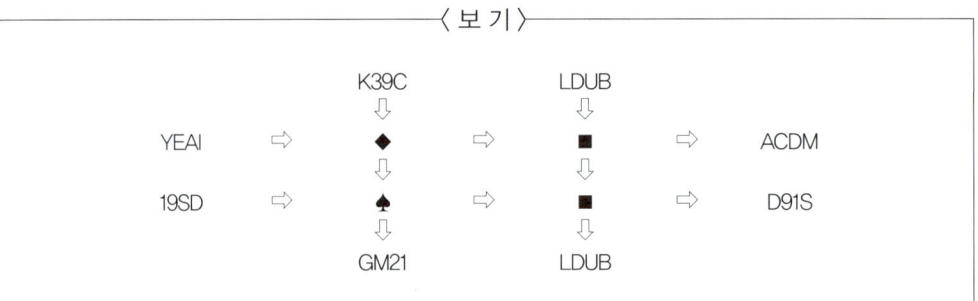

바로 눈에 들어오는 규칙이 없다. ■가 반복되기는 하지만 Input과 Output에서 사용한 문자가 동일하기에 ■는 순서규칙일 가능성이 높고 직관적으로 규칙을 찾기 어렵다. [19SD ⇨ ♠ ⇨ ■ ⇨ D91S]의 흐름을 보며 마찬가지로 Input과 Output에서 사용한 문자가 동일하다. ♠도 순서규칙일 가능성이 높다. [YEAI ⇨ ◆ ⇨ ■ ⇨ ACDM]의 흐름을 보면 Input과 Output에서 사용한 문자가 다르다. ■가 순서규칙이라는 가정하에 ◆는 증감규칙이다.

뾰족하게 보이는 규칙이 없으니 나올 수 있는 규칙의 경우를 따지고 여러 경우 중 〈보기〉의 흐름에 부합하는 규칙을 찾아야 한다. 나올 수 있는 규칙의 경우를 따지는 경우 순서규칙을 예상하는 것보다 증감규칙을 예상하는 것이 수월하다. 예를 들어 [K39C ⇨ ◆ ⇨ ♠ ⇨ GM21]의 흐름을 확인해보자. K에 ◆의 규칙을 적용한 결과가 G 또는 M이 될 수 있다. K가 G가 되면 C는 M이 된다. K가 M이 되면 C는 G가 된다. 알파벳을 기준으로 2가지 경우가 나온다. 같은 맥락으로 숫자도 2가지 경우가 나와 총 4가지 경우를 이룬다. 따라서 K39C에 ◆의 규칙을 적용했을 때 나올 수 있는 문자는 'M12G', 'M21G', 'G12M', 'G21M'이 있다.

다시 말해 ◆ 규칙의 후보가 4가지라는 것이다. 편의상 4가지 규칙을 ◆1, ◆2, ◆3, ◆4라 명명하겠다. ◆1, ◆2, ◆3, ◆4에 따라 ♠1, ♠2, ♠3, ♠4 규칙까지도 찾을 수 있다. 이 규칙을 다른 흐름에 적용하며 모든 흐름을 만족하는 ◆n과 ♠n을 찾는다. 생각보다 귀찮다.

귀찮은 일을 줄이고 속도를 높이기 위해 동시에 2개의 흐름을 점검했으면 한다. 이를 편의상 크로스체크라 부르겠다. [K39C ⇨ ◆ ⇨ ♠ ⇨ GM21]의 흐름에서 K는 G 또는 M이 될 수 있다. K가 G가 되면 −4로 볼 수 있다. 이를 바로 ◆가 있는 [YEAI ⇨ ◆ ⇨ ■ ⇨ ACDM]의 흐름에 적용한다. Y에서 −4를 하면 U가 나온다. Output의 문자를 보면 A, C, D, H로 U가 없다. 따라서 ◆의 규칙 중 맨 앞은 -4가 아니다.

K는 M이 된다. 이는 +2이다. 다시 [YEAI ⇨ ◆ ⇨ ■ ⇨ ACDM]의 흐름을 참고하며 Y에서 +2를 한다. A가 나온다. A는 [YEAI ⇨ ◆ ⇨ ■ ⇨ ACDM]의 흐름의 Output에 존재하는 문자다. 따라서 K는 M이되고 자연스럽게 C는 G가 된다. 이를 토대로 ◆규칙이 [+2 ? ? +4]인 것을 알 수 있다.

전하고자 하는 메시지는 다 전했다. 다음 내용은 참조로만 봐주길 바란다.

◆의 규칙을 [+2 ? ? +4]까지 찾았다. [K39C ⇨ ◆ ⇨ ♠ ⇨ GM21]의 흐름에서 3이 2가 되는 경우(−1)와 1이 되는 경우(−2)로 고민해보자. 이는 [YEAI ⇨ ◆ ⇨ ■ ⇨ ACDM]의 흐름에서 E가 D가 되는 경우(−1)와 E가 C가 되는 경우(−2)와 매치된다. 아쉽게도 D, C 둘다 Output에 나오는 문자다. [K39C ⇨ ◆ ⇨ ♠ ⇨ GM21]의 흐름에서 9가 2가 되는 경우(+3)와 9가 1이 되는 경우(+2)로 고민해보자. 이 역시도 [YEAI ⇨ ◆ ⇨ ■ ⇨ ACDM]의 흐름에 적용해도 힌트를 얻을 수 없다. 어려운 문제였다. 가능한 ◆의 규칙은 2가지다. [◆1: +2 −1 +2 +4], [◆2: +2 −2 +3 +4]를 토대로 ♠1과 ♠2를 찾아보자. ◆1을 기준으로 [K39C ⇨ ◆ ⇨ ♠ ⇨ GM21]에 넣어보자. [M21G ⇨ ♠1 ⇨ GM21]이 되어 ♠1의 규칙은 [4123]이다. ◆2를 기준으로 [K39C ⇨ ◆ ⇨ ♠ ⇨ GM21]에 넣어보자. [M12G ⇨ ♠2 ⇨ GM21]이 되어 ♠2의 규칙은 [4132]이다.

[◆1: +2 −1 +2 +4], [♠1: 4123]
[◆2: +2 −2 +3 +4], [♠2: 4132]

다른 흐름에도 적용이 가능한지 확인해보자. [19SD ⇨ ♠ ⇨ ■ ⇨ D91S]에 각기 넣어보자. 먼저 ♠1을 넣으면 [D19S ⇨ ■1 ⇨ D91S]가 되어 [■1: 1324]가 된다. 이어서 ♠2를 넣으면 [D1S9 ⇨ ■2 ⇨ D91S]가 되어 [■2: 1423]이 된다. 그런데 이를 [LDUB ⇨ ■2 ⇨ ■2 ⇨ LDUB]의 흐름에 넣어보면 [LBDU ⇨ ■2 ⇨ LDUB]가 나오고 Output은 LUBD가 나온다. 따라서 ■2는 전체 흐름을 만족하지 못하고 ♠2, ◆2도 만족하지 못한다. ◆1, ♠1, ■1로 가정한 규칙이 전체 흐름을 만족한다.

[◆: +2 −1 +2 +4], [♠: 4123], [■: 1324]

이렇게까지 문제를 꼬아서 낼 확률은 극히 낮다. 경우의 수 유형을 참고로만 알아두자.

필수 유형 연습

[01~03] 다음 문자와 도형의 흐름을 참고하여 물음에 답하시오.

		NHVI		DHXQ		
		⇩		⇩		
BUOW	⇨	♥	⇨	■	⇨	WBUO
		⇩		⇩		
4QK9	⇨	♣	⇨	♥	⇨	HQ79
		⇩		⇩		
		YHKI		HXQD		

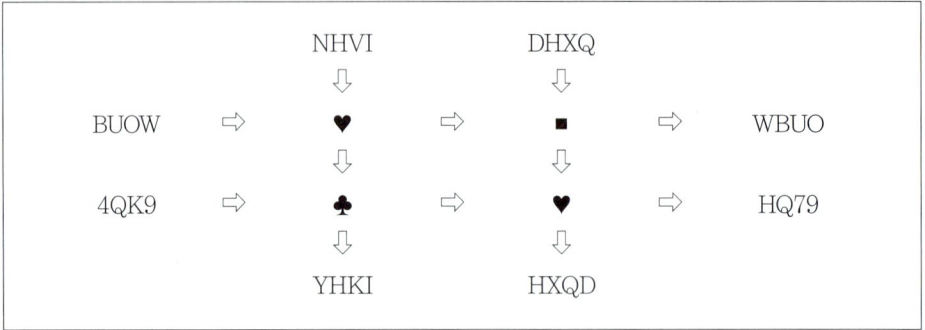

예제 01 물음표에 들어갈 문자로 알맞은 것을 고르시오.

DEUZ ⇨ ♣ ⇨ ♥ ⇨ ■ ⇨ ?

① GZRE ② XEWD ③ ZREG
④ ZGER ⑤ XHWA

예제 02 물음표에 들어갈 문자로 알맞은 것을 고르시오.

QRNH ⇨ ♥ ⇨ ♣ ⇨ ■ ⇨ ?

① HNRQ ② QNRH ③ HRNQ
④ NRQH ⑤ RQHN

예제 03 물음표에 들어갈 문자로 알맞은 것을 고르시오.

? ⇨ ■ ⇨ ♥ ⇨ ♣ ⇨ OBSK

① KVBL ② KLBV ③ BLVK
④ BVKL ⑤ LKVB

✐ 일반 풀이

단일 도식도, 반복된 증감 도식도 보이지 않는다. 아무래도 나올 수 있는 규칙 여러 가지를 따져가며 풀어야 할 것으로 보인다. 도식이 증감인지 순서인지를 먼저 파악하자. 순서를 바꾸는 규칙의 경우를 상정하는 것보다 증감 규칙의 경우를 상정하는 편이 경우의 수가 적을 가능성이 높다. [BUOW ⇨ ♥ ⇨ ■ ⇨ WBUO]의 흐름과 [DHXQ ⇨ ■ ⇨ ♥ ⇨ HXQD]의 흐름을 보면 Input과 Output의 문자가 동일하다. 따라서 ■, ♥는 순서를 바꾸는 규칙인 것을 알 수 있다. 다른 흐름을 확인하며 남은 ♣가 증감 규칙인 것도 파악할 수 있다. ♣를 예의주시하며 규칙을 확인해보자.

[4QK9 ⇨ ♣ ⇨ ♥ ⇨ HQ79]를 먼저 확인해보자. 알파벳을 기준으로 Q가 H가 되는 경우와 Q가 Q가 되는 경우로 나뉜다. Q가 H가 되는 경우는 K가 Q가 되는 경우와 같은 말이다. 그런데 증감의 경우 증가폭이 −4~+4의 범위를 보이기 때문에 Q가 H가 되는 경우로 보기는 어렵다. 따라서 Q가 Q가 되는 경우(= K가 H가 되는 경우)로 좁힐 수 있다. 현재까지 알아낸 규칙을 정리하면 다음과 같다.

♣ : ? 0 −3 ?

[4QK9 ⇨ ♣ ⇨ ♥ ⇨ HQ79]의 흐름에서 숫자를 주목해보자. 4가 7이 되는 경우와 4가 9가 되는 경우로 나눌 수 있다. 4가 9가 되는 경우는 일반적인 증가폭(−4~+4)을 벗어나기 때문에 4가 7이 되는 경우(= 9가 9가 되는 경우)가 더욱 유력하다. 이를 통해 ♣의 규칙을 가정할 수 있다.

♣ : +3 0 −3 0

이를 아직 사용하지 않은 [NHVI ⇨ ♥ ⇨ ♣ ⇨ YHKI]의 흐름에 넣으며 비교해보자. ♣의 규칙을 역으로 적용하면 [NHVI ⇨ ♥ ⇨ VHNI]이다. Input과 Output이 동일하기에 ♥의 규칙이 순서인 것을 보장한다. 더불어 ♥의 규칙을 확인할 수 있다.

♥ : 3214

[DHXQ ⇨ ■ ⇨ ♥ ⇨ HXQD]의 흐름을 참조하며 나머지 ■의 규칙을 확인해보자. [DHXQ ⇨ ■ ⇨ QXHD]로 ♥의 규칙을 역으로 적용했다. 해당 결과를 통해 ■의 규칙을 알 수 있다.

■ : 4321

위 풀이에서는 증감규칙의 범위가 −4~+4라는 점을 토대로 풀었지만 정확한 풀이는 다른 흐름에 넣어보며 확인하는 방법이다. (크로스로 체크)

예제 01

[DEUZ ⇨ ♣ ⇨ ♥ ⇨ ■ ⇨ ?]
[GERZ ⇨ ♥ ⇨ ■ ⇨ ?]
[REGZ ⇨ ■ ⇨ ?]
[ZGER]

예제 02

[QRNH ⇨ ♥ ⇨ ♣ ⇨ ■ ⇨ ?]
[NRQH ⇨ ♣ ⇨ ■ ⇨ ?]
[QRNH ⇨ ■ ⇨ ?]
[HNRQ]

예제 03

[? ⇨ ■ ⇨ ♥ ⇨ ♣ ⇨ OBSK]
[? ⇨ ■ ⇨ ♥ ⇨ LBVK]
[? ⇨ ■ ⇨ VBLK]
[KLBV]

예제 01 정답 ▶ ④
예제 02 정답 ▶ ①
예제 03 정답 ▶ ②

해설 p. 72

[01~04] 다음 문자와 도형의 흐름을 참고하여 물음에 답하시오.

		UNAO				
		⇩				
YG97	⇨	♡	⇨	WE19		
		⇩		⇩		
7V3N	⇨	○	⇨	△	⇨	65KZ
		⇩		⇩		
		SCQL		☆		
				⇩		
				V8G3		

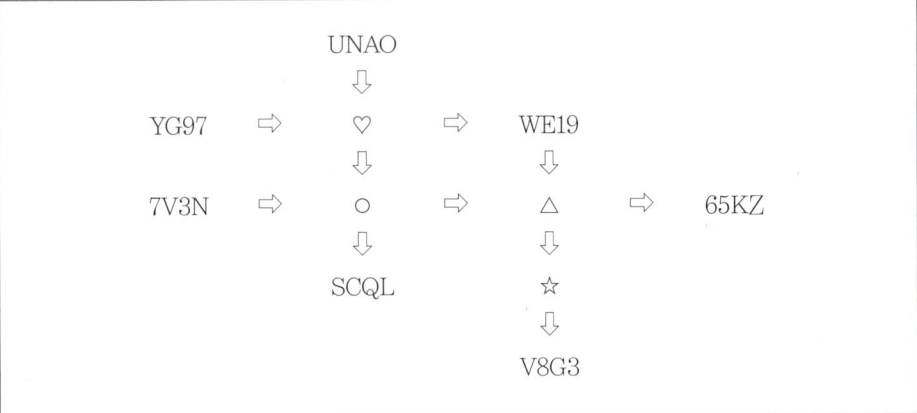

01 다음 중 물음표에 들어갈 문자로 알맞은 것을 고르시오.

L57C ⇨ ♡ ⇨ ○ ⇨ ?

① J5A3 ② N5E3 ③ N5A7
④ N9E7 ⑤ J9E3

02 다음 중 물음표에 들어갈 문자로 알맞은 것을 고르시오.

9781 ⇨ △ ⇨ ☆ ⇨ ?

① 8595 ② 5589 ③ 9585
④ 5985 ⑤ 8559

03 다음 중 물음표에 들어갈 문자로 알맞은 것을 고르시오.

? ⇨ △ ⇨ ♡ ⇨ PUME

① WYNY ② SUNY ③ MUNK
④ SUJU ⑤ QYHG

04 다음 중 물음표에 들어갈 문자로 알맞은 것을 고르시오.

? ⇨ ○ ⇨ ♡ ⇨ ☆ ⇨ 3TN7

① 15PR ② 1R5L ③ 5R5P
④ 55PR ⑤ 51LR

[05~08] 다음 문자와 도형의 흐름을 참고하여 물음에 답하시오.

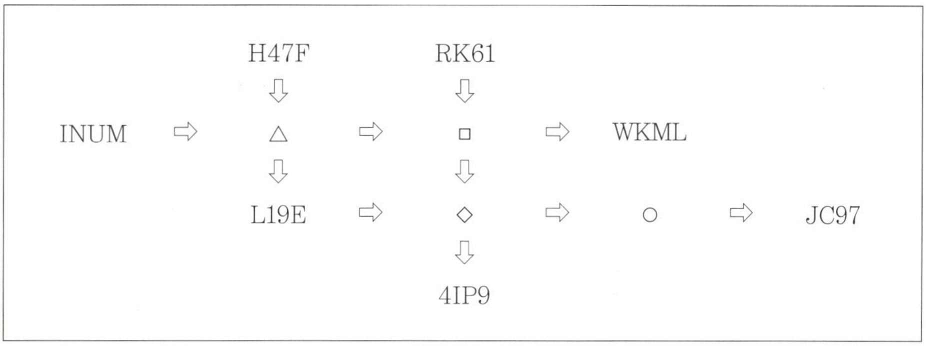

05 다음 중 물음표에 들어갈 단어로 알맞은 것을 고르시오.

LR72 ⇨ △ ⇨ □ ⇨ ?

① 9OP1 ② O91P ③ P19O
④ 1PO9 ⑤ OP91

06 다음 중 물음표에 들어갈 단어로 알맞은 것을 고르시오.

UEIY ⇨ ◇ ⇨ ○ ⇨ ?

① SWCG ② WGAK ③ WKAG
④ WAGK ⑤ SGWC

07 다음 중 물음표에 들어갈 단어로 알맞은 것을 고르시오.

? ⇨ ○ ⇨ △ ⇨ 7945

① 1646 ② 3622 ③ 3226
④ 3262 ⑤ 1466

08 다음 중 물음표에 들어갈 단어로 알맞은 것을 고르시오.

? ⇨ ○ ⇨ ◇ ⇨ □ ⇨ F48X

① 6DV2 ② 6V2D ③ 0HZ6
④ 0Z6H ⑤ 4BY7

[09~12] 다음 문자와 도형의 흐름을 참고하여 물음에 답하시오.

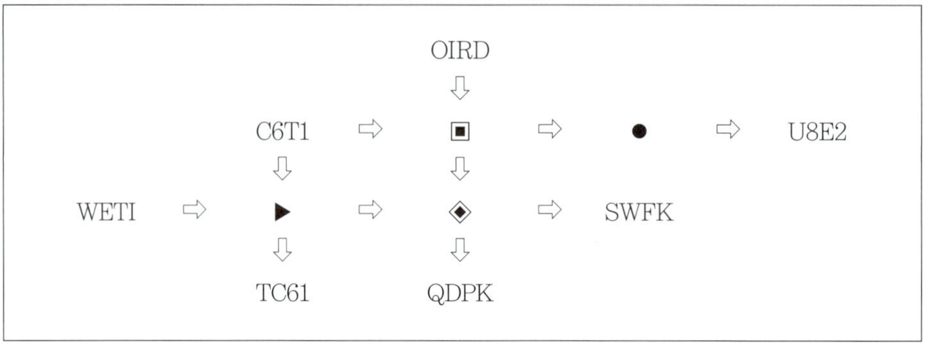

09 다음 중 물음표에 들어갈 단어로 알맞은 것을 고르시오.

? ⇨ ● ⇨ ▶ ⇨ RJST

① IVPX ② KPTP ③ RWPN
④ TOLP ⑤ RUHX

10 다음 중 물음표에 들어갈 단어로 알맞은 것을 고르시오.

ㅊㅅㅂㄷ ⇨ ▣ ⇨ ◈ ⇨ ?

① ㄷㅅㅈㅊ ② ㄹㅁㅊㅋ ③ ㅁㄷㅋㅈ
④ ㅇㄷㅂㅊ ⑤ ㅅㅁㅈㅅ

11 다음 중 물음표에 들어갈 문자로 알맞은 것을 고르시오.

? ⇨ ◈ ⇨ ▶ ⇨ ▣ ⇨ 92NS

① R2L6 ② 1SO1 ③ T9M0
④ R9O4 ⑤ 3SM7

12 다음 중 물음표에 들어갈 문자로 알맞은 것을 고르시오.

DSNK ⇨ ● ⇨ ▣ ⇨ ● ⇨ ?

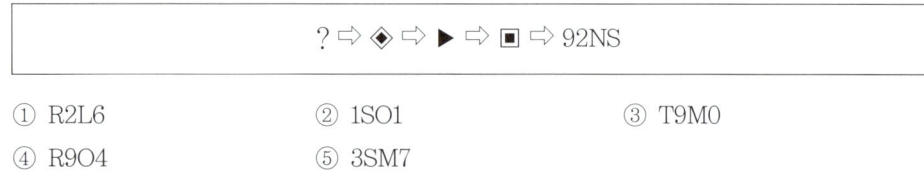

① PGFM ② QBRC ③ OGFR
④ NKDS ⑤ QDGL

[13~16] 다음 문자와 도형의 흐름을 참고하여 물음에 답하시오.

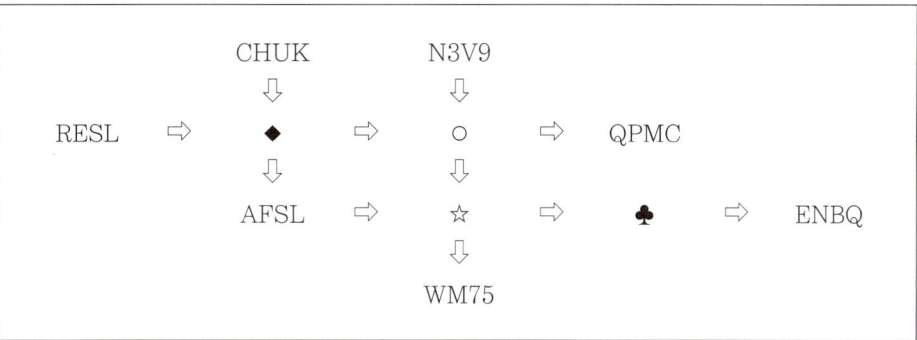

		CHUK		N3V9				
		⇩		⇩				
RESL	⇨	◆	⇨	○	⇨	QPMC		
		⇩		⇩				
		AFSL	⇨	☆	⇨	♣	⇨	ENBQ
				⇩				
				WM75				

13

다음 중 물음표에 들어갈 문자로 알맞은 것을 고르시오.

QNCI ⇨ ○ ⇨ ◆ ⇨ ?

① GOLD ② AGOO ③ AOLJ
④ AOGO ⑤ LGOD

14

다음 중 물음표에 들어갈 문자로 알맞은 것을 고르시오.

? ⇨ ☆ ⇨ ○ ⇨ C92M

① 3BK1 ② 1DO7 ③ 8NE0
④ 0LA4 ⑤ 5FU9

15

다음 중 물음표에 들어갈 문자로 알맞은 것을 고르시오.

P3T6 ⇨ ♣ ⇨ ○ ⇨ ◆ ⇨ ?

① 14NU ② RN44 ③ N1R7
④ 4R1Q ⑤ R4N4

16

다음 중 물음표에 들어갈 문자로 알맞은 것을 고르시오.

? ⇨ ♣ ⇨ ◆ ⇨ ○ ⇨ DJNH

① FLPG ② FLMJ ③ JPLC
④ LJPC ⑤ FPLG

[17~20] 다음 문자와 도형의 흐름을 참고하여 물음에 답하시오.

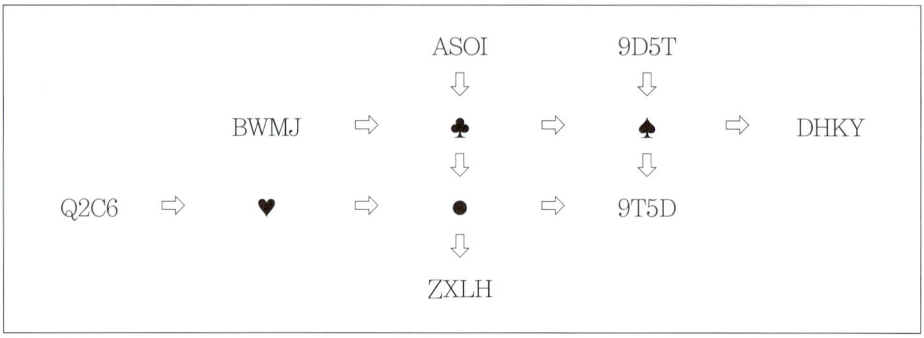

17 물음표에 들어갈 문자로 알맞은 것을 고르시오.

ㅈㅍㅊㅌ ⇨ ♣ ⇨ ● ⇨ ♥ ⇨ ?

① ㄹㅇㄱㅋ ② ㄹㅇㅋㅅ ③ ㅊㅇㅍㅅ
④ ㅍㄷㅂㅇ ⑤ ㅂㅇㅍㄷ

18 물음표에 들어갈 문자로 알맞은 것을 고르시오.

WOEX ⇨ ● ⇨ ♠ ⇨ ♣ ⇨ ?

① VAFT ② TVWB ③ NBUD
④ NBYH ⑤ VABP

19 물음표에 들어갈 문자로 알맞은 것을 고르시오.

? ⇨ ♠ ⇨ ● ⇨ ♥ ⇨ EFPM

① ONBI ② IONB ③ DLMK
④ DRME ⑤ EJJO

20 물음표에 들어갈 문자로 알맞은 것을 고르시오.

? ⇨ ♠ ⇨ ♥ ⇨ ♣ ⇨ HOQU

① SWFM ② MSWF ③ QOSJ
④ WFMS ⑤ SJQO

Chapter

06

문단배열

필수 유형 1. 문단배열

Chapter 소개

• 제시된 문단을 적절한 순서로 배열하는 문제이다.
• 총 30문제 중 2문제가 출제된다.

풀이 TIP

문단배열에서 가장 중요한 것은 글의 중심내용과 핵심맥락을 인지하는 것이며, 다음 팁을 활용하면 문단배열 문제 풀이에 도움이 될 수 있다.

1) 도입문단을 찾는다.

2) 새로운 인물이나 개념 설명의 등장에 유의한다.

3) 접속사, 주격조사, 지시대명사를 확인한다.

문단배열

필수 이론

유형 설명

- 제시된 문단을 적절한 순서로 배열하는 문제이다.
- 총 30문제 중 2문제가 출제된다.

풀이 TIP

문단배열에서 가장 중요한 것은 글의 중심내용과 핵심맥락을 인지하는 것이다. 따라서 기본적인 독해력 함양이 이 문제유형을 풀 때 큰 도움이 된다. 하지만 다음과 같은 TIP을 사용한다면 보다 원활하게 문제를 풀 수 있다.

1) 먼저 1문단(도입문단)을 찾아라.

짧은 글의 문단배열 문제인 만큼, 대부분의 문제에서는 분명히 도입문단이 존재할 수밖에 없다. 도입문단은 보통 앞으로 전개될 글에서 다루고자 하는 글 전체의 주제를 제시하거나 문제를 제기한다. 따라서 이러한 관점으로 도입문단을 찾아보자.

2) 새로운 인물이나 개념의 설명 부분에 유의하자.

글에 따라서는 새로운 인물이나 개념이 등장하기도 한다. 필자는 일단 이에 대해서 독자들이 잘 알지 못한다고 생각하기 때문에 이러한 대상에 대한 설명부터 진행하게 된다. 그러고 나서 이 인물이나 개념에 대해서 자연스럽게 언급하게 되므로, 순서상 이러한 대상에 대한 설명이 있는 문단이 그렇지 않은 문단보다 선행한다고 판단할 수 있다.

3) 접속사나 주격조사, 지시대명사 등의 표현을 살펴보자.

접속사는 글의 흐름을 좌우하는 중요한 표지이다. 따라서 접속사를 통해서 선행하는 문단과 이어질 내용을 판단할 수 있게 된다. 특히 문단의 맨 처음에 위치하는 접속사의 경우에는 이와 같은 관점에서 핵심적인 역할을 하는 경우가 많으므로 주목해야 한다. 또한 주격조사 '…도'나 '뿐만 아니라' 등의 표현도 유의해서 보아야 한다. 이는 앞서 비슷한 관점에서 언급된 내용이 있음을 암시하므로 선행과 후행하는 문단을 찾아낼 수 있는 표지가 될 수 있다. 마지막으로 지시대명사(이, 그, 저 등)들의 의미를 생각해보면, 앞선 문단의 내용을 확인할 수 있어 문단배열에 있어 도움이 된다.

필수 유형 연습

예제 01 다음 글의 내용 흐름상 가장 적절한 문단배열 순서를 고르시오.

(A) 또한 저탄소 기술의 개발과 적용을 통해 새로운 성장동력을 창출하는 것도 중요한 과제이다. 이는 산업계와 경제 전반에 긍정적 영향을 미칠 수 있으며, 탄소 중립 사회로의 전환을 촉진할 수 있다. 이러한 목표를 실현하기 위해 국제적인 협력과 재정적 지원의 확대가 필요하다. 특히 기후변화 대응 능력이 상대적으로 부족한 개발도상국들이 온실가스 감축 활동을 지속적으로 추진할 수 있도록 돕는 것이 중요하다.

(B) 그러나, 각 국가들이 최선을 다해 파리협정에 명시된 감축 목표를 이행한다고 하더라도, 현재의 계획만으로는 지구 평균 온도가 2.7℃까지 상승할 것으로 예상되고 있다. 이는 기후 변화로 인한 극단적 기상 현상과 환경적 피해가 더욱 심화될 수 있음을 의미하며, 이에 대한 보다 강력한 대응이 필요한 상황이다.

(C) 파리협정에 따라 전 세계 모든 국가는 온실가스 감축 목표와 자발적 기여 방안(INDC)을 유엔에 제출했다. 이는 산업화 이전 대비 지구 평균 온도 상승 폭을 2℃ 이하로 억제하고자 하는 파리협정의 목표를 달성하기 위해 국제사회가 힘을 모으겠다는 의지를 표명한 것이다.

(D) 이를 위해서는 기존의 감축 목표를 넘어서는 추가적인 온실가스 감축 노력이 필수적이다. 특히 저탄소 기술의 적용이 중요한데, 이를 통해 탄소 배출을 줄이면서도 경제 성장을 유지할 수 있는 기반을 마련할 수 있다. 저탄소 기술의 개발을 촉진하고 이를 실질적으로 도입하기 위해서는 정부와 민간의 긴밀한 협력과 함께 각종 규제 및 인센티브 정책이 뒷받침되어야 한다.

① (A)−(B)−(C)−(D)　② (B)−(C)−(A)−(D)　③ (B)−(C)−(D)−(A)
④ (C)−(D)−(B)−(A)　⑤ (C)−(B)−(D)−(A)

일반 풀이

지구 온난화를 막기 위해 온실가스 감축 목표를 합의한 파리협정에 관한 내용과 이를 넘어서는 추가적인 온실가스 감축 노력이 필요하다는 것을 설명하는 지문이다. 문단 도입 부분에 접속사나 대명사가 없는 문단은 (C)가 유일하므로 (C)가 첫 문단으로 적합하다. (C)에서 온도 상승 폭을 2℃ 이하로 억제하고자 하는 국제사회의 목표를 언급하였지만, 이 목표를 달성하더라도 지구 온난화를 막기는 힘들 것이라는 (B)가 다음 문단으로 적합하다. (B)의 마지막 부분에서 보다 강력한 대응이 필요하다고 주장했으므로 다음 문단은 강력한 대응에 대해 설명하는 것이 위치해야 한다. 이러한 대응으로 (D)에서 저탄소 기술을 언급하였고, (A)에서는 (D)에서 언급한 저탄소 기술을 좀 더 상세하게 설명하고 있으므로 (D)가 먼저 위치하는 것이 적절하다.

정답 ▶ ⑤

예제 02 **다음 글의 내용 흐름상 가장 적절한 문단배열 순서를 고르시오.**

(A) 가상현실(VR)은 가상의 공간과 사물만을 대상으로 하지만 증강현실(AR)은 현실 세계에 가상의 사물을 합성하여 현실의 효과를 더 증가시키는 점이 특징이다. 또한 가상현실(VR)은 단순하게 게임 등에서 한정된 적용만이 가능하지만 증강현실(AR)은 다양한 현실 환경에 응용이 가능하다.

(B) 증강현실 또는 AR(Augmented Reality)이라고 불리는 기술은 사용자가 눈으로 보는 현실세계에 가상의 물체나 정보를 겹쳐서 보여주는 것을 말한다. 가상현실(VR)과는 분명히 구분되는 개념이며 보다 나은 현실감과 부가 정보를 제공하기 위한 목적으로 사용된다.

(C) 증강현실의 종류는 크게 두 가지로 나뉘는데, 영상인식을 활용하는 기술과 위치정보를 활용하는 기술이다. 영상인식을 활용하는 기술은 카메라를 통해 인식한 특정 마커를 통하여 정보를 제공하는 마커 기반과, 마커가 아닌 볼 수 있는 이미지를 인식하여 정보를 제공하는 비마커 기반이 있다.

(D) 위치정보 활용 기반의 증강현실은 GPS 등을 통해 모은 위치정보를 바탕으로 관련된 정보를 해당 위치에 겹쳐서 보여주는 서비스를 제공한다. 예를 들면 현실에서 볼 수 있는 건물, 시설 등의 정보를 보여주는 서비스이다.

① (D)－(B)－(A)－(C)　② (D)－(B)－(C)－(A)　③ (B)－(A)－(C)－(D)
④ (B)－(A)－(D)－(C)　⑤ (B)－(D)－(A)－(C)

일반 풀이

증강현실의 기술과 종류에 대해 설명하고 있는 지문이다. 증강현실의 정의에 대해 서술하는 가장 큰 개념이 첫 문단에 위치해야 하기 때문에 (B)가 첫 문단으로 적절하다. 이후 증강현실 기술에 대해 가상현실과 비교하고 있으므로 (A)가 두 번째 문단에 와야 한다. (C)는 증강현실 종류 2가지를 나열하고 그 중 첫 번째를 소개하였고, (D)는 두 번째를 소개하였으므로 (C)가 먼저 위치해야 한다.

(A): 가상현실과 증강현실의 차이점 중 증강현실의 장점이 드러나게 서술한다.
(B): 증강현실의 용어와 정의에 대해 설명한 후 가상현실과에 차이점을 서술한다.
(C): 증강현실의 종류를 제시한 후, 두 가지 기술 중 영상인식 활용 기술에 대해 설명한다.
(D): 증강현실의 나머지 하나의 기술인 위치정보 기술에 대해 설명한다.

정답 ▶ ③

예제 03 **다음 글의 내용 흐름상 가장 적절한 문단배열 순서를 고르시오.**

(A) 마찬가지로 지구온난화를 막기 위한 대책에도 비용이 따를 것이다. 석탄에서 가스로 혹은 재생 에너지로 전환하려면 돈이 든다. 운송 수단에 제약을 가하면 경제가 침체될 것이다. 항공기 여행, 자동차 사용을 줄이면 개인의 만족도가 떨어질 것이다.

(B) 사실 비용에 대해서 이야기하든지 그렇지 않든지 간에, 누군가는 결국 비용을 감당해야 한다. 따라서 비용과 편익을 비교해야 한다는 관점은 결코 도덕관념이 결여된 것이 아니며, 어떻게 해야 가장 많은 사람들을 도울 수 있을지에 대한 질문을 던지는 것이야말로 도덕적인 일이다.

(C) 지구온난화로 인한 피해와 비용이 발생하는 것은 분명하다. 지구온난화가 심화되면 더위로 인한 사망자가 늘어날 것이고, 해수면이 상승할 것이며, 더 강력한 허리케인과 홍수가 발생할 것이다. 또한 말라리아가 창궐하고, 굶주림과 빈곤으로 고통받는 사람들이 늘어날 것이다.

(D) 이와 같이 지구온난화에 대한 대책에는 편익이나 비용이 모두 따른다. 우리는 이 둘을 올바르게 저울질하는 방법에 대해 당연히 논의해야 한다. 그러나 지금과 같이 허둥대는 분위기 속에서는, 기후 변화를 너무 맹렬하고 압도적인 것으로 묘사하는 바람에 그 비용에 대해 말만 꺼내도 비인도적이고 불합리하며 배려가 모자란 것처럼 보이기 십상이다. 그저 편익에 대해서 다룰 뿐 비용은 생각하지 말아야 한다는 식이다.

① (B)−(C)−(D)−(A) ② (B)−(C)−(A)−(D) ③ (C)−(A)−(D)−(B)
④ (C)−(B)−(A)−(D) ⑤ (C)−(B)−(D)−(A)

일반 풀이

먼저 각 문단의 내용부터 정리해 보면 아래와 같다.
(A) 지구온난화 대책에 따른 편익과 비용
(B) 결정과 관련하여 비용과 편익을 함께 따져보아야 함
(C) 지구온난화로 인한 피해
(D) 지구온난화 대책에는 항상 편익과 비용이 모두 발생함

(A)는 '마찬가지로'로 시작하고 있으며, 그 내용을 살펴보면 지구온난화에 대한 대책에는 비용과 편익이 모두 발생한다는 것이다. 그리고 (C)에서는 지구온난화가 유발하는 피해에 대해서 이야기하고 있다. 따라서 (C)−(A) 순서가 적절하다. 지구온난화와 그 대책이 유발하는 결과에 대해서 설명한 후, 이를 아울러 정리하는 (D)가 위치해야 한다. 마지막으로 이를 근거로 하나의 편향적 관점을 지양하고 모든 변화들에 대한 비용과 편익 모두를 따져보아야 한다는 (B)가 이어지는 것이 적절하다.

정답 ▶ ③

예제 04 **다음 글의 내용 흐름상 가장 적절한 문단배열 순서를 고르시오.**

(A) 17세기 중반부터는 성악곡이 주를 이루던 이전 시대와는 달리 기악곡의 위상이 높아졌다. 음악에 악기의 반주가 곁들어짐으로써 기악이 점점 중요하게 되었다. 현악기, 관악기, 피아노 등 다양한 악기가 발전하였고 연주 가능성도 작곡의 중요한 요소가 되었다.

(B) 17세기 초기 바로크 음악은 르네상스 시대의 음악에 큰 영향을 받았다. 특히, 극음악에 필요한 빠른 전개와 스토리 설명 등으로 음악을 표현하는 '모노디 형식'이 생겨났고, 이 형식을 바탕으로 역사상 첫 번째 오페라인 〈다프네〉가 상연되었다.

(C) 바로크 후기에는 오페라의 극적인 면을 한층 더 끌어올려 합창과 춤, 독창이 함께 연출되었다. 특히 합창과 춤 자체가 극 중에서 결정적인 역할을 했으며 18세기 중반부터 영국을 중심으로 오페라가 뮤지컬 초기 작품의 형태를 띠게 되었다.

(D) 바로크 음악은 1600년부터 1750년까지의 유럽 음악을 이야기한다. '바로크'는 17~18세기의 예술양식을 말하는 것이었으나 장 자크 루소가 그의 저서인 〈음악사전〉에서 바로크 시대의 음악을 바로크 음악으로 정의하여 '바로크 음악'이라는 용어를 본격적으로 사용하게 되었다.

① (A)-(B)-(D)-(C) ② (A)-(B)-(C)-(D) ③ (A)-(C)-(D)-(B)
④ (D)-(A)-(B)-(C) ⑤ (D)-(B)-(A)-(C)

일반 풀이

바로크 음악의 특징과 각 세기별 역사에 대해 설명하고 있는 지문이다. 역사의 흐름을 서술하고 있는 문제의 경우 초기-중기-후기 또는 17세기 초기-17세기 중반-18세기로 시간의 흐름에 맞춰 문단을 배열하는 기술이 필요하다. 각 문단에서 시간의 흐름을 나타내는 단어에 집중해서 문단을 배열할 수 있어야 한다.

(A): 17세기 중반의 바로크 음악의 특징에 대해 설명한다.
(B): 17세기 초기 바로크 음악의 특징에 대해 설명한다.
(C): 바로크 후기 음악의 특징에 대해 설명한다.
(D): 바로크 음악의 정의를 설명한다. 또한 바로크 음악의 어원에 대해 설명한다.

정답 ▶ ⑤

해설 p. 75

01 다음 글의 내용 흐름상 가장 적절한 문단배열 순서를 고르시오.

(A) 4차 산업혁명으로 인해 다양한 신기술이 등장하면서 문화예술 분야에도 새로운 소비 트렌드가 형성될 기반이 마련되고 있다. 특히 스마트 기기와 디지털 기술에 익숙한 밀레니얼 세대들이 예술시장의 주류로 진입하면서 이러한 변화는 더욱 가속화되고 있다.

(B) 또한 이들은 효율성과 편리함을 중시하기 때문에, 스마트폰 애플리케이션을 통해 큐레이션된 콘텐츠를 선호한다. 대표적으로 짧은 시간 안에 소비할 수 있는 간결한 콘텐츠를 뜻하는 '스낵컬처'가 새로운 소비 방식으로 자리 잡았다.

(C) 이러한 변화는 문화예술 분야의 접근성을 높이고, 밀레니얼 세대가 문화예술을 더욱 트렌디하고 재미있게 즐길 수 있는 환경을 만들어가고 있다.

(D) 이 세대는 단순히 문화예술을 감상하거나 소비하는 데 그치지 않고, 직접 참여하며 자신의 창의성을 발휘하는 방식을 선호한다. 그 예로, '예술가가 되어보기'와 같은 체험형 프로젝트가 인기를 얻고 있다. 이를 통해 밀레니얼 세대는 단순히 예술을 즐기는 것을 넘어 자신의 삶 속에서 예술적 가치를 창출하고 공유하는 데 흥미를 느낀다.

① (A)-(B)-(C)-(D) ② (A)-(B)-(D)-(C) ③ (A)-(C)-(D)-(B)
④ (A)-(D)-(B)-(C) ⑤ (A)-(D)-(C)-(B)

02 다음 글의 내용 흐름상 가장 적절한 문단배열 순서를 고르시오.

(A) 1910년 전화 수신기의 수화기에서 기원되어 헤드폰이 발명되었다. 그 후 일본의 한 회사가 헤드폰의 마케팅 상표로 이어폰이라는 용어를 독자적으로 사용하였으나 관련 특허권이 풀리며 용어가 대중화되었다.
(B) 이후 오디오 기술이 발전하면서 전기 헤드폰, 삽입형 이어폰, 무선 기술을 도입한 블루투스 무선 이어폰 등으로 발전되어 왔다. 그 중 가장 최근에 개발된 이어폰은 골전도 이어폰으로 골(骨)을 통해 진동을 전달하는 방식의 이어폰이다.
(C) 골전도 이어폰은 일반적인 이어폰과는 다르게 귀에 직접 삽입하지 않기 때문에 주변 소리를 더 잘 들을 수 있다. 야외 활동이나 운동 중 주변 소리를 들어야 할 때 활용할 수 있으며, 군인이나 경찰관 등이 헬멧을 착용하고 있더라도 소리를 들을 수 있다.
(D) 특히, 골전도 이어폰을 통해 청각 장애가 있는 일부 사람들도 소리를 경험할 수 있는데, 이는 진공이 골(骨)을 통해 귀 내부의 청각 기관에 도달하여 소리를 인식하기 때문이다.

① (A)−(B)−(D)−(C) ② (A)−(B)−(C)−(D) ③ (B)−(C)−(A)−(D)
④ (B)−(C)−(D)−(A) ⑤ (D)−(B)−(C)−(A)

03 다음 글의 내용 흐름상 가장 적절한 문단배열 순서를 고르시오.

(A) 그의 초기 작품은 임프레션주의의 영향을 받았지만 점점 자신만의 독특한 스타일과 표현력 있는 작품으로 발전했으며 말년에는 빛을 활용하여 태양을 녹여낸 듯한 찬란한 색채를 선사했다.
(B) 앙리 마티스는 선명한 색채와 대담한 형태, 그리고 화려한 패턴으로 유명한 야수파 화가이며 포스트 인상주의와 모더니즘 예술의 중요한 인물 중 하나이다.
(C) 그들은 사실주의적인 표현방식을 채택하였고 도시생활이나 일상적인 모습, 자연 등을 현실적이고 생동감 있는 스타일로 그려냈다. 또한, 당시에는 인정받지 못했던 새로운 예술적 스타일과 주제를 구축하였다.
(D) 19세기 말부터 20세기 초까지 프랑스를 주 무대로 활동한 일부 화가를 야수파로 지칭한다. 대표적인 화가로는 앙리 마티스, 에드가 드가, 폴 고갱 등이 있다.

① (A)−(C)−(B)−(D) ② (A)−(B)−(D)−(C) ③ (D)−(A)−(B)−(C)
④ (D)−(B)−(A)−(C) ⑤ (D)−(C)−(B)−(A)

04 **다음 글의 내용 흐름상 가장 적절한 문단배열의 순서를 고르시오.**

> (A) 웨이퍼는 정교하게 정제되어 평평하고 균일한 표면을 가지도록 처리된다. 이를 위해 웨이퍼는 다양한 공정 단계를 거치며, 화학적 및 물리적 처리 과정을 통해 부착된 오염물질을 제거하고 표면을 평활화한다.
>
> (B) 다음은 패턴을 통해 반도체 소자를 형성하는 과정이다. 웨이퍼 표면에 다양한 공정 기법을 사용하여 소자를 만들고 층을 쌓은 후 테스트와 검사 절차를 거친다. 이와 같은 공정을 통해 반도체가 제조된다. 반도체 제조 공정은 정밀하고 복잡한 기술과 장비를 필요로 하는 반도체 산업의 핵심 요소 중 하나이다.
>
> (C) 반도체는 다양한 공정 단계를 거쳐 제조된다. 반도체의 생산은 실리콘 웨이퍼라고 불리는 매우 얇은 실리콘 원판으로부터 시작된다. 이 웨이퍼는 실리콘 실린더의 형태로 제작된다.
>
> (D) 이렇게 평평해진 표면에 반도체 소자를 형성하기 위해 마스크를 사용하여 패턴을 형성한다. 마스크는 반도체 소자의 구조와 회로를 정의하는 역할을 하며, 마스크는 광각 리소그래피 또는 전자선 리소그래피 방법을 사용하여 웨이퍼 표면에 정밀하게 패턴을 전달하는 기능을 한다.

① (A)-(D)-(B)-(C)　② (A)-(D)-(C)-(B)　③ (C)-(A)-(D)-(B)
④ (C)-(B)-(D)-(A)　⑤ (D)-(A)-(B)-(C)

05 **다음 글의 내용 흐름상 가장 적절한 문단배열 순서를 고르시오.**

(A) 쥐를 대상으로 한 연구에 따르면, 어미 쥐의 보살핌 행동이 자손의 스트레스 반응에 영향을 준다. 털을 핥고 손질하는 보살핌 행동을 받은 새끼 쥐와 그렇지 않은 새끼 쥐를 비교하였을 때, 어미 쥐의 보살핌 행동을 받은 새끼 쥐가 평생 동안 스트레스성 염증 반응을 보이는 정도가 줄어든다는 것이다.

(B) 이는 염증을 가라앉히는 효과가 있는 글루코코르티코이드 호르몬과 관련이 있다. DNA 메틸화에 의해, 보살핌 행동을 받지 못한 새끼 쥐들의 글루코코르티코이드 호르몬 발현이 억제된 것이다.

(C) 후성 유전학은 외부 환경이 유전자 발현에 미치는 영향을 연구하는 학문이다. 특히 후성 유전학에서는 유전 정보를 담고 있는 염기 서열의 변화 없이 유전자 발현이 나타나는 과정에 주목하는데, 이러한 발현은 DNA 메틸화라는 과정과 관련있다.

(D) DNA 메틸화란 우리 유전자 속의 염기 서열에 메틸기(CH_3)가 달라붙는 현상을 말한다. 이 때 메틸기는 세포 속 유전자의 기능적 발현을 조절하는 일종의 스위치 역할을 하는데, 결국 DNA 메틸화는 유전자 발현을 억제하는 형태로 나타난다. 이와 같이 메틸화된 DNA는 평생 동안 유지되며 그 세포에서 파생된 모든 자손 세포에도 전달된다.

① (A)-(B)-(C)-(D) ② (A)-(C)-(D)-(B) ③ (A)-(D)-(C)-(B)
④ (C)-(D)-(A)-(B) ⑤ (C)-(D)-(B)-(A)

06 다음 글의 내용 흐름상 가장 적절한 문단배열 순서를 고르시오.

(A) 보안이나 지원범위가 한정된다는 단점에도 불구하고 무선랜 기술은 편의성이 높고 비용이 절감되며 다른 네트워크와의 통합이 용이하다는 것이 입증되어 오늘날 소비자에게 보급되고 있다. 현재 출시되는 대부분의 컴퓨터는 무선랜 기술이 장착되어 출시된다.

(B) 무선랜(Wireless LAN)은 무선 신호 전달 방식을 이용하여 두 대 이상의 장치를 연결하는 기술이다. 무선랜 기술이 발명된 후 우리의 삶은 크게 달라졌다. 특히 설치의 용이성으로 인하여 무선랜은 가정환경, 상업시설, 기업 등에서 매우 널리 쓰이게 되었다.

(C) 무선랜 기술에 크게 영향을 준 기술은 라디오 주파수이다. 1970년, 하와이 대학교는 세계 처음으로 라디오 주파수를 사용하여 컴퓨터 통신 네트워크를 개발하였다. 전화선을 사용하지 않고 이용할 수 있는 양방향 성형 네트워크였다.

(D) 이후 지속적으로 기술이 개발되어 1999년 에어포트가 처음 등장하여 무선랜을 가정에서 쉽게 사용할 수 있고 소비자가 구입할 수 있는 합리적 가격으로 이용할 수 있게 되었다. 에어포트가 출시되기 이전 무선랜 기술은 매우 비싸서 대규모 환경에서만 가동되었다.

① (A)–(B)–(D)–(C) ② (A)–(B)–(C)–(D) ③ (B)–(C)–(A)–(D)
④ (B)–(C)–(D)–(A) ⑤ (D)–(B)–(C)–(A)

Chapter

07

논리추론

필수 유형 1. 추론문제

필수 유형 2. 반박문제

Chapter 소개

- 제시문의 논지와 주장을 뒷받침할 수 있는 근거를 파악하는 능력을 확인하는 문제이다.
- 총 30문제 중 7문제가 출제된다.

풀이 TIP

- 논리추론은 주어진 내용을 바탕으로 유추할 수 있는 것을 선택하는 유형이다.
- 주로 제시문의 내용을 뒷받침하는 근거 찾기, 반박하기, 논점 파악하기, 통계적 오류 찾기 등의 유형이 출제됐다.
- 제시문으로 주어지는 글은 주장과 주장을 뒷받침하는 전제들로 이루어진 논증이 제시되므로, 글을 읽으면서 주장과 전제를 구분하고 논증을 구성하는 문장들이 가지는 논리적 관계를 파악하는 논증구조 분석을 반드시 해야 한다.
- 지문의 논지 및 주장을 반박(약화)하기 위해서는 반드시 주어진 지문의 전제를 공격해야 한다. 따라서 주어진 제시문이 무엇에 대해 언급하는지를 반드시 파악하고, 주어진 선택지가 제시문과 논리적 관계가 있는지를 반드시 따져보아야 한다.

추론문제

필수 이론

유형 설명

- 글의 내용을 바탕으로 추론 여부를 확인하는 문제이다.
- 참인 설명은?", "알 수 있는 것은?", "부합하는 것은?", "설명(이해)으로 적절한 것은?", "추론할 수 있는 것은?" 등의 형태로 출제되는 문제를 말한다.
- 총 30문제 중 5~6문제가 출제된다.

풀이 TIP

먼저 "알 수 있다.", "추론할 수 있다.", "부합한다."라는 뜻부터 살펴봐야 한다. 이 문제는 본문을 통해 "반드시 참"인 것을 고르는 문제라 할 수 있다. 이 부분에서 가장 중요한 것은 '참'이 아니라 '반드시'이다. 왜냐하면 이러한 문제의 치명적인 함정들은 "반드시 참은 아니지만 참일 가능성"이 있는 선택지이기 때문이다. 그럼 이에 대해 다음의 〈표〉로 정리해보자.

<table>
<tr><td>부합하는 것
알 수 있는 것
추론으로 적절한 것
반드시 참인 것</td><td>반드시 참 ①</td><td>반드시 참이라고 판단할 근거가 있음</td></tr>
<tr><td rowspan="2">부합하지 않는 것
알 수 없는 것
추론할 수 없는 것</td><td>참, 거짓이 불명확 ②
(참일 가능성)</td><td>참이라고 판단할 근거가 없거나 부족함</td></tr>
<tr><td>반드시 거짓 ③</td><td>반드시 거짓이라고 판단할 근거가 있음</td></tr>
</table>

쉬운 문제는 위 선택지 구분 중에 ①,③만 출제되는 경우에 해당한다. 하지만 어려운 문제는 ②에 해당하는 문제가 출제된다. ② 역시도 참일 가능성은 있기 때문이다. ①과 ②를 구분하는 가장 좋은 방법은 판단에 필요한 '근거'가 본문에 '충분히' 제시되어 있는지를 찾아보는 것이다. 결코 자신의 선입견이나 주관적 판단에만 의존하여 대충 푸는 습관을 버려야 한다.(따라서 모의고사 문제 풀이를 통해서 ①과 ②를 구분하는 연습을 하여야 한다.)

필수 유형 연습

예제 01 다음 글을 읽고 반드시 거짓인 설명을 고르시오.

> 1832년 미국인 모스는 프랑스 유학에서 귀국하는 슈리호 선상에서 전신기를 구상하였는데, 그 과정에서 모스 부호가 탄생하였다. 당시 그는 전보의 내용을 숫자로 전송하는 것이 좋겠다고 생각하고, 점의 개수와 점과 점 사이의 간격으로 숫자를 표시하고자 하였다. 이에 따라 모스는 일정한 숫자를 각 단어 및 간단한 문장에 대응시킨 숫자표를 고안했다. 이 숫자표는 91페이지로 구성되어 있었으며, 각 페이지에는 단어와 상용 문구를 나타내는 숫자가 91개씩 포함되어 있다.
>
> 그 후 모스와 동업 관계에 있던 베일은 점을 활용한 숫자의 전송방법이 불편하다는 것을 느끼고, 점뿐만 아니라 선을 활용하여 전송하는 방법을 생각하였다. 베일은 점만으로 표시하였던 부호를 점과 선을 이용하여 다양하게 조합한다면 훨씬 많은 부호를 만들어낼 수 있다고 보았다. 이때 사용도가 빈번한 문자는 아주 간단한 부호로 대체하였다. 이후 모스부호는 점진적으로 개량되어 오늘날 국제적으로 널리 사용되고 있다.
>
> 현재의 모스부호는 점(·)과 점의 3배 길이인 선(–)으로 구성된다. 한 글자 내에서 부호와 부호 사이의 간격은 1점의 길이와 같다. 글자와 글자 사이는 5점 길이의 간격을 두고, 단어와 단어 사이는 7점 길이의 간격을 둔다. 예를 들어, 알파벳 a를 모스부호 '· –'로 나타내고 알파벳 t를 '· ·'로 나타낸다면, a의 모스부호 길이는 5점이고, t는 3점이므로 'at'의 모스부호의 길이는 13점이다.

① 모스가 처음 고안한 전신기의 부호에는 선(–)은 없었다.
② 모스의 숫자표에는 8천개 이상의 단어와 상용 문구를 나타내는 숫자가 포함되어 있었다.
③ 현재 사용하는 모스부호는 꾸준한 개량을 거친 결과물이다.
④ 모스부호 '· –'의 길이는 5점이다.
⑤ 모스부호 '–'의 길이와 모스부호 '· · ·'의 길이는 같다.

일반 풀이

모스부호에서 선(–)은 점(·)의 3배 길이라고 하였고, 한 글자 내에서 부호와 부호 사이의 간격은 1점의 길이와 같다고 하였다. 따라서 '–'의 길이는 3점이고, '· · ·'의 길이는 5점으로 서로 길이가 같지 않다.

[오답 점검]
① 모스가 처음 구상한 부호는 점의 개수와 점과 점 사이의 간격으로 숫자를 표시하는 방식으로 선이 없었다.
② 모스의 숫자표는 91페이지로 구성되어 있고 페이지마다 91개의 숫자가 있으므로 91 × 91 = 8,281개의 숫자가 포함되어 있었다.
③ 모스부호는 처음 개발된 이후 베일의 수정을 포함하여 점진적인 개량을 거친 후 사용되고 있다.
④ 모스부호에서 선의 길이는 점의 3점과 같고, 부호와 부호 사이 간격의 길이는 1점과 같으므로 '· –'의 길이는 5점이다.

정답 ▶ ⑤

예제 02 **다음 글을 읽고 반드시 참인 설명을 고르시오.**

> 역류성 식도염은 현대인에게 흔히 발생하는 질환 중 하나로, 만성화되기 쉽기 때문에 주의가 필요하다. 특히 오랜 기간 식도염이 지속되면 식도 점막이 손상되어 식도암으로 발전할 가능성도 있어 더욱 조심해야 한다.
>
> 역류성 식도염의 치료는 주로 위산 분비를 억제하는 약물 투여를 통해 위산의 역류를 줄이는 방식으로 이루어진다. 하지만 완치하기 위해서는 약물 치료만으로는 충분하지 않으며, 생활 습관 개선이 치료의 핵심 요소로 여겨진다. 생활 습관 개선을 위해 가장 먼저 신경 써야 할 것은 음주와 흡연을 삼가는 것이다. 알코올과 니코틴은 식도 괄약근의 기능을 약화시키는 주요 요인으로 작용한다. 또한 체중 관리도 매우 중요하다. 비만은 복부 압력을 증가시켜 위산 역류를 유발하기 때문에 다이어트를 통해 적정 체중을 유지하는 것이 필요하다. 또한 식사 후 바로 눕는 습관도 피해야 한다. 음식물이 위에서 소화되지 않은 상태로 식도로 역류할 가능성이 높아지기 때문이다.
>
> 역류성 식도염이 약물 치료와 생활 습관 개선으로도 호전되지 않을 경우에는 수술적 치료가 고려될 수 있다. 항역류 수술은 약물로 증상이 개선되지만, 약을 지속적으로 복용해야 하는 사람이나, 약물 효과가 없는 환자들을 대상으로 시행한다. 이는 수술을 통해 식도와 위 사이의 괄약근 기능을 강화하여 위산의 역류를 근본적으로 차단하는 것이 목적이다.
>
> 역류성 식도염은 충분히 예방하거나 관리할 수 있는 질환이다. 자신의 생활 습관을 점검하고, 식습관을 개선하며, 필요시 전문가의 도움을 받는 것이 중요하다.

① 비만은 복부 압력을 감소시키기 때문에 역류성 식도염을 방지하기 위해서는 적정 체중을 유지해야 한다.

② 니코틴은 식도 괄약근의 기능을 과하게 강화시켜 역류성 식도염을 유발할 수 있다.

③ 식도염이 오랜 기간 지속되면 식도암으로 발전할 가능성이 있다.

④ 항역류 수술은 약물 치료가 불가능한 환자를 대상으로 이루어진다.

⑤ 역류성 식도염을 약물로 치료하기 위해서는 위산 분비를 원활하게 하는 약물을 투여해야 한다.

일반 풀이

주어진 글에서는 오랜 기간 식도염이 지속되면 식도 점막이 손상되어 식도암으로 발전할 가능성도 있어 더욱 조심해야 한다고 하였다.

[오답 점검]

① 비만은 복부 압력을 증가시켜 위산 역류를 유발한다.

② 니코틴은 식도 괄약근의 기능을 약화시키는 주요 요인이다.

④ 항역류 수술은 약물로 증상이 개선되지만 약을 지속적으로 복용해야 하는 사람이나, 약물 효과가 없는 환자들을 대상으로 시행한다.

⑤ 역류성 식도염의 치료는 주로 위산 분비를 억제하는 약물 투여를 통해 위산의 역류를 줄이는 방식으로 이루어진다.

정답 ▶ ③

예제 03 다음 글을 읽고 반드시 참인 설명을 고르시오.

> ESG 경영은 환경, 사회, 지배구조의 세 가지 주요 요소로 구성된 경영 개념이다. 기업이나 기관이 사회적 책임과 지속 가능한 경영을 실천하기 위해 이 세 가지 영역에서 어떤 방식으로 책임을 다하고 있는지를 평가하는 지표로 사용된다. 먼저 '환경'은 기업이나 조직이 환경에 미치는 영향을 평가한다. 탄소 배출량 감소, 재생에너지 활용, 자원 효율성, 환경 친화적 제품 개발 등이 이 영역에 해당한다. '사회'는 기업이 사회적 가치를 어떻게 증진하고 지속 가능한 방식으로 경영하는지를 평가한다. 노동 표준 준수, 고객에 대한 책임, 지역사회에 기여, 다양성과 평등 촉진 등이 여기에 속한다. '지배구조' 항목에서는 기업 내부의 조직과 운영 방식, 의사 결정 구조 등을 평가한다. 주주 권리 보장, 윤리적 경영, 감사 및 투명성 등이 이에 있어 중요한 영역이다.
>
> ESG는 이러한 지표를 사용하여 기업이 지속 가능한 경영과 사회적 책임을 어떤 수준으로 이행하고 있는지를 평가하고, 투자자들이 이러한 측면을 고려하여 투자 결정을 내릴 수 있도록 돕는 역할을 하고 있다. 최근에는 기업의 재무 성과뿐만 아니라 ESG 지표도 투자의 중요한 기준으로 간주되고 있어, 기업들은 ESG를 고려한 경영을 강조하고 있는 추세다.

① 현재 ESG와 관련한 지표를 외부에 공개하지 않으면 투자를 유치하기 어렵다.
② 투자 결정에 있어 ESG와 관련한 지표가 재무 성과보다 중요하게 간주된다.
③ ESG의 지배구조에서는 내부적 경영 구조뿐만 아니라 고객 응대도 평가 대상으로 한다.
④ ESG에서는 제품의 생산뿐 아니라 소비되는 에너지와 관련된 내용도 평가한다.
⑤ ESG는 기업의 재무 성과와 사회적 책임을 모두 아우르는 경영 개념이다.

일반 풀이

ESG의 환경 항목을 살펴보면, 탄소 배출량 감소나 친환경 제품의 생산 등 생산과 관련하여 평가하는 항목도 있지만 재생 에너지의 사용 등 에너지의 소비 과정에 대해서 측정하는 지표도 포함되어 있음을 알 수 있다.

[오답 점검]

① 오늘날 투자에 있어 ESG 지표도 고려의 대상인 것은 본문을 통해 확인할 수 있으나 ESG 지표를 공개하지 않을 경우 투자를 유치할 수 없다는 정보는 제시되어 있지 않다.
② 투자에 있어 기업의 재무 성과와 더불어 ESG 지표도 고려의 대상이 된다는 점만 추론할 수 있을 뿐, 이 두 가지 항목 중 어떤 것이 더 중시되는지는 본문을 통해서 확인할 수 없다.
③ '고객에 대한 책임'은 ESG의 '지배구조'가 아니라 '사회' 항목에 포함되어 있는 평가 대상이다.
⑤ ESG는 지속 가능한 경영에 대한 부분과 사회적 책임을 포함하는 경영이다. 즉 기업의 재무 성과 항목이 포함되어 있다고 할 수 없다.

정답 ▶ ④

예제 04 **다음 글을 읽고 반드시 참이라고 볼 수 없는 설명을 〈보기〉에서 모두 고르시오.**

> 식물의 광합성은 명반응과 암반응의 총합이라 할 수 있다. 명반응은 빛이 관여하는 반응으로 빛 에너지를 다음 반응에도 쓸 수 있는 화학 에너지로 만든다. 암반응은 빛에서 만들어진 에너지, 즉 명반응의 결과인 화학 에너지를 이용하여 공기 중의 이산화탄소를 포도당과 같은 고에너지의 유기 물질로 만든다. 이러한 자연 광합성의 명반응과 암반응은 모두 식물 세포에 들어 있는 엽록체에서 일어난다. 나뭇잎은 햇빛과 같은 빛 에너지를 활용하여 물을 산소와 수소로 분해하며 이 과정에서 화학 에너지를 만들어 낸다.
>
> 명반응은 광촉매 등을 이용하는 인공 광합성과 원리가 비슷하지만 자연 광합성에서 명반응의 효율은 인공 광합성보다는 낮다. 반면 자연 광합성의 암반응의 경우에는 명반응과 비교한다면 에너지 전환 효율이 높다. 전체적으로 보면 인공 광합성이 자연 광합성보다 효율이 떨어지는데 인공 광합성의 경우 생성한 에너지를 바탕으로 유기 물질을 만드는 과정의 에너지 전환 효율이 많이 낮기 때문이다.

〈 보 기 〉

ㄱ. 자연 광합성과는 달리 인공 광합성의 명반응에서는 에너지 손실이 발생하지 않는다.
ㄴ. 자연 광합성의 명반응에서는 빛 에너지를 흡수하여 고에너지의 유기물질을 만들어 낸다.
ㄷ. 에너지 손실도는 인공 광합성의 암반응이 인공 광합성의 명반응보다 낮다.
ㄹ. 에너지 전환 효율은 자연 광합성의 암반응이 인공 광합성의 암반응보다 높다.

① ㄱ, ㄴ　② ㄱ, ㄹ　③ ㄴ, ㄷ
④ ㄷ, ㄹ　⑤ ㄱ, ㄴ, ㄷ

일반 풀이

ㄱ 자연 광합성에서 명반응이 암반응보다 에너지 전환 효율이 비교적 낮다는 점은 확인할 수 있지만 이 정보만으로 인공 광합성에서는 에너지 손실이 없을 것으로 추론할 수는 없다. 따라서 반드시 참이라고 볼 수 없다.
ㄴ 명반응 과정에서는 빛 에너지를 흡수하여 화학에너지를 만들어낸다. 유기물질을 만들어내는 과정은 암반응이다.
ㄷ 본문에서 알 수 있는 것은 인공 광합성의 암반응 에너지 전환 효율이 자연 광합성의 암반응보다 낮다는 것이다. 인공 광합성의 명반응과 암반응 두 가지를 비교한 결과는 본문에 제시되어 있지 않으므로 반드시 참이라고 볼 수 없다.

[오답 점검]

ㄹ 명반응의 경우에는 인공 광합성이 자연 광합성보다 에너지 전환 효율이 높게 나타났다. 하지만 암반응까지 포함한 전체적인 에너지 전환 효율은 인공 광합성이 더 낮게 나타났다. 이는 곧 암반응의 에너지 전환 효율에 있어 자연 광합성이 인공 광합성보다 높다는 것을 의미한다.

정답 ▶ ⑤

예제 05 다음 글을 읽고 반드시 참인 설명을 〈보기〉에서 모두 고르시오.

최근 많은 사람들이 스마트워치를 사용하고 있다. 물론 스마트워치가 손목시계의 형태를 하고 있기에 화면 크기가 한정적이라 다른 전자정보기기에 비해 정보의 입출력 양이 제한될 수밖에 없다는 한계는 있다. 그러나 항상 장착하는 웨어러블 기기에 해당하므로 각종 신체 정보를 받아들일 수 있으며 진동 등을 통한 햅틱 출력으로 사용자에게 신호를 보낼 수 있다는 장점도 있다.

특히 많이 애용되는 심박수 체크는 스마트워치의 하단에 위치한 LED 빛과 광학 센서의 조도를 활용하여 피부를 통해 이루어진다. 혈액은 맥박에 따라 피부 상에서 약간의 굴절과 반사가 발생하는데, 반사되어 나오는 빛의 변화를 감지하여 혈류량과 심박수를 측정하게 된다. 센서에 방사되는 녹색 LED 빛은 붉은 피부 속으로 들어가면 일부는 반사되고 일부는 혈관에 흡수된다. 센서에서는 반사되어 나오는 빛의 변화 상태를 측정하여 혈류량을 계산하며, 심장의 수축과 이완을 하나의 사이클로 보고 이를 통해 심박수를 계산한다.

〈 보 기 〉

ㄱ. 스마트워치보다 입출력할 수 있는 정보량이 더 많은 전자정보기기가 있다.
ㄴ. 스마트워치는 진동을 통해 신체 정보를 받아들이기도 한다.
ㄷ. 스마트워치는 혈관의 혈류량 변화를 측정하여 심박수를 측정할 수 있다.

① ㄱ ② ㄴ ③ ㄱ, ㄷ
④ ㄴ, ㄷ ⑤ ㄱ, ㄴ, ㄷ

일반 풀이

ㄱ 첫 번째 문단에서 스마트워치에 대하여 다른 정보 기기에 비해 받아들이고 내보내는 정보의 양이 제한적인 기기라고 설명하였다.

ㄷ 두 번째 문단의 내용을 살펴보면, 스마트워치는 녹색LED 빛을 통해 혈류량의 변화를 측정하고 이의 주기를 알아내어 심박수를 계산해낸다고 설명하였다.

[오답 점검]

ㄴ 스마트워치는 햅틱 등 진동을 통해서 정보를 출력할 수 있는 장치이다. 즉 진동이 정보를 수집하기 위한 방식이라고 판단할 수 없다.

정답 ▶ ③

예제 06 **다음 글을 바탕으로 〈보기〉의 내용을 이해한 것으로 가장 적절한 것을 고르시오.**

ESD(정전기 방전) 보호회로는 전자 장치를 정전기로부터 보호하기 위해 설계된 회로이다. 정전기 방전은 높은 전압의 순간적인 방전으로 발생하며, 전자 장치에 심각한 손상을 초래할 수 있기 때문에, ESD 보호회로는 이러한 정전기 방전으로부터 장치를 보호하고 안정성을 유지하기 위해 다양한 방법으로 작동한다.

ESD 보호회로의 작동 원리는 크게 두 가지 방법으로 설명할 수 있다. 첫째, 정전기 방전을 분산하고 흡수하여 장치에 도달하지 않도록 차단하는 방법이다. 둘째, 정전기 방전이 장치에 도달하더라도 그 영향을 최소화하고 장치의 기능을 회복하는 방법이다.

〈 보 기 〉

제전기는 전자 기기 및 회로에서 발생된 정전기의 축적을 줄이거나 없애기 위해 공기 중에 있는 입자들을 이온화시켜 정전기를 제거하는 장치이다. 이온화는 입자들이 전하를 가지도록 만드는 과정을 의미하며, 제전기는 주로 음이온을 생성하여 정전기를 제거한다. 음이온은 주로 공기 중의 입자와 결합하여 무거워지고 침전하도록 만들어 줌으로써 정전기가 발생하는 미세한 입자들이 중성화되고 표면에서 제거될 수 있다.

① ESD 보호회로와 제전기 모두 이온화를 통해 정전기로부터 보호한다.
② 제전기는 정전기 제거를 위해 정전기 방전을 분산, 흡수하여 장치에 도달하지 않도록 차단한다.
③ ESD 보호회로는 전자 기기 및 회로를 ESD로부터 보호를, 제전기는 정전기가 축적되지 않게 제거하는 것을 각각 목적으로 한다.
④ 높은 전압의 순간적인 방전으로부터 장치를 보호하기 위해 정전기가 발생하는 미세한 입자들을 중성화하여 제거하고, 그 영향을 최소화하는 방법을 사용한다.
⑤ ESD 보호회로는 전자 기기와 관련된 작업 환경에서, 제전기는 공기 중의 미세입자가 많이 발생하는 작업환경에서만 사용할 수 있다.

일반 풀이

ESD 보호회로와 제전기 모두 전자 기기 및 시스템에서 발생할 수 있는 정전기에 대응하기 위해 사용되는 방법이다. ESD 보호회로는 전자 기기 및 회로를 정전기 방전으로부터 보호하기 위해, 제전기는 정전기가 축적되어 전자 기기 및 회로에 손상이 주는 것을 방지하기 위해 정전기를 제거하는 것을 목적으로 한다.

[오답 점검]

① ESD 보호회로의 작동 원리에서 이온화를 통한 방법은 나타나있지 않다.
② 주어진 지문의 2번째 문단을 보면 정전기 방전을 분산, 흡수하여 장치에 도달하지 않도록 차단하는 방법을 사용하는 것은 ESD 보호회로이다.
④ 높은 전압의 순간적인 방전으로부터 장치를 보호하기 위해 사용하는 방법은 ESD 보호회로의 작동원리에서 확인할 수 있다. 정전기가 발생하는 미세한 입자들이 중성화되어 제거되는 방법은 제전기의 정전기 제거 방법이다.
⑤ ESD 보호회로와 제전기 모두 전자 기기와 관련된 작업 환경에서 사용될 수 있다.

정답 ▶ ③

02 반박문제

필수 이론

유형 설명

- 제시문에서 언급하고 있는 주장을 정확히 이해하고 있는지를 확인하고, 적절한 비판의 능력을 확인하기 위한 문제 유형이다.
- 총 30문제 중 1~2문제가 출제된다.

풀이 TIP

1단계: 비판/반박/반론/약화 문제유형인지를 인지한다.
2단계: 비판의 대상이 되는 주장/가설을 정리한다.(절대 잊지 말 것!)
3단계: 주장에 대한 비판 설계

주장에 대한 비판이란 다음의 두 가지를 의미한다.

1. 전제 비판 : 논거(근거, 전제)가 참이 아님을 보여주는 방법
2. 연관성 비판 : 논거와 논지(결론)의 논리적 연관성에 대해 비판하는 방법

논거가 거짓임을 보여주는 '전제 비판'에 비해 '연관성 비판'은 전제를 인정한다는 점에 차이가 있다. 단 "전제가 참"이라고 하더라도 "결론이 반드시 참이 되지는 않는다." 혹은 "결론이 참일 확률이 높지 않다."와 같은 식으로 이루어지는 비판이 연관성 비판이다. 대표적인 방법으로는 '반례 제시'가 있다. 논증의 반례는 전제는 만족하면서도 결론을 만족하지 않는 사례를 말한다. 이러한 사례가 존재할 수 있음을 제시함으로써 논증(주장)의 설득력을 약화시킬 수 있게 된다.

이 과정에서 가장 쉽게 생각하는 부분이 비판이 되는 주장을 정리하는 과정이다. 대부분의 사람들은 단순에 정답부터 도출하려고 하기 때문이다. 하지만 어렵다고들 하는 문제들을 살펴보면 비판의 대상이 되는 주장부터 제대로 정리하지 않았기 때문에 어렵다고 느낀 것일 뿐인 경우가 많다. 선택지에 의존하면서 푸는 방식의 일치부합 문제처럼 풀지 말자!

필수 유형 연습

예제 01 **다음 글의 핵심 주장을 비판하는 것으로 가장 적절한 것을 고르시오.**

> 선거에 관한 국내외 연구를 보면, 시민들의 교육 수준이 높아지지만 정치참여는 증가하지 않는다는 것을 보여주는 경우들이 있다. 미국의 경우 2차 대전 이후 교육 수준이 지속적으로 향상되어 왔지만 투표율은 거의 높아지지 않았다. 우리나라에서도 지난 30여 년 동안 국민들의 평균 교육 수준은 매우 빠르게 향상되어 왔지만 투표율이 높아지지는 않았으며, 평균 교육 수준이 도시보다 낮은 농촌지역의 투표율이 오히려 높았다.

① 우리나라의 평균 교육 수준은 날이 갈수록 높아지고 있다.
② 교육 수준 외 다른 모든 조건을 동일하다고 했을 때 대졸인구의 비율이 높을수록 투표율이 증가했다.
③ 유권자의 교육 수준이 높을수록 투표를 포기하는 비율이 높아진다.
④ 학교에서 투표는 민주시민의 의무라고 교육받는다.
⑤ 농촌지역의 투표율이 도시보다 높은 이유는 농촌지역의 높은 공동체 의식 때문이다.

일반 풀이

- 주장: 교육 수준이 높아져도 투표율은 거의 높아지지 않는다.
- 근거1: 미국과 우리나라의 교육 수준은 지속적으로 향상되었지만 투표율은 높아지지 않았다.
- 근거2: 평균 교육 수준이 도시보다 낮은 농촌지역의 투표율이 오히려 높다.

② 교육 수준 외 다른 조건을 동일하게 했을 경우에는 교육 수준이 높을수록 투표율이 증가했다고 말하고 있으므로 지문의 주장을 반박한다.

[오답 점검]

① 우리나라의 평균 교육 수준이 높아지고 있다는 것은 지문에서도 언급되었다.
③, ④ 지문의 주장과 관련 없는 내용이다.
⑤ 지문에서는 교육 수준과 투표율의 연관성에 대해 말하고 있지만 ⑤은 공동체 의식과 투표율의 연관성에 대해 말하고 있으므로 적절하지 않은 반론이다.

정답 ▶ ②

예제 02 **다음 글의 핵심 주장을 비판하는 것으로 가장 적절한 것을 고르시오.**

> 최근 IT 산업의 화두는 AI이다. AI에 가장 적극적으로 투자를 하고 있는 마이크로소프트가 한동안 적수가 없어보이던 애플을 꺾고 시가총액 1위에 오를 것이라는 예측까지 나오고 있을 정도니 말이다. 오늘날 AI는 음악을 작곡하고, 다양한 이미지를 디자인하며 심지어 짧은 에세이를 집필하는 등 기계의 영역이 될 수는 없을 것이라고 생각했던 복잡한 영역까지 광범위하게 활용되고 있다. 하지만 우리는 이러한 변화에 대해 제동을 걸 필요가 있다. 먼저 AI가 적용되는 영역이 확장될수록 인간의 활동은 필연적으로 크게 위축될 것이다. 결과적으로 인간의 영역이 AI에 의해 완전 잠식되는 상황은 피할 수 없게 될 것이다. 또한 AI에 지나치게 의존할 경우, 해당 분야와 관련한 인간의 자생적 능력이 쇠퇴하게 되고, 인간만의 노하우 역시 사장되고 말 것이다. 마지막으로 AI가 내린 판단이 옳지 않거나 사고를 유발했을 경우에 이에 대한 책임을 물을 수 있는 대상이 모호하다는 점도 문제가 될 것이다.

① AI는 단순하고 반복적인 작업의 영역에서도 널리 활용되고 있다.
② AI의 판단에 따른 법적인 책임을 AI를 개발한 엔지니어에게 물을 수는 없다.
③ 어떤 사회적 변화에 문제점이 있다면, 그러한 변화에 대한 통제가 뒤따라야 한다.
④ 인간은 AI의 분야가 될 수 없는 전략적인 분야에 집중할 수 있게 된다.
⑤ AI에 의한 기술발달은 인간의 노하우에는 의존하지 않는 방식으로 이루어진다.

일반 풀이

- 전제: AI가 결국 인간의 모든 활동 영역을 잠식할 것이다.
- 주장: AI가 인간의 활동 영역을 모두 대체하는 것을 막아야 한다.
- 근거1: AI에 지나치게 의존할 경우 인간의 능력이 쇠퇴할 것이다.
- 근거2: AI의 판단이 옳지 않을 경우 책임을 물을 수 있는 대상이 모호하다.

④ AI가 대체할 수 없는 영역이 있어서 인간은 이러한 분야에 집중할 수 있다고 설명하고 있다. 따라서 본문의 전제를 약화하는 주장이라 할 수 있다.

[오답 점검]

① 본문에서는 AI가 복잡한 영역까지 널리 활용된다고 언급하고 있을 뿐, 단순한 영역에서는 활용되지 않는다고 이야기한 바가 없다. 따라서 본 선택지는 반박으로 적절치 않다.
② 본문에서는 AI로 인한 문제가 발생했을 경우, 책임의 소재를 따지기가 곤란한 문제가 있다고 하였다. 따라서 본 선택지는 본문의 주장을 반박한다고 볼 수 없다.
③ 본문에서는 AI 확산에 따른 문제점을 언급하면서 이를 근거로 AI와 관련한 현재의 변화에 제동을 걸어야 한다고 하였다. 본 선택지는 이러한 주장과 양립하는 이야기이므로 본문의 주장을 비판하지 못한다.
⑤ AI의 기술발달로 인해 인간의 노하우가 없어지는 이유는 AI의 기술발달이 인간의 노하우에 의존하지 않고 이루어지기 때문이다. AI의 발달에 인간의 노하우가 필요하다면 인간의 노하우는 사장되지 않을 것이다. 따라서 해당 선택지와 본문은 동일한 주장이다.

정답 ▶ ④

예제 03 **다음 글의 핵심 주장을 비판하는 것으로 가장 적절한 것을 고르시오.**

> 1968년 하버드 대학교 사회 심리학과 교수인 로젠탈과 미국에서 20년 이상 초등학교 교장을 지낸 제이콥슨은 미국 샌프란시스코의 한 초등학교에서 전교생을 대상으로 지능 검사를 한 후 검사 결과와 상관없이 무작위로 한 반에서 20% 정도의 학생을 뽑았다. 그 학생들의 명단을 교사에게 주면서 '지적 능력이나 학업 성취의 향상 가능성이 높은 학생들'이라고 믿게 했다. 8개월 후 이전과 같은 지능 검사를 다시 실시했는데, 그 결과 명단에 속한 학생들은 다른 학생들보다 평균 점수가 높게 나왔다. 뿐만 아니라 학교 성적도 크게 향상되었다. 이 연구 결과를 통해서 도출할 수 있는 결론은 바로 교사가 학생들에게 거는 기대만이 학생들의 성적 향상을 가져올 수 있다는 것이다.

① 선발되지 않은 학생들의 점수 변동을 알 수 없으므로 올바른 효과라고 말할 수 없다.
② 성적이 오른 정도가 각기 다를 것이므로 적절한 효과가 작용했다고 볼 수 없다.
③ 지능 검사의 문제 난이도가 달라졌을 수도 있으므로 사실상 성적이 오른 것은 아닐 수도 있다.
④ 선발된 모든 학생의 성적 향상이 교사의 기대와 격려에 의해서만 이루어진 것으로 볼 수 없다.
⑤ 여러 다른 초등학교에서도 실시한 결과가 아니므로 그 효과를 신뢰할 수 없다.

일반 풀이

- 주장: 교사가 학생에게 거는 기대가 실제로 학생의 성적 향상에 효과를 미친다.
- 근거: '지적 능력이나 학업 성취의 향상 가능성이 높은 학생들'의 명단에 오른 학생들에 대한 교사의 기대와 격려가 학생들의 평균 점수를 높였다.

④ 주장의 인과관계를 부정하는 내용이라고 할 수 있다.

[오답 점검]

① 선발된 학생들의 점수 변동만 참고해도 위와 같은 상관관계는 합리적으로 얻어낼 수 있다.
② 성적이 많이 오르거나 적게 오른 것은 효과 자체의 입증과 무관하다.
③ 난이도 변동에 따른 영향은 실험자들 모두에게 동일하게 적용되었을 것이므로 이 역시 적절한 반론이라고 할 수 없다.
⑤ 한 초등학교 내의 충분한 인원을 통해 실험한 결과이므로 그 자체로 일정한 효과가 입증된 것이라고 할 수 있으며, 다른 여러 학교를 실험 대상으로 한다는 것은 학교의 특성 등에 따른 별도의 실험 과정이 될 것이다.

정답 ▶ ④

예제 04 **다음 글의 핵심 주장을 비판하는 것으로 가장 적절한 것을 고르시오.**

> 일부 외식업계에선 어린이와 학부모 손님을 겨냥한 마케팅을 펼쳐 눈길을 끌고 있다. 오갈 곳이 줄어든 이들을 위해 어린이를 위한 키즈 메뉴를 내놓고, 나아가 사업장 안에 유아놀이공간까지 조성해 신규 고객 유치에 적극 나서고 있는 것이다. 직접 구워먹는 재미가 있는 함박스테이크 전문점 H함바그는 어린이를 위한 '키즈 세트 메뉴'를 처음으로 출시했다. 이번 '키즈 세트 메뉴'는 데미 함박스테이크와 토마토 파스타를 메인으로 한, 소시지, 감자 샐러드, 파인애플, 사과주스로 구성됐다. H함바그 관계자는 "매장을 찾는 모든 소비자는 남녀노소 구분 없이 자사의 소중한 고객"이라며 "최근 가족 단위 외식으로 자사를 찾는 고객이 크게 늘면서 선보인 어린이를 위한 메뉴가 좋은 반응을 얻고 있다."라고 말했다. 이런 특화된 마케팅은 기업과 시민들 모두에게 유익한 전략으로 타 업종에도 활성화가 될 수 있기를 기대해 본다.

① 어린이도 맘껏 뛰놀 수 있는 특화된 대중음식점을 향유할 자유가 있다.
② 생후 얼마 지나지 않은 영유아를 돌볼 수 있는 시설도 함께 확대해야 한다.
③ 식당은 어린이들을 위한 메뉴 개발에 더욱 신경을 써야 한다.
④ 육아에 지친 엄마들은 어린이들이 모여 뛰노는 공간에서 어려움을 덜 겪을 수 있다.
⑤ 특정 고객에 특화된 마케팅은 또 다른 고객들에게는 메리트가 없을 수 있다.

일반 풀이

- 주장: 고객 특화 마케팅이 많은 업종에 활성화되기를 바란다.
- 전제: 고객 특화 마케팅은 기업과 시민들 모두에게 유익한 전략이다.
- 예시: 외식업계의 어린이와 학부모 손님을 겨냥한 마케팅
- 근거: 최근 가족 단위 외식으로 자사를 찾는 고객이 크게 늘면서 선보인 어린이를 위한 메뉴가 좋은 반응을 얻고 있다.

⑤ 고객 특화 마케팅이 어떠한 고객에게는 효과적인 전략이 아닐 수도 있다고 말하고 있기 때문에 전제를 반박하고 있다.

[오답 점검]

① 어린이도 맘껏 뛰어 놀 수 있는 특화된 대중음식점을 향유할 자유가 있다는 것은 필자의 주장을 더욱 강화시키는 의견이다.
② 생후 얼마 지나지 않은 영유아를 돌볼 수 있는 시설도 함께 확대해야 한다는 것은 핵심적인 필자의 주장으로 보기는 어려우나, '어린이와 엄마를 위한 공간'이라는 측면에서 볼 때, 필자의 주장을 반박하는 의견은 아니다.
③ 이 역시 필자의 주장을 반박하는 의견이라고 볼 수 없다.
④ 필자의 주장을 더욱 강화시키는 의견이다.

정답 ▶ ⑤

해설 p. 77

01 **다음 글을 읽고 반드시 거짓인 설명을 고르시오.**

앱플레이어란 윈도(Windows), 맥(Mac) 등의 운영체제에서 모바일게임을 작동시켜 주는 시뮬레이터를 의미한다. 현재 국내 게임시장은 모바일게임으로 재편된 지 오래다. 모바일게임은 편리한 접근성과 이동하면서 게임을 즐길 수 있다는 장점을 내세우며 빠르게 주류 게임에 등극할 수 있었다. 그러나 최근에는 이러한 장점을 포기하고, 모바일게임을 앱플레이어를 통해 PC에서 즐기는 이용자들이 늘어나고 있다.

이용자들이 앱플레이어를 찾는 이유는 다양하다. 가장 먼저 거론되는 것은 PC모니터를 이용해 대형 화면에서 모바일게임을 실행할 수 있다는 점이다. 그동안 스마트폰의 작은 화면에 답답함을 느끼는 이용자들이 많았다. 또한 앱플레이어를 사용하면, 키보드와 마우스로 모바일게임을 실행할 수 있게 된다. 모바일 1인칭슈팅게임(FPS)의 경우, 마우스를 활용하는 것이 터치방식보다 게임 진행에 훨씬 수월하다. 앱플레이어의 또 다른 장점은 PC의 멀티태스킹 기능을 활용해, 모바일게임을 구동하면서 동시에 다른 작업도 할 수 있다는 점이다.

① 모바일게임의 성장에는 편리한 접근성과 이동성의 장점이 크게 작용하였다.
② 앱플레이어를 이용하면 윈도(Windows), 맥(Mac)에서 모바일게임을 작동할 수 있다.
③ 앱플레이어를 사용하면 모바일게임이 가진 이동성을 더욱 극대화할 수 있다.
④ 1인칭슈팅게임(FPS)의 경우 앱플레이어 사용에 만족하는 유저가 많을 것이다.
⑤ 앱플레이어는 PC의 멀티태스킹 기능을 활용하기에 적절하다.

02 다음 글을 읽고 반드시 거짓인 설명을 고르시오.

인간의 토지이용에 의하여 습지에 여러 교란이 가해지면서 다양한 습지 생물이 사라질 위험에 처해 있다. 하천 범람원 습지에서 생육하는 단양쑥부쟁이는 사람이 하천을 뜯어고쳐서 멸종 위기에 처한 대표적인 식물이다. 남한강 강변에 생육하는 단양쑥부쟁이는 홍수 교란에는 잘 견디지만 다른 식물과의 경쟁에는 매우 약한 특성을 가지고 있다. 충주댐 건설로 댐 상류에서는 자갈밭이 침수되어 이 식물의 생육지 자체가 소실되었고, 댐 하류에서는 댐에 의한 홍수량 조절로 홍수 교란이 감소되자 자갈밭에 다른 식물이 침입하여 경쟁에 약한 단양쑥부쟁이의 생존이 어렵게 되었다.

또 하나의 멸종 위기 식물인 매화마름은 일부 논에서 간신히 생명을 유지하고 있다. 매화마름은 인공습지인 논에서 전통적인 경작법에 적응하여 진화하였다. 이 식물은 벼 수확이 끝난 가을부터 모내기 전까지 물을 댄 논에서 생존할 수 있었다. 그러나 현대농법이 도입되면서 추수 후 겨울에 논에서 물을 빼어 매화마름이 생육할 수 있는 침수환경이 없어지고, 비닐 온상에서 모내기용 묘를 공급하여 모내기를 앞당기게 되면서 매화마름의 생육 가능한 기간이 줄어들어 이들의 생존이 어려워졌다.

① 단양쑥부쟁이는 다른 식물과의 경쟁에서 생존하지 못하여 사라질 위험에 처했다.
② 단양쑥부쟁이는 홍수 교란에 잘 견디는 특징이 있다.
③ 매화마름은 현대농법의 환경에 맞춰 생존 방식이 변화하였다.
④ 매화마름은 전통적인 경작지에서는 벼 수확이 끝난 다음부터 모내기 전까지 서식할 수 있었다.
⑤ 현대농법과 모내기용 묘의 보급은 습지 서식 식물의 생육에 영향을 미쳤다.

03 **다음 글을 읽고 반드시 참인 설명을 고르시오.**

> 행성학자들은 초창기 화성에는 두꺼운 대기가 있었을 것이라고 추측한다. 화성을 이불처럼 덮은 대기층이 기온을 유지하고 물이 증발해 우주로 날아가지 않도록 막았다는 것이다. 분명 어떤 기후 변화 또는 다른 변화들이 화성을 변모시켜 우기를 끝내거나 건기가 점점 길어지게 했을 것이다. 학자들은 극지방과 표층 바로 밑 차표층에서 많은 물이 얼음 상태로 갇혀 있고, 꽁꽁 얼어붙은 차표층 아래 위치한 대수층에 액체 상태인 물이 적지 않을 것으로 기대하고 있다.
>
> 화성은 중력이 약하기 때문에 과거에 있었던 물의 대부분은 이미 우주로 빠져나갔을 것이다. 화성은 지구보다 훨씬 춥고 분자 운동도 느리며 자기장도 과거에 비해 매우 약하다. 이는 먼 옛날에 있었던 소행성 충돌 때문인 것으로 보인다. 이 충돌이 화성 대기를 태양풍에 실어 우주 저 멀리 날려 보냈을 것이다. 이때 물 분자도 함께 날아갔을 가능성이 크다. 화성은 점점 차갑게 식어 갔을 것이고, 그 과정에서 아직 남아 있던 물은 지표에 흡수된 뒤 얼어붙어 지표 바로 밑의 얼음 차표층을 형성했을 것이다.

① 화성의 자기장은 과거에 비해 현재 매우 강력한 상태이다.
② 소행성 충돌로 인해 화성의 대기와 물의 일부가 우주로 날아갔을 것이다.
③ 과거의 화성은 중력이 약했기 때문에 물이 존재할 수 있었다.
④ 현재 화성에는 액체 상태의 물은 존재하지 않게 되었다.
⑤ 현재 화성에 남아 있는 물은 모두 차표층에 얼음 형태로 존재한다.

04 **다음 글을 읽고 반드시 거짓인 설명을 고르시오.**

> 영국의 식민지였던 시기의 미국 남부와 북부 지역에서는 사회 형성과 관련하여 전혀 다른 상황이 전개되었다. 미국 남부 지방으로 이주한 영국 이주민들은 대체로 교육의 혜택을 누리지 못했으며, 가난을 면하기 위해 미국행을 선택한 사람들이었다. 이들 중에는 황금에 눈이 먼 모험가와 투기꾼 기질이 강한 사람들도 있었다. 반면에 뉴잉글랜드 해안에 정착한 북부 이주민들은 모두 영국에서 경제적으로 여유 있던 사람들로, 새 보금자리인 미국에서 빈부귀천의 차이가 없는 특이한 사회 유형을 만들어냈다. 적은 인구에도 불구하고 그들은 거의 예외 없이 훌륭한 교육을 받았으며, 상당수는 뛰어난 재능과 업적으로 유럽 대륙에도 이미 널리 알려져 있었다.
>
> 북부 이주민들을 미국으로 이끈 것은 순수한 종교적 신념과 새로운 사회에 대한 열망이었다. 그들은 청교도라는 별칭을 가진 교파에 속한 이들로, 스스로를 '순례자'로 칭했을 만큼 엄격한 종교적 규율을 지켰다. 이들의 종교적 교리는 모든 사람이 평등하다는 민주 공화 이론과 일치했다. 뉴잉글랜드의 이주자들이 가족을 데리고 황량한 해안에 상륙하자마자 맨 먼저 한 일은 자치를 위한 사회 규약을 만드는 일이었다. 유럽인들이 전제적 신분 질서에 얽매여 있는 동안, 뉴잉글랜드 해안지역에서는 평등한 공동체 사회가 탄생했다. 반면에 남부 이주민들은 부양가족이 없는 모험가들로서 기존의 사회 체계를 기반으로 자신들의 사회를 건설하였다.

① 남부 지역에 정착한 이주민과 북부 지역에 정착한 이주민 간에는 이주 목적의 차이가 있었다.
② 북부 지역 이주민들은 종교 규율과 사회 규약을 중시했다.
③ 남부 지역 이주민들은 북부 지역 이주민들보다 대체로 교육 수준이 낮았다.
④ 북부 지역 이주민들은 남부 지역 이주민들보다 영국의 사회 체계를 유지하려는 성향이 강했다.
⑤ 북부 지역 이주민들이 건설한 평등한 공동체사회는 그들의 종교적 교리와도 관련이 있었다.

05 **다음 글을 읽고 반드시 거짓인 설명을 고르시오.**

> RFID(Radio Frequency IDentification)는 다른 무선 기술들과 같이 태그가 리더기의 신호를 받을 수 있는 범위 내에 있는 짧은 시간 동안 연결을 하고, 그 범위를 벗어나면 연결이 끊어진다. 일반적으로 연결이 유지되는 기간은 1초 이내이며, 이 기간 동안 리더기와 태그 사이에 정보의 전송이 완료된다. 리더기의 범위 안에 여러 개의 태그가 있는 경우에는 상황에 따라 리더기의 반응이 달라진다. 사용자에게 하나의 태그를 선택하도록 알림을 줄 수도 있고, 모든 태그로부터 수신되는 정보를 한꺼번에 처리할 수도 있다. RFID는 사용하는 주파수 대역에 따라 세 가지 유형으로 구분된다.

① RFID는 30킬로헤르츠부터 2.4기가헤르츠 대역까지 넓은 주파수 대역에서 사용된다.
② RFID는 리더기에 태그를 짧게 연결하면 정보가 전달된다.
③ RFID 기술은 출입통제, 방문증, 자동차 키 등에 사용된다.
④ 리더기의 범위 안에 여러 개의 태그가 있는 모든 경우 리더기는 반응하지 않는다.
⑤ RFID 태그는 네트워크와 사물을 연결하는 매체로 진화할 가능성도 높다.

06 다음 글을 바탕으로 〈보기〉를 이해한 것 중 옳은 것을 고르시오.

스쿼시는 19세기 초 영국에서 시작된 라켓 스포츠로, 현재는 전세계적으로 인기를 끌고 있다. 스쿼시의 규칙은 1864년에 처음으로 정립되었으며, 그 이후에 다양한 수정과 변경이 이루어졌다. 스쿼시는 네 개의 벽으로 둘러싸인 코트에서 진행되며, 두 명의 선수가 단식으로 경기하거나 네 명의 선수가 두 팀으로 나누어 복식 경기를 진행한다. 공을 벽에 튀기는 것이 가장 중요한 요소로, 공은 틴(낮은 경계선) 아래에 떨어져야 한다. 또한, 스쿼시의 라켓은 특정한 규격이 있으며, 라켓의 최대 길이, 헤드의 최대 너비, 최대 두께 등이 제한되어 있다. 스쿼시는 빠른 이동과 반사능력을 요구하는 스포츠로 알려져 있으며, 전략적인 플레이와 정확한 공격이 필요한 경기다.

〈보 기〉

테니스는 공을 사용하여 두 명 또는 네 명의 선수가 플레이하는 스포츠이다. 테니스의 규칙은 1874년에 처음으로 정립되었으며, 이후에 다양한 수정과 변경이 이루어졌다. 경기는 평평한 코트에서 진행되며, 각 플레이어는 라켓을 사용하여 공을 네트를 넘겨 상대방의 코트 안에 떨어뜨려야 한다. 경기는 세트로 구성되며, 포인트를 획득하여 게임, 세트, 경기의 승자를 결정한다. 테니스의 규칙은 국제 테니스 연맹(ITF)에 의해 표준화되어 있으며, 세계 각국에서는 ITF의 지침을 따라 경기를 진행하고 규정을 준수한다. 테니스는 전세계적으로 인기 있는 스포츠로 알려져 있으며, 체력, 기술, 전략 등 다양한 요소를 요구하는 경기다.

① 스쿼시는 복식으로 경기가 진행되지만, 테니스는 단식 경기만 진행된다.
② 스쿼시와 테니스는 모두 라켓 스포츠로 라켓의 규격 역시 동일하다.
③ 스쿼시는 테니스보다 규칙이 먼저 정립되었고 역사가 깊다.
④ 스쿼시와 테니스는 공이 튕기는 위치가 동일하지만 경기 진행 방식이 다르다.
⑤ 테니스의 규칙은 스쿼시의 규칙보다 약 10년 늦게 정립되었고, 스쿼시 규칙과 동일하게 다양한 수정과 변경을 반복하였다.

07 **다음 글을 바탕으로 다음 〈보기〉를 이해한 것 중 옳지 않은 것을 고르시오.**

> SoS(System On Substrates)는 반도체 패키지 기판이라고도 불린다. 반도체 패키지 기판은 반도체 칩을 실제로 사용할 수 있는 형태로 변환하고, 칩을 보호하며, 전기 및 신호 연결을 제공하여 외부와의 연결을 가능하게 한다.
>
> 반도체 패키지 기판 제작은 반도체 제조 과정에서 중요한 단계이며, 제품의 신뢰성, 전기적 특성, 열 관리, 크기 등을 결정하는 데 영향을 미친다.

〈 보 기 〉

> SoS는 2개 이상의 반도체 칩을 기판 위에 배열해 통합된 시스템으로 구현할 수 있도록 초미세화 공정이 적용된 반도체 패키지 기판이다. 일반적으로 SoC(System on Chips)는 CPU, GPU 등 반도체를 한 개의 칩으로 통합한 것을 말하는데, 서로 다른 반도체의 미세화 구현에 대한 한계와 공간 활용 등의 난제를 갖고 있다. SoS는 여러 개의 반도체 칩을 하나의 기판 위에 올려 미세한 재배선 기술로 연결해 반도체 성능을 끌어올리는 기술이다.

① 반도체 패키지 기판 중 SoS는 새로운 기술을 통해 제작된 것이다.

② 반도체 패키지 기판의 기술 고도화로 제조 난이도 또한 높아질 수 있다.

③ 반도체 패키지 기판은 반도체와 메인 기판 사이에서 전기적 신호를 전달하고, 반도체를 외부 충격으로부터 보호하는 역할을 한다.

④ 향후 반도체 산업은 반도체를 한 개의 칩으로 통합하는 것에 중점을 둘 것이다.

⑤ 반도체가 정상적으로 임무를 수행하기 위해서는 반도체 패키지 기판 제작 과정이 중요하다.

08 다음 글의 핵심 주장을 비판하는 것으로 가장 적절한 것을 고르시오.

기후온난화를 유발하는 온실기체 중 이산화탄소가 온난화의 주범이 되기 위해서는 대기 중 이산화탄소의 양이 지구 온도 상승을 리드해야 한다. 하지만 측정 기록은 이와 정반대의 결과를 증명하고 있다. 지구 온난화는 분명 진행되고 있는 현상이지만 온난화의 주범은 이산화탄소가 아니며, 이산화탄소를 규제하는 전 세계적 움직임은 완전히 허구다. 인간이 생산해내는 이산화탄소의 양은 연간 65억 톤에 불과한데 화산은 연간 1,500억 톤을 뿜어낸다. 심지어 마른 야채와 낙엽이 더 많은 이산화탄소를 만들어 낸다. 이것들도 대양(바다)이 뿜어내는 양에는 비할 바가 못 된다. 또한 지구의 역사 동안 현재보다 더 더웠거나 혹은 더 많은 열대림으로 아니면 거대한 빙하들로 덮여 있었던 시기는 수도 없이 많았다.

① 거의 모든 동물들이 이산화탄소를 배출하고 있다.
② 식물이 대기 중의 이산화탄소를 흡수하고 있다.
③ 인간이 생산해내는 이산화탄소는 기존의 탄소 순환 과정에 없었던 이례적 유입이다.
④ 지구의 온도 상승으로 인해 이산화탄소가 많아진다.
⑤ 지구 온난화는 화산과 낙엽에 의해 발생한다.

09 다음 글의 핵심 주장을 비판하는 것으로 가장 적절하지 않은 것을 고르시오.

1970년대 이래 시민적 관심과 활동이 감소하고 있다. 이에 대한 원인은 여성의 노동시장 참여 확대, 세대 효과 등이 있겠으나, 특히 주목할 만한 것은 여가시간 활용 방식의 변화이다. 온라인 활동에 사람들이 소비하는 시간은 오프라인에서 관계 지향적 활동을 통해 얻을 수 있는 공동체적 경험에 투여되었던 시간을 대체하고 있는데, 이러한 변화는 궁극적으로 시민적 참여에 부정적인 영향을 미치게 된다. 시민적 공동체의 회복에 있어서 온라인 네트워크의 활용 가능성이 제안되고 있지만, 인터넷 포럼과 같은 전자 네트워크를 통한 온라인에서의 만남이 볼링장이나 술집에서의 오프라인 만남에 필적하는 효과를 가지기는 힘들다.

① 온라인 정보 이용 및 의견 교환은 정치적 참여 및 비정치적 참여에 긍정적 영향을 미친다.
② 오프라인의 관계 지향적 활동이 줄더라도 시민적 참여는 다양한 방법으로 참여 가능하다.
③ 고전적인 영역에서도 스마트폰 플랫폼을 통해 소셜미디어를 통한 사회적 협업이 증가하고 있다.
④ 온라인에서의 만남이 증가할수록 오프라인의 관계 지향적 활동이 줄어들어 시민적 참여 또한 감소하게 된다.
⑤ 인터넷의 사용은 온라인 상의 수동적 및 적극적 참여 모두에 긍정적 효과를 가진다.

10 다음 글의 핵심 주장을 비판하는 것으로 가장 적절한 것을 고르시오.

> 본격적인 AI 시대를 맞아 HBM(고대역폭 메모리)의 수요가 증가하고 있는 것은 맞습니다. 하지만 HBM은 높은 가격으로 인해서 소비되는 시장 역시 제한될 수밖에 없습니다. 이와는 별도로 기존의 GDDR 메모리를 활용한 AI 제품의 수요도 분명 있을 것으로 판단됩니다. GDDR 메모리는 HBM에 비해 상대적으로 가격이 저렴하고, 생산 및 공급이 안정적인 장점이 있습니다. 이는 AI 기술이 고도화되면서 대중화 단계에 진입할 때 중요한 역할을 할 수 있습니다. 고성능이 요구되는 특정 AI 시스템에서는 HBM의 수요가 높겠지만, 비용 효율적인 AI 솔루션을 제공하기 위해서는 여전히 GDDR 메모리도 유용한 선택지가 될 것입니다. 특히 중소형 기업이나 개인 소비자들이 활용할 수 있는 범용 제품군에서는 GDDR 메모리의 역할이 커질 것으로 예상됩니다. 따라서 우리 회사는 AI 시장의 다양한 요구를 충족시키기 위해 HBM에 관한 R&D 투자 규모에 못지않게 GDDR과 관련한 연구 투자도 활발하게 진행해야 한다고 생각합니다.

① 시장에서 GDDR과 관련한 경쟁력을 갖추기 위해서는 지금보다 많은 투자가 요구된다.
② 향후 GDDR을 사용한 보급형 AI 제품들에 대한 분명한 수요가 있는 것으로 확인되었다.
③ 경쟁사에서는 지난 분기부터 HBM뿐만 아니라 GDDR과 관련한 R&D 비용을 크게 증액하고 있다.
④ GDDR에 관한 연구를 활발하게 하기 위해서는 현재 HBM 연구에 투자되는 수준의 지출이 요구된다.
⑤ HBM과 GDDR 모두를 연구하기 위해 필요한 비용은 회사에서 동원할 수 있는 예산을 초과한다.

11 다음 유전자 복제 반대론자들의 주장을 비판하는 것으로 가장 적절한 것을 고르시오.

> 오늘날 유전자 복제에 대한 연구는 가장 활성화되어 있는 연구 영역 중 하나다. 하지만 유전자 복제에 대해서 비판하는 사람들, 즉 유전자 복제 반대론자들도 적지 않다. 그들이 유전자 복제에 대해서 적극적으로 반대하는 근거는 다음과 같다. 먼저 유전자 복제는 자연의 규칙을 위반하고 있다는 것이다. 둘째, 유전자 복제는 오로지 인간의 기술에 의거해 인위적으로 이루어진다는 것이다. 마지막으로 유전자 복제는 자연에서는 일어나지 않는다는 것이다. 그들에 따르면 이러한 점 중 어떤 것을 감안하더라도 유전자 복제는 윤리적으로 정당하지 않다는 결론에 도달할 수밖에 없으며, 따라서 마땅히 금지되어야 한다는 것이다.

① 유전자 복제 연구에는 신약을 개발하는 것보다 훨씬 많은 비용의 투자가 필요하다.
② 어떤 행위가 윤리적으로 정당하지 않다면 법적으로 금지하는 것도 가능하다.
③ 인간이 제정한 규칙은 위반할 수도 있으며, 또한 그에 따라 처벌될 수 있다.
④ 의사의 수술은 자연에서 일어나지 않으며 인위적 행위지만 윤리적으로 정당하다.
⑤ 이미 몇몇의 국가에서는 법의 제정을 통해 유전자 복제를 적극적으로 통제하고 있다.

12 다음 글의 핵심 주장을 비판하는 것으로 가장 적절하지 않은 것을 고르시오.

> 상품은 사용가치를 넘어 화려한 이미지의 옷을 입었고, 우리는 이 이미지에 이끌려 상품을 소유하고 싶은 욕망을 갖는다. 소비는 더 이상 단순히 필요한 것을 사서 쓰는 행위가 아니며, 자신의 취향과 자신의 모든 것을 드러내면서 동시에 과시하는 행위가 되었다. 그래서 이제 사람들은 누구나 더 좋은 차, 더 좋은 집, 더 좋은 가구 등을 욕망한다. 이 욕망을 채우기 위해 더 많이 일하고, 더 많이 벌어서 원하는 물건을 얻는 일이 모든 사람들의 삶의 목표로 굳어졌다. 소비사회가 만들어낸 신화에 이끌려 끝없이 소비를 추구하는 삶을 살게 된 것이다.

① 여전히 소비는 삶의 필요성에 따라 이루어지고 있다.
② 모든 사람이 과시하기 위해 소비하는 것은 아니다.
③ 모든 사람에게 보편적으로 적용될 수 있는 삶의 목표란 없다.
④ 사람들은 합리적이면서 적절한 수준에서 자신의 소비를 조절하고 있다.
⑤ 상품의 화려한 이미지는 소비하는 삶을 만들어 냈다.

13 다음 글의 ㉠의 입장을 비판하는 것으로 가장 적절한 것을 고르시오.

> 고정관념은 인지적인 기능뿐만 아니라 우리의 취약한 자아를 비판으로부터 보호하거나 칭찬하려는 동기적인 목적도 있다. 또한, 고정관념은 미래에 대한 우리의 기대에 영향을 줄 뿐만 아니라 과거 회상에도 영향을 미친다. ㉠ 해밀톤과 로즈는 실험 참가자들에게 몇 가지 특성과 관련된 직업군들을 슬라이드를 통해 보여 줌으로써 이 현상을 검증하였다. 슬라이드에는 각 특성을 나타내는 직업들이 동일한 횟수로 제시되었는데, 슬라이드를 회상해 보도록 요청하자 훨씬 많은 참가자가 고정관념과 다르게 연결된 특성과 직업보다 고정관념에 부합하여 연결된 특성과 직업을 더 많이 기억해 냈다. 즉 직업적 고정관념과 일치하는 정보에 대해서는 그렇지 않은 정보보다 훨씬 더 쉽게 기억하는 경향성을 보인 것이다.

① 고정관념과 일치하지 않는 정보는 더 눈에 띄어서 우리의 주의를 더 끌기 때문에 더 잘 회상할 수 있다.
② 고정관념을 갖는 것은 학습에 의한 결과이다.
③ 실험 참가자들은 직업에 관련된 고정관념을 가지고 있다.
④ 사람들은 고정관념을 유지하기 위해서 자신이 가지고 있는 고정관념과 일치하지 않는 정보가 들어오면 그 정보를 버린다.
⑤ 고정관념은 미래를 예상할 때도 영향을 미친다.

14 **다음 글의 가설 B의 주장을 비판하는 것으로 가장 적절한 것을 고르시오.**

> 가설 B는 인간의 피부에 털이 없으면 털에 사는 기생충들이 감염시키는 질병이 줄어들기 때문에 생존과 생식에 유리하다고 주장하였다. 털은 따뜻하여 이나 벼룩처럼 질병을 일으키는 체외 기생충들이 살기에 적당하기 때문에 신체에 털이 없으면 그러한 병원체들이 자리 잡기 어렵다는 것이다. 이 가설에 따르면 인간이 자신을 더 효과적으로 보호할 수 있는 의복이나 다른 수단들을 활용할 수 있었을 때 비로소 털이 없어지는 진화가 가능하다. 옷이 기생충에 감염되면 벗어서 씻어 내면 간단한데, 굳이 영구적인 털로 몸을 덮을 필요가 있겠는가?

① 인간의 잔털이 빈대 같은 곤충을 찾아내는 데 유리하다.
② 옷은 기생충을 막아주는 보호의 역할을 한다.
③ 인간은 진화 초기에 수상생활을 시작하였다.
④ 털이 없어진 이유에 대해 학자들은 해부학적, 생리학적, 상상력까지 동원해 시나리오를 제시한다.
⑤ 털이 먼저 없어지고 이후에 의복이 등장하였다.

15 **다음 글을 통해서 비판할 수 있는 주장으로 가장 적절한 것을 고르시오.**

> 오늘날 유럽 각국 국민들의 평균 신장에 대한 자료를 조사해 보면 네덜란드의 남성들이 전반적으로 제일 크다는 사실을 확인할 수 있다. 그런데 사실 1820년대만 하더라도 네덜란드 남성은 유럽인들 중에서도 가장 작은 편에 속했다. 당시 기록에 따르면 네덜란드 남성의 평균 신장은 165cm 정도였고, 여성의 경우에는 155cm 정도였다. 당시 이웃 나라였던 덴마크 남성의 평균 신장이 172cm였다는 점을 생각해 보면, 비교적 짧은 시간에 매우 큰 변화가 나타났음을 알 수 있다. 덴마크 사람과 네덜란드 사람의 유전자를 살펴보면 다소 차이가 확인되기는 하지만, 그렇다고 해서 신장이라는 형질과 관련해서 유의미한 차이가 확인되는 정도는 아니다. 또한 지난 200여 년간 양 국가에서 유전자 풀이 급격하게 변화할 만한 역사적인 격변도 없었다. 그럼에도 이와 같은 발현된 형질의 양상 변화가 관찰되고 있는 것이다.

① 특정 집단 간 유전자의 작은 차이가 결과의 큰 차이로 나타날 수 있다.
② 이웃한 나라라고 해서 유전자의 구성에 항상 유사하게 나타나는 것은 아니다.
③ 유전자가 특정 집단 구성원의 형질의 발현에 영향을 주는 유일한 결정 원인은 아니다.
④ 유전자 이외에도 신장에 영향을 주는 여러 가지 요인이 존재할 수 있다.
⑤ 유전자에 큰 차이가 없다면, 결과적으로 발현되는 신체적인 형질도 큰 차이가 없다.

[16~17] **다음 글을 읽고 물음에 답하시오.**

> 스탠퍼드 대학교 심리학과 교수 로라 카스텐센은 나이를 먹으면서 사람들의 사회관계가 정확히 어떻게, 그리고 왜 변하는지를 조사해 왔다. 기본 패턴은 명확하다. 일반적으로 사람들이 맺은 사회관계의 수는 나이가 들수록 감소한다. 이에 대부분의 사람들은 나이가 들수록 점점 사회관계망이 작아지는 것을 삶의 질이 떨어지고 있음을 보여주는 대표적인 사례라고 생각해 왔다.
>
> 하지만 카스텐센은 노인이 사회관계를 줄이는 쪽을 선택하는 것이라고 주장한다. 그녀의 표현을 빌리자면, "현실적·정서적 이득을 최대화하고, 반대로 현실적·정서적 위험을 최소화하기 위한 전략적인 선택의 산물"이라는 것이다. 카스텐센은 나이가 들수록 사회관계망이 축소되는 것은 주로 변변찮은 관계들을 쳐내고 가까운 친구와 식구라는 핵심이 되는 관계에 집중하기 때문이라고 생각했다.
>
> 카스텐센은 이 가설을 검증하는 실험을 실시했다. 그들은 사람들에게 어떤 사람들과 30분을 지낼 수 있는지 혹은 여행을 가고 싶은지에 대해 물었다. 젊은 사람들은 가족과 새로운 친구 모두를 선호했지만, 나이 든 노인일수록 가족을 선호했다. 카스텐센은 이러한 조사 결과를 바탕으로 삶의 끝이 가까워질수록 사람들은 가장 의미 있는 관계에 보다 집중하고 싶어 한다고 결론 내렸다.

16

위 글로부터 추론할 수 있는 설명으로 적절하지 않은 것을 고르시오.

① 사람들은 보통 나이가 들수록 사회관계의 수가 감소하게 된다.
② 노인들과 달리 젊은 사람들은 가족보다 새로운 친구를 만나는 것을 더 선호한다.
③ 카스텐센에 따르면 가족이나 가까운 친구들은 핵심적 관계에 해당한다.
④ 카스텐센에 따르면 노인들은 사회적 관계로부터 비롯되는 이득과 위험을 고려한다.
⑤ 일반적으로 사람들은 노인이 되면 삶의 질이 이전보다 떨어진다고 생각한다.

17

위 글에서 나타난 카스텐센의 주장을 비판하는 것으로 적절한 것을 〈보기〉에서 모두 고르시오.

〈보 기〉

ㄱ. 노인들 중에는 나이가 들어도 사회적 관계의 크기가 감소하지 않은 경우도 있다는 것이 밝혀졌다.
ㄴ. 노인들은 자신들의 노후를 경제적으로 뒷받침해 줄 수 있다는 이유로 가족과의 관계를 보다 중시한다는 것이 밝혀졌다.
ㄷ. 노인들의 신체적·정신적 노화로 인한 사회적·경제적 활동 위축이 만나는 사람들의 수가 줄어드는 주요 원인임이 밝혀졌다.

① ㄴ　　② ㄷ　　③ ㄱ, ㄴ
④ ㄱ, ㄷ　　⑤ ㄴ, ㄷ

18 **다음 중 디지털 노마드에 대한 설명으로 옳은 것을 〈보기〉에서 모두 고르시오.**

디지털 노마드는 고정된 사무실이나 거주지에 구애받지 않고 디지털 기술을 활용하여 업무와 여행을 병행하며 일하는 사람들을 지칭하는 용어다. 이들은 주로 컴퓨터와 안정적인 인터넷 연결만 있다면 어디서든 일할 수 있다는 특징을 지니며, 여러 지역과 국가를 돌아다니며 삶을 즐기고 경험을 쌓으려는 삶의 방식을 택한다. 이들은 주로 인터넷을 통해 업무를 수행하므로, 고정된 사무실에 종속되지 않고 어디서든 일할 수 있다. 또한 이들은 일과 여가를 유연하게 조절할 수 있는 일정을 선호한다.

디지털 노마드는 다양한 지역에서 생활하며 그 지역의 문화를 체험하고 이해하는 기회를 많이 가지려는 공통된 특징을 지닌다. 이들은 전 세계적으로 분포되어 있는 다양한 디지털 노마드 커뮤니티에 참여하며 업무 영역에 국한되지 않고 다방면의 정보를 교류하고자 한다. 또한 이들은 자신이 휴대하는 물품의 수를 최소화하면서 살아가는 경향이 있는데, 이는 간소화된 삶의 방식을 유지하면서도 지속적인 이동과 여러 지역으로의 여행을 가능케 한다.

〈 보 기 〉

ㄱ. 디지털 노마드는 인터넷 등 디지털 기술을 개발, 운용하는 직종에 주로 종사한다.
ㄴ. 디지털 노마드는 업무 장소뿐만 아니라 업무 시간에 있어서도 유연성을 선호한다.
ㄷ. 디지털 노마드는 그들만의 커뮤니티를 활용하여 비(非)업무용 정보를 공유하기도 한다.
ㄹ. 디지털 노마드는 여러 지역 및 국가를 여행해야 하는 업무를 선택하는 경우가 많다.

① ㄱ, ㄴ　② ㄱ, ㄹ　③ ㄴ, ㄷ
④ ㄴ, ㄹ　⑤ ㄷ, ㄹ

19 **다음 글을 읽고 반드시 참이라고 할 수 없는 설명을 고르시오.**

> 헝거 마케팅은 중소기업이나 스타트업과 같이 규모가 크지 않은 기업에서 제한된 예산을 통해 마케팅을 진행하고자 할 때 선택하는 전략이다. 이 경우 전통적인 마케팅에서는 볼 수 없던 방식으로 소비자들에게 뚜렷한 메시지를 전달하고 브랜드 인지도를 높이기 위한 다양한 전략을 사용하게 된다. 가장 많이 사용하는 방법은 소셜 미디어 플랫폼을 활용한 마케팅이다. 기존의 대형 매체들을 활용한 마케팅을 진행하기 위해서는 많은 자금이 동원되어야 한다. 하지만 소셜 미디어 매체들은 상대적으로 낮은 비용으로 많은 사람들에게 도달할 수 있는 효과적인 수단이 된다. 유머, 감동, 또는 논쟁적인 콘텐츠를 통해 주목을 받고 공유되는 캠페인은 헝거 마케팅에서 흔히 볼 수 있는 전략이다.
>
> 또한 단순히 일방향적으로 전달되는 방식을 넘어 인터랙티브한 콘텐츠, 동영상, 블로그 포스트 등을 통해 소비자들과 자주 소통하고 브랜드와의 상호작용을 촉진하려고 한다. 때로는 라이브 방송을 통하여 실시간으로 소통하면서 제품에 대한 질의·응답 시간을 가지기도 하며, 기업에서 제공하고 있는 서비스에 대한 피드백을 받기도 한다. 추가적으로 다양한 이벤트를 기획하고 적극적으로 진행함으로써 소비자들과 직접 접촉할 수 있는 기회를 확대하고, 기억에 남는 경험을 제공하려고 한다. 또한 이런 이벤트에서 특정 분야에서 영향력 있는 인플루언서들을 초대하여 제품 또는 서비스를 소비자들에게 직접 소개하는 기회를 마련하기도 한다.

① 헝거 마케팅을 선택하게 되는 주요 요인 중에는 마케팅 관련 예산의 규모도 관련이 있다.
② 헝거 마케팅에서는 소비자들에게 기업과 직접 소통할 수 있는 기회를 제공하기도 한다.
③ 헝거 마케팅에서는 기업에 속한 직원 외의 인물들을 초빙하여 홍보에 활용하기도 한다.
④ 헝거 마케팅에서는 논란의 여지가 있는 소재를 채택하여 홍보의 소재로 활용하기도 한다.
⑤ 헝거 마케팅에서는 소비자들에 대하여 매체를 통하기보다는 직접 소통의 방법을 택한다.

20 **다음 글을 읽고 반드시 거짓인 설명을 고르시오.**

> 난소암은 난소에 발생하여 주변 장기로 전이되는 악성 종양으로 50~70세 사이에 제일 많이 발생하며, 매년 약 1,000~1,200명 정도의 신규 발병자가 우리나라에서 생겨나고 있다. 난소암의 약 90%를 차지하는 상피성 난소암은 대부분 3기 이상의 진행 및 난소 외부로 암이 전이된 상태에서 발견되기 때문에 5년 생존율이 40%가 채 되지 않는다.
>
> 발병 원인은 첫째, 유전적인 요인으로 가족력이 있는 경우 난소암에 걸릴 위험이 높아진다. 유전자 검사에서 양성일 경우 음성인 경우보다 난소암에 걸릴 확률이 10배 이상 높아진다. 그러나 대다수 난소암은 이러한 가족력이 없는 환자에게서 발생하고 있다. 둘째로는 본인 및 가족이 유방암, 자궁 내막암, 직장암 등의 병력이 있는 경우이다. 특히, 유방암과 난소암의 밀접한 연관성 때문에, 유방암이 생기면 난소암이 생길 가능성이 2배 높아지고 난소암이 있으면 유방암이 생길 가능성이 3~4배 높아진다고 알려져 있다. 셋째, 배란 횟수가 적을수록, 출산 횟수가 많을수록 난소암에 걸릴 위험은 낮아진다. 넷째, 좋지 않은 식습관을 통한 고지방, 고단백의 과다섭취 등도 난소암의 위험을 증가시키는 요인으로 작용한다.

① 출산 횟수가 한 번이면 출산을 전혀 하지 않은 여성에 비해 난소암 발병률이 줄어든다.
② 모유수유가 배란 억제 기능이 있다면, 모유수유는 난소암의 위험을 감소시킬 것이다.
③ 먹는 피임약은 배란 억제 효과가 적어 난소암의 위험을 감소시키지 않는다.
④ 가족력이 없는 사람이 3기가 진행된 난소암을 발견하면 5년 생존율이 높아진다.
⑤ 조기에 발견된 난소암이라도 5년 생존율이 40%가 되지 않는다.

21 **다음 글을 읽고 반드시 거짓인 설명을 고르시오.**

> EGFR과 HER2는 모두 세포성장신호를 보내는 역할을 하는 대표적인 유전자로 그 기능이 잘 밝혀져 있고, 현재 암 치료에 가장 많이 활용되는 항암 표적 중 하나이다. 이러한 EGFR 혹은 HER2가 만약 유전자 이상에 의해서 '스위치'가 항상 켜져 있는 상태가 되어 있다면 그 '스위치'를 선택적으로 끌 수 있는 항암제를 투여하는 것이다.
>
> 하지만 만약 EGFR에 이상이 있는 환자에게 HER2 저해제를 투여하거나, 반대로 HER2에 이상이 있는 사람에게 EGFR 저해제를 투여한다면 그 효과는 매우 제한적일 것이다. 즉 표적 치료는 환자에게 이상이 있는 유전자가 무엇인지를 정밀하게 진단하여, 이 특정 환자의 암을 발병시킨 근본 원인을 파악하는 것에서 시작한다. 더 나아가 그러한 원인인 유전 변이를 선택적으로 저해할 수 있는 표적 치료제를 사용하여 종양의 크기를 줄이고 질병 진행을 늦추는 등의 치료 효과를 볼 수 있다.

① HER2에 이상이 있는 환자에게 EGFR 저해제를 투여해도 치료 효과를 크게 볼 수 있다.
② HER2의 '스위치'가 항상 켜져 있는 상태가 되면 종양의 크기가 커진다.
③ 표적 치료제는 같은 암 환자라도 이상 유전자가 나타나는 환자에게만 효과를 나타낸다.
④ 암의 원인이 되는 유전자의 이상을 바로잡으면 암을 효과적으로 치료할 수 있다.
⑤ 폐암이나 대장암에서 EGFR이라는 세포 성장에 관련된 유전자를 발견할 수 있다.

PART 05

과년도 기출복원 모의고사

'24년 하반기 기출	기출복원 모의고사	
'24년 상반기 기출	기출복원 모의고사	
'23년 하반기 기출	기출복원 모의고사	*온라인 제공
'23년 상반기 기출	기출복원 모의고사	*온라인 제공
'22년 하반기 기출	기출복원 모의고사	*온라인 제공

온라인 제공 모의고사 3회분은 도서 구매 혜택 쿠폰을 등록하여 이용하실 수 있으며, 쿠폰 사용 방법은 본 도서 3p에 상세하게 적혀 있습니다.

시험 안내

- Part 3~4에서 학습한 유형별 전략을 토대로 실전 시험을 대비할 수 있도록 과년도 기출복원 모의고사 5회분을 제공합니다.
- 본 모의고사는 실제 GSAT 기출문제를 복원하여 제작한 것입니다.
- 도서 구매 혜택으로 제공하고 있는 [GSAT 모의고사 온라인 응시 + 성적분석 서비스]를 활용하시면 실제 GSAT과 유사한 환경에서 시험을 응시하실 수 있습니다.

| 실전 풀이 TIP |

1. 수리

Case 1. 응용수리, 자료계산 등 수식 풀이와 사칙 연산에 자신이 있는 경우

- 1단계(3분): 응용수리 2문항을 3분 내에 풀이한다.
- 2단계(5분): 18번(수식/도표형 방정식), 19번(자료변환), 20번(수열응용)은 난이도가 높지 않으므로 5분 내에 풀이한다.
- 3단계(22분): 남은 시간 동안 3번부터 차례대로 자료이해와 자료계산 영역을 풀이한다. 단, 자료계산 유형은 보통 객관식 선지가 서술형 지문이 아닌 단어나 숫자로 구성되어 있으므로 이를 먼저 발췌하여 푸는 것도 요령이 될 수 있다. 또한 두 문항이 한 세트로 구성되는 경우 한 문항은 자료계산 유형이므로 세트 유형을 먼저 풀이하는 것도 좋은 방법이다.

Case 2. 자료해석, 지문 독해, 정보추론 등 독해력과 해석력에 자신이 있는 경우

- 1단계(20분): 3번 문항부터 차례대로 '자료해석 유형이라도 다 맞추겠다'의 마인드로 20분 동안 풀이한다.
- 2단계(4분): 19번(자료변환), 20번(수열응용)은 난이도가 높지 않으므로 잔여시간이 10여분 남은 상황에서 반드시 풀이하고 넘어간다.
- 3단계&4단계(6분): 응용수리 문항의 난이도가 낮다고 판단되거나 익숙한 유형인 경우 풀이하고, 아닐 경우 넘어간다. 잔여시간은 남아 있는 자료해석 문항을 풀이한다.

2. 추리

- 1번부터 순차적으로 푸는 방식과 조건추리를 맨 마지막에 푸는 방식으로 나눌 수 있다. 30문제를 모두 풀 수 있는 실력자라면 순차적으로 풀어도 무방하지만, 30분 내 30문제를 모두 풀기는 쉽지 않다. 추리에서 가장 부담되는 조건추리를 맨 마지막에 푸는 것을 추천한다.
- 출제 문제 수가 바뀔 수 있으나 번호로 지칭하면 처음 3문제는 삼단논법이다. 재빠르게 푼 후 조건추리와 진실게임을 건너뛰기 위해 15번으로 넘어가자. 30번까지 푼 후 다시 4번으로 돌아가 조건추리와 진실게임 문제를 풀자.
- 조건추리를 풀 때에는 다 푸는 것도 좋지만 풀이과정이 복잡하여 시간이 오래 걸리거나 정답률이 낮을 것 같은 문제를 넘기는 것도 중요하다. 이에 따라 학습과정에서 시간이 오래 걸리는 조건추리 문제를 보는 눈을 키우는 것도 필요하다.

* 참고: 합격자의 추리 문제 풀이 수의 평균은 온라인 GSAT이 도입된 20년 상반기부터 현재까지 24~25문제 선이다. 단 정답률은 고려하지 않았다. 참고로만 이해해주면 좋겠다.

수리

문항수 20문항 | 제한시간 30분

해설 p. 82

01 작년 Bar type 스마트폰과 Foldable type 스마트폰의 판매량 합계는 2,200대였다. 올해 Bar type 스마트폰 판매량은 작년 대비 50% 증가, Foldable type 스마트폰 판매량은 작년 대비 20% 증가하여 올해 스마트폰 판매량 합계가 2,880대라고 할 때, 올해 Foldable type 스마트폰 판매량으로 옳은 보기를 고르시오.

① 1,400대 ② 1,520대 ③ 1,600대
④ 1,680대 ⑤ 1,750대

02 오늘 생산된 제품의 총 수량은 10개이며, 이 중 3개는 불량품이다. 10개 제품 중 3개를 출고한다고 할 때, 3개 제품이 모두 불량품일 확률을 구하시오.

① $\frac{1}{120}$ ② $\frac{1}{90}$ ③ $\frac{1}{80}$
④ $\frac{1}{60}$ ⑤ $\frac{1}{40}$

03 다음은 어느 회사가 연간 채용한 신입사원의 전공 계열을 조사한 자료이다. 2020년 신입사원 채용 인원은 4천 명이며, 2025년 신입사원 채용 인원은 2020년 대비 25% 증가했다고 할 때, 주어진 정보를 해석한 내용으로 옳은 보기를 고르시오.

〈그래프〉 전공 계열별 신입사원 채용 비중

(단위: %)

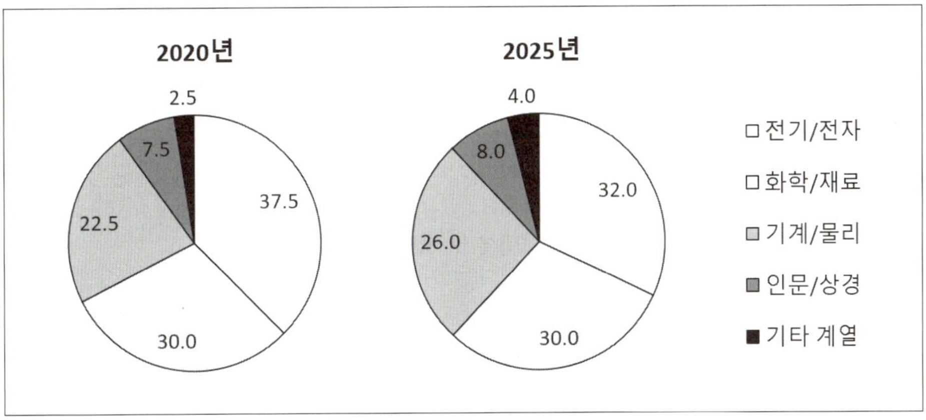

① 2025년 신입사원 수는 총 4,800명이다.

② 2020년과 2025년 모두 전기/전자와 화학/재료 계열 신입사원은 전체의 $\frac{2}{3}$ 이상을 차지하였다.

③ 2025년 인문/상경 계열 신입사원 수는 2020년 대비 100명이 증가하였다.

④ 2020년 화학/재료 계열 신입사원 수와 2025년 화학/재료 계열 신입사원 수는 동일하다.

⑤ 2025년 기타 계열 신입사원 수는 2020년 대비 60% 증가하였다.

[04~05] 다음은 어느 공장의 월별 생산능력과 생산량 정보를 활용하여 설비가동률을 정리한 자료이다. 이를 활용하여 주어진 각 문항에 답하시오.

〈표〉 월별 제품 생산능력 및 생산 현황

(단위: 천 대, %)

구분	1월	2월	3월	4월	5월	6월
생산능력	3,800	4,000	4,200	4,500	4,800	5,100
생산량	3,500	3,500	4,000	4,800	4,400	5,000
설비가동률	92.1	87.5	95.2	106.7	91.7	98.0

*설비가동률 = 생산량 ÷ 생산능력 × 100

04 주어진 정보를 해석한 내용 중 올바른 보기를 모두 고르시오.

ㄱ. 6월 생산능력은 1월 생산능력 대비 35% 이상 증가하였다.
ㄴ. 전월 대비 생산량 증가율이 가장 높은 달은 4월이다.
ㄷ. 5월 가동률은 전월 대비 12% 이상 감소하였다.

① ㄱ ② ㄴ ③ ㄱ, ㄷ
④ ㄴ, ㄷ ⑤ ㄱ, ㄴ, ㄷ

05 주어진 정보를 활용하여 상반기 전체 기간의 설비가동률을 구하시오. (소수점 둘째자리 반올림한다.)

① 94.5% ② 95.0% ③ 95.5%
④ 96.0% ⑤ 96.5%

06 다음은 2015년과 2023년 각각 5천 명의 응답자를 대상으로 주요 여가활동 중 최근 1년 동안 1회 이상 경험했는지 여부를 조사한 자료이다. 주어진 자료를 해석한 내용으로 옳지 않은 보기를 고르시오.

〈그래프〉 국민 여가활동 조사_1년 내 여가활동 경험 여부(중복 응답)

(단위: %)

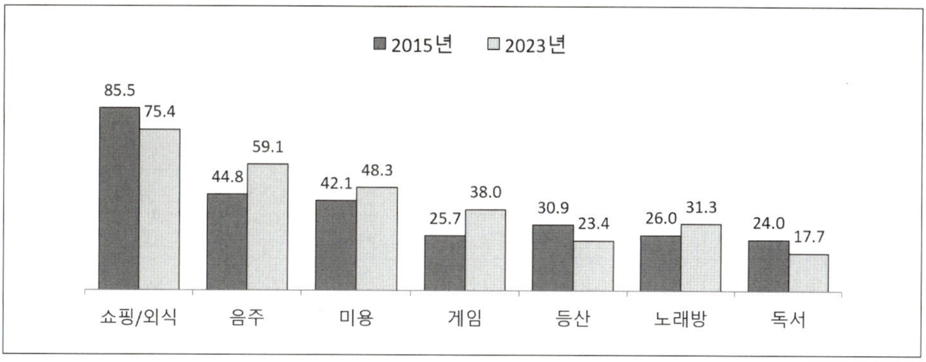

① 2015년 대비 2023년 '1년 내 경험 비중'이 감소했던 항목은 총 3개 항목이다.
② 2023년 미용 유경험자 인원수는 2015년 대비 12% 이상 증가하였다.
③ 2015년 대비 2023년 게임 유경험자 인원수의 증가율은 50% 이하였다.
④ 조사기간 동안 독서 유경험자는 타 여가생활 대비 매년 가장 낮은 응답 비중을 기록했다.
⑤ 2015년 응답자 2명 중 1명 이상은 1년 내에 음주 경험이 있었다.

07 다음은 작물 종류에 따른 연간 과수농가의 수를 조사한 자료이다. 이를 해석한 내용으로 옳은 보기를 고르시오.

〈표〉 과수 작물별 농가 수 현황

(단위: 가구)

항목	2020년	2021년	2022년	2023년	2024년
논벼수확농가	37,485	31,596	32,693	32,502	29,081
보리수확농가	736	427	665	775	436
콩수확농가	21,991	17,578	22,240	21,696	20,895
양파수확농가	2,382	2,765	2,857	3,171	2,819
고추수확농가	22,603	19,162	23,526	24,973	22,717
마늘수확농가	7,839	6,560	8,120	8,906	8,324
참깨수확농가	10,028	5,821	8,064	8,658	8,776

① 조사기간 동안 매년 농가 수가 증가했던 과수가 최소 한 가지 이상 존재한다.
② 2020년 논벼수확농가는 전체 농가 중 33% 이상 비중을 차지하였다.
③ 2022년 마늘수확농가의 전년 대비 증가율은 25% 이상이다.
④ 2023년 양파수확농가의 전년 대비 증가율은 12% 이상이다.
⑤ 조사기간 동안 보리수확농가와 참깨수확농가의 전년 대비 증감 트렌드는 동일하였다.

08 다음은 어느 기업의 연도별 직무와 직급에 따른 임직원 수를 정리한 자료이다. 조사기간 동안 직원 중 임원의 비율이 가장 높았던 해의 품질, 환경안전 직무 임직원 비중을 구하시오. (소수점 둘째자리 반올림한다.)

〈표 1〉 직무별 임직원 현황

(단위: 명)

직무 구분	연구, 개발	제조	품질, 환경안전	영업, 마케팅	기타
2021년	6,930	43,987	9,192	668	4,972
2022년	7,362	42,544	9,030	678	5,196
2023년	7,415	38,188	7,642	688	4,770

〈표 2〉 직급별 임직원 현황

(단위: 명)

직급 구분	사원	중간 관리자	관리자	임원	합계
2021년	50,765	12,727	2,120	137	65,749
2022년	48,716	13,673	2,276	145	64,810
2023년	41,504	14,513	2,534	152	58,703

① 13.0% ② 14.0% ③ 15.0%

④ 16.0% ⑤ 17.0%

09 다음은 2023년 국내 가구주를 대상으로 6개월 내 와인 및 과일주 음주 경험을 조사한 결과이다. 이를 해석한 내용 중 옳은 보기를 고르시오.

〈그래프〉 국내 가구주 대상 6개월 내 와인 및 과일주 음주 경험 설문 결과

(단위: %)

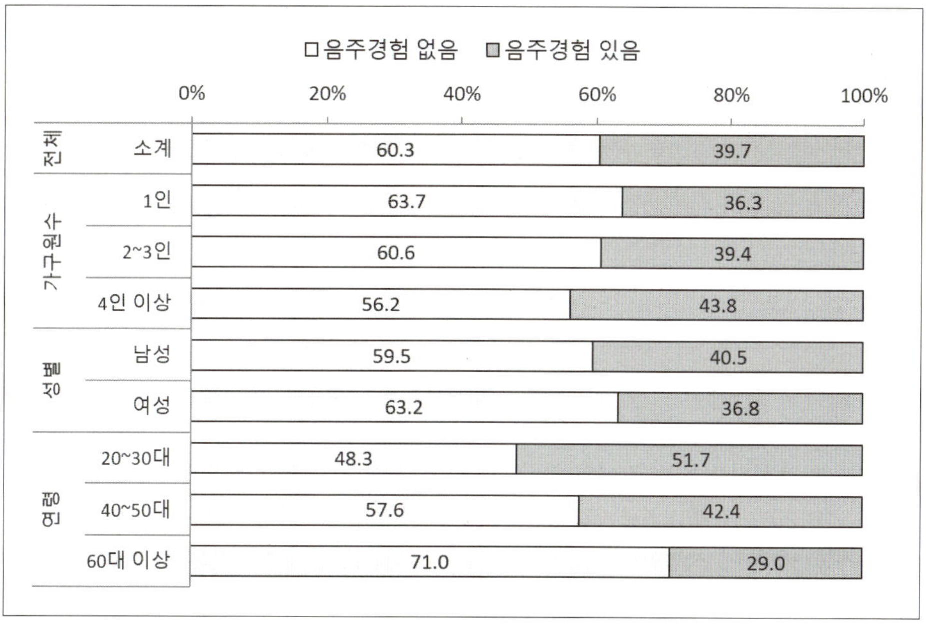

① 모든 가구주 구분 항목에서 음주경험 없음의 응답 비중이 음주경험 있음보다 높다.

② 가구원수가 증가할수록 와인 및 과일주의 음주 경험은 감소하였다.

③ 남성 가구주의 와인 및 과일주 음주 경험 유무 비중 차이는 20%p 이상이다.

④ 가구주의 연령대가 증가할수록 와인 및 과일주의 음주 경험은 증가하였다.

⑤ 전체 응답자 3명 중 1명 이상은 6개월 내 와인 및 과일주 음주 경험이 있다고 응답했다.

10 다음은 10월 말일 기준 임직원을 대상으로 5대 법정 의무교육 이수 현황을 조사한 자료이다. 이를 해석한 내용으로 옳지 않은 보기를 고르시오.

〈표〉 5대 법정 의무교육 이수 현황

(단위: 시간, 명)

시점	구분	장애인 인식개선	산업안전보건	성희롱예방	개인정보보호	퇴직연금
2022년	총 교육시간	720	640	2,250	800	600
	교육 이수자	60	80	90	40	60
2023년	총 교육시간	780	2,090	1,800	1,100	560
	교육 이수자	65	95	100	50	70
2024년	총 교육시간	600	1,500	2,080	1,200	750
	교육 이수자	50	75	80	45	75

① 2022년 교육 이수자 1인당 교육시간이 가장 길었던 교육은 '성희롱예방' 교육이었다.
② 조사기간 동안 매년 10월 말일 교육 이수자가 가장 적었던 교육은 '개인정보보호' 교육이었다.
③ 조사기간 동안 '장애인 인식개선'의 교육 이수자 1인당 교육시간은 매년 동일했다.
④ 2024년 '퇴직연금' 교육의 교육이수자 1인당 교육시간은 2023년 대비 증가하였다.
⑤ 2024년 '산업안전보건' 교육의 교육이수자 1인당 교육시간은 2023년 대비 증가하였다.

[11~12] 다음은 어느 연구소의 연간 연구비용과 연구원 현황을 정리한 자료이다. 이를 활용하여 이어지는 각 문항의 물음에 답하시오.

〈그래프〉 연간 연구비용과 연구원 현황

(단위: 백만 원, 명)

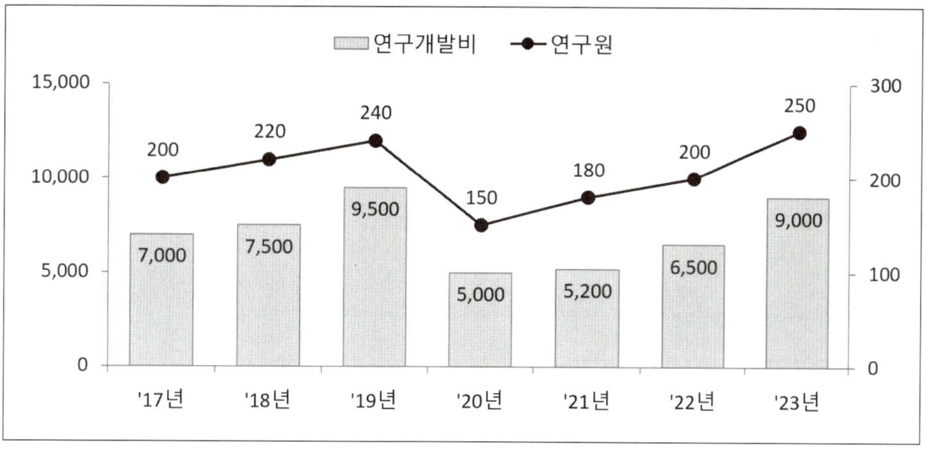

11 주어진 자료를 해석한 내용 중 옳지 않은 보기를 고르시오.

① 조사기간 동안 연구개발비와 연구원의 전년 대비 증감 트렌드는 유사한 경향을 보였다.
② 조사기간 동안 연구원 1인당 연구개발비는 매년 3천만 원 이상이었다.
③ '20년 연구원 1인당 연구개발비는 전년 대비 감소했다.
④ '22년 연구원 수는 전년 대비 10% 이상 증가하였다.
⑤ '23년 연구원 1인당 연구개발비는 35백만 원 이상이었다.

12 아래 주어진 추가 정보를 활용하여 '24년 연구원 1인당 연구개발비를 구하시오.

정보1) '24년 연구개발비는 전년 대비 10% 증가하였다. 정보2) '24년 연구원 수는 전년 대비 20% 증가하였다.

① 3,000만 원 ② 3,100만 원 ③ 3,200만 원
④ 3,300만 원 ⑤ 3,400만 원

13 다음은 국내 어느 기업의 ESG 경영 지표의 일환으로 관리 감독 중인 온실가스 배출 현황을 정리한 자료이다. 이를 해석한 내용으로 옳은 보기를 고르시오.

〈표〉 ESG 경영에 따른 온실가스 배출 현황(AR5 방식)

(단위: 천 톤 CO_2e)

온실가스 종류 구분		2021년	2022년	2023년
CO_2		4,197	3,013	2,649
CH_4		1.0	0.8	0.7
N_2O		665	637	622
PFC	소계	140	133	143
	PFC-14(CF_4)	138	126	135
	PFC-318(c-C_4F_8)	2	7	8
SF_6		49	30	11
NF_3		61	75	68

*CO_2e(Carbon dioxide equivalent): 지구온난화지수(GWP)를 기준으로 온실가스 배출량을 비교하기 위한 지표

① 관리 감독 중인 온실가스의 전체 배출량은 2년 연속 감소하였다.
② 2023년 PFC-14(CF_4) 배출량은 전년 대비 8% 이상 증가하였다.
③ 2022년 SF_6의 배출량은 전년 대비 40% 이상 감소하였다.
④ PFC 계열의 온실가스 중 매년 PFC-14(CF_4)가 차지하는 비중은 95% 이상이었다.
⑤ 2022년 NF_3의 배출량은 전년 대비 25% 이상 증가하였다.

14 다음은 2023년 판매되었던 글로벌 스마트폰 판매수량의 분기별 점유율을 정리한 자료이다. 이를 해석한 내용 중 옳지 않은 보기를 모두 고르시오.

〈그래프〉 2023년 글로벌 스마트폰 점유율_분기별

(단위: %)

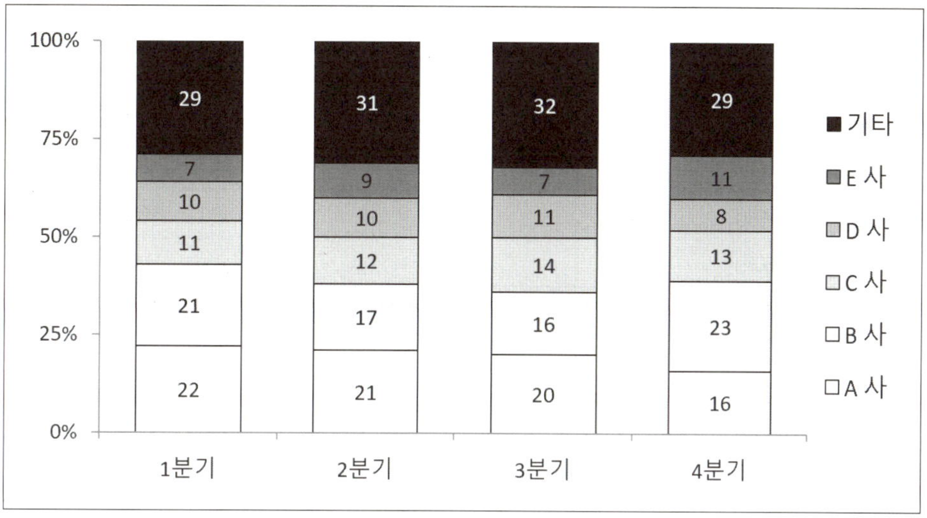

ㄱ. 2023년 상위 5개 업체의 스마트폰 판매량은 전체 판매량의 $\frac{2}{3}$ 이상이었다.
ㄴ. 조사기간 동안 상위 3개 업체의 분기별 판매량 순위는 지속 동일하였다.
ㄷ. 조사기간 동안 A사의 분기별 스마트폰 점유율은 지속 감소하였다.

① ㄱ　　② ㄴ　　③ ㄷ
④ ㄱ, ㄷ　　⑤ ㄴ, ㄷ

15 다음은 운동 종목별 에너지 소모량과 음식 종류별 열량 정보를 정리한 자료이다. 이를 활용하여 체중 60kg의 성인이 1시간 동안 수영을 하는 데 필요한 열량을 확보하기 위해 섭취해야하는 닭고기의 용량을 구하시오.

〈표 1〉 체중별 30분 운동 시 에너지 소모량

(단위: kcal/hr)

체중 구분	조깅	농구	수영	줄넘기	배구
50kg	210	390	300	400	220
60kg	250	470	350	480	260
70kg	290	540	410	560	300
80kg	330	620	470	640	340

〈표 2〉 음식 종류별 100g당 열량

(단위: kcal)

구분	소고기	돼지고기	닭고기	고등어	참치캔
100g 섭취 시	220	215	175	260	200

① 300g ② 350g ③ 400g
④ 450g ⑤ 500g

16 다음은 A 회사 직원들이 출퇴근 시 활용하는 대중교통 수단을 조사한 결과이다. 이를 해석한 내용 중 옳은 보기를 고르시오.

〈표〉 A 회사 직원의 대중교통 출퇴근 수단

(단위: 명)

퇴근 \ 출근	지하철	택시	버스	합계
지하철	42	6	12	60
택시	4	12	4	20
버스	28	2	90	120
합계	74	20	106	200

① 퇴근하는 직원 3명 중 1명 이상은 지하철로 퇴근한다.
② 버스로 출근하는 직원수는 버스로 퇴근하는 직원수보다 많다.
③ 지하철로 출근하고 택시로 퇴근하는 직원은 6명이다.
④ 버스로 출근하는 직원 중 10% 이상은 지하철로 퇴근한다.
⑤ 전체 직원 중 출퇴근 모두 버스를 활용하는 직원의 비중은 절반 이상이다.

17 다음은 국내에서 이루어진 공연 관련 정보를 조사한 문화예술활동 현황 조사 결과이다. 이를 해석한 내용으로 옳지 않은 보기를 고르시오.

〈표〉 국내 장르별 공연건수와 공연횟수

(단위: 개별 표기)

장르 구분	2020년			2022년		
	공연건수	공연횟수	평균공연횟수	공연건수	공연횟수	평균공연횟수
단위	건	회	회	건	회	회
계	9,089	62,139	6.8	24,381	110,501	4.5
국악	645	847	1.3	1,941	2,690	1.4
양악	4,629	5,430	1.2	12,542	16,496	1.3
연극	2,424	51,747	21.3	6,708	85,428	12.7
무용	517	1,015	2.0	1,358	2,574	1.9
혼합	874	3,100	3.5	1,832	3,313	1.8

① 2020년과 2022년 평균 공연횟수가 가장 많았던 공연 장르는 동일하다.
② 2020년 대비 2022년 국악의 공연건수 증가율은 공연횟수 증가율보다 높았다.
③ 조사기간 동안 연극의 공연건수가 전체 공연건수에서 차지하는 비중은 25% 이상이었다.
④ 2020년 대비 2022년 무용의 공연건수 증가율은 공연횟수 증가율보다 높았다.
⑤ 2022년 양악의 공연횟수는 2020년 대비 200% 이상 증가하였다.

18 어느 식당에서는 방문하는 손님 x(명)에 따라 사용되는 접시의 개수 y(개)를 $y = \frac{x}{A} + 20 - B$로 계산하고 있다. 어제는 15명의 손님이 방문하여 72개의 접시를 사용하였으며, 오늘은 30명의 손님이 방문하여 132개의 접시를 사용했다고 할 때, 수식에 활용된 A와 B가 올바르게 표기된 보기를 고르시오.

	A	B
①	0.25	8
②	0.25	10
③	0.25	12
④	0.5	8
⑤	0.5	10

19 다음은 A와 B 두 가지 메뉴만 판매하는 음식점의 월간 매출 현황이다. 주어진 자료를 활용하여 매 월 매출에서 메뉴 B가 차지하는 비중이 올바르게 표현된 그래프를 고르시오.

〈표〉 메뉴별 월간 매출 현황

(단위: 만 원)

구분	1월	2월	3월	4월	5월	6월
메뉴 A	2,600	3,000	3,800	4,000	4,500	3,800
메뉴 B	650	550	760	600	500	1,200

① 메뉴 B의 매출 비중 (단위: %)

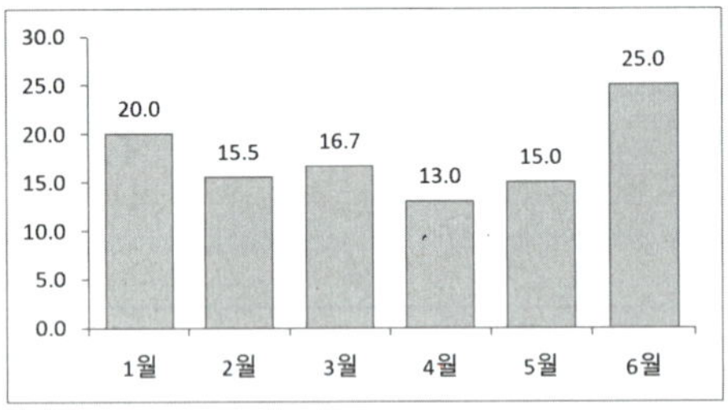

② 메뉴 B의 매출 비중 (단위: %)

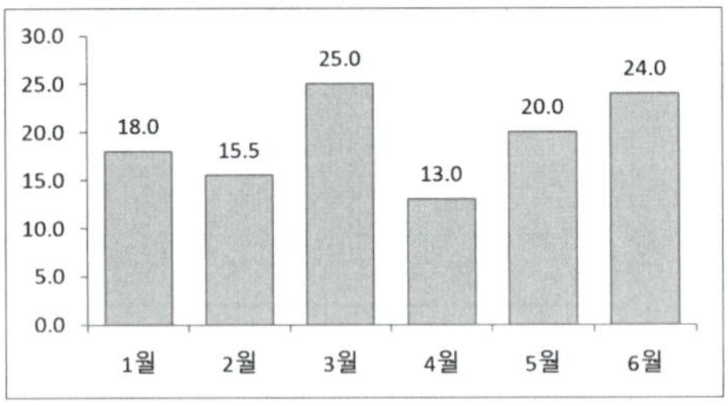

③ 메뉴 B의 매출 비중 (단위: %)

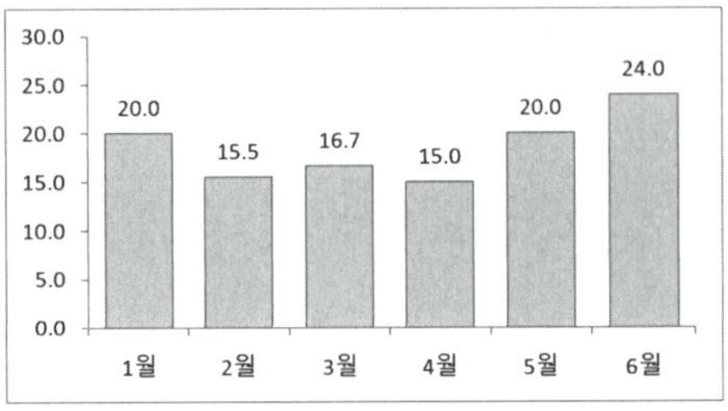

④ 메뉴 B의 매출 비중 (단위: %)

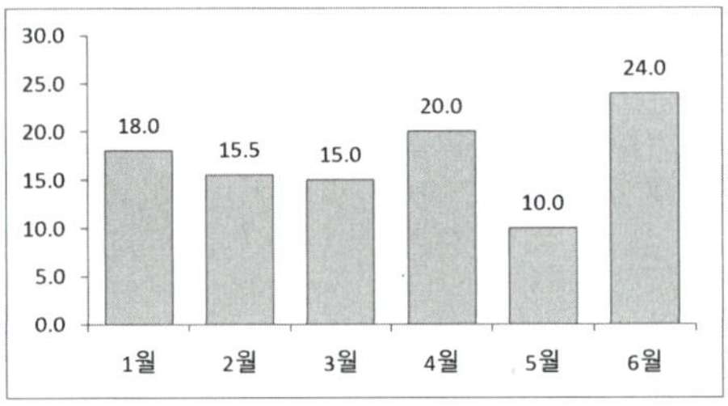

⑤ 메뉴 B의 매출 비중 (단위: %)

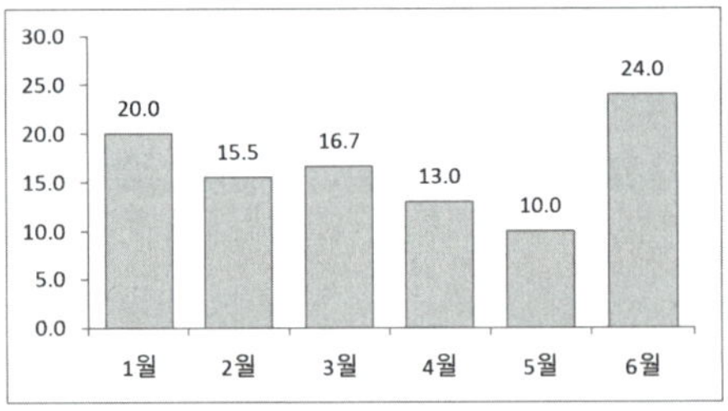

20 다음은 매년 1회 진행되는 산업 전시회에서 전시장 A와 B에 방문했던 방문객의 수를 조사한 결과이다. 이를 활용하여 산업 전시회의 방문객 합계가 2만 명 이상을 기록할 것으로 예상되는 첫 년도를 고르시오.

(단위: 명)

조사 시점	전시장 A	전시장 B
2020년	6,200	3,500
2021년	6,550	4,050
2022년	6,900	4,600
2023년	7,250	5,150
2024년	7,600	5,700

① 2030년 ② 2031년 ③ 2032년
④ 2033년 ⑤ 2034년

01 **다음 중 항상 참인 결론으로 적절한 것을 고르시오.**

> [전제1] 신입사원인 모든 직원은 코딩교육을 듣는다.
> [전제2] 기본교육을 듣는 모든 직원은 신입사원이다.
> [결 론] (   )

① 코딩교육을 듣지 않는 어떤 직원은 기본교육을 듣는다.
② 기본교육을 듣는 모든 직원은 코딩교육을 듣는다.
③ 기본교육을 듣지 않는 모든 직원은 코딩교육을 듣는다.
④ 코딩교육을 듣는 모든 직원은 기본교육을 듣는다.
⑤ 기본교육을 듣는 모든 직원은 코딩교육을 듣지 않는다.

02 **다음 중 항상 참인 결론으로 적절한 것을 고르시오.**

> [전제1] 반도체를 연구하는 모든 사원은 텀블러를 들고 다닌다.
> [전제2] 사원증을 패용한 어떤 사원은 반도체를 연구한다.
> [결 론] (   )

① 텀블러를 들고 다니는 모든 사원은 사원증을 패용한다.
② 사원증을 패용한 어떤 사원은 텀블러를 들고 다닌다.
③ 텀블러를 들고 다니지 않는 어떤 사원은 사원증을 패용하지 않는다.
④ 사원증을 패용한 어떤 사원은 텀블러를 들고 다니지 않는다.
⑤ 사원증을 패용한 모든 사원은 텀블러를 들고 다닌다.

03 다음 중 결론을 항상 참으로 만드는 [전제1]을 고르시오.

[전제1] 베이킹 동아리에 참여한 어떤 사람은 댄스 동아리에 참여한다. [전제2] (   ) [결 론] 댄스 동아리에 참여한 어떤 사람은 신입사원이다.

① 베이킹 동아리에 참여한 모든 사람은 신입사원이다.
② 베이킹 동아리에 참여하지 않은 어떤 사람은 신입사원이다.
③ 신입사원인 어떤 사람은 베이킹 동아리에 참여한다.
④ 댄스동아리에 참여한 모든 사람은 베이킹 동아리에 참여한다.
⑤ 베이킹 동아리에 참여하지 않은 모든 사람은 신입사원이다.

04 A, B, C, D, E, F는 타르트, 마카롱, 쿠키 중 한 가지의 디저트를 먹는다. 〈보기〉의 조건을 토대로 가능한 경우가 모두 몇 가지인지 고르시오.

〈 보 기 〉

- A는 타르트를 먹는다.
- C와 D는 같은 디저트를 먹는다.
- 쿠키를 먹는 사람은 E밖에 없다.
- 타르트는 2명이 먹는다.

① 1가지 ② 2가지 ③ 3가지
④ 4가지 ⑤ 5가지

05 **X는 영양제인 A, B, C, D, E, F 중 세 가지를 먹는다. 〈보기〉의 조건을 고려하여 항상 참인 것을 고르시오.**

〈 보 기 〉

- B를 먹으면 A와 C를 먹지 않는다.
- E를 먹지 않는다.
- F를 먹는다.

① X는 A와 C를 함께 먹는다.
② X는 B와 D를 함께 먹는다.
③ X는 D와 F를 함께 먹는다.
④ X는 C와 D를 함께 먹지 않는다.
⑤ X가 영양제를 먹을 수 있는 경우의 수는 총 4가지이다.

06 **책상 A, B, C, D의 높이를 1~5단계 중 하나로 설정한다. 5단계에 근접할수록 높으며 높이가 같은 책상은 없다고 할 때 〈보기〉를 참고하여 반드시 거짓인 것을 고르시오.**

〈 보 기 〉

- A의 높이는 2단계 이하다.
- D의 높이는 3단계 이하이다.
- B의 높이는 D보다 낮다.
- C의 높이는 5단계이다.

① D의 높이는 2단계이다.
② A의 높이는 1단계이다.
③ B의 높이는 2단계이다.
④ D의 높이는 3단계이다.
⑤ B의 높이는 1단계이다.

07 A, B, C, D, E, F는 3×2로 배치된 자리에 앉는다. 한 자리에 1명씩 앉는다고 할 때 〈보기〉를 참고하여 항상 참인 것을 고르시오.

〈보 기〉

- B는 1열 가운데에 앉는다.
- C는 F와 인접하게 앉지 않는다.
- A와 D는 인접하게 앉는다.
- E와 A는 같은 열이며 인접하게 앉는다.

1열	2열

① B와 D는 같은 열에 앉는다.
② A와 C는 같은 열에 앉는다.
③ E와 B는 같은 열에 앉는다.
④ D와 F는 같은 열에 앉는다.
⑤ F와 C는 같은 열에 앉는다.

08 가, 나, 다, 라는 물건인 A, B, C, D, E 중 하나를 선택한다. 〈보기〉를 참고하여 항상 거짓인 것을 고르시오.

〈보 기〉

- 라는 D를 선택한다.
- 다는 A 혹은 B를 선택한다.
- 나는 B 혹은 C를 선택한다.
- 가는 C 혹은 E를 선택한다.

① 나가 C를 선택한다면 다는 B를 선택한다.
② 다가 A를 선택한다면 가는 E를 선택한다.
③ 가가 C를 선택한다면 다는 B를 선택한다.
④ 다가 B를 선택한다면 가는 E를 선택한다.
⑤ 이들이 물건을 고를 수 있는 경우의 수는 총 4가지이다.

09 A, B, C, D, E는 영어, 일본어, 중국어 중 1개 이상의 과목을 듣는다. 〈보기〉를 참고하여 항상 참인 것을 고르시오.

〈 보 기 〉

- A와 E가 듣는 과목은 모두 같다.
- A가 듣는 과목과 B가 듣는 과목은 겹치지 않는다.
- 영어는 3명, 일본어는 2명, 중국어는 1명이 듣는다.
- D는 영어만 듣고 일본어와 중국어는 듣지 않는다.
- C는 중국어를 듣지 않는다.

① A는 D가 듣는 과목을 모두 듣는다.
② D는 C가 듣는 과목을 모두 듣는다.
③ C는 E가 듣는 과목을 모두 듣는다.
④ E는 B가 듣는 과목을 모두 듣는다.
⑤ B는 C가 듣는 과목을 모두 듣는다.

10 A, B, C, D, E는 가, 나, 다 중 한 국가로 출장을 간다. 이들이 사용하는 휴대전화의 색상은 실버나 민트 중 하나이고 출장을 가는 국가와 휴대전화 색상의 조합이 같은 사람은 없다고 할 때 〈보기〉를 참고하여 A가 출장을 가는 국가와 휴대전화의 색상을 고르시오.

〈 보 기 〉

- A와 B는 같은 색상의 휴대전화를 사용한다.
- D는 나 국가로 출장을 간다.
- E는 다 국가로 출장을 가며 실버 색상의 휴대전화를 사용한다.
- C는 B와 같은 국가로 출장을 간다.
- D와 C는 서로 다른 색상의 휴대전화를 사용한다.

*참고: A가 [가, 민트]라면 B, C, D 모두 [가, 민트]가 아니다.

① 가, 실버　② 가, 민트　③ 나, 실버
④ 나, 민트　⑤ 다, 민트

11 A, B, C, D, E는 이번에 입사한 신입사원이다. 이들 중 3명은 1차로 입사하였고 나머지 2명은 2차로 입사했다. 1차로 입사한 3명은 진실을 말하고 2차로 입사한 2명은 거짓을 말한다고 할 때 〈보기〉의 진술을 토대로 2차로 입사한 사람을 고르시오.

〈보 기〉

A: C는 1차로 입사했다.
B: D는 진실을 말한다.
C: 나와 A는 1차로 입사했다.
D: E는 1차로 입사했다.
E: A 또는 C가 2차로 입사했다.

① A, C ② A, D ③ B, C
④ B, E ⑤ D, E

12 A는 1부터 6까지 숫자를 하나씩 활용하여 5자리 숫자를 만든다. 〈보기〉를 참고하여 반드시 사용하는 숫자의 조합으로 이뤄진 것을 고르시오.

〈보 기〉

- 4번째 숫자는 6이다.
- 2번째 숫자와 3번째 숫자의 합은 6보다 크다.
- 2번째 숫자에 1을 더하면 3번째 숫자이다.
- 1번째 숫자와 2번째 숫자 중 하나는 1이다.

① 1, 3, 6 ② 1, 4, 6 ③ 1, 5, 6
④ 2, 3, 6 ⑤ 2, 4, 6

13 기계인 A, B, C, D에서 소음이 발생한다. 네 기계 모두 발생하는 소음의 음량은 50㏈ 이상이고 100㏈ 이하이다. 〈보기〉 및 네 기계에서 발생하는 소음의 음량을 큰 순으로 나열하여 제시한 선택지를 참고하여 네 기계에서 발생하는 소음의 음량을 확정할 수 있는 선택지를 고르시오.

〈 보 기 〉

- 소음의 음량은 모두 5의 배수이다.
- A기계에서 발생하는 소음의 음량은 85㏈이다.
- C기계에서 발생하는 소음의 음량은 15의 배수이다.
- D기계에서 발생하는 소음의 음량은 20의 배수이다.

① A 〉 C 〉 B 〉 D ② D 〉 C 〉 A 〉 B ③ C 〉 B 〉 D 〉 A
④ A 〉 B 〉 C 〉 D ⑤ B 〉 C 〉 A 〉 D

14 A, B, C, D, E는 각자 하나씩 음료를 마신다. 이들이 마시는 음료수는 아메리카노, 밀크티, 에이드이고 아메리카노를 마시는 사람이 2명, 밀크티를 마시는 사람이 2명, 에이드를 마시는 사람이 1명이다. 5명 중 아메리카노를 마시는 2명만 거짓을 말한다고 할 때 〈보기〉의 진술을 참고하여 아메리카노를 마시는 2명을 고르시오.

〈 보 기 〉

A: D 또는 E가 에이드를 마신다.
B: C는 아메리카노를 마신다.
C: 나는 아메리카노를 마시지 않는다.
D: A는 거짓을 말한다.
E: A와 B는 밀크티를 마신다.

① A, B ② A, D ③ B, E
④ C, D ⑤ C, E

15 다음 도형들은 일정한 규칙을 가지고 있다. 물음표에 들어갈 알맞은 도형을 고르시오.

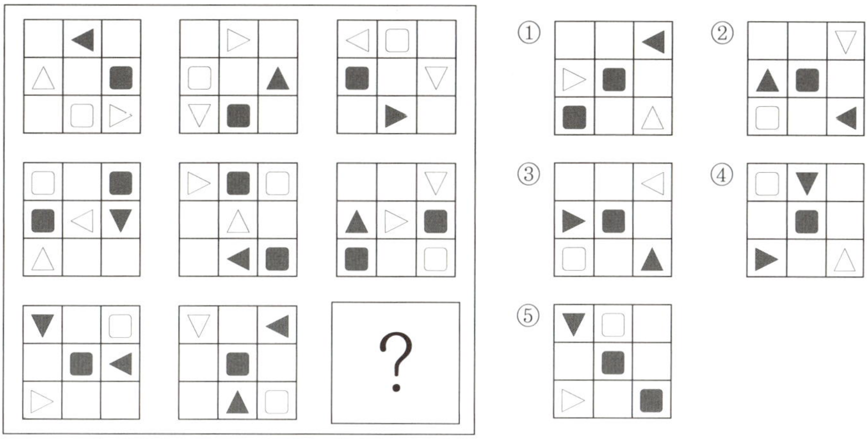

16 다음 도형들은 일정한 규칙을 가지고 있다. 물음표에 들어갈 알맞은 도형을 고르시오.

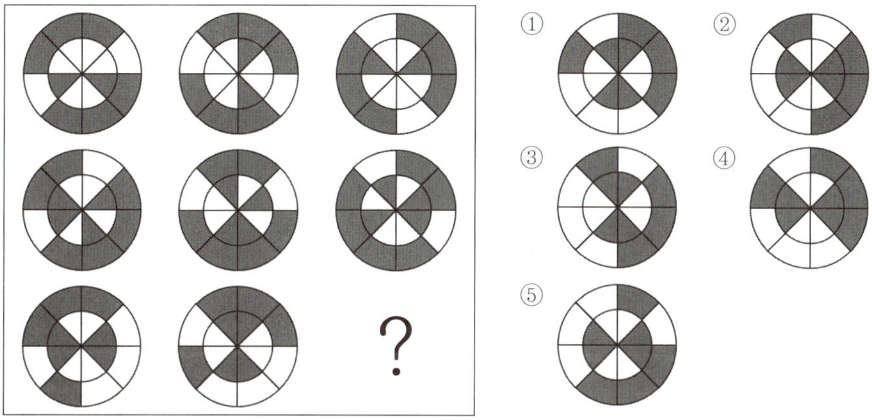

17 다음 도형들은 일정한 규칙을 가지고 있다. 물음표에 들어갈 알맞은 도형을 고르시오.

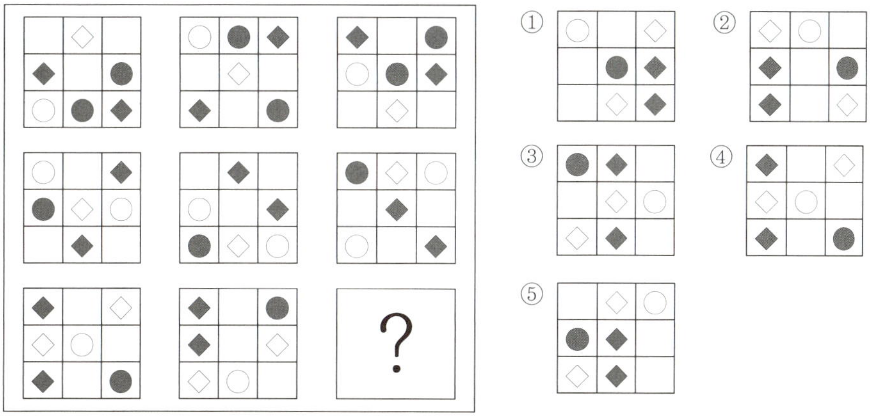

[18~21] 다음 문자와 도형의 흐름을 참고하여 물음에 답하시오.

		DPQS				
		⇩				
J25S	⇨	△	⇨	5S2J		
		⇩		⇩		
7H3N	⇨	□	⇨	♡	⇨	9G7K
		⇩		⇩		
		RTQE		◇		
				⇩		
				65QF		

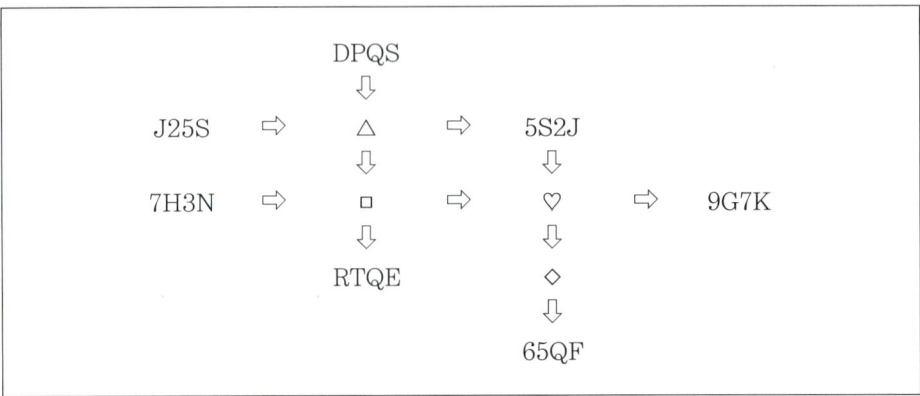

18 다음 중 물음표에 들어갈 문자로 알맞은 것을 고르시오.

73ES ⇨ ◇ ⇨ □ ⇨ ?

① 8F4T ② 6D2R ③ 6F2T
④ 8D4R ⑤ 8D2T

19 다음 중 물음표에 들어갈 문자로 알맞은 것을 고르시오.

2649 ⇨ ♡ ⇨ ◇ ⇨ ?

① 3570 ② 1183 ③ 3745
④ 3783 ⑤ 1415

20 다음 중 물음표에 들어갈 문자로 알맞은 것을 고르시오.

? ⇨ ♡ ⇨ □ ⇨ AILZ

① AFNU ② YFHU ③ YJHC
④ ALJE ⑤ YLJC

21 다음 중 물음표에 들어갈 문자로 알맞은 것을 고르시오.

? ⇨ ◇ ⇨ ♡ ⇨ △ ⇨ 59LL

① 8NI9 ② N2J1 ③ K2N3
④ N85J ⑤ K6N9

22 다음 글의 내용 흐름상 가장 적절한 문단배열 순서를 고르시오.

(A) 먼저 프롬프트 엔지니어링의 핵심 요소인 명확성, 구체성, 그리고 맥락 제공에 대해 알아보자. 예를 들어, "요약해 줘."라는 모호한 요청 대신, "다음 텍스트를 세 문장으로 요약해 줘."라고 하면 AI가 보다 정확한 응답을 생성한다. 또한, "전문 번역가처럼 번역해 줘."와 같이 역할을 부여하거나, "1단계에서 문제를 요약하고, 2단계에서 해결책을 제시해 줘."처럼 단계적인 지시를 포함하면 복잡한 작업도 처리할 수 있게 된다.

(B) 프롬프트 엔지니어링은 인공지능 언어 모델에 주어지는 입력을 설계하여 원하는 결과를 얻는 기술이다. 이는 단순히 질문을 던지는 것을 넘어, AI가 작업의 맥락과 목적을 정확히 이해하도록 돕는 창의적이고 전략적인 과정이라고 할 수 있다.

(C) 이처럼 프롬프트 엔지니어링은 단순히 AI를 사용하는 기술이 아니라, AI와의 대화를 점진적으로 최적화하는 과정이다. 앞서 설명했던 명확한 요청과 더불어 반복된 학습을 통해 구조화된 프롬프트는 AI의 잠재력을 극대화할 수 있다.

(D) 이러한 핵심 요소 외에도 만족할만한 결과물을 얻기 위해서는 실험과 반복이 필수적이다. 동일한 질문이라도 표현 방식에 따라 AI의 응답이 크게 달라질 수 있기 때문이다. 예를 들어, 몇 가지 계산 예제를 제공한 후 새로운 문제를 제시하면 AI는 예제를 통해 문제 해결 방법을 이해한 후 새로운 문제를 해결한다.

① (A)–(B)–(C)–(D)
② (A)–(C)–(B)–(D)
③ (A)–(D)–(B)–(C)
④ (B)–(A)–(D)–(C)
⑤ (B)–(A)–(C)–(D)

23 다음 글의 내용 흐름상 가장 적절한 문단배열 순서를 고르시오.

(A) 오늘날 데이터 관리는 기업 운영에 있어 핵심이라고 할 만큼 중요하다. '데이터 사일로'와 '데이터 레이크'는 대표적인 데이터 관리 방식으로, 각각 상반된 특징과 목적을 가지고 있다.

(B) 이처럼 데이터 사일로는 특정 부서의 독립성을 강조하지만, 데이터 레이크는 데이터 통합과 분석의 유연성을 제공한다. 조직의 데이터 관리는 목표와 환경에 따라 적절한 방식으로 이루어져야 한다.

(C) 반면, 데이터 레이크는 조직의 모든 데이터를 한 곳에 통합적으로 저장하는 방식이다. 데이터 레이크는 클라우드 스토리지와 같은 대규모 저장소 기술과 결합되어 방대한 데이터를 저장하고 분석하는 데 적합하다. 이는 부서 간 데이터의 장벽을 허물고, 데이터 기반 의사결정을 촉진할 수 있지만, 데이터의 체계적인 관리가 부족할 경우 데이터가 방치되어 일명 '데이터 늪'으로 전락할 위험도 있다.

(D) 데이터 사일로는 조직 내 특정 부서나 팀이 데이터를 독점적으로 보유하고 관리하는 구조를 의미한다. 예를 들어, 마케팅팀은 고객 데이터를, 재무팀은 거래 데이터를 별도로 관리하는 것이다. 이 경우 데이터가 다른 부서와 공유되지 않기 때문에 보안과 데이터 소유권 측면에서는 유리할 수 있지만, 조직 전체의 데이터 활용도가 저하되어 비효율을 초래할 수밖에 없다.

① (A)-(B)-(D)-(C)
② (A)-(D)-(C)-(B)
③ (D)-(A)-(B)-(C)
④ (D)-(B)-(C)-(A)
⑤ (D)-(C)-(B)-(A)

24 **다음 글로부터 추론할 수 있는 설명으로 적절하지 않은 것을 고르시오.**

> 최근 들어 1인 가구의 증가에 따른 새로운 주거 형태인 '코하우징'이 주목받고 있다. 도시화와 개인주의, 경제적 변화가 맞물리며 코하우징은 현대인의 다양한 생활 방식을 만족시킬 수 있는 주거 형태로 떠오르고 있다.
>
> 1인 가구란 기본적으로 한 사람이 독립적으로 생활하는 가구 형태를 의미한다. 1인 가구는 전 세계적으로 빠르게 증가하고 있는데, 이는 고령화, 만혼과 비혼의 증가, 개인주의의 심화, 그리고 경제적 독립을 중시하는 문화적 변화에 따른 것이다. 1인 가구 구성원은 독립적이고 자유로운 생활이 가능하지만, 동시에 경제적인 이유로 인한 작은 면적의 주거 공간으로 인해 심리적 스트레스를 겪으며, 사회적 교류가 부족하다는 문제점을 가진다.
>
> 이러한 문제점을 해결하기 위한 대안으로 등장한 것이 개인 주거 공간과 공동생활 공간을 결합한 코하우징이다. 코하우징의 핵심은 공유와 협력이다. 각 가구는 독립적인 생활 공간을 가지면서도, 주방, 거실, 정원 등의 공동 공간을 함께 사용한다. 이를 통해 입주민들은 자율성과 함께 사회적 연결감을 느낄 수 있다.
>
> 코하우징은 현대인의 복합적인 주거 욕구를 충족시키는 데 적합하다. 예를 들어 젊은 1인 가구 구성원은 코하우징을 통해 주거 비용을 절감하고, 다른 사람들과의 교류를 통해 고립감을 해소할 수 있다. 또한 고령의 1인 가구 구성원은 코하우징을 통해 사회적 지지를 얻고, 돌봄과 같은 현실적 문제를 해결할 수 있다.

① 1인 가구 구성원은 편리함과 경제성을 추구하지만, 사회적 교류가 부족할 수 있다.
② 1인 가구를 유지하면서 동시에 코하우징의 형태로 거주하는 것도 가능하다.
③ 1인 가구의 확산은 만혼과 비혼의 증가, 개인주의 심화 등의 결과를 초래하였다.
④ 코하우징을 통해서 구성원들은 고립감을 완화하고 사회적 연결감을 형성할 수 있다.
⑤ 코하우징은 나이와 무관하게 구성·참여할 수 있는 새로운 주거 형태다.

25 **다음 글의 핵심 주장을 비판하는 것으로 가장 적절한 것을 고르시오.**

> 레그테크(RegTech)는 금융 규제를 효과적으로 준수하고 관리하기 위해 첨단 기술을 활용하는 것을 의미한다. 실제로 최근 여러 금융 기관에서는 레그테크를 적극적으로 도입하여 규제 준수 과정에 대한 최적화에 나서고 있다.
>
> 레그테크 도입이 필요한 이유로는 일단 리스크 관리가 용이한 것이 있다. 레그테크를 도입하게 되면 규제 위반이나 자금 세탁과 같은 리스크를 사전에 식별하고 대응할 수 있는 가능성이 높아진다. 또한 관련 규제 기관에서 요구하는 자료들을 정확하고 신속하게 제출할 수 있게 된다. 마지막으로 규제의 변화에 대해서 기관 전체가 신속하게 적응할 수 있게 되어 신뢰도를 향상시킬 수 있다.
>
> 레그테크 도입을 위한 초기 투자 비용은 상당히 높은 편이지만, 일단 도입 후 안정화 단계에 접어들면 규제 준수 비용을 절감할 수 있고, 규제 관련 업무의 오류 가능성이 줄어들어 규제 위반으로 인한 여러 위험들을 줄일 수 있다. 따라서 우리 A 금융그룹에서도 레그테크를 조속하게 도입할 필요가 있다.

① 레크테크를 도입하기 위해서는 상당한 비용을 지출해야 한다.

② 레그테크를 도입하더라도 고객이 체감할 수 있는 변화는 미미할 것이다.

③ 현재도 고객이 요구하는 문서들을 신속하게 제공할 수 있는 방안은 마련되어 있다.

④ 오늘날 금융 환경은 급변하고 있으며, 그에 따라 금융 정책과 규제도 자주 변화하고 있다.

⑤ 레그테크를 도입하더라도 금융 규제에 대한 대응 측면에서 큰 차이가 없을 것으로 확인되었다.

26 **다음 글의 내용이 모두 참이라고 할 때, 옳지 않은 것을 고르시오.**

> '보치아'는 신체 장애가 있는 사람들이 참여할 수 있는 스포츠로, 특히 뇌성마비나 중증 장애를 가진 선수들이 경쟁할 수 있는 환경을 제공한다. 이 게임은 패럴림픽 정식 종목으로 채택되어 있으며, 장애 유형에 따라 다양한 등급으로 나뉘어 공정한 경쟁이 가능하다.
>
> 보치아 경기는 보통 실내의 12.5 × 6m 크기 직사각형 코트에서 진행되며, 양 팀은 각각 6개의 일반구(빨강 또는 파랑)를 배분받는다. 먼저 빨간색 일반구를 받은 팀이 표적구(흰색)를 던지는 것으로 경기가 시작된다. 표적구를 던진 팀이 곧바로 빨간색 일반구를 1개 던지고, 다음으로 상대편이 파란색 일반구를 1개 던진다. 이렇게 일반구를 2개 던진 이후에는 표적구에서 가장 멀리 떨어지게 공을 던진 팀이 한 번 더 투구에 나선다. 차례대로 번갈아 던지는 것이 아니기 때문에 한 팀이 계속 투구하는 상황도 벌어진다. 이런 식으로 경기를 진행하다가 한 팀이 6개의 일반구를 모두 소진하면 이어 상대 팀도 남은 일반구를 던지고, 투구를 마치면 한 엔드가 종료된다. 이 때 표적구와 가장 가까운 공을 던진 팀이 해당 엔드에서 승리한 것이다. 승리팀이 획득하는 점수는 표적구와 가장 가까운 패배팀의 일반구 사이에 몇 개의 승리팀 일반구가 있는지에 따라 다르다.

① 보치아 경기가 시작되면, 표적구를 던지는 팀은 이어서 바로 한 번 더 투구를 하게 된다.
② 표적구와 일반구 사이의 거리가 평균적으로 상대팀보다 가까워도 해당 엔드에서 질 수 있다.
③ 보치아는 장애 유형에 따라 여러 등급으로 나누어서 경기를 진행한다.
④ 먼저 투구한 상대방의 공을 쳐낸다고 해서 파울이 되거나 벌점이 부과되지는 않는다.
⑤ 상대팀보다 표적구에 가깝게 투구하였다면 이어서 투구할 수 있는 기회가 부여된다.

27 **다음 글의 내용이 모두 참이라고 할 때, 옳은 것을 고르시오.**

현대 사회에서 배터리는 매우 광범위하게 사용되고 있다. 문제는 더 이상 사용하지 못하게 된 폐배터리의 처리 문제가 점차 심각해지고 있다는 것이다. 폐배터리에는 리튬, 니켈, 코발트, 망간과 같은 금속뿐 아니라 전해질과 같은 유해 물질이 포함되어 있어 부적절하게 폐기될 경우, 이러한 물질이 토양과 지하수로 누출되어 심각한 환경오염을 유발한다. 이러한 문제 때문에 세계 각국에서는 폐배터리를 재활용하기 위한 방법을 적극적으로 연구하고 있다.

가장 일반적인 재활용 방법은 폐배터리를 물리적으로 분쇄하여 금속, 플라스틱, 전극 재료 등을 회수하는 것이다. 비용 면에서는 다른 방법에 비해 가장 저렴하지만, 파쇄 과정에서 유해 물질이 외부에 유출될 가능성이 존재한다는 단점이 있다. 다음으로는 강산 또는 강염기 용액을 사용해 금속 성분을 침출한 후, 이를 화학적 방식으로 회수하는 방법이 있다. 회수율이 높은 편이지만, 회수 과정에서 발생하는 폐수에 다량의 유해 물질이 포함되어 있다는 문제가 있다. 또한 생물 침출의 방법도 있다. 미생물을 활용하여 금속을 추출하는 방식으로 비교적 친환경적이지만, 작업 속도가 느리다는 단점이 있다. 마지막으로 열적 방법도 있는데, 이는 폐배터리를 고온으로 소각하는 과정에서 금속들을 회수하는 방법이다. 매우 복잡한 구조의 폐배터리에서도 금속을 추출할 수 있다는 장점이 있지만, 회수 과정에 많은 에너지가 필요하며 다량의 유해 가스가 발생한다는 단점이 있다.

① 열적 방법은 화학적 방법에 비해서 회수 과정에서 발생하는 유해 물질의 양이 적다.
② 폐배터리를 물리적으로 파쇄하는 재활용 방식은 필요한 비용이 가장 적다는 장점이 있다.
③ 화학적 방법을 통해 폐배터리를 재활용하기 위해서는 많은 에너지가 소모된다.
④ 폐배터리를 재활용하는 것은 단순히 폐기하는 것보다 경제적으로 이득이 된다.
⑤ 미생물을 활용하여 재활용 과정에서 발생하는 유해 물질을 처리하는 친환경적 방법도 있다.

28 **다음 글로부터 추론할 수 있는 설명으로 적절하지 않은 것을 고르시오.**

> 항체는 인체 면역체계의 핵심 요소로, 바이러스 같은 병원체나 암세포 세포를 인식하는 단백질이다. 항체는 특정 항원에 결합하여 체내의 다른 면역세포가 이를 공격하도록 돕거나, 병원체의 기능을 억제한다. 이러한 특성은 약물 개발에 있어 매우 매력적인 특징이다. 기존의 약물이 대개 신체 내에서 광범위한 영향을 미친다면, 항체 치료제는 특정 표적에만 작용하기 때문에 부작용을 줄이고 치료 효과를 극대화할 수 있다.
>
> 항체 치료제는 여러 질병의 치료에 활발히 사용되고 있다. 예를 들어 암세포의 표면에 존재하는 특정 단백질에 결합해 암세포를 직접 공격하거나, 면역체계를 활성화하여 암세포를 제거하는 과정을 돕는 항체 치료제가 개발되었다. 또한 류마티스 관절염이나 크론병 같은 자가면역반응과 관련된 질환에서는 과도하게 활성화된 신체적 반응을 억제하는 항체 치료제가 사용된다. 또한 특정 바이러스를 표적으로 하는 항체를 통해 바이러스의 세포 침투를 차단하거나 바이러스 자체를 제거하기도 하는 항체 치료제가 개발되어 시판되고 있다.
>
> 항체 치료제는 부작용이 적고, 기존 방식으로는 치료가 어려운 질병에도 효과가 있다. 그러나 단점도 존재한다. 항체 치료제 개발에는 많은 비용이 들며, 생산 과정이 복잡하다. 또한 항체 치료제를 투여하기 위한 치료비도 비싸며, 일부 환자들에게는 항체 치료제에 대한 면역 반응이 발생할 수 있다.

① 항체 치료제는 면역세포들이 병원체를 공격하는 것을 돕거나 직접 공격하기도 한다.
② 항체 치료제는 특정 표적에게만 약효가 발휘될 수 있도록 유도할 수 있다.
③ 일부 환자들에게는 항체 치료제에 대한 면역 반응인 자가면역반응이 발생하기도 한다.
④ 바이러스의 세포 침입을 차단하는 방식으로 작동하는 항체 치료제도 개발되었다.
⑤ 항체 치료제를 개발하는 것뿐만 아니라 이를 투여해서 치료하기 위한 비용도 비싸다.

29 **다음 글의 내용이 모두 참이라고 할 때, 옳은 것을 고르시오.**

> '노스탤지어 마케팅'은 소비자의 과거 경험과 추억을 소환해 브랜드와 제품에 대한 감정적 연결을 강화하는 전략이다. 추억은 사람들에게 심리적으로 안정감과 행복감을 제공한다. 사람들은 과거의 긍정적인 기억을 떠올리면서 현재의 스트레스나 불안을 완화하려는 경향이 있기 때문이다. 이를 마케팅에 활용하면 소비자가 제품이나 브랜드에 대해 긍정적인 태도를 갖게 될 가능성이 높아진다.
>
> 많은 기업들이 노스탤지어 마케팅의 일환으로 과거의 인기 제품을 현대적인 감각으로 재해석하여 출시하고 있다. 코카콜라와 델몬트가 1980년대 병 디자인을 재현한 제품을 출시한 것이 대표적인 사례이다. 맥도날드는 이전에 방영되었던 인기 광고를 리메이크하는 방식으로 소비자들의 향수를 자극해 브랜드 충성도를 높이기도 하였다.
>
> 이와 같은 노스탤지어 마케팅은 특정 세대의 추억을 자극함으로써 연령대에 따른 맞춤형 마케팅이 가능하다는 장점이 있지만, 자칫하면 해당 브랜드가 단순히 과거에 의존하는 것으로 비칠 수 있다. 과거 제품을 현대적으로 재해석하지 못할 경우 현재 소비자들에게는 진부하거나 시대에 뒤떨어진다는 인상을 줄 수 있기 때문이다.

① 노스탤지어 마케팅은 부정적 경험을 망각하려는 심리적 기제에 기반한 마케팅이다.

② 코카콜라는 1980년대 인기 광고를 리메이크하는 방식으로 노스탤지어 마케팅을 진행했다.

③ 노스탤지어 마케팅의 단점으로 부정적인 과거의 경험을 상기시킬 경우, 제품이나 기업 홍보에 악영향을 주는 것이 있다.

④ 노스탤지어 마케팅은 제품이 진부하거나 시대에 뒤떨어진다는 인상을 해소하기 위한 마케팅 기법이다.

⑤ 성공적인 노스탤지어 마케팅을 위해서는 단순한 과거를 모방하는 것이 아니라 현재적인 감각으로 제품을 재해석해야한다.

30 다음 글을 바탕으로 〈보기〉의 내용을 이해한 것 중 옳은 것을 고르시오.

클라우드 네트워크는 데이터 저장과 처리를 중앙 서버에서 담당하여 기업과 개인에게 뛰어난 효율성을 제공하는 기술이다. 클라우드 네트워크의 장점으로는 높은 확장성과 비용 효율성이 있다. 사용자는 초기 서버 구축 비용 없이 필요한 만큼의 리소스를 유연하게 사용할 수 있으며, 대규모 데이터 분석, AI 모델 훈련, 글로벌 협업 등을 효과적으로 수행할 수 있다. 또한 데이터를 클라우드에 저장함으로써 물리적 장치의 고장으로 인한 데이터 손실 위험을 줄일 수 있다.

하지만 단점도 존재한다. 먼저, 지연 시간 문제가 있다. 데이터를 중앙 서버로 전송해 처리하는 과정에서 시간이 소요될 수 있어 실시간 처리가 중요한 상황에서는 클라우드 네트워크 사용에 한계가 있다. 둘째, 네트워크 의존성이 높아 대역폭 부족이나 인터넷 연결 문제가 발생하면 성능이 저하될 수 있다. 마지막으로, 데이터가 클라우드 서버에 저장되기 때문에 해킹과 같은 사이버 공격에 노출될 가능성이 있다. 이런 단점들은 실시간 반응과 민감한 데이터 처리가 중요한 경우 특히 두드러진다.

〈 보 기 〉

엣지 컴퓨팅은 데이터 처리를 데이터 발생 지점 근처에서 수행하는 기술로 주로 자율주행차에 활용되고 있다. 자율주행차는 도로에서 생성되는 방대한 데이터를 실시간으로 처리해야 한다. 중앙화된 서버에 데이터를 전송하고 응답을 기다리는 방식은 시간 지연으로 사고를 초래할 수 있다. 이를 보완하기 위해 차량 내 센서와 엣지 장치가 데이터를 즉시 분석해 브레이크 작동, 경로 변경 등의 결정을 내린다.

① 엣지 컴퓨팅은 클라우드 네트워크와 유사하게 데이터를 중앙 서버에서 처리하여 효율성을 높이는 기술이다.
② 자율주행차는 클라우드 네트워크만을 사용해 데이터를 실시간으로 처리하고 즉각적인 결정을 내린다.
③ 클라우드 네트워크는 초기 서버 구축 비용이 적다는 장점이 있지만, 실시간 데이터 처리가 필요한 경우 엣지 컴퓨팅이 더 적합하다.
④ 자율주행차량 내 센서와 엣지 장치를 통해 수집된 데이터는 매우 민감한 정보이기 때문에 클라우드 서버에 저장하기에는 적합하지 않다.
⑤ 자율주행차와 서버 간 인터넷 연결 문제가 발생하면 자율주행차의 성능이 크게 저하될 수 있다.

자가 학습 점검표

'24년 하반기 기출 기출복원 모의고사

수리

문제 배열표									
번호	난이도	유형	세부유형	맞힌 여부 (찍었으면△)	번호	난이도	유형	세부유형	맞힌 여부 (찍었으면△)
1	★★	응용수리	방정식 활용	○/△/×	11	★★	자료해석_세트	자료 이해	○/△/×
2	★★	응용수리	확률	○/△/×	12	★	자료해석_세트	자료 계산	○/△/×
3	★★	자료해석	자료 이해	○/△/×	13	★★	자료해석	자료 이해	○/△/×
4	★★	자료해석_세트	자료 이해	○/△/×	14	★	자료해석	자료 이해	○/△/×
5	★★	자료해석_세트	자료 계산	○/△/×	15	★★	자료해석	자료 계산	○/△/×
6	★	자료해석	자료 이해	○/△/×	16	★★	자료해석	자료 이해	○/△/×
7	★★★	자료해석	자료 이해	○/△/×	17	★★	자료해석	자료 이해	○/△/×
8	★★	자료해석	자료 계산	○/△/×	18	★★	수식 응용	연립방정식	○/△/×
9	★★	자료해석	자료 이해	○/△/×	19	★★	자료해석	자료 변환	○/△/×
10	★★★	자료해석	자료 이해	○/△/×	20	★★	수열 응용	수열 2세트	○/△/×

자가 학습 점검표				
유형별 맞은 개수			취약 유형 체크	공부하러 가기
응용수리	방정식 활용	/2		P.84
	확률과 경우의 수	/1		P.108
	수열	/1		P.118
자료해석	자료 이해	/11		P.132
	자료 계산	/4		P.150
	자료 변환	/1		P.158
맞은 개수 합계		/20	정답률	%

※ 정답률(%) = 맞은 개수 ÷ 풀이 개수 × 100

총정리
이번 회차의 아쉬운 점
이후 학습 계획

추리

문제 배열표									
번호	난이도	유형	세부유형	맞힌 여부 (찍었으면△)	번호	난이도	유형	세부유형	맞힌 여부 (찍었으면△)
1	★	삼단논법	모모모	○/△/×	16	★	도형추리	특수형태	○/△/×
2	★	삼단논법	어모어	○/△/×	17	★	도형추리	배경이 없는	○/△/×
3	★	삼단논법	어모어	○/△/×	18	★	도식추리	단일도식	○/△/×
4	★	조건추리	정보정리	○/△/×	19	★	도식추리	단일도식	○/△/×
5	★	조건추리	정보정리	○/△/×	20	★	도식추리	단일도식	○/△/×
6	★	조건추리	가지치기	○/△/×	21	★	도식추리	단일도식	○/△/×
7	★	조건추리	2xn, 3x3	○/△/×	22	★	문단배열	문단배열	○/△/×
8	★	조건추리	가지치기	○/△/×	23	★★	문단배열	문단배열	○/△/×
9	★★	조건추리	정보정리	○/△/×	24	★★	논리추론	추론문제	○/△/×
10	★★	조건추리	정보정리	○/△/×	25	★★	논리추론	반박문제	○/△/×
11	★★	진실게임	변수관계	○/△/×	26	★	논리추론	추론문제	○/△/×
12	★	조건추리	줄세우기	○/△/×	27	★	논리추론	추론문제	○/△/×
13	★★★	조건추리	계산	○/△/×	28	★★	논리추론	추론문제	○/△/×
14	★★★	진실게임	변수관계	○/△/×	29	★	논리추론	추론문제	○/△/×
15	★	도형추리	배경이 없는	○/△/×	30	★	논리추론	추론문제	○/△/×

자가 학습 점검표			
유형별 맞은 개수		취약 유형 체크	공부하러 가기
삼단논법	/3		P.200
진실게임	/2		P.222
조건추리	/9		P.260
도형추리	/3		P.332
도식추리	/4		P.358
문단배열	/2		P.380
논리추론	/7		P.392
맞은 개수 합계	/30	정답률	%

※ 정답률(%) = 맞은 개수 ÷ 풀이 개수 × 100

총정리
이번 회차의 아쉬운 점
이후 학습 계획

기출복원 모의고사 '24년 상반기 기출

수리

문항수 20문항 | 제한시간 30분

해설 p. 96

01 가전회사 A의 올해 세탁기 판매량은 작년 대비 10% 감소하였으며, 올해 식기세척기 판매량은 작년 대비 30% 증가하였다고 한다. A 회사의 두 제품 판매량 합계는 작년 400만 대였으며 올해 420만 대라고 할 때, 올해 세탁기의 판매량을 구하시오.

① 220만 대 ② 225만 대 ③ 230만 대
④ 235만 대 ⑤ 240만 대

02 A부터 J까지 이름이 붙여진 실리콘 웨이퍼 10장 중 실험에 활용할 웨이퍼 4장을 선택하려 한다. 이 때, D, E, F, G, H 5장 중 적어도 1장 이상이 실험용 웨이퍼로 뽑힐 확률을 구하시오.

① $\frac{37}{42}$ ② $\frac{19}{21}$ ③ $\frac{13}{14}$
④ $\frac{20}{21}$ ⑤ $\frac{41}{42}$

03 다음은 국내에서 발생 및 접수된 해상조난사고의 연간 통계를 정리한 자료이다. 이를 해석한 내용 중 옳은 것을 고르시오.

〈표〉 국내 연간 해상조난사고 통계

(단위: 개별표기)

구분		2018년	2019년	2020년	2021년	2022년	2023년
발생	선박 (척)	3,160	3,449	3,765	3,720	3,822	3,779
	인명 (명)	17,336	19,596	20,370	21,486	20,174	21,708
구조	선박 (척)	3,102	3,385	3,758	3,710	3,779	3,709
	인명 (명)	17,228	19,507	20,334	21,437	20,108	21,648
구조불능	선박 (척)	58	64	7	10	43	70
	인명 (명)	108	89	36	49	66	60

① 조사기간 중 사고 발생 선박 척수가 가장 많았던 해에 사고 발생 인명 수 역시 가장 많았다.

② 2019년 발생되었던 선박 사고 척수는 전년 대비 10% 이상 증가하였다.

③ 2023년 구조불능 인명 수는 전년 대비 10% 감소하였다.

④ 2021년 구조불능 선박의 전년 대비 증가율은 같은 해 구조불능 인명의 전년 대비 증가율보다 높았다.

⑤ 조사기간 중 구조되었던 선박이 가장 많았던 해에 구조되었던 인명 역시 가장 많았다.

04 다음은 지난 3년 동안 매년 14세 이상 국내거주 인원 1만 명 이상을 대상으로 '주로 이용하는 SNS 계정 1순위' 설문에 대한 응답 결과를 비중으로 정리한 자료이다. 이를 해석한 내용으로 옳은 보기를 고르시오.

〈그래프〉 주로 이용하는 SNS 계정 1순위 설문 응답 비중

(단위: %)

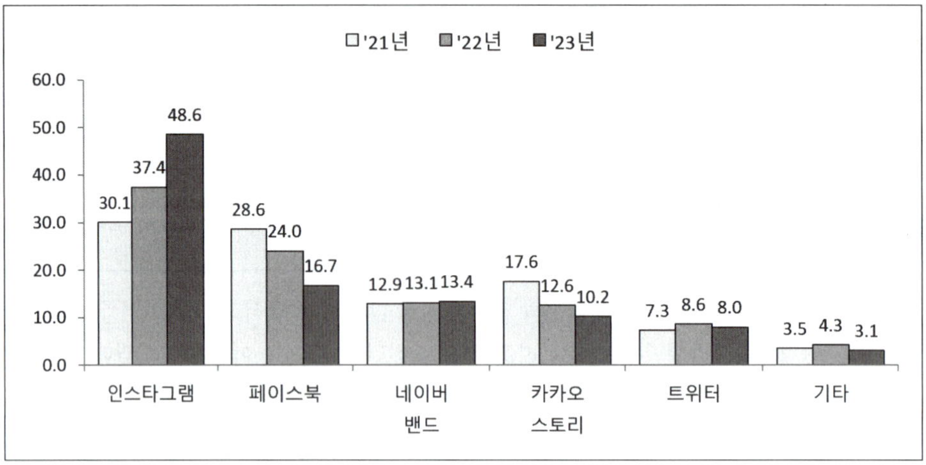

① 지난 3년 동안 기타를 제외한 상위 5개의 설문 응답 순위는 매년 동일했다.

② '23년 인스타그램 1순위 설문 비중의 전년 대비 증가율은 '22년의 전년 대비 증가율보다 높았다.

③ '22년 설문에 응답한 인원 4명 중 1명 이상은 페이스북을 주로 이용하는 SNS 계정 1순위라고 응답하였다.

④ 조사기간 동안 상위 2개 SNS의 응답 비중 합은 매년 60% 이상을 차지하였다.

⑤ 기타 항목을 제외하고 조사기간 동안 응답 비중이 매년 감소했던 SNS는 페이스북이 유일하다.

05 다음은 2023년 국내 근로자를 대상으로 퇴직연금 가입 현황을 조사한 자료이다. 이를 해석한 내용으로 옳지 않은 보기를 고르시오.

〈표〉 근로자의 퇴직연금 가입자 현황

(단위: 명, %)

구분	남성			여성		
	대상 인원	가입 인원	가입률	대상 인원	가입 인원	가입률
전체	7,168,006	3,861,420	53.9	5,073,207	2,622,880	51.7
20세 미만	9,777	2,243	22.9	8,792	2,029	23.1
20대	674,453	319,717	47.4	655,391	317,424	48.4
30대	1,654,121	1,021,627	61.8	1,109,354	659,606	59.5
40대	1,957,871	1,190,825	60.8	1,238,432	663,242	53.6
50대	1,730,904	922,291	53.3	1,284,879	670,336	52.2
60세 이상	1,140,880	404,717	35.5	776,359	310,243	40.0

① 퇴직연금에 가입한 남성 근로자 수는 모든 연령대에서 여성보다 많다.
② 남성과 여성 모두 30대의 퇴직연금 가입률이 가장 높다.
③ 60세 이상의 퇴직연금 가입자는 전체 퇴직연금 가입자 중 10% 이상의 비중을 차지한다.
④ 여성 근로자 중 퇴직연금 대상자가 가장 많았던 연령대와 가입자가 가장 많았던 연령대는 같다.
⑤ 2023년 퇴직연금 대상 근로자 전체의 퇴직연금 가입률은 52.8% 이하이다.

06 다음은 2023년 국내 월간 강수량과 강수일수를 정리한 자료이다. 이를 해석한 내용 중 옳은 것을 모두 고르시오.

〈표〉 월간 강수량 및 강수일수 통계

(단위: 개별 표기)

관측 시점	강수량		강수일수	
	mm	전년 대비	일	전년 대비
1월	6	-71%	7	-22%
2월	5	-34%	5	0%
3월	103	-7%	9	0%
4월	20	-84%	7	-22%
5월	8	-96%	4	-76%
6월	394	276%	12	-8%
7월	252	50%	14	75%
8월	565	167%	19	46%
9월	203	54%	8	0%
10월	124	118%	5	-55%
11월	85	35%	5	-17%
12월	14	72%	9	0%

a. 2022년 하반기 강수량은 2023년 하반기 강수량보다 많았다.
b. 2022년과 2023년 월간 강수일수가 동일했던 달은 총 3개월이었다.
c. 2023년 3분기 월평균 강수량은 340mm였다.

① a ② b ③ c
④ a, c ⑤ b, c

07 다음은 어느 기업의 2023년 하반기 기간 동안 월별 매출액과 영업이익률을 정리한 자료이다. 조사 기간 중 전월 대비 매출액 증가율이 가장 높았던 달의 영업이익이 올바르게 산출된 보기를 고르시오.

〈표〉 하반기 월별 경영실적

(단위: 만 원, %)

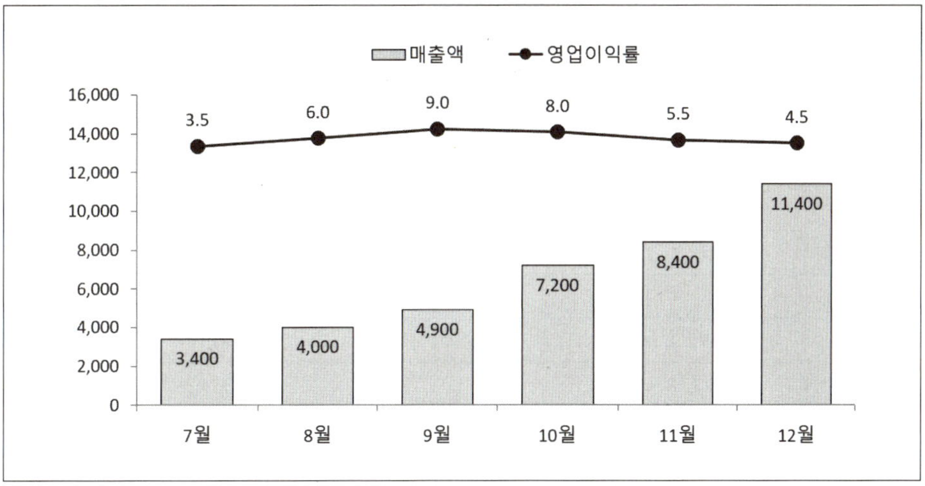

*영업이익률(%) = 영업이익 ÷ 매출액 × 100

① 576만 원 ② 513만 원 ③ 491만 원
④ 462만 원 ⑤ 441만 원

08 다음은 2023년 국내에서 출고 및 신고된 주류의 출고량과 세금에 대한 자료이다. 이를 해석한 내용으로 옳은 보기를 고르시오.

〈표〉 주류 출고 현황 및 세금 집계

(단위: 개별 표기)

항목 구분	출고량 (kℓ)	출고금액 (백만 원)	결정세액 (백만 원)
맥주	1,697,823	4,148,585	1,234,701
희석식 소주	861,540	3,984,178	1,346,766
탁주	342,517	518,974	17,429
과실주	14,128	127,967	23,952
청주	19,661	126,584	25,818
약주	11,438	69,218	13,211
위스키	234	19,240	6,505
브랜디	1.2	36	12
소계	3,268,623	9,970,322	2,793,833

*결정세율(%) = 결정세액 ÷ 출고금액 × 100

① 약주의 1리터당 출고금액은 청주보다 높다.
② 맥주의 결정세율은 희석식 소주보다 높다.
③ 여덟 종류 주류의 연간 출고량 순위와 출고금액 순위는 동일하다.
④ 여덟 종류의 주류 중 1리터당 출고금액이 가장 비싼 주류는 위스키이다.
⑤ 브랜디 1리터당 결정세액은 1천 원이다.

09 다음은 어느 회사 전직원이 한 곳에 필수로 가입해야하는 사내 동아리 구성원 수의 변화를 조사한 자료이다. 이를 해석한 내용으로 옳지 않은 보기를 고르시오. (상/하반기 동안 전직원은 동일 인원으로 유지되었다.)

〈표〉 상/하반기 동아리 구성원 현황

(단위: 명)

하반기 \ 상반기	자전거	볼링	탁구	러닝	합계
자전거	20	2	5	8	35
볼링	4	40	2	4	50
탁구	1	6	30	8	45
러닝	5	2	3	60	70
합계	30	50	40	80	200

① 상반기 기준 자전거 동아리 구성원 중 60% 이상은 하반기에도 자전거 동아리를 선택하였다.

② 상반기에는 러닝 동아리 소속이었으나 하반기에 자전거를 선택한 직원과 탁구를 선택한 직원수는 동일하다.

③ 동아리 두 곳은 상반기 대비 하반기에 구성원 수가 증가하였다.

④ 볼링 동아리 구성원이 전체 직원 중 차지했던 비중은 상반기와 하반기에 동일하다.

⑤ 하반기 기준 러닝 동아리 구성원 중 10% 이상은 상반기에 자전거 동아리에 속해있던 직원이었다.

[10~11] 다음은 A 기업의 분기별 메모리 반도체 매출 현황을 정리한 자료이다. 이를 활용하여 이어지는 각 문항의 물음에 답하시오.

〈그래프〉 메모리 반도체 제품 매출 현황(분기별)

(단위: 조 원)

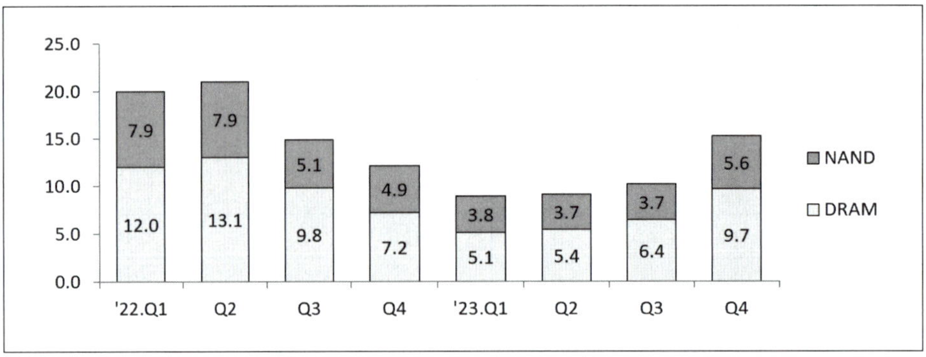

〈표〉 메모리 반도체 제품별 매출 비중(분기별)

(단위: %)

구분	2022년				2023년			
	Q1	Q2	Q3	Q4	Q1	Q2	Q3	Q4
NAND	40%	38%	34%	40%	43%	40%	37%	37%
DRAM	60%	62%	66%	60%	57%	60%	63%	63%

10 주어진 자료를 해석한 내용 중 옳은 보기를 고르시오.

① '23년 하반기 DRAM 매출액은 상반기 대비 50% 이상 증가하였다.
② 메모리 반도체 중 NAND의 매출 비중은 매 분기 절반 이상이었다.
③ 주어진 2개년 모두 상반기보다 하반기의 매출금액 합이 더 많았다.
④ 8개분기 중 분기 매출액이 가장 많았던 분기에 DRAM이 차지하는 매출 비중 역시 가장 높았다.
⑤ '23년 NAND의 분기 평균 매출액은 4.5조 원 이상이다.

11 '23년 연간 메모리 반도체 매출금액 중 NAND 제품이 차지하는 비중이 올바르게 계산된 보기를 고르시오. (소수점 첫째자리 반올림한다.)

① 36.9%
② 37.5%
③ 38.1%
④ 38.7%
⑤ 39.3%

12 다음은 국내에서 지정 및 운영되고 있는 공원현황을 정리한 자료이다. 이를 해석한 내용 중 옳은 보기를 고르시오.

〈표〉 국내 공원 지정 현황

(단위: 개소, ㎢)

관리주체별	공원지정별	2019년	2020년	2021년	2022년	2023년
국립공원	지정공원 수	22	22	22	22	23
	총면적	6,726.3	6,726.3	6,726.3	6,726.3	6,888.4
도립공원	지정공원 수	29	30	30	30	30
	총면적	1,122.6	1,147.5	1,147.5	1,147.3	1,026.8
군립공원	지정공원 수	27	27	27	28	28
	총면적	238.4	238.3	238.3	254.5	254.5

① 2023년 국립공원 1개소당 면적은 전년 대비 감소하였다.

② 세 종류의 지정공원 수 합계가 처음으로 80개소 이상을 기록했던 시기는 2023년이다.

③ 도립공원 1개소당 면적은 2020~2023년까지 동일하게 유지되었다.

④ 2022년 군립공원 1개소당 면적은 전년 대비 감소하였다.

⑤ 2020년 도립공원 1개소당 면적은 같은 해 군립공원 1개소당 면적의 4배 이하이다.

13 다음은 어느 회사의 신입사원 7명을 대상으로 신입사원 교육과 직무 교육 평가 점수를 나타낸 그래프이다. 이를 해석한 내용 중 옳지 않은 보기를 고르시오.

〈그래프〉 신입사원의 교육 완료 후 평가 결과

(단위: 점)

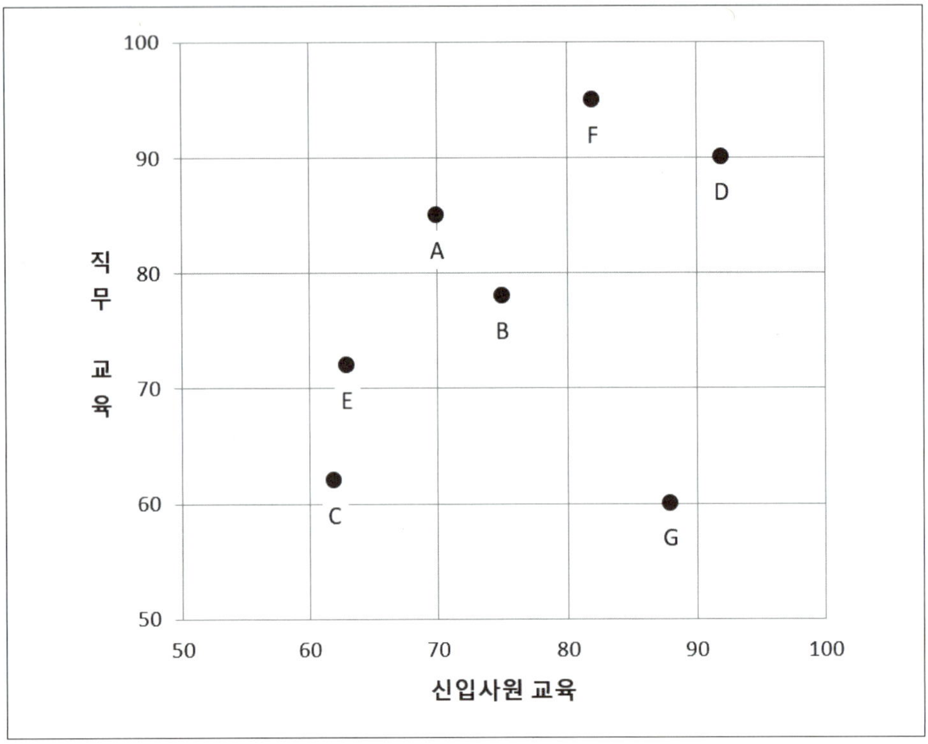

① 직무 교육에서 70점 이하를 기록했던 인원은 총 2명이다.

② B 사원은 신입사원 교육과 직무 교육에서 각각 동일한 점수 순위를 기록했다.

③ 신입사원 교육과 직무 교육의 평균 점수 80점 이상을 기록했던 신입사원은 총 4명이다.

④ 신입사원 7명 중 가장 높은 합계 점수를 기록했던 사원은 D이다.

⑤ 신입사원 교육 점수와 직무 교육 점수의 차이가 가장 컸던 사원은 G이다.

14 다음은 A 대학교에 재학 중인 인원의 비중에 대한 정보이다. 이를 활용하여 A 대학교 재학생 전체 인원수를 구하시오.

〈그래프〉 학년별 인원 비중

(단위: %)

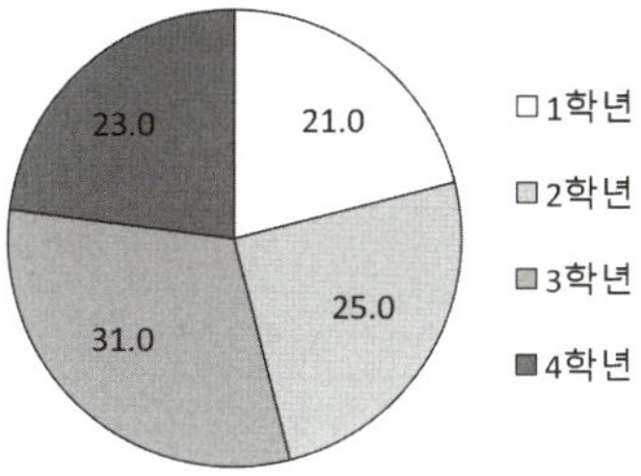

〈표〉 2학년 전공별 인원 비중

(단위: 명, %)

구분	인원	비중
공학	373	44.8
예체능	152	18.3
자연	104	12.5
의약	61	7.3
인문	60	7.2
사회	41	4.9
교육	41	4.9

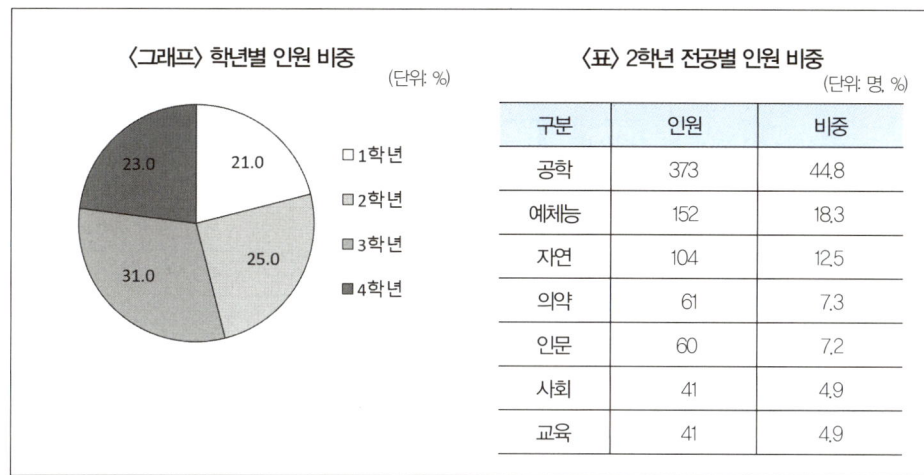

① 3,316명　② 3,328명　③ 3,340명
④ 3,352명　⑤ 3,364명

15 다음은 국내 품목 성질별 수출 현황을 정리한 자료이다. 이를 해석한 내용 중 옳지 않은 것을 고르시오.

〈표〉 성질별 수출 통계_국내

(단위: M$)

구분	'23년 1~4월 누적		'24년 1~4월 누적		'24년 4월	
	금액	비중	금액	비중	금액	비중
식음료 및 직접소비재	3,491	1.7%	3,697	1.7%	1,053	1.9%
원료 및 연료	20,415	10.1%	21,331	9.7%	5,134	9.1%
경공업품	11,298	5.6%	11,227	5.1%	3,131	5.6%
중화학공업품	165,443	82.5%	183,715	83.5%	46,944	83.4%

① '24년 4월 전체 수출액은 550억 달러 이상이었다.
② '24년 1~4월 식음료 및 직접소비재의 수출액은 전년 동기 대비 5% 이상 증가하였다.
③ '24년 1~4월 중화학공업품의 수출액은 전년 동기 대비 10% 이상 증가하였다.
④ '24년 1분기 경공업품 수출액은 '24년 4월 경공업품 수출액의 3배 이상이었다.
⑤ '23년 1~4월 전체 수출액은 2천억 달러 이상이었다.

16 다음은 2022년 국내 공항별 출입항 실적을 정리한 자료이다. 이를 해석한 내용으로 옳지 않은 보기를 고르시오.

〈표〉 2022년 공항별 출입항 항공기 및 승무원 현황

(단위: 대, 명)

구분	합계		입항		출항	
	항공기	승무원	항공기	승무원	항공기	승무원
총계	207,098	1,555,195	102,696	777,519	104,402	777,676
인천공항	193,133	1,467,126	95,787	733,766	97,346	733,360
김해공항	8,380	53,891	4,124	26,823	4,256	27,068
김포공항	3,335	19,254	1,658	9,575	1,677	9,679
대구공항	773	5,137	376	2,444	397	2,693
제주공항	760	4,383	394	2,239	366	2,144
기타	717	5,404	357	2,672	360	2,732

① 인천공항의 출입항 항공기 수와 승무원 수는 각각 전체의 90% 이상 비중을 차지한다.

② 기타를 제외한 5개 공항 중 각 공항별 출입항 항공기 수에서 입항 항공기의 비중이 절반 이상이었던 공항은 제주공항이 유일하다.

③ 기타 항목에 포함된 공항 중 제주공항보다 입항 항공기 수가 많았던 공항은 없다.

④ 대구공항 입항 항공기 1대당 승무원 수는 6명 이상이다.

⑤ 제주공항 출항 항공기 1대당 승무원 수는 6명 이상이다.

17 다음은 어느 초등학교의 전체 학생 중 학년별 인원이 차지하는 비중을 나타낸 그래프이다. 2018년 전교생은 600명, 2023년 전교생은 400명이라 할 때, 주어진 해석 중 옳은 것을 모두 고르시오.

〈그래프〉 학년별 인원 비중

(단위: %)

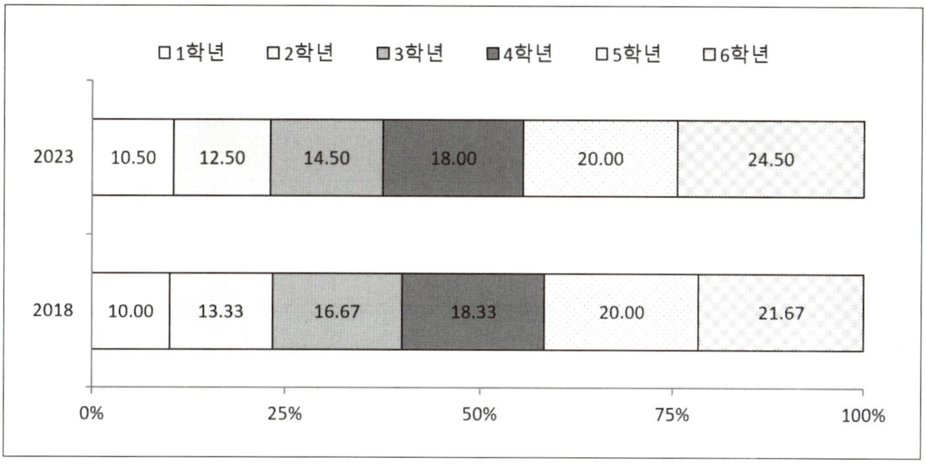

ㄱ. 조사기간 2개년 동안 학년이 높을수록 전체에서 차지하는 인원의 비중이 높았다.
ㄴ. 2023년 2학년과 5학년 인원수의 차이는 20명이다.
ㄷ. 2023년 5학년 인원수는 2018년 5학년 인원수 대비 40명이 감소하였다.
ㄹ. 2023년 6학년 인원수는 2018년 6학년 인원수 대비 증가하였다.

① ㄱ, ㄴ　② ㄱ, ㄷ　③ ㄴ, ㄷ
④ ㄴ, ㄹ　⑤ ㄱ, ㄴ, ㄷ

18 K 기업의 서버에서 하루에 활용되는 최소 데이터 용량 y(Gb)는 사용자 인원수 x(명)에 따라 $y = 200 + a(\frac{x}{100})^2 - b(\frac{x}{100})$의 수식으로 계산하여 서버를 운영 중이다. 사용자가 1백 명일 때의 최소 데이터 용량은 170Gb이며, 사용자가 1천 명일 때의 최소 데이터 용량이 1,700Gb라고 할 때, 수식에 활용되는 상수 a와 b가 올바르게 연결된 보기를 고르시오.

	a	b
①	20	50
②	20	100
③	20	200
④	50	50
⑤	50	100

19 다음은 해외 방문 경험이 있는 국내 성인을 대상으로 1년간 평균 방문횟수를 목적별로 조사한 자료이다. 이를 활용하여 '업무' 목적 해외 방문자 1인당 평균 방문횟수의 전년 대비 변화율이 올바르게 표현된 그래프를 고르시오.

〈표〉 연간 해외 방문 경험자의 1인당 평균 방문횟수_목적별

(단위: 회)

항목	관광	업무	교육
2016	1.56	2.89	1.22
2017	1.53	2.95	1.53
2018	1.72	2.98	1.49
2019	1.78	3.21	1.78
2020	1.57	3.04	1.47
2021	1.69	2.86	1.80
2022	2.31	2.65	2.20
2023	1.81	2.72	1.81

① 1인당 평균 방문횟수의 전년 대비 변화율

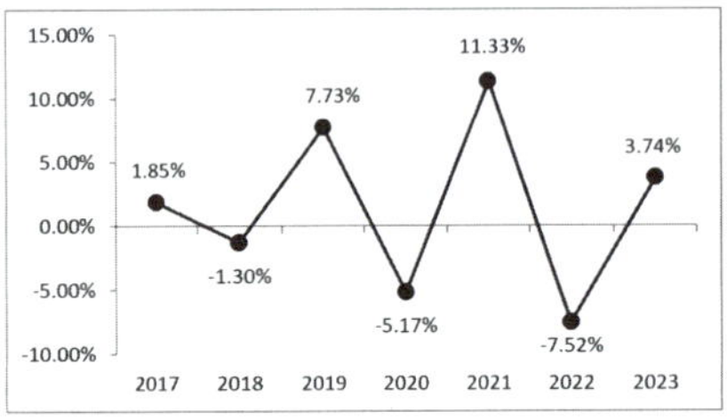

② 1인당 평균 방문횟수의 전년 대비 변화율

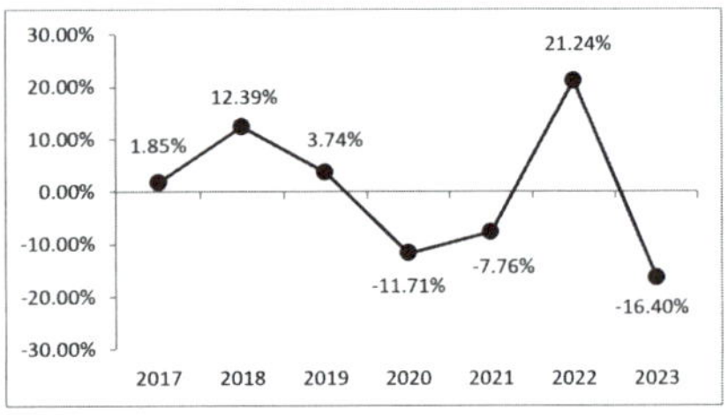

③ 1인당 평균 방문횟수의 전년 대비 변화율

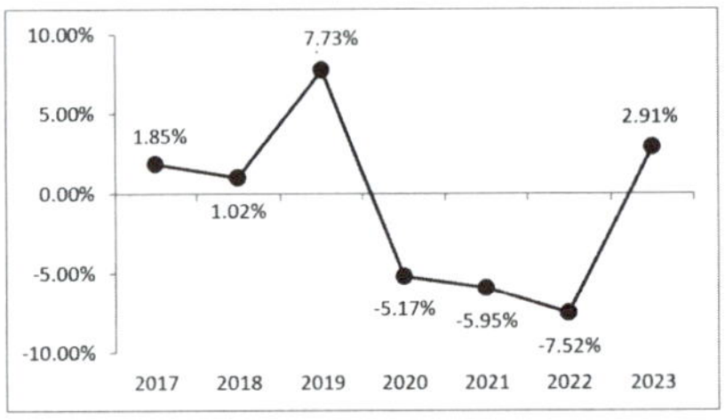

④ 1인당 평균 방문횟수의 전년 대비 변화율

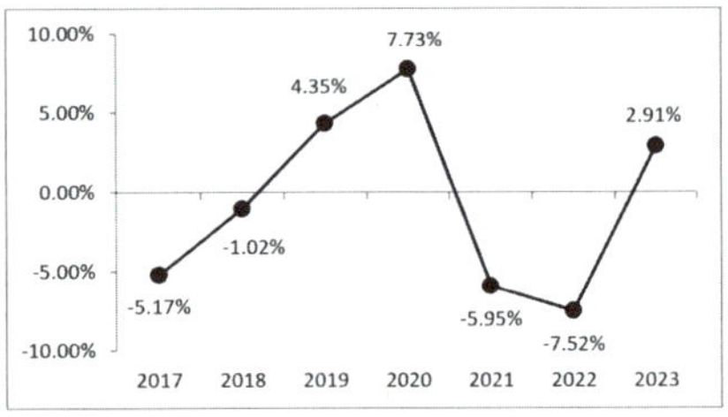

⑤ 1인당 평균 방문횟수의 전년 대비 변화율

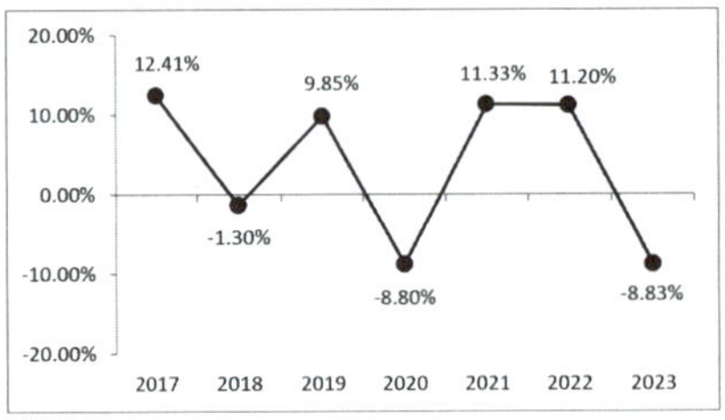

20 다음은 어느 공장에서 생산되는 1주일 동안의 주간 생산량을 기록한 정보이다. 이후 매주 동일한 생산량 증가가 기대된다고 할 때, 제품 A와 B의 주간 생산량 합계가 5천 개 이상을 기록할 것으로 예상되는 첫 시점을 고르시오.

구분	제품 A	제품 B
1주차	500	200
2주차	550	300
3주차	650	400
4주차	800	500
5주차	1,000	600

① 10주차 ② 11주차 ③ 12주차
④ 13주차 ⑤ 14주차

기출복원 모의고사
24 하
24 상

해설 p. 102

01 다음 중 항상 참인 결론으로 적절한 것을 고르시오.

[전제1] 우수한 모든 모의고사는 트렌드를 반영한다.
[전제2] 선호도가 높은 어떤 모의고사는 우수하다.
[결 론] (   )

① 선호도가 높은 모든 모의고사는 트렌드를 반영한다.
② 선호도가 높지 않은 어떤 모의고사는 트렌드를 반영하지 않는다.
③ 트렌드를 반영하지 않는 어떤 모의고사는 선호도가 높다.
④ 선호도가 높은 어떤 모의고사는 트렌드를 반영한다.
⑤ 트렌드를 반영한 모든 모의고사는 선호도가 높다.

02 다음 중 항상 참인 결론으로 적절한 것을 고르시오.

[전제1] 보호헬멧을 착용한 모든 작업자는 안전환경팀 소속이다.
[전제2] 설비점검을 하는 모든 작업자는 보호헬멧을 착용한다.
[결 론] (   )

① 안전환경팀 소속인 모든 작업자는 설비점검을 한다.
② 설비점검을 하지 않는 모든 작업자는 안전환경팀 소속이다.
③ 보호헬멧을 착용하지 않는 어떤 작업자는 설비점검을 한다.
④ 설비점검을 하는 어떤 작업자는 안전환경팀 소속이 아니다.
⑤ 설비점검을 하는 모든 작업자는 안전환경팀 소속이다.

03 **다음 중 결론을 항상 참으로 만드는 [전제2]를 고르시오.**

> [전제1] 사내에 배포하는 모든 시스템은 통합테스트를 거친다.
> [전제2] (　　　　　　　　　　　　　　　　)
> [결 론] 사내에 배포하는 모든 시스템은 SW개발팀이 개발한다.

① SW개발팀이 개발한 어떤 시스템은 통합테스트를 거친다.
② 통합테스트를 거친 모든 시스템은 SW개발팀이 개발한다.
③ 통합테스트를 거치지 않은 모든 시스템은 SW개발팀이 개발한다.
④ SW개발팀이 개발하지 않는 어떤 시스템은 통합테스트를 거친다.
⑤ SW개발팀이 개발한 모든 시스템은 통합테스트를 거친다.

04 **A, B, C, D는 일렬로 줄을 설 순서를 정한다. 〈보기〉의 조건을 참고하여 다음 중 항상 참인 것을 고르시오.**

〈 보 기 〉

- A는 첫 번째로 줄을 서지 않는다.
- D는 두 번째로 줄을 서거나 세 번째로 줄을 선다.
- B는 네 번째로 줄을 선다.

① C는 첫 번째로 줄을 선다.
② A는 두 번째로 줄을 선다.
③ D는 두 번째로 줄을 선다.
④ C는 세 번째로 줄을 선다.
⑤ A는 세 번째로 줄을 선다.

05 A, B, C, D, E 5명의 프로젝트 기여도 순위를 매겨 상위 2명에게만 상품을 지급한다. 5명 중 순위가 가장 높은 1등에게는 노트북을 지급하고 2등인 사람에게는 이어폰을 지급한다. 5명의 기여도 순위가 모두 다르다고 할 때 〈보기〉를 참고하여 이어폰을 받는 사람을 고르시오.

〈 보 기 〉

- A의 프로젝트 기여도 순위는 3등이다.
- B와 C의 순위를 더한 값은 D와 E의 순위를 더한 값과 같다.
- B는 C보다 순위가 높다.
- D는 E보다 순위가 높다.
- B는 D보다 순위가 높다.

① A ② B ③ C
④ D ⑤ E

06 A, B, C, D, E 중 1명이 컴퓨터를 수리한다. 컴퓨터를 수리하는 1명은 거짓을 말하고 나머지 4명은 참을 말한다고 할 때 〈보기〉를 참고하여 컴퓨터를 수리하는 사람을 고르시오.

〈 보 기 〉

A: E는 컴퓨터를 수리하지 않는다.
B: C와 E는 컴퓨터를 수리하지 않는다.
C: B가 하는 말은 참이다.
D: B가 컴퓨터를 수리한다.
E: C는 컴퓨터를 수리하지 않는다.

① A ② B ③ C
④ D ⑤ E

07 **A, B, C, D, E, F는 1부터 6까지 적혀있는 6개의 자리에 앉는다. 6개의 자리는 원형의 테이블을 바라보고 일정한 간격으로 배치되어 누군가를 마주 보고 앉는다고 할 때 〈보기〉를 참고하여 항상 거짓인 것을 고르시오.**

〈 보 기 〉

- A와 E는 마주 보는 자리에 앉는다.
- F는 C보다 높은 숫자의 자리에 앉는다.
- A와 C는 서로 이웃한 자리에 앉는다.
- D는 4가 적힌 의자에 앉는다.
- B는 A와 이웃한 자리에 앉지 않는다.

① A는 2가 적힌 의자에 앉는다.
② B는 1이 적힌 의자에 앉는다.
③ C는 3이 적힌 의자에 앉는다.
④ E는 6이 적힌 의자에 앉는다.
⑤ F는 5가 적힌 의자에 앉는다.

08 **A, B, C, D 소자를 테스트한다. 테스트하는 목록은 낙하, 침수, 성능이며 테스트 결과는 합격과 불합격만 존재한다. 〈보기〉를 참고하여 다음 중 항상 참인 것을 고르시오.**

〈 보 기 〉

- A소자와 C소자의 각 테스트 결과는 모두 같다.
- C소자는 2개 테스트만 합격했다.
- 낙하 테스트를 합격한 소자는 2개이다.
- 침수 테스트를 합격한 소자는 1개이다.

① A소자는 성능 테스트에서 합격을 받았다.
② B소자는 낙하 테스트에서 합격을 받았다.
③ B소자는 성능 테스트에서 불합격을 받았다.
④ C소자는 침수 테스트에서 합격을 받았다.
⑤ D소자는 성능 테스트에서 합격을 받았다.

09 **A, B, C, D, E는 토너먼트로 치러진 축구대회 참가팀이다. 〈보기〉 및 〈대진표〉를 참고하여 반드시 거짓인 것을 고르시오.**

〈 보 기 〉

- A팀의 토너먼트 결과는 2승 1패다.
- C팀이 토너먼트에서 우승했다.

〈대진표〉

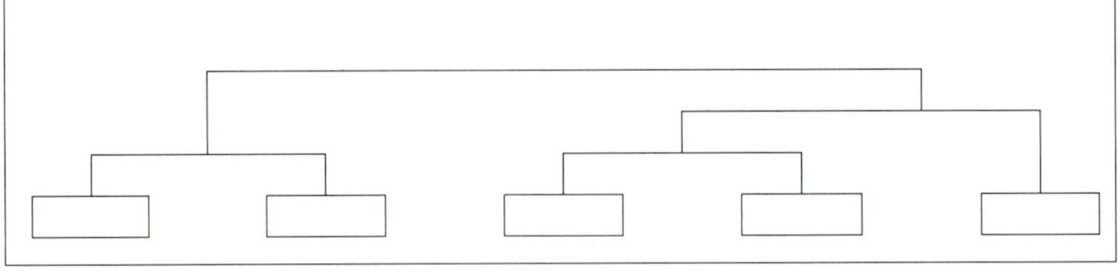

① B팀은 E팀과 경기를 치렀다.
② A팀은 D팀과 경기를 치렀다.
③ B팀은 C팀과 경기를 치렀다.
④ C팀은 D팀과 경기를 치렀다.
⑤ A팀은 C팀과 경기를 치렀다.

10 **월요일부터 금요일까지 하루에 2명씩 외근한다. 외근하는 사람은 A, B, C, D, E이며 인당 2번씩 외근한다고 할 때 〈보기〉를 참고하여 항상 참인 것을 고르시오.**

〈 보 기 〉

- C는 이틀 연속 외근한다.
- A는 2번의 외근 모두 B와 함께 외근한다.
- 목요일에 외근하는 사람은 D와 E이다.

① 월요일에 외근하는 사람은 A와 B이다.
② 수요일에 외근하는 사람은 C와 D이다.
③ 금요일에 외근하는 사람은 A와 B이다.
④ 화요일에 외근하는 사람은 D와 E이다.
⑤ 월요일에 외근하는 사람은 C와 E이다.

11 A, B, C, D, E, F, G, H는 2 × 4로 배치된 주차장에 차를 한 대씩 주차한다. 〈보기〉를 참고하여 항상 거짓인 것을 고르시오.

〈 보 기 〉

- B와 C는 같은 행의 자리에 주차한다.
- C와 D는 다른 열의 자리에 주차한다.
- G는 3행 1열의 자리에 주차하고 H는 4행 2열의 자리에 주차한다.
- A와 E는 같은 열이며 서로 이웃한 자리에 주차한다.

	1열	2열
1행		
2행		
3행	G	
4행		H

① D는 4행 1열의 자리에 주차한다.
② B는 1행 1열의 자리에 주차한다.
③ F는 4행 1열의 자리에 주차한다.
④ E는 2행 2열의 자리에 주차한다.
⑤ C는 1행 1열의 자리에 주차한다.

12 A, B, C, D, E 중 1명이 상을 받았다. 상을 받은 1명은 거짓을 말하고 나머지 4명은 진실을 말한다고 할 때 〈보기〉를 참고하여 항상 참인 것을 고르시오.

〈 보 기 〉

A: B가 하는 말은 진실이다.
B: 나와 A는 상을 받지 않았다.
C: A와 E는 상을 받지 않았다.
D: 나는 상을 받지 않았고 E도 상을 받지 않았다.
E: A가 상을 받거나 D가 상을 받았다.

① A가 상을 받았다.
② B가 상을 받았다.
③ C가 상을 받았다.
④ D가 상을 받았다.
⑤ E가 상을 받았다.

13 A, B, C, D, E, F를 2 × 3 형태의 차량 좌석에 배치한다. 〈보기〉를 참고하여 D를 배치할 수 있는 좌석의 수로 적절한 것을 고르시오.

〈 보 기 〉

- A와 E를 같은 행에 위치한 좌석에 배치한다.
- B는 1열 3행의 좌석에 배치한다.
- D는 2열에 위치한 좌석에 배치한다.
- C와 F는 서로 다른 열의 좌석에 배치한다.
- C와 F는 서로 다른 행의 좌석에 배치한다.

	1열	2열
1행		
2행		
3행	B	

① 1　　② 2　　③ 3
④ 4　　⑤ 5

14 신입사원 A, B, C, D, E, F는 포토, 에칭, 메탈 공정 중 한 공정을 맡는다. 또한 6명은 샘플 '가', '나' 중 한 가지 샘플을 다룬다고 할 때 〈보기〉를 참고하여 F가 맡는 공정과 다루는 샘플의 조합으로 알맞은 것을 고르시오.

〈 보 기 〉

- 맡는 공정과 다루는 샘플의 조합이 같은 인원은 없다.
- B는 에칭 공정을 맡으며 C가 다루는 샘플과 같은 샘플을 다룬다.
- A는 포토 공정을 맡으며 '가' 샘플을 다룬다.
- D와 E는 같은 공정을 맡는다.

① 에칭공정, '가' 샘플　　② 메탈공정, '가' 샘플　　③ 포토공정, '나' 샘플
④ 에칭공정, '나' 샘플　　⑤ 메탈공정, '나' 샘플

15 다음 도형들은 일정한 규칙을 가지고 있다. 물음표에 들어갈 알맞은 도형을 고르시오.

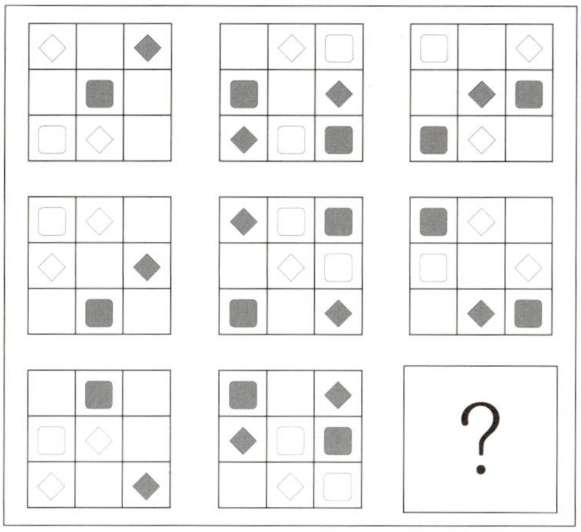

①
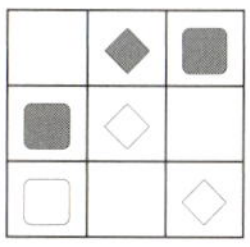

②
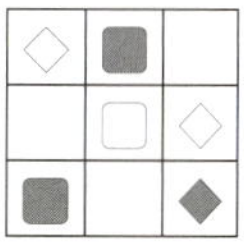

③
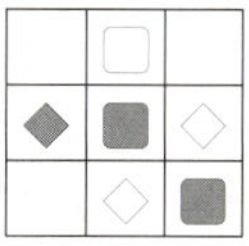

④
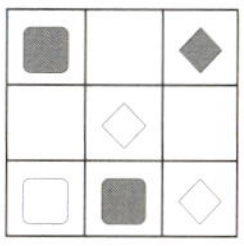

⑤
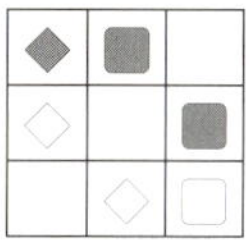

16 다음 도형들은 일정한 규칙을 가지고 있다. 물음표에 들어갈 알맞은 도형을 고르시오.

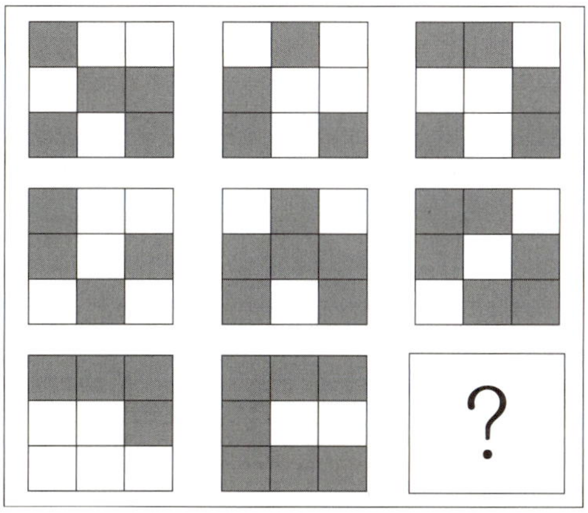

①
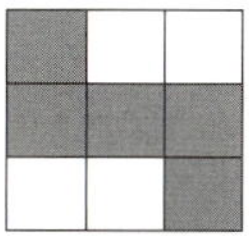

②
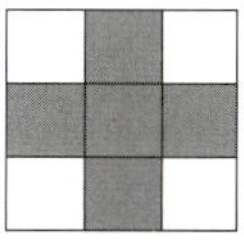

③
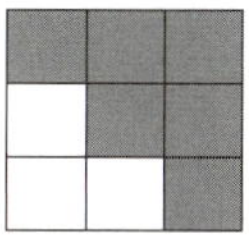

④
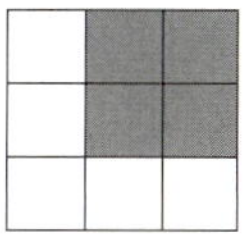

⑤
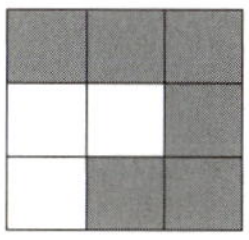

17 다음 도형들은 일정한 규칙을 가지고 있다. 물음표에 들어갈 알맞은 도형을 고르시오.

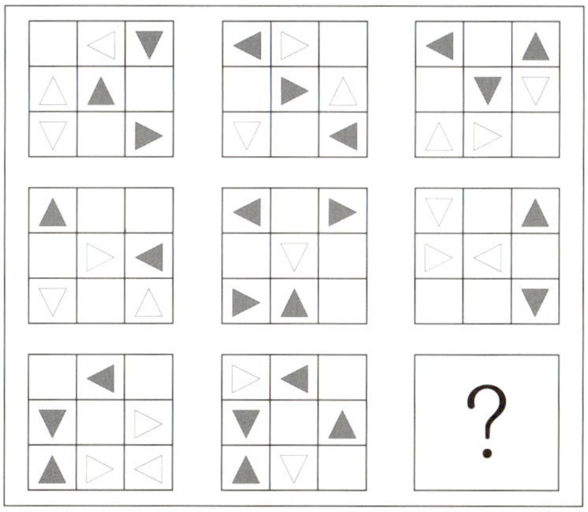

①
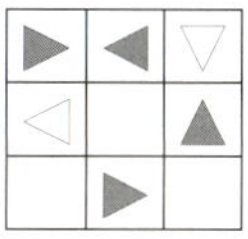

②
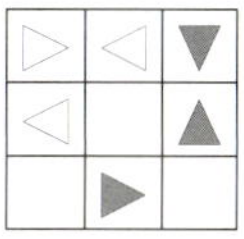

③
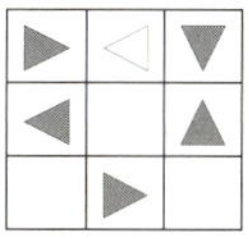

④
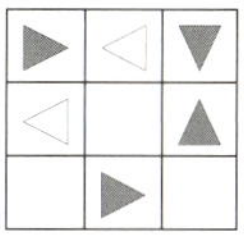

⑤
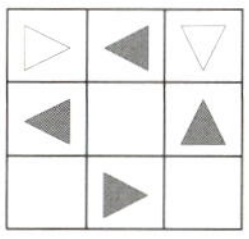

[18~21] 다음 문자와 도형의 흐름을 참고하여 물음에 답하시오.

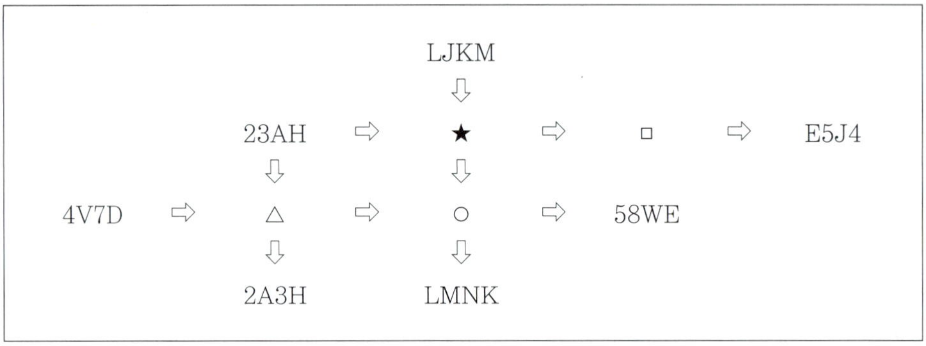

18 다음 중 물음표에 들어갈 문자로 알맞은 것을 고르시오.

BLUE ⇨ ○ ⇨ ★ ⇨ ?

① VCMF ② FMVC ③ VCFM
④ VFCM ⑤ FVMC

19 다음 중 물음표에 들어갈 문자로 알맞은 것을 고르시오.

? ⇨ △ ⇨ □ ⇨ 9G8R

① 65QD ② 30JS ③ 56DQ
④ DQ56 ⑤ 03SJ

20 다음 중 물음표에 들어갈 문자로 알맞은 것을 고르시오.

PINK ⇨ ★ ⇨ ○ ⇨ △ ⇨ ?

① RMSJ ② OQJL ③ MRJS
④ QJOL ⑤ OLQJ

21 다음 중 물음표에 들어갈 문자로 알맞은 것을 고르시오.

? ⇨ ○ ⇨ ★ ⇨ □ ⇨ 75MG

① J2E1 ② 3G4L ③ L4G3
④ 1E2J ⑤ 4LG3

22 **다음 각 문단을 맥락에 따라 적절하게 배열한 것을 고르시오.**

(A) 우리나라도 젠트리피케이션 현상이 한창 발생했던 때가 있었다. 판자촌이나 산동네와 같이 주거 환경이 열악한 곳의 환경을 개선하는 수단으로 오랫동안 정부 주도의 전면 철거 및 재개발 방식이 사용되었다. 이를 통해 낙후된 지역이 일순간 새롭고 깨끗한 지역으로 바뀌기도 한다. 하지만 기존에 그곳에 살던 사람들 대부분은 개선된 주거 환경의 혜택을 누리지 못하는데, 이는 그 지역의 집값과 임대료가 급등하기 때문이다. 낙후된 지역에서 낮은 임대료를 내고 살던 주민들은 자신이 살던 공간이 새롭고 깨끗한 곳으로 바뀌면서 대부분 쫓겨난다.

(B) 도시의 여러 가지 변화를 표현하는 말 중에 '젠트리피케이션'이 있다. 젠트리피케이션은 저소득층이 모여 사는 낙후된 지역이 중산층의 유입으로 점점 임대료가 상승하면서, 기존 주민들이 높은 임대료를 감당할 수 있는 사람들로 교체되는 현상을 말한다.

(C) 이런 젠트리피케이션의 문제는 거리를 활성화시킨 장본인들이 변화의 수혜를 보지 못한다는 것이다. 오히려 건물주나 활성화된 이후 입주한 프랜차이즈 업체들이 혜택을 보는 경우가 다반사다. 만약 이런 문제를 계속 방치한다면, 앞으로는 사람들이 도시를 아름답게 만드는 특색 있는 상업지구의 형성에 자발적으로 참여하지 않을 것이다.

(D) 상업지구에서도 젠트리피케이션은 나타난다. 우리나라의 경우에는 도심과 가까운 곳에 오래되고 낡은 건물이 모인 동네에서부터 젠트리피케이션이 시작된다. 처음에는 이 지역의 임대료가 저렴해 창의적인 예술가나 독특한 물건을 파는 상인들이 부담 없이 자리를 잡는다. 이와 같은 결과로 독특한 지역문화가 형성되면서 입소문이 퍼지기 시작하고 이어서 유동 인구가 늘어나게 된다. 결국 해당 지역의 지가가 상승하고 임대료가 높아지면서 초기의 거주자들이 이 지역을 떠나게 되는 것이다.

① (A)－(D)－(C)－(B)
② (B)－(A)－(D)－(C)
③ (B)－(D)－(C)－(A)
④ (D)－(C)－(A)－(B)
⑤ (D)－(B)－(C)－(A)

23 다음 각 문단을 맥락에 따라 적절하게 배열한 것을 고르시오.

(A) 현대는 타인지향형 인간이 절대 다수를 이루는 사회다. 가치관 설정이나 판단을 외부에 의존하는 경향이 강한 타인지향형 성격은 대도시에 살아가는 새로운 중산층, 예컨대 다양한 공공부문이나 사기업 직원의 전형적인 성격이다. 이러한 타인지향형 성격은 내부지향형 성격과 대비된다.

(B) 하지만 오늘날의 국가나 기업은 개인이 이런 내부지향형 성격을 갖도록 용인하지 않는다. 근대국가나 대기업 체제는 관료제를 가장 중요한 특성으로 삼는다. 관료제는 피라미드형 수직적 분업 체계를 전제로 하며, 각 단계가 엄격한 절차와 명령으로 구성된 권위주의로 움직인다. 이 시스템 아래에서 개인은 판단과 선택의 근거를 외부로 이동시킨다. 관료화된 사회와 조직 체계가 무엇을 원하는지, 자신보다 더 높은 계단 위에 있는 사람이 무엇을 바라는지 끊임없이 살핀다.

(C) 게다가 거대한 관료 기구는 다수의 개인을 효율적으로 동원하기 위해 필요 이상의 경쟁을 부추긴다. 이에 개인은 타인이 자신을 어떻게 평가하는지에 온 신경을 집중한다. 내가 무엇을 바라는지는 전혀 중요한 가치가 아니며, 선택의 동기와 기준이 개인이 아닌 국가와 기업, 자신이 아닌 타인이 된다.

(D) 내부지향형 성격은 행위 동기가 외부가 아니라 내부에서 출발한다. 무엇보다도 인생 목표를 스스로 선택하는데, 개인의 필요와 선택, 그리고 이를 뒷받침하는 의지에 의한 인생 목표이기 때문에 이들은 목표를 전 생애를 통해 일관되게 견지한다. 만약 예기치 않은 사건 때문에 외부 환경에 변화가 일어나더라도 자기 역량과 조건 사이에서 균형을 잡으며 목표를 지속할 해결 방안을 찾는다.

① (A)–(B)–(C)–(D)　② (A)–(D)–(B)–(C)　③ (D)–(A)–(B)–(C)
④ (D)–(A)–(C)–(B)　⑤ (D)–(B)–(C)–(A)

24 **다음 글을 읽고 반드시 참인 설명을 고르시오.**

> 반도체 웨이퍼는 주로 실리콘으로 만들어진다. 실리콘은 지구에 풍부하게 존재하는 원소로, 모래의 주요 성분이기도 하다. 실리콘은 전기적 특성이 뛰어나고, 비교적 저렴하기 때문에 반도체 재료로 널리 사용되고 있지만 실리콘을 이용해 웨이퍼를 만들기 위해서는 매우 정밀하고 복잡한 여러 단계의 과정이 필요하다.
>
> 먼저, 순수한 실리콘을 고온에서 녹여 큰 실리콘 덩어리인 '잉곳(Ingot)'을 만든다. 이 과정에서 실리콘 씨앗을 천천히 회전시키며 용융된 실리콘에 담가 단결정 실리콘 잉곳을 성장시키는 방법이 보편적으로 사용되고 있다. 이렇게 만들어진 실리콘 잉곳은 매우 순수하고, 단결정 구조를 가지게 된다.
>
> 이후, 실리콘 잉곳을 얇게 슬라이스하여 디스크 형태의 웨이퍼를 만들며 연마와 세정 과정을 거쳐 표면을 정밀하게 다듬는다. 이렇게 만들어진 웨이퍼는 직경이 200mm나 300mm로 표준화되어 있으며, 필요에 따라 예외적으로 더 큰 크기의 웨이퍼가 제작되기도 한다.
>
> 이어서 반도체 소자를 웨이퍼 위에 형성하게 되는데 이 과정은 여러 단계로 이루어진다. 먼저, 포토리소그래피 과정을 통해 웨이퍼 표면에 소자의 패턴을 그린다. 이는 빛을 이용하여 마스크에 있는 패턴을 웨이퍼 위에 인쇄하는 과정이다. 이후, 도핑 과정을 통해 웨이퍼에 불순물을 첨가하여 전기적 특성을 부여하게 된다.
>
> 다음으로 에칭 과정과 증착 과정 등 일련의 공정을 통해 웨이퍼 위에 수많은 반도체 소자가 형성되며, 이는 다양한 전자기기의 핵심 부품으로 사용된다.

① 실리콘은 비교적 쉽게 구할 수 있으며, 웨이퍼로 가공하기에 편리하기 때문에 널리 사용되고 있다.

② 순수한 실리콘을 큰 실리콘 덩어리인 잉곳으로 만드는 과정에서 매우 순수한 다결정의 구조가 형성된다.

③ 현재 직경이 200mm인 반도체 웨이퍼보다 300mm인 반도체 웨이퍼가 많이 제작되고 있다.

④ 빛을 이용하여 웨이퍼 위에 패턴을 인쇄하는 과정을 통해 웨이퍼는 소자의 기능을 모두 구현하게 된다.

⑤ 잉곳을 이용하여 만들어진 웨이퍼에 불순물을 첨가함으로써 전기적 특성을 부여할 수 있다.

25 **다음 글을 읽고 반드시 거짓인 설명을 고르시오.**

> 오늘날 바이오 산업에서 단백질 정제는 의약품 개발, 구조 생물학 연구, 산업용 효소 개발 등 다양한 분야에서 활용되는 매우 중요한 과정이라 할 수 있다. 특히 의약품 개발에서는 단백질의 순도와 기능이 매우 중요하기 때문에, 정제 과정은 정밀하게 이루어져야 한다. 또한 생명체의 기본이자 핵심이라고 할 수 있는 단백질의 구조와 기능을 이해하기 위해서도 단백질 정제를 통해 순수한 단백질을 얻는 것은 꼭 필요하다.
>
> 단백질 정제 과정에서 빠지지 않고 언급되는 크로마토그래피 기법은 혼합물에서 개별 성분을 분리하고 분석하기 위한 가장 효과적인 기법 중 하나이다. 크로마토그래피 기법은 단백질의 물리적 혹은 화학적 특성을 이용해 표적 단백질을 분리하는 기법으로, 여러 기법 중 겔 여과 크로마토그래피, 이온 교환 크로마토그래피, 역상 크로마토그래피가 주로 사용된다. 겔 여과 크로마토그래피는 단백질을 크기에 따라 분리하는 방법이며, 이온 교환 크로마토그래피는 pH에 따라 양전하 혹은 음전하를 띠는 단백질의 특성을 이용하여 분리하는 방법이다. 역상 크로마토그래피는 단백질의 친수성 혹은 소수성의 특징에 따라 단백질을 분리하는 방법이다.

① 오늘날 신약을 개발하는 프로세스에서 단백질 정제는 빼놓을 수 없는 과정이다.

② 겔 여과 크로마토그래피는 단백질의 물리적 특성을 이용하여 표적 단백질을 분리해 내는 기법이다.

③ 단백질 정제를 통해 순수한 단백질을 얻지 못한다면 단백질의 구조와 기능을 이해하기가 어려워질 것이다.

④ 오늘날 단백질 정제 과정에서 활용하고 있는 크로마토그래피 기법의 종류는 총 세 가지다.

⑤ 크로마토그래피 기법은 여러 물질이 혼합된 상태에서도 개별 성분을 분리해 낼 수 있는 방법이다.

26 **다음 글을 읽고 반드시 참인 설명을 고르시오.**

PPI(Pixels Per Inch)는 LED 디스플레이의 화질을 나타내는 중요한 지표 중 하나이다. 이를 이해하기 위해서는 픽셀이라는 개념부터 알아야 하는데, 픽셀은 화소라고도 불리며 디지털 이미지나 디스플레이의 화상을 구성하는 기본단위다. PPI는 디스플레이 화면에 인치당 몇 개의 픽셀이 있는지를 나타내며, 디스플레이의 해상도와 밀접한 관련이 있다. 높은 PPI는 더 선명하고 높은 해상도의 화질을 제공한다. 즉, 텍스트, 이미지, 비디오 등의 표현이 더 정밀해지는 것이다. 반면 PPI가 낮다면, 인치당 픽셀 수가 적어 화면이 다소 거칠게 보일 수 있으며 해상도도 낮아진다. 특히 근거리에서 볼 때 픽셀이 도드라져 보일 수 있다. 따라서 가까이서 봐야 하는 디스플레이의 경우 높은 PPI가 주로 적용된다. 반대로, 멀리서 보는 대형 디스플레이에서는 시인성 면에서 상대적으로 낮은 PPI도 크게 문제 되지 않는다. 예를 들면 스마트폰, 태블릿, 모니터와 같은 개인용 디바이스의 디스플레이는 높은 PPI인 경우가 많으며, 대형 광고판이나 경기장 디스플레이의 경우에는 비용적인 면에서 유리하기 때문에 낮은 PPI가 주로 사용된다.

① 대형 디스플레이에는 기술적으로 높은 PPI를 구현하기가 어렵다.
② 픽셀은 LED 디스플레이의 크기를 의미한다.
③ 픽셀이 도드라져 보일 수 있기 때문에 근거리에서는 낮은 PPI가 더 적절하다.
④ LED 디스플레이의 크기가 커질수록 이미지나 비디오 등의 표현이 더 정밀해진다.
⑤ 디스플레이의 해상도와 디스플레이의 크기가 반드시 비례하는 것은 아니다.

27 **다음 글로부터 추론할 수 있는 설명으로 적절하지 않은 것을 〈보기〉에서 모두 고르시오.**

> 오늘날 인류는 어마어마한 양의 이산화탄소를 대기 중에 방출하고 있다. 대기 중 이산화탄소 농도가 높아지면 많은 양의 이산화탄소가 바다로 흡수되어 해양을 산성화시킨다. 문제는 산성화가 대사 작용, 효소 활성도, 단백질 기능 등 기본적인 생명 활동에 중차대한 변화를 가져오는 데 반해, 해양 생명체들은 적응할 수 있는 환경의 변화 폭이 매우 좁다는 점이다.
>
> 수많은 영향 가운데서도 가장 심각한 것은 석회화 생물들이 입는 피해다. 석회화 생물이란 광물 탄산칼슘으로 외골격을 형성하는 동물이나 내부 뼈대를 형성하는 해양 식물들을 말한다. 석회화 생물은 오랫동안 안정적이었던 바다 환경에 최적화된 형태로 적응하고 진화해 왔다. 바다 속에 존재하는 칼슘 이온과 탄산염 이온을 결합시켜 탄산칼슘을 만들어 내고 이를 자기의 신체를 보호하거나 신체를 지탱하는 용도로 활용해 온 것이다. 그런데 일반적인 바다의 칼슘 및 탄산염 이온의 농도로는 둘의 결합이 일어나지 않는다. 따라서 석회화 생물들은 적극적으로 이 과정에 개입하여 자신에게 필요한 물질을 생성해 내야 한다.
>
> 하지만 해양 산성화가 일어나면 탄산염 이온의 수가 줄어들기 때문에 석회화의 비용이 증가한다. 즉 꼭 필요한 물질의 생성을 위해서 더 많은 에너지가 든다는 것이다. 지금보다 훨씬 많은 영양분을 취할 수 있는 환경으로 바뀔 확률은 사실상 없으므로 결국 석회화 생물들이 굶주리거나 아사할 확률은 급속히 늘어나게 될 것이다.

〈 보 기 〉

ㄱ. 바다에서 방출되는 이산화탄소 양보다 용해되는 이산화탄소 양이 더 많아진다면 해양은 산성화 될 것이다.
ㄴ. 해양이 더욱 산성화된다면 석회화 생물들은 탄산칼슘 만들기가 쉬워질 것이다.
ㄷ. 해양의 탄산염 이온의 수가 줄어들게 되면 석회화 생물들의 개체 수도 감소하게 될 것이다.

① ㄱ ② ㄴ ③ ㄷ
④ ㄱ, ㄴ ⑤ ㄴ, ㄷ

28 **다음 글에서 나타난 필자의 핵심 주장을 비판하는 것으로 가장 적절한 것을 고르시오.**

> 우연종은 여러 가지 이유로 영상의학 검사를 하다가 예상치 못한 질병을 발견하는 것을 말한다. 영상기술이 발전하면서 이렇게 우연종을 발견하는 일은 더 빈번해졌다. 우연종을 발견하게 되면 보통은 조직검사나 수술 같은 외과적인 진단 검사를 더 실시하는데, 사실 발견되는 우연종이 실제 질병인 경우는 1퍼센트 이하다. 그 외 나머지 경우들에서 추가적인 진료는 환자에게 불필요하다.
>
> 우연종이 발견되면 의사들은 딜레마에 빠진다. 만약 방사선 전문의가 "주요 소견은 아니지만 악성종양의 가능성을 배제할 수 없다."라고 한다면 담당 의사는 어떻게 결정해야 할까? 추가적으로 정밀한 검사들을 진행하는 것이 옳을까? 방사선을 활용한 검사는 말할 것도 없거니와 만약 방사선을 활용하지 않는 검사를 진행한다고 하더라도 경제적 그리고 시간적인 면에서 환자의 부담은 더 커지게 된다. 사실 이 경우에는 시간을 두고 환자 스스로 새로운 증상을 느낄 때까지 지켜보는 것이 좋다. 우연종이 발견되었다고 과민하게 반응하거나 호들갑을 떨 필요가 없다는 것이다.

① 폐암은 발병 당시에는 병변도 매우 작고 자각 증상이 없는데, 초기의 치료 시기를 놓치면 사망률이 매우 높다.

② 방사선 전문의가 질병이라 소견을 제시한 경우에도 실제 질병이 없는 경우가 종종 있다.

③ 통계적으로 비정상 영역에 포함되어 있는 신체 상태에서도 특별히 질병 소견이 없는 사람들이 있다.

④ 오늘날에는 방사선을 활용하지 않는 MRI와 같은 안전한 대체 촬영술도 점차 널리 활용되고 있다.

⑤ 방사선을 활용한 기기에서 단 한 번의 촬영으로 피폭되는 방사선량으로는 사실상 어떤 질병도 유발하지 않는다는 것이 밝혀졌다.

29 **다음 글로부터 추론할 수 있는 설명으로 적절한 것을 고르시오.**

> 딥러닝은 빅데이터를 바탕으로 수많은 반복과 학습을 통해서 스스로 지식을 생성·축적해가는 인공지능 분야이다. 그런데 이미 데이터를 활용하여 인간의 판단을 보조하는 전통적인 방법이 있다. 바로 통계다. 하지만 통계와 딥러닝은 그 차이로 인해 서로 활용하는 분야가 다르다.
>
> 먼저 통계는 인간이 의미 있다고 생각한 자료를 이미 정보화한 결과를 가지고 이야기하는 반면 딥러닝은 무작위로 수집한 빅데이터를 통해서 결과물을 산출한다. 따라서 어떤 대상에 대한 정보가 충분하다면 통계가 유리하지만 정보가 부족하거나 거의 없다시피 한 영역에서는 딥러닝의 예측이 효과적이다. 또한 문제의 패턴이 비례의 관계와 같이 선형적인 모습을 보일 때는 통계가 유리하고, 비선형적인 모습을 보일 때는 딥러닝이 유리하다.
>
> 마지막으로 분석의 대상이 되는 데이터 중에서 크기와 형태가 정해져 있는 정형 데이터의 비율이 높을수록 통계를 활용한 예측이 유리하고, 크기와 형태가 정해져 있지 않은 비정형 데이터의 비율이 높을수록 딥러닝이 유리하다. 운동 시간이나 칼로리 섭취량과 같은 정형 데이터들을 통해 질병 발생을 예측하는 것은 통계로도 충분하다. 하지만 일기의 내용을 가지고 정신적인 문제를 진단하는 것은 딥러닝이 훨씬 유리하다. 장문의 일기를 남기는 사람도 있고, 단 몇 줄의 문장만 쓰는 사람도 있기 때문이다. 이같이 크기와 형태가 정해져 있지 않은 경우에는 통계를 적용하기가 어렵다.

① 사람의 활동과 관련한 문제를 다룰 때는 통계보다 딥러닝을 사용하는 것이 효과적이다.
② 비례의 관계를 지니는 문제에는 통계를 사용하는 것이 유리하지만, 반비례의 경우에는 딥러닝을 이용해야 한다.
③ 자료가 충분히 확보되어 있을 경우에는 통계보다 딥러닝을 활용하는 것이 적절하다.
④ 장문의 일기를 활용해서 정신적인 문제를 진단한다면 딥러닝이 유리하지만 단문의 경우에는 통계가 유리하다.
⑤ 대상에 대한 정보가 충분하지 않은 경우에는 딥러닝을 활용할 수 있다.

30 **다음 글로부터 추론할 수 있는 설명으로 적절한 것을 〈보기〉에서 모두 고르시오.**

> 프레스코 기법은 인류 회화사에서 가장 오래된 그림 기법 중 하나이다. 이 기법은 벽의 회반죽이 마르기 전, 축축하고 신선할 때 물에 녹인 안료로 벽화를 그리는 방식이다. 프레스코화 제작 과정은 다음과 같다. 먼저 벽에 회반죽으로 초벌칠을 하고 그 위에 밑그림을 그린다. 채색할 때는 당일에 완성 가능한 부분에만 마무리 회반죽을 칠하고, 그 위에 안료를 칠하면서 그림을 그려 나간다. 회반죽에 한 번 색칠하면 수정할 수 없기 때문에 숙련된 기술이 필요한 기법이다. 프레스코화의 장점은 벽 자체를 예술적인 그림으로 꾸밀 수 있다는 점이다. 그러나 생활하는 공간에 주로 그려졌기에 먼지와 촛불 그을음 등으로 인해 훼손된 작품이 많다.
>
> 현존하는 가장 큰 프레스코화는 미켈란젤로가 그린 시스티나 성당 천장화이다. 이 작품은 르네상스 시대를 대표하는 예술가 미켈란젤로가 당시 교황의 명을 받아 성당 천장에 그린 그림으로, 크기는 가로 41.2m, 세로 13.2m에 이른다. 그는 4년 동안이나 이 작품의 제작에 매달렸으며, 현재까지도 이 작품을 감상하기 위해 전 세계에서 많은 관람객들이 몰려들고 있다.

〈보 기〉

ㄱ. 오늘날까지 남아 있는 프레스코 기법으로 그려진 가장 큰 그림은 미켈란젤로의 작품이다.

ㄴ. 프레스코화는 먼저 아무 것도 칠하지 않은 벽에 밑그림을 그리고, 그 위에 회반죽을 칠하며 마지막으로 안료를 칠하는 방식으로 완성된다.

ㄷ. 생활 공간에 그려진 프레스코화에는 촛불 그을음 등으로 인한 흔적이 많은데 이를 원래대로 복구하는 것은 어렵지 않다.

① ㄱ　　② ㄷ　　③ ㄱ, ㄴ
④ ㄱ, ㄷ　　⑤ ㄴ, ㄷ

기출복원 모의고사
24 하
24 상

자가 학습 점검표

'24년 상반기 기출 기출복원 모의고사

수리

문제 배열표									
번호	난이도	유형	세부유형	맞힌 여부 (찍었으면△)	번호	난이도	유형	세부유형	맞힌 여부 (찍었으면△)
1	★	응용수리	방정식 활용	○/△/×	11	★★	자료해석_세트	자료 계산	○/△/×
2	★★	응용수리	확률	○/△/×	12	★★	자료해석	자료 이해	○/△/×
3	★★	자료해석	자료 이해	○/△/×	13	★★	자료해석	자료 이해	○/△/×
4	★★	자료해석	자료 이해	○/△/×	14	★★	자료해석	자료 계산	○/△/×
5	★★	자료해석	자료 이해	○/△/×	15	★★★	자료해석	자료 이해	○/△/×
6	★★	자료해석	자료 이해	○/△/×	16	★★	자료해석	자료 이해	○/△/×
7	★★	자료해석	자료 계산	○/△/×	17	★★★	자료해석	자료 이해	○/△/×
8	★★★	자료해석	자료 이해	○/△/×	18	★	수식 응용	이차 방정식	○/△/×
9	★★★	자료해석	자료 이해	○/△/×	19	★	자료해석	자료 변환	○/△/×
10	★★	자료해석_세트	자료 이해	○/△/×	20	★★	수열 응용	수열 2세트	○/△/×

자가 학습 점검표				
유형별 맞은 개수			취약 유형 체크	공부하러 가기
응용수리	방정식 활용	/2		P.84
	확률과 경우의 수	/1		P.108
	수열	/1		P.118
자료해석	자료 이해	/12		P.132
	자료 계산	/3		P.150
	자료 변환	/1		P.158
맞은 개수 합계		/20	정답률	%

※ 정답률(%) = 맞은 개수 ÷ 풀이 개수 × 100

총정리
이번 회차의 아쉬운 점
이후 학습 계획

추리

문제 배열표									
번호	난이도	유형	세부유형	맞힌 여부 (찍었으면△)	번호	난이도	유형	세부유형	맞힌 여부 (찍었으면△)
1	★	삼단논법	모모모	○/△/×	16	★★	도형추리	배경이 있는	○/△/×
2	★	삼단논법	모모모	○/△/×	17	★★	도형추리	두 가지 규칙이 적용되는	○/△/×
3	★	삼단논법	어모어	○/△/×	18	★	도식추리	단일도식	○/△/×
4	★	조건추리	줄 세우기	○/△/×	19	★	도식추리	단일도식	○/△/×
5	★	조건추리	줄 세우기	○/△/×	20	★	도식추리	단일도식	○/△/×
6	★★	진실게임	변수관계	○/△/×	21	★	도식추리	단일도식	○/△/×
7	★★★	조건추리	테이블	○/△/×	22	★	논리추론	문단배열	○/△/×
8	★	조건추리	O, X 채우기	○/△/×	23	★	논리추론	문단배열	○/△/×
9	★	조건추리	토너먼트	○/△/×	24	★	논리추론	추론문제	○/△/×
10	★	조건추리	줄세우기	○/△/×	25	★	논리추론	추론문제	○/△/×
11	★★	조건추리	2xN, 3x3	○/△/×	26	★	논리추론	추론문제	○/△/×
12	★★	진실게임	변수관계	○/△/×	27	★★	논리추론	추론문제	○/△/×
13	★	조건추리	2xN, 3x3	○/△/×	28	★★	논리추론	반박문제	○/△/×
14	★★	조건추리	정보정리	○/△/×	29	★	논리추론	추론문제	○/△/×
15	★	도형추리	배경이 없는	○/△/×	30	★	논리추론	추론문제	○/△/×

자가 학습 점검표			
유형별 맞은 개수		취약 유형 체크	공부하러 가기
삼단논법	/3		P.200
진실게임	/2		P.222
조건추리	/9		P.260
도형추리	/3		P.332
도식추리	/4		P.358
문단배열	/2		P.380
논리추론	/7		P.392
맞은 개수 합계	/30	정답률	%

※ 정답률(%) = 맞은 개수 ÷ 풀이 개수 × 100

총정리
이번 회차의 아쉬운 점
이후 학습 계획

이공계 누적 합격생 44,003명이 증명하는
렛유인과 함께라면 다음 최종합격은 여러분입니다!

이공계 취업특화 1위

소비자가 뽑은 교육브랜드 1위

이공계 특화 전문 강사 수 1위

이공계 취업 분야 베스트셀러 1위

취업 준비를 **렛유인**과 함께 해야하는 이유!

포인트 1

Since 2013 국내 최초, **이공계 취업 아카데미 1위 '렛유인'**

2013년부터 각 분야의 전문가 그리고 현직자들과 함께 이공계 전문 교육과정 제공

포인트 2

이공계 누적 합격생 44,003명 합격자 수로
증명하는 **렛유인의 합격 노하우**

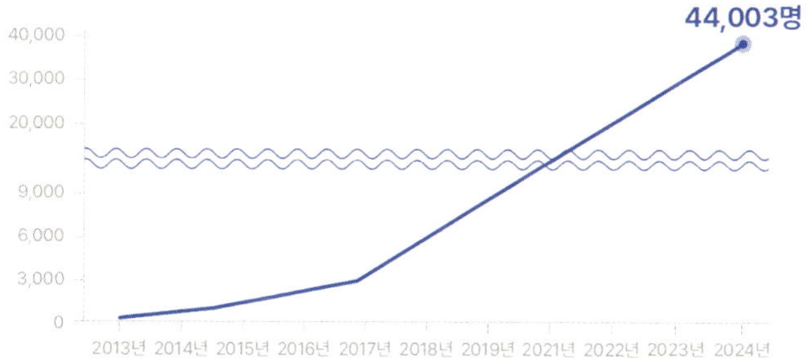

포인트 3

이공계 5대 산업(반·자·디·이·제)
전문 강의 제작 수 업계 최다!

[반도체 / 자동차 / 디스플레이 / 이차전지 / 제약바이오]

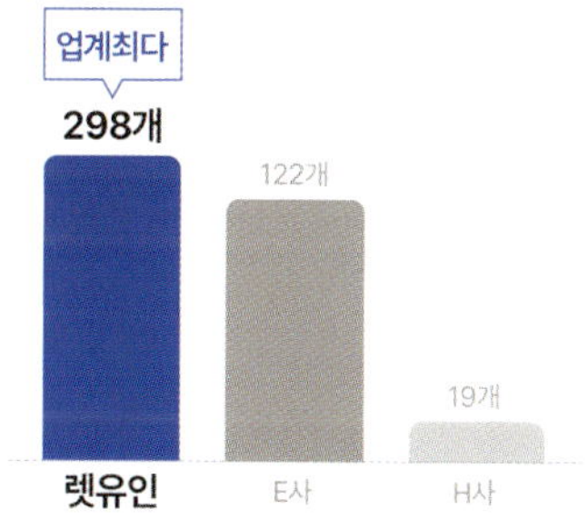

포인트 4

이공계 취업 분야 도서 베스트셀러 1위

대기업 전·현직자들의 노하우가 담긴 자소서 / 인적성 / 산업별 직무 / 이론서 / 면접까지
베스트셀러 도서 보유

* 44,003명: 2015~2024년 10월 서류, 인적성, 면접 누적 합격자 합계 수치
* 이공계 취업 아카데미 1위: 이공계 특화 취업 교육 부문 N사/S사/E사 네이버키워드 PC+모바일 검색량 비교 기준(2018.10~2019.9)
* 소비자가 뽑은 교육브랜드 1위: 3만여 명의 소비자가 뽑은 대한민국 교육 브랜드 대상 기술공학교육분야 3년 연속 1위 (2018 ~ 2020)
* 이공계 특화 전문 강사 수 1위: 렛유인 76명, W사 15명, H사 4명 (2023.01.13 기준)
* 이공계 취업 분야 베스트셀러 1위: YES24 2022년 8월 취업/면접/상식 월별 베스트 1위(한권으로 끝내는 전공·직무 면접 반도체 이론편 3판 기준)
* 업계 최다 이공계 전문 강의 수: 2023.12 이공계 전문 온라인 강의 기준

|학원직강|
응용수리&자료해석 총 300문제로 GSAT 수리 완전정복
GSAT수리
수파르타 300
"다 풀지 못하면
집에 갈 수 없습니다."
GSAT 수리 마스터 정지성 선생님

2025 하반기

렛유인 GSAT 독학단기완성

삼성직무적성검사 통합기본서

35개 필수/빈출유형 + 기출복원 모의고사 + 시간 단축 풀이법 107개

정지성, 주영훈, 이나우, 렛유인연구소 지음

정답 및 해설

수리

01	02	03	04	05	06	07	08	09	10
③	①	②	⑤	④	①	③	③	⑤	②
11	12	13	14	15	16	17	18	19	20
①	⑤	④	②	④	①	④	⑤	②	③

01 ③

[치트키] 배수판정법

인원의 차이를 구하는 문제이기 때문에 배수판정법을 활용하기 힘들다.

올해 A는 전년 대비 35% 증가: 올해 A = 작년 A × $\frac{27}{20}$이므로 올해 A는 27의 배수, 작년 A는 20의 배수임을 알 수 있다.

올해 B는 전년 대비 25% 증가: 올해 A = 작년 A × $\frac{5}{4}$이므로 올해 A는 5의 배수, 작년 A는 4의 배수임을 알 수 있다. 하지만, 올해 A와 올해 B의 정확한 수치는 배수 정보만으로는 산출하기 어렵기 때문에 '차이 값'을 구하는 경우에는 배수판정법보다는 연립방정식 풀이를 추천한다.

[정석 풀이] 연립방정식

작년: A + B = 3,200 …ⓐ

올해: 1.35A + 1.25B = 4,200 …ⓑ

A를 구해야하므로 B를 삭제하기 위해 ⓑ − 1.25ⓐ하면,

$$\begin{array}{rl} & 1.35A + 1.25B = 4{,}200 \\ - & 1.25A + 1.25B = 4{,}000 \\ \hline & 0.1A \qquad\quad = 200 \end{array}$$

으로 A = 2,000이다. 이는 작년 A 사업장 인원수이므로 올해 A 사업장 인원수는 2,000 × 1.35 = 2,700명이다. 올해 A + 올해 B = 4,200이므로 올해 B = 4,200 − 2,700 = 1,500명이다.

따라서 올해 A와 B의 차이는 1,200명으로 정답은 ③번이다.

[치트키] 연립방정식_변화량

작년: A + B = 3,200 …ⓐ

변화: 0.35A + 0.25B = 1,000 …ⓒ

A를 구해야하므로 B를 삭제하기 위해 ⓐ − 4ⓒ하면,

$$\begin{array}{rl} & A \quad + B = 3{,}200 \\ - & 1.4A + B = 4{,}000 \\ \hline & -0.4A \quad = -800 \end{array}$$

으로 A = 2,000이다. 이는 작년 A 사업장 인원수이므로 올해 A 사업장 인원수는 2,000 × 1.35 = 2,700명이다. 올해 A + 올해 B = 4,200이므로 올해 B = 4,200 − 2,700 = 1,500명이다.

따라서 올해 A와 B의 차이는 1,200명으로 정답은 ③번이다. (일반적으로 변화량을 방정식으로 구성할 때 연산량이 줄어들기 때문에 연립방정식 문제에서는 변화량 방정식 구성을 미리 연습하는 것이 좋다.)

02 ①

[정석 풀이] 조합공식 풀이

적어도 1명 이상 포함될 확률이므로 여사건을 활용하자.

ⓐ 9명 중 3명을 선발 = $_9C_3 = \frac{9 \times 8 \times 7}{3 \times 2 \times 1} = 84$

ⓑ 9명 중 3명 선발 시 사원이 포함되지 않음 = 사원을 제외한 6명 중 3명을 선발 = $_6C_3 = \frac{6 \times 5 \times 4}{3 \times 2 \times 1} = 20$

9명 중 3명 선발 시 사원이 적어도 1명 이상 포함 = ⓐ − ⓑ = 84 − 20 = 64이다.

따라서 확률은 $\frac{64}{84} = \frac{16}{21}$이다.

[치트키] 확률 풀이

적어도 1명 이상 포함될 확률이므로 여사건을 활용하자.

9명 중 3명 선발 시 사원이 포함되지 않을 확률 = $\frac{6}{9} \times \frac{5}{8} \times \frac{4}{7} = \frac{5}{21}$이므로 전체 확률 1에서 빼자. 따라서, 9명 중 3명 선발 시 사원이 적어도 1명 이상 포함될 확률은 $1 - \frac{5}{21} = \frac{16}{21}$이다.

03 ②

틀린 것 'N' 찾아야 한다.

① 오렌지의 판매량을 900으로 기준하면 편차는 [+400, +300, +100, −150, −300, −350]으로 편차의 합이 0이다. 따라서 평균값은 900이다. Y

② 포도의 판매량을 600으로 기준하면 편차는 [−200, −180, −40, +50, +220, +330]으로 편차의 합이 180이다. 따라서 평균값은 600+180÷6=630으로 650이 아니다. N(정답)
(반드시 보기에서 주어진 기준값을 활용할 필요는 없다. 가평균을 활용할 때는 편차를 계산하기 쉬운 숫자로 설정하는 것이 좋다.)

③ 사과와 오렌지의 수치는 1월부터 6월까지 지속 감소하였다. Y

④ 1월부터 판매량이 가장 높은 과일은 [오렌지, 딸기, 딸기, 딸기, 바나나, 바나나]로 딸기는 3개월 연속 가장 높은 판매량을 기록한 적이 있다. Y

⑤ 사과의 판매량을 900으로 기준하면 편차는 [+300, +250, +100, −50, −200, −300]으로 편차의 합이 양수이다. 따라서 평균값은 900 이상이다. Y

04 ⑤

옳은 것 'Y' 찾아야 한다.

① 2020년 → 2025년 매출 비중이 증가한 제품은 냉장고(29.6 → 31.1)와 TV(9.0 → 10.0) 두 제품으로 유일하지 않다. N

② 2020년 에어컨의 매출 비중은 29.9%로 TV 9.0%의 3배인 27.0% 이상이다. 2025년 에어컨 매출 비중은 28.7%로 TV 10.0%의 3배인 30.0% 이상이 아니다. N

③ $\frac{2}{3}$는 약 66.7%이다. 세탁기와 에어컨의 매출 비중은 2020년 61.4(=31.5+29.9), 2025년 58.9(=30.2+28.7)로 전체 매출 비중의 $\frac{2}{3}$ 이상이 아니었다. N

④ 세탁기의 매출 금액은 2020년 vs 2025년=[108 × 315 〈 119 × 302]이므로 감소하지 않고 증가하였다. N

⑤ 백색가전은 냉장고, 세탁기, 에어컨이므로 세 제품의 비중을 더하는 것보다 TV 제품의 비중을 100%에서 빼는 것이 더 빠르다. 즉, 2020년 백색가전의 비중은 91%, 2025년 백색가전의 비중은 90%이다. 백색가전의 매출 금액은 2020년 vs 2025년=[108 × 91 〈 119 × 90]으로 증가하였다. Y(정답)

05 ④

옳은 것 'Y' 찾아야 한다.

① 배터리 용량의 순서는 저용량 → 표준형 → 고밀도 → 고성능이며, 충방전 횟수는 고밀도 → 저용량 → 표준형 → 고성능으로 증가 순서가 다르다. N

② 배터리 용량의 순서는 저용량 → 표준형 → 고밀도 → 고성능이며, 정격 전압은 저용량 → 표준형=고성능 → 고밀도로 순서가 다르다. N

③ 고성능 배터리의 용량은 5,000mAh로 저용량 3,000 mAh의 약 1.67배이므로 2배 이상이 아니다. N

④ 입력 에너지는 19.3Wh로 고성능이 가장 높으며, 입출력 전환율 역시 83%로 고성능이 가장 높다. Y(정답)

⑤ 입출력 전환율이 80% 이상인 배터리는 표준형과 고성능이며, 표준형의 충방전 횟수는 600회로 700회 이상이 아니다. N

06 ①

ㄱ(참) 건강보험의 건수는 2020년 135를 기준으로 매년 [+15, +10, +10, +10]으로 지속 증가하였다. 따라서 지속 증가하는 상황이므로 기준 시점에서의 수치가 가장 낮고, 증가량이 가장 높은 2021년의 전년 대비 증가율이 가장 높음을 알 수 있다. 굳이 몇 %의 증가율인지 계산하여 시간을 소비하지 않도록 하자.

ㄴ(거짓) 자동차보험의 체결 건수는 2021년 → 2022년에 360 → 378로 18만큼 증가하였다. 18은 360의 5%이므로 5.2%가 아닌 5.0%가 증가하였다.

ㄷ(거짓) 체결 1건당 매출액=[$\frac{\text{매출}}{\text{건수}}$]이다. 주택화재보험의 1건당 매출은 [$\frac{500}{90}$ → $\frac{525}{95}$]로 표현할 수 있다. 분자(500 → 525)는 정확히 5% 증가하였으며, 분모(90 → 95)는 5%보다 많이 증가하였으므로 수치는 감소했을 것이다.

07 ③

주어진 보기의 단위가 다르므로 계산 시 단위와 자릿수를 고려해야 한다.

1건당 매출액=[$\frac{\text{매출}}{\text{건수}}$]이고, 단위는 [$\frac{\text{백만}}{\text{천}}$]=[천]이다.

2021년: $\frac{13,650}{182}$ = 75.0(천 원)이며

2023년: $\frac{14,600}{200}$ = 73.0(천 원)이므로

둘의 차이는 2.0(천 원)이므로 정답은 ③ 2,000원이다.

(1,000단위마다 콤마를 표기하는 서양식 표기법은 한국식 단위 호칭과 헷갈릴 수 있다. 어렵지 않으니 이번 기회에 외워놓자. 콤마가 추가될 때마다 [천 → 백만 → 십억]이 된다. 요 정도까지만 외워놓아도 손가락 하나씩 접거나 일 − 십 − 백 − 천 − 만 하면서 하나씩 세지 않아도 된다.)

08 ③

틀린 것 'N' 찾아야 한다.

① 2019년의 판매 수량은 2020년 판매 수량과 전년 대비 증가율을 활용하여 구할 수 있다. 2020년 = 2019년 × 1.02이므로 2019년 = 2020년 ÷ 1.02이다. 따라서 2019년 = $\frac{306}{1.02}$ = 300천 대로 정확히 30만 대이다. Y

② 2020년 매출 = 2019년 매출 × 1.05이므로 2019년 매출 = 2020년 ÷ 1.05이다. 따라서 2019년 매출 = $\frac{90}{1.05}$ ≒ 85.7로 85백만 달러 이상이다. Y

③ 태블릿 PC 1대의 평균 매출은 [$\frac{매출}{수량}$]이다. 단위는 [$\frac{백만\ 달러}{천\ 대}$] = [천 달러]이므로 2021년의 [$\frac{매출}{수량}$]이 0.3 이상인지 미만인지 확인하자. [$\frac{92}{330}$ vs $\frac{30}{100}$]에서 $\frac{30}{100}$의 분자와 분모에 3.3씩을 곱하면 [$\frac{92}{330}$ 〈 $\frac{99}{330}$]로 $\frac{92}{330}$은 0.3 미만임을 알 수 있다. 즉, 300달러 이상이 아니다. N(정답)

④ 태블릿 PC 1대의 평균 매출은 [$\frac{매출}{수량}$]이다. 2022년의 '전년 대비' 수치를 활용하면 2022년의 분자(매출)는 전년 대비 3.3%로 증가, 분모(수량)는 전년 대비 −3.0%로 감소하였다. 즉, 전년 대비 [$\frac{\uparrow}{\downarrow}$] 분자와 분모의 변화 트렌드가 다른 상황에서는 분자의 트렌드를 따르므로 전년 대비 증가했음을 알 수 있다. Y

⑤ 판매 수량이 가장 많았던 해는 340인 2025년, 매출이 가장 높았던 해는 110인 2025년으로 동일하다. Y

09 ⑤

[정석 풀이]

해외 매출금액은 매출액 × 해외 매출 비중이다.
2024년 2분기 해외 매출금액 = 1,400 × 0.24 = 336억 원이며, 2025년 2분기 해외 매출금액 = 1,500 × 0.15 = 225억 원이므로 합계는 561억 원이다.

[치트키]

2024년 2분기와 2025년 2분기의 해외 매출금액 합계를 구해야 하는 상황이므로 주어진 보기에서 1억원의 자리 숫자만 계산해도 된다.
2024년 2분기 해외 매출금액 = 14 × 24 = 일의 자리만 계산하면 ~~~6억 원이며,
2025년 2분기 해외 매출금액 = 15 × 15 = 일의 자리만 계산하면 ~~~5억 원이므로
합계는 ~~~1억 원일 것이다. 이를 만족하는 ⑤ 561억 원을 정답으로 선택하자.
(계산 문제는 항상 주어진 보기에서 나타나는 특징을 확인하고, 이를 활용하여 연산량과 시간을 줄이려는 시도가 필요하다.)

10 ②

옳은 것 'Y' 찾아야 한다.

① 응답자 수가 같으므로 비중 수치를 활용하여 응답자 수의 대소를 비교할 수 있다. 국내 여행 '만족' 응답자 비중은 2015년 54.6% → 2025년 51.2%로 감소하였다. N

② 응답자 수가 5,000명이므로 100명 이상 감소하려면 비중이 2% 이상 감소해야 한다. 국내 여행 '매우 불만족' 응답자 비중은 2015년 7.7% → 2025년 5.6%로 2.1% 감소했으므로 100명 이상 감소하였다. Y(정답)

③ 해외 여행의 '불만족'과 '매우 불만족'의 비중 합계는 2015년의 경우 28.1%(= 21.5% + 6.6%)로 $\frac{1}{4}$ 이상이지만, 2025년은 24.2%(= 16.2% + 8.0%)로 4명 중 1명 이상이 아니다. N

④ 응답자 수가 5,000명이므로 비중이 20% 이상이라면 응답자 수가 1,000명 이상이다. 2015년 국내 여행 '불만족' 응답 비중은 19.4%이므로 응답자 수는 1,000명 이상이 아니다. N

⑤ 응답자 수가 5,000명이므로 500명 이상 많으려면 비중이 10% 이상 높아야 한다. 2025년 해외 여행 '매우 만족' 응답 비중은 35.0%로 국내 여행 '매우 만족' 응답 비중 26.5%보다 10% 이상 높지 않다. N

11 ①

각 공장의 해외 수출 비중인 [$\frac{해외\ 수출}{총\ 생산}$]을 구해야 하기 때문에 공장 B부터 E까지의 총 생산 숫자를 모두 구해야 풀 수 있는 문제처럼 보인다.
하지만, 내수와 수출 두 가지 항목으로 구성되어있는 상황에서 전체 중 수출의 비중 수치를 산출하는 것이 아닌 "대소비교"하는 것이므로 [$\frac{해외\ 수출}{내수\ 판매}$]로 비교해도 순서는 동일하다. 따라서 공장 A의 내수 판매만 산출하고 곧바로 분수식 대소비교를 수행하는 것이 효과적이다.

공장 A의 내수 판매는 5,100(= 11,270 − 6,170)이다. 공장 A부터 E까지 [$\frac{해외\ 수출}{내수\ 판매}$]를 정리하면

[$\frac{617}{510}$ vs $\frac{486}{490}$ vs $\frac{635}{708}$ vs $\frac{660}{950}$ vs $\frac{413}{824}$]으로 구성할 수 있다.

이러한 상황에서는 모든 분수식을 정리해서 다섯가지를 한꺼번에 나열하기보다는 1:1로 비교가 수월해보이는 항목을 먼저 보기에 적용하여 오답을 소거하는 것이 좋다.

분모가 유사한 A와 B는 A〉B인 것이 확실히 구분되므로 ②, ⑤번을 소거한다.

D와 E도 [$\frac{660}{950}$ vs $\frac{413}{824}$]에서 분모를 유사하게 만들기 위해 E의 분모에 120을 더하면 분자에 60 정도를 더해주면 되므로 [$\frac{660}{950}$ 〉 $\frac{473}{944}$]라고 암산할 수 있다. ③, ④번이 소거되므로 정답을 ①번으로 선택한다.

물론, 주어진 보기에 따라 이러한 방법이 최선이 아닐 수도 있다. 하지만, 필기량을 최소화하며 얻게 된 정보를 활용하여 오답을 소거하는 방식은 전체를 한꺼번에 계산하려는 시도보다는 효과적인 경우가 많다.

만약 한꺼번에 비교할 경우에는 분모를 통분시키거나 주어진 수치를 가분수화하여 직관적인 계산 환경을 구성해보자.

[$\frac{617}{510}$ vs $\frac{486}{490}$ vs $\frac{635}{708}$ vs $\frac{660}{950}$ vs $\frac{413}{824}$]는 분수식에서 직관적인 계산이 조금 불편하다. 하지만, 이를 가분수로 구성하면 [$\frac{6,170}{510}$ vs $\frac{4,860}{490}$ vs $\frac{6,350}{708}$ vs $\frac{6,600}{950}$ vs $\frac{4,130}{824}$] 대략적으로 [대충 12, 10 정도, 10은 안됨, 7보다 조금 모자람, 5 정도]로 빠르게 감을 잡을 수 있으니 효과적이다.

대소비교에는 여러 가지 방법이 있지만 이것저것 다 익히려고 하기보다는 본인이 익숙한 방법을 단련하는 것을 추천한다.

12 ⑤

틀린 것 'N' 찾아야 한다.

① 인물화 인간 작화 50장 중 '인간 작화'로 선택한 횟수는 26회로 절반 이상이다. Y

② 동물화 AI 생성 50장 중 'AI 생성'으로 선택한 횟수는 35회로 절반 이상이다. Y

③ AI 생성 이미지 중 '인간 작화'라고 틀리게 선택한 횟수는 [동물화, 풍경화, 인물화, 추상화] 순서대로 [15, 23, 29, 31]로 추상화에서의 선택 횟수가 가장 높았다. 실험에 사용된 그림은 50장으로 동일하기 때문에 횟수가 비중을 대변할 수 있다. Y

④ 인간 작화 이미지 중 '인간 작화'라고 올바르게 선택한 횟수는 [동물화, 풍경화, 인물화, 추상화] 순서대로 [32, 34, 26, 24]로 풍경화에서의 선택 횟수가 가장 높았다. Y

⑤ AI 생성 이미지 중 'AI 생성'이라고 올바르게 선택한 횟수는 [동물화, 풍경화, 인물화, 추상화] 순서대로 [35, 27, 21, 19]로 동물화에서의 선택 횟수가 가장 많았다. 따라서 인물화가 아니다. N(정답)

13 ④

옳은 것 'Y' 찾아야 한다.

① 이산화탄소 배출량이 8,000kt 이하를 처음으로 기록한 시점은 7,920kt를 기록했던 '21년 상반기였다. N

② 〈그래프 2〉를 통해 막대 그래프의 수치가 50 이상을 기록하는 첫 시점은 '21년 상반기 50.3으로 '21년 하반기가 아니다. N

③ 〈그래프 1〉에서 막대의 높이는 등락을 반복하고 있으므로 지속 증가하지 않았다. N

④ 〈그래프 2〉에서 막대의 높이가 지속적으로 높아지고 있다. 전력 사용량은 매 반기 지속 증가하였다. Y(정답)

⑤ 〈그래프 2〉에서 꺾은선으로 주어진 정보는 '직전 반기 대비' 변화율이 아닌 '전년 동기 대비' 변화율이므로 10.7%를 활용하여 오판해서는 안 된다. '21년 상 50.3 → '21년 하 53.9로 증가하였다. 50.3의 10%인 5.03을 50.3에 더하면 55.33으로 실제 수치인 53.9보다 높다. 따라서, 실제 증가율은 10% 이상이 아니다. N

14 ②

1) 3개년 하반기 평균 이산화탄소 배출량의 편차는 8,000을 기준으로 매년 [+390, 0, −180]이다. 편차의 합이 +210이므로 평균값은 $8,000 + \frac{210}{3} = 8,070$이다.

2) 2020년 상반기 전력 사용량이 45.0이며, 전년 동기 대비 증가율이 10.0%이다. 따라서 2019년 상반기 전력 사용량은 $\frac{45}{1.1} = 40.91$로 이를 만족하는 보기는 ②번이다.

15 ④

온라인 GSAT에서는 선택형 선지 문제에서 '옳지 않은' 것을 고르라고 하는 경우도 있기 때문에 실수하지 않도록 주의하자.

ㄱ(참) 계정당 가격과 보유 계정 수를 곱한 값은 A부터 순서대로 [1,500만원, 1,600만원, 1,080만원, 1,100만원]으로 B가 가장 높으므로 옳은 해석이다.

ㄴ(거짓) 계정 1개당 사용 시간 = [$\frac{\text{총 사용시간}}{\text{보유 계정 수}}$]이다. A부터 순서대로 [120시간, 119시간, 100시간, 80시간]으로 A가 가장 길기 때문에 틀린 해석이다.

ㄷ(참) 사용 인원 = [$\frac{\text{총 사용시간}}{\text{1인당 평균 사용시간}}$]이다. A부터 순서대로 [25명, 18명, 12명, 10명]으로 프로그램 A의 사용 인원수가 가장 많으므로 옳은 해석이다.

ㄹ(거짓) 프로그램 보유 계정 수가 많은 순서는 A〉B〉C〉D이며, 1인당 평균 사용시간이 긴 순서는 B〉C〉A〉D로 서로 다르기 때문에 틀린 해석이다.

16 ①

옳은 것 'Y' 찾아야 한다.

① 메모리 반도체의 시장 규모는 '20년 124.6 → '24년 147.0으로 증가하였다. 증가율이 15% 이상인지를 확인하기 위해 [$\frac{147}{125}$ vs $\frac{115}{100}$]을 비교하자. 분모를 통분하기 위해 $\frac{115}{100}$의 분모에 25만큼 더하면(100에서 $\frac{1}{4}$만큼 더하면) 분자 115에는 대충 29 정도(115의 $\frac{1}{4}$만큼) 더하면 된다. 따라서 [$\frac{147}{125}$ 〉 $\frac{144}{125}$]이므로 15%보다 높은 증가율임을 알 수 있다. Y(정답)

② 비메모리 반도체가 전체의 $\frac{3}{4}$ 이상인지를 계산하는 것보다는 비메모리 금액이 메모리 금액의 3배 이상인지를 확인하는 것이 효과적이다. '20년 메모리 금액 124.6의 3배는 비메모리 금액 341.6보다 높다. 따라서 메모리 금액의 비중이 전체의 $\frac{1}{4}$ 이상이므로 비메모리 반도체의 금액 비중은 $\frac{3}{4}$ 미만이다. N

③ '22년의 경우 메모리 반도체는 전년 대비 감소(− 9.4%), 비메모리 반도체는 전년 대비 증가(+ 5.2%)로 증감 트렌드가 서로 달랐다. N

④ '23년 메모리 반도체는 전년 대비 − 37.0%이며, 비메모리 반도체는 전년 대비 − 2.9%로 메모리 반도체의 감소율이 더 높기 때문에 전체에서 차지하는 비중은 감소하였다. N

⑤ B는 Billion이며, 십억이다. 4,000억 달러는 400B USD이다. 400을 기준으로 비메모리 반도체의 연간 매출 편차는 약 [− 60, + 30, + 50, + 40, + 40]으로 편차의 합이 양수이다. 따라서 평균값은 400B USD(= 4,000억 달러) 이상이다. N

17 ④

틀린 것 'N' 찾아야 한다.

① 기울기 1인 가상의 선을 기준으로 직선 거리가 가장 가까운 제품이 두 항목의 점수차가 가장 적다. 따라서 D 제품의 보안 성능 점수와 사용 편의성 점수 차이가 가장 적다. Y

② 제품 A는 가장 아래, 가장 왼쪽에 위치하고 있으므로 두 항목에서의 순위가 각각 가장 낮다. Y

③ 평균 점수 8점 이상은 합계 점수 16점으로 (6,10)과 (10,6)의 두 지점을 잇는 직선의 윗 편에 위치하는 C, E, F, G 4개 제품이 이를 만족한다. Y
((8,8) 지점을 꼭짓점으로 사각형을 그리지 않도록 주의하자.)

④ 제품 D는 오른쪽에서 4번째에 위치, 위에서 5번째에 위치하고 있으므로 두 항목의 순위가 서로 다르다. N(정답)

⑤ 우상단 꼭짓점과의 직선 거리가 가장 가까운 E 제품의 합계 점수가 가장 높다. Y

18 ⑤

[정석 풀이]

5시간 후: $5 = \frac{5}{20}a + \frac{10}{25}b \rightarrow 100 = 5a + 8b$ ⋯㉠

10시간 후: $3 = \frac{10}{20}a + \frac{10}{100}b \rightarrow 30 = 5a + b$ ⋯㉡

㉠ − ㉡하면, 70 = 7b로 b = 10이다. 이를 ㉠이나 ㉡에 대입하면 a = 4이므로 이를 만족하는 ⑤번을 정답으로 선택한다.

[치트키]

㉠이나 ㉡ 둘 중 하나의 수식을 정리한 뒤 등식이 올바르게 성립하는 보기를 검토하자.
①부터 ⑤의 보기 중 ㉠ 수식 100 = 5a + 8b를 만족하는 보기는 ⑤번이 유일하므로 정답으로 선택한다.

19 ②

[치트키]

19번 자료변환 문제는 우선 트렌드를 먼저 파악하는 것이 가장 중요하다. 트렌드만으로 풀 수 있는 문제가 많기 때문이다.

매년 여성의 비중 변화 트렌드를 파악하기 위해서 [$\frac{\text{여성}}{\text{남성} + \text{여성}}$]의 산식을 활용하지 않고 [$\frac{\text{여성}}{\text{남성}}$]의 산식을 활용하자.
분자(여성)는 2019년 기준으로 전년 대비 [+ − + + +],
분모(남성)는 2019년 기준으로 전년 대비 [− + + − −]이다.
따라서 $\frac{\text{여성}}{\text{남성}}$의 변화 트렌드는 2019년 기준으로 전년 대비 [+ − ? + +]일 것이다. 이를 만족하는 그래프는 ②번이 유일하므로 정답으로 선택한다.

참고로 A와 B가 주어진 상황에서 A의 비중을 정확히 산출해야 할 경우에는 $\frac{A}{A+B}$를 계산해야 한다.

하지만, A의 비중 변화 트렌드를 확인하고 싶다면 $\frac{A}{B}$ 계산만으로도 확인이 가능하다.

A의 비중을 P(portion) = $\frac{A}{A+B}$, 비중 변화를 R(ratio) = $\frac{A}{B}$라고 해보자.

$$P = \frac{A}{A+B} = \frac{\frac{A}{B}}{1+\frac{A}{B}} = \frac{R}{1+R}$$

이다. 이는 R의 단조증가 함수로써 R이 증가하면 P도 증가하고 R이 감소하면 P도 감소하는 관계이다.

따라서 P의 변화 트렌드를 알고 싶다면 R의 변화 트렌드만 확인해도 되는 원리이다.

[정석 풀이]

매년 여성의 비중을 구해야하므로 [$\frac{여성}{남성+여성}$]을 산출하며 옳지 않은 그래프가 나오면 소거한다.

2019년: $\frac{55}{50+55}$ = 0.524로 52.4%이므로 ②, ④, ⑤번 중 하나가 정답이 된다.

2020년: ②, ④, ⑤번 그래프의 수치가 54.2%로 모두 동일하므로 계산하지 않아도 된다.

2021년: $\frac{54}{52+54}$ = 0.509로 50.9%이므로 ②, ④ 둘 중 하나가 정답이다.

2022년: $\frac{55}{58+55}$ = 0.487로 48.7%이므로 ②번이 정답이다.

(풀이는 쉬워보이더라도 실제 연산은 상당한 시간이 소요되기 때문에 추천하지 않는 방법이다.)

20 ③

[치트키]

주어진 보기가 '시점'이 아닌 '수치'로 주어졌고, 10의 자리 숫자가 모두 다르기 때문에 전체를 계산하지 않아도 정답을 골라낼 수 있다.

제품 A는 [+ 120, + 120, + 120, + 120 …]의 등차수열, 제품 B는 [+ 50, + 60, + 70, + 80 …]의 계차수열이다.

우리의 목표는 A와 B의 합계이므로 A와 B를 각각 구하지 말고 A와 B의 합계를 하나의 수열로 인식하자.

A + B는 2025년 2,470을 기준으로 매년 [+ 170, + 180, + 190, + 200 …]의 계차수열이 된다.

10의 자리 숫자만 계산해도 정답을 고를 수 있으니 100의 자리 이상 숫자는 무시해도 된다.

이를 활용하면 2035년 A + B의 10의 자리 숫자가 2임을 알 수 있으므로 정답을 ③ 4,620백만 원으로 선택한다.

	A+B	계차	10의 자리만	
'25	2,470	170	70	70
'26	2,640	180	40	80
'27	2,820	190	20	90
'28	3,010	200	10	00
'29	3,210	210	10	10
'30	3,420	220	20	20
'31	3,640	230	40	30
'32	3,870	240	70	40
'33	4,110	250	10	50
'34	4,360	260	60	60
'35	4,620		20	

[정석 풀이]

제품 A는 [+ 120, + 120, + 120, + 120 …]의 등차수열이다.

제품 B는 [+ 50, + 60, + 70, + 80 …]의 계차수열이다.

이를 활용하여 2035년까지 A와 B를 계산하면, A는 2,700백만 원, B는 1,920백만 원으로 둘의 합은 4,620백만 원임을 알 수 있다.

(난이도가 높지는 않지만 이렇게 풀면 풀이 시간에서 다른 수험자들과 차별성을 만들어 낼 수 없다.)

	A	계차	B	계차
'25	1,500	120	970	50
'26	1,620	120	1,020	60
'27	1,740	120	1,080	70
'28	1,860	120	1,150	80
'29	1,980	120	1,230	90
'30	2,100	120	1,320	100
'31	2,220	120	1,420	110
'32	2,340	120	1,530	120
'33	2,460	120	1,650	130
'34	2,580	120	1,780	140
'35	2,700		1,920	

추리

01	02	03	04	05	06	07	08	09	10
②	③	③	④	①	①	①	③	⑤	③
11	12	13	14	15	16	17	18	19	20
④	①	②	②	⑤	⑤	④	⑤	⑤	④
21	22	23	24	25	26	27	28	29	30
②	⑤	②	①	⑤	③	⑤	④	④	③

[01~03]

01~03은 다음의 유형을 따른다.

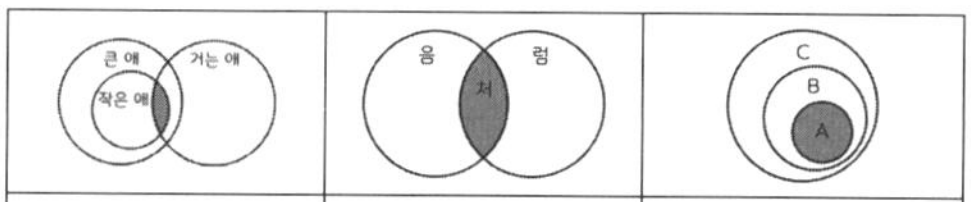

유형1. 어모어	유형2. 모모어	유형3. 모모모

01 ②

결론의 모든을 보고 유형3. 모모모로 접근하자. 결론의 형태는 [A → B → C]에서 B를 생략한 [A → C]이다. 이를 전제1과 비교하면 A에 해당하는 개념이 '신입사원인 사원', B에 해당하는 개념이 '메신저를 사용하는 사원'이라고 알 수 있다. C에 해당하는 개념은 '보안프로그램을 설치하는 사원'이다.

전제1이 [A → B]의 형태이니 전제2는 [B → C]의 형태이다. 이에 따라 전제2는 [메신저를 사용하는 사원 → 보안프로그램을 설치하는 사원]이라고 알 수 있다.

02 ③

[치트키]

전제의 '어떤'을 보고 유형1. 어모어로 접근하자. 전제1이 '모든'이다. 2번 나온 개념인 재택의 정/부정이 정으로 같기에 전제1에서 앞의 개념이 작은 애, 뒤의 개념이 큰 애이다. 전제2는 '어떤'이다. 작은 애를 제외한 개념을 거는 애로 확인해도 좋고 이미 작은 애와 큰 애를 확인했으니 남은 한 개념을 거는 애로 보아도 무방하다.

작: 재택
큰: 노트북
거: 직무

결론에서 큰 애와 거는 애가 '어떤'으로 만난다. 이를 토대로 정답은 [노트북/어떤/직무] 또는 [직무/어떤/노트북]이라고 알 수 있다.

[일반 풀이]

직무교육을 듣는 사원과 재택근무를 하는 사원이 교집합을 이룬다. 재택근무를 하는 사원은 노트북을 사용하는 사원의 부분집합이다. 재택근무를 하는 사원과 직무교육을 듣는 사원이 교집합을 이루기 때문에 재택근무를 하는 사원을 포함하고 있는 노트북을 사용하는 사원도 직무교육을 듣는 사원과 교집합을 이룬다고 알 수 있다.

03 ③

[치트키]

전제의 '어떤'을 보고 유형1. 어모어로 접근하자. 전제의 어떤과 결론의 어떤에서 공통으로 사용한 개념이 거는 애다. 전제의 어떤에서는 작은 애와 거는 애가 오기에 거는 애를 찾았으니 작은 애를 바로 찾을 수 있다. 결론의 어떤에서는 큰 애와 거는 애가 온다. 거는 애를 알고 있으니 큰 애도 바로 확인할 수 있다.

작: 자가용
큰: 마케팅
거: 헬스장

전제1에 전제의 '모든'이 온다. 전제의 모든은 [작은 애 → 큰 애]의 꼴을 보인다. 이를 토대로 전제1은 [자가용 → 마케팅]이라고 알 수 있다.

[일반 풀이]

자가용으로 통근하는 사람이 마케팅팀 소속인 사람의 부분집합이라면 자가용으로 통근하는 사람과 교집합을 이루는 헬스장을 이용하는 사람이 마케팅팀 소속인 사람과도 교집합을 이룬다.

04 ④

문제에서 전체 경우의 수를 묻는다. 꼼꼼히 경우를 나눠가며 풀어보자.

E를 5번째에 고정하자. 이후 A가 짝수 번째로 줄을 선다는 조건을 토대로 A가 2번째로 줄을 서는 경우와 4번째로 줄을 서는 경우로 나눠보자.

Case	1	2	3	4	5
1		A			E
2				A	E

C는 3번째로 줄을 서지 않으며 B와 D는 연속하여 줄을 서지 않는다. Case 1에서 C는 1번째로 줄을 서거나 4번째로 줄을 선다. C가 1번째로 줄을 서게 되면 B와 D가 연속하게 줄을 서게 된다. C는 4번째로 줄을 선다. 같은 맥락으로 Case 2에서는 C가 2번째로 줄을 선다.

Case	1	2	3	4	5
1		A		C	E
2		C		A	E

Case 1과 2 모두 B가 1번째로 줄을 서는 경우와 D가 1번째로 줄을 서는 경우로 나뉜다. 5명이 조건을 만족하도록 줄을 서는 모든 경우는 4가지이다.

05 ①

6명을 3개 그룹으로 나누며 제시한 정보를 정리하자. 편의상 128GB를 128과 같이 단위는 생략하며 설명하겠다. B를 512에 고정한 뒤 D가 사용하는 스마트폰의 용량과 동일한 용량의 스마트폰을 사용하는 사람은 없다는 조건을 토대로 D가 128인 경우와 256인 경우로 나눠보자.

Case 1	Case 2
128: D	128:
256:	256: D
512: B	512: B

A와 E가 사용하는 스마트폰의 용량은 동일하다. D가 사용하는 스마트폰의 용량과 동일한 용량의 스마트폰을 사용하는 사람은 없으니 D를 피해서 A와 E를 배치하자. Case 1과 2 모두 2가지 경우로 나뉜다.

Case 1.1	Case 1.2
128: D	128: D
256: A, E	256:
512: B	512: B, A, E

Case 2.1	Case 2.2
128: A, E	128:
256: D	256: D
512: B	512: B, A, E

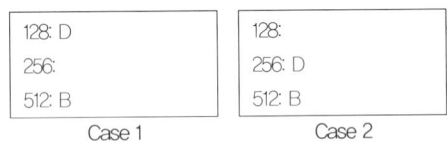

C가 사용하는 스마트폰의 용량은 F가 사용하는 스마트폰의 용량과 다르다. D를 피해서 C와 F를 배치하면 다음과 같다. C와 F의 자리를 바꿀 수 있기에 편의상 C/F 또는 F/C로 표기했다.

Case 1.1	Case 1.2
128: D	128: D
256: A, E, C/F	256: C/F
512: B, F/C	512: B, A, E, F/C

Case 2.1	Case 2.2
128: A, E, C/F	128: C/F
256: D	256: D
512: B, F/C	512: B, A, E, F/C

[오답 체크]

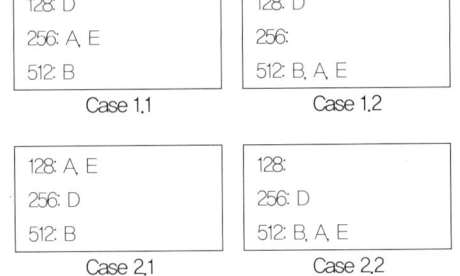

선택지의 의미를 헷갈리지 말자. 예를 들어 'A가 사용하는 스마트폰의 용량과 같은 용량의 스마트폰을 사용하는 사람은 2명이다.'의 반례로 Case 1.1을 들 수 있다. A 외에 A와 같은 용량의 스마트폰을 사용하는 사람은 E, C이거나 E, F로 A가 사용하는 스마트폰의 용량과 같은 용량의 스마트폰을 사용하는 사람은 2명이다. 이를 A, E, C 또는 A, E, F를 보고 3명이라 오해하지 않았으면 한다.

06 ①

사람, 요일, 오전/오후로 변수가 3가지이다. 한 축에 요일의 값, 다른 한 축에는 값을 오전와 오후로 놓고 표 안에 사람으로 값을 채워보자. 총 8칸이고 인당 2번씩 예약을 하기에 예약을 하지 않는 칸은 2칸이라고 알 수 있다.

화요일 오후에 회의실을 예약한 사람은 없다. X로 표기하자. 이를 빈 칸으로 두면 예약하지 않아서 빈 칸인지 아직 어떤 값을 채워야 할지 몰라서 빈 칸인지 헷갈린다. A를 화요일 오전, B를 목요일 오전에 배치하자.

	월	화	수	목
오전		A		B
오후		X		

C는 월요일 오전과 오후 회의실 모두 예약하지 않는다. C의 2번의 예약은 수요일 오전, 수요일 오후, 목요일 오후 중에 있다. 한 명이 같은 날 오전, 오후를 모두 예약할 수 없다는 조건을 고려하면 C의 2번의 예약 중 1번은 목요일 오후일 수밖에 없다. C의 2번의 예약이 가능한 경우는 (수, 오전 + 수, 오후), (수, 오전 + 목, 오후), (수, 오후 + 목 오후)인데 (수, 오전 + 수, 오후)를 소거하면 2가지 경우 모두 공통적으로 목요일 오후가 있기 때문이다.

	월	화	수	목
오전		A		B
오후		X		C

경우를 더 나눌 수 있지만 많을 것으로 예상된다. 선택지를 확인하자. 답이 없다면 경우를 더 나누며 사고해야겠지만 감사하게도 항상 거짓인 선택지를 찾을 수 있다.

07 ①

C와 G를 마주보는 자리에 앉히자. 그 후 A와 이웃한 양옆 자리에 B와 H가 앉는다는 조건을 토대로 A가 C 기준 오른쪽에 앉는 경우와 왼쪽에 앉는 경우로 나누자. B와 H는 서로 자리를 바꿀 수 있기에 편의상 BH 또는 HB로 표기했다.

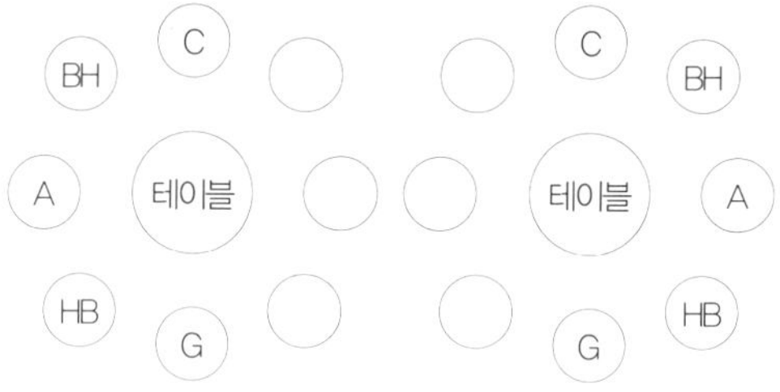

Case 1　　Case 2

D와 E는 서로 이웃한 자리에 앉는다. 문제에서 반드시 거짓을 물으며 선택지 모두 마주 보는 자리를 언급하고 있다. D와 E가 어떻게 앉든 아직 자리를 채우지 않은 F는 A와 마주 보고 앉을 수 없다.

[오답 체크]

문제의 상황과 〈보기〉의 조건을 만족하는 모든 경우를 정리하면 다음과 같다. D와 E가 자리를 바꿀 수 있기에 편의상 DE 또는 ED로 표기했다.

Case 1.1　　Case 1.2

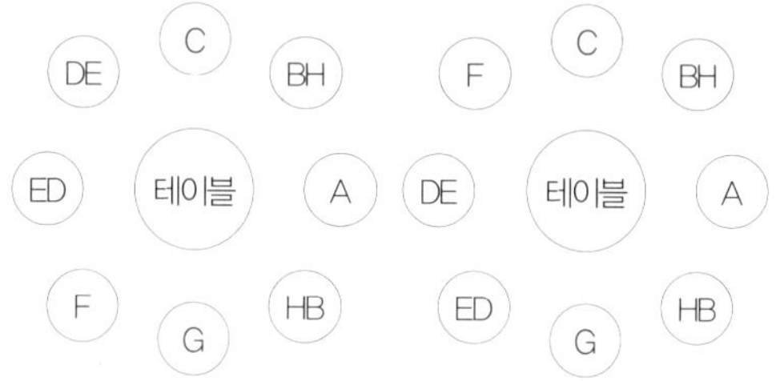

Case 2.1　　Case 2.2

08 ③

월요일에 맑음을 표기하고 수요일은 흐림이 아님, 금요일은 비가 아님을 적어두어 실수가 없도록 하자.

월	화	수 (~흐)	목	금 (~비)
맑				

수요일은 흐림이 아니다. 수요일의 날씨가 맑음인 경우와 비인 경우로 나눠보자.

Case	월	화	수 (~흐)	목	금 (~비)
1	맑		맑		
2	맑		비		

같은 날씨가 연속된 날은 없다. Case 1에서 화요일의 날씨는 흐림일 수도 있고 비일 수도 있다. 그런데 화요일의 날씨가 비라면 비가 온 날의 다음 날은 항상 흐림이라는 조건을 만족하지 않는다. 화요일의 날씨는 흐림이다. Case 2에서도 같은 날씨가 연속된 날은 없다는 조건을 고려하면 화요일의 날씨가 흐림이라고 알 수 있다. 아쉽게도 화, 수요일을 언급한 ①, ②, ⑤는 정답이 아니다.

Case	월	화	수 (~흐)	목	금 (~비)
1	맑	흐	맑		
2	맑	흐	비		

Case 1, 2의 목요일을 채워보자. 5일 중 맑음, 흐림, 비는 모두 1번 이상이다. Case 1에서 아직 날씨가 비인 날을 찾지 못했다. 목요일이 비이거나 금요일이 비이다. 금요일은 비가 아니니 목요일이 비이다. Case 2에서 수요일의 날씨가 비이다. 비가 온 날의 다음 날은 항상 흐림이기에 목요일은 흐림이다. 정답을 찾았다.

Case	월	화	수 (~흐)	목	금 (~비)
1	맑	흐	맑	비	
2	맑	흐	비	흐	

[오답 체크]

참고로 금요일의 날씨도 채우면 다음과 같다.

Case	월	화	수 (~흐)	목	금 (~비)
1	맑	흐	맑	비	흐
2	맑	흐	비	흐	맑

09 ⑤

인당 하나의 값을 가져가며 〈보기〉에서 선택하는 범위를 좁혀주는 조건이 있다. 가지치기 방식으로 풀어보자.
C에 보통을 고정하자. A와 D의 만족도가 같다. 둘을 묶어서 정리하자. 만족도가 불만족인 사람이 1명이기에 A와 D의 만족도는 불만족이 아니다.

C	AD
보	만
	보

B와 E가 남았다. 임의로 B를 먼저 정리하자. B에 대한 정보를 모르니 B의 만족도가 만족, 불만족, 보통인 경우로 나누자.

C	AD	B
보	만	만
		불
		보
	보	만
		불
		보

이어서 E를 정리하자. 만족도가 불만족인 사람은 1명이다. B의 만족도가 불만족인 경우에서는 E의 만족도는 불만족일 수 없다. E의 만족도는 만족이나 보통이다. B의 만족도가 만족이거나 보통인 경우는 만족도가 불만족인 사람은 1명이라는 조건을 만족해야 하기에 E의 만족도가 불만족이라고 알 수 있다.

C	AD	B	E
보	만	만	불
		불	만
			보
		보	불
	보	만	불
		불	만
			보
		보	불

만족도별 인원이 1명 이상이다. 바로 위의 정리에서 회색으로 표시한 2가지 경우는 만족도별 인원이 1명 이상이라는 조건을 만족하지 않는다. 소거하자.

C	AD	B	E
보	만	만	불
		불	만
			보
		보	불
	보	만	불
		불	만

[다른 풀이]

기준을 만족, 불만족, 보통으로 두고 사람을 배치하자. C를 보통에 고정하고 불만족인 사람이 1명이라는 점도 정리하자. 이후 A와 D의 만족도가 만족인 경우와 보통인 경우로 나누면 다음과 같다.

Case 1	Case 2
만족: A, D	만족:
불만족(1):	불만족(1):
보통: C	보통: C, A, D

B와 E 중 누군가의 만족도는 불만족이어야 한다. B와 E가 자리를 바꿀 수 있으니 이를 B/E 또는 E/B로 정리하면 다음과 같다. Case 2에서는 만족도별 인원이 1명 이상이라는 점을 고려하여 B와 E를 정리했다.

Case 1.1	Case 1.2
만족: A, D, E/B	만족: A, D
불만족(1): B/E	불만족(1): B/E
보통: C	보통: C, E/B

Case 2
만족: E/B
불만족(1): B/E
보통: C, A, D

10 ③

B는 20|다. B와 D의 곱은 A와 C의 합과 같다. B와 D의 곱은 짝수일 수밖에 없다. A가 짝수라는 정보를 고려하면 C도 짝수일 수밖에 없다. D는 B보다 크다. B × D의 값으로 가능한 숫자는 D가 3인 경우인 6부터 D가 9인 경우인 18까지의 짝수다. 머리로 모든 수를 기억하기 어렵기에 적어 가며 풀어보자.
A, C가 짝수라는 정보와 비밀번호에 사용하는 숫자를 중복하여 사용하지 않는다는 조건을 토대로 A와 C의 값으로 가능한 숫자를 정리하면 다음과 같다.

B×D	B	D	A	C	E
6	2	3	X	X	
8	2	4	X	X	
10	2	5	4/6	6/4	
12	2	6	4/8	8/4	
14	2	7	6/8	8/6	
16	2	8	X	X	
18	2	9	X	X	

B × D가 6인 경우 A와 C는 2와 4 또는 4와 2이어야 하는데 B의 값인 2와 숫자를 중복하여 사용하니 조건을 만족하지 않는다.

B × D가 8인 경우 A와 C가 2와 6 또는 6과 2라면 B의 값인 2를 중복하여 사용한다. A와 C가 둘 다 4인 경우는 4를 중복하여 사용한다. A와 C가 취할 수 있는 세부 경우 모두 조건을 만족하지 않는다.

B × D가 16인 경우 A와 C의 합이 16이면서 둘 다 짝수인 경우는 A와 C가 둘 다 8인 경우뿐이다. 비밀번호에 사용하는 숫자를 중복하여 사용하지 않는다는 조건을 만족하지 않는다.

B × D가 18인 경우 A와 C의 합이 18이 되려면 둘 다 9이어야 하는데 A는 짝수라는 정보를 만족하지 않는다. 물론 비밀번호에 사용하는 숫자를 중복하여 사용하지 않는다는 조건도 만족하지 않는다.

조건을 만족하지 않는 경우를 소거하고 정리하면 다음과 같다.

B×D	B	D	A	C	E
10	2	5	4/6	6/4	
12	2	6	4/8	8/4	
14	2	7	6/8	8/6	

A와 D의 합은 E와 같다. E의 최댓값은 9이다. 이를 만족하는 경우는 아래의 1가지 경우뿐이다.

B×D	B	D	A	C	E
10	2	5	4	6	9

11 ④

진술관계를 먼저 확인하자. A는 C가 하는 말이 거짓이라고 한다. A와 C의 진술은 모든 경우에서 둘 다 진실을 말하지 않고 둘 다 거짓을 말하지 않는 모순관계다. 같은 맥락으로 D와 B의 진술이 모순관계라고 알 수 있다.

E는 C가 진실을 말한다고 한다. E의 진술이 진실이면 C의 진술도 진실이고 E의 진술이 거짓이면 C의 진술도 거짓이다. E와 C의 진술은 모든 경우에서 둘 다 진실을 말하거나 둘 다 거짓을 말하는 동일관계다.

진실게임에서 진술이 진실과 거짓으로만 판명된다. 이분법적으로 나뉘니 진술관계를 기준으로 편을 나눌 수 있겠다. A vs C, E의 구도와 B vs D의 구도를 보인다. 이 내용만으로는 아직 정답을 찾기 어렵다고 생각된다.

B의 진술을 확인해보자. B는 A와 본인이 수첩을 사용한다고 한다. B의 진술이 진실이면 B는 수첩을 사용한다. 그런데 문제에서 수첩을 사용하는 사람은 거짓을 말한다고 했으니 B의 진술은 진실일 수 없다. B의 진술은 거짓이다.

B의 진술이 거짓이다. B는 거짓을 말하니 수첩을 사용한다. B의 진술을 다시 살펴보자. AND 조건이니 둘 중 하나만 만족하지 않아도 거짓이 된다. 즉 A가 태블릿을 사용한다고 알 수 있다.

A는 태블릿을 사용한다. 태블릿을 사용하는 사람은 진실을 말한다는 조건에 의해 A는 진실을 말한다고 알 수 있다. A와 다른 편인 C와 E가 거짓을 말한다.

거짓을 말하는 사람, 즉 수첩을 사용하는 사람은 B, C, E이다.

12 ①

변수의 종류가 사람과 과목으로 2가지이고 다대다의 구조를 보인다. 한 축에는 사람의 값을 놓고 다른 한 축에는 과목의 값을 놓은 뒤 표 안을 O, X로 채워보자.

A는 영어 과목을 듣고 B는 중국어 과목을 듣는다. 이를 먼저 정리하자. C는 일본어 과목을 듣지 않는다. 4명 모두 2개 과목을 듣기 때문에 C는 영어, 중국어 과목을 듣는다고 알 수 있다.

C가 듣는 과목과 D가 듣는 과목 중 1개 과목이 같다. C가 영어와 중국어 과목을 듣기에 D가 영어와 일본어 과목을 듣는 경우와 D가 중국어와 일본어 과목을 듣는 경우로 나뉜다. 두 경우 모두 D는 일본어 과목을 듣는다.

구분	A	B	C	D
영어	O		O	
중국어		O	O	
일본어			X	O

채울 수 있는 칸을 모두 채웠다. 남은 빈 칸은 경우가 나뉘는 칸이다. 선택지를 토대로 반례를 찾아 소거하자. 반례를 찾을 때 한 과목에 최대 3명까지 수강할 수 있다는 조건도 함께 고려하여 실수가 없도록 하자. 해설에서는 이해를 돕기 위해 모든 경우를 정리했지만 반례를 머리로 찾아야 풀이를 빠르게 할 수 있다.

구분	A	B	C	D
영어	O	X	O	O
중국어	O	O	O	X
일본어	X	O	X	O

②의 반례

구분	A	B	C	D
영어	O	X	O	O
중국어	X	O	O	X
일본어	O	O	X	O

③의 반례

구분	A	B	C	D
영어	O	O	O	X
중국어	X	O	O	O
일본어	O	X	X	O

④의 반례

구분	A	B	C	D
영어	O	X	O	X
중국어	X	O	O	O
일본어	O	O	X	O

⑤의 반례

13 ②

색을 칠하는 정보와 어떤 색을 칠하지 않는다는 정보를 정리하자. 편의상 빨강을 빨, 초록을 초, 파랑을 파로 표현했고 칠하지 않는다는 정보는 빨X와 같이 어떤 색을 칠하지 않는지 표기했다.

빨		
	초	
		빨X

빨강을 칠하는 칸과 초록을 칠하는 칸은 인접하지 않는다. 초록을 칠한 E칸과 인접한 B, D, F, H칸에 빨강을 칠하지 않는다. 그러면서 빨강을 3개 칸에 칠한다는 조건을 토대로 빨강인 이미 칠한 A칸과 C, G칸에 칠한다고 알 수 있다.

빨		빨
	초	
빨		빨X

빨강을 칠하는 칸과 초록을 칠하는 칸은 인접하지 않는다는 조건을 다시 확인하자. A, C, G와 인접한 칸인 B, D, F, H에는 초록을 칠하지 않는다. B, D, F, H에 칠할 수 있는 색은 오직 파랑뿐이다.

빨	파	빨
파	초	파
빨	파	빨X

I칸에는 빨강이 아닌 색을 칠한다. I칸에 초록을 칠하는 경우와 파랑을 칠하는 경우, 총 2가지로 나뉜다.

14 ②

5명이 4개의 국가 중 한 국가로 여행을 간다. 아무도 여행을 가지 않는 국가가 없다. 4개 국가 중 1개 국가로 2명이 여행을 가고 나머지 3개 국가로는 1명씩 여행을 간다.
스위스로 여행을 가는 사람이 거짓말을 한다. 스위스로 여행을 가는 사람이 1명인 경우와 2명인 경우로 나누어 접근하자.

1) 스위스로 여행을 가는 사람이 1명
D는 B가 스위스로 여행을 간다고 한다. D의 진술이 참이면 B는 스위스로 여행을 가고 B는 거짓을 말한다. D의 진술이 거짓이면 B는 스위스로 여행을 가지 않는다. B가 포르투갈, 네덜란드, 그리스 중 어디로 여행을 가든 B의 진술은 참이다. D와 B의 진술은 엄밀하게 모순관계는 아니지만 거짓을 말하는 사람이 1명이라는 가정하에 모순관계처럼 활용할 수 있다.
B와 D 중 1명이 거짓을 말한다. 스위스로 여행을 가는 사람이 1명인 경우로 문제를 풀이하는 중이다. 즉 1명이 거짓을 말하는 경우이다. A, C, E는 조건을 모두 만족하는 경우에서 참으로 말한다. A, E의 진술을 먼저 반영하면 다음과 같다.

A	B	C	D	E
		포	그	

B와 D 중 1명이 거짓을 말한다. B는 거짓을 말하며 스위스로 여행을 간다. C는 A와 B 중 1명 이상이 그리스로 여행을 간다고 하는데 B는 스위스로 여행을 가니 A가 그리스로 여행을 간다고 알 수 있다. E는 아직 여행을 가는 사람을 배정하지 않은 네덜란드로 여행을 간다.

A	B	C	D	E
그	스	포	그	네

스위스로 여행을 가는 사람이 1명인 경우에서 B가 스위스로 여행을 간다. 문제에서 묻는 건 반드시 스위스로 여행을 가는 사람이다. 스위스로 여행을 가는 사람이 2명인 경우를 고려하지 않아도 B는 반드시 스위스로 여행을 가는 사람이라고 알 수 있다.

[오답 체크]
A의 진술을 토대로 A와 D의 진술을 동일관계처럼 쓸 수 있다고 오해할 수 있다. A의 진술이 참이면 D는 그리스로 여행을 간다. D는 스위스로 여행을 가지 않으니 참을 말한다. 그런데 A의 진술이 거짓이면 D의 진술도 거짓이라고 할 수 없다. A의 진술이 거짓이면 D는 그리스로 여행을 가지 않는다. D가 스위스로 여행을 가는 경우, 포르투갈로 여행을 가는 경우, 네덜란드로 여행을 가는 경우로 나뉜다. 이 중 D가

스위스로 여행을 가는 경우 D의 진술은 거짓이지만 D가 포르투갈로 여행을 가는 경우와 그리스로 여행을 가는 경우에서는 D의 진술이 참이다.
E와 C의 진술도 마찬가지로 동일관계처럼 쓸 수 없다.

참고로 스위스로 여행을 가는 사람이 2명인 경우는 조건을 모두 만족하는 경우가 없다.

15 ⑤

[가로규칙] 이동
위(↑)로 1칸씩 이동

16 ⑤

[세로규칙] 회전하듯 이동
안: 시계방향(↷)으로 1칸씩 이동
밖: 반시계방향(↶)으로 1칸씩 이동

17 ④

[세로규칙] 연산
첫 번째 도형과 두 번째 도형을 겹쳤을 때 같은 색이 만나면 백색, 다른 색이 만나면 흑색으로 세 번째 도형에 표현 (=같흰다검)

[18~21]

하나의 규칙을 적용한 [IOSD ⇨ ☆ ⇨ DSOI]의 흐름을 통해 ☆의 규칙을 먼저 확인하자. Input과 Output의 문자가 모두 같다. 순서를 바꾸는 규칙일 가능성이 높다.

[IOSD ⇨ ☆ ⇨ DSOI]
☆: 4321

이어서 ☆을 활용하여 ▣의 규칙을 확인하자.
[95UN ⇨ ☆ ⇨ ▣ ⇨ OT68]
[NU59 ⇨ ▣ ⇨ OT68]
▣: +1 −1 +1 −1

같은 맥락으로 다음의 흐름에 ▣의 규칙을 적용하여 ○의 규칙을 찾아보자.
[5Y9C ⇨ ▣ ⇨ ○ ⇨ X6B0]
[6X0B ⇨ ○ ⇨ X6B0]
○: 2143

마지막으로 다음의 흐름에 ○의 규칙을 적용한 뒤 ☎의 규칙을 찾자.
[DSOI ⇨ ○ ⇨ ☎ ⇨ UFGM]
[SDIO ⇨ ☎ ⇨ UFGM]
☎: +2 +2 −2 −2

☆: 4321
▣: +1 −1 +1 −1
○: 2143
☎: +2 +2 −2 −2

18 ⑤

[CVDQ ⇨ ☆ ⇨ ☎ ⇨ ?]
[QDVC ⇨ ☎ ⇨ ?]
[SFTA]

19 ⑤

[HJNS ⇨ ○ ⇨ ☆ ⇨ ?]
[JHSN ⇨ ☆ ⇨ ?]
[NSHJ]

20 ④

[치트키]
▣와 ☎의 규칙을 합한 규칙을 한 번에 역으로 적용할 수 있다. '▣+☎: +3 +1 −1 −3'의 규칙을 거꾸로 적용하니 P2V4에 [−3 −1 +1 +3]을 적용하자. M1W7이 나온다.

[일반 풀이]
[? ⇨ ☎ ⇨ ▣ ⇨ P2V4]
[? ⇨ ☎ ⇨ O3U5]
[M1W7]

21 ②

[? ⇨ ▣ ⇨ ☆ ⇨ ☎ ⇨ 86FB]
[? ⇨ ▣ ⇨ ☆ ⇨ 64HD]
[? ⇨ ▣ ⇨ DH46]
[CI37]

22 ⑤

지문은 트롱프뢰유와 착시에 대해서 설명하고 있다. 먼저 새롭게 제시되는 개념들을 언급하고 있는 (B)가 도입 문단으로 적절하다. 다음으로 (B)에서 언급한 개념 중 첫 번째인 트롱프뢰유에 대해서 설명하고 있는 (C), 이에 비교하여 착시에 대해서 설명하고 있는 (D)가 위치해야 한다. 마지막으로 이 두 가지 유사한 개념들에 대해서 총평을 내리고 있는 (A)가 결론 문단으로 위치하는 것이 적절하다.

23 ②

임플로이언서라는 새로운 개념을 처음 설명하고 있는 (A)가 도입 문단으로 적절하다. 그리고 글의 주요 맥락을 바탕으로 판단하였을 때, 임플로이언서의 의의를 설명하고 있는 (B)가 이어지는 것이 옳다. 마지막으로 임플로이언서 전략이 성공하기 위한 조건을 제시하고 있는 (D)와 (C)가 이어지는 것이 적절하다.

24 ①

기존의 3D 방식에서도 양쪽 눈은 서로 다른 이미지를 보게 된다. 다만 기존의 방식이 안경을 통해서 좌우 눈이 서로 다른 이미지를 보는 방식으로 입체감을 만들어낸다면, 무안경 방식은 아예 디스플레이 자체에서 좌우 눈에 서로 다른 이미지를 송출하는 방식으로 이루어진다는 차이점이 있다. 따라서 반드시 옳지 않다고 판단할 수 있다.

[오답 체크]

② 무안경 3D 디스플레이가 개발되기 이전에도 편광 안경 또는 셔터 글라스 안경을 사용한 3D 기술이 있었다.

③ 무안경 방식은 디스플레이 화면에서 직접 좌우 눈에 서로 다른 이미지를 동시에 투사하여 입체감을 만들어낸다.

④, ⑤ 무안경 3D 디스플레이는 좌우 눈이 서로 다른 이미지를 보더라도 이를 뇌가 통합하여 하나로 인식하는 과정에서 입체감이 형성되는 원리를 이용한다.

25 ⑤

주어진 글에서는 클럭 드라이버를 이용한 정밀한 시간 제어 없이는 초고속 레이저의 정확한 작동이 애초에 불가능하다고 주장하였다. 펨토초 레이저도 초고속 레이저의 일종이므로 펨토초 레이저를 작동하기 위해서는 클럭 드라이버가 필요하다는 것을 추론할 수 있다.

[오답 체크]

① 클럭 드라이버는 단순히 시간의 흐름을 측정하는 장치가 아니라고 하였다. 즉 시간의 흐름을 측정할 수 없다는 것이 아니라 그 이상의 역할을 하는 장치라고 말하고 있는 것이다.

② 주어진 글에서는 클럭 드라이버를 이용하여 시스템 내 여러 장치들을 시간차 없이 동시에 작동시킬 수 있다고만 언급하였다. 오차가 발생하는지 여부는 글에서 언급되지 않았다.

③ 1980년대부터 발전된 기술은 펨토초 레이저에 관한 설명이다.

④ 펨토초 레이저는 고출력 에너지를 매우 짧은 시간동안 집중시킬 수 있으므로 옳지 않은 설명이다.

26 ③

ㄱ 주어진 글에서는 혼란 포장 마케팅 전략의 핵심으로 법적 문제를 피할 수 있을 만큼만 미묘하게 차이를 두면서도, 의도적으로 제품을 비슷하게 보이도록 만드는 것을 언급하였다.

ㄷ 혼란 포장 마케팅 전략을 이용하여 제작한 유사 제품을 유명 브랜드 옆에 배치하여 동일한 라인업처럼 보이도록 하는 매대 배치 조작도 혼란 포장 마케팅에 포함된다고 하였다.

[오답 체크]

ㄴ 혼란 포장 마케팅 전략은 법적 문제를 피할 수 있을 정도의 차이는 두고 제품을 만드는 것이다. 만약 이를 제대로 시행하지 못하면 법적인 책임을 질 가능성은 있지만, 해당 사례가 주어진 글에서는 제시되지 않았다. 따라서 반드시 참이라고 볼 수 없다.

27 ⑤

주어진 글에서는 리컴번트 자전거가 오르막 경사에서는 고속 운행이 어려울 수 있다고 언급하였을 뿐, 내리막길에서 기존의 자전거보다 빠른 운행이 가능하다는 설명은 없었다. 따라서 반드시 참이라고 판단할 수 없다.

[오답 체크]

① 리컴번트 자전거는 기존의 자전거처럼 허리를 세운 상태로 타지 않아도 된다고 하였으므로 이를 통해서 추론할 수 있는 설명이다.

② 리컴번트 자전거는 페달이 앞쪽에 있어 하체 관절의 움직임이 안정적이며 무릎에 무리가 적기 때문에 장시간 고강도 라이딩에도 비교적 관절 손상이 적다고 언급하였다.

③ 리컴번트 자전거는 허리, 목, 손목 등에 가해지는 압력이 적고 공기 저항이 적어 장거리 효율성이 탁월하므로 이를 통해 추론할 수 있다.

④ 페달을 수직으로 밟은 것이 아닌 밀어내는 방식이라고 언급하였는데, 이를 통해 추론할 수 있다.

28 ④

ㄱ 필자는 압도적인 시장 지배력 확보를 위해서 퍼플오션 전략을 추천하고 있다. 하지만 기술이나 가격이 지배력 확보를 위한 핵심임이 밝혀진다면, 필자의 주장은 약화될 것이다.

ㄷ 필자는 지속적으로 시장 지배력을 확보하기 위해서는 퍼플오션 전략이 필요하다고 역설하고 있다. 그런데 커뮤니티에 기반한 퍼플오션 전략이 일시적인 수요를 만들어내는 것에 그친다면 필자의 주장은 약화될 것이다.

[오답 체크]
ㄴ 해당 선택지는 퍼플오션 전략이 형성될 수 있는 배경이라고도 할 수 있으므로, 이 설명이 참이라고 하더라도 필자의 주장이 약화되지는 않는다.

29 ④

얼티밋 프리스비에서도 플라스틱 디스크를 바닥에 떨어뜨릴 경우 공수가 교대된다. 따라서 옳지 않은 설명이다.

[오답 체크]
① 미식축구 경기에서는 팀당 11명의 선수가 참가하지만, 얼티밋 프리스비는 7명이 참여하므로 옳은 설명이다.
② 얼티밋 프리스비는 디스크를 상대팀의 엔드존에서 받으면 득점을 할 수 있으며, 미식축구도 상대방의 엔드존에서 공을 잡으면 점수를 획득할 수 있다.
③ 얼티밋 프리스비에서는 선수 간 직접적인 신체 접촉이 금지되지만, 미식축구는 격렬한 신체적 충돌이 빈번한 스포츠다.
⑤ 얼티밋 프리스비에서 공수가 교대되는 상황은 디스크를 떨어뜨리거나 중간에 빼앗기게 될 경우다. 미식축구는 공이 땅에 떨어질 때, 공을 빼앗길 때, 일정 횟수의 공격에도 100야드 이상 전진하지 못했을 때 공수가 교대되므로 조건이 더 다양하다고 볼 수 있다.

30 ③

픽실레이션 기법을 사용하기 위해서는 연기에 참여하는 배우가 고도의 집중력을 발휘해야 한다. 반면 로토스코핑 기법에서 고도의 집중력이 요구되는 대상은 배우가 아니라 촬영된 실사 영상을 편집하고 활용하는 제작진이다. 따라서 본 선택지는 옳다고 할 수 없다.

[오답 체크]
① 픽실레이션은 스톱모션 애니메이션의 한 기법이라고 언급하였다.
② 로토스코핑 기법을 사용하기 위해서는 먼저 촬영을 통해 재료가 되는 실사 영상을 준비해야 한다고 언급하였다. 이를 통해서 알 수 있는 설명이다.
④ 픽실레이션 기법은 인물이 관성의 법칙을 무시하거나 로봇 같은 기묘한 움직임을 보이지만, 로토스코핑 기법을 활용하면 자연스럽고 연속적인 움직임을 가진 애니메이션을 보여줄 수 있다.
⑤ 로토스코핑 기법으로 영상을 제작할 때는 한 편의 실사 영상을 촬영한 후 프레임별로 편집이 들어가지만, 픽실레이션 기법은 애초에 스톱모션의 방식으로 촬영이 이루어지므로 옳은 설명이다.

Chapter 01 응용수리

빈출 유형 공략 (방정식 활용)

01	02	03	04	05	06	07	08	09	10
②	②	⑤	②	③	②	④	④	③	④
11	12	13	14	15					
②	①	④	④	①					

01 ②

[치트키]
작년 신입사원의 수를 구하면 된다.

작년 여사원 인원은 남사원의 $\frac{7}{4}$이라고 했기 때문에, 작년 여사원 : 남사원 = 7 : 4
즉, 작년 신입사원은 11의 배수임을 알 수 있다. 주어진 보기 중 11의 배수는 ② 220명이다.

[일반 풀이]

작년 남사원 = x로 가정하면, 작년 여사원 = $\frac{7}{4}x$이다.

올해 남사원 = $\frac{105}{100}x$, 올해 여사원 = $\frac{7}{4} \times \frac{95}{100}x$

즉, 올해 = 217 = $\frac{21}{20}x + \frac{7}{4} \times \frac{19}{20}x = \frac{84}{80}x + \frac{133}{80}x$

$\Rightarrow 17{,}360 = 217x$

$\Rightarrow x = \frac{17{,}360}{217} \Rightarrow x = 80$

따라서, 작년 신입사원 = $80 + \frac{7}{4} \times 80 = 220$명임을 알 수 있다.

02 ②

해당 문제는 두 부서의 차이를 묻는 문제이므로 배수판정법 적용이 효율적이지 않다.
A 사업부에게 12명은 6%에 해당하는 비중이므로 기존 A 사업부 인원은 12 ÷ 0.06 = 200명이다.
B 사업부에게 12명은 10%에 해당하는 비중이므로 기존 B 사업부 인원은 12 ÷ 0.1 = 120명이다.
따라서 인사이동 후 인원은 A 사업부 200 − 12 = 188명, B 사업부 120 + 12 = 132명으로 두 사업부의 인원 차이는 56명이다.
(만약, 각 사업부의 기존 인원의 차이를 정답으로 생각했다면 ⑤번을 선택하는 실수를 저지르게 되므로 주의하자.)

03 ⑤

정사각형을 최대한 많이 만들기 위해서는 정사각형 하나를 만드는 데 사용되는 타일의 개수가 최소여야 한다.
가로 28cm, 세로 42cm의 타일을 사용하면 한 변의 길이가 최소 공배수인 84cm의 정사각형을 만들 수 있으며, 이를 위해 사용되는 타일의 개수는 6개(가로 3개 × 세로 2개)이다.

따라서, 200장을 사용하면 $\frac{200}{6} = \frac{100}{3} = 33.3334$이므로 33개를 만들 수 있다.

04 ②

작년 사업부 A와 B 인원수를 각각 A, B라 하면
작년: A + B = 600…①
올해: 1.1A + 0.8B = 540…②
1.1① − ② 하면, 0.3B = 120 이므로 B = 400, A = 200으로 둘의 차이는 200명이다.

[치트키]
변화 상황에서 연립방정식 구성 시에는 연산의 편의를 위해 '편차'를 방정식으로 구성하는 것이 용이하다.
작년: A + B = 600…①
편차: 0.1A − 0.2B = −60…②
① − 10② 하면, 3B = 1,200이므로 B = 400, A = 200임을 알 수 있다.

위 문제처럼 변화량의 수치가 단순하게 주어진 경우에는 정석적인 풀이도 쉽다. 하지만, 변화율과 변화량이 복잡할수록 편차를 활용한 연립방정식 풀이가 연산량과 난이도를 낮추는 좋은 방법이 된다. 다른 교재의 유사한 문제들도 해당 방식으로 꼭 다시 풀이해보자.

05 ③

A와 B가 각각 몇 초마다 뒤집히는지를 산출한 뒤 둘의 최소 공배수를 구하는 문제이다.

A: $\frac{180}{1.2}$ = 150초마다 뒤집힌다.

B: $\frac{160}{0.8}$ = 200초마다 뒤집힌다.

$$\begin{array}{r|rr} 50 & 150 & 200 \\ \hline & 3 & 4 \end{array}$$

으로 최소공배수는 3 × 4 × 50 = 600

150과 200의 최소 공배수는 600초이므로 10분마다 동시에 뒤집힌다. 따라서, 정답은 ③ 1시 10분

06 ②

K가 작년 A 상품에 투자했던 금액을 a, B 상품에 투자했던 금액을 b라 하면

작년: a + b = 300 ⋯ ⓐ

올해: 1.1a + 1.05b = 324 ⋯ ⓑ

(ⓐ × 110) − (ⓑ × 100)을 연산하면

110a + 110b = 33000

110a + 105b = 32400

즉, 5b = 600이므로 b = 120만 원이다.

또는, 연립방정식 구성 시

작년: a + b = 300 ⋯ ⓐ

변화: 0.1a + 0.05b = 24 ⋯ ⓒ

ⓐ − (ⓒ × 10)을 연산하면

a + b = 300

a + 0.5b = 240

즉, 0.5b = 60이므로 b = 120만 원이다.

07 ④

[치트키]

불량품이 하나도 없으면 56,000원을 벌 수 있다. 그런데, 불량품이 하나 나오면 70원 받을 수 있는데 못 받고, 600원까지 물어줘야 하기 때문에 670원씩 손해가 발생된다.

따라서, 45,280원에서 마지막 80원 단위로 손해를 발생시키려면 670원의 70원으로 보기에 주어진 불량 개수를 곱했을 때의 십 단위 숫자가 20이 나오면 정답이 되겠다.

①번 3 × 70 = 10원, ②번 4 × 70 = 80원, ③번 5 × 70 = 50원, ④번 6 × 70 = 20원, ⑤번 7 × 70 = 90원이므로 ④번이 정답이다.

[정석 풀이]

불량 발생 개수를 x라 하면,

$45,280 = 70(800 - x) - 600x$

$\Rightarrow 10,720 = 670x \Rightarrow x = 16$

사칙연산에 자신이 있다면 위 방법도 나쁘지는 않겠다.

08 ④

GSAT 문제는 그리고 쓰면서(도식화, 도표화) 상황을 파악하는 것이 중요하다는 것을 다시 한 번 확인할 수 있는 문제이다.

1) A는 8일마다 반감되므로, 24일이면 3번 반감되었을 것이다.
2) A의 최초 512g은 2^9이므로 24일 후에는 2^6이 된다. (1,024가 2^{10}이라는 것은 대부분 알고 있었을 것이다.)
3) B는 2일마다 반감되므로, 24일 후 2^6은 12번의 반감을 겪은 상태이다.
4) 따라서, B의 최초 용량은 12번 반감 전인 2^{18}이 된다.

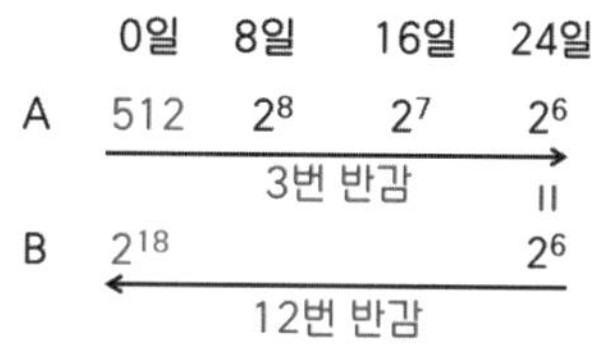

09 ③

[정석 풀이 1]

작년 A 기업의 매출을 a, B 기업의 매출을 b라 하면,

작년은 $\frac{3}{7}$b ⋯ ㉠이며, 올해는 a + 19 = $\frac{5}{8}$(b − 29) ⋯ ㉡

로 표현할 수 있다.

㉡에 ㉠을 대입하면 $\frac{3}{7}b + 19 = \frac{5}{8}b - \frac{145}{8}$이며, 양변에 56을 곱하면 24b + 1,064 = 35b − 1,015이다.

따라서, 11b = 2,079이므로 b = 189이다. b는 작년 B 기업의 매출이므로 올해 B 기업의 매출은 29를 뺀 160억 원이다.

[정석 풀이 2]

작년 A 기업의 매출이 B 기업의 $\frac{3}{7}$이라는 것은, 작년 A 기업과 B 기업의 매출 비율이 3:7이라는 것과 같은 표현이다.

올해 역시 $\frac{5}{8}$ 라는 것은, 5:8의 비율을 갖고 있다는 뜻이다.

따라서, $3x+19:7x-29=5:8$로 표현할 수 있다.
$24x+152=35x-145 \Rightarrow 11x=297$이므로 $x=27$이다.
x를 활용하여 올해 B 기업의 매출인 $7x-29$에 대입하면 $189-29=160$임을 알 수 있다.

[치트키]
올해 B 기업의 매출을 구해야 한다. 올해 A 기업의 매출은 B 기업의 $\frac{5}{8}$ 이므로 B 기업의 매출은 8로 나뉘는 8의 배수임을 알 수 있다.
또는, A:B = 5:8 이므로 B는 8의 배수이다. 주어진 보기에서 8의 배수는 ③ 160억 원이 유일하다. 따라서, ③번이 정답이다.

10 ④

작년이나 올해의 특정 인원을 구하는 것이 아닌 변화량을 구하는 문제이다. 이러한 경우 배수판정법을 활용하기가 어려우므로 방정식을 수립하자.
작년 통근버스 인원을 x, 기타 수단 인원을 y라 하면
작년 : $x+y=90$ ··· ⓐ
변화량 : $0.2x+0.4y=26 \Rightarrow 2x+4y=260$ ··· ⓑ
x를 구해야 하므로, 4ⓐ − ⓑ ⇒ $2x=100 \Rightarrow x=50$
따라서, 통근버스 활용 인원 증가량은 50명의 20%인 10명이다.
(증감률 문제의 경우 변화량에 대한 수식을 수립하는 것이 연립방정식의 연산을 조금이나마 수월하게 하는 요령이다. 올해를 표현하는 방정식인 $1.2x+1.4y=116$을 활용하지 말자는 것이다.)

11 ②

최댓값이나 최솟값을 묻는 이러한 형태의 문제에서는 '전제 조건'으로부터 상황을 해석하는 것이 빠르다.
A의 대수는 B의 3배라는 조건이 만족되어야 한다.
즉, "A 3대와 B 1대. 총 4대는 하나의 묶음처럼 움직일 수밖에 없다"는 것이 '전제 조건'이다.
우리의 목표는 박스의 수를 최대로 적재하는 것이기 때문에 4대라는 동일한 조건에서 A3 & B1의 4대와 C 4대 중 어떠한 조건에서 박스를 더 많이 적재할 수 있는지 비교하자.
A3 & B1 4대 = 15×3 + 20 = 65박스
C 4대 = 16×4 = 64박스이다.
4대라는 동일한 조건에서 A3 & B1이 C 4대보다 더 많은 박스를 적재할 수 있으므로 주어진 17대의 트럭 중 A3 & B1 묶음을 최대로 확보해야 한다.
따라서, 전체 17대 중 A3 & B1 4묶음(16대) + C 1대의 조건에서 가장 많은 박스를 적재할 수 있다.
65×4 + 16 = 276박스이다.

12 ①

[치트키]
도로의 길이를 구하면 된다. 4m 간격으로 심었을 때 1m가 남았고, 7m 간격으로 심었을 때 2m가 남았기 때문에, 주어진 보기 중 1을 뺐을 때 4의 배수 & 2를 뺐을 때 7의 배수를 만족하는 보기가 정답이다.
무작정 방정식을 수립하기보다는 "뭘 구해야 하는가?"라는 목표로 상황을 이해하는 것이 중요하다.

[정석 풀이]
은행나무를 x, 벚나무를 y라 하면
$x=y+22$ ··· ⓐ
도로의 길이 = $4(x-1)+1=7(y-1)+2$이므로
$4x-7y=-2$ ··· ⓑ
ⓑ에 ⓐ를 대입하여 풀이하면, $x=52$, $y=30$임을 알 수 있다.
따라서 도로의 길이는, 첫 기준점에 심어진 나무 한 그루를 고려하여 계산하면
은행나무 기준 : (52−1)×4 + 1 = 205m
벚나무 기준 : (30−1)×7 + 2 = 205m이다.

13 ④

[정석 풀이]
2024년 신입사원 수는 400명에서 3%가 감소된 388명이다. 수강 인원이 충족된 팀의 개수를 미지수 x로 설정하면, 중국어$(8x+6)$ + 영어$(6x+4)=388$, $14x=378$, $x=27$이다. 따라서, 외국어 수업이 진행되었던 팀은 중국어(27팀 + 1팀) + 영어(27팀 + 1팀) = 56팀(각 수업에 6명과 4명으로 이루어진 잔여팀이 있음을 고려하지 않았다면, ③번 54개 팀을 정답으로 선택했을 것이다.)

[치트키] 대입법
2024년 신입사원 수는 400명에서 3%가 감소된 388명이다. 주어진 보기 중 52개 팀을 대입해본다. 중국어(25 × 8 + 6) + 영어(25 × 6 + 4) = 360명이다. 2팀(각 1팀)이 늘어날 때마다 인원은 14명씩 증가하므로 388명이 되기 위해서는 4팀이 더 있어야 한다. 따라서 56개 팀이다.

[치트키] 역산
2024년 신입사원 수는 400명에서 3%가 감소된 388명이다. 중국어 6명 팀과 영어 4명 팀의 10명을 388명에서 제외하면 378명이며, 이는 중국어 8명과 영어 6명 즉, 평균 인원

7명인 팀이므로 378 ÷ 7 = 54팀이다. 따라서 전체 56개 팀이다.

14 ④

[치트키]

이번 달 마우스 키보드 생산 비율이 5:6이므로 총 수량은 11의 배수이다. 따라서 2,200개이다.

[정석 풀이]

지난달에 생산한 마우스와 키보드 수를 $2x$개, $3x$개라고 하면 이번 달에 생산한 마우스와 키보드 개수는 $(2x + 80)$개, $(3x - 180)$개이다. 이번 달 마우스와 키보드 생산량은 5 : 6의 비율을 가지므로

$(2x + 80) : (3x - 180) = 5 : 6$, $x = 460$

따라서, 이번 달 마우스 생산량은 $2 \times 460 + 80 = 1,000$개, 키보드 생산량은 $3 \times 460 - 180 = 1,200$개이며, 생산량의 합계는 2,200개다. 남 좋은 일 시키려면 이렇게 풀면 되겠다.

15 ①

[치트키]

만약 초콜릿이 32개(3개 남음), 사탕이 48개(3개 부족), 젤리가 56개(4개 남음)였다면 골고루 나눠 줄 수 있었을 거라는 얘기다. 32, 48, 56개를 골고루 나눠줄 수 있는 최대 인원수는 최대공약수이므로 8이다.

빈출 유형 공략(속력, 일률, 농도, 가격)

01	02	03	04	05	06	07	08	09	10
③	⑤	③	③	③	③	②	③	⑤	②
11	12	13	14	15	16	17	18	19	20
④	⑤	②	①	③	③	③	④	③	⑤

01 ③

A의 원가를 a, B의 원가를 b라 하면

a + b = 11,000 …㉠

3(0.2a + 0.3b) = 8,400 → 2a + 3b = 28,000 …㉡이다.

㉡ − 2㉠ 하면, b = 6,000원이므로, a = 5,000원이다.

수식 구성과 풀이 자체가 어렵지는 않지만, 애초에 A와 B 3개씩 판매 시 이익금 8,400원이라는 부분에서 'A와 B의 이익금 합계는 2,800원이네'라고 해석했다면 암산으로도 풀 수 있는 문제이다.

02 ⑤

[정석풀이]

B 혼자 보고서를 작성했던 시간을 x라 하면, $\frac{1}{5} + \frac{1}{3.5} + \frac{x}{3.5} = 1$이다. $\frac{1+x}{3.5} = \frac{4}{5} \rightarrow 5 + 5x = 14 \rightarrow 5x = 9 \rightarrow x = \frac{9}{5}$시간이다. 분모를 6이나 60으로 설정하면 분자값을 직관적으로 사용할 수 있으므로 $\frac{9}{5} = \frac{108}{60}$ 즉, $x = 108$분이다.

[도표화]

1) A와 B의 소요시간과 주어진 상황을 기입한다.
2) 작업량을 5, 3.5, 1의 공배수인 35 정도로 가정하면 각각의 숙련도를 빠르게 구할 수 있다.

	A	B	A, B	B
작	35	35		
소	5	3.5	1	??
숙	7	10	17	10

3) A와 B가 1시간 작업하면 17, 전체 작업량 35 중 남은 18을 B 혼자 작업하면 1.8시간이 소요된다.
4) 따라서 1.8에 60을 곱한 1시간 48분이 정답이다.

	A	B	A, B	B
작	35	35	17	18
소	5	3.5	1	1.8
숙	7	10	17	10

03 ③

[도표화]

1) 출근 시간을 x라 하면, 퇴근 시간은 12분(12 ÷ 60 = 0.2 시간) 더 빠르므로 $x - 0.2$시간이 걸린다.
2) 출근과 퇴근 거리가 같으므로 $36x = 60x - 12 \rightarrow 24x = 12 \rightarrow x = 0.5$이다.

	출	퇴	출퇴근
D	$36x$	$60x - 12$	
T	x	$x - 0.2$	
V	36	60	

3) $x = 0.5$이므로 출근과 퇴근 거리는 각각 18, 출퇴근 거리는 26이다.
4) 출퇴근 소요 시간은 0.5 + 0.3 = 0.8시간이므로 평균 속력은 36 ÷ 0.8 = 45km/h이다.

	출	퇴	출퇴근
D	18	18	36
T	0.5	0.3	0.8
V	36	60	45

04 ③

1) A의 용량을 x로 가정하면, A에 들어있는 소금은 $0.1x$이다.
2) 40% 증발 상황은 x의 40%만큼 물만 줄어드는 상황이므로 물 칸에 $-0.4x$를 기재한다.
3) 추가되는 소금물은 농도 15%만큼 200g이므로 소금은 30g이다.
4) 최종적으로 농도 16%에 들어있는 소금은 $0.1x + 30$, 용액은 $0.6x + 200$이다.
5) [용액 × 농도 = 소금]이므로 $0.16(0.6x + 200) = 0.1x + 30 \rightarrow 0.096x + 32 = 0.1x + 30 \rightarrow 0.004x = 2 \rightarrow x = 500$이다.

	A	40% 증발	추가	결과
소	$0.1x$		30	$0.1x + 30$
물		$-0.4x$		
소	x		200	$0.6x + 200$
농	0.1		0.15	0.16

05 ③

언 + 수 = 135 … ⓐ

수 + 추 + 시 = 219 … ⓑ

ⓐ + ⓑ = 언 + 2수 + 추 + 시 = 354 … ⓒ

평균 점수가 71점이므로 언 + 수 + 추 + 시 = 71 × 4 = 284 … ⓓ

따라서, 수리 = ⓒ − ⓓ = 70

06 ③

[치트키 1]

'18년 상반기에 출제되었던 유형과 유사한 문제이다.

소금물 전체의 용량과 비율만이 상황에 주어졌기 때문에 비율법을 활용할 수 있는 문제이다.

3% ──(5%)──〉 8% 〈──(2%)── 10%

3% ──(xg)──〉 8% 〈──(150g)── 10%

따라서, 5 : 2 = 150 : x이므로 x = 60g

[치트키 2]

소물소농 도표화를 활용한다.

	3%	10%	8%
소	$0.03x$	15	$15 + 0.03x$
물			
소	x	150	$150 + x$
농	0.03	0.1	0.08

농도 × 소금물 = 소금이므로

$0.08(150 + x) = 15 + 0.03x \Rightarrow 12 + 0.08x = 15 + 0.03x$

$\Rightarrow 0.05x = 3 \Rightarrow x = 60$

07 ②

[치트키 1]

15% 소금물 500g에서의 소금은 75g(= 0.15 × 500),

6% 소금물 500g에서의 소금은 30g(= 0.06 × 500)이다.

즉, 퍼낸 소금의 양은 45g이므로 소금물의 양은 45 ÷ 0.15 = 300

또는, 75 : 45 = 500 : x이므로 x = 300

[치트키 2]

도표화를 활용한다.

	15%	빼	더해	6%
소	75	$-0.15x$		30
물			x	
소	500	$-x$		500
농	0.15	0.15		0.06

퍼내어진 소금이 $-0.15x$이므로

$75 - 0.15x = 30 \Rightarrow 15x = 4500 \Rightarrow x = 300$

08 ③

[치트키]

	정	원	이
멜론	$1.4x$	x	$0.4x$
20%	$1.12x$	x	600

1) 멜론 원가 x, 이익 $0.4x$, 정가 $1.4x$
2) 20% 할인하면 $1.12x$, 원가 x이므로 이익은 $0.12x$
   이익이 600원이므로
   $0.12x = 600 \Rightarrow x = 5{,}000$원

09 ⑤

[치트키]

	전체	A	A, B
D	45	10	35
T	$\frac{14}{6}$	$\frac{4}{6}$	$\frac{10}{6}$
V		15	21

1) 전체 거리 45, 만난 시간 140분(= $\frac{14}{6}$)이다.
2) B 출발 전 A 혼자 40분(= $\frac{4}{6}$)간 이동한 거리는 10
3) A와 B는 마주 보며 나머지 35의 거리를 전체 2시간 20분에서 40분을 뺀 100분(= $\frac{10}{6}$)의 시간 동안 이동했으므로 A와 B의 속력을 더한 값은 21km/h이다.
4) 따라서, 21km/h에서 A의 속력 15km/h를 빼면, B의 속력은 6km/h

10 ②

장비 A와 B가 각각 1시간 동안 생산하는 신발 수량은 $A = \frac{10}{1.5}$, $B = \frac{10}{1.8}$이다.

신발 20개 생산을 위해 A와 B가 1시간 사용된 후 A가 x시간 사용되는 상황은

$20 = \left(\frac{10}{1.5} + \frac{10}{1.8}\right) + \frac{10}{1.5}x$라 할 수 있다.

양변에 2.7을 곱하면,

$54 = 18 + 15 + 18x,\ 21 = 18x,\ x = \frac{21}{18} = \frac{7}{6}$시간

따라서, 전체 소요 시간은 $1 + \frac{7}{6} = \frac{13}{6} = 2$시간10분이다.

(해설은 쉬워보여도 실제 분수식 풀이가 쉽지만은 않았을 것이다.)

[치트키]

작업량은 10켤레가 기본단위이며, 2배인 20켤레를 만들어야 하는 상황이다.

즉, 10켤레를 굳이 10이라는 숫자로 운영할 필요가 없다. 특정 작업에 걸리는 시간이 각각 주어진 상황에서 2배의 작업을 한다는 상황으로 이해해야 한다.

구분	10켤레	10켤레	20켤레 = 360	
	A	B	A, B	A
작	180	180	220	140
소	1.5	1.8	1	7/6
숙	120	100	220	120

1) 10켤레에 A는 1.5시간, B는 1.8시간
2) 10켤레의 작업량을 1.5와 1.8의 공배수인 180정도로 가정하면, A의 숙련도 120, B의 숙련도 100이다.
3) 20켤레 상황은 작업량 360이므로, A와 B가 1시간 작업하면 220이다.
4) 나머지 140(=360−220)만큼을 A가 120의 숙련도로 생산하는데 걸리는 시간은 $\frac{140}{120} = \frac{7}{6}$ = 1시간 10분
5) 따라서, 전체 소요 시간은 1시간 + 1시간 10분 = 2시간 10분이다.
   (해설은 어려워보여도 실제 개념을 이해하면 풀이가 쉬울 것이다.)

11 ④

[정석풀이]

A, B, C의 단위시간당 작업량은 각각 $\frac{1}{4}$, $\frac{1}{5}$, $\frac{1}{6}$이다.

5대 설치를 위해 세 팀이 동시에 5시간을 작업한 뒤 A와 C가 x시간 동안 작업하는 상황이므로 이를 수식으로 표현하면,

$5(\frac{1}{4} + \frac{1}{5} + \frac{1}{6}) + x(\frac{1}{4} + \frac{1}{6}) = 5$

$\Rightarrow 1 + 5(\frac{1}{4} + \frac{1}{6}) + x(\frac{1}{4} + \frac{1}{6}) = 5$

$\Rightarrow \frac{50}{24} + \frac{10x}{24} = 4 \Rightarrow 50 + 10x = 96 \Rightarrow x = 4.6$이므로

5대 설치를 위한 총 작업 시간은 5 + 4.6 = 9.6시간 = 9시간 36분이다.

*참고

사실 이 문제는 B가 5시간 동안만 작업했다는 상황을 파악했다면, 'A와 C가 동시에 작업하여 4대 설치하는데 소요되는 시간은?'라는 비교적 간단한 문제로 만들 수 있다.

즉,

$x(\frac{1}{4}+\frac{1}{6})=4 \Rightarrow \frac{10x}{24}=4 \Rightarrow 10x=96 \Rightarrow x=9.6$

으로 풀이할 수 있다.

[치트키]

	A	B	C	A, B, C	A, C
작	60	60	60	185	115
소	4	5	6	5	4.6
숙	15	12	10	37	25

1) A, B, C가 1대 설치하는 데 소요되는 시간(4, 5, 6)을 각각 기입한다.
2) 1대의 작업량을 공배수인 60으로 설정하고, A, B, C의 숙련도(15, 12, 10)를 산출한다.
3) 5대의 작업량이 300(= 60 × 5)임을 인지한 상태에서 ABC 가 5시간 했던 작업량을 구한다.
4) ABC가 동시에 작업 시 숙련도는 37(= 15 + 12 + 10), 시간은 5시간이므로 작업량은 185(= 37 × 5)이다.
5) 이후 나머지 작업량 115(= 300 − 185)을 A와 C가 25(= 15 + 10)의 숙련도로 진행하므로 소요 시간은 4.6(= 115 ÷ 25)이다.
6) 따라서, 전체 작업에 소요되는 시간은 9.6(= 5 + 4.6)시간으로 9시간 36분이다. 또는, B가 1대 설치했던 상황을 제거하면, 다음과 같이 풀이할 수 있다.

	A	B	A, B, C
작	24	24	96
소	4	6	9.6
숙	6	4	10

12 ⑤

[치트키]

'18년 상반기에 출제되었던 유형과 유사한 문제이다. 도표화와 공배수를 활용한다.

1) 처음 반 : 속력 40 / 한 바퀴 : 속력 48

km/h	처음 반	한 바퀴	나중 반
D			
T			
V	40	48	

2) 트랙의 길이를 40과 48의 공배수인 480으로 가정
처음 반 : 길이 240, 시간 6 / 한 바퀴 : 길이 480, 시간 10 / 나중 반 : 길이 240

km/h	처음 반	한 바퀴	나중 반
D	240	480	240
T	6	10	
V	40	48	

3) 한 바퀴 10시간, 처음 반 바퀴 6시간이므로 나중 반 바퀴 도는데 걸린 시간은 4(= 10 − 6)시간이다.
따라서, 240의 거리를 4시간 동안 달리면 속력 60km/h

km/h	처음 반	한 바퀴	나중 반
D	240	480	240
T	6	10	4
V	40	48	60

[정석풀이]

전체 트랙의 길이를 1로 가정하면,
전체 트랙 : 시간 T, 속력 48km/h, 거리 1
처음 절반 : 시간 T_1, 속력 40km/h, 거리 0.5
나중 절반 : 시간 T_2, 속력 V_2, 거리 0.5로 가정할 수 있다.

전체 트랙을 도는 데 걸린 시간은 처음 절반과 나중 절반을 도는 데 걸린 시간의 합과 같으므로, $T = T_1 + T_2$이다.
"시간 = 거리/속력"이므로,

$$\frac{1}{48}=\frac{0.5}{40}+\frac{0.5}{V_2} \Rightarrow \frac{1}{24}-\frac{1}{40}=\frac{1}{V_2}$$

$$\Rightarrow \frac{40-24}{24\times40}=\frac{16}{960}=\frac{1}{60}=\frac{1}{V_2} \quad \therefore V_2=60\text{km/h}$$

해당 문제를 "절반 40, 전체 48이니까 나머지 절반은 56이네."라고 산술평균으로 풀이한 사람들은 평균 속력에 대한 감을 높일 필요가 있다. 해당 방법은 길이가 아니라 시간을 절반씩 사용했다고 했을 때는 적용할 수 있지만 길이가 절반일 경우에는 속력이 다르면 시간이 달라지기 때문에 평균 속력 역시 달라지게 되므로 시간을 기준으로 등식을 성립하여 푸는 것이 옳다.

13 ②

[정석풀이]

$\text{농도}=\frac{\text{소금}}{\text{소금}+\text{물}}$, 소금 = 농도×소금물이므로,
비커 A의 소금 = $20\%\times500g = 100g$이므로
물 = $500g-100g=400g$이다.
비커 B의 소금 = $15\%\times400g = 60g$이므로
물 = $400g-60g=340g$이다.
각 비커에서 물을 절반씩 증발시킨 후 물 xg을 섞었을 때의 농도가 25%이므로

$$\frac{100g+60g}{(100g+400g\times0.5)+(60g+340g\times0.5)+xg}=25\%$$

$$=\frac{160g}{300g+230g+xg}=\frac{160g}{530g+xg}=25\%$$

$\Rightarrow 160g = 132.5g+0.25xg$

$\Rightarrow 27.5g = 0.25xg$

$\Rightarrow x = 110g$임을 알 수 있다.

[치트키]

1) A와 B의 용액량과 농도를 기입한다.

	A	B	
소			
물			
소	500	400	
농	0.2	0.15	

2) A와 B에 들어있는 소금과 물의 용량을 산출한다.

	A	B	
소	100	60	
물	400	340	
소	500	400	
농	0.2	0.15	

3) A와 B에 들어있는 물의 절반씩을 더하면 370(=200+170), 소금은 그대로 유지되어 160(=100+60)이다.

	A	B	A, B	물 추가
소	100	60	160	
물	400	340	370	x
소	500	400	530	
농	0.2	0.15		

4) 물 x를 추가하면 최종 혼합액의 농도 25%의 소금은 160, 용액량은 x+530이 된다.

	A	B	A, B	물 추가	최종
소	100	60	160		160
물	400	340	370	x	x+370
소	500	400	530		x+530
농	0.2	0.15			0.25

5) 소금 160이 들어있는 용액의 농도가 25%가 되기 위해서는 용액량이 640(=160÷0.25)이므로, x+530 = 640이다. 따라서, x= 110임을 알 수 있다.

	A	B	A, B	물 추가	최종
소	100	60	160		160
물	400	340	370	110	480
소	500	400	530		640
농	0.2	0.15			0.25

14 ①

[치트키]

소물소농 도표화로 풀어보자.

1) A는 500g, B는 200g이다.

2) A에는 소금이 50g 들어 있으므로 농도는 10%이고, A와 B의 농도가 같으므로 B에 들어 있는 소금은 20g이다.

	A	B
소	50	20
물	450	180
소	500	200
농	0.1	0.1

3) A에는 물 450g이 들어 있고 1호기를 거치면 $\frac{7}{9}$로 줄어들기 때문에 물은 350g, 소금물은 400g이 된다.

4) B에는 물 180g이 들어 있고 2호기를 거치면 $\frac{14}{9}$로 늘어나기 때문에 물은 280g, 소금물은 300g이 된다.

5) 둘을 섞으면 소금 70g, 소금물 700g이므로 농도는 10%가 된다.

	A	B	1호기	2호기	혼합
소	50	20	50	20	70
물	450	180	350	280	630
소	500	200	400	300	700
농	0.1	0.1			0.1

15 ③

[정석 풀이]

가격 = 원가 + 이익이다. 컴퓨터의 정상가를 x, 원가를 y라 하면

세일가 5대 판매는 $0.8x\times5 = 5y + 5\times0.12y$

$\Rightarrow 4x = 5.6y$이다.

$5\times0.12y = 90$만 원 $\Rightarrow y = 150$만 원이므로 $x = 210$만 원이다.

이익 = 가격 − 원가이므로, 정상가 3대 판매 이익은

$210\times3 - 150\times3 = 180$만 원이 된다.

[치트키] 정원이 도표화

가격 유형에서 가장 중요한 원리는 '원가 불변'이다. 수율이나 불량률이 주어지지 않는 이상 원가는 불변이기 때문에 미지수를 운영할 때는 원가를 x로 활용하자.

	정	원	이
−20% 1대		x	$0.12x = 18$
−20% 1대	168	150	18
정상가 1대	210	150	60
정상가 3대			180

1) 원가를 x라 하면 이익은 $0.12x$이며, 5대 팔았을 때 90만 원이므로 컴퓨터 1대의 이익금은 18만 원이다.
2) $x = 150$이므로 20% 할인가는 168만 원(= 150+18)이다.
3) 정상가는 210만 원(= 168÷0.8 또는 168×$\frac{5}{4}$)이고, 원가는 150만 원으로 동일하므로 이익은 60만 원임을 알 수 있다.
4) 따라서, 3대 팔면 180만 원의 이익이 발생한다.

16 ③

[치트키]

	A	B	C
작	24		
소	4	2	6
숙	6	12	4

1) A 4시간, B 2시간, C 6시간
2) 4와 6의 공배수인 24를 검사완료 작업량으로 가정하면
3) 각 숙련도는 A 6, B 12, C 4

	A	B	C	A, B	C
작	24			18	6
소	4	2	6	1	$\frac{6}{4}$
숙	6	12	4	18	4

4) A와 B가 숙련도 18(= 6 + 12)로 1시간 하면 18
5) 남아있는 작업량 6(= 24 − 18)을 숙련도 4인 C가 하면 $\frac{6}{4}$시간
6) 오후 2시에 시작했으므로 $1+\frac{6}{4}$시간 후인 4시 30분에 완료

17 ③

[치트키]

'19년 상반기에 출제되었던 유형과 유사한 문제이다. 도표화를 활용한다.

1) 농도 15%의 용량 모르기 때문에 x ⇒ 농도 0.15, 소금 $0.15x$

2) 기존 용량의 5%를 증발시켰다고 했으므로 물의 양이 $0.05x$만큼 빠졌을 것이다.

	15%	빼	더해
소	$0.15x$		
물		$-0.05x$	
소	x		
농	0.15		

3) 30%짜리 200 더했으므로 농도 0.3, 소금 60

	15%	빼	더해
소	$0.15x$		60
물		$-0.05x$	
소	x		200
농	0.15		0.3

4) 결과가 20%이므로 농도 0.2, 소금 60 + $0.15x$, 소금물 200 + $0.95x$

	15%	빼	더해	20%
소	$0.15x$		60	60 + $0.15x$
물		$-0.05x$		
소	x		200	200 + $0.95x$
농	0.15		0.3	0.2

소금물 × 농도 = 소금이므로

$40 + 0.19x = 60 + 0.15x \Rightarrow 20 = 0.04x \Rightarrow x = 500$

[정석풀이]

앞의 도표화에서 진행했던 풀이와 유사한 순서와 수식으로 진행될 것이다.

하지만, 정확히 상황을 이해하고 풀이의 방향성과 정확도 높은 계산을 위해서는 도표화를 통해 헷갈리지 않도록 계산하는 연습을 하자. 계산이 복잡할수록 도표화는 도움이 된다.

18 ④

[치트키]

	3	4	마지막
D	1,200	1,600	
T	8	10	
V	150	160	

1) 세 바퀴 평균속력 150, 네 바퀴 160
2) 트랙의 길이를 150과 160의 공배수인 1,600 정도로 가정하면 150으로 세 바퀴 도는 데 8시간 소요
3) 네 바퀴의 길이는 1,600이므로, 160으로 10시간 소요

	3	4	마지막
D	1,200	1,600	400
T	8	10	2
V	150	160	200

4) 마지막 한 바퀴의 길이는 400이고 2시간 동안 주행할 수 있으므로 속력은 200km/h

19 ③

[치트키]

"정원이" 도표화를 활용하자.

1) 케이크 원가 12,000원, 이익 6,000원, 정가 18,000원
커피 정가 2,000원, 원가 x원

	정	원	이
케이크	18,000	12,000	6,000
커피	2,000	x	

2) 10% 할인 판매 시 가격 18,000(= 20,000 × 0.9)
원가는 동일하므로 12,000 + x, 이익 5,000원

3) 18,000 = 12,000 + x + 5,000이므로 x = 1,000원

	정	원	이
케이크	18,000	12,000	6,000
커피	2,000	x	
10% 할인	18,000	12,000 + x	5,000

20 ⑤

[치트키]

	유속	하류	상류
D		4	4
T		$\frac{16}{60}$	$\frac{48}{60}$
V	5	$x+5$	$x-5$

1) 보트 속도를 x로 가정하면 하류의 속도는 $x+5$
2) 16분 걸려서 4km 이동하므로

$$4\times\frac{60}{16}=x+5=15\Rightarrow x=10$$

3) 강을 거슬러 올라가면 속력은 5(보트 10 − 유속 5)이므로 4km 이동하는 데 걸리는 시간은 $\frac{4}{5}=\frac{48}{60}$
4) 또는, 내려올 때 속력 15km/h인데 16분 걸렸으니 올라갈 때 속력 5km/h로는 3배 걸리므로 16분 × 3 = 48분

빈출 유형 공략(확률과 경우의 수)

01	02	03	04	05	06	07	08	09	10
②	①	②	③	⑤	①	③	④	④	⑤

11	12	13	14	15
④	⑤	⑤	③	①

01 ②

1) 뭘 구해야 하는가? 그리고 써보자.

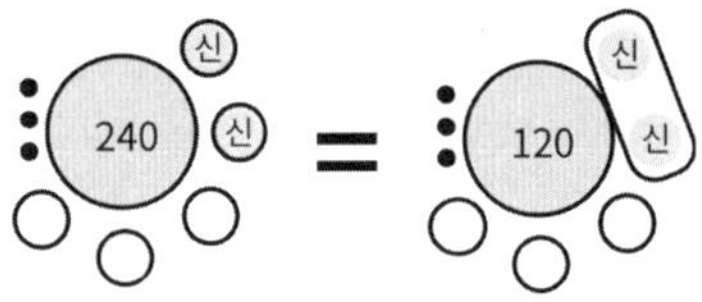

신입사원은 이웃한다고 했으므로 신입사원을 한 명으로 묶으면 240 ÷ 2 = 120가지의 경우의 수라고 생각할 수 있다.

2) 숫자 계산한다.

$(x-1)! = 120$이 되는 x를 찾기 위해서 팩토리얼 연산을 거꾸로 하면서 120이 되는 숫자를 찾아보자.

2 × 3 × 4 × 5 = 120이다. 즉, 총 6명이 있으면 원형 테이블에서 120가지의 경우의 수로 앉을 수 있다.

따라서, 신입 한 묶음을 제외하면 5명이 더 필요하므로 기존 영업 1팀 인원은 5명이 참석했음을 알 수 있다.

02 ①

[정석풀이]

B가 발열 증상을 보였을 때, 감염되지 않았을 확률은 $\frac{P(B\ 비감염 \cap B\ 발열)}{P(B\ 발열)}$이다.

따라서, $\frac{0.25 \times 0.07}{0.75 \times 0.84 + 0.25 \times 0.07} =$

$\frac{25 \times 7}{75 \times 84 + 25 \times 7} = \frac{175}{6{,}300 + 175} = \frac{1}{37}$이다.

[치트키] 비율 풀이

주어진 상황을 도식화하면 다음과 같다.

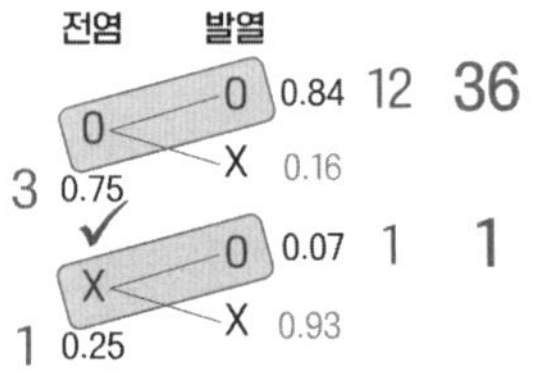

조건부 확률은 사건발생 확률(또는 경우의 수)에 대한 분자와 분모의 '비율'을 구하는 문제이다. 같은 조건에서는 미리 약분하여 비율로써 정리하는 것이 연산이 수월해지는 방법이다. 발생확률 75%와 25%는 3:1로 인식할 수 있다. 발열확률 84%와 7%는 12:1과 같다. 따라서, 실제 연산은

$\frac{1 \times 1}{3 \times 12 + 1 \times 1} = \frac{1}{36+1} = \frac{1}{37}$임을 알 수 있다.

03 ②

[정석풀이]

'21년 상반기와 '22년 상반기에 출제되었던 유형과 유사하다.

1) 무엇을 구해야 하는가?

3일 동안 대표를 선출하므로 총 3번 대표가 선출된다. 그 중 C가 대표를 두 번하게 되는 상황은, 1회차 "C" → 2회차 "아무나" → 3회차 "C"의 상황만이 존재한다.

2) 숫자 계산하자.

1회차 "C" : 대표 선출 대상 인원은 6명, 그 중 C가 대표가 될 확률은 $\frac{1}{6}$

2회차 "아무나" : 대표 선출 대상 인원은 C가 제외된 5명, 그 중 아무나 대표가 될 확률은 $\frac{5}{5}$

3회차 "C" : 대표 선출 대상 인원은 5명, 그 중 C가 대표가 될 확률은 $\frac{1}{5}$

따라서, $\frac{1}{6} \times \frac{5}{5} \times \frac{1}{5} = \frac{1}{30}$이다.

04 ③

1) 뭘 구해야 하는가?

결국 순서대로 공을 뽑을 때, 같은 색깔을 연속해서 뽑아야 하는 상황이다. 따라서, 각 주머니에 같은 색의 공이 들어가게되는 경우는 [6개 중 아무거나 → 5개 중 첫 번째와 같은 것 → 4개 중 아무거나 → 3개 중 세 번째와 같은 것 → 2개 중 아무거나 → 마지막 남은 1개]의 순서대로 나뉘는 경우이다.

2) 숫자 계산하자.

1번째: 6개 중 아무거나 이므로 $\frac{6}{6} = 1$

2번째: 5개 중 1번째와 같은 것을 뽑아야 하므로 $\frac{1}{5}$

3번째: 4개 중 아무거나이므로 $\frac{4}{4}=1$

4번째: 3개 중 3번째와 같은 것을 뽑아야 하므로 $\frac{1}{3}$

5번째, 6번째: 남은 2개는 순서나 색깔이 상관없으므로 1
따라서 구하고자 하는 확률은

$\frac{6}{6}\times\frac{1}{5}\times\frac{4}{4}\times\frac{1}{3}\times1\times1=\frac{1}{15}$ 이다.

05 ⑤

[정석 풀이]

'21년 하반기 기출 문제와 유사하다.

$\frac{P(\text{제조팀 6명 중 2명})\times P(\text{영업팀 4명 중 1명})}{P(\text{대상자 10명 중 3명})}$ 이므로

$\frac{{}_6C_2\times{}_4C_1}{{}_{10}C_3}=\frac{\frac{6\times5}{2\times1}\times\frac{4}{1}}{\frac{10\times9\times8}{3\times2\times1}}=\frac{60}{120}=\frac{1}{2}$ 이다.

[상황 풀이]

전체 10명 중 제조 2명과 영업 1명이 포함되는 경우는,

1) 제조 → 제조 → 영업 = $\frac{6}{10}\times\frac{5}{9}\times\frac{4}{8}=\frac{1}{6}$

2) 제조 → 영업 → 제조 = $\frac{6}{10}\times\frac{4}{9}\times\frac{5}{8}=\frac{1}{6}$

3) 영업 → 제조 → 제조 = $\frac{4}{10}\times\frac{6}{9}\times\frac{5}{8}=\frac{1}{6}$ 이다.

따라서, 전체 확률은 $\frac{1}{6}+\frac{1}{6}+\frac{1}{6}=\frac{1}{2}$ 이다.

06 ①

'19년 상반기에 출제되었던 유형과 유사한 문제이다.

1) 뭘 구해야 하는가? 그리고 써보자.
   리그전은 5명이면 4 + 3 + 2 + 1 = 10회,
   6명이면 5 + 4 + 3 + 2 + 1 = 15회
   (${}_5C_2=\frac{5\times4}{2!}=10$, ${}_6C_2=\frac{6\times5}{2!}=15$를 몰라도 충분히 풀 수 있다. 특히나 GSAT의 경우 확률 공식을 몰라도 상황만 잘 파악한다면 충분히 계산할 수 있는 수준의 문제들이 나오기 때문에, 상황별로 확률 공식들을 적용하는 것이 익숙하지 않더라도 큰 문제는 없을 것이다. 물론 상황별로 공식을 적용하는 것이 익숙하다면 공식을 활용하는 게 좋겠다. 개인적으로는 그리고 쓰는 것이 공식을 활용하는 것보다 실수가 적다고 생각한다.)
   토너먼트는 1~4위를 모두 결정해야 하므로 3, 4위전까지 고려하면 총 4회
   (3, 4위 결정전을 실시하지 않는다고 언급되는 경우도 있으므로 실수하지 않도록 한다.)

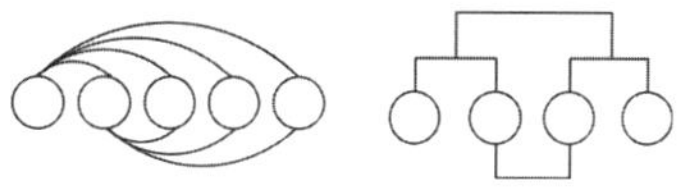

2) 계산한다.
   25만 원 + 4×2만 원 = 33만 원
   다시 한번, 경우의 수 문제들은 빨리 푸는 것보다도 정확하게 실수하지 않고 푸는 것이 더 중요하다는 것을 명심하자.

07 ③

1) 뭘 구해야 하는가? 그리고 써보자.

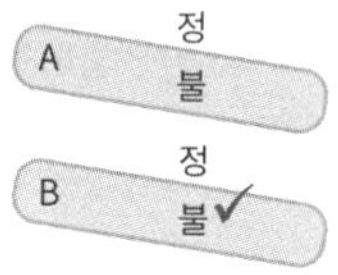

A 공장에서 정상과 불량이 생산될 수 있고, B 공장에서도 정상과 불량이 생산될 수 있다(숫자는 신경 쓰지 말고, 뭘 구해야 하는지에 집중한다).
불량이었을 경우, B 공장에서 생산되었을 확률을 구해야 하기 때문에 P(불량)을 모두 구해서 분모로, P(B공장 ∩ 불량)을 구해서 분자로 올리면 되겠다.

2) 숫자 계산하자.

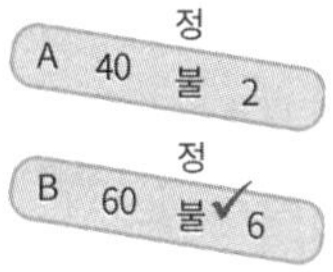

$\frac{6}{2+6}=\frac{3}{4}$

100개 생산했다고 가정하면, A공장에서 생산될 확률 40%, 불량 발생 확률 5%이므로 A공장 불량 2개
B공장에서 생산될 확률 60%, 불량 발생 확률 10%이므로 B공장 불량 6개
둘을 더해서 분모로, B공장 불량을 분자로 계산하면 $\frac{3}{4}$ 이다.
물론, 굳이 쓰고 그리지 않고 바로 계산할 수도 있다. 그런데, 확률과 경우의 수 유형에서만큼은 여러분들의 머리를 그렇게 믿지 않았으면 한다. 그만큼 상황 실수나 계산 실수가 잦을 수 있다는 얘기다. 확률과 경우의 수 유형은 빨리 푸는 것보다도 정확하게 푸는 것이 더 중요한 유형이다.

08 ④

[정석 풀이]

'21년 하반기 기출 문제와 유사하다.

$$\frac{P(30\text{대 } 3\text{명 중 } 2\text{명})}{P(\text{대상자 } 6\text{명 중 } 2\text{명})} + \frac{P(30\text{대 } 3\text{명 중 } 1\text{명}) \times P(40\text{대 } 3\text{명 중 } 1\text{명})}{P(\text{대상자 } 6\text{명 중 } 2\text{명})}$$ 이므로

$$\frac{{}_3C_2}{{}_6C_2} + \frac{{}_3C_1 \times {}_3C_1}{{}_6C_2} = \frac{\frac{3\times2}{2\times1}}{\frac{6\times5}{2\times1}} + \frac{\frac{3}{1}\times\frac{3}{1}}{\frac{6\times5}{2\times1}} = \frac{3}{15} + \frac{9}{15} = \frac{4}{5}$$

이다.

[상황 풀이] 경우의 수

여사건의 개념을 적용하여 전체에서 30대가 한 명도 포함되지 않을 확률을 빼자.

전체 = 6명 중 2명을 뽑는 경우의 수 = ${}_6C_2$ = 15

30대가 안 뽑힐 경우 = 40대만 뽑히는 경우 = ${}_3C_2$ = 3

따라서, 30대가 적어도 1명 이상 뽑히는 경우는 15 − 3 = 12가지이므로 확률은 12/15 = 4/5이다.

[상황 풀이] 확률

여사건의 개념을 적용하여 전체에서 30대가 한명도 포함되지 않을 확률을 빼자.

전체 − 30대 안 뽑힐 확률 = $1-\left(\frac{3}{6}\times\frac{2}{5}\right) = \frac{4}{5}$이다.

09 ④

[치트키]

1) 뭘 구해야 하는가? 그리고 써보자.

여자는 연속으로 뛸 수 없다고 했다. 그렇다면, 성별과 관계없이 6명이 순서를 만들 수 있는 전체 경우의 수에서 여자가 연속으로 뛰는 경우의 수를 빼면 되겠다. 즉, "6명 전체 − 여자 연속"을 구하자.

2) 계산한다.

6명 전체 : 6 × 5 × 4 × 3 × 2 × 1 = 720가지

여자 연속 : 여자 2명을 한 묶음으로 가정해서 5명의 경우로 계산한 뒤, 여자 2명이 자리를 바꿀 수 있는 경우만 추가로 고려하면 되겠다. 즉, 5 × 4 × 3 × 2 × 1 × 2 = 240가지

따라서, 720 − 240 = 480가지이다.

[정석 풀이]

여자 선수가 연속으로 배치될 수 없으므로, 남자 선수들을 먼저 배치한 후 그 사이에 여자 선수를 배치한다.

1) 남자선수 4명을 일렬로 배치하는 경우의 수

4! = 4 × 3 × 2 × 1 = 24가지

2) 남자 선수 사이에 여자 선수 2명을 일렬로 배치하는 경우의 수

____ ○ ____ ○ ____ ○ ____ ○ ____

남자 선수 4명 사이에 여자 선수가 올 수 있는 자리는 총 5자리이다. 이 중 2자리를 선택해 배열하는 것이므로 ${}_5P_2 = 5\times4 = 20$가지이다.

위의 두 가지 경우는 동시에 발생하는 사건이므로 곱의 법칙이 적용된다. 따라서 달리기 순서를 결정하는 경우는 24 × 20 = 480가지이다.

10 ⑤

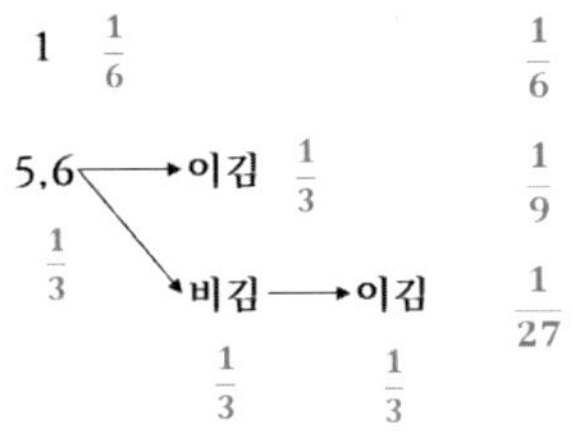

1) 상품을 획득하는 상황을 정리하자.

i) 주사위 눈 1 나오는 경우

ii) 주사위 눈 5 또는 6 → 가위바위보 승리

iii) 주사위 눈 5 또는 6 → 가위바위보 비김 → 승리

2) 각각의 발생확률을 구한 뒤 더하면,

$\frac{1}{6}+\frac{1}{9}+\frac{1}{27} = \frac{17}{54}$이다.

11 ④

1) 뭘 구해야 하는가? 그리고 써보자.

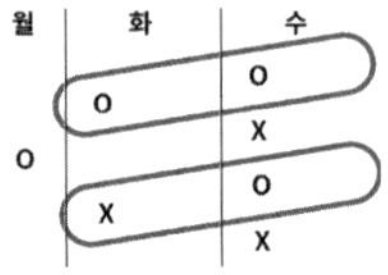

수요일에 비 오는 경우만 전개하면 되겠다.

월 → 화 → 수 순서대로

O → O → O

O → X → O

의 두 가지 경우만 고려하면 되겠다.

2) 숫자 계산한다.

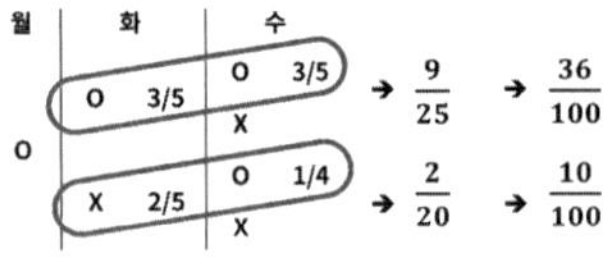

$$\frac{36}{100} + \frac{10}{100} = \frac{23}{50}$$

12 ⑤

1) 뭘 구해야 하는가? 그리고 써보자.

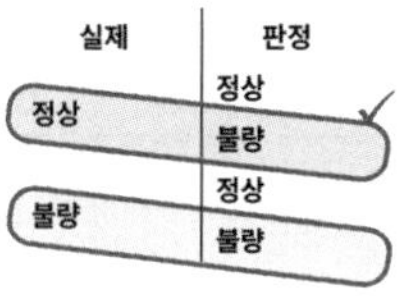

P(검사 장비가 불량으로 판정)가 분모
P(실제 정상 ∩ 검사 장비가 불량으로 판정)가 분자
(숫자는 신경쓰지 말고, 뭘 구해야 하는지에 집중하자.)

2) 숫자 계산하자.

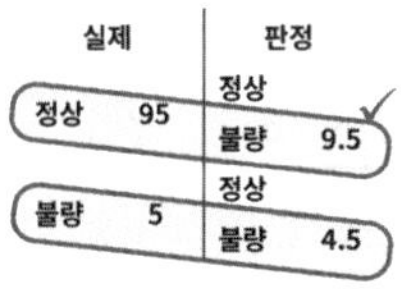

불량률 5%이므로 100개 중 정상품 95개, 불량 5개
검사 장비가 10% 확률로 잘못 판정하므로
정상 95개 중 9.5개는 불량이라고 잘못 판정한다.
검사 장비가 90% 확률로 제대로 판정하므로
불량 5개 중 4.5개는 불량이라고 제대로 판정한다.

따라서, $\frac{9.5}{9.5+4.5} = \frac{9.5}{14} = \frac{19}{28}$이다.

13 ⑤

1) 뭘 구해야 하는가?
상품을 얻으려면 네 눈의 곱이 짝수가 나와야 한다. 곱셈의 특성상 네 개의 주사위 중 짝수가 한 번 이상 나오면 곱한 값은 짝수가 된다. 반대로, 주사위 네 개 모두 홀수가 나오는 경우에는 곱의 결과 값이 홀수가 된다. 따라서 '상품 얻을 확률 = 짝수 확률 = 전체 확률 − 홀수 확률(네 개 모두 홀수)'을 구하면 된다.

2) 숫자 계산하자.

[홀 홀 홀 홀]의 발생 확률은 $\frac{1}{2} \times \frac{1}{2} \times \frac{1}{2} \times \frac{1}{2} =$

$\frac{1}{16}$이므로 짝수가 나올 확률은 $1 - \frac{1}{16} = \frac{15}{16}$이다.

14 ③

1) 뭘 구해야 하는가? 그리고 써보자. (파란색)
B–C 중 B가 이겨서 결승에 올라올 경우와
B–C 중 C가 이겨서 결승에 올라올 경우가 있다.

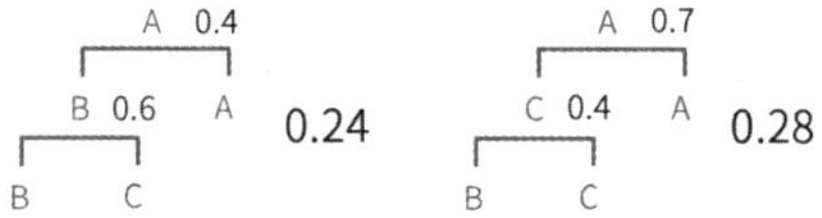

2) 숫자 계산하자.
0.6 × 0.4 = 0.24, 0.4 × 0.7 = 0.28이므로 두 확률을 더하면 0.52 = 52%이다.

15 ①

[정석 풀이]

$\frac{P(\text{고양이} \cap \text{장난감 좋아함})}{P(\text{장난감 좋아함})}$이다.

$$\frac{\frac{6}{15}\times 0.3}{\frac{9}{15}\times 0.6+\frac{6}{15}\times 0.3} = \frac{6\times 3}{9\times 6+6\times 3} = \frac{18}{72} = \frac{1}{4}$$

[치트키]
주어진 상황은, 아래와 같이 나타낼 수 있다.

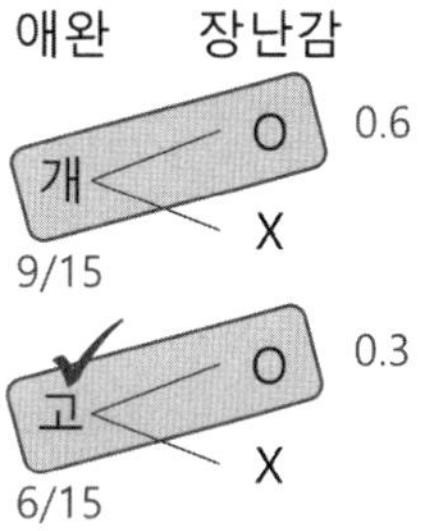

하지만, 이 경우 정석풀이와 같은 수식이 전개되기 때문에 미리 비율로써 나타낸다면 계산이 훨씬 수월해진다.

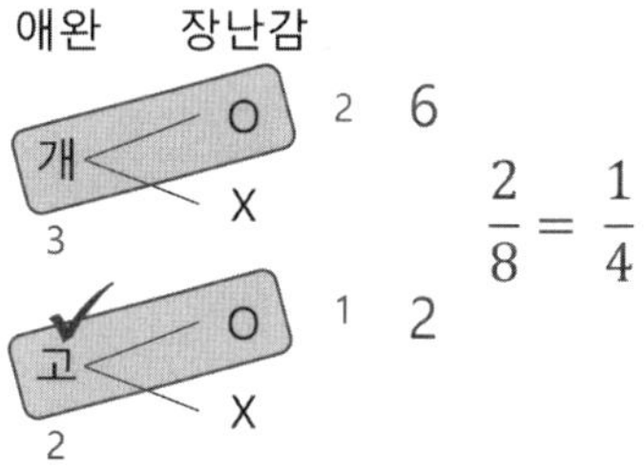

강아지 9마리와 고양이 6마리는 3:2의 비율, 장난감을 좋아할 확률은 개:고양이를 2:1로 치환한다면 빠른 계산을 통해 정답이 $\frac{1}{4}$임을 알 수 있다.

빈출 유형 공략(수식과 수열 응용)

01	02	03	04	05
②	②	③	④	①

01 ②

[치트키] 대입법

GSAT은 특정 공식이나 함수에 대한 수학적 이해도를 요구하는 시험이 아니다. 따라서, 이차함수의 최대값 정리를 몰라도 주어진 보기의 값을 대입하여 만족도 y를 구할 수 있도록 문제가 출제된다.

A : x가 5인 경우 $y = -25+50+10 = 35$이며, x가 10인 경우 $y = -100+100+10 = 10$이다. 따라서, 보기 ①, ②, ⑤ 중 하나가 정답이다.

B : x가 10인 경우는 A를 검증하며 음수가 아님을 확인할 수 있었다. x가 11인 경우 $y= -121+110+10 = -1$로 음수이다. 따라서, 15시간의 상황을 확인하지 않아도 ② 번이 정답임을 알 수 있다.

02 ②

계수 B: 산술식에서 가장 높은 수치가 기록되기 위해서는 $\frac{(A-x)^2}{2}$의 수치가 0이 되어야 한다. 8년차에 가장 높은 수치인 100이라고 했으므로, A = 8 이다. 그리고 이때의 수치가 100이므로 0 + 5 × B = 100에 따라 B = 20 임을 알 수 있다.

10년차의 y: $y = 5 \times 20 - \frac{(8-10)^2}{2} = 100 - 2 = 98$이다.

따라서 정답은 ②번

03 ③

A는 [−2 −4 −6 −8 …]의 계차수열, B는 [−4 −4 −4 −4 …]의 등차수열임은 쉽게 알 수 있다.

우리의 목표인 B가 A보다 많아지는 시점을 산출해야 한다는 점에 집중하면, 매월 'A와 B의 차이'를 하나의 수열로 생성할 수 있다.

즉, 1월의 차이 336 − 280 = 56을 시작으로 2월부터 [+2 0 −2 −4 −6 …]의 계차가 적용되는 수열이 만들 수 있다.

이를 통해 음수가 되는 첫 시점을 산출하면 11월에 처음으로 음수값이 발생됨을 알 수 있다.

따라서 11월에 제품 B의 수량이 제품 A보다 처음으로 많아질 것이다.

	A 수열		B 수열		차이 수열	
1월	336	−	280	−	56	−
2월	334	−2	276	−4	58	2
3월	330	−4	272	−4	58	0
4월	324	−6	268	−4	56	−2
5월	316	−8	264	−4	52	−4
6월	306	−10	260	−4	46	−6
7월	294	−12	256	−4	38	−8
8월	280	−14	252	−4	28	−10
9월	264	−16	248	−4	16	−12
10월	246	−18	244	−4	2	−14
11월	226	−20	240	−4	−14	−16
12월	204	−22	236	−4	−32	−18

04 ④

A와 B 각각의 계차를 구하면 수열의 형태는 어렵지 않게 알 수 있다. 보기의 끝자리가 모두 다르기 때문에 끝자리만을 고려하여 연산하는 것이 효과적이겠다.

	A		B	
초기 투입	8	계차	3	계차
1주 후	10	2	6	3
2주 후	14	4	12	6
3주 후	20	6	21	9
4주 후	28	8	33	12
5주 후	38	10	48	15
6주 후	50	12	66	18
7주 후	64	14	87	21
8주 후	80	16	111	24
9주 후	98	18	138	27
10주 후	118	20	168	30
11주 후	140	22	201	33
12주 후	164	24	237	36

05 ①

각 환경에서의 계차를 확인하면 A 환경 [2 4 6 8], B 환경 [5 10 15 20]임을 확인할 수 있다.

따라서, 1시간마다 A 환경과 B 환경의 차이를 기준으로 계차는 [3 6 9 12]로 증가함을 알 수 있다.

8시간 후에 처음으로 100마리 이상의 차이가 발생된다.

	A	계차	B	계차	차이	계차
초기 상태	5		6		1	
1시간 후	7	2	11	5	4	3
2시간 후	11	4	21	10	10	6
3시간 후	17	6	36	15	19	9
4시간 후	25	8	56	20	31	12
5시간 후	35	10	81	25	46	15
6시간 후	47	12	111	30	64	18
7시간 후	61	14	146	35	85	21
8시간 후	77	16	186	40	109	24
9시간 후	95	18	231	45	136	27
10시간 후	115	20	281	50	166	30
11시간 후	137	22	336	55	199	33
12시간 후	161	24	396	60	235	36

빈출 유형 공략(자료이해)

01	02	03	04	05	06	07	08	09	10
③	④	⑤	③	⑤	①	⑤	③	④	③
11	12	13	14	15	16	17	18	19	20
②	⑤	⑤	③	④	④	③	④	⑤	②
21	22	23	24	25					
①	②	③	②	④					

01 ③

옳은 것 'Y' 찾아야 한다.

① 조사기간 동안 자전거 보유 대수가 2년 동안 증가했던 곳은 없다. N

② 자전거 1대당 평균 대여 실적은 [$\frac{\text{대여실적}}{\text{자전거 보유}}$]이다. 전라남도는 2020년 → 2021년을 [$\frac{472}{109} \rightarrow \frac{400}{112}$]으로 표현할 수 있다. 분자는 감소, 분모는 증가이므로 해당 수치는 감소하고 있다. N

③ 충청남도의 자전거 1대당 평균 대여 실적은 2019년 → 2020년 [$\frac{149}{932} \rightarrow \frac{128}{897}$]로 표현할 수 있다. 이는 곧 [$\frac{149}{932}$ vs $\frac{128+5}{897+35}$]이므로 [$\frac{149}{932} > \frac{133}{932}$]이다. 또는, 분자 128 → 149로 약 15% 증가, 분모는 897 → 932로 약 5% 이내 증가이므로 [$\frac{149}{932} > \frac{128}{897}$]임을 알 수 있다. Y(정답)
(분자와 분모의 변화율을 통한 대소비교에서는 작은 값에서 큰 값의 방향으로 '증가율'을 산출하는 것이 '감소율'을 산출하는 것보다 수월하다.)

④ 800% 이상 증가는 기존 대비 9배 이상이 되었다는 뜻이다. 전라북도의 대여 실적은 2020년 4,200 → 2021년 36,177로 8.5배 정도 증가하였다. 즉, 증가율은 약 750%일 것이다. N

⑤ 2019년 → 2020년에 경상북도와 충청남도의 순위가 서로 변경되었다. 이 외에도 대여 실적의 순위 변동은 매년 발생하였다. N

02 ④

옳은 것 'Y' 찾아야 한다.

① 2020년 2학기부터 2021년 2학기까지 매학기 지속 감소하였다. N

② 2019년의 경우 1학기 평점 3.32, 2학기 3.35로 1학기의 평균 학점이 2학기보다 낮았다. N

③ 2021년 전공과목의 A 학점 이상 비중은 1학기 49.0%, 2학기 47.3%로 모두 50% 이하였다. N

④ 2020년 1학기를 기준으로 전공과목 평균 학점과 A 학점의 비중은 3개 학기 연속으로 지속 감소하였다. Y(정답)

⑤ 전공과목 평균 학점은 2019년 2학기 3.35 → 2020년 1학기 3.72로 0.37만큼 증가하였다. 3.35의 15%(= 10% + 5% = 0.335 + 0.168 = 0.5)는 어림잡아 계산해도 0.37보다 높으니 증가율은 15% 이하임을 알 수 있다. 또는, 335 → 372의 증가 상황이므로 [$\frac{372}{335} < \frac{115}{100}$] or [$\frac{37}{335} < \frac{15}{100}$]로 대소비교를 수행하는 것도 괜찮은 방법이다. N

03 ⑤

옳은 것 'Y' 찾아야 한다.

① A사 인원은 2022년 8,636 → 2023년 8,322로 감소하였다. N

② B사 인원은 2022년 9,019 → 2023년 9,177로 약 160명이 증가하였다. 9,019의 2%는 약 180명이므로 증가율은 2% 이하이다. N

③ B → C로 42명, C → B로 12명이므로 B ↔ C 상호 이동 인원은 54명으로 100명 이하이다. N

④ 2023년 C사의 전체 인원은 2,308명이다. A나 B에서 C로 옮긴 인원이 10%(약 231명) 이상인지를 확인하자. A → C 211명, B → C 42명으로 합하면 231명 이상이다. 즉, 2022년에도 C사 소속이었던 2,055명은 2023년 C사 전체 2,308의 90% 이하임을 알 수 있다. N

⑤ 2022년 A사 전체 8,636명 중 2023년 B사로 이동한 인원은 533명이다. 8,636명의 5%는 약 430명(= 8,636 × 0.05)이므로 533명은 5% 이상이다. Y(정답)

04 ③

옳은 것 'Y' 찾아야 한다.

① 음주율은 2013년 77.0% → 2020년 78.1%로 증가하였다. N

② 음주율은 65 ~ 85% 구간, 흡연율은 15 ~ 35% 구간으로 그래프의 Scale이 서로 다르다. 따라서, 두 꺾은선의 간격이 가장 좁았던 해에 55%p 이상의 차이가 발생되는지를 확인하면 된다. 2013년에 음주율과 흡연율 그래프의 간격이 가장 좁았으며, 차이는 77.0% − 24.1% = 52.9%p로 55%p 이하의 차이를 보였다. N

③ 2017~2020년 음주율은 80.3 → 79.7 → 79.2 → 78.1로 매년 감소, 흡연율 역시 22.3 → 22.1 → 21.5 → 20.6으로 매년 감소하였다. Y(정답)

④ 흡연율이 가장 낮았던 해는 20.6%를 기록한 2020년이다. 그래프에서 두 꺾은선의 간격이 수치의 차이인데, 2017년부터 2020년까지 간격이 유사해 보인다. 하나씩 계산하며 확인할 수밖에 없다. 2017년부터 음주율과 흡연율의 차이는 [58.0, 57.6, 57.7, 57.5]로 2017년에 가장 차이가 컸다. 따라서, 보기에서 지칭했던 두 해는 다르다. N

⑤ 4명 중 1명 이상이 음주하지 않는다는 것은 음주율이 75% 이하(4명 중 3명 이하는 음주를 함)라는 뜻과 같다. 음주율이 가장 낮았던 2013년의 음주율은 77.0%로 75%보다 크다. 따라서, 음주하지 않는 인원은 23%로 $\frac{1}{4}$ 미만이다. N

05 ⑤

옳은 것 'Y' 찾아야 한다.

① 세로 평균선을 기준으로 직선거리가 가장 가까운 국가는 폴란드이다. N

② 경작 면적은 [$\frac{\text{생산량}}{\text{10a 당 생산량}}$]으로 구할 수 있다. 따라서 면적이 넓다는 뜻은, 분자인 생산량이 높거나 분모인 10a당 생산량이 낮다는 뜻이다. 분자가 가장 높은 이탈리아와 분모가 가장 낮은 그리스를 비교하자. 이탈리아는 약 $\frac{30{,}000}{2{,}000}$ vs 그리스는 약 $\frac{12{,}500}{600}$ 정도이다. 따라서 면적은 그리스가 더 높음을 알 수 있다. N

③ 면적당 생산량이 평균 이하인 국가는 가로 평균선 1,459의 아래에 위치한 그리스와 폴란드 2개 국가이다. N

④ 잎담배 생산량은 가장 우측에 위치한 이탈리아, 단위면적당 생산량은 가장 상측에 위치한 스페인이다. N

⑤ [$\frac{\text{생산량}}{\text{10a 당 생산량}}$]을 기준으로 스페인과 폴란드는 분자(생산량)는 유사한 수준이지만 분모(10a당 생산량)는 폴란드가 훨씬 적다. 따라서 경작 면적은 폴란드가 스페인보다 넓은 것이다. Y(정답)

06 ①

a. (참) 2017년 부터 전체 취업자의 전년 대비 변화는 [+ + − +]이며, 이와 같은 변화 트렌드를 보이는 직업군은 관리자 및 전문직이 유일하다.

b. (참) 매년 서비스 및 판매직 취업자 수치에 5를 곱한 값은 해당 년도의 전체 취업자 수보다 높다. 따라서, 5명 중 1명 이상(20% 이상) 이었다.

c. (거짓) 2017년 대비 2021년 기계, 기능 등 노무직의 취업자는 9,000천 명대 수준이며, 상승 수치는 약 220이다. 동일 시점 기준으로 농림, 어업 숙련직은 약 1,200~1,300명대 수준으로 약 200명의 상승을 보였다. 따라서, 농림, 어업 숙련직의 취업자 증가율이 더 높았다.

d. (거짓) 2017년 부터 2020년 까지는 매년 순위가 동일하였지만, 2021년에는 관리자 및 전문직과 서비스 및 판매직의 순위가 바뀌었다.

07 ⑤

옳은 것 'Y' 찾으면 된다.

① 2016년 증감률의 트렌드가 다르다.(매출액 감소, 일 평균 사용자 증가) N

② 2015년 종사자 수의 전년 대비 증감률이 플러스(0.2%)이다. 증가했었다는 얘기다. N

③ 사업체 1개소당 종사자 수의 분모는 사업체 수, 분자는 종사자 수이다. 2017년에는 분모의 증감률(−8.2%)보다 분자의 증감률(−12.5%)이 더 낮다. 따라서, 계산하지 않아도 2016년 대비 2017년의 사업체 1개소당 종사자 수는 감소했음을 알 수 있다. N

④ 2016년이다. 2015년 대비 2016년 일 평균 사용자 수는 2.9% 증가하였다. N

⑤ 사업체 1개소당 매출액의 분모인 사업체수의 전년 대비 증감률보다 분자인 매출액의 전년 대비 증감률이 매년 높았다. 따라서, 사업체 1개소당 매출액 역시 지속 상승했을 것이다. Y(정답)

08 ③

옳은 것 'Y' 찾으면 된다.

① 2016년 701 → 2017년 664로 감소하였다. N

② 주석을 보면 대중교통은 철도와 버스를 지칭한다. 그런데, 매년 승용차의 수송실적 숫자가 전체의 반 이상이라는 것을 어렵지 않게 알 수 있다. 따라서, 철도와 버스의 합은 무조건 매년 50% 이하일 것이다. N

③ 매년 수송실적의 합이 전체와 같으면 맞는 얘기가 된다. 전부 계산하기보다는 매년 일의 자리 숫자만 맞는지 빠르게 확인해보자. 14년 4 + 3 + 4 + 5 = 6,
15년 0 + 2 + 8 + 0 = 0,
16년 1 + 5 + 9 + 9 = 4, 17년 4 + 5 + 0 + 2 = 1,
18년 9 + 0 + 8 + 1 = 8 모두 맞다. Y(정답)
(수송분담률의 경우 반올림되어 있기 때문에 모두 더했을 때 99.9%나 100.1%로 딱 맞아 떨어지지 않을 수 있다.)
④ 2015년 대비 2016년 승용차의 수송분담률은 56.8 → 55.2로 감소하였다. N
⑤ 2018년 전체 수송실적 4,288 중 택시의 수송실적은 138로 3.2%이다. 현재 62가 증가하여 200이 된다면 전체 수송 역시 4,350으로 증가할 것이다. 200이 5% 이상이 되려면, 분모가 4,000 이하여야 한다. 분모가 4,350으로 4,000 이상이다. N

09 ④

해당 자료는 흔히 일컫는 '코로나 학점 인플레이션'의 수준 확인을 위해 직접 정리한 자료이다. 코로나 전/후의 가장 큰 변화는 A학점의 비중(전 $\frac{1}{3}$ 수준 → 후 $\frac{1}{2}$ 수준)이었다. 해당 기간에 고학점자들의 비중이 늘어나며 취업시장에서도 학점에 따른 변별력이 낮아짐과 동시에 학점에 대한 신뢰도 역시 조금씩 희석되고 있다. 이에, 각 기업에서는 학점에 대한 평가 비중을 점차 줄이고 있으며, 대외활동과 이력/경력에 대한 중요도가 점차 증가하고 있는 추세이다.

어쨌든, 틀린 것 'N' 찾아야 한다.

① A 학점의 비중은 비대면 수업이 본격화되었던 2020년 1학기에 급격히 상승하였으며, 이후 지속 감소하였다. Y
② 조사기간 8개 학기 동안 매학기 B 학점의 비중은 30% 이상을 기록하였다. Y
③ C 학점의 비중이 가장 높았던 학기는 22.1%를 기록한 2019년 1학기이며, D 이하 학점의 비중이 가장 높았던 학기는 5.2%를 기록한 2019년 1학기로 같은 학기이다. Y
④ 2019년 2학기와 2022년 2학기의 각 비중 차이는 A 학점부터 순서대로 각각 [2.9, 0.2, 2.5, 0.2]로 A 학점의 비중 차이가 가장 컸다. N(정답)
⑤ 조사기간 8개 학기 모두 A 학점의 비중은 33.3% 이상이었다. Y

10 ③

옳은 것 'Y' 찾아야 한다.

① 2022년에는 농림수산 산업의 수치가 소재보다 더 낮았다. N
② 증가율 500% 이상은 기존 대비 6배 이상이라는 뜻이다. 증가율과 배율을 헷갈려서는 안 된다. 2019년 섬유 63,505의 6배는 2020년 섬유 361,650보다 크다. 즉, 6배가 안되므로 증가율은 500% 미만이다. N
③ 정보통신의 수치만 매년 지속 증가하였다. Y(정답)
④ 천의 자리 이상만 살려 어림산하자. 기계는 2021년 1,626에서 10% 감소(−163)는 약 1,463이다. 실제 2022년 기계의 수치는 1,490이므로 10%보다 덜 감소하였다. N
⑤ 2019년부터는 기술서비스의 수치가 화학보다 매년 높았다. N

11 ②

옳은 것 'Y' 찾아야 한다.

① 전체 중 일반연수의 비중은 "$\frac{\text{일반연수}}{\text{유학} + \text{일반연수}}$"로 구해야 한다. 혹시라도 "$\frac{\text{유학}}{\text{일반연수}}$"로 계산했다면 ①번을 정답으로 선택했을 수 있다. 2020년과 2021년 모두 유학의 수치가 일반연수의 약 2배이다. 즉, 일반연수가 전체에서 차지하는 비중은 33% 내외일 것이다. 즉, 40% 이하이다. N
② 2021년 유럽계 학생의 유학 증가율 vs 일반연수 증가율 $= [\frac{4,093}{2,636}$ vs $\frac{1,976}{1,339}] \fallingdotseq [\frac{409}{264}$ vs $\frac{198}{134}]$이다. 일반연수의 분자 분모에 2씩 곱하면 $[\frac{409}{264} > \frac{396}{268}]$임을 알 수 있다. Y(정답)
③ 오세아니아계 대학생은 2020년 85(= 47 + 38) → 2021년 88(= 47 + 41)로 3명이 증가하였다. 85의 5%는 4명 이상이므로 3명 증가는 5% 이하 증가이다. N
④ 북아메리카계 대학생은 2020년 974(= 578 + 396) → 2021년 1,426(= 1,008 + 418)로 452명이 증가하였다. 2020년 974명의 50%는 487명이며, 더하면 1,461명으로 2021년 1,426명보다 많다. 따라서 실제 증가율은 50% 이하이다. N
⑤ 각 연도별 전체 대학생을 합산하기보다는 2020년 유학, 일반연수와 2021년 유학, 일반연수 각각에서 아시아의 비중이 95% 이상인지를 확인하자. 2021년의 경우, 유학 전체 111,176 중 5%는 약 5,560이며, 이를 아시아

102,949에 더하면 전체 111,176보다 낮다. 따라서, 아시아의 비중은 95% 이하이다. 일반연수도 마찬가지로 전체 52,521의 5%인 약 2,630을 아시아 49,258에 더하면 52,521보다 낮다. 즉, 95% 이하임을 알 수 있다. N

12 ⑤

옳은 것 'Y' 찾아야 한다.

① 해당 자료는 반려동물 보유가구의 비중만을 제시하고 있다. 가구 수는 정보를 알 수 없다. N

② 50~59세와 60세 비중을 합산해야 한다. 2015년 26.1 + 31.9 = 58.0 → 2020년 19.9 + 29.8 = 49.7로 비중이 감소하였다. N (그래프에서도 한 눈에 2015년은 절반 이상, 2020년은 약 절반임을 확인할 수 있다.)

③ 2020년에는 40~49세 비중이 16.6%로 20% 이하이다. N

④ 2015년과 2020년 모두 60세 이상의 비중은 $\frac{1}{3}$인 33%보다 낮았다. N

⑤ 20~29세는 3.7% → 20.0%로 증가하였으며, 나머지 연령대는 모두 감소하였다. Y(정답)

13 ⑤

옳은 것 'Y' 찾아야 한다.

① 사업체 1개당 종사자수는 [종사자 ÷ 사업체]이다. 외국식 음식점업의 경우 37,068 ÷ 8,300은 약 4.5 정도이다. 사업체수가 종사자 수의 4.5배 이상인 종류를 찾자. 제과점업과 두발 미용업이 의심된다. 특히, 두발 미용업의 경우 외국식 음식점 대비 분모(사업체)는 거의 절반이지만 분모는 절반 이상이다. 외국식 음식점 $\frac{371}{830}$ vs 두발 미용업 $\frac{198}{413}$으로 비교해도 두발 미용업의 수치가 더 높음을 알 수 있다. N

② 사업체 1개당 평균 매출액은 [매출액 ÷ 사업체]이다. 백만 원과 억 원의 단위는 우선 고려하지 않고 나누었을 때 처음 숫자가 2 이상인지를 먼저 확인하자. 542 ÷ 273 정도로 계산하면, 273 × 2 = 546이므로 2.0 이하임을 알 수 있다. 이 시점에서 2억 원 이하라고 판단하는 것도 빠른 풀이를 위해서는 괜찮은 방법이다. 보통 이러한 지문은 단위를 고려하지 않아도 판정할 수 있도록 출제되기 때문이다. 단위 맞추기 위해서는 매출액 백만 원이 억 원이 되어야하므로 100으로 나누어 54,214 ÷ 27,303을 계산하면 된다. N

③ 사업체 1개당 평균 인건비는 [인건비 ÷ 사업체]이다. 단위를 고려하지 않고 계산하면 367 ÷ 770이다. 0.5 이하의 값이 나오기 때문에 해당 시점에서 5천만 원 이하라고 판단하자. 단위를 고려하면, 36,682천만 원 ÷ 7,701개 = 5.0천만 원 이하이다. N

④ 종사자 1인당 평균 인건비는 [인건비 ÷ 종사자]이다. 409,338 ÷ 62,502 = 약 6.5이므로 7백만 원 이하이다. N

⑤ 사업체 1개당 평균 영업비용은 [영업비용 ÷ 사업체]이다. 922 ÷ 326 = 약 2.8이므로 2.5억 이상이다. Y(정답)

14 ③

틀린 것 'N' 찾아야 한다.

① 불량품을 포함하는 1시간 생산량은 [보유장비 수 × 장비 1대당 1시간 생산량]이다. A 공장부터 순서대로 [240, 200, 250, 360]이므로 D 공장의 생산 수량이 가장 많다. Y

② 불량률이 가장 낮은 공장은 불량률 10%의 C 공장이며, 일 평균 생산시간이 10시간으로 가장 길다. Y

③ 하루 평균 정상품 생산량은 [장비대수 × 장비 1대당 1시간 생산량 × 일 평균 생산시간 × (1 − 불량률)]이다. A의 경우 불량률이 20%이므로 애초에 5시간이 아닌 4시간 동안 생산되는 제품의 수량이 정상품이라고 판단해도 되기 때문에 일 평균 정상품 생산 수량은 8 × 30 × 4 = 960으로 1,000개 이하이다. N(정답)

④ C 공장의 불량률은 10%이므로 애초에 10시간이 아닌 9시간 동안 생산되는 제품의 수량이 정상품 수량과 같다. 따라서 C 공장의 일 평균 정상품 생산 수량은 5 × 50 × 9 = 2,250개로 2,000개 이상이다. Y

⑤ D 공장의 장비가 12대로 가장 많으며, 불량률 역시 25%로 가장 높다. Y

15 ④

틀린 것 'N' 찾아야 한다.

① 2017년을 기준으로 건수와 면적 모두 전년 대비 [− + − −]의 증감 변화를 보였다. Y

② 산불 1건당 평균 피해 금액은 [$\frac{금액}{건}$]이다. 대소비교를 위해 단위를 무시하고 분수식을 구성하면, 2017년 $\frac{802}{692}$ vs 2018년 $\frac{486}{496}$이다. 2017년 1보다 큼 vs 2018년 1 미만이므로 2017년이 더 크다. Y

③ 2019년의 전년 대비 피해 금액 증가율 vs 피해 면적 증가율은 $\frac{269}{49}$ vs $\frac{502}{101}$로 비교할 수 있다. 약 5.5 vs 5.0 이므로 피해 금액의 증가율이 더 높다. Y

④ 산불 1건당 평균 피해 면적은 [$\frac{면적}{건}$]이다. 2019년 $\frac{501}{653}$ vs 2020년 $\frac{486}{620}$이다. 분모를 653 정도로 통

분하기 위해 2020년의 620에 33을 더하면, 분자에는 약 25를 더해야 한다. 따라서 $\frac{501}{653}$ vs $\frac{486+25}{620+33}$ = $\frac{511}{653}$ 으로 2020년의 수치가 더 높음을 알 수 있다. 즉, 전년 대비 증가하였다. N(정답)

⑤ 산불 1제곱미터당 평균 피해 금액은 [$\frac{금액}{면적}$]이다. 2021년 금액(분자)은 전년 대비 약 $\frac{1}{5}$ 수준으로 감소, 면적(분모)은 전년 대비 약 $\frac{1}{100}$ 수준으로 감소하였다. 따라서 별도로 계산하지 않아도 분모의 감소가 훨씬 크기 때문에 해당 수치는 증가했다고 판단할 수 있다. Y

16 ④

틀린 것 'N' 찾아야 한다.

① 강수량과 유입량의 전년 대비 증/감 트렌드가 같다. Y
② 전년 대비 강수량이 증가했던 해는 2010, 2011, 2016년이며 같은 시점에서 방류량 역시 전년 대비 늘어났었다. Y
③ 모든 댐의 저수용량은 평균저수량÷평균저수율이다. 어림셈해보면, 6,100 ÷ 48%이므로 6,100 × 2 = 12,200보다는 높을 것이다. Y
④ 강수량이 가장 적었던 해는 2015년이다. 2015년 유입량과 방류량의 차이는 약 1,000이므로 이보다 차이가 많은 년도를 찾으면 되겠다. 2010년은 약 2,000의 차이가 발생됨을 알 수 있다. N(정답)
⑤ 〈표〉에서 확인하지 않더라도 주어진 수식에서 평균저수량과 평균저수율이 비례 관계에 있음을 알 수 있다. Y

17 ③

옳은 것 'Y' 찾으면 된다.

① 2014년 대비 2015년 인천의 인구와 도시림 면적이 모두 증가했다. N
② 1인당 도시림 면적의 분모는 인구, 분자는 도시림이다. 2014년을 기준으로 대전보다 울산의 분모가 작고(1,450 > 1,039) 분자는 크기 때문에(29,445 < 34,527) 울산의 수치가 더 높다. N
③ 전국 평균 1인당 도시림 면적의 분모는 인구, 분자는 도시림 면적이다. 분자는 [감소 감소]이며, 분모는 [증가 감소]이다. 2014에서 2015의 분자 감소비율이 분모 비율보다 크기 때문에 해당 수치 역시 지속 감소하고 있음을 알 수 있다. Y(정답)
④ 총 도시림 면적이 지속적으로 증가한 지역은 대구, 광주, 대전이다. 광주는 2014년 전년 대비 인구가 줄었다. N
⑤ 2013년 대비 2014년 도시림 면적이 가장 많이 감소한 지역은 인천이다. 울산은 2014년 대비 2015년에 가장 많이 줄었다. N
(헷갈릴 수 있었던 부분이므로 주의하자.)

18 ④

옳은 것 'Y' 찾아야 한다.

① 비용 만족도가 가장 낮은 프랑스는 유럽 대륙, 여행 만족도가 가장 낮은 중국은 아시아 대륙이다. N
② 평균치가 가장 낮은 지역은 좌하단 꼭짓점과 거리가 가장 가까운 '프랑스'이다. N
③ 호주의 여행 만족도는 5위, 비용 만족도는 3위이다. N
④ 평균점수 3점 미만은 두 점수의 합이 6점 미만이라는 뜻이다. 주어진 그래프 x축과 y축의 구간과 스케일이 같으며, 3점은 중앙값이다. 따라서, 〈그래프〉의 좌상단 꼭짓점에서 우하단 꼭짓점까지 가상의 선을 연결하여 그 선의 아래 영역에 위치한 국가들은 만족도의 합이 6 미만임과 동시에 평균치가 3 미만이게 된다. 프랑스, 미국, 멕시코, 중국 네 군데 국가이다. Y(정답)
⑤ 여행 만족도가 가장 높았던 지역은 '하와이'이다. '필리핀'은 비용 만족도가 가장 높았다. N

19 ⑤

경희 : A 또는 G이다.
민지 : 기울기 1의 대각선을 그었을 때 E가 유일하게 위치한다. (수학과 국어의 점수가 같다.)
재영 : 우상향 꼭짓점과의 거리가 가장 짧은 사람은 F이다.
성찬 : A의 경우 수학은 1등, 국어는 8등이다.
따라서, 경희는 G가 된다.

20 ②

a. (거짓) 중국의 경우 말레이시아보다 기대수명은 높지만, 인간개발 지수는 낮았다.
b. (참) 인간개발 지수가 0.9 이상인 국가는 한국, 일본, 홍콩이며 세 나라 모두 기대수명이 80세 이상이다.
c. (참) 6개 조사대상 국가 중 한국의 기대수명과 인간개발 지수는 위에서 3번째로 동일하다.
d. (거짓) Y축 한 칸의 차이는 5세이다. 15세 이상이면, 3칸 이상의 차이이다. 기대수명이 가장 낮은 필리핀과 가장 높은 홍콩의 차이는 Y축 세 칸 이하이다.

21 ①

옳은 것 'Y'를 찾으면 된다.

전력 거래량과 거래금액 수치가 아니다. '증감률'임을 잊지 말자. 헷갈리면 안 된다.

① 전력 거래량 그래프는 전 구간에서 0% 이상이므로 지속 증가해왔음을 알 수 있다. Y(정답)
② 2012년에는 전력거래량보다 거래금액의 증가율이 더 높다. 따라서 단위 전력당 거래가격이 증가했음을 알 수 있다. N
③ 2013년과 2015년 구간에서 0%를 기준으로 전력 거래량과 거래금액의 위치가 다르다. 즉, 증가와 감소의 트렌드가 달랐음을 알 수 있다. N
④ 2015년의 전력 거래량은 증가하였으나, 금액은 전년 대비 감소하였다. 따라서 단위 전력당 거래가격이 감소하였음을 알 수 있다. N
⑤ 전력 거래금액은 2013년과 2015년에서 0% 이하의 성장을 보였다. 즉, 감소한 구간이다. N

22 ②

a. (거짓) 1차 시험의 응시율은 2017년에 80.6%로 가장 높았으며, 2차 시험의 응시율은 2018년에 93.6%로 가장 높았다.
b. (참) 2020년 1차 시험의 응시율은 76.1%, 2차 시험의 응시율은 60.7%로 1차 시험의 응시율이 더 높다. 2020년을 제외한 4개년에서는 모두 2차 시험의 응시율이 1차 시험의 응시율보다 높았다.
c. (거짓) 2020년 2차 시험의 경우 8.9%로 10% 이하이다.

23 ③

틀린 것 'N' 찾아야 한다.

① 국가별 '매우 그렇다'와 '그렇다' 비중을 합하였을 경우 미국의 수치가 74.5로 가장 높다. Y
② 독일, 프랑스, 네덜란드, 스웨덴 중 '아니다'와 '전혀 아니다'의 합이 가장 높은 국가는 스웨덴이다. Y
③ '무응답' 비중이 가장 낮은 국가는 한국이며, 한국의 '매우 그렇다'와 '그렇다'의 합은 47.1(=8.9+38.2)로 50% 이하이다. N(정답)
④ '전혀 아니다'는 3.6으로 독일이 가장 높았으며, '무응답' 역시 독일이 23.4로 가장 높았다. Y
⑤ '모름'과 '아니다'의 비중이 가장 높은 국가는 한국으로 동일하다. Y

24 ②

옳은 것 'Y' 찾으면 된다.

① 일일이 계산해보지 않아도 16일 서울 32 대비 경기 네 군데 지역의 평균치가 높아 보인다. 일일이 계산하지 말자. 그냥 봐도 경기 평균이 높아 보인다. (32를 기준으로 각 지역별 편차가 +1, −2, +16, +80이므로 당연히 32보다 경기 평균이 높을 것이다.) N
② 80 → 112로 증가한 수치가 30% 이상인지 확인하자. 80의 30%는 24이므로 30% 증가했다면 104였을 것이다. 실제로는 112였으므로 30%보다 더 많이 증가했음을 알 수 있다. Y(정답)
③ 감소한 구간이 한 군데라도 있으면 틀린 보기가 된다. 19일에서 20일에 전 지역에서 감소하였다. N
④ 17일에는 '의정부'가 가장 높았고, 18일에는 '부천'이 가장 높았다. N
⑤ 16일 가장 낮았던 지역은 '남양주', 20일에 가장 낮았던 지역은 '성남'이었다. N

25 ④

옳은 것 'Y'를 찾으면 된다.

① 3개년 각각의 여학생 흡연율에 3을 곱하여 남학생의 흡연율보다 높은지 확인하자. 2015년 1.7% × 3 = 5.1% > 4.8%이다. N
② 중학교 남학생의 경우 2016년 대비 2017년에 증가하였다. N
③ 중학교와 고등학교 모두 2016년 대비 2017년에 여학생의 흡연율이 증가하였다. N
④ 고등학교 전체 인원의 흡연율은 11.7% → 9.5% → 9.2%로 지속 감소하고 있다. Y(정답)
⑤ 흡연율은 4.1%로 동일하지만, 조사 인원수가 다르기 때문에 흡연 인원수는 다르다. N

빈출 유형 공략(자료계산)

01	02	03	04	05	06	07	08	09	10
③	①	③	④	③	④	③	①	①	③
11	12	13	14	15					
④	⑤	②	④	②					

01 ③

주문했던 술의 1리터당 평균가격은 [$\frac{\text{총용량}}{\text{총금액}}$]으로 구할 수 있다. 단위나 자릿수는 무시하고 숫자의 형태에 집중하여 연산하며 어림산을 적극 활용하자.

1) 총 용량 = [36 × 5 + 50 × 6 + 75 × 2 + 90] = 720이다.

2) 총 금액 = [40 × 5 + 50 × 6 + 45 × 2 + 120] = 710이다.

따라서, 주어진 보기에서 정답을 구분하기 위한 수식은 $\frac{71}{72}$ 이다. 별도로 계산을 수행하지 않더라도 약 9.9에 가까운 수치일 것이기 때문에 ③번을 정답으로 선택할 수 있다.

02 ①

정석풀이는 8개 국가구분 수치를 모두 더하여 2021년과 2022년의 수치를 각각 구한 뒤 변화율을 산출하는 것이다. 하지만, 이는 상당히 시간이 걸리는 작업이다. 실제 이러한 유형이 출제된 이력이 있으니, 수험장에서 문제를 파악했을 때 연산에 시간이 너무 오래 걸릴 것 같다는 판단이 들면 다른 문제로 넘어가는 것이 좋다.

단, 주어진 보기의 단위와 자릿수가 같으며 첫번째 숫자가 모두 다르기 때문에 어림산을 적극 활용해도 되는 문제라는 것을 파악했다면 〈표〉의 수치를 천단위 이하 반올림하여 빠르게 연산을 수행하는 것도 좋은 선택이다.

어쨌던, 가장 추천하는 풀이 방법은 다음과 같다.

2021년과 2022년 오세아니아주의 전체 생산량을 가늠하는 데 '피지'를 활용하는 것이다. '피지'는 2021년 850으로 1.0%, 2022년 880으로 1.1%를 차지하였다. 즉, 2021년 전체 생산량은 약 85,000이며, 2022년 전체 생산량은 약 80,000 라는 것을 알 수 있다.

이후에는 85 → 80의 변화율만 구하면 된다.

$\frac{5}{85} = \frac{1}{17}$ = 5.88%로 ①번 −5.9%를 정답으로 선택할 수 있다. 실제 수치는 2021년 총 생산량 85,055 → 2022년 총 생산량 80,040으로 변화율 −5.90%이다.

03 ③

주어진 보기의 단위와 자릿수가 같으므로 연산 시 단위와 자릿수는 무시하자. ⓐ와 ⓑ 각각 주어진 보기의 숫자 차이가 크며, 앞에서 첫번째 숫자만 제대로 연산해도 정답을 구분할 수 있다. 따라서, 어림산을 적극 활용할 수 있다. 대신, 정답 계산을 위한 연산 수식은 실수가 없어야 한다.

유소년부양비 = [$\frac{\text{14세}}{\text{15∼64세}}$], 노년부양비 = [$\frac{\text{65세}}{\text{15∼64세}}$],

노령화지수 = [$\frac{\text{65세}}{\text{14세}}$]이다.

ⓐ: 노년부양비 = [유소년부양비 × 노령화지수] = [$\frac{\text{14세}}{\text{15∼64세}}$ × $\frac{\text{65세}}{\text{14세}}$]이므로 ⓐ = 12.8 × 301.6 ≒ 13 × 3 = 39이다. 보기에서 가장 가까운 38.6이 정답이다.

ⓑ: 노령화지수 = [$\frac{\text{노년부양비}}{\text{유소년부양비}}$] = [$\frac{\frac{\text{65세}}{\text{15∼64세}}}{\frac{\text{14세}}{\text{15∼64세}}}$]이므로

ⓑ = $\frac{78.6}{17.2}$ ≒ $\frac{79}{17}$ ≒ 4.6이다. ⓑ의 보기 135.2, 218.8, 457.0 중 가장 가까운 457.0이 정답이다.

정답 구분을 위한 연산에 있어 자릿수나 백분율 단위는 고려하지 않아도 된다. 첫 번째 숫자가 뭐가 나오는지에 집중해서 빠르게 연산했다면, 30초만에 암산으로도 풀이가 가능한 문제이다.

04 ④

회의실 A와 B를 연립하여 테이블과 의자의 개당 가격을 산출하자.

테이블 가격을 x, 의자 가격을 y라 하면

회의실 A: $8x + 20y = 456$, 회의실 B: $8x + 24y = 496$이므로 $4y = 40$, $y = 10$이다.

회의실 A에 대입하면, $8x = 256$이므로 $x = 32$이다.

이를 회의실 C에 대입하면 5 × 32 + 16 × 10 = 320임을 알 수 있다.

05 ③

딱 봐도 계산을 꽤나 해야 할 것 같다. 이때는, 선택해야 한다.

1) 문제를 skip하고 다음 문제로 넘어간다.

2) 주어진 표에 아래 주석 내용을 추가로 계산해서 채운다.

구분	'ㄱ'사	'ㄴ'사	'ㄷ'사	'ㄹ'사
자기자본	8,000	6,000	4,500	2,000
순이익	4,000	1,500	450	1,000
액면가	20	10	15	5
주식가격	25	20	15	10
발행 주식 수	400	600	300	400
주당 순이익	10.0	2.5	1.5	2.5
순이익률	50.0%	25.0%	10.0%	50.0%

옳은 것 "Y" 찾아야 한다.

① 'ㄴ'사의 발행 주식 수가 가장 많다. N
② 'ㄷ'사의 순이익률이 가장 낮다. N
③ 맞다. Y(정답)
④ 자기자본 순서 ㄱ → ㄴ → ㄷ → ㄹ, 발행 주식 수 순서 ㄴ → ㄱ = ㄹ → ㄷ이다. N
⑤ 액면가 순서 ㄱ → ㄷ → ㄴ → ㄹ, 주식가격 순서 ㄱ → ㄴ → ㄷ → ㄹ이다. N

06 ④

1) 사업장 A의 직원 수는 주어진 표의 값을 모두 더할 수도 있지만, 영업/마케팅 인원의 비중이 12.5%이기 때문에 8을 곱하여 구할 수도 있다.
사업장 A의 직원 수는 841 + 203 + 167 + 86 + 39 = 1,336명 또는 167 × 8 = 1,336명이다.
2) 1,336명은 40%이므로 4로 나누면 10%를 구할 수 있다. 10%는 334명이므로 전체 인원수는 3,340명이다.

07 ③

틀린 것 'N' 찾아야 한다.

① 조사기간 중 전년 동기 대비 증가율이 가장 높은 시점은 '21년 12월의 65%이며, 해당 시점에서 수출액 역시 4,134백만 달러로 가장 높았다. Y
② '21년 7월 + 8월 + 9월의 수출액은 10,000백만 달러 이상이다. 즉, 100억 달러 이상이다. Y
③ '21년 10월, '22년 1월, 2월, 4월에는 전월 대비 수출액이 감소하였다. N(정답)
(보기에서의 증가율 기준 시점은 '전월'이며, 그래프에 나타난 증가율의 기준 시점은 '전년 동기'라는 부분에 주의하자.)
④ '20년 7월의 수출액은 '21년 7월의 수출액 3,518과 전년 동기 대비 증가율 40%를 통해 산출할 수 있다. '20년 7월 = '21년 7월 ÷ 1.4 = 약 2,500으로 2,300백만 달러 이상이다. Y
⑤ 3,500을 기준으로 '22년 4월, 5월, 6월 수출금액의 편차는 약 [−265, +208, +376]이다. 합계가 양수이므로 평균값은 3,500 이상이다. Y

08 ①

[정석풀이]

'21년 7월의 전월 대비 증가율을 산출하기 위해서는 '21년 6월의 수출액을 알아야 한다.
'21년 6월 수출액은 '22년 6월 수출액과 전년 동기 대비 증가율을 활용하여 구하자.
'21년 6월 수출액 = 3,876 ÷ 1.15 = 약 3,370이다.
따라서 '21년 7월의 전월 대비 증가율은 6월 3,370 → 7월 3,518로 148 증가한 4.4%(= 148 ÷ 3,370)이다.

[어림산]

추가로, 주어진 보기의 단위와 자릿수가 같으며 숫자의 차이가 0.6%로 상당히 크다. 앞에서 두 자리까지만 구분하면 정답을 찾을 수 있으므로 세 자리 수까지 살려 어림산 해 보자.
'21년 6월 = 388 ÷ 1.15 = 337, '22.7월의 전월 대비 증가율 = 337 → 352로 15 증가한 4.5%(= 15 ÷ 337)이다. 이를 통해 주어진 보기에서 ①번 4.4%가 정답임을 알 수 있다.

[오답풀이]

만약 '21년 6월 수출액을 계산하면서 '22년 6월 3,876의 15%인 581을 뺀 3,295가 '21년 6월이라고 잘못 연산했다면, '21년 7월의 전월 대비 증가율을 3,295 → 3,518로 223 증가한 6.8%(= 223 ÷ 3,295)라고 계산하여 ⑤번 6.8%를 선택했을 수 있다. 틀린 계산이다.

09 ①

우선 A, B, C 중 누구의 총점(또는 평균점)이 가장 높은지 찾아야 한다. 이후 해당 총점(또는 평균점) 이상을 위해 필요한 D의 추가 점수를 계산하면 된다.
이러한 형태의 문제는 읽고 나서 15초 내에 어떤 연산을 해야 하지 명확하게 파악할 수 있다. 하지만, 표에 주어진 수치가 소수점 첫째자리까지 복잡하게 주어졌으며 단순화나 일반화 시키기도 어려워 보인다.
또는, 주어진 보기를 활용하여 대입하는 방법도 무효해 보이므로 이 경우 해당 문제의 난이도는 낮지만 반복 연산과 연산량이 많음을 직감하고 다른 문제로 넘어가는 것이 효과적인 선택일 수 있다.
A, B, C 중 B의 총점이 289점으로 가장 높으며, D가 최소 289점을 달성하기 위해서는 289−72.5−70.3−70.0 = 76.2점을 일반상식에서 얻어야 한다. 정답은 ①번 76.2점이다.

10 ③

불량률을 구하기 위해서는 총 생산에서 정상품을 빼야 하는 수고스러움이 있다. 따라서, 그래프에 주어진 수치를 곧바로 활용하기 위해서는 수율(= 1−불량률)을 기준으로 해석하는 것이 수월하다.
모델 B의 경우 막대 그래프의 높이 차이가 가장 크기 때문에 수율이 가장 낮다고 오해 할 수 있다. 하지만, 제품별로 총 생산 수량의 차이가 크기 때문에 어림산을 통해 대소비교를 수행하는 것이 바람직하다.

모델 A부터 순서대로 $\frac{182}{215}$ vs $\frac{306}{369}$ vs $\frac{449}{565}$ vs $\frac{127}{140}$으로 어림한 뒤 가장 눈의 띠는 값들을 비교하여 그 결과를 주어진 보기에 반영하자. 4개를 모두 할 필요가 없다는 것이다.
개인적으로는 분모를 통분시키는 방법이 익숙하기 때문에 $\frac{127}{140}$의 분모와 분자에 4씩을 곱하면 약 $\frac{508}{560}$이므로 $\frac{449}{565}$와 직관적 비교가 가능했다.(물론, 이러한 작업은 암산으로 이루어져야 한다.) 즉, 수율은 D〉C 이므로 보기에서는 C〉D를 적용시켜 ①, ⑤ 보기를 소거하였다.
분수식을 인식하는 시야와 익숙한 형태의 연산이 있기 때문에 대소비교에는 왕도가 없다고 생각한다. 결국, 수율을 기준으로는 D〉A〉B〉C이므로 정답은 C〉B〉A〉D인 ③번이다.

11 ④

무역규모와 무역수지를 통하여 수출액(A)과 수입액(B)을 모두 구하면 시간이 더 걸린다.

우리가 구해야 하는 것은, 무역수지비 = $\frac{A}{B}$ 이다.

무역규모(A + B) + 무역수지(A − B) = 2A = 27,052이며,
무역규모(A + B) − 무역수지(A − B) = 2B = 49,924이므로 $\frac{2A}{2B}$ 를 어림산하자.

$\frac{271}{499}$에서 분모, 분자에 각 2씩을 곱하면 약 $\frac{541}{1,000}$ 로 54.1% 정도임을 알 수 있다.
(실제 정확한 계산을 통한 값은 54.19%이다.)

12 ⑤

이러한 대소비교 유형의 문제에서 가장 중요한 것은, 분자와 분모를 빠르게 구분하는 것이다. 또한, 정확한 수치 도출이 필요하지 않으면 자릿수를 줄이거나 늘여 빠르게 연산할 수 있는 상황을 만들어야 한다.

ㄱ. 매출액은 백화점 C가 가장 높으며, 1인당 인건비는 A가 가장 높다.(A만 유일하게 인건비가 근로자 수의 100배를 넘기 때문에 빠르게 알 수 있다.) 거짓
ㄴ. 매출액이 가장 높은 백화점은 C이다. 1인당 매출액은 매출액의 백단위 이하 버림하여 빠르게 대vs.소 비교를 하자. A 343/330, B 297/286, C 401/290으로 C가 가장 높음을 바로 알 수 있다. 참
ㄷ. 분자 영업이익, 분모 매출액이다. 빠른 대소비교를 위해 가분수 형태로 어림하자. A 982/343, B 777/298, C 801/401이므로 A 약 3배, B 3배는 안 됨, C 약 2배로 A가 가장 높음을 알 수 있다. 참
ㄹ. 인건비 지출 순위와 영업이익 발생 순위가 A>C>B로 동일하다. 참

13 ②

생산 원가 = 비용 ÷ 수율이므로,
$9,000 \div 0.9 = 8,500 \div x = 10,000 \Rightarrow x = 0.85$이다.
따라서, 불량률은 15%

(단위 : 원, %)

	개당 투입 비용	불량률	개당 생산 원가
공장 A	7,000	20%	8,750
공장 B	8,500	15%	10,000
공장 C	9,000	10%	10,000

14 ④

C 공장에서 개당 생산 원가 10,000원인 정상품 신발을 21켤레 공급받았으므로 고객이 지불한 비용은 210,000원이다.
A 공장의 개당 생산 원가는 8,750원($=\frac{7,000}{0.8}$)이므로 210,000원에 24켤레($\frac{210,000}{8,750}$)를 공급할 수 있다.

※ 만약 공장 A의 개당 생산원가를 7,000원 ×120% = 8,400원으로 잘못 계산했다면, ⑤ 25켤레(=210,000 ÷ 8,400)로 오답을 선택했을 것이다.

15 ②

개당 생산원가는 불량품 생산에 투입된 비용을 정상품들의 비용에 골고루 추가 배분하여 결정된다.
A의 경우를 예로, 만약 A를 10개 생산하려 했다면 투입된 비용의 총 금액은 40,000원(4,000원 × 10개)이었을 것이다. 하지만, 불량률이 20%이므로 10개 중 2개는 불량, 8개는 정상이었을 것이다. 이때, 불량 2개에 투입된 비용 8,000원을 정상품 8개에 1,000원(8,000원 ÷ 8개)씩 골고루 추가 배분한 뒤 이를 생산원가라고 하기 때문에, A의 개당 생산원가는 개당 투입비용 + 불량품 생산비용 배분 = 4,000원 + 1,000원 = 5,000원이 된다.

결국 수식으로는 원가 = $\frac{비용}{1-불량률(\%)}$ or $\frac{비용}{수율(\%)}$ 이라고 할 수 있다. 직관적인 계산을 위해서는 수율의 개념을 활용하는 것이 좋다.

따라서 A의 개당 생산원가 = $\frac{4,000}{0.8}$ = 5,000원이다.

B의 개당 생산원가는 10,000원이며 개당 투입비용은 9,500원이므로, B의 수율은 $\frac{9,500}{10,000}$ = 95%이고 B의 불량률은 5%이다.

C의 개당 생산원가는 5,000원이며 개당 투입비용은 4,500원이므로, C의 수율은 $\frac{4,500}{5,000}$ = 90%이고 C의 불량률은 10%이다.

따라서 B와 C의 불량률 차이는 5%p이다.

빈출 유형 공략(자료변환)

01	02	03	04	05	06
①	④	③	③	③	④

01 ①

월별 헌혈 건수는 주어진 기간 동안 전월 대비 [+ − + − − +]의 변화 트렌드를 보였다.

주어진 보기의 꺾은선 그래프에서 0.0%를 기준으로 [위 아래 위 아래 아래 위]의 정보가 표기된 그래프를 찾자. ①번 그래프가 유일하게 해당 트렌드를 만족하므로 정답으로 선택한다.

02 ④

2014년 남성 13.8%를 기준으로 2015년부터 전년 대비 변화 트렌드는 [− + − + − +]이다. 따라서, 보기의 막대 그래프에서 0.0%p를 기준으로 [아래 위 아래 위 아래 위]에 표시된 그래프를 찾아보자. ③, ④번이 이를 만족하기 때문에 두 그래프에서 다른 부분만 도표의 수치로 검증하자. '19년의 경우 '18년 14.2 → '19년 14.0으로 −0.2p%이다. 따라서, ④번 그래프가 정답이다.

03 ③

공연 1건당 공연횟수는 [공연횟수 ÷ 공연건수]이다. 분자와 분모의 변화 트렌드를 통해 해당 수치의 트렌드 변화를 예측하자.

2015년을 기준으로 분자(공연횟수)는 매년 [+ − + − −]

2015년을 기준으로 분모(공연건수)는 매년 [− + + + −]의 트렌드를 보인다.

따라서, 공연 1건당 공연횟수는 2015년 기준으로 매년 [+ − ? − ?]의 트렌드를 보일 것이다.

이를 만족하는 그래프는 ③, ④번이다. 두 보기의 차이가 가장 큰 2020년을 확인하자.

공연건수 701건, 공연횟수 15,712회이므로 공연 1건당 공연횟수는 약 22.4회이므로 ③번을 정답으로 선택할 수 있다.

04 ③

주어진 도표의 숫자는 절댓값이며, 찾아야 하는 그래프는 전년 대비 변화율 그래프이다.

도표의 변화 트렌드가 2010년을 기준으로 2011년부터 [− + − + − + − +]이므로 전년 대비 변화율 그래프에서는 "0"점 라인을 기준으로 [아래 위 아래 위 아래 위 아래 위]를 만족하는 그래프를 찾으면 되겠다.

수리 ■ 응용수리 ■ 자료해석

정답 및 해설

05 ③

'14년 1,326천명을 기준으로 '15년부터 전년 대비 변화율의 트렌드는 [+ − − + + −]였다. 이러한 트렌드를 만족하는 그래프는 ③, ⑤번이다. 두 그래프의 수치 차이가 가장 큰 '20년을 살펴보면 전년 대비 − 1.4%의 증감률을 보였다. ⑤번의 경우 감소량이 − 1.4%를 훌쩍 뛰어넘기 때문에 ③번을 정답으로 선택할 수 있다.

06 ④

국내 휘발유의 리터당 달러 가격을 구하기 위해서는 주어진 그래프에서 분자와 분모를 잘 구분해야 한다.
($/L) = (₩/L) / (₩/$)이므로 분모와 분자의 트렌드를 우선 확인하자
분자인 리터당 휘발유 가격(₩/L)은 1월을 기준으로 [+ + + + −]이며,
분모인 원달러(₩/$)는 1월을 기준으로 [− − + + +]의 트렌드를 확인할 수 있다.
따라서, ($/L)는 [+ + ? ? −]의 트렌드를 보여야 한다.
해당 조건을 만족하는 그래프는 ④번이 유일하다.
(만약, 번분수 수식에서 분자와 분모를 반대로 적용시켰다면 ②번 그래프를 선택했을 수 있다.)

PART
04 추리

Chapter 01 삼단논법

빈출 유형 공략

01	02	03	04	05	06	07	08	09	10
①	①	⑤	⑤	③	①	④	⑤	②	②
11	12	13	14	15	16	17	18		
③	②	②	⑤	①	⑤	②	③		

[01~18]

01~18번은 하위의 유형을 따른다.

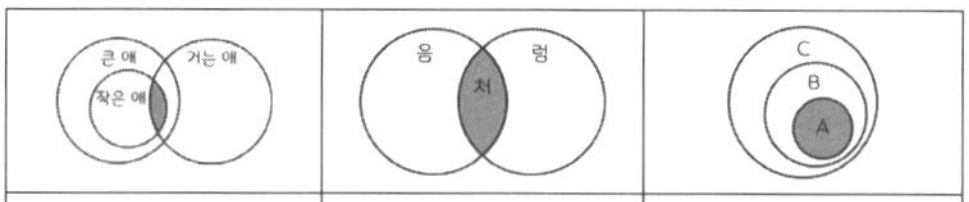

유형1. 어모어	유형2. 모모어	유형3. 모모모

01 ①

전제1과 전제2가 모든이다. 따라서 유형1. 어모어는 아니다. 전제1과 전제2를 키가 크지 않은 친구를 매개념으로 삼아 이으면 [인기가 많은 친구 → 키가 크지 않은 친구 → 웃음이 많은 친구]가 된다. [인기가 많은 친구 → 웃음이 많은 친구]의 결론을 도출할 수 있다. 이는 유형3. 모모모다.

02 ①

[치트키]

전제의 어떤을 보고 유형1. 어모어로 접근하자. 큰 애와 거는 애가 결론에서 어떤으로 만난다.

작: 더운

큰: ~습한

거: ~일교차가 큰

[일반 풀이]

습하지 않은 날의 부분집합이 더운 날이다. 그러면서 더운 날과 일교차가 크지 않은 날의 교집합이 있다. 더운 날과 일교차가 크지 않은 날이 교집합을 이루기 때문에 더운 날을 감싸고 있는 습하지 않은 날과 일교차가 크지 않은 날도 교집합을 이룬다고 알 수 있다.

03 ⑤

전제1, 전제2 둘 다 모든으로 유형2. 모모어 또는 유형3. 모모모라고 예상할 수 있다. 두 전제가 이어지지 않는 느낌으로 유형2. 모모어를 따른다고 알 수 있다.

[치트키]

전제2를 대우하여 처, 음, 렴을 찾자. 결론은 음과 렴이 어떤으로 묶인 내용이 온다.

처: 빨간

음: 독

렴: ~탐스

[일반 풀이]

전제2를 대우하면 [빨간 사과 → 탐스럽지 않은 사과]가 된다. 독이 든 사과, 탐스럽지 않은 사과 둘 다 빨간 사과가 부분집합이다. 이에 따라 독이 든 사과, 탐스럽지 않은 사과가 빨간 사과의 영역만큼 교집합을 이룬다고 알 수 있다.

04 ⑤

[치트키]

전제의 어떤을 보고 유형1. 어모어로 접근하자. 결론에서 큰 애와 거는 애가 어떤으로 만난다.

작: ~열량

큰: 단.강

거: 비닐봉지

[일반 풀이]

열량이 높지 않은 과자는 단맛이 강한 과자의 부분집합이다. 이에 따라 열량이 높지 않은 과자와 교집합을 이루는 비닐봉지에 든 과자가 단맛이 강한 과자와도 교집합을 이룬다고 알 수 있다.

05 ③

결론의 모든을 보고 유형3. 모모모로 접근하자. 참고로 모든은 모든이 없어도 모든이다. 결론에 모든이라는 단어가 없지만 모든이 있는 명제와 같은 의미이다.

전제1과 결론 모두 선정적이지 않은 영상으로 끝난다. 결론을 보장하려면 두 명제를 이은 결과가 [재생시간이 긴 영상 → 조회수가 높은 영상 → 선정적이지 않은 영상]이 되어야 한다. 따라서 전제2에 [재생시간이 긴 영상 → 조회수가 높은 영상]이 와야한다. 선택지에서는 이를 바로 주지 않고 대우하여 [조회수가 높지 않은 영상 → 재생시간이 길지 않은 영상]으로 제시했다.

06 ①

결론의 모든을 보고 유형3. 모모모라고 알 수 있다. 결론의 형태가 [A → B → C]인 점을 생각해보면 결론의 무거운 의자가 A, 편안한 의자가 C라고 알 수 있다. B는 전제1을 통해 무게중심이 낮은 의자라고 확인할 수 있다.
전제1이 [B → C]이기에 전제2는 [A → B]가 되며 [무거운 의자 → 무게중심이 낮은 의자]다.

07 ④

[치트키]
전제의 '어떤'을 보고 유형1. 어모어로 접근하자. 2번 나온 개념의 정/부정이 같은 것을 알았으니 전제의 모든에서 앞에 있는 개념이 작은 애, 전제의 모든에서 뒤에 있는 개념이 큰 애다. 2개 개념이 무슨 애인지 찾았으니 나머지 1개 개념이 거는 애라고 알 수 있다.
작: 도넛
큰: 쿠키
거: 커피

결론에서 큰 애와 거는 애가 어떤으로 만난다. 즉 '쿠키/어떤/커피' 또는 '커피/어떤/쿠키'가 정답이다.

[일반 풀이]
도넛을 좋아하는 사람은 쿠키를 좋아하는 사람의 부분집합이다. 그러면서 도넛을 좋아하는 사람과 커피를 좋아하는 사람이 교집합을 이루니 도넛을 좋아하는 사람을 포함하고 있는 쿠키를 좋아하는 사람과 커피를 좋아하는 사람도 교집합을 이룬다고 알 수 있다.

08 ⑤

[치트키]
전제의 어떤을 보고 유형1. 어모어를 따른다고 알 수 있다.
작: ~합리
큰: 명료
거: 단순

전제1은 [작은 애 → 큰 애]의 형태다. 즉 [~합리 → 명료]이다. 그런데 선택지에 답이 없다. 이를 대우하여 정답을 찾아보자.

[일반 풀이]
단순한 조건이 합리적이지 않은 조건과 교집합이라는 전제와 또 다른 전제를 토대로 단순한 조건이 명료한 조건과 교집합이라는 것을 보여야 한다. 합리적이지 않은 조건이 명료한 조건의 부분집합이 되면 합리적이지 않은 조건과 단순한 조건이 교집합을 이루니 합리적이지 않은 조건을 감싸는 명료한 조건도 단순한 조건과 교집합을 이룬다고 알 수 있다. 즉 [합리적이지 않은 조건 → 명료한 조건]이 정답이다.
명제가 참이면 대우도 참이라는 사실을 기억하자. 도출한 정답인 명제를 대우한 [명료하지 않은 조건 → 합리적인 조건]도 정답이다.

09 ②

결론의 '모든'을 보고 유형3. 모모모로 접근하자. 결론에서 언급한 두 개념이 양 끝으로 가야한다. 다시 말해 [안경을 쓰지 않은 사원 → ㅁ → 직급이 낮은 사원]의 구조로 예상할 수 있다. 전제1을 대우하면 [안경을 쓰지 않은 사원 → 야근을 한 사원]이 된다. 이를 토대로 전제1과 전제2를 이어 [안경을 쓰지 않은 사원 → 야근을 한 사원 → 직급이 낮은 사원]가 된다고 알 수 있다. 즉 전제2는 [야근을 한 사원 → 직급이 낮은 사원]이다.

10 ②

[치트키]
전제의 모든, 결론의 어떤으로 유형1. 어모어, 유형2. 모모어, 유형3. 모모모의 정답이 모두 존재하는 유형이다. 출제 트렌드 및 해당 문제 스타일의 유형 빈도에 맞춰 유형1. 어모어의 정답을 먼저 찾아보자. 전제의 모든을 통해 작은 애과 큰 애를 찾은 후 남은 개념을 거는 애로 확인하자.
작: 순이익
큰: 신뢰
거: 만족도

전제2는 전제의 어떤 자리이며 작은 애와 거는 애가 만난다. 즉 '순이익/어떤/만족도' 또는 '만족도/어떤/순이익'이 정답이다. 아쉽게도 선택지에 정답이 보이지 않는다.
다음으로 정답이 될 가능성이 높은 유형은 유형2. 모모어다. 모모어로 접근해보자. 결론의 두 개념을 음 또는 럼으로 두고 남은 개념을 처로 확인하자.
처: 순이익
음: 신뢰
럼: 만족도

전제2의 자리는 [처 → 럼]의 형태를 보인다. 즉 [순이익 → 만족도]가 정답이다. 선택지에서 정답을 찾으며 풀이를 마치자.

*참고
상기 풀이에서는 유형1. 어모어로 정답을 찾아보고 없으니 유형2. 모모어로 정답을 찾아보는 방식을 취했지만 공부를 조금 더 해보면 유형1. 어모어의 정답과 유형2. 모모어의 정답을 동시에 찾는 것도 가능하다.

[일반 풀이]
모든으로 주어진 전제, 어떤으로 주어진 결론을 제시한 삼단논법 문제에서 대표적인 정답은 다음과 같다.

1. **순이익이 많은 회사와 직원들의 만족도가 높은 회사가 교집합**
   전제1에 의해 순이익이 많은 회사는 신뢰가 가는 회사의 부분집합이라고 알고 있다. 순이익이 많은 회사와 직원들의 만족도가 높은 회사가 교집합을 이룬다면 순이익이 많은 회사를 포함하는 신뢰가 가는 회사도 직원들의 만족도가 높은 회사와 교집합을 이룬다. (유형1. 어모어)

2. **순이익이 많은 회사가 직원들의 만족도가 높은 회사의 부분집합**
   신뢰가 가는 회사, 직원들의 만족도가 높은 회사 둘 다 순이익이 많은 회사를 부분집합으로 삼는다. 이를 토대로 신뢰가 가는 회사와 직원들의 만족도가 높은 회사가 순이익이 많은 회사의 영역만큼 교집합을 이룬다고 알 수 있다. (유형2. 모모어)

3. **직원들의 만족도가 높은 회사가 순이익이 많은 회사의 부분집합**
   전제1과 직원들의 만족도가 높은 회사가 순이익이 많은 회사의 부분집합이라는 예상 답을 이어주면 [직원들의 만족도가 높은 회사 → 순이익이 많은 회사 → 신뢰가 가는 회사]가 된다. 이에 따라 결론은 [직원들의 만족도가 높은 회사 → 신뢰가 가는 회사]가 된다. 직원들의 만족도가 높은 회사는 신뢰가 가는 회사의 부분집합이다. 이를 토대로 직원들의 만족도가 높은 회사와 신뢰가 가는 회사는 직원들의 만족도가 높은 회사의 영역만큼 교집합도 이룬다고 알 수 있다. (유형3. 모모모)

11 ③

[치트키]
전제의 모든, 결론의 어떤이다. 제시한 명제만을 보고 유형1. 어모어인지 유형2. 모모어인지 유형3. 모모모인지 알 수 없다. 세 가지를 모두 해봐야 정답을 알 수 있다. 유능한 풀이자라면 어모어로서의 정답과 모모어로서의 정답을 한 번에 찾겠지만 헷갈릴 수 있으니 어모어로서의 정답부터 찾아보자.
작: 발색
큰: 끈적
거: ~번짐

어모어라고 가정하고 작은 애, 큰 애, 거는 애를 찾아봤다. 전제1은 어떤의 자리이며 작은 애과 거는 애가 온다. 즉 발색/어떤/~번짐 또는 ~번짐/어떤/발색이 정답이다. 운 좋게 정답을 찾았으니 풀이를 마치자.

[일반풀이]
전제에 모든, 결론에 어떤으로 출제한 문제의 대표적인 정답은 3가지다.

1. **발색이 좋은 화장품과 잘 번지지 않는 화장품과 교집합**
   발색이 좋은 화장품과 잘 번지지 않는 화장품이 교집합을 이루면 발색이 좋은 화장품을 부분집합으로 삼는 끈적이는 화장품도 잘 번지지 않는 화장품과 교집합을 이룬다. (유형1. 어모어)

2. **발색이 좋은 화장품이 잘 번지지 않는 화장품의 부분집합**
   끈적이는 화장품의 부분집합이 발색이 좋은 화장품이다. 잘 번지지 않는 화장품의 부분집합도 발색이 좋은 화장품이다. 끈적이는 화장품과 잘 번지지 않는 화장품은 발색이 좋은 화장품의 영역만큼 교집합을 이룬다. (유형2. 모모어)

3. **잘 번지지 않는 화장품이 발색이 좋은 화장품의 부분집합**
   [잘 번지지 않는 화장품 → 발색이 좋은 화장품 → 끈적이는 화장품]으로 두 전제를 이어주면 결론은 [잘 번지지 않는 화장품 → 끈적이는 화장품]이 된다.
   [잘 번지지 않는 화장품 → 끈적이는 화장품]을 벤 다이어그램을 그려보면 잘 번지지 않는 화장품의 영역만큼 잘 번지지 않는 화장품과 끈적이는 화장품이 교집합을 이룬다고 알 수 있다. 이를 강의에서는 '모모모, 결론에서 어떤 뽑기'라 지칭하는데 시험에 거의 나오지 않으니 참고 정도로만 알아뒀으면 한다. (유형3. 모모모)

12 ②

[치트키]
유형2. 모모어 유형이다.

처: 빠른
음: 매끈한
럼: 신속한

[일반 풀이]
전제1을 대우해보자. 빠른 기차를 처, 매끈한 기차를 음, 신속한 기차를 럼으로 보고 유형2. 모모어의 벤 다이어그램에 대입해보자.

13 ②

[치트키]
전제의 모든, 결론의 어떤으로 유형1. 어모어, 유형2. 모모어, 유형3. 모모모의 정답이 모두 존재하는 유형이다. 출제 트렌드 및 빈도에 맞춰 유형1. 어모어의 정답을 먼저 찾아보자. 2번 나온 개념인 '게임'의 정/부정을 맞춰주기 위해 전제2를 대우한 후 작은 애, 큰 애를 찾고 결론과 비교하여 거는 애를 찾아보자.

작: 공부
큰: ~게임
거: 운동

전제1은 전제의 어떤 자리이고 작은 애와 거는 애가 만난다. 즉 '공부/어떤/운동' 또는 '운동/어떤/공부'가 정답이다. 운 좋게 정답이 나왔지만 정답이 없다면 유형2. 모모어, 유형3. 모모모 순서로 정답을 찾아보자.

[일반 풀이]
2번 나온 개념의 정/부정을 맞춰주기 위해 전제2를 대우한 후 풀이하자. 전제2를 대우하면 '공부를 잘하는 모든 학생은 게임을 잘하지 않는다.'이다.
전제에 모든, 결론에 어떤의 문제의 대표적인 정답은 다음과 같다.

1. 공부를 잘하는 학생과 운동을 잘하는 학생이 교집합
   전제2를 대우한 명제에 의해 공부를 잘하는 학생은 게임을 잘하지 않는 학생의 부분집합이라고 알고 있다. 공부를 잘하는 학생과 운동을 잘하는 학생이 교집합을 이룬다면 공부를 잘하는 학생을 포함하는 게임을 잘하지 않는 학생도 운동을 잘하는 학생과 교집합을 이룬다. (유형1. 어모어)

2. 공부를 잘하는 학생이 운동을 잘하는 학생의 부분집합
   게임을 잘하지 않는 학생, 운동을 잘하는 학생 둘 다 공부를 잘하는 학생을 부분집합으로 삼는다. 이를 토대로 게임을 잘하지 않는 학생과 운동을 잘하는 학생이 공부를 잘하는 학생의 영역만큼 교집합을 이룬다고 알 수 있다. (유형2. 모모어)

3. 운동을 잘하는 학생이 공부를 잘하는 학생의 부분집합
   역으로 답을 유추하는 방법은 좋지 않지만 설명의 편의를 위해 활용해보겠다. 전제2를 대우한 명제와 운동을 잘하는 학생이 공부를 잘하는 학생의 부분집합이라는 예상 답을 이어주면 [운동을 잘하는 학생 → 공부를 잘하는 학생 → 게임을 잘하지 않는 학생]이 된다. 이에 따라 결론은 [운동을 잘하는 학생 → 게임을 잘하지 않는 학생]이 된다. 운동을 잘하는 학생은 게임을 잘하지 않는 학생의 부분집합이다. 이를 토대로 운동을 잘하는 학생과 게임을 잘하지 않는 학생은 운동을 잘하는 학생의 영역만큼 교집합도 이룬다고 알 수 있다. (유형3. 모모모)

14 ⑤

결론의 모든을 보고 유형3. 모모모라고 알 수 있다. 결론의 형태가 [A → B → C]인 점을 생각해보면 결론의 회전율이 높은 식당이 A, 리뷰가 많은 식당이 C라고 알 수 있다. B는 전제2를 대우한 [회전율이 높은 식당 → 손님이 붐비지 않는 식당]을 통해 손님이 붐비지 않는 식당라고 확인할 수 있다. 전제2의 대우가 [A → B]이기에 전제1은 [B → C]가 되며 [손님이 붐비지 않는 식당 → 리뷰가 많은 식당]이다.

15 ①

[치트키]
쌈무가 2번 나왔는데 정/부정이 다르다. 의도적으로 전제1을 대우하여 쌈무의 정/부정도 맞추며 앞으로 모아보자. 전제1을 대우하면 쌈무 → 파채이다. 전제가 모든, 모든으로 주어지고 앞의 개념이 같으니 모모어로 볼 수 있다. 따라서 결론에는 각 전제의 뒤에 있는 개념인 파채와 삼겹살이 어떤으로 묶이는 내용이 온다.

[일반 풀이]
2번 나온 개념의 정/부정을 맞춰준 후 두 전제의 벤다이어그램을 그린 후 겹치면 유형2와 같은 모양이 나온다.
처 : 쌈무
음 : 파채
럼 : 삼겹살

16 ⑤

[치트키]

전제의 '어떤'을 보고 유형1. 어모어로 접근하자. 아름다운이 2번 나왔지만 정/부정이 다르다. 전제1을 대우한 후 작은 애, 큰 애, 거는 애를 구분하자. 결론에는 큰 애와 거는 애가 '어떤'으로 만난다.

작: 아름다운

큰: ~힘

거: ~따듯

[일반풀이]

전제1을 대우하면 아름다운 말은 힘이 되지 않는 말의 부분집합이다. 아름다운 말과 따듯하지 않은 말이 교집합을 이루기 때문에 아름다운 말을 감싸고 있는 힘이 되지 않는 말과 따듯하지 않은 말도 교집합을 이룬다고 알 수 있다.

17 ②

[치트키]

전제의 어떤을 보고 유형1. 어모어로 접근하자. 전제와 결론 모두 어떤이다. 두 명제에 2번 나온 개념이 거는 애이고 전제의 어떤에서 거는 애를 제외한 개념이 작은 애, 결론의 어떤에서 거는 애를 제외한 개념이 큰 애다.

작: 통.짧.

큰: ~연.높

거: 퇴.늦.

전제2는 전제의 모든 자리이며 [작은 애 → 큰 애]의 구조를 따른다. 즉 [통.짧. → ~연.높.]이 정답이다. 그런데 선택지에 정답이 보이지 않는다. [통.짧. → ~연.높.]을 대우하여 정답을 찾아보자. [연.높. → ~통.짧.]이 정답이다.

[일반 풀이]

통근 거리가 짧은 회사원이 연봉이 높지 않은 회사원의 부분집합을 이룬다면 통근 거리가 짧은 회사원과 교집합을 이루는 퇴근이 늦은 회사원과 연봉이 높지 않은 회사원도 교집합을 이룬다. 즉 '통근 거리가 짧은 회사원 → 연봉이 높지 않은 회사원'이 정답이며 선택지에서는 이를 대우한 '연봉이 높은 회사원 → 통근거리가 짧지 않은 회사원'으로 제시했다.

18 ③

전제1에서 어떤 사원은 키가 크다고 한다. 즉 키가 큰 사원이 존재한다. 전제2에서 사원은 모두 매력이 많다고 한다. 키가 큰 사원은 사원이기에 매력이 많다. 즉 키가 큰 사원은 매력이 많다. 해당 추리는 벤 다이어그램을 그려서 접근해도 같은 과정이다. 전제의 '어떤'을 보고 어모어로 적용하려고 했을텐데 어모어가 적용되지 않는 문제다. 힌트를 전하자면 대부분의 문제는 빛나는 사원과 같이 사원 앞에 특정하는 개념이 있는데 그냥 사원이 왔다. 이를 토대로 말장난하는 유형이다.

빈출 유형 공략

01	02	03	04	05	06	07	08	09	10
②	②	⑤	④	③	④	④	③	①	③
11	12	13	14	15	16				
④	②	④	③	⑤	③				

01 ②

C는 A가 참을 말한다고 한다. C의 진술이 참이면 A의 진술도 참이고 C의 진술이 거짓이면 A의 진술도 거짓이다. C와 A의 진술은 모든 경우에 둘 다 참을 말하거나 둘 다 거짓을 말하는 동일관계다. 문제에서 1명만 거짓을 말한다고 하기에 정답이 되는 경우에서 C와 A는 참을 말한다.
A의 진술이 참이기에 B가 바이오 산업을 희망한다고 알 수 있다.

[다른 풀이]
E는 D의 진술이 거짓이라 한다. E의 진술이 참이면 D의 진술은 거짓이고 E의 진술이 거짓이면 D의 진술은 참이다. D와 E의 진술은 모든 경우에서 둘 중 1명이 참을 말하고 나머지 1명이 거짓을 말하는 모순관계다.
문제에서 1명만 거짓을 말한다고 한다. D인지 E인지 확정할 수 없지만 정답이 되는 경우에서는 둘 중 1명이 거짓을 말한다. A, B, C는 이때 참을 말한다.
A의 진술이 참이기에 B가 바이오 산업을 희망한다고 알 수 있다.

02 ②

E는 A가 진실을 말하지 않는다고 한다. E의 진술이 진실이면 A의 진술은 거짓이고 E의 진술이 거짓이면 A의 진술은 진실이다. E와 A의 진술은 모든 경우에서 둘 중 1명이 진실을 말하고 나머지 1명이 거짓을 말하는 모순관계다.
D는 B가 거짓을 말한다고 한다. D와 B의 진술도 E와 A의 진술과 같이 모순관계다.
문제에서 2명이 거짓을 말한다. 거짓을 말하는 2명 중 1명은 D이거나 B일 것이고 거짓을 말하는 2명 중 나머지 1명은 E이거나 A일 것이다. 자연스럽게 C가 진실을 말한다고 알 수 있다.
C가 진실을 말하니 D가 육아휴직을 사용한다고 알 수 있다. 이를 토대로 A의 진술이 거짓이고 E의 진술이 참이라고 알 수 있고 B의 진술이 진실이고 D의 진술이 거짓이라고 알 수 있다.

[다른 풀이]
E와 A의 진술이 모순관계다. 거짓을 말하는 2명을 고르는 문제이기에 E, A가 둘 다 온 선택지와 E, A가 둘 다 오지 않은 선택지를 소거할 수 있다. ④ C, D를 소거하자. D와 B의 진술이 모순관계다. ⑤ C, E를 소거하자.
남은 선택지에서 언급하는 사람은 A, B, D, E이다. C를 언급하지 않았다. 거짓을 말하는 2명을 짝지어 제시한 선택지이기에 C는 진실을 말한다고 알 수 있다.
C가 진실을 말하니 D가 육아휴직을 사용한다고 알 수 있다. 이를 토대로 A의 진술이 거짓이고 E의 진술이 참이라고 알 수 있고 B의 진술이 진실이고 D의 진술이 거짓이라고 알 수 있다.

03 ⑤

[치트키]
A와 E의 진술이 모순관계다. A와 E 중 1명이 참이니 B, C, D의 진술은 거짓이다. D의 진술이 거짓이기에 E는 마라톤을 완주하지 못했다. B가 진술에서 E를 언급하니 이를 살펴보자. B의 진술을 거짓으로 만드는 정보는 1. C와 E 둘 다 마라톤을 완주하지 못함, 2. C와 E 둘 다 마라톤을 완주함으로 2가지다. 이미 E가 완주하지 못했다고 알고 있으니 C도 완주하지 못해야 B의 진술을 거짓으로 만든다.
C와 E가 완주하지 못했다고 알았다. 이는 A의 진술을 거짓으로 만든다. 따라서 A의 진술과 모순관계에 있는 E의 진술이 참이다.

[일반 풀이]
E는 A의 진술이 거짓이라 말한다. A의 진술이 참이면 A를 거짓이라 말하는 E의 진술이 거짓이고 E의 진술이 참이면 진술자체로 인해 A는 거짓이다. A와 E의 진술이 모순관계라고 알 수 있다. 이를 통해 A가 참인 경우와 E가 참인 경우로 나눌 수 있다.

Case 1. A가 참, E가 거짓
C와 D가 완주했다. 이를 통해 C, D와 더불어 A가 완주한 경우, B가 완주한 경우, E가 완주한 경우로 나눌 수 있다.

Case 1.1. C, D, A가 완주
언급되지 않은 B, E가 완주에 성공하지 못했다. 하지만 이는 B의 진술을 참으로 만들기에 1명만 참이라는 조건을 만족하지 못한다.

Case 1.2. C, D, B가 완주
A, E가 완주에 성공하지 못했다. A가 완주한 경우(Case 1.1)와 마찬가지로 B의 진술을 참으로 만든다.

Case 1.3. C, D, E가 완주

E가 완주한다면 D의 진술을 참으로 만든다. 조건을 만족하지 않는다.

A가 참일 때 나올 수 있는 3가지 세부 경우 모두 조건을 만족하지 않기 때문에 A가 참이라 볼 수 없다.

Case 2. A가 거짓, E가 참

Case 1에서 살펴본 것처럼 A가 참일 수 없으니 A의 진술이 거짓이고 E가 참이다.

04 ④

[치트키]

B, C의 진술이 모순관계다. 참을 말하는 인원이 1명이기에 A, D, E의 진술은 거짓이다. A, D, E의 진술을 거짓으로 만드는 정보를 확인해보자.

A의 진술을 거짓으로 : D가 출장을 가지 않는다.

D의 진술을 거짓으로 : ① A, B가 동시에 출장을 간다. ② A, B 둘 다 출장을 가지 않는다.

E의 진술을 거짓으로 : C가 출장을 간다.

확실한 정보인 C가 출장을 가고 D가 출장을 가지 않는다는 정보를 토대로 선택지를 소거하면 ② B, C ④ C, E만 남는다. 그런데 D의 진술을 거짓으로 만들려면 A, B가 동시에 출장을 가거나 가지 않아야 하는데 ② B, C에서는 B가 A 없이 혼자 왔다. 따라서 ②번도 소거한다.

[일반 풀이]

Action 2명이면 $_5C_2$로 총 10가지를 고려해야 하나 선택지의 5가지 경우만 고민해도 되겠다. T/F, O/X, 참/거짓 등으로 표를 채우기도 하나 편의상 O/X로 표의 내용을 채워보자.

출장 대상자	A진술	B진술	C진술	D진술	E진술
① A, B	X	X	O	X	O
② B, C	X	O	X	O	X
③ C, D	O	X	O	X	X
④ C, E	X	O	X	X	X
⑤ D, E	O	O	X	X	O

[오답 체크]

B, D의 진술을 OR가 아니라 XOR로 봐야 한다. 즉 거짓으로 만드는 정보를 찾을 때 유의해야 한다.

05 ③

B와 C는 동일관계다. E와 C도 동일관계다. B, C, E는 동시에 진실을 말하거나 거짓을 말한다. 아몬드를 좋아하는 사람이 2명이니 거짓을 말하는 사람도 2명이다. 따라서 B, C, E는 진실을 말하고 땅콩을 좋아한다. 언급하지 않은 A, D가 거짓을 말하고 아몬드를 좋아한다.

[오답 체크]

1. B와 D의 진술이 모순관계지만 문제를 푸는데 중요한 정보는 아니었다. 진술관계 중 B, D의 진술 하나만 보고 풀이했다면 오래 걸렸을 것이다. 여러 진술 관계를 살핀 후 문제를 풀이하자.

2. 표를 그려 풀었다면 거짓말을 하는 사람이 2명인데 왜 정답이 하나인지 헷갈릴 수도 있다. 선택지에서 제시한 5가지 경우를 토대로 5명의 진술을 판별해보자. ④ B, C가 아몬드를 좋아하는 경우는 3명이 거짓을 말하기 때문에 정답이 아니다.

	A의 진술	B의 진술	C의 진술	D의 진술	E의 진술	거짓말 인원
① A, B	O	O	X	X	O	2
② A, C	O	X	O	O	X	2
③ A, D	X	O	O	X	O	2
④ B, C	O	X	X	O	X	3
⑤ D, E	X	X	O	O	O	2

남은 4가지 경우에서 아몬드를 좋아하는 사람과 거짓말을 하는 사람이 일치하는지 확인해보자. 이를 만족하는 경우는 A, D가 아몬드를 좋아하는 경우이다.

06 ④

[치트키]

D는 C가 맥주를 마신다고 하고 E는 C가 소주를 마신다고 한다. 회식에서 마시는 술의 종류가 맥주와 소주 둘 뿐이기에 D의 진술과 E의 진술은 모든 경우에서 둘 중 1명이 진실을 말하고 나머지 1명이 거짓을 말하는 모순관계라고 알 수 있다. 선택지에서 제시한 2명의 쌍들은 소주를 마시는 2명이다. 즉 거짓을 말하는 2명이기에 D, E의 진술이 모순관계라는 점을 토대로 소거할 수 있다. D, E가 둘 다 오거나 둘 다 오지 않는 선택지를 소거하자. ① A, C ③ B, C는 D, E가 둘 다 오지 않아 소거할 수 있다.

A는 D가 맥주를 마신다고 한다. A의 진술이 진실이면 D는 맥주를 마시고 D는 맥주를 마시기에 진실을 말한다. A의 진술이 거짓이면 D는 맥주를 마시지 않는다. 즉 D는 소주를 마시고 소주를 마시기에 거짓을 말한다. A와 D의 진술은 소주를 마시는 사람은 거짓을 말하고 맥주를 마시는 사람은

추리
삼단논법
진실게임
조건추리
도형추리
도식추리
문단배열
논리추론
정답 및 해설

진실을 말한다는 전제하에 동일관계처럼 활용할 수 있다. A와 D가 둘다 있는 선택지와 A와 D가 둘 다 없는 선택지를 제하고 소거하자. ② A, E ⑤ C, D를 소거하면 답을 찾을 수 있다.

[일반 풀이]
D와 E의 진술이 모순관계다. 이를 토대로 추가로 정보를 얻기 어려워 보인다. 5명 중 2명이 소주를 마시는 경우로 경우를 나누고 A, B, C, D, E의 진술이 진실인지 거짓인지 판단해보자. 10가지 경우로 나뉘지만 선택지에서 제시한 5가지 경우로만 정리하면 다음과 같다. 편의상 진실인 O, 거짓은 X로 표 안에 표기했다.

진술 / 소주	A	B	C	D	E	거짓말 인원
① A, C	O	O	X	X	O	2
② A, E	O	O	O	O	X	1
③ B, C	O	X	X	X	O	3
④ B, E	O	X	O	O	X	2
⑤ C, D	X	O	X	X	O	3

A와 C가 소주를 마시는 경우와 B와 E가 소주를 마시는 경우에 거짓을 말하는 사람이 2명이다. 그런데 A와 C가 소주를 마시는 경우 A와 C가 거짓을 말해야 문제의 조건을 만족하는데 C와 D가 거짓을 말한다. ① A, C는 정답이 아니다. B와 E가 소주를 마시는 경우, B와 E가 거짓을 말한다.

07 ④

D와 E의 진술이 모순관계다. 하지만 2명이 요가를 하고 요가를 하는 2명이 진실을 말하기에 바로 쓸 수 있는 정보는 아니다. 선택지에서 제시한 5가지 경우를 표로 그려 접근해보자.

진술 / 요가	A	B	C	D	E	진실
A, B	F	T	F	T	F	2
A, E	F	T	F	F	T	2
B, C	T	F	F	T	F	2
C, D	F	F	T	T	F	2
C, E	T	F	F	F	T	2

C와 D가 요가를 하는 경우만 요가를 하는 사람이 진실을 말한다.

08 ③

진술관계가 보이지 않는다. 표를 그려 판별하자. 5명 중 2명이 감기에 걸린 경우는 10가지이지만 선택지에서 5가지로 좁혀서 제시했다. 5가지 경우만 표로 나타내보자.

	A의 진술	B의 진술	C의 진술	D의 진술	E의 진술
① A, B 감기	X	X	O	X	O
② A, E 감기	X	O	O	X	O
③ C, D 감기	O	O	X	X	O
④ C, E 감기	O	X	O	X	O
⑤ D, E 감기	X	O	O	O	X

①번의 경우 거짓말하는 사람이 3명이다. 문제의 조건을 만족하지 않는다. 나머지 네 경우 중 감기에 걸린 사람과 거짓을 말하는 사람이 일치하는 문제는 ③번이다.

[다른 풀이]
각 선택지에서 제시한 2명은 감기에 걸린 사람 후보이기도 하고 거짓을 말하는 사람 후보이기도 하다. 선택지에서 언급한 2명을 제외한 3명은 진실을 말해야 한다. 이 점에 착안하여 선택지별로 판별해보자.

① A, B
– D의 진술을 보면 A가 감기에 걸리지 않았다고 거짓을 말한다. 거짓을 말하는 사람이 3명 이상이다. 소거하자.

② A, E
– ①번과 마찬가지로 D의 진술을 보면 A가 감기에 걸리지않았다고 거짓을 말한다. 소거하자.

④ C, E
– B의 진술을 보면 C 또는 E 중 1명만 감기에 걸렸다고 한다. C, E 둘 다 감기에 걸렸다고 보고 문제를 풀이하기 때문에 B의 진술도 거짓이다.

⑤ D, E
– A의 진술을 보면 C가 감기에 걸렸다고 한다. D, E가 감기에 걸렸다고 가정했기 때문에 A의 진술이 거짓이다.

[오답 체크]
A와 D의 진술을 모순관계로 볼 수 없다. D의 진술이 진실이면 A의 진술이 거짓이다. 하지만 A, E가 감기에 걸린 경우처럼 A, D 둘의 진술을 동시에 거짓으로 만들 수 있다.
XOR의 진술의 참/거짓 판별을 조심하자. B의 진술을 보면 C 또는 E 중 1명이 감기에 걸렸다고 한다. C, E가 둘 다 감기에 걸리는 경우는 1명만 감기에 걸렸다는 조건을 만족하지 않아 거짓이다.

09 ①

선율이는 하린이가 이직하지 않았다고 한다. 선율이의 진술이 참이면 하린이의 진술도 참이다. 은빈이는 선율이가 이직하지 않았다고 한다. 은빈이의 진술이 참이면 선율이의 진술도 참이다. 하린, 선율, 은빈이는 동시에 참을 말하거나 동시에 거짓을 말한다. 1명만 거짓을 말하니 하린, 선율, 은빈의 진술은 참이다. 호연이는 은빈이가 이직했다고 한다. 그런데 은빈이는 참을 말하니 이직한 사람이 아니다. 호연이의 진술이 거짓이고 호연이가 이직했다는 것을 알 수 있다.

10 ③

[치트키]

A는 C의 진술이 거짓이라 한다. A와 C의 진술은 모순관계다. 모든 경우에서 A와 C 중 1명은 진실을 말하고 나머지 1명은 거짓을 말한다. 이를 토대로 A와 C가 둘 다 온 선택지인 ① A, C를 소거하고 A와 C가 둘 다 오지 않은 선택지인 ④ B, E를 소거하자.

D는 C가 짜장면을 시킨다고 한다. D의 진술이 진실이면 C는 짜장면을 시키고 C의 진술은 거짓이다. D의 진술이 거짓이면 C는 짜장면을 시키지 않는다. C가 짬뽕을 시키는 경우와 울면을 시키는 경우로 나뉘는데 둘 중 무엇을 시키든 C의 진술은 진실이다. 이를 토대로 짜장면을 시키는 사람만 거짓을 말한다는 전제 하에 D와 C의 진술을 모순관계처럼 쓸 수 있다. D와 C가 둘 다 오지 않은 ② A, E를 소거하고 D, C가 둘 다 있는 ⑤ C, D를 소거하자.

[일반 풀이]

일반적으로 Action을 기준으로 경우를 나눈 후 인물들의 진술이 진실인지 거짓인지를 판별하는 식으로 정리하는데 이 문제는 Action을 기준으로 경우를 나누게 되면 경우가 너무 많다. 5명 중 2명이 거짓을 말하는 경우로 나누어 접근해보자. 선택지에서 제시한 5가지 경우를 토대로 풀이하는 것이 좋으나 이해를 위해 선택지를 고려하는 법을 깜빡하고 풀이했다고 가정 하고 설명하겠다.

A와 C의 진술이 모순관계다. A가 거짓을 말하는 경우와 C가 거짓을 말하는 경우로 나뉜다. 크게 두 경우로 나눈 후 A, C를 제외한 B, D, E 중 1명이 거짓을 말하는 경우로 나누면 다음과 같다.

Case 1.1: A, B 거짓, Case 1.2: A, D 거짓, Case 1.3: A, E 거짓
Case 2.1: C, B 거짓, Case 2.2: C, D 거짓, Case 2.3: C, E 거짓

6가지 경우를 토대로 5명이 주문하는 메뉴를 정리하며 조건이 성립하는지 확인하면 다음과 같다. 참고로 다음의 정리 외 조건을 만족하지 않게 되는 부분은 더 있을 수 있으나 대표적 예시로 생각해주시면 고맙겠다.

Case 1.1: A, B 거짓 / Case 1.2: A, D 거짓 / Case 1.3: A, E 거짓

C의 진술이 진실이면 A와 B는 짬뽕을 시킨다. 짜장면을 시키는 사람이 거짓을 말한다는 조건을 만족하지 않는다. 거짓을 말하는 A는 짜장면을 시켜야 한다.

Case 2.1: C, B 거짓

짜장면을 시키는 사람이 거짓을 말한다는 조건을 토대로 B와 C는 짜장면을 시킨다. E의 진술이 진실이니 A는 울면을 시킨다. 자연스럽게 음식을 정하지 않은 D, E가 짬뽕을 시킨다.

Case 2.2: C, D 거짓

짜장면을 시키는 사람이 거짓을 말한다는 조건을 토대로 C와 D는 짜장면을 시킨다. 그런데 C가 짜장면을 시키고 D는 C가 짜장면을 시킨다고 진술한다. D의 진술은 C가 짜장면을 시킨다면 진실이다. 짜장면을 시키는 사람이 거짓을 말한다는 조건을 만족하지 않는다.

Case 2.3: C, E 거짓

짜장면을 시키는 사람이 거짓을 말한다는 조건을 토대로 C와 E는 짜장면을 시킨다. B의 진술은 진실이고 D 또는 E가 울면을 시킨다. E가 짜장면을 시키니 D는 울면을 시킨다. 음식을 정하지 않은 A, B는 짬뽕을 시킨다. 그런데 이는 C의 진술을 참으로 만든다. 조건을 만족하지 않는다.

[오답 체크]

E의 진술이 진실이면 A는 울면을 시키고, A가 진실이라는 점을 토대로 E와 A의 진술이 동일관계라 볼 수 없다. E의 진술이 거짓이면 A는 울면을 시키지 않는다. 즉 A가 짜장면을 시키는 경우와 짬뽕을 시키는 경우로 나뉜다. 즉 E의 진술이 거짓일 때 A의 진술이 거짓인 경우와 진실인 경우로 나뉜다. E와 A의 진술은 모든 경우에서 둘 다 진실을 말하고 둘 다 거짓을 말한다고 볼 수 없다.

11 ④

A와 B의 진술이 모순관계이고 B와 E의 진술이 동일관계다. 하지만 해당 진술만으로 2명만 참을 말하는 문제를 풀 수 없다. 선택지가 '~라면'으로 제시되어 있으니 Action을 기준으로 경우를 나누고 선택지를 판별하자.

	A의 진술	B의 진술	C의 진술	D의 진술	E의 진술	거짓말
A가 이동	X	O	X	O	O	2명
B가 이동	X	O	O	X	O	2명
C가 이동	X	O	X	X	O	3명
D가 이동	X	O	X	X	O	3명
E가 이동	O	X	O	X	X	3명

C가 이동하는 경우, D가 이동하는 경우, E가 이동하는 경우에만 3명이 거짓을 말한다는 조건을 만족한다.

[오답 체크]

오답 체크까지는 아니지만 풀이방법을 점검해보고 싶다. E가 거짓을 말하면 동일관계에 있는 B도 거짓을 말한다. B의 말이 거짓이니 E가 부서를 이동한다고 알 수 있다. 해당 과정으로 풀었다면 선택지의 조건부(=전건)를 일일이 대입했을 수도 있고 운이 좋았을 수도 있다. 전자라면 풀이시간이 오래 걸리는 방법이다.

12 ②

B의 진술이 참이면 B는 반장이다. 그런데 이는 D의 진술을 거짓으로 만든다. D의 진술이 참이면 B는 부반장인데 이는 B의 진술을 거짓으로 만든다. 따라서 B와 D 중 1명이 거짓을 말한다고 볼 수 있다. 물론 A가 반장이 되는 경우와 같이 B와 D가 동시에 거짓을 말하기도 하지만 1명만 거짓을 말한다는 조건을 벗어난다.

A의 진술이 참이면 C는 반장 또는 부반장이다. C가 반장인지 부반장인지 확정할 수는 없지만 C가 아닌 인물로 반장과 부반장을 각기 지목하는 D의 진술이 거짓이 된다. D의 진술이 참이면 반장과 부반장이 정해지는데 이는 A의 진술을 거짓으로 만든다. A와 D 중 1명이 거짓을 말한다고 볼 수 있다. 위의 B, D의 진술 관계처럼 A와 D도 동시에 거짓을 말할 수 있다. 하지만 이는 조건을 벗어난다.

위의 두 정보를 종합해보면 D의 말이 거짓이라고 알 수 있다. 이에 따라 A, B, C, E의 진술을 참이라 볼 수 있다. B의 진술에 의해 B가 반장이고 A의 진술에 의해 C가 부반장이라고 알 수 있다.

[오답 체크]

D의 진술이 거짓인 경우는 ① E가 반장이 아님, ② B가 부반장이 아님, ③ E가 반장이 아니고 B가 부반장이 아님이다.

13 ④

[치트키]

선택지의 경우를 토대로 〈보기〉의 진술 중 1명만 거짓으로 만드는지 판별해보자.

① C, A, E, B, D
 – A, B, D의 진술이 거짓

② B, A, E, D, C
 – C, D의 진술이 거짓

③ B, C, D, A, E
 – B, D, E의 진술이 거짓

④ B, A, E, C, D
 – D의 진술이 거짓

⑤ A, D, E, C, B
 – A, C, E의 진술이 거짓

1명만 거짓을 말하는 경우인 ④번이 정답이다.

[일반 풀이]

A의 말이 참이면 B는 1등 또는 2등이다. 그런데 이는 D의 말을 거짓으로 만든다. D의 말이 참이면 B는 5등이다. 이는 A의 말을 거짓으로 만든다. 만약 B가 4등이라면 A와 D의 진술을 둘 다 거짓으로 만드는데 이는 1명만 거짓을 말한다는 조건을 벗어난다. 따라서 A 또는 D 중 1명이 거짓을 말한다고 알 수 있다.

이에 따라 B, C, E의 진술이 참이라고 알 수 있다. E의 진술에 의해 A는 2등이고 E는 3등이다. C의 진술을 보면 D가 3등 또는 5등이라고 하는데 이미 3등은 E이기 때문에 D는 5등이다. C는 E보다 결승점에 늦게 들어왔다. 3등인 E보다 늦게 들어오려면 4등 또는 5등인데 이미 D가 5등이니 C는 4등이다. 아직 언급되지 않은 B는 1등이다.

1등	2등	3등	4등	5등
B	A	E	C	D

14 ③

A의 진술이 진실이면 D의 진술은 거짓이고 D의 진술이 진실이면 A의 진술이 거짓이다. A의 진술이 진실이라면 C가 정수기를 사는 경우와 태블릿을 사는 경우로 나뉘는데 두 경우 모두 D의 진술을 거짓으로 만든다. D의 진술이 진실일 때 C가 모니터를 사는 경우와 커피머신을 사는 경우로 나뉘는데 두 경우 모두 A의 진술을 거짓으로 만든다. 단 C가 마우스를 사는 경우는 A와 D의 진술 모두 거짓으로 만들기는 하지만 문제의 조건은 1명이 거짓을 말한다고 하니 문제의 조건을 만족하지 않는다. 이에 따라 A와 D의 진술을 모순관계처럼 쓸 수 있다.

B, C, E의 진술이 진실이다. 이를 통해 다음과 같이 정보를 정리할 수 있다.

A: ~커피머신	B: ~커피머신	D: 태플릿	E: 마우스

A와 B는 커피머신을 구매하지 않는다. 5명 모두 하나의 전자제품을 구매하고 서로 같은 전자제품을 구매하지 않으니 각 전자제품을 사는 인원은 1명씩이다. 누군가는 커피머신을 구매해야하고 C라고 알 수 있다.

[오답 체크]

A와 B가 구매할 수 있는 전자제품은 정수기와 모니터다. A가 정수기를 구매하는 경우와 모니터를 구매하는 두 경우 모두 1명만 거짓을 말한다. 두 경우 모두 만족하니 항상 A가 정수기를 산다고 말할 수 없고 모니터를 산다고 말할 수 없다. 마찬가지로 B가 항상 정수기를 산다고 말할 수 없고 모니터를 산다고 할 수 없다.

15 ⑤

E가 B의 말이 거짓이라 말한다. 즉 B와 E의 진술이 모순관계다. 따라서 A, C, D의 말이 사실이라고 알 수 있다. C의 진술에 의해 D는 주황을 좋아한다. 따라서 A의 진술에서 E가 파랑을 좋아한다고 알 수 있다.

16 ③

B와 D의 진술이 동일관계다. 1명만 거짓을 말한다는 조건을 토대로 B와 D의 진술은 우리가 찾는 경우에서 진실이라고 알 수 있다.
B와 D가 진실이라는 정보만으로 문제를 풀어가기 어렵다. C가 연필, E가 볼펜을 구매했으니 A, B, D가 사인펜, 형광펜, 매직을 구입하는 6가지 경우(=3!)를 상정하고 A, C, E 3명 중 1명만 거짓을 말하는 경우를 찾아보자.

	구매한 경우			진술			거짓말 인원
	A	B	D	A	C	E	
Case 1	사인펜	형광펜	매직	O	X	X	2
Case 2	사인펜	매직	형광펜	O	X	X	2
Case 3	형광펜	사인펜	매직	O	X	O	1
Case 4	형광펜	매직	사인펜	O	O	O	0
Case 5	매직	형광펜	사인펜	X	O	X	2
Case 6	매직	사인펜	형광펜	X	X	X	3

Case 3에서 거짓말을 하는 사람이 1명이다. 따라서 B는 사인펜을 구매했다.

추리
삼단논법
진실게임
조건추리
도형추리
도식추리
문단배열
논리추론
정답 및 해설

빈출 유형 공략

01	02	03	04	05	06	07	08	09	10
②	②	①	⑤	③	⑤	①	⑤	③	⑤
11	12	13	14	15	16	17	18	19	20
②	②	①	③	①	③	③	②	③	③
21	22	23	24	25	26	27	28	29	30
①	②	④	③	⑤	③	③	②	②	⑤
31	32	33	34	35	36				
①	②	①	⑤	②	②				

01 ②

아쉽게도 고정조건이 보이지 않는다. 2번 언급한 B를 중심으로 경우를 나눠보자. B는 맨 앞에 줄을 서지 않고 D보다 앞에 줄을 선다. B는 2번째로 줄을 서거나 3번째로 줄을 선다. B가 2번째로 줄을 서는 경우 D가 3번째로 줄을 서는 경우와 4번째로 줄을 서는 경우로 나눌 수 있다. B가 3번째로 줄을 서는 경우 D는 4번째로 줄을 선다.

Case	1	2	3	4
1		B	D	
2		B		D
3			B	D

A와 C는 서로 인접하게 줄을 서지 않는다. Case 3을 소거하자. Case 1, 2에서 남은 두 자리는 A와 C의 자리이지만 항상 참이고 특정 인물이 몇 번째에 줄을 서는지 묻는 선택지이기에 굳이 채우지 않고 정답을 바로 찾을 수 있다.

[오답 체크]
오답까지는 아니지만 A와 C의 자리를 정리하면 다음과 같다. A와 C는 줄을 서는 순서를 바꿀 수 있기에 편의상 AC 또는 CA로 표기했다. 여기까지 정리했다면 조건추리를 풀기 전 문제, 〈보기〉, 선택지를 모두 훑어보지 않고 풀이하였을 가능성이 높다. 문제에서 묻는 바, 선택지의 내용을 살펴본 후 문제를 풀이하여 시간을 조금이라도 아끼자.

Case	1	2	3	4
1	AC	B	D	CA
2	AC	B	CA	D

02 ②

B가 2학년인 경우와 4학년인 경우로 나누자. D의 학년은 A와 C의 학년을 더한 값과 같다. B가 2학년인 경우 D의 학년은 4학년이다. 1 + 3 = 4로 계산했다. 즉 A와 C 중 1명은 1학년이고 나머지 1명은 3학년이다. B가 4학년인 경우 D의 학년은 3학년이다. A와 C 중 1명은 1학년이고 나머지 1명은 2학년이다.

Case	1	2	3	4
1	A/C	B	C/A	D
2	A/C	C/A	D	B

A는 C보다 학년이 높다. Case 1은 A와 C가 학년을 바꾸는 2가지 경우를 의미했는데 A는 C보다 학년이 높다는 조건을 토대로 1가지 경우로 압축된다. Case 2도 마찬가지다. 따라서 문제의 상황과 〈보기〉의 조건을 만족하는 경우는 2가지다.

Case	1	2	3	4
1	C	B	A	D
2	C	A	D	B

03 ①

E가 GL팀 소속이다. E를 GL팀에 고정하자. 또한 E가 PA팀이 아니라면 C는 PA팀 소속이라는 정보를 통해 C가 PA팀이라고도 알 수 있다. 더불어 C가 PA팀 소속이라면 F는 GL팀 소속이라는 정보를 통해 F는 GL팀 소속이라고 확정할 수 있다. 알아보기 편하게 O, X로 정리하면 다음과 같다. (일반적으로 1:1로 변수끼리 매치된다면 O, X는 비효율적인 풀이일 때가 많지만 해당 문제는 간단하여 O, X로 정리했다.)

	A	B	C	D	E	F	인원
PA팀			O		X	X	1
GL팀			X		O	O	2

B와 D의 소속팀이 같다. 이미 GL팀이 2명이니 B와 D는 PA팀이다. 남은 A는 자연스럽게 GL팀이라고 알 수 있다.

	A	B	C	D	E	F	인원
PA팀	X	O	O	O	X	X	3
GL팀	O	X	X	X	O	O	3

04 ⑤

변수가 사람과 문서 프로그램으로 2가지이며 다대다로 엮인다. 한 축에 사람을 나열하고 다른 한 축에는 프로그램을 나열한 뒤 표 안을 O, X로 채우는 풀이가 가장 직관적이겠다.

E 프로그램을 다루는 사람은 3명, W 프로그램을 다루는 사람은 2명, H 프로그램을 다루는 사람은 2명이며 그 2명은 A와 C라는 점을 기입해보자.

	A	B	C	D
E(3)				
W(2)				
H(2)	O	X	O	X

E, W, H 세 프로그램을 모두 다루는 사람은 1명이다. 이미 B와 D는 H 프로그램을 다루지 못하기 때문에 A와 C가 세 프로그램을 다루는 사람일 수 있다. 그런데 A는 B가 다루는 문서프로그램을 다루지 못한다. 인당 최소 1가지 문서프로그램을 다루니 B가 최소 1가지 문서프로그램을 다룰 것이고 A는 세 프로그램을 모두 다룰 수 없다. 따라서 C가 세 프로그램을 모두 다룬다.

	A	B	C	D
E(3)			O	
W(2)			O	
H(2)	O	X	O	X

W 프로그램을 다루는 사람은 2명이고 2명 중 1명은 C이다. D는 W 프로그램을 다루지 못한다. 만약 D가 W 프로그램을 다룬다면 D가 다루는 프로그램을 모두 다루는 B도 W 프로그램을 다뤄야 하는데 B, C, D로 W 프로그램을 다룰 수 있는 사람이 3명이 된다. 다만 W 프로그램을 다루는 2명 중 C를 제외한 1명이 A인지 B인지는 확정할 수 없다.
E 프로그램을 다루는 사람이 3명이고 E 프로그램을 다루는 사람 중 1명이 C라고 알고 있다. A, B, D 3명 중 2명이 E 프로그램을 다룬다. 가능한 경우는 1) A와 B, 2) A와 D, 3) B와 D로 좁힐 수 있다. 세 경우를 나누어 가능한 경우인지 판단해보자.

1) A와 B: A는 B가 다루는 문서프로그램을 다루지 못한다는 조건 때문에 불가하다.
2) A와 D: B는 D가 다루는 문서프로그램을 모두 다룬다는 조건으로 인해 D가 E 프로그램을 다루면 B도 E 프로그램 다룬다고 봐야 하기 때문에 불가하다.
3) B와 D: 위 두 경우가 성립하지 않기 때문에 고민하지 않아도 B와 D가 E 프로그램을 다룬다고 알 수 있다. 또한 A는 B가 다루는 문서프로그램을 다루지 못한다는 조건과 B는 D가 다루는 문서프로그램을 모두 다룬다는 조건도 만족한다.

지금까지 추론한 내용을 정리하면 다음과 같다. W 프로그램을 다루는 사람이 A인지, B인지 확정할 수 없다. 빈칸이 있는 건 문제의 상황과 〈보기〉의 조건을 만족하는 경우가 여러 가지로 나뉜다는 의미이다. 선택지에서 '~라면'으로 나뉘는 경우에 대해 묻지 않기 때문에 경우를 나누지 않고 빈칸으로 두자.

	A	B	C	D
E(3)	X	O	O	O
W(2)			O	X
H(2)	O	X	O	X

[오답 체크]
A는 B가 다루는 문서프로그램을 다루지 못한다는 조건만을 토대로 B가 다루지 않는 프로그램을 A가 다룬다고 확정할 수 없다. 둘 다 다루지 못하는 프로그램이 있을 수 있다.

05 ③

A와 D를 서로 마주 보는 자리에 고정하자. B와 E는 서로 인접한 자리에 앉는다. B와 E가 D 기준 왼쪽에 앉는 경우와 오른쪽에 앉는 경우로 나눠보자. B와 E는 자리를 바꿀 수 있기에 BE 또는 EB로 표기했다.

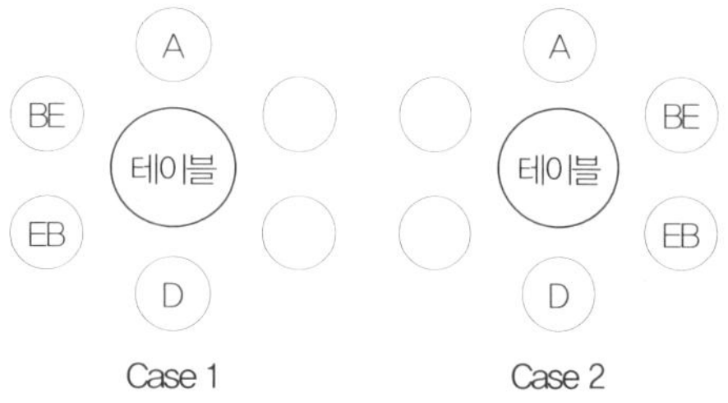

C는 D와 인접한 자리에 앉지 않는다. D와 인접하게 앉을 가능성이 있는 사람은 E, B, F로 3명이다.

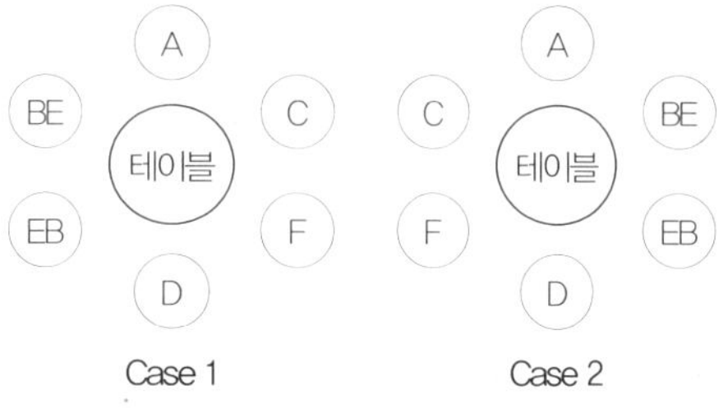

06 ⑤

문제에서 묻는 바가 결승전에 오른 2명이다. 이에 맞춰 문제를 풀어보자. 경기를 3번 치른 사람은 없다. 즉 시드2와 시드3을 받은 사람은 결승전에 오르지 못했다고 해석할 수 있다. 시드2 또는 시드3을 받은 사람이 결승전을 진행하지 않아 2번 경기를 했다고도 생각할 수 있지만 문제에서 우승자가 정해졌다고 했으니 결승전 경기도 치렀다고 알 수 있다. C를 시드2에 고정하자. B는 E에게 졌다. B와 E가 결승전에서 만났다고 생각할 수 있지만 B와 E가 결승전에서 만나게 되면 A와 D는 경기를 치르지 못한다. 예시를 들어보면 B가 시드1, E가 시드5일 때 A와 D는 시드3, 시드4에 배정되며 서로 경기를 치르지 못한다. 따라서 B와 E가 시드1/3이거나 시드4/5라고 알 수 있다. B와 E가 시드1/3이면 A와 D가 시드4/5이다. B와 E의 경기에서 승자인 E가 결승에 올라가고 A와 D의 경기에서 승자인 D가 결승에 올라간다.

[오답 체크]

오답까지는 위 풀이는 정답을 찾는데 집중하여 디테일이 조금 떨어져 보충하고자 한다. 다음과 같이 세세하게 경우를 나눴다면 풀이가 오래 걸렸을 것으로 예상한다. 문제에서 묻는 바에 집중하며 문제를 풀었으면 한다. 설명의 편의를 위해 경우를 크게 2가지로 나눠보자.

Case 1. B와 E가 시드1/3, A와 D가 시드4/5

B와 E가 시드1/3이다. 경기를 3번 치른 사람은 없고 E가 B와의 경기에서 이겼기 때문에 B는 시드3이고 E는 시드1이다. E가 시드3이라면 시드2에 배정된 C와의 경기에서 이기고 이어지는 B와의 경기에서 이기고 결승전을 치러 경기를 3번 치르게 된다.

A와 D는 A가 시드4이면서 D가 시드5인 경우와 A가 시드5이면서 D가 시드4인 경우로 나눌 수 있다. 두 경우 모두 D가 결승전에 오른다는 정보는 변함없다.

Case 2. B와 E가 시드4/5, A와 D가 시드1/3

Case 1의 설명과 마찬가지로 3번 경기를 치른 사람은 없다는 조건에 의해 A와 D의 경기에서 D가 이겼으니 D가 시드1이고 A가 시드3이라고 알 수 있다. B와 E는 둘 중 누가 시드4이고 나머지 한 명이 시드5인지 알 수 없어 경우가 나뉘겠지만 B와 E의 경기에서 E가 이겼기 때문에 E가 결승전에 오른다는 점은 변함없다.

07 ①

고정할 수 있는 조건을 먼저 활용해보자. 302호와 101호는 공실이고 D는 102호에 거주한다는 정보를 먼저 기입하자. 그러면서 공실은 총 3개인데 2개만 알고 있는 점도 기억하자.

301	302	303
201	202	203
101	D	103

C와 E가 거주하는 호실은 같은 층이며 끝 번호 차이가 1이다. 즉 C와 E를 같은 층이며 인접한 호실에 배치해야 하는데 1층은 103호만 남아 C와 E가 들어갈 수 없다. 3층은 호실이 2곳이 남지만 인접하지 않는다. 따라서 C와 E는 201/202호에 살거나 202/203호에 산다고 알 수 있다.

다만 둘 중 누가 2층의 어느 호실에 사는지는 고정할 수 없다.

301	302	303
C/E	E/C	203
101	D	103

Case 1

301	302	303
201	C/E	E/C
101	D	103

Case 2

E가 거주하는 호실과 A가 거주하는 호실의 끝 번호가 같다. Case 1에서는 E가 201호에 거주하고 A가 301호에 거주한다. Case 2에서는 E가 203호에 거주하고 A가 103호에 거주하는 경우와 303호에 거주하는 경우로 나눌 수 있다.

A	302	303
E	C	203
101	D	103

Case 1

301	302	303
201	C	E
101	D	A

Case 2.1

301	302	A
201	C	E
101	D	103

Case 2.2

B와 F는 같은 층에 거주한다. Case 1과 Case 2.2에서는 B와 F가 거주할 곳이 없다. 조건을 만족하지 않는다. Case 2.1만 조건을 만족하며 A는 103호에 거주한다고 알 수 있다.

[오답 체크]

A가 거주하는 호실이 103호라고 알게 됐다면 도식을 그만 채워도 된다. 도식의 빈칸을 더 채우고 싶은 분을 위해 정리하면 다음과 같다.

Case 2.1에서 B와 F가 301호와 303호에 거주하지만 누가 301호에 거주하는지 확정할 수 없다. 남은 201호는 공실이다.

B/F	302	F/B
201	C	E
101	D	A

Case 2.1

08 ⑤

문제가 복잡하다. 엘리베이터가 1층에서 출발해 4층으로 도착하고 1층에서 내리는 사람은 없고 4층에서 타는 사람도 없다. 또한 엘리베이터를 최대 2명이 이용하는데 안에 있는 사람이 내린 후 밖에 있는 사람이 탄다. 이해를 돕기 위해 예를 들면 X, Y가 엘리베이터를 타다가 3층에서 X가 내리고 Z가 타도 최대 2명이 이용한다는 조건을 벗어나지 않는다. 혼란을 줄이기 위해 각 층에 승차, 이용, 하차로 이용객을 구분하며 정리해보자. 엘리베이터 이용객이 2명인지는 다음 표에서 승차와 이용만 점검하면 된다.

A는 1층에서 타고 3층에서 내리고 D는 4층에서 엘리베이터를 내린다. C는 3층에서 엘리베이터를 내린다. C보다 B가 먼저 엘리베이터를 타니 C는 2층에서 엘리베이터를 탄다. B는 C와 엘리베이터를 같이 이용하지 않는다. B는 1층에서 타고 2층에서 내린다.

	승차	이용	하차
4층			D
3층			A C
2층	C	A	B
1층	A B		

D가 엘리베이터를 몇 층에서 타는지 찾아보자. 1층은 이미 A, B 2명이 탄다. D는 1층에서 타지 않는다. 2층에서 D가 타게 되면 엘리베이터가 2층일 때 이용하는 사람이 A, C, D로 3명이 된다. D는 2층에서 타지 않는다. D는 3층에서 엘리베이터를 탄다.

	승차	이용	하차
4층			D
3층	D		A C
2층	C	A	B
1층	A B		

09 ③

목요일에 한라산을 오른다. 고정하자. 금요일에 주왕산을 오르지 않는다. 금요일에 오를 수 있는 산은 설악산과 한라산인데 연속하여 같은 산을 오르지 않는다는 조건을 토대로 목요일에 오르는 한라산을 금요일에 오르지 않는다고 알 수 있다. 금요일에 설악산을 고정하자.

월	화	수	목	금
			한	설

선택지가 '~라면'의 형태이다. 선택지의 앞부분(=전건)의 정보를 넣었을 때 〈보기〉의 조건을 토대로 뒷부분(=후건)의 정보를 만족하는지 확인하는 방법과 문제의 상황과 〈보기〉의 조건을 만족하는 모든 경우를 찾은 뒤 선택지의 앞부분이 가리키는 경우에서 뒷부분을 만족하는지 확인하는 방법으로 풀이 방법이 나뉜다. 3개 칸만 채우면 되기에 경우가 적을 것으로 예상된다. 문제의 상황과 〈보기〉의 조건을 만족하는 경우를 모두 찾아보자.

목요일에 한라산을 오르고 같은 산을 연속하여 오르지 않기 때문에 수요일에 오를 수 있는 산은 설악산과 주왕산이다. 이를 토대로 경우를 나누자.

Case	월	화	수	목	금
1			설	한	설
2			주	한	설

설악산을 2번 오른다. Case 1에서 설악산은 이미 2번 나왔다. 즉 월요일에 한라산을 오르고 화요일에 주왕산을 오르는 경우와 월요일에 주왕산을 오르고 화요일에 한라산을 오르는 경우로 나뉜다.
Case 2에서 설악산을 2번 오른다는 조건을 만족하기 위해 설악산을 월요일에 오르는 경우와 화요일에 오르는 경우로 나눠보자.

Case	월	화	수	목	금
1.1	한	주	설	한	설
1.2	주	한	설	한	설
2.1	설		주	한	설
2.2		설	주	한	설

Case 2.1에서 화요일에 오르는 산은 한라산이다. 월요일에 설악산, 수요일에 주왕산을 오르기 때문이다. Case 2.2에서 월요일에 오르는 산은 한라산일 수도 있고 주왕산일 수도 있다.

Case	월	화	수	목	금
1.1	한	주	설	한	설
1.2	주	한	설	한	설
2.1	설	한	주	한	설
2.2.1	주	설	주	한	설
2.2.2	한	설	주	한	설

10 ⑤

3팀의 팀원 수는 2팀의 팀원 수보다 적다. 이를 3팀 〈 2팀으로 두는 것보다 숫자를 대입하며 Case로 나눠 푸는 것이 보다 효율적이다. 5명이고 팀원이 없는 팀은 없으니 다음의 2가지 경우로 나뉜다.
Case 1. 1팀 1명, 2팀 3명, 3팀 1명
Case 2. 1팀 2명, 2팀 2명, 3팀 1명

Case 1부터 정리해보자. C는 3팀이며 여자다. A와 E는 같은 팀이기에 2팀이다. 2팀은 모두 남자이기에 A와 E가 남자라고 알 수 있다. B와 D의 성별이 같다. 남자가 3명이고 여자가 2명인데 A, E가 남자이고 C가 여자로 결정된 상황에서 B와 D가 같은 성별일 수 없다. Case 1은 조건을 만족하지 않는다.
Case 2를 정리해보자. C를 3팀이고 여자인 자리에 배치하자. A와 E가 같은 팀이고 1팀과 2팀의 팀원이 각각 2명이기

추리
■ 삼단논법 ■ 진실게임 ■ 조건추리 ■ 도형추리 ■ 도식추리 ■ 문단배열 ■ 논리추론
정답 및 해설

에 A와 E가 1팀인 경우와 2팀인 경우로 나누어 생각해보자. A와 E가 1팀이라면 B와 D는 2팀이다. 2팀은 모두 남자이기에 B와 D는 남자다. B, D가 남자이고 C가 여자이기에 A와 E 중 1명은 남자이고 나머지 1명은 여자다. 누가 남자인지는 확정할 수 없다.
A와 E가 2팀이라면 2팀이 모두 남자라는 조건에 의해 A와 E가 남자이고 C가 여자다. B와 D 중 1명은 남자이고 나머지 1명은 여자다. 이를 통해 B와 D가 성별이 같다는 조건을 만족하지 못한다고 알 수 있다.
이를 정리하면 다음과 같다. A와 E는 성별을 바꿀 수 있기에 A/E 또는 E/A로 표기했다.

	1팀(2)	2팀(2)	3팀(1)
남자(3)	A/E	B, D	
여자(2)	E/A		C

11 ②

T가 3456을 불렀더니 AI가 4B로 답했다. AI가 제출한 숫자는 3, 4, 5, 6이다. 그러면서 9715를 불렀더니 1S를 받았다. 9, 7, 1, 5 중 5만 제출한 숫자다. 따라서 AI가 제출한 숫자 중 일의 자리는 5라고 알 수 있다.
T가 4230을 불렀더니 AI가 2B을 답했다. 4와 3만 제출한 숫자이니 4와 3은 자릿수가 맞지 않다고 알 수 있다. 4를 먼저 생각해보면 4는 천의 자리가 아니다. 그러면서 3456이 4B이니 4는 백의 자리도 아니다. 일의 자리는 이미 5라고 알고 있으니 4는 십의 자리다.
이어서 3을 생각해보자. 이미 일의 자리는 5이고 십의 자리는 4라고 알고 있다. 3456의 답이 4B인데 이는 3이 천의 자리가 아니라고 알 수 있다. 따라서 3이 백의 자리이고 남은 6이 천의 자리라고 알 수 있다.
AI가 제출한 숫자는 6345다.

12 ②

호실에 사람을 배치할 수 있는 고정조건이 보이지 않는다. 반고정조건을 토대로 경우를 나누며 풀어보자. B와 D가 투숙하는 호실의 호수(일의 자리)는 같다. B와 D는 101호, 201호, 301호 중 두 곳에 투숙한다. 그러면서 A는 B가 투숙하는 호실의 층보다 낮은 층의 호실에 투숙한다. B는 201호 또는 301호 중 한 곳에 투숙한다. B를 중심으로 경우를 나누고 D는 1로 끝나는 호실에 투숙한다고 미정인 칸을 두어 기입하자.

D

301호	~~302호~~	~~303호~~
B	~~202호~~	203호
101호	102호	~~103호~~

Case 1

D

B	~~302호~~	~~303호~~
201호	~~202호~~	203호
101호	102호	~~103호~~

Case 2

C가 투숙하는 층보다 1개 층이 높은 층에 E가 투숙한다. 그러면서 C와 A는 같은 층의 호실에 투숙하지 않는다. Case 1에서 A는 B가 투숙하는 호실보다 낮은 층인 101호 또는 102호에 투숙하기 때문에 C는 1층의 호실에 투숙하지 않는다. C는 203호, E는 301호에 투숙한다. 남은 1호로 끝나는 호실인 101호에 D가 투숙하고 A는 102호에 투숙한다.
Case 2에서는 A가 1층의 호실에 투숙하는 경우와 2층의 호실에 투숙하는 경우로 나누어 생각해보자. A가 1층의 호실에 투숙하게 되면 C는 2층의 호실에 투숙해야 한다. 그런데 C가 2층의 호실에 투숙하면 E가 투숙할 3층의 호실이 없다. 따라서 A는 2층의 호실에 투숙한다. A가 201호에 투숙하면 1로 끝나는 호실이 101호뿐이다. D가 101호에 투숙하고 C는 102호, E는 203호에 투숙한다. A가 203호에 투숙하면 C는 101호 또는 102호에 투숙한다. C가 101호에 투숙하든 102호에 투숙하든 E는 201호에 투숙한다. D가 1로 끝나는 호실에 투숙하기 때문에 C는 101호 투숙하지 않는다. 101호에 투숙하는 사람은 D이고 C는 102호에 투숙한다.

E	~~302호~~	~~303호~~
B	~~202호~~	C
D	A	~~103호~~

Case 1

B	~~302호~~	~~303호~~
A	~~202호~~	E
D	C	~~103호~~

Case 2.1

B	~~302호~~	~~303호~~
E	~~202호~~	A
D	C	~~103호~~

Case 2.2

13 ①

[치트키]
선택지에 정보가 많기에 〈보기〉의 조건을 만족하지 않는 선택지를 소거해보자.

- A와 D의 점수 차가 가장 근소하다. → ③번 소거
- C는 E보다 높은 점수를 획득하지 못했다. → ③, ⑤번 소거
- B의 등수는 짝수이다. → 소거 대상 없음
- C는 5등이 아니다. → ②, ④번 소거

따라서 〈보기〉를 만족하는 경우는 ①번이다.

[일반 풀이]

B가 될 수 있는 등수는 2등과 4등이다. A와 D의 점수 차가 가장 근소하다는 정보를 통해 A와 D의 등수가 인접하다고 알 수 있다. B가 2등인 경우 A, D는 3/4등과 4/5등이 가능하다. B가 4등인 경우 A, D는 1/2등과 2/3등이 가능하다.

	1등	2등	3등	4등	5등
Case 1.		B	A/D	D/A	
Case 2.		B		A/D	D/A
Case 3.	A/D	D/A		B	
Case 4.		A/D	D/A	B	

C는 E보다 높은 등수를 획득하지 못했다. 각 경우에서 빈 2칸 중 앞의 등수에 E, 뒤의 등수에 C를 배치한다.

	1등	2등	3등	4등	5등
Case 1.	E	B	A/D	D/A	C
Case 2.	E	B	C	A/D	D/A
Case 3.	A/D	D/A	E	B	C
Case 4.	E	A/D	D/A	B	C

그런데 C의 등수는 5등이 아니기 때문에 Case 2만 만족한다.

	1등	2등	3등	4등	5등
Case 2.1.	E	B	C	A	D
Case 2.2.	E	B	C	D	A

14 ③

OB는 모두 1열에 배치된 자리에 앉는다. YB인 C, D, E, F는 2열에 배치된 자리에 앉는다. H와 C를 고정하고 나머지 인원은 미정인 칸에 배치하자.

	1열	2열
1행		
2행		C
3행	H	
4행		
미정	ABG	DEF

E는 H보다 앞쪽에 배치된 행에 앉는다. E는 1행 또는 2행에 앉는다. YB가 앉는 2열이며 2행에 이미 C가 앉으니 E는 1행 2열에 배치된 자리에 앉는다. D는 A와 같은 행에 배치된 자리에 앉는다. D, A는 4행에 앉는다.

	1열	2열
1행		E
2행		C
3행	H	
4행	A	D
미정	BG	F

자연스럽게 F는 YB가 앉는 2열의 빈자리에 앉는다. B와 G는 1열이며 1행 또는 2행의 자리에 앉는데 누가 1행에 앉는지는 확정할 수 없다. B와 G가 자리를 바꿀 수 있음으로 B/G 또는 G/B로 표기하여 혼란을 줄이자.

	1열	2열
1행	B/G	E
2행	G/B	C
3행	H	F
4행	A	D

15 ①

사람 기준으로 필기구를 2종류를 구매하고 필기구 기준으로도 구매하는 사람이 2명씩이다. 변수의 종류가 2가지이고 다대다의 관계를 보이니 각 축에 변수값을 놓고 O, X로 표를 채워보자.

C가 연필, A가 매직을 구매하고 D는 형광펜을 구매하지 않는다. B와 D는 구매하는 필기구 1자루가 겹친다. 각 필기구를 2명씩 산다는 점을 고려했을 때 이미 연필은 C가 구매하고 매직은 A가 구매하기 때문에 연필과 매직은 B, D가 겹치게 구매하는 필기구가 아니다. D는 형광펜을 구매하지 않기 때문에 형광펜도 B, D가 겹치게 구매하는 필기구가 아니다. B, D는 볼펜을 구매한다.

	A	B	C	D
연필			O	
볼펜	X	O	X	O
형광펜				X
매직	O			

채울 수 있는 정보를 다 채웠다. 각 경우를 나눠도 되지만 가짓수가 많을 것으로 예상된다. 선택지의 앞부분(전건)을 채웠을 때 뒷부분(후건)이 항상 만족하는지 찾아보자. 하나라도 만족하지 않는 경우를 반례로 들으며 소거하는 것이 편리하겠다.

① B가 매직을 구매한다면 D는 연필을 구매한다.
B에 매직을 배정하자. B가 연필과 형광펜을 구매하지 않는다고 알 수 있다. 그러면서 매직을 구매하는 2명은 A와 B라고 알 수 있다.

	A	B	C	D
연필		X	O	
볼펜	X	O	X	O
형광펜		X		X
매직	O	O	X	X

D는 자연스럽게 연필을 구매하고 연필을 구매하는 2명이 C와 D이기 때문에 A는 연필을 구매하지 않는다. 다음의 표에 채우지는 않았지만 A, C가 형광펜을 구매한다는 정보도 알 수 있었다.

	A	B	C	D
연필	X	X	O	O
볼펜	X	O	X	O
형광펜		X		X
매직	O	O	X	X

[오답 체크]

	A	B	C	D
연필	O	X	O	X
볼펜	X	O	X	O
형광펜	X	O	O	X
매직	O	X	X	O

③의 반례

	A	B	C	D
연필	X	X	O	O
볼펜	X	O	X	O
형광펜	O	O	X	X
매직	O	X	O	X

②, ④의 반례

	A	B	C	D
연필	X	X	O	O
볼펜	X	O	X	O
형광펜	O	X	O	X
매직	O	O	X	X

②, ⑤의 반례

	A	B	C	D
연필	X	O	O	X
볼펜	X	O	X	O
형광펜	O	X	O	X
매직	O	X	X	O

②의 반례

16 ③

사람을 기준으로 값(=과일)을 하나씩 가져간다. 〈보기〉에서 특정 인물이 살 수 있는 과일의 범위를 좁히는 조건이 있다는 점, 전체 경우를 묻는 선택지가 있다는 점을 고려하면 가지치기 풀이법이 효율이 좋겠다고 판단된다.
딸기를 사는 사람은 A이거나 B인데 B는 참외를 사거나 자두를 산다. 이를 통해 딸기를 사는 사람은 A라고 알 수 있다. A에 딸기를 고정한 후 B가 참외를 사는 경우와 자두를 사는 경우로 나눠보자.

A	B
딸기	참외
	자두

이어서 C가 자두를 사는 경우와 수박을 사는 경우로 경우를 더 나누어보자.

A	B	C
딸기	참외	자두
		수박
	자두	수박

D는 참외와 사과를 사지 않는다. D가 살 수 있는 과일은 자두, 수박, 딸기다. 이를 토대로 값을 채워보자. 맨 아래 경우(A: 딸기, B: 자두, C: 수박)는 D가 살 수 있는 과일 3가지를 이미 A, B, C가 샀기에 D가 살 수 있는 과일이 없다. 소거하자.

A	B	C	D
딸기	참외	자두	수박
		수박	자두

*참고
가지치기를 해설에서 편집 프로그램의 한계로 표로 나타내지만 '딸기 – 참외'처럼 선으로 나타내는 것이 더 편하다.

17 ③

변수가 사람과 점수로 2가지이다. 'A: 3점'과 같이 사람 옆에 받은 점수를 적어도 되지만 3점이 아닌 다른 점수를 적지 않은 것이 아직 알 수 없어서 적지 않은 것인지 받지 않아서 적은 것인지 조금 헷갈릴 수도 있겠다. 변수가 2가지이고 다대다의 구조를 보이면 각 축에 변수값을 나열하고 표 안을 O, X로 채우는 것이 직관적이다.
3점을 받은 사람은 A와 D뿐이다. A와 D는 3점을 받았으니 O로 표시하고 B, C는 3점을 받지 않으니 X로 표시하자.

	A	B	C	D
1점				
2점				
3점	O	X	X	O
4점				

B가 받은 모든 점수의 합은 C가 받은 모든 점수의 합보다 작다. C가 받을 수 있는 두 점수의 조합은 1) 1/2점, 2) 1/4점, 3) 2/4점이다. 그런데 1안과 같이 C가 1점과 2점을 받았다면 B가 획득한 점수의 합이 C보다 작을 수 없다. 2안인지 3안인지 알 수는 없지만 C가 4점을 받았다고 알 수 있다. 4점을 받은 사람이 1명이니 A, B, D는 4점을 받지 않았다고 알 수 있다.

B는 3점과 4점을 받지 않았다. 즉 B는 1점과 2점을 받았다.

	A	B	C	D
1점		O		
2점		O		
3점	O	X	X	O
4점	X	X	O	X

A가 받은 모든 점수의 합은 D가 받은 모든 점수의 합보다 크다. A, D 둘 다 3점을 받았고 나머지 한 점수는 1점과 2점 중 하나이다. A가 2점을 받았고 D가 1점을 받았다고 알 수 있다. 또한 A가 받은 두 점수는 C가 받은 두 점수와 같지 않다. C는 2점을 받지 않았다고 알 수 있다.

	A	B	C	D
1점	X	O	O	O
2점	O	O	X	X
3점	O	X	X	O
4점	X	X	O	X
합계	5점	3점	5점	4점

C가 받은 점수는 1점과 4점이고 합계는 5점이다.

18 ②

B가 결승전까지 진출했다. E와 G가 4강전에서 만났으니 B는 E와 G가 아닌 다른 상대와 4강전을 치렀다고 알 수 있다. H는 C를 8강전에서 이겼다. H는 4강전에 진출했으며 B와의 경기에서 졌다. H의 전체 전적은 1승 1패다.

[오답 체크]

1. 4강전에 오른 사람은 B, E, G, H다. 나머지 A, C, D, F는 4강전에 오르지 못했다. 즉 8강전에서 졌으니 A, C, D, F의 전체 전적은 1패다.
2. G는 E와 4강전에서 만났으나 E가 이겼는지 G가 이겼는지 알 수 없다. 4강전에서 졌다면 전체 전적은 1승 1패다. 또한 G와 E 중 1명이 결승전에 진출했다. 결승전에서 진출한 사람이 결승전에 오른 B를 상대로 이겼는지 졌는지 알 수 없다. E와 G의 전체 전적은 3승일 수도 있고 2승 1패일 수도 있다.

19 ③

D는 짝수층에 입주한다. D가 2층에 입주하는 경우와 4층에 입주하는 경우로 나누자. 이후 B가 입주하는 층의 바로 위 층에 입주한 매장은 없다는 조건을 토대로 경우를 더 나누면 다음과 같다.

1층	2층	3층	4층	5층
	D	B	X	
	D		B	X
B	X		D	
	B	X	D	

A는 C보다 낮은 층에 입주한다. 남은 2개 층에 A와 C를 배치하면 다음과 같다.

1층	2층	3층	4층	5층
A	D	B	X	C
A	D	C	B	X
B	X	A	D	C
A	B	X	D	C

[오답 체크]

입주하는 매장이 없는 층을 빈칸으로 두고 풀게 되면 입주하는 매장이 없어서 빈칸인지 아직 입주하는 매장을 몰라서 빈칸인지 헷갈릴 수 있다. 확실하게 표기하자. 농담으로 null과 0은 다르다.

20 ③

[치트키]

A의 사번이 될 수 있는 수많은 숫자를 선택지에서 5가지 후보로 좁혀서 제시했다. 〈보기〉의 조건을 만족하지 않는 선택지를 소거해보자.

- 사번에 활용한 각 자리의 숫자는 서로 다르고 천의 자리는 0이 아니다.
  → ①번 소거
- 2, 3, 5, 8 중 두 숫자가 사번에 사용한 숫자와 같다.
  → ④, ⑤번 소거
- A의 사번 중 하나는 7이며 7은 일의 자리가 아니다.
  → ①, ④번 소거

• 1, 3, 6, 9는 비밀번호 생성에 사용하지 않았다.
  → ④, ⑤번 소거
• 0, 4, 5, 9 중 두 숫자가 사번에 사용한 숫자와 같다.
  → ⑤번 소거

②, ③번이 남았다. ②에 활용한 5078을 보면 5는 0보다 크다. 즉 문제에서 제시한 '천의 자리 〈 백의 자리'의 조건을 만족하지 않는다.

[일반 풀이]

2, 3, 5, 8 중 두 숫자를 사용하고 1, 3, 6, 9를 사용하지 않는다. 2, 5, 8 중 두 숫자를 사용한다고 알 수 있다. 같은 맥락으로 0, 4, 5, 9 중 두 숫자를 사용하고 1, 3, 6, 9를 사용하지 않는다. 0, 4, 5 중 두 숫자를 사용한다.
사번 중 하나는 7이다. 2, 5, 8에서 2와 8이 사번에 활용한 숫자라 가정하면 5는 사번에 활용하지 않으니 0, 4, 5에서 0, 4를 사번에 활용하게 되는데 7과 더불어 총 5가지의 숫자를 활용한다고 가정하는 셈이 된다. 따라서 5는 꼭 사번으로 사용해야 하는 숫자라고 알 수 있다.
2, 8 중 한 숫자를 사용하고 0, 4 중 한 숫자를 사용한다. 이를 토대로 5, 7과 더불어 [2, 0], [2, 4], [8, 0], [8, 4]를 사용한 4가지 경우로 나눌 수 있다. 천의 자리부터 제일 작게 정렬하면 0257, 2457, 0578, 4578이 된다. 0257과 0578은 천의 자리가 0이기 때문에 조건을 만족하지 않는다. 0257과 2457은 일의 자리가 7이기 때문에 조건을 만족하지 않는다. 따라서 조건을 만족하는 사번은 4578이라 알 수 있다.

21 ①

2층 3열의 사물함을 빈 사물함이라 두자. C와 같은 열이며 한 층 위의 사물함을 D가 사용한다. C가 사용하는 사물함보다 바로 위의 사물함을 D가 사용한다. 이를 토대로 C, D를 배치할 수 있는 경우를 4가지로 나눌 수 있다. D가 사용하는 사물함과 같은 층이며 1열이 큰 사물함은 비었다. D와 인접한 오른쪽의 사물함도 빈 사물함이라 표기하자.

D	X	X
C		

Case 1

D	X	
C		X

Case 2

	D	X
	C	

Case 3

	D	X
	C	X

Case 4

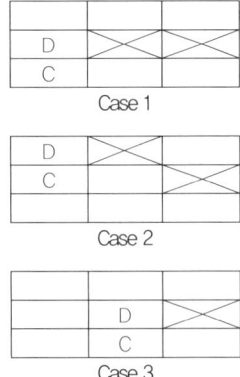

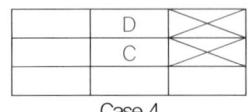

B와 E는 3층의 사물함을 사용한다. 3층에 한자리만 남은 Case 2, 4는 조건을 만족하지 않는다. F와 G는 2열의 사물함을 사용한다. Case 3도 조건을 만족하지 않는다.
Case 1에서 B와 E가 자리를 바꾸는 경우를 B/E 또는 E/B로 표기하고 F와 G가 자리를 바꾸는 경우도 빗금으로 표기하자.

B/E	F/G	E/B
D	X	X
C	G/F	

Case 1

남는 사물함인 1층 3열의 사물함을 A가 사용한다.

22 ②

성별이 같은 인원끼리 같은 조를 이루지 않았다. 각 조는 남자 1명, 여자 1명으로 이뤄지고 전체 인원 중 남녀가 4명씩이라고 알 수 있다.
E와 G는 남자이고 같은 조인 A와 H의 성별도 다르다. 확정할 수는 없지만 이미 남자가 3명이다. 앞서 언급한 5명이 아닌 B, C의 성별이 같다. 이에 따라 B, C는 여자라고 알 수 있다.

남자 – E, G, A/H
여자 – H/A, B, C

D는 2조고, G는 3조다. C는 D보다 앞에 줄을 서니 1조다. B가 여자인 것을 알았으니 F도 1조이고 자연스럽게 F가 남자라고 알 수 있다. A/H를 확정할 수 는 없지만 남자 4명을 찾았다. 아직 성별을 정리하지 않은 D는 여자다. A와 H는 이미 인원이 있는 1, 2, 3조일 수 없으니 4조이며 성별을 확정할 수 없다.

	남	여	미정
1조	F	C	
2조		D	
3조	G		
4조			A, H
미정	E	B	

미정으로 둔 내용을 정리하면 다음과 같다.

	남	여
1조	F	C
2조	E	D
3조	G	B
4조	A/H	H/A

23 ④

자리는 6개고 사람은 5명이다. 붙어있는 2자리가 1, 2번일지 2, 3번일지 3, 4번일지 4, 5번일지 5, 6번일지 가능성을 열어두고 문제를 풀어보자. 5번 자리에 E를 고정한 후 A와 C가 예약한 자리를 인접하게 배정하자. A와 C 중 1명이 붙어있는 2자리를 예약할 수 있지만 틀 먼저 잡아두고 2자리를 어떻게 예약하는지 고민해보자.

1번	2번	3번	4번	5번	6번
A/C	C/A			E	
	A/C	C/A		E	
		A/C	C/A	E	

남은 자리에 B와 D를 배정하는 경우가 많을 것으로 예상된다. 시간이 오래 걸리겠다. 바로 반례를 찾자.

1	2	3	4	5	6
C	A	A	B	E	D

①의 반례

1	2	3	4	5	6
C	A	B	B	E	D

②, ①의 반례

1	2	3	4	5	6
A	C	C	B	E	D

③의 반례

1	2	3	4	5	6
C	A	B	E	E	D

⑤의 반례

24 ③

인물을 기준으로 2번씩 경기를 치른다. 한 축에 경기, 한 축에 인물을 두고 O, X로 정리하는 것이 보다 직관적이겠다. 채울 수 있는 정보를 먼저 채워보자. D는 2경기와 4경기에 참여했고 1경기는 B와 C가 참여했다.

	A	B	C	D
1경기	X	O	O	X
2경기				O
3경기				X
4경기				O

A는 D와 경기를 치렀다. A가 2경기에 참여했는지 4경기에 참여했는지 확정할 수는 없다. 선택지가 '~라면'으로 제공되어 있으니 A가 2경기 또는 4경기에 참여했다는 정보를 머릿속에 생각한 채 풀어도 되고 경우를 나눠도 된다. 설명의 편의를 위해 2가지 경우로 나눠보자.

	A	B	C	D
1경기	X	O	O	X
2경기	O	X	X	O
3경기	O			X
4경기	X			O

Case 1

	A	B	C	D
1경기	X	O	O	X
2경기	X			O
3경기	O			X
4경기	O	X	X	O

Case 2

한 번 맞붙은 상대와 다시 붙지 않기 때문에 두 경우 모두 A가 3경기에 참여했다고 알 수 있다. 이에 따라 B가 3경기에 참여했다면 A는 B, D와 경기를 치른다고 알 수 있다. 이에 따라 ③번이 반드시 거짓이다.

[오답 체크]

반드시 거짓을 찾는 문제다보니 가능한 1가지 경우라도 찾으면 참이다.

	A	B	C	D
1경기	X	O	O	X
2경기	X	O	X	O
3경기	O	X	O	X
4경기	O	X	X	O

Case 2, ①, ⑤의 반례

	A	B	C	D
1경기	X	O	O	X
2경기	X	X	O	O
3경기	O	O	X	X
4경기	O	X	X	O

Case 2, ②의 반례

	A	B	C	D
1경기	X	O	O	X
2경기	O	X	X	O
3경기	O	X	O	X
4경기	X	O	X	O

Case 1, ④, ⑤의 반례

25 ⑤

[치트키]

민선이 앞에 2명이 있으려면 2명이 탄 말이 2번째일 수 없다. 윤지는 2명이 타는 말을 탄다. 따라서 윤지는 2번째로 말을 타지 않는다.

[일반 풀이]

민선이 앞에 2명이 승마를 즐기고 있다. 좌측을 앞이라 보고 가능한 경우를 나눠보자.

<table><tr><td></td><td rowspan="2">민선</td><td rowspan="2"></td><td rowspan="2"></td></tr><tr><td></td></tr></table>

Case 1

<table><tr><td rowspan="2"></td><td rowspan="2"></td><td rowspan="2">민선</td><td></td></tr><tr><td></td></tr></table>

Case 2

<table><tr><td rowspan="2"></td><td rowspan="2"></td><td>민선</td><td rowspan="2"></td></tr><tr><td></td></tr></table>

Case 3

진주는 혼자 말을 타며 민선이보다 뒤에 있다고 한다. 또한 윤지는 혼자 말을 타지 않았다고 하니 2명의 자리에 윤지를 배치하자.

<table><tr><td>윤지</td><td rowspan="2">민선</td><td rowspan="2"></td><td rowspan="2"></td></tr><tr><td></td></tr></table>

Case 1

<table><tr><td rowspan="2"></td><td rowspan="2"></td><td>민선</td><td rowspan="2">진주</td></tr><tr><td>윤지</td></tr></table>

Case 3

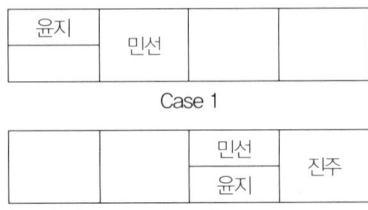

태형이는 연아보다 앞에서 말을 탄다고 한다. 이를 넣어보자. Case 1의 경우 연아가 3번째인지 진주가 3번째인지 확정할 수 없다.

<table><tr><td>윤지</td><td rowspan="2">민선</td><td rowspan="2">연아</td><td rowspan="2">진주</td></tr><tr><td>태형</td></tr></table>

Case 1-1

<table><tr><td>윤지</td><td rowspan="2">민선</td><td rowspan="2">진주</td><td rowspan="2">연아</td></tr><tr><td>태형</td></tr></table>

Case 1-2

<table><tr><td rowspan="2">태형</td><td rowspan="2">연아</td><td>민선</td><td rowspan="2">진주</td></tr><tr><td>윤지</td></tr></table>

Case 3

26 ③

A를 3번 자리에 고정한 후 B와 E를 마주보는 자리에 앉히자. B와 E가 자리를 바꿀 수 있으니 BE 또는 EB로 표기하겠다.

Case 1

Case 2

D는 F보다 먼저 회의장에 도착하고 F는 6번째로 회의장에 도착하지 않는다. 따라서 Case 1에서는 D는 2번, F는 5번 자리에 앉고 Case 2에서는 D는 1번, F는 4번 자리에 앉는다. 남는 6번 자리는 C가 앉는 자리다.

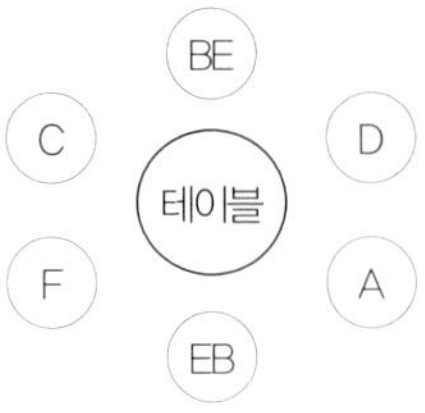

Case 1

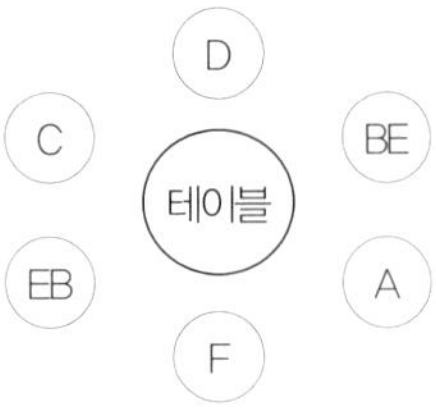

Case 2

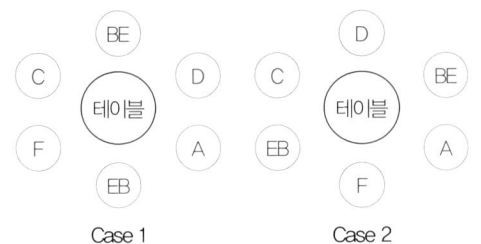

E와 C는 서로 이웃한 자리에 앉지 않는다. Case 1에서 B는 1번, E는 4번 자리라 확정할 수 있다. 같은 맥락으로 Case 2에서 E는 2번, B는 5번 자리에 앉는다.

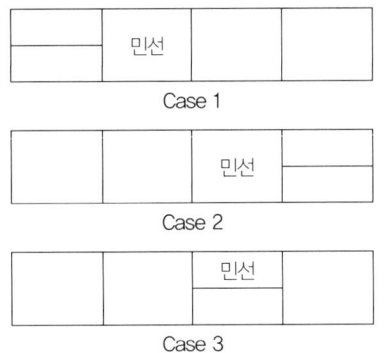

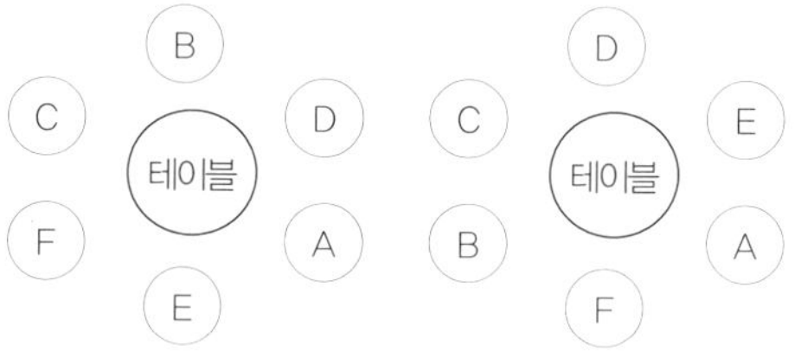

Case 1　　Case 2

[오답 체크]
테이블 문제에서 마주보고 앉는다는 조건을 고정조건처럼 쓰기는 하지만 자리에 번호 등을 명명한 경우 마주보는 2명이 자리를 바꾸는 경우도 고려해야한다.

27 ③

2학년인 학생 수는 3학년인 학생 수보다 많고 F와 학년이 같은 인원은 없다. 따라서 F는 1학년 또는 3학년이다. 2가지 경우를 나누어 고민해보자.

Case 1. F가 1학년

F가 유일한 1학년이다. 2학년이 3학년보다 많다. 2학년이 4명, 3학년이 1명일 수도 있고 2학년이 3명, 3학년이 2명일 수도 있다. C는 E보다 한 학년이 높다. 따라서 E는 2학년이고 C는 3학년이다.

D가 2학년이라면 A는 1학년이다. 이미 1학년은 F이고 1명이라고 알고 있다. 즉 D가 2학년이면 조건을 벗어나기 때문에 D는 2학년이 아닌 3학년이다. 이를 통해 2학년이 4명, 3학년이 1명인 경우는 성립하지 않는다고 알 수 있다.

F(1), E(2), C(3), D(3)의 학년을 확인했다. 언급되지 않은 A, B를 2학년에 배정하자.

1학년 : F
2학년 : E, A, B
3학년 : C, D

Case 2. F가 3학년

F가 유일한 3학년이다. 2학년이 3학년보다 많기 때문에 2학년이 2명, 3명, 4명인 경우로 나눠 고민해볼 수 있다. 우선 학년을 배정할 수 있는 정보에 주목해보자. C는 E보다 한 학년이 높다. 따라서 E는 1학년, C는 2학년이다.

또한 F가 3학년이기 때문에 B가 1학년이라고 알 수 있다. 1학년 인원수의 최솟값이 2이기 때문에 2학년이 2명인 경우와 3명인 경우만 가능하다.

1학년 : E, B
2학년 : C
3학년 : F

이제 남은 조건인 'D가 2학년이라면 A는 1학년이다.'를 고민해보자. 2학년이 3명이라면 D와 A가 2학년이 되는데 이는 조건을 만족하지 못한다. 따라서 2학년은 2명이라 알 수 있다. 하지만 C와 함께 2학년인 사람이 D인지 A인지 확정할 수는 없다.

1학년 : E, B, A	1학년 : E, B, D
2학년 : C, D	2학년 : C, A
3학년 : F	3학년 : F

[오답 체크]
'D가 2학년이라면 A는 1학년이다.' 조건을 통해 D가 2학년, A가 1학년이라 확정할 수 없다.

28 ②

제약사항을 먼저 확인하자. 한 열에는 어린이와 어른이 같이 앉는다. 또한 어린이는 앞/뒤로 붙어서 앉지 않는다. 즉 어린이가 앉을 수 있는 자리는 1, 4, 5, 8번 또는 2, 3, 6, 7번 자리다.

어린이가 누구인지, 어른이 누구인지 유념하며 정보를 정리해보자. C(어린이)는 1번 자리에 앉는다. F(어른)와 G(어른)는 창측에 앉는다. C가 1번에 앉으니 어른의 자리는 2, 3, 6, 7번이 되기 때문에 F와 G는 2번 또는 6번에 앉지만 누가 어디에 앉는지 확정할 수 없다. 그런데 A(어린이)의 자리 번호는 F보다 빠르다. F가 2번 자리에 앉으면 A는 1번 자리에 앉아야 하는데 이미 1번 자리는 C의 자리다. 따라서 F는 6번, G는 2번 자리에 앉는다.

	1열	2열	3열	4열
창측	2 G	4	6 F	8
내측	1 C	3	5	7

A(어린이)는 6번에 앉는 F보다 자리 번호가 빠르기에 4번 또는 5번에 앉는다. B(어린이)와 H(어른)는 같은 열에 앉는다. 창측에 앉는 어른이 2명이기에 H는 내측에 앉는다. 해당 정보를 토대로 이들의 자리를 배치해보자. 이후 아직 언급되지 않은 D(어린이), E(어른)의 자리도 채우자.

	1열	2열	3열	4열
창측	2 G	4 B	6 F	8 D
내측	1 C	3 H	5 A	7 E

Case 1. H가 3번, A가 5번

	1열	2열	3열	4열
창측	2 G	4 A	6 F	8 B
내측	1 C	3 E	5 D	7 H

Case 2. H가 7번, A가 4번

	1열	2열	3열	4열
창측	2 G	4 D	6 F	8 B
내측	1 C	3 E	5 A	7 H

Case 3. H가 7번, A가 5번

29 ②

〈보기〉를 보면 확정적인 정보가 없다. 문제의 상황과 〈보기〉를 만족하는 경우가 굉장히 많을 것으로 예상된다. 선택지가 '~라면'과 같이 가정으로 제시됐을 때 1) 문제의 상황과 〈보기〉를 만족하는 경우를 모두 찾은 후 선택지를 판별하는 방법 2) 선택지의 앞부분(전건)을 넣었을 때 뒷부분(후건)을 항상 만족하는지 판별하는 방법으로 풀 수 있는데 1)의 풀이 방법은 비효율적이라 판단된다.

문제의 상황과 〈보기〉의 내용을 정리만 해두고 문제를 풀어보자. Z그룹 진급자는 X그룹 진급자보다 많다. Z>X와 같이 부등호로 표현하지 말고 숫자를 대입하며 가능한 경우를 찾아보자. Z그룹의 진급자가 3명이고 X그룹의 진급자가 2명 또는 1명일 수 있다. 그런데 X그룹의 진급자가 2명이라면 Y그룹의 진급자가 0명인데 진급자가 없는 그룹은 없다는 제약사항을 벗어난다. 따라서 Z그룹 진급자가 3명이라면 X:Y:Z=1:1:3으로 진급자를 그룹별로 나눌 수 있다. 또한 Z그룹 진급자가 2명이면 X그룹 진급자는 1명이다. X:Y:Z=1:2:2이다. 두 큰 경우를 나눈 채 선택지를 판별해보자.

② D가 진급하지 않으면 C가 진급한다.
X:Y:Z=1:1:3의 경우를 먼저 살피자. E가 진급하는 경우와 F가 진급하는 경우로 나눌 수 있다. E가 진급한다면 H는 진급하지 않는다. 〈보기〉의 2번째 조건을 대우하여 알 수 있다. 이는 Z그룹 진급자가 3명이라는 첫 가정을 벗어난다. 따라서 F가 진급한다고 알 수 있다. 그러면서 Z그룹은 G, H, I 3명이 진급한다. I가 진급하니 C도 진급한다. 〈보기〉의 3번째 조건을 대우하여 알 수 있다. 이를 토대로 그룹별 진급자를 정리하면 다음과 같다.
X그룹: C
Y그룹: F
Z그룹: G, H, I

X:Y:Z=1:1:3인 경우에서 C가 진급한다고 하여 X:Y:Z=1:2:2인 경우에서 C가 진급한다는 보장이 없다. X:Y:Z=1:2:2인 경우도 확인해보자. D가 진급하지 않으니 E, F가 진급한다. E가 진급하기에 H는 진급하지 않고 G와 I가 진급한다. I가 진급하니 C도 진급한다. 〈보기〉의 대우와 관련한 설명은 X:Y:Z=1:1:3의 경우를 따지며 설명했기에 생략했다. 그룹별 진급자를 정리해보자.
X그룹: C
Y그룹: E, F
Z그룹: G, I

X:Y:Z=1:1:3, X:Y:Z=1:2:2 두 경우 모두 C가 진급한다. 항상 참이라고 알 수 있다.

[오답 체크]
앞부분을 대입했을 때 뒷부분이 만족하지 않는 반례를 찾아보자.

X:Y:Z=1:2:2
X그룹: C
Y그룹: E, F
Z그룹: G, I
①의 반례

X:Y:Z=1:2:2
X그룹: B
Y그룹: D, F
Z그룹: G, H
③의 반례

X:Y:Z=1:2:2
X그룹: C
Y그룹: D, F
Z그룹: H, I
④의 반례

X:Y:Z=1:1:3
X그룹: C
Y그룹: D
Z그룹: G, H, I
⑤의 반례

30 ⑤

G를 토요일에 고정한 후 목요일에 D 또는 C를 구매한다는 정보를 C/D로 기입하자. 이후 B를 구매한 다음 날 E를 구매한다는 정보를 토대로 경우를 나눠보자.

	월	화	수	목	금	토	일
Case 1	B	E		C/D		G	
Case 2		B	E	C/D		G	

F를 구매하고 이틀 뒤에 A를 구매한다. 이를 토대로 Case 1에서는 F를 수요일, A를 금요일에 구매하는 경우와 F를 금요일, A를 일요일에 구매하는 경우로 나눌 수 있다. 그런데 A를 구매한 다음 날 G를 구매하지 않는다는 조건이 있다. Case 1에서 F를 수요일, A를 금요일에 구매하는 경우는 조건을 만족하지 않는다. 따라서 Case 1, 2 모두 F를 금요일, A를 일요일에 구매한다고 알 수 있다.

	월	화	수	목	금	토	일
Case 1	B	E		C/D	F	G	A
Case 2		B	E	C/D	F	G	A

두 Case에서 남은 칸은 C 또는 D가 들어갈 칸이다. D/C로 기입해도 되고 위와 같이 빈 칸으로 두어도 무방하다. 개인 기호에 맡긴다.

31 ①

A와 E의 자리를 기준으로 경우를 나눠보자. A는 맨 앞의 자리와 맨 뒤의 자리에 앉지 않는다. 즉 두 번째 줄에만 앉는다고 알 수 있다. 이를 토대로 A, E의 자리를 정리하자.
D는 5번 자리에 앉고 F는 맨 뒤의 자리에 앉지 않는다. F가 맨 뒷자리에 오지 않는다는 정보를 미정인 칸을 두어 정리하자.

		E	
		A	
~F	D		

Case 1

	A	
D	E	~F

Case 2

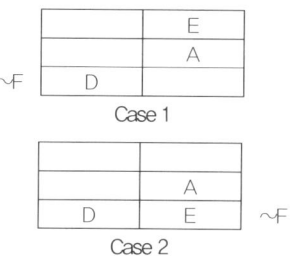

B는 C보다 앞쪽에 위치한 자리에 앉는다. Case 1에서는 C가 맨 뒷자리며 우측의 자리에 앉는다. C가 두 번째 줄에 앉는다면 F가 우측이며 맨 뒷자리에 앉아야하는데 이는 F가 맨 뒷자리에 앉지 않는다는 조건을 만족하지 않는다. B와 F의 자리는 확정할 수 없어 빗금으로 표현했다. Case 2에서는 B보다 C가 뒤에 앉아야하기 때문에 C는 두 번째 줄 좌측에 앉는다. B와 F는 맨 앞에 앉으며 서로 자리를 바꿀 수 있다.

B/F	E
F/B	A
D	C

Case 1

B/F	F/B
C	A
D	E

Case 2

32 ②

갑팀이 줄을 선 뒤 을팀이 줄을 선다는 제약을 고민해보자. 현재로서는 갑팀이 몇 명인지, 을팀이 몇 명인지 확정할 수 없다. 2번째에 F, 3번째에 A, 4번째에 을팀이 줄을 선다는 정보를 기입하자.
또한 소속팀이 갑팀과 을팀이라는 문장을 통해 갑팀의 인원이 1명 이상이라고 알 수 있다. 1번째로 줄을 서는 사람은 무조건 갑팀이다.

순서	1	2	3	4	5	6
사람		F	A			
소속	갑			을		

C와 D의 소속팀이 같다. 갑팀이 1번째인 경우, 1, 2번째인 경우, 1, 2, 3번째인 경우가 가능한데 이미 2, 3번째에 F와 A가 줄을 서기 때문에 세 가지 경우 모두 C, D는 갑팀일 수 없다. 따라서 C, D는 을팀이고 4, 5, 6번째 중 두 자리에 줄을 선다. B와 E의 소속팀은 다르다. 둘 중 1명은 갑팀으로 1번째로 줄을 설 것이고 나머지 1명은 을팀으로 4, 5, 6번째 중 한 자리에 줄을 선다. 하지만 B와 E 중 누가 갑팀인지는 확정할 수 없다. 따라서 반드시 을팀이라고 할 수 있는 인원은 C, D로 2명이다.

[오답 체크]
4번째로 줄을 서는 사람이 을팀이라고 하여 갑팀이 1, 2, 3번째로 줄을 선다고 확정할 수 없다.

33 ①

인원은 5명이고 강의를 듣는 사람의 수를 모두 더하면 6명이다. 5명 중 1명은 2개 강의를 듣고 나머지 4명은 1개 강의만 듣는다.
B는 화학 강의만 듣는다. B를 화학에 고정하자. A는 D가 듣는 강의를 모두 듣는다. D가 2개 강의를 듣게 되면 A도 2개 이상의 강의를 듣게 되는데 1명이 2개 강의를 듣게 된다는 정보를 만족하지 않는다. D는 1개 강의를 듣는다. 아직 A가 2개 강의를 듣는지는 예단할 수 없다. A와 D가 겹치게 듣는 강의가 물리인 경우와 화학인 경우로 나눠보자.

Case 1	Case 2
물리(2): A, D	물리(2):
화학(3): B	화학(3): B, A, D
생물(1):	생물(1):

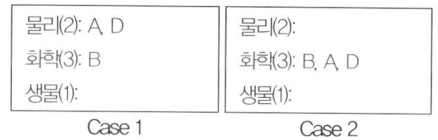

C가 듣는 강의와 E가 듣는 강의는 겹치지 않는다. Case 1에서 화학에 C와 E 중 1명, 생물에 나머지 1명을 배치하자. Case 2에서 물리에 C와 E 중 1명, 생물에 나머지 1명을 배치하자. C와 E가 듣는 과목을 바꿀 수 있으니 편의상 C/E 또는 E/C로 표기했다.

Case 1	Case 2
물리(2): A, D	물리(2): C/E
화학(3): B, C/E	화학(3): B, A, D
생물(1): E/C	생물(1): E/C

E가 2개 강의를 듣는 경우가 있을지 고민해보자. Case 1에서 E가 생물을 듣는 경우를 먼저 살펴보자. E가 2개 강의를

들으면 화학도 들어야 하는데 이미 C가 화학을 듣고 있기에 E는 화학을 들을 수 없다. E가 화학을 듣는 경우 2개 강의를 듣고 싶어도 남은 자리가 화학 한 자리 뿐이다. Case 2에서 E가 생물을 듣는 경우를 먼저 살펴보자. E가 2개 강의를 들으면 물리도 들어야 하는데 이미 C가 물리를 듣고 있기에 E는 물리를 들을 수 없다. E가 물리를 듣는 경우 E가 2개 강의를 들으려 해도 남은 한 자리는 물리다. E는 1개 강의를 듣는다. 이런 과정과 동일하게 C도 1개 강의를 듣는다고 알 수 있다.

A는 D가 듣는 강의를 모두 듣는다. A가 2개 강의를 듣는다고 알 수 있다. A가 2개 강의를 듣는다는 정보를 추가로 정리하면 다음과 같다.

Case 1	Case 2
물리(2): A, D 화학(3): B, C/E, A 생물(1): E/C	물리(2): C/E, A 화학(3): B, A, D 생물(1): E/C

34 ⑤

사람, 휴가지, 휴가를 가는 달로 변수의 종류가 3가지다. 이를 한 표에 정리해보자. 두 변수를 각 축으로 두고 남은 한 변수를 값으로 채워보자. 이때 축으로 두는 변수와 연관성이 있는 변수를 값으로 채우면 도식을 쉽게 그리고 쉽게 이해할 수 있다. 사람을 표 안에 값으로 넣어보자.

부산으로 휴가를 가는 사람 2명을 표기하고 C를 11월에 제주, 9월에 서울로 휴가를 가는 사람은 없다는 고정조건을 채워보자.

또한 미정인 칸을 두어 B가 부산으로 휴가를 가지 않는다는 정보도 기입하자.

	9월	10월	11월	미정
서울	╳			
부산(2)				~B
제주			C	

A와 D의 휴가지가 같다. A와 D가 서울로 휴가를 가는 경우, 부산으로 휴가를 가는 경우, 제주로 휴가를 가는 경우로 나눌 수 있다. 그런데 A와 D가 서울로 휴가를 가는 경우를 고려해보면 부산을 가는 2명은 B와 E가 된다. B가 부산으로 휴가를 가지 않는다는 조건을 만족하지 않는다. 마찬가지로 A와 D가 제주로 휴가를 가는 경우도 B와 E가 부산으로 휴가를 가게 되어 B가 부산으로 휴가를 가지 않는다는 조건을 만족하지 않는다. A와 D는 부산으로 휴가를 간다.

	9월	10월	11월	미정
서울	╳			
부산(2)				A, D
제주			C	

D와 E는 같은 달에 휴가를 간다. 같은 달에 최대 2명까지 휴가를 가기 때문에 D와 E가 9월에 휴가를 가는 경우와 10월에 휴가를 가는 경우로 나눌 수 있다. 이미 11월은 C가 휴가를 가는 달로 알고 있고 D와 E가 11월에 휴가를 가게 되면 11월에 휴가를 가는 최소 인원이 3명이 되어 같은 달에 최대 2명까지 휴가를 간다는 조건을 만족하지 않는다. 편의상 D와 E가 9월에 휴가를 가는 경우를 Case 1, 10월에 휴가를 가는 경우를 Case 2로 명명하였다. D는 표 안에 배치하고 E를 미정인 칸에 배치하자.

	9월	10월	11월	미정
서울	╳			
부산(2)	D			A
제주			C	
미정	E			

Case 1

	9월	10월	11월	미정
서울	╳			
부산(2)		D		A
제주			C	
미정		E		

Case 2

두 경우 모두 B와 D는 같은 곳으로 휴가를 갈 수 없다.

[오답 체크]

문제에서 항상 거짓인 것을 고르라고 했으니 선택지의 내용이 되는 경우를 하나라도 제시하며 반례를 찾아보자. 경우가 여럿으로 나뉘기 때문에 해설에서 제시한 반례가 본인이 찾은 반례와 다를 수 있다.

	9월	10월	11월
서울	╳	E	B
부산(2)	A	D	
제주			C

①, ④의 반례

	9월	10월	11월
서울	╳	B	
부산(2)	D		A
제주	E		C

②, ③의 반례

35 ②

5명이 리그전을 치르고 5명의 리그전 전적은 모두 다르다. 5명의 전적은 4승, 3승 1패, 2승 2패, 1승 3패, 4패다. 그러면서 우승자는 리그전, 토너먼트전 전적을 합쳐 5승 2패를 했다. 패에 주목해보면 리그전 전적이 2승 2패(3등)인 사람이 우승한다.

E는 리그전 1등이다. 우승자가 아니다. 마찬가지로 리그전에서 2등을 하는 A도 우승자가 아니다. B는 C와 경기를 2번 치른다. 리그전에서 1번 경기를 치르고 나머지 1번은 토너먼트에서 치르는데 둘 다 B가 이기기 때문에 C가 토너먼트전에서 탈락한다. 이에 따라 우승자는 B라고 알 수 있다. 이를 정리해보자. B, C가 토너먼트전에서 만나면 3등 vs 4등, 3등 vs 5등, 4등 vs 5등의 경기로 만난다.

Case 1. 3등 vs 4등으로 B와 C가 경기를 치르는 경우

3등이 우승자니 B가 3등, C가 4등으로 이해할 수 있고 B가 이긴다. 5등은 E가 될텐데 이어서 치르는 3등(B) vs 5등(D)의 경기에서도 B가 이긴다.

Case 2. 3등 vs 5등으로 B와 C가 경기를 치르는 경우

3등이 4등을 이긴 후 부전승으로 올라온 5등과 경기한다. 3등이 우승자이기 때문에 5등이 진다. 3등이 B이고 5등이 C라고 이해할 수 있다.

Case 3. 4등 vs 5등으로 B와 C가 경기를 치르는 경우

3등이 우승을 한다. 토너먼트 전에서 애당초 4등이 3등과의 경기에서 이길 수 없다. B와 C가 경기를 하지 않기에 조건을 만족하지 않는다.

36 ②

5명이 스위치를 누른 횟수는 다르고 가장 많이 누른 사람이 6번이다. 최소 1번, 최대 6번을 눌렀다고 알 수 있다. 또한 스위치를 5명이 모두 누른 결과 전구가 꺼졌다는 점에서 A, B, C, D, E가 전구를 누른 횟수를 모두 더하면 홀수가 나온다고 알 수 있다.

D는 스위치를 2번 누르고 E는 D가 스위치를 누른 횟수보다 적게 눌렀으니 1번 눌렀다. A는 B보다 스위치를 1번 더 눌렀다. 이에 따라 A가 4번 누른 경우, 5번 누른 경우, 6번 누른 경우로 나눌 수 있다.

	A	B	C	D	E
Case 1	4	3		2	1
Case 2	5	4		2	1
Case 3	6	5		2	1

B가 스위치를 홀수번 눌렀다면 C는 짝수번 눌렀다. 이에 따라 Case 1에서 C는 6번, Case 3에서 C는 4번 눌렀다고 알 수 있다. Case 2는 C가 3번 눌렀을 수도 있고 6번 눌렀을 수도 있다. 5명이 스위치를 누른 횟수를 더하며 계산해도 되지만 이해의 편의를 돕기 위해 경우를 나누고 누른 횟수를 더해보겠다.

	A	B	C	D	E	합계
Case 1	4	3	6	2	1	16
Case 2.1	5	4	3	2	1	15
Case 2.2	5	4	6	2	1	18
Case 3	6	5	4	2	1	18

Case 2.1만 5명이 누른 횟수를 더했을 때 홀수가 나온다. 즉 전구가 꺼진 상태다. 이때 C는 스위치를 3번 눌렀다.

빈출 유형 공략

01	02	03	04	05	06	07	08	09	10
②	⑤	④	①	②	①	②	③	③	①
11	12	13	14	15	16	17	18		
②	①	①	⑤	②	⑤	④	②		

01 ②
[가로규칙] 회전
시계방향(↷)으로 90도씩 회전

02 ⑤
[가로규칙] 내부의 원을 기준으로 안/밖의 규칙이 다름
안: 시계 방향(↷)으로 1칸씩 이동
밖: 반시계 방향(↶)으로 1칸씩 이동

03 ④
[가로규칙] 연산
첫 번째 도형과 두 번째 도형을 겹쳤을 때 같은 색이 만나면 백, 다른 색이 만나면 흑으로 세 번째 도형에 표현 (같흰다검)

04 ①
[가로규칙] 이동
우(→)로 1칸씩 이동

05 ②
[세로규칙] 2in1
좌(←)로 1칸 이동 후 2열에 위치한 도형의 색을 반전(흑↔백)

06 ①
[세로규칙] 회전
전체 그림을 시계 방향(↷)으로 90도씩 회전

07 ②
[세로규칙] 내부의 원을 기준으로 안/밖의 규칙이 다름
안: 반시계 방향(↶)으로 2칸씩 이동
밖: 시계 방향(↷)으로 1칸씩 이동

08 ③
[세로규칙] 이동
우(→)로 1칸씩 이동

09 ③
[세로규칙] 내부의 원을 기준으로 안/밖의 규칙이 다름
안: 반시계 방향(↶)으로 2칸씩 이동
밖: 반시계 방향(↶)으로 1칸씩 이동

10 ①
[세로규칙] 이동
우(→)로 1칸씩 이동

11 ②
[치트키]
가운데 칸이 모두 동그라미인 것을 보고 회전 규칙을 의심해 볼 수 있으나 명확하게 규칙의 방향 등을 알아보기 어렵다.

[일반 풀이]
세로 방향으로 규칙을 보인다. 시계 방향으로(↷) 90도 회전 후 1열의 색을 반전(흑↔백)한다.

12 ①
[가로규칙] 내부의 원을 기준으로 안/밖의 규칙이 다름
안: 시계 방향(↷)으로 3칸씩 이동
밖: 반시계 방향(↶)으로 2칸씩 이동

13 ①
[가로규칙] 연산
좌측 두 그림을 겹쳤을 때 내부도형이 같은 색으로 만나면 흑, 다른 색으로 만나면 백으로 맨 우측 그림에 표현

14 ⑤
[세로규칙] 순환
모양이 ○ → ✚ → □ → ○의 순서로 순환

15 ②
[가로규칙] 열별 이동
1, 3열: 위(↑)로 1칸 이동
2열: 아래(↓)로 1칸 이동

16 ⑤

[세로규칙] 회전하듯 이동

안: 시계방향(↷)으로 1칸씩 이동

밖: 반시계방향(↶)으로 1칸씩 이동

*참고

안: 삼각형 4개로 이뤄진 내부의 네모(⊠)를 안이라 지칭

밖: 삼각형 4개로 이뤄진 내부의 네모(⊠)를 제외한 부분을 밖이라 지칭

17 ④

[세로규칙] 회전하듯 이동

안: 시계방향(↷)으로 1칸씩 이동

밖: 반시계방향(↶)으로 2칸씩 이동

18 ②

[가로규칙] 연산

첫 번째 도형과 두 번째 도형을 겹쳤을 때 같은 색이 만나면 백색, 다른 색이 만나면 흑색으로 세 번째 도형에 표현 (같흰다검)

빈출 유형 공략

01	02	03	04	05	06	07	08	09	10
⑤	①	②	④	①	①	④	③	①	③
11	12	13	14	15	16	17	18	19	20
③	⑤	④	③	③	②	②	⑤	②	②

[01~04]

하나의 흐름을 적용한 [YG97 ⇨ ♡ ⇨ WE19]를 먼저 확인하자. Input과 Output의 문자들이 다른 것을 보며 ♡가 증감 규칙이라고 의심하며 찾아보자.
♡: −2 −2 +2 +2

이어서 ♡의 규칙을 적용하여 다른 규칙도 확인하자.
[UNAO ⇨ ♡ ⇨ ○ ⇨ SCQL]
[SLCQ ⇨ ○ ⇨ SCQL]
○: 1342

이번에는 ○의 규칙을 적용하여 다른 규칙도 알아보자.
[7V3N ⇨ ○ ⇨ △ ⇨ 65KZ]
[73NV ⇨ △ ⇨ 65KZ]
△: −1 +2 −3 +4

마지막으로 △의 규칙을 적용하며 남은 하나의 규칙도 찾아보자.
[WE19 ⇨ △ ⇨ ☆ ⇨ V8G3]
[VG83 ⇨ ☆ ⇨ V8G3]
☆: 1324

♡: −2 −2 +2 +2 ○: 1342 △: −1 +2 −3 +4 ☆: 1324

01 ⑤

[L57C ⇨ ♡ ⇨ ○ ⇨ ?]
[J39E ⇨ ○ ⇨ ?]
[J9E3]

02 ①

[9781 ⇨ △ ⇨ ☆ ⇨ ?]
[8955 ⇨ ☆ ⇨ ?]
[8595]

03 ②

[치트키]
△와 ♡모두 증감규칙이다. 두 규칙을 더한 후 한 번에 계산하자. 둘을 더하면 '△+♡: −3 0 −1 +6'이다. 이를 역순으로 적용하면 다음과 같다.
[? ⇨ △ ⇨ ♡ ⇨ PUME]
[SUNY]

[일반 풀이]
[? ⇨ △ ⇨ ♡ ⇨ PUME]
[? ⇨ △ ⇨ RWKC]
[SUNY]

04 ④

[? ⇨ ○ ⇨ ♡ ⇨ ☆ ⇨ 3TN7]
[? ⇨ ○ ⇨ ♡ ⇨ 3NT7]
[? ⇨ ○ ⇨ 5PR5]
[55PR]

[05~08]

하나의 규칙을 적용한 [H47F ⇨ △ ⇨ L19E]의 규칙을 먼저 확인해보자.
△: +4 −3 +2 −1

이어서 △의 규칙을 활용하여 다른 규칙도 찾아보자.
[INUM ⇨ △ ⇨ □ ⇨ WKML]
[OKWL ⇨ □ ⇨ WKML]
□: 3214

다음으로 □의 규칙을 적용하여 다른 규칙도 알아보자.
[RK61 ⇨ □ ⇨ ◇ ⇨ 4IP9]
[6KR1 ⇨ ◇ ⇨ 4IP9]
◇: −2 −2 −2 −2

마지막으로 ◇의 규칙을 적용하여 남은 하나의 규칙도 확인하자.
[L19E ⇨ ◇ ⇨ ○ ⇨ JC97]
[J97C ⇨ ○ ⇨ JC97]
○: 1423

△: +4 -3 +2 -1
□: 3214
◇: -2 -2 -2 -2
○: 1423

05 ①

[LR72 ⇨ △ ⇨ □ ⇨ ?]
[PO91 ⇨ □ ⇨ ?]
[9OP1]

06 ①

[UEIY ⇨ ◇ ⇨ ○ ⇨ ?]
[SCGW ⇨ ○ ⇨ ?]
[SWCG]

07 ④

[? ⇨ ○ ⇨ △ ⇨ 7945]
[? ⇨ ○ ⇨ 3226]
[3262]

08 ③

[? ⇨ ○ ⇨ ◇ ⇨ □ ⇨ F48X]
[? ⇨ ○ ⇨ ◇ ⇨ 84FX]
[? ⇨ ○ ⇨ 06HZ]
[0HZ6]

[09~12]

단일도식의 규칙을 먼저 찾아보자.
[C6T1 ⇨ ▶ ⇨ TC61]
▶: 3124

▶의 규칙을 적용하여 ◈의 규칙을 찾아보자.
[WETI ⇨ ▶ ⇨ ◈ ⇨ SWFK]
[TWEI ⇨ ◈ ⇨ SWFK]
◈: -1 0 +1 +2

◈의 규칙을 거꾸로(반대로) 적용하며 ▣의 규칙을 확인하자.
[OIRD ⇨ ▣ ⇨ ◈ ⇨ QDPK]
[OIRD ⇨ ▣ ⇨ RDOI]
▣: 3412

마무리로 ▣의 규칙을 적용하여 ●의 규칙을 찾자.
[C6T1 ⇨ ▣ ⇨ ● ⇨ U8E2]
[T1C6 ⇨ ● ⇨ U8E2]
●: +1 -3 +2 -4

09 ①

[? ⇨ ● ⇨ ▶ ⇨ RJST]
[? ⇨ ● ⇨ JSRT]
[IVPX]

10 ③

[ㅊㅅㅂㄷ ⇨ ▣ ⇨ ◈ ⇨ ?]
[ㅂㄷㅊㅅ ⇨ ◈ ⇨ ?]
[ㅁㄷㅋㅈ]

11 ③

[? ⇨ ◈ ⇨ ▶ ⇨ ▣ ⇨ 92NS]
[? ⇨ ◈ ⇨ ▶ ⇨ NS92]
[? ⇨ ◈ ⇨ S9N2]
[T9M0]

12 ⑤

[DSNK ⇨ ● ⇨ ▣ ⇨ ● ⇨ ?]
[EPPG ⇨ ▣ ⇨ ● ⇨ ?]
[PGEP ⇨ ● ⇨ ?]
[QDGL]

[13~16]

하나의 도식을 활용한 흐름을 먼저 확인하며 도식을 하나씩 찾아보자.
[CHUK ⇨ ◆ ⇨ AFSL]
◆: -2 -2 -2 +1

◆의 규칙을 적용하여 다른 규칙을 찾을 수 있는 다음의 흐름을 확인하자.
[RESL ⇨ ◆ ⇨ ○ ⇨ QPMC]
[PCQM ⇨ ○ ⇨ QPMC]
○: 3142

같은 맥락으로 ○의 규칙을 적용하며 나머지 도식의 규칙을 찾자.
[N3V9 ⇨ ○ ⇨ ☆ ⇨ WM75]
[VN93 ⇨ ☆ ⇨ WM75]
☆: +1 -1 -2 +2

사용하지 않은 마지막 흐름에 ☆의 규칙을 적용하여 전체 도식의 규칙 찾기를 마무리 하자.
[AFSL ⇨ ☆ ⇨ ♣ ⇨ ENBQ]
[BEQN ⇨ ♣ ⇨ ENBQ]
♣: 2413

13 ④

[QNCI ⇨ ○ ⇨ ◆ ⇨ ?]
[CQIN ⇨ ◆ ⇨ ?]
[AOGO]

14 ③

[? ⇨ ☆ ⇨ ○ ⇨ C92M]
[? ⇨ ☆ ⇨ 9MC2]
[8NE0]

15 ③

[P3T6 ⇨ ♣ ⇨ ○ ⇨ ◆ ⇨ ?]
[36PT ⇨ ○ ⇨ ◆ ⇨ ?]
[P3T6 ⇨ ◆ ⇨ ?]
[N1R7]

16 ②

[? ⇨ ♣ ⇨ ◆ ⇨ ○ ⇨ DJNH]
[? ⇨ ♣ ⇨ ◆ ⇨ JHDN]
[? ⇨ ♣ ⇨ LJFM]
[FLMJ]

[17~20]

단일 도식인 [9D5T ⇨ ♠ ⇨ 9T5D]의 흐름을 보자. Input, Output의 문자가 동일하다. 2번째와 4번째 문자의 순서를 바꾼다고 알 수 있다.

♠: 1432

이어서 ♠를 활용할 수 있는 [BWMJ ⇨ ♣ ⇨ ♠ ⇨ DHKY]를 확인하자. 2, 4번째 문자를 바꾸는 규칙은 거꾸로 적용해도 동일한 규칙이다. [BWMJ ⇨ ♣ ⇨ DYKH]의 결과를 도출하며 증감규칙인 ♣를 확인할 수 있다.

♣: +2 +2 −2 −2

[ASOI ⇨ ♣ ⇨ ● ⇨ ZXLH]의 흐름을 확인하자. ♣의 규칙을 적용하면 [CUMG ⇨ ● ⇨ ZXLH]를 도출할 수 있다. Input과 Output의 문자가 상이하기 때문에 ●를 증감규칙으로 풀어낼 수 있다.

●: −3 +3 −1 +1

마지막으로 [Q2C6 ⇨ ♥ ⇨ ● ⇨ 9T5D]의 흐름을 보자. ●를 거꾸로 적용해보자. 9T5D에 [+3 −3 +1 −1]를 적용하면 2Q6C이다. [Q2C6 ⇨ ♥ ⇨ 2Q6C]를 도출하며 ♥의 규칙을 확인하자.

♥: 2143

17 ②

[ㅈㅍㅊㅌ ⇨ ♣ ⇨ ● ⇨ ♥ ⇨ ?]
[ㅋㄱㅇㅊ ⇨ ● ⇨ ♥ ⇨ ?]
[ㅇㄹㅅㅋ ⇨ ♥ ⇨ ?]
[ㄹㅇㅋㅅ]

18 ⑤

[WOEX ⇨ ● ⇨ ♠ ⇨ ♣ ⇨ ?]
[TRDY ⇨ ♠ ⇨ ♣ ⇨ ?]
[TYDR ⇨ ♣ ⇨ ?]
[VABP]

19 ②

[? ⇨ ♠ ⇨ ● ⇨ ♥ ⇨ EFPM]
[? ⇨ ♠ ⇨ ● ⇨ FEMP]
[? ⇨ ♠ ⇨ IBNO]
[IONB]

20 ②

[? ⇨ ♠ ⇨ ♥ ⇨ ♣ ⇨ HOQU]
[? ⇨ ♠ ⇨ ♥ ⇨ FMSW]
[? ⇨ ♠ ⇨ MFWS]
[MSWF]

빈출 유형 공략

01	02	03	04	05	06
④	②	⑤	③	④	④

01 ④

글의 전체적인 내용은 새로운 세대들이 문화예술을 즐기는 방법과 그에 따른 새로운 문화예술 소비방식에 관한 것이다. 문단 시작 부분에는 접속사나 대명사가 없는 (A)가 위치하는 것이 가장 적절하다. (A)에서 밀레니얼 세대에 관해 언급했는데 (B)와 (D) 모두 문단 도입부에 밀레니얼 세대와 관련된 내용이 나온다. (D)는 밀레니얼 세대가 문화예술을 소비하는 방식을 설명하고 있고 (B)는 이러한 방식과 더불어 효율성과 편리함이라는 밀레니얼 세대의 특성을 설명한다. (B) 도입부에 있는 '또한'이라는 단어를 고려하였을 때 (D)가 먼저 위치한 후 (B)가 위치하는 것이 자연스럽다. 마지막으로 (C)에서 전체적인 내용을 정리하고 있다.

02 ②

(B)와 (D)는 문단 시작 부분에 접속사를 사용하고 있으므로 첫 문단으로 올 수 없다. 따라서 (A), (C) 중 무엇이 더 선행되는 개념이며 무엇이 더 거시적인 개념인지를 논리적으로 추론할 수 있어야 한다. (A)의 경우 헤드폰의 기원을 설명하고 있으며, (C)는 골전도 이어폰을 설명하고 있다. 헤드폰이 골전도 이어폰을 포괄할 수 있는 큰 개념이므로 (A)가 가장 먼저 와야 한다.
또한 (B)의 경우 헤드폰의 발전에 대해 설명한 후 가장 마지막에 골전도 이어폰에 대해 설명하고 있으므로 (C)에서 서술하는 골전도 이어폰의 특징보다 먼저 올 수 있는 문단이다.

(A): 헤드폰의 발명과 용어의 사용을 설명한다.
(B): 헤드폰이 발명된 후 헤드폰과 이어폰의 발전에 대해 설명한다.
(C): 골전도 이어폰의 특징에 대해 설명한다.
(D): 골전도 이어폰의 원리에 대해 설명하고 있으며 '특히' 접속사를 사용하여 내용을 덧붙이는 용도로 추가 설명을 하고 있다.

03 ⑤

야수파에 대해 설명한 후, 야수파의 대표작가인 앙리 마티스에 대해 설명하고 있다. 야수파와 앙리 마티스를 설명하기 위해서는 둘 중 더 큰 개념인 야수파가 선행되는 것이 논리적으로 적절하다. (A), (B)는 앙리 마티스에 대해 설명하고 있으며, (C), (D)는 야수파에 대해 서술하고 있으므로 (C), (D)가 먼저 서술되어야 한다. 그런데 (C)의 경우 '그들은'이라는 지시대명사가 문단의 첫 단어로 서술되고 있으므로 가장 처음에는 올 수 없다. 따라서 가장 처음 (D)가 온 후, (C)가 서술되어야 한다.

(A): 앙리 마티스의 초기 작품과 후기 작품을 비교해서 설명한다.
(B): 앙리 마티스에 대한 소개와 작품의 특징을 설명한다.
(C): 야수파에 대한 설명과 특징을 설명한다.
(D): 야수파에 대해 정의하며 대표 작가를 설명한다.

04 ③

공정 과정에 대한 글이므로 전체를 포함하는 내용인 (C)가 선행된 후에, 반도체가 제조되는 세부 과정을 (A), (D)에서 서술하고 있다. (B)에서는 패턴을 통한 제작 과정이 서술되고 있으므로 선행되는 내용으로는 패턴에 대한 내용이 있는 (D)가 나와야 한다.
(B)문단의 세 번째 문장의 시작인 '이와 같은 공정을 통해'는 지시대명사로써 선행되어 있는 모든 공정 과정을 포함할 수 있다. 따라서 마지막 순서로 (B)가 서술되어야 한다.

(A): 웨이퍼의 표면을 평평하고 균일하게 공정하는 과정을 서술한다.
(B): 테스트와 검사 절차를 거쳐 제조됨을 설명하며, 제조 공정 과정은 반도체 산업의 핵심 요소임을 설명한다.
(C): 반도체가 다양한 공정 과정을 거쳐 제조됨을 설명한다.
(D): 웨이퍼의 평평해진 표면에 패턴을 전달하는 세부 내용에 대해 설명한다.

05 ④

먼저 이 글의 핵심 주제는 DNA 메틸화에 대한 이야기라고 할 수 있다. 이 주제를 처음 언급하면서 시작하는 문단은 (C)이다.(DNA 메틸화'라는'이라는 표현에 주목해 보자.) 그리고 DNA 메틸화에 대해서 구체적으로 설명하고 있는 (D)가 이어지는 것이 적절하다. 계속해서 이에 대한 사례를 언급하고 있는 (A)가 위치하고, 이 사례와 DNA 메틸화를 연계해서 상술하고 있는 (B)가 이어지는 것이 적절하다.

06 ④

보기에 있는 문단 중 가장 큰 개념을 우선 첫 문단으로 놓고 논리적으로 순서를 배열해야 하는 문제이다. 특히 정의, 개념 등을 설명하는 문단이 첫 번째에 올 확률이 매우 높으며, 해당 지문에서도 두 번째 문단인 (B)에서 무선랜 기술의 정의를 서술하고 있으므로 가장 먼저 와야 하는 문단이다. 이후 (C)와 (D)는 문단 내에 연도가 정확하게 서술되어 있으므로 시간의 흐름에 따라 배열하되, 꼭 문단이 논리적으로 연결되는지 확인해야 한다. (D)와 같이 '~이후'라고 서술되어 있을 경우 첫 문단에 올 수 없으며 선행되는 문단이 있어야 한다.

(A): 무선랜의 장점을 단점과 비교하여 서술한다.
(B): 무선랜 기술의 용이성과 기술의 정의를 설명한다.
(C): 무선랜 기술에 가장 크게 영향을 준 기술과 처음 개발된 무선랜에 대해 설명한다.
(D): 무선랜 기술이 본격적으로 보급된 시기를 설명한다.

빈출 유형 공략

01	02	03	04	05	06	07	08	09	10
③	③	②	④	④	⑤	④	③	④	⑤
11	12	13	14	15	16	17	18	19	20
④	⑤	①	⑤	⑤	②	②	③	⑤	⑤
21									
①									

01 ③

앱플레이어는 모바일게임을 PC에서 실행하는 시뮬레이터로, 기존 모바일게임의 장점인 접근성과 이동성은 포기해야 한다. 따라서 주어진 글을 토대로 봤을 때 ③의 내용은 적절하지 않다.

[오답 체크]

① 모바일게임은 편리한 접근성과 이동하면서 게임을 즐길 수 있다는 장점을 내세우며 빠르게 주류 게임에 등극할 수 있었다.

② 앱플레이어란 윈도, 맥 등의 운영체제에서 모바일게임을 작동시켜 주는 시뮬레이터를 의미한다.

④ 모바일 1인칭슈팅게임(FPS)의 경우, 마우스를 활용하는 것이 터치방식보다 게임 진행에 훨씬 수월하다.

⑤ 앱플레이어의 장점으로는 PC의 멀티태스킹 기능을 활용해, 모바일게임을 구동하면서 동시에 다른 작업도 할 수 있다는 것이 있다.

02 ③

매화마름은 전통적인 경작법에 적응하여 진화하였는데 현대농법이 도입되면서 매화마름이 살 수 있는 침수환경이 없어져 생존이 어려워졌다.

[오답 체크]

①, ② 단양쑥부쟁이는 홍수 교란에는 강하지만 다른 식물과의 경쟁에 매우 약한데, 댐 건설로 홍수 교란이 감소되자 서식지에 다른 식물들이 자라면서 생존이 어려워졌다.

④ 매화마름은 벼 수확이 끝난 가을부터 모내기 전까지 물을 댄 논에서 생존할 수 있었다.

⑤ 현대농법으로 인해 추수가 끝난 논에 물을 대지 않게 되었고, 모내기용 묘가 공급되면서 모내기 시기가 빨라져 매화마름이 생육 가능한 기간이 줄어들었다.

03 ②

주어진 글에 의하면 먼 옛날 있었던 소행성 충돌로 인해 화성의 대기와 물 분자가 태양풍에 실려 우주로 날아갔을 것이다.

[오답 체크]

① 화성의 자기장은 과거에 비해 매우 약한 상태이다.

③ 과거의 화성에 물이 존재할 수 있었던 이유는 중력 때문이 아니라 두꺼운 대기층 때문이다.

④ 학자들은 화성의 차표층 아래 위치한 대수층에 액체 상태의 물이 있을 것으로 기대하고 있다.

⑤ 현재 화성에는 얼음 차표층뿐만 아니라 대수층에 존재하는 액체 상태의 물도 남아있을 것이다.

04 ④

남부 지역 이주민들은 기존의 사회 체계를 기반으로 자신들의 사회를 건설한 반면, 북부 지역 이주민들은 영국에는 없던 평등한 공동체 사회를 만들었다.

[오답 체크]

① 이주 목적에 있어서 남부 지역 이주민들은 경제적인 이유가 많았고, 북부 지역 이주민들은 종교적 신념과 새로운 사회에 대한 열망인 경우가 많았다.

② 북부 지역 이주민들은 엄격한 종교적 규율을 지키고 자치를 위한 사회 규약을 만들었다.

③ 남부 지역 이주민들은 교육을 제대로 받지 못한 하층민들이 많았다.

⑤ 북부 지역 이주민들의 종교적 교리는 모든 사람이 평등하다는 민주공화이론과 일치했다.

05 ④

끝에서 3번째 문장이 근거이다. 리더기 범위 안에 여러 개의 태그가 있는 경우 사용자에게 알림을 주거나 모든 태그를 한꺼번에 처리할 수 있다는 내용이 참일 때 모든 경우 리더기가 반응하지 않는다는 말은 반드시 거짓이다.

[오답 체크]

① RFID의 주파수 대역에 대해 지문은 언급하지 않는다. 따라서 지문이 참일 때 반드시 거짓이라 할 수 없다.

② 리더기와 태그를 짧게 연결하면 정보가 전달된다는 말이 반드시 거짓이라고 할 수 없다.

③ RFID의 기술이 어디에 사용되는지에 대해 지문은 언급하지 않는다. 따라서 지문이 참일 때 반드시 거짓이라 할 수 없다.

⑤ RFID 기술의 진화 가능성에 대해 지문은 언급하지 않는다. 따라서 지문이 참일 때 반드시 거짓이라 할 수 없다.

06 ⑤

스쿼시의 규칙은 1864년 처음으로 정립되었고, 테니스의 규칙은 1874년 처음으로 정립되었다. 또한 처음 규칙이 정립된 후 두 스포츠 모두 다양한 수정과 변경이 이루어졌다.

[오답 체크]

① 스쿼시와 테니스 모두 단식, 복식을 진행하는 스포츠이다.

② 스쿼스와 테니스는 모두 라켓 스포츠이지만, 스쿼시와 테니스의 라켓 규격에 대한 정보는 알 수 없다.

③ 스쿼시는 테니스보다 약 10년 전 규칙이 정립되었다. 하지만 주어진 글을 통해 테니스의 역사를 알 수 없으므로 19세기 초 영국에서 시작된 스쿼시와 역사를 비교할 수 없다.

④ 스쿼시는 공을 벽에 튀기고, 테니스는 공을 땅에 튀겨 진행한다.

07 ④

반도체 산업에서 기존 SoC는 서로 다른 반도체의 미세화 구현에 대한 한계와 공간 활용 등의 난제를 갖고 있으므로 향후 기판에 모두 통합되는 SoS 중심으로 성장할 것을 전망하고 있다.

[오답 체크]

① 'SoC(System on Chip)'에서 변형된 SoS는 여러 반도체 칩을 하나의 기판 위에 올리는 새로운 초미세화 공정을 통해 제작되었다.

② 여러 개의 반도체 칩을 하나의 기판 위에 올려 미세한 재배선 기술로 연결해 반도체 성능을 끌어올리는 기술 고도화로 제조 난이도 역시 높아질 것으로 보인다.

③ 반도체 패키지 기판은 반도체 칩을 보호하고 전기 및 신호 연결을 제공하는 역할을 하는 기판이므로 신호를 전달하고 충격으로부터 보호를 할 수도 있음을 알 수 있다.

⑤ 반도체 패키지 기판 제작은 제품의 신뢰성, 전기적 특성, 열 관리, 크기 등을 결정하는 데 영향을 미치므로 중요하다고 할 수 있다.

08 ③

인간이 생산해내는 이산화탄소가 화산, 낙엽 등이 만들어내는 이산화탄소의 양보다 적다는 것을 근거로 온난화의 주범이 이산화탄소가 아니라고 주장한다. ③은 인간이 생산해내는 이산화탄소는 새로 유입된 이산화탄소이므로 지구온난화의 원인이라는 주장으로, 지문을 반박하고 있다.

[오답 체크]

① 지문은 동물의 이산화탄소 배출에 대해 언급하지 않는다.

② 지문은 식물이 대기 중의 이산화탄소를 흡수하고 있다고 언급하지 않는다.

④ 지문에서 측정 기록은 이산화탄소의 양이 지구 온도 상승을 리드하는 것과 반대의 결과가 나왔다고 했다. 이는 지구의 온도 상승으로 인해 이산화탄소가 많아지는 결과를 얘기하고 지문의 논지를 강화한다.

⑤ 지구 온난화의 원인이 화산과 낙엽이라고 언급하지 않았다.

09 ④

이 글은 전자 네트워크를 통한 온라인에서의 만남이 오프라인 만남에 필적하는 효과를 가지기 힘들다고 주장하고 있으므로 글의 주장을 반박하지 않는 것은 ④이다.

[오답 체크]

①, ③, ⑤ 온라인 상의 활동이 시민적 참여에 긍정적 효과를 가진다는 주장이다.

② 본문에서 텔레비전 시청 시간이 늘어날수록 시민적 참여에 부정적인 영향을 미친다는 주장을 반박한다.

10 ⑤

먼저 필자의 주장을 정리하는 것이 중요하다. 필자는 HBM뿐만 아니라 GDDR에 대한 R&D 투자 비용을 증액할 것을 요구하고 있다. 이를 비판하려면 GDDR 연구비 증액이 불필요하다거나 혹은 연구비 증액이 불가능하다는 주장이 제기되어야 한다. ⑤은 두 가지 연구를 모두 진행하는 것이 현실적으로 어렵다는 주장이므로 필자의 주장을 비판 가능하다.

[오답 체크]

① GDDR에 대한 투자도 이루어져야 한다는 필자의 주장과 양립 가능하므로 비판의 진술로 적절하지 않다.

② GDDR 연구의 필요성을 주장한 필자의 주장과 맥을 같이 하는 진술이다.

③ GDDR 연구비 증액을 요구하고 있는 필자의 주장과 양립 가능한 진술이다.

④ 필자는 HBM 연구하는 투자 규모 수준으로 GDDR 연구비를 증액할 것을 요구하고 있다. 이에 부합하는 설명이므로 역시 비판하는 진술이라 볼 수 없다.

11 ④

유전자 복제 반대론자들은 유전자 복제가 인위적이고 자연에서는 발생하지 않는다는 이유로 윤리적으로 정당하지 못하다고 주장하고 있다. 하지만 의사의 수술은 오롯이 인간의 기술에 기반하고 있는 인위적인 행위이고, 자연스럽게 벌어지는 일은 아니지만 윤리적으로 정당하다. 따라서 이러한 주장은 반대론자들의 주장을 반박할 수 있게 된다.

[오답 체크]

① 유전자 복제 반대론자들의 주장이나 그들이 언급한 근거와는 관계가 없는 내용이므로 반대론자들을 반박하는 진술이라 볼 수 없다.

② 유전자 복제 반대론자들은 유전자 복제가 윤리적으로 정당하지 않기 때문에 법적으로 금지되어야 한다고 주장하였다. 본 선택지는 이러한 내용에 부합하므로 반박하는 진술이라 판단할 수 없다.

③ 반대론자들은 자연의 규칙을 위반하는 것은 윤리적으로 옳지 못하다고 보았다. 하지만 인간의 규칙을 위반하는 행위가 어떤 평가를 받는지는 이러한 전제에 영향을 주지 못한다.

⑤ 몇몇 국가에서 이미 유전자 복제를 통제하고 있다는 것은 반대론자들의 입장을 강화시켜주는 사례로 활용될 수 있다. 따라서 반대론자들의 주장을 비판하는 진술이라 판단할 수 없다.

12 ⑤

현대 사회는 과시를 하기 위해 소비를 하고, 소비를 위해 더 열심히 일을 하게 된다고 주장한다. ⑤는 지문의 주장과 같은 의견이다.

[오답 체크]

①, ② 소비는 자신을 드러내고 과시하는 행위라는 내용을 반박한다.

③ 욕망을 채우기 위해 일을 하고 원하는 물건을 얻는 일이 삶의 목표라는 내용을 반박한다.

④ 끝없이 소비하는 삶을 살게 되었다는 내용을 반박한다.

13 ①

①은 이전의 기대와 일치하지 않는 정보를 더 잘 기억한다고 주장하며 고정관념과 일치하는 정보를 더 쉽게 기억한다는 실험결과를 반박하고 있다.

[오답 체크]

② 고정관념을 갖는 이유에 대해서는 지문에서 언급하지 않았다.

③ 실험참가자들은 직업적 고정관념과 일치하는 정보를 쉽게 기억한다고 지문에서 언급한다.

④ 고정관념이 유지되는 이유에 대해 지문에서는 언급하지 않았다.

⑤ 지문에서는 고정관념이 미래에 대한 우리의 기대에 영향을 준다고 언급한다.

14 ⑤

의복이나 다른 수단을 활용할 수 있을 때 털이 없어지는 진화가 가능하다고 주장한다. 따라서 ⑤에서 털이 먼저 없어지고 이후에 의복이 등장했다는 주장은 가설 B를 반박한 것이다.

[오답 체크]

① 인간의 잔털에 대한 내용은 지문에서 언급되지 않는다.

② 가설 B의 입장에 해당한다.

③ 인간의 수상생활에 대한 내용은 지문에서 언급되지 않는다.

④ 지문에서는 털이 없어진 이유에 대한 다양한 시나리오를 언급하지 않는다.

15 ⑤

다음 글을 통해서 비판할 수 있는 주장을 찾아야 하므로 먼저 이 글의 내용부터 정리해야 한다. 본문을 보면 네덜란드 남성의 평균 신장은 지난 200년간 드라마틱한 변화를 보였다. 하지만 네덜란드 국민의 유전자에 큰 변화가 있었던 것은 아니다. 즉 유전자에 큰 변화가 없는데도 신장이 크게 변한 것이다. 따라서 이를 통해 비판할 수 있는 주장으로 가장 적절한 것은 ⑤가 된다. ①, ②, ③, ④는 모두 본문의 내용과 양립가능하거나 일치하는 내용을 담고 있다. 따라서 답이 될 수 없다.

16 ②

세 번째 문단에서 "젊은 사람들은 가족과 새로운 친구 모두를 선호했지만, 나이 든 노인일수록 가족을 선호했다."라고 하였다. 즉 젊은 사람들은 가족보다 새로운 친구를 만나는 것을 선호하는 것이 아니라 동등한 수준으로 선호한 것이라는 점을 알 수 있다.

[오답 체크]

① 첫 번째 문단에서 "일반적으로 사람들이 맺은 사회관계의 수는 나이가 들수록 감소한다."라고 하였다.

③ 두 번째 문단에서 "카스텐센은 나이가 들수록 사회관계망이 축소되는 것은 주로 변변찮은 관계들을 쳐내고 가까운 친구와 식구라는 핵심이 되는 관계에 집중하기 때

문이라고 생각했다."라고 하였다. 이를 통해서 추론할 수 있는 내용이다.

④ 두 번째 문단에서 "현실적·정서적 이득을 최대화하고, 반대로 현실적·정서적 위험을 최소화하기 위한 전략적인 선택의 산물"이라고 하였는데, 이 부분을 통해서 추론할 수 있는 내용이다.

⑤ 첫 번째 문단에서 "대부분의 사람들은 나이가 들수록 점점 사회관계망이 작아지는 것을 삶의 질이 떨어지고 있음을 보여주는 대표적인 사례라고 생각해 왔다."라고 하였는데, 이 부분을 통해서 추론할 수 있는 내용이다.

17 ②

ㄱ 카스텐센은 모든 노인들의 사회적 관계가 축소된다고 주장한 것이 아니라, 노인들의 사회적 관계 축소는 그들의 전략적인 선택이라고 주장하였다. 따라서 본 문항이 참이라고 하더라도 카스텐센의 주장이 반박된다고 볼 수 없다.

ㄴ 카스텐센은 노인들이 사회적 관계를 축소시키는 이유는 현실적 이득을 최대화하기 위함이라고 주장했다. 따라서 경제적인 이유로 가족과의 관계를 중시한다는 것은 카스텐센의 주장과 양립가능하며, 그의 주장을 반박하지 못한다.

ㄷ 카스텐센은 노인들의 사회적 관계망 축소가 전략적 선택이라고 주장하였다. 하지만 관계망 축소가 신체적 노화로 인한 결과라는 것은 카스텐센의 주장을 반박할 수 있다.

18 ③

ㄴ 디지털 노마드들은 고정된 사무실에 국한되어 업무를 하지 않으며 일과 여가를 유연하게 조절할 수 있는 일정을 선호한다.

ㄷ 디지털 노마드는 전 세계에 존재하는 네트워크를 통해 업무와 관련이 없는 정보도 활발하게 공유하고 있다.

[오답 체크]

ㄱ 디지털 노마드들은 작업을 함에 있어 디지털 기술들을 활용하기는 하지만, 이에 관련하여 기술을 개발한다거나 운용하는 업무에 주로 종사하고 있다는 점은 추론할 수 없다.

ㄹ 디지털 노마드가 지속적인 이동이나 여행을 선호한다는 사실은 알 수 있지만 이들이 주로 이러한 특성과 관계된 직업을 선택하고 있다는 사실은 본문을 통해 확인할 수 없다.(본문에서는 이들이 선호하는 업무의 특성을 이야기하고 있는 것이 아니라 이와는 독립적으로 잦은 이동과 유연한 일정을 선호한다는 점을 설명하고 있다)

19 ⑤

헝거마케팅은 기존의 대형 매체는 아니지만 소셜 미디어와 같은 매체를 주된 홍보 수단으로 활용하고 있다. 따라서 본 설명은 옳지 않다.

[오답 체크]

① 헝거 마케팅은 주로 예산의 규모가 작은 스타트업 기업이나 중소기업에서 선택하는 홍보 전략이다.

② 헝거 마케팅에서는 기업과 소비자가 직접 소통하며 의견을 교류할 수 있는 장을 만들기도 한다.

③ 인플루언서를 초대하여 제품을 소개하고 홍보하는 장을 만드는 것도 헝거 마케팅의 전략 중 하나다.

④ 때로는 논쟁적인 컨텐츠를 제작하여 소비자들의 흥미를 유발하는 것도 헝거 마케팅의 전략 중 하나다.(일명 노이즈 마케팅)

20 ⑤

지문 1문단 2번째 문장에서 "난소암의 약 90%를 차지하는 상피성 난소암은 대부분 3기 이상의 진행 및 난소 외부로 암이 전이된 상태에서 발견되기 때문에 5년 생존율이 40%가 채 되지 않는다."라고 언급했다. 조기에 발견된 난소암은 해당하지 않는다.

[오답 체크]

① 지문 2문단 6번째 문장에서 "셋째, 배란 횟수가 적을수록, 출산 횟수가 많을수록 난소암에 걸릴 위험은 낮아진다."라고 언급했다. 출산 횟수가 한 번이면 출산을 전혀 하지 않은 여성에 비해 난소암 발병률이 줄어든다는 것을 알 수 있다.

② 지문 2문단 6번째 문장에서 "셋째, 배란 횟수가 적을수록, 출산 횟수가 많을수록 난소암에 걸릴 위험은 낮아진다."라고 언급했다. 배란 억제 기능이 있다는 것은 배란 횟수를 줄여주는 기능을 할 것이므로, 모유 수유는 난소암의 위험을 감소시키게 된다.

③ 먹는 피임약의 배란 억제 효과에 대해서는 주어진 글에서 언급되지 않아 진위 여부를 알 수 없다.

④ 가족력은 난소암의 발병 자체와 밀접한 연관이 있는 것이며, 5년 생존율은 난소암이 어느 정도 진행된 상태에서 발견하느냐가 영향을 미치는 것이므로, 가족력 유무가 3기가 진행된 난소암의 5년 생존율에 어떤 영향을 주는지를 알 수는 없다.

21 ①

2번째 문단의 첫 문장이 근거이다. HER2에 이상 있는 사람에게 EGFR 저해제를 투여하면 효과는 매우 제한적이므로 치료 효과를 크게 볼 수 없다. 따라서 지문의 내용이 참이라면 ①은 반드시 거짓이다.

[오답 체크]

② '스위치'가 항상 켜져있는 상태에서 종양의 크기가 커지는지에 대해 지문은 언급하지 않는다. 따라서 지문이 참일 때 반드시 거짓이라 할 수 없다.

③ 2번째 문단 2번째 문장이 근거이다. 환자의 이상 유전자를 진단하고 원인을 파악하여 표적 치료제를 사용한다고 했으므로 참이다.

④ 2번째 문단의 뒤에서 1번째, 2번째 문장이 근거이다. 원인 유전 변이를 저해하는 표적치료제를 통해 유전자 이상을 바로잡으면 치료 효과를 볼 수 있다고 언급한다.

⑤ EGFR이 어떤 암에서 발견되는지에 대해 지문은 언급하지 않는다. 따라서 지문이 참일 때 반드시 거짓이라 할 수 없다.

수리

01	02	03	04	05	06	07	08	09	10
④	①	③	④	③	⑤	②	①	⑤	⑤
11	12	13	14	15	16	17	18	19	20
②	④	①	②	③	④	②	①	⑤	③

01 ④

[치트키] 배수판정법

올해 폴더블은 작년 대비 20% 증가하였으므로, 올해 폴더블 = 작년 폴더블 × $\frac{6}{5}$이다. 따라서, 올해 폴더블은 6의 배수이다. 6의 배수 판정은, 주어진 수를 2로 나눈 뒤 3의 배수(각 자릿수의 합이 3의 배수)인지를 확인하면 효과적이다. 이를 만족하는 보기는 ④ 1,680대(2로 나누면 840, 8 + 4 + 0 = 12이고 12는 3의 배수)가 유일하다.

[정석 풀이] 연립방정식

문제에서 주어진 판매량과 보기의 판매량 모두 일의 자리가 0이므로 문제 풀이 시 모든 수량을 10으로 나눈 상태로 계산해도 된다.

Bar type을 B, Foldable type을 F라 하면,

작년: B + F = 220 …ⓐ

올해: 1.5B + 1.2F = 288 …ⓑ

F를 구해야하므로 B를 삭제하기 위해 ⓑ − 1.5ⓐ하면,

$$\begin{array}{rl} & 1.5B + 1.2F = 288 \\ - & 1.5B + 1.5F = 330 \\ \hline & -0.3F = -42 \end{array}$$

으로 F = 420 ÷ 3 = 140이다. 이는 작년 폴더블 수량이므로 올해 폴더블은 140 × 1.2 = 168이다. 따라서, 정답은 ④ 1,680대.

[정석 풀이] 연립방정식_변화량

작년: B + F = 220 …ⓐ

변화: 0.5B + 0.2F = 68 …ⓒ

F를 구해야하므로 B를 삭제하기 위해 ⓐ − 2ⓑ하면,

$$\begin{array}{rl} & B + F = 220 \\ - & B + 0.4F = 136 \\ \hline & 0.6F = 84 \end{array}$$

으로 F = 840 ÷ 6 = 140이다. 작년 폴더블 수량이 140이므로 올해 폴더블은 140 × 1.2 = 168으로 정답은 ④ 1,680대이다.

02 ①

1) 10개 중 3개를 뽑는다. = $_{10}C_3 = \frac{(10 \times 9 \times 8)}{(3 \times 2 \times 1)} = 120$

2) 3개를 뽑는데, 모두 불량이다. = $_3C_3 = 1$

따라서, 10개 중 3개를 뽑는데 3개 모두가 불량일 확률은

$$\frac{_3C_3}{_{10}C_3} = \frac{1}{120}$$

03 ③

옳은 것 'Y' 찾아야 한다.

① 2020년 4,000명에서 25% 증가하였으므로 $\frac{1}{4}$인 1,000을 더하면 5,000명이다. N

② $\frac{2}{3}$은 66.7%이다. 전기/전자와 화학/재료 계열의 2020년 비중 합계는 67.5(= 37.5 + 30.0)으로 $\frac{2}{3}$ 이상이지만 2025년은 62.0(= 32.0 + 30.0)으로 $\frac{2}{3}$ 미만이다. N

③ 2020년 전체 채용인원 4,000명, 2025년은 25% 증가된 5,000명이다. 2020년 인문/상경 계열 인원은 4,000 × 7.5% = 300명, 2025년 인문/상경 계열 인원은 5,000 × 8.0% = 400명이므로 정확히 100명 증가하였다. Y (정답)

④ 2020년과 2025년 화학/재료의 비중은 30%로 같지만, 전체 인원이 다르기 때문에 신입사원수는 동일하지 않다. N

⑤ 기타 계열의 비중 수치는 2.5→4.0으로 60% 증가했지

만, 보기에서는 '신입사원 수'의 증가율을 물었다. 따라서, 신입사원 수는 2020년 100명(= 4,000 × 2.5%)에서 2025년 200명(= 5,000 × 4.0%)로 100% 증가하였으므로 60%가 아니다. 비중이 60% 증가된 상황에서 신입사원수가 증가했다는 정보를 알고있기 때문에 굳이 신입사원 수를 구하지 않아도 60%가 아니라는 것는 쉽게 판단할 수 있다. N

04 ④

ㄱ(거짓) 1월 3,800 → 6월 5,100의 증가율이 35% 이상인지 확인하자. 수식으로 표현하면 [$\frac{51}{38}$ vs $\frac{135}{100}$]으로 표현할 수 있다. 각 수치를 계산해서 비교해도 되지만, 분모를 비슷하게 만드는 시도를 해보자. $\frac{135}{100}$의 분자와 분모를 각각 3으로 나누면 [$\frac{51}{38}$ vs $\frac{45}{33}$] ≒ [$\frac{51}{38}$ vs $\frac{45+7}{33+5}$] = [$\frac{51}{38}$ 〈 $\frac{52}{38}$]로 증가율은 35%보다 낮다는 것을 알 수 있다.

ㄴ(참) 생산량의 증가량을 먼저 검토하자. 1월을 기준으로 생산량은 2월부터 전월 대비 [+0, +500, +800, −400, +600]이다. 3월과 4월의 전월 대비 증가율만 비교해도 되는 상황이다. 3월의 증가율 vs 4월의 증가율 = [$\frac{40}{35}$ vs $\frac{48}{40}$] = [$\frac{8}{7}$ 〈 $\frac{6}{5}$]이므로 4월 생산량의 전월 대비 증가율이 가장 높다고 판단할 수 있다.

ㄷ(참) 5월 가동률의 전월대비 변화량 〈 88%(12% 감소) 인지를 묻는 내용이다. 수식으로는 [$\frac{917}{1,067}$ vs $\frac{880}{1,000}$]로 표현할 수 있다. 분모를 1,067과 유사하게 만들기 위해 $\frac{880}{1,000}$의 분모에 67을 더하면, 분자에는 약 60 정도를 더하면 되겠다.

즉, [$\frac{917}{1,067}$ vs $\frac{880}{1,000}$] ≒ [$\frac{917}{1,067}$ 〈 $\frac{880+60}{1,067}$]임을 알 수 있다. 5월 가동률의 전월대비 변화량이 88%보다 적기 때문에 감소량은 12% 이상임을 알 수 있다.

또는, 106.7에서 12%를 감소시켜 91.7과 비교해도 된다. 106.7을 107이라하면, 12%(= 10%는 10.7 + 2%는 약 2)는 약 12.7이다. 이를 106.7에서 빼면 94이다. 5월 가동률은 12%를 감소시킨 값 94보다 낮은 91.7이므로 감소률은 12%보다 크다는 것을 알 수 있다.

05 ③

[정석 풀이]

[6개월 총 생산량 ÷ 6개월 총 생산능력]으로 계산하자. 총 생산능력은 264(= 38 + 40 + 42 + 45 + 48 + 51)이며, 총 생산량은 252(= 35 + 35 + 40 + 48 + 44 + 50)이다. 따라서, 상반기 설비가동률은 252 ÷ 264 ≒ 95.5%이다.

[치트키]

[6개월 평균 생산량 ÷ 6개월 평균 생산능력]으로 계산하자. 평균 생산능력은 4,000을 기준으로 1월부터 [−200, 0, + 200, + 500, + 800, + 1,100]의 편차를 갖으며, 편차의 합계가 2,400이므로 평균 생산능력은 4,000 + (2,400 ÷ 6) = 4,400이다.

평균 생산량은 4,000을 기준으로 1월부터 [−500, −500, 0, + 800, + 400, + 1,000]으로 편차의 합이 1,200이다. 따라서, 6개월 평균 생산량은 4,000 + (1,200 ÷ 6) = 4,200이다. 즉, 상반기 설비가동률은 42 ÷ 44 ≒ 95.5%이다.

06 ⑤

틀린 것 'N' 찾아야 한다.

① 7개 항목 중 쇼핑/외식, 등산, 독서 3개 항목이 2015년 대비 2023년에 감소하였다. Y

② 2015년과 2023년의 응답자 수가 5천 명으로 같으므로 인원수의 증가율은 응답 비중 수치의 증가율과 같다. 미용은 2015년 42.1 → 48.3으로 증가했다. 2015년 42.1의 12%인 5.05를 더하면 47.15로 2023년 48.3보다 적다. 따라서, 증가율은 12% 이상이다. 또는, [$\frac{483}{421}$ vs $\frac{112}{100}$] = [$\frac{483}{421}$ 〉 $\frac{448}{400}$]으로 비교하는 것도 좋은 방법이다. Y

③ 2015년 게임 25.7에서 50%를 증가시켜 2023년 38.0과 비교하자. 25.7의 절반인 12.85를 더하면 38.55이다. 이는 2023년 38.0보다 높으므로 실제 증가율은 50% 미만임을 알 수 있다. Y

④ 독서 경험자 비중은 2015년 24.0%, 2023년 17.7%로 가장 낮은 수치를 기록했다. Y

⑤ 2015년 음주 응답율은 44.8%로 절반인 50% 미만이다. N(정답)

07 ②

옳은 것 'Y' 찾아야 한다.

① 2020년을 기준으로 2021년부터 수치가 지속 증가했던 과수는 없다. N

② 33%는 약 $\frac{1}{3}$이므로 2020년 논벼수확농가 37,485가 전체의 $\frac{1}{3}$ 이상인지 확인하자. 2020년 전체 농가의 합계를 구하고, 논벼수확농가의 비중을 산출하는 것은 비효율적인 방법이다. 논벼수확농가 37,485의 2배인 약 75,000가 나머지 농가의 합계보다 많다면 33% 이상, 적다면 33% 이하라고 판단하는 것이 효과적이다. 보리부터 참깨까지 대략적으로 합산하더라도 70,000 미만이다. 따라서, 논벼수확농가 수의 2배는 나머지 농가 합계보다 많으며, 이는 33% 이상임을 의미한다. Y(정답)

③ 마늘은 2021년 6,560 → 2022년 8,280으로 증가하였다. 25%는 $\frac{1}{4}$이므로 6,560의 $\frac{1}{4}$인 1,640을 더하여 25%를 증가시켜보자. 25% 증가시킨 값은 8,200(= 6,560 + 1,640)으로 실제 2022년 마늘 8,120보다 크다. 즉, 실제 증가율은 25%보다 적다는 것을 알 수 있다. N

④ 양파는 2022년 2,857 → 2023년 3,171로 증가하였다. 증가율이 12% 이상인지 확인하기 위해 [$\frac{317}{286}$ vs $\frac{112}{100}$]을 비교하면 [$\frac{317}{286} < \frac{336}{300}$]이므로 증가율은 12% 미만임을 알 수 있다.

⑤ 보리의 전년 대비 변화는 [− + + −]이며, 참깨는 [− + + +]로 서로 다르다. N

08 ①

임원이 비중이 가장 낮았던 해는 〈표 2〉를 통해 알 수 있다. 임원의 수는 2021년부터 137 → 145 → 152로 지속 증가하였으나, 전체 임직원 수는 2021년부터 65,749 → 64,810 → 58,703으로 지속 감소하였다. 따라서, 별도의 비중을 계산하지 않고 2023년에 임원이 비중이 가장 높았음을 알 수 있다. 2023년 전체 인원은 58,703명이고, 같은 해 품질/환경안전 임직원은 7,642명이다. 주어진 보기는 앞에서 두자리 숫자까지만 제대로 계산해도 답을 찾을 수 있는 상황이므로 실제 연산에서는 앞에서 3자리씩만 살려 어림산하자. 즉, $\frac{7,642}{58,703}$을 계산하는 것이 아니고 $\frac{764}{587}$만 계산해도 된다. 이를 계산하면 1.30이 나오기 때문에 앞에서부터 숫자 정렬 형태가 같은 ① 13.0%를 정답으로 선택한다.

09 ⑤

옳은 것 'Y' 찾아야 한다.

① 20~30대 가구주의 경우 '음주경험 없음'이 48.3%로 '음주경험 있음' 51.7%보다 낮았다. N

② 가구원수가 증가할수록 와인 및 과일주의 음주 경험은 1인 36.3% → 2~3인 39.4% → 4인 이상 43.8%로 증가하였다. (음주경험 없음과 있음의 항목을 헷갈리지 않도록 주의하자.) N

③ %p는 백분위 비중의 수치 차이를 표현하는 단위이다. 남성의 '없음' 비중은 59.5%이며, '있음' 비중은 40.5%로 비중 차이는 19%p이다. N

④ 연령대가 증가할수록 와인 및 과일주의 음주 경험은 20~30대 51.7% → 40~50대 42.4% → 60대 이상 29.0%로 감소하였다. (음주경험 없음과 있음의 항목을 헷갈리지 않도록 주의하자.) N

⑤ 3명 중 1명은 33.3% 이상이며, 〈전체〉 응답 결과에서 '음주경험 있음'의 비중이 39.7%이다. Y(정답)

10 ⑤

틀린 것 'N' 찾아야 한다.

① 교육이수자 1인당 교육시간은 [$\frac{시간}{이수자}$]이다. 분자가 가장 크거나 분모가 가장 적은 교육을 우선적으로 검토하자. 성희롱예방 vs 개인정보보호 = [$\frac{225}{9} > \frac{80}{4}$]로 성희롱예방의 1인당 교육시간이 더 길다. Y

② 2022년부터 개인정보보호 교육 이수자가 '40, 50, 45명'으로 같은 해 다른 교육보다 이수자 수가 적었다. Y

③ 장애인 인식개선의 교육 이수자 1인당 교육시간은 2022년부터 $\frac{72}{6} = \frac{78}{6.5} = \frac{60}{5} = 12$로 매년 모두 동일했다. Y

④ 퇴직연금 교육의 이수자 1인당 교육시간은 [2023년 vs 2024년] = [$\frac{56}{70} < \frac{75}{75}$]으로 증가했다. Y

⑤ 산업안전 교육의 이수자 1인당 교육시간은 [2023년 vs 2024년] = [$\frac{209}{95}$ vs $\frac{150}{75}$]에서 2024년의 분모 75에 20을 더하면 분자 150에는 2배인 40을 더하면 된다. 즉, [$\frac{209}{95} > \frac{190}{95}$]로 감소했음을 알 수 있다. N(정답)

11 ②

틀린 것 'N' 찾아야 한다.

① 연구개발비와 연구원 모두 '17년을 기준으로 '18년부터 전년 대비 [＋＋－＋＋＋]의 유사한 증감 트렌드를 보였다. Y

② 1인당 연구개발비는 [$\frac{\text{연구개발비}}{\text{연구원}}$]이다. 3천만 원은 30백만 원이므로 매년 연구원(분자)에 30을 곱한 값이 연구개발비(분모)보다 낮아야 한다. 충분히 암산이 가능한 연산이며, 연구개발비가 낮은 연도를 중심으로 검토하면 '21년 연구원 180에 30을 곱했을 때 5,400으로 '21년 실제 연구개발비 5,200보다 높다는 것을 알아챌 수 있다. 즉, [$\frac{\text{연구개발비}}{\text{연구원}}$]이 30 이하인 해가 존재한다. N(정답)

③ '19년과 '20년 [$\frac{\text{연구개발비}}{\text{연구원}}$]는 [$\frac{95}{24}$ vs $\frac{50}{15}$]이다. [$\frac{95}{24}$ 〉 $\frac{100}{30}$]으로 '20년 1인당 연구개발비는 전년 대비 감소하였다. Y

④ 연구원수는 '21년 180 → '22년 200으로 20만큼 증가하였다. 20은 180의 10%보다 크다. Y

⑤ '23년 1인당 연구개발비는 $\frac{900}{25}$ 이다. 어떠한 수를 5로 나누는 연산은 0.2로 곱하는 연산과 같다. 따라서, 900 × 0.04 = 36으로 35백만 원 이상임을 바로 알 수 있다. Y

12 ④

'24년 연구개발비 = '23년 9,000백만 원 × 1.1 = 9,900백만 원

'24년 연구원 = '23년 250명 × 1.2 = 250 + 50 = 300명

따라서, '24년 1인당 연구개발비는 9,900 ÷ 300 = 33백만 원 = 3,300만 원이다. 정답은 ④번.

13 ①

옳은 것 'Y' 찾아야 한다.

① 6가지 종류의 온실가스 중 CO_2가 차지하는 비중이 가장 높다. 따라서, 우선 CO_2의 연간 감소량을 대략적으로 계산한 뒤 나머지 온실가스에서 감소분 이상으로 증가했는지를 확인하는 것이 좋겠다. CO_2 외 온실가스는 증가하더라도 10~20 수준으로 증가했기 때문에 전체 배출량에 큰 영향을 끼치지 않는다. 즉, 전체 온실가스 배출량은 지속 감소하였다. Y(정답)

② 2022년 PFC-14인 126의 8%는 약 10.1이다. 이를 더하면 136.1로 2023년 135보다 크다. 즉, 실제 증가율은 8% 미만임을 알 수 있다. N

③ SF_6는 2021년 49 → 2022년 30으로 감소하였다. 40% 이상 감소했는지 확인하기 위해 [$\frac{30}{49}$ vs $\frac{60}{100}$]을 비교하면, [$\frac{60}{98}$ 〉 $\frac{60}{100}$]으로 실제 수치가 60%보다 크다는 것을 알 수 있다. 즉, 감소율은 40% 미만이다. 또는, 49에서 49의 40%인 19.6을 감소시키면 29.4인데, 이는 2022년 30보다 적은 값이다. 즉, 실제 감소량은 40% 미만임을 알 수 있다. N

④ PFC 중 PFC-14가 차지하는 비중이 95%인지 확인하기 위해 나머지 항목인 PFC-318의 비중이 매년 5% 이하였는지를 검토하자. 매년 PFC-318의 수치에 20을 곱한 값이 PFC 소계보다 크다면 5% 미만, 적다면 5% 이상이라고 판단할 수 있다. 2022년 7에 20을 곱한 140이 PFC 소계 133보다 높기 때문에 차지하는 비중이 5% 미만임을 알 수 있다. 2023년 역시 동일한 원리로 PFC-318이 차지하는 비중은 5% 미만이다. N

⑤ NF_3는 2021년 61 → 2022년 75로 증가하였다. 61에 61의 25%인 15.3을 더하면 76.3으로 2022년 75보다 높은 값이 된다. 즉, 실제 증가율은 25% 미만임을 알 수 있다. N

14 ②

2024년 하반기에는 ㄱ, ㄴ, ㄷ의 분석 내용이 주어지고 '옳은' 것을 고르라는 문제가 아닌 '옳지 않은' 것을 고르라는 문제가 출제되었다. 이 부분에 주의하지 않으면 신나게 문제 잘 풀고 오답을 선택할 수 있으니 주의하자.

ㄱ(참) 상위 5개 업체를 제외한 기타 업체들의 매 분기 점유율이 $\frac{1}{3}$ 인 33%를 넘기지 못했다. 따라서, 상위 5개 업체의 점유율은 2023년 전체 판매량의 $\frac{2}{3}$ 이상이었다.

ㄴ(거짓) 4분기의 경우 A사 16%, B사 23%로 1~3분기와 판매량 순위가 바뀌었다.

ㄷ(참) A사의 수치는 1분기부터 22 → 21 → 20 → 16으로 지속 감소하였다.

옳지 않은 보기를 모두 고르라고 했기 때문에 정답은 ② ㄴ이다.

15 ③

1) 〈표 1〉에서 체중 60kg 성인이 30분 운동 시 수영으로 소모하는 칼로리는 350kcal이므로 1시간 동안 소모하는 필요 열량은 2배인 700kcal이다.
2) 〈표 2〉에서 닭고기 100g 섭취 시 확보되는 열량은 175kcal이다. 700kcal를 확보하기 위해서는 700 ÷ 175 = 4이므로 100g씩 4번 먹어야 한다.

따라서, 섭취해야하는 닭고기의 용량은 ③번 400g이다.

16 ④

옳은 것 'Y' 찾아야 한다.

① 퇴근의 경우 행 합계(가로 방향으로 더하기)를 활용해야 한다. 전체 200명 중 지하철로 퇴근하는 직원은 60명으로 30%이므로 $\frac{1}{3}$인 33% 이하이다. N

② 버스로 출근(세로 방향으로 더하기)하는 직원은 106명, 퇴근(가로 방향으로 더하기)하는 직원은 120명으로 버스로 퇴근하는 직원수가 더 많다. N

③ 지하철로 출근(세로)하고, 택시로 퇴근(가로)하는 직원은 4명이다. N

④ 버스로 출근하는 직원은 총 106명이며, 이 중 지하철로 퇴근하는 직원은 12명이다. [$\frac{12}{106}$ 〉 $\frac{10}{100}$]이므로 106명 중 12명은 10% 이상임을 알 수 있다. Y(정답)

⑤ 전체 직원은 200명이며, 출퇴근 모두 버스를 활용하는 직원은 90명으로 50% 이하이다. N

17 ②

틀린 것 'N' 찾아야 한다.

① 2020년과 2022년 모두 '연극'의 평균공연횟수 수치가 타 장르보다 더 높았다. Y

② 공연건수 증가율 vs 공연횟수 증가율은 [$\frac{1,941}{645}$ vs $\frac{2,690}{847}$]이나 [$\frac{194}{645}$ vs $\frac{269}{847}$]로 비교하는 것보다 좋은 방법이 있다. 평균공연횟수를 활용하는 것이다. 평균공연횟수는 [$\frac{공연횟수}{공연건수}$]이다. 평균공연횟수는 2020년 1.3회에서 2022년 1.4회로 증가했기 때문에 [$\frac{공연횟수}{공연건수}$]에서 분자(공연횟수)의 증가율이 분모(공연건수)의 증가율보다 높다는 것을 바로 알 수 있다. N(정답)

③ 2020년 연극 2,424에 4를 곱하면 정확한 수치를 산출하지 않더라도 합계 9,089보다 높다는 것은 알 수 있다. 즉, 25% 이상이다. 2022년 역시 연극 6,708에 4를 곱하면 합계 24,381보다 높으므로 차지하는 비중은 25% 이상이다. Y

④ 무용의 평균공연횟수는 2.0에서 1.9로 감소했다. 즉, [$\frac{공연횟수}{공연건수}$]가 감소했다는 뜻이므로 분자(공연횟수)의 증가율보다 분모(공연건수)의 증가율이 더 높았을 것이다. Y

⑤ 200% 이상 증가는 기존 대비 3배 이상이 되었다는 뜻이다. 2020년 양악 공연횟수 5,430에 3을 곱하면 16,290으로 2022년 양악 공연횟수 16,496보다 적다. 따라서, 증가율은 200% 이상임을 알 수 있다. Y

18 ①

xy 좌표계에서 (x_1, y_1), (x_2, y_2)처럼 두 개 이상의 좌표가 주어졌을 때 y = ax + b의 형태로 a(기울기)와 b(y 절편)을 구할 수 있는 일차방정식 문제이다. 2024년 상반기까지는 주로 x^2 형태의 이차방정식이 주어졌으나, 2024년 하반기에는 2개 좌표의 정보를 통해 기울기와 y 절편을 구하는 형태의 문제들이 출제되었다. 일차 연립방정식 유형이나 이차방정식 유형에서 수식에 활용된 상수를 구하라는 문제는 정석 풀이방법 보다는 〈대입법〉을 암산으로 수행하는 것이 효과적이다. GSAT에서 출제되는 수준은 모두 암산이 가능한 수준이다.

[정석 풀이] 연립방정식

(x, y)를 (손님, 접시)라 하면,

(15, 72): $72 = \frac{15}{A} + 20 - B$...㉠

(30, 132): $132 = \frac{30}{A} + 20 - B$...㉡

2㉠ – ㉡하면,

$$\begin{array}{rl} & 144 = 30/A + 40 - 2B \\ - & 132 = 30/A + 20 - B \\ \hline & 12 = \qquad 20 - B \end{array}$$

이므로 B = 8이다. ㉠이나 ㉡에 이를 적용하면 A = 0.25임을 알 수 있다. 따라서, 정답은 ①번.

[치트키] 대입법

(15, 72): $72 = \frac{15}{A} + 20 - B$ ...㉠

$(30, 132): 132 = \frac{30}{A} + 20 - B$ ...ⓒ

㉠이나 ⓒ에 주어진 보기 중 연산 쉬워보이는 숫자를 먼저 대입해보자.

⑤번 A = 0.5, B = 10이 쉬워보인다. ㉠에 대입하면 $\frac{15}{0.5} + 50 - 10 = 70$으로 틀렸음을 알 수 있다.
나머지 보기 역시 적용하면 정답을 찾을 수 있다.
물론, 대입법은 암산으로 수행되는 것이 좋다. 그렇지 않다면 운이 없는 경우 연립방정식 풀이보다 시간이 더 오래 걸릴 수 있기 때문이다.

19 ⑤

[정석 풀이]

B가 차지하는 비중을 구하기 위해 매월 $\frac{B}{A+B}$를 계산하고, 해당 수치를 만족하는 그래프를 찾는다. 정답은 ⑤번 그래프.

구분	1월	2월	3월	4월	5월	6월
A	2,600	3,000	3,800	4,000	4,500	3,800
B	650	550	760	600	500	1,200
A+B	3,250	3,550	4,560	4,600	5,000	5,000
B/(A+B)	20.0%	15.5%	16.7%	13.0%	10.0%	24.0%

[치트키] 트렌드 파악

$\frac{B}{A+B}$의 트렌드를 파악하자. 정확한 수치를 계산하고자 하는 상황이 아니다. 따라서, $\frac{B}{A+B}$를 계산한 값과 $\frac{B}{A}$를 계산한 값이 동일한 증감 트렌드를 갖는 원리를 알고 있다면 $\frac{B}{A}$의 트렌드만 검토해도 된다.

1월의 $\frac{B}{A}$ 수치를 기준으로 2월부터 전월대비 분모 A는 [+ + + + −], 분자 B는 [− + − − +]의 트렌드를 보인다. 따라서, $\frac{B}{A}$는 1월을 기준으로 2월부터 전월대비 [− ? − − +]의 증감 트렌드를 보일 것이다. 이를 만족하는 그래프는 ⑤번이 유일하므로 정답으로 선택한다.

20 ③

20번 수열 문제의 경우 가장 먼저 수행할 것은 '보기를 확인'하는 것이다. 주어진 보기가 [수치나 숫자]로 주어진 경우 더 빠르게 풀이할 수 있는 방법이 존재할 수 있지만 [시점]으로 주어진 경우 누가 풀어도 비슷한 시간이 걸릴 가능성이 높기 때문이다.
따라서, 이번 문제의 경우 가장 먼저 풀이하기보다는 나중에 풀 문제로 미루어두고 시간이 얼마 남지 않은 시점에서 푸는 것이 효과적이다.

[정석 풀이]
전시장 A는 매년 350이 증가하는 등차수열이다.
전시장 B는 매년 550이 증가하는 등차수열이다.
이를 활용하여 2025년부터 전시장 A와 B의 수치를 매년 산출하고, 두 방문객을 더하는 방법을 통해 2032년 전시장 A는 10,400명, B는 10,100으로 20,500을 기록하며 처음으로 2만 명 이상을 기록하는 것을 알 수 있다.

	A		B		A+B
'20	6,200	–	3,500	–	9,700
'21	6,550	350	4,050	550	10,600
'22	6,900	350	4,600	550	11,500
'23	7,250	350	5,150	550	12,400
'24	7,600	350	5,700	550	13,300
'25	7,950	350	6,250	550	14,200
'26	8,300	350	6,800	550	15,100
'27	8,650	350	7,350	550	16,000
'28	9,000	350	7,900	550	16,900
'29	9,350	350	8,450	550	17,800
'30	9,700	350	9,000	550	18,700
'31	10,050	350	9,550	550	19,600
'32	10,400	350	10,100	550	20,500
'33	10,750	350	10,650	550	21,400

추리

01	02	03	04	05	06	07	08	09	10
②	②	①	②	⑤	①	⑤	③	⑤	⑤
11	12	13	14	15	16	17	18	19	20
①	②	④	④	③	④	②	①	③	③
21	22	23	24	25	26	27	28	29	30
③	④	②	③	⑤	⑤	②	③	⑤	③

[01~03]

01~03은 다음의 유형을 따른다.

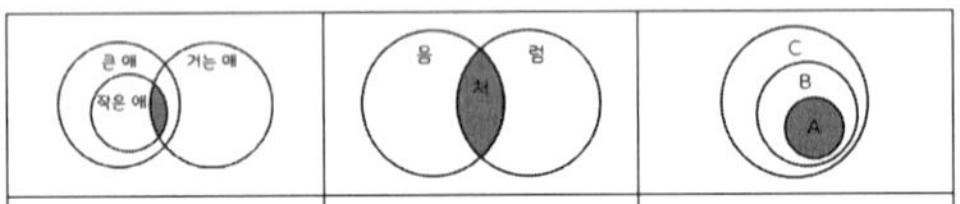

유형1. 어모어	유형2. 모모어	유형3. 모모모

01 ②

주어진 두 전제가 '모든'이고 '신입사원인 직원'을 매개념으로 두 전제를 이을 수 있다. 유형3. 모모모이다. 전제2, 전제1 순으로 이어주면 [기본교육을 듣는 직원 → 신입사원인 직원 → 코딩교육을 듣는 직원]이다. 이를 통해 도출할 수 있는 결론이 [기본교육을 듣는 직원 → 코딩교육을 듣는 직원]이라고 알 수 있다.

02 ②

[치트키]

전제의 '어떤'을 보고 유형1. 어모어로 접근하자. 전제의 모든을 토대로 앞에 있는 '반도체'가 작은 애, 뒤에 있는 '텀블러'가 큰 애라고 알 수 있다. 자연스럽게 '사원증'은 거는 애다.

작: 반도체
큰: 텀블러
거: 사원증

결론에서 큰 애와 거는 애가 어떤으로 만난다. 즉 '텀블러/어떤/사원증' 또는 '사원증/어떤/텀블러'가 정답이다.

03 ①

[치트키]

전제의 '어떤'을 보고 유형1. 어모어로 접근하자. 전제의 어떤과 결론의 어떤에 중복하여 사용한 개념인 '댄스'가 거는 애다. 이후 전제의 어떤에서 거는 애를 제외한 '베이킹'이 작은 애, 결론의 어떤에서 거는 애를 제외한 '신입'이 큰 애라고 알 수 있다.

작: 베이킹
큰: 신입
거: 댄스

전제2는 '모든'의 자리이며 [작은 애 → 큰 애]이다. 즉 [베이킹 → 신입]이 정답이다.

[일반 풀이]

전제1에서 베이킹 동아리에 참여한 사람과 댄스 동아리에 참여한 사람이 교집합을 이룬다. 베이킹 동아리에 참여한 사람을 부분집합으로 삼는 개념이 있다면 이 개념은 댄스 동아리에 참여한 사람과도 교집합을 이룬다. 즉 신입사원인 사람이 베이킹 동아리에 참여한 사람을 부분집합으로 삼는다면 결론인 댄스 동아리에 참여한 사람과 신입사원인 사람이 교집합을 이룬다는 것을 보장한다.

04 ②

전체의 인원이 6명이고 쿠키는 E만 먹기에 쿠키를 먹는 사람이 1명, 타르트를 먹는 사람이 2명이다. 자연스럽게 마카롱을 먹는 사람은 3명이다.

쿠키에 E, 타르트에 A를 배치하자. C와 D는 같은 디저트를 먹는다. 타르트를 먹는 사람은 2명이지만 이미 1명은 A이다. C와 D는 타르트를 먹지 않고 마카롱을 먹는다.

> 타르트(2): A
> 마카롱(3): C, D
> 쿠키(1): E

아직 배치하지 않은 사람은 B와 F이다. B가 타르트를 먹고 F가 마카롱을 먹는 경우와 B가 마카롱을 먹고 F가 타르트를 먹는 2가지 경우로 나뉜다.

05 ⑤

E는 먹지 않고 F를 먹는다. 이후 활용할 조건이 없다. 일반적으로 '~라면'으로 주어진 조건에서 앞부분 즉 조건부를 토대로 경우를 나누는 건 좋은 선택이 아니지만 이 상황에서는 조건부를 토대로 경우를 나누는 것이 유리하겠다. B를 먹는 경우와 B를 먹지 않는 경우로 나눠보자.

Case	A	B	C	D	E	F
1		O			X	O
2		X			X	O

B를 먹으면 A와 C를 먹지 않는다. Case 1에서는 B, D, F를 먹는다. Case 2에서는 B, E를 먹지 않는다. B, E에 추가로 A를 먹지 않는 경우, C를 먹지 않는 경우, D를 먹지 않는 경우로 나뉜다.

Case	A	B	C	D	E	F
1	X	O	X	O	X	O
2.1	X	X	O	O	X	O
2.2	O	X	X	O	X	O
2.3	O	X	O	X	X	O

06 ①

각 책상이 높이를 하나씩 가져간다. 그러면서 〈보기〉를 보면 책상이 가져갈 수 있는 높이의 범위를 한정한 조건이 있다. 가지치기 방식으로 접근해보자.

C를 5단계에 고정하자. 이후 가져갈 수 있는 높이의 범위가 좁은 A, D 순으로 경우를 나눠보자.

C	A	D
5	2	3
		1
	1	3
		2

B의 높이는 D보다 낮다. 이를 반영하면 다음과 같다. B의 열에 X를 표기한 경우는 소거하는 대상이다.

C	A	D	B
5	2	3	1
		1	X
	1	3	2
		2	X

소거대상을 깔끔하게 정리하면 다음과 같다.

C	A	D	B
5	2	3	1
	1	3	2

*참고

가지치기를 해설에서 편집 프로그램의 한계로 표로 나타내지만 '5 – 2'처럼 선으로 나타내는 것이 더 편하다.

[다른 풀이]

기준을 단계로 잡고 책상을 배치해보자. C를 5단계에 배치한 후 A의 높이가 2단계인 경우와 1단계인 경우로 나눠보자.

Case	5	4	3	2	1
1	C			A	
2	C				A

D의 높이는 3단계 이하이다. 이를 Case 1, 2에 적용하면 다음과 같다.

Case	5	4	3	2	1
1.1	C		D	A	
1.2	C			A	D
2.1	C		D		A
2.2	C			D	A

B의 높이는 D보다 낮다. Case 1.2와 2.2는 해당 조건을 만족하지 않는다. 소거하자. Case 1.1, 2.1에 B를 배치하면 다음과 같다.

Case	5	4	3	2	1
1.1	C		D	A	B
2.1	C		D	B	A

07 ⑤

B를 1열 가운데에 고정하자. 이후 E와 A가 같은 열이며 인접하게 앉는다는 조건을 고려하면 E와 A는 2열에 앉는다고 알 수 있다. 이를 토대로 경우를 나눈 후 A와 D를 인접하게 앉히면 다음과 같다.

1열	2열
D	A
B	E

Case 1

1열	2열
B	E
D	A

Case 2

1열	2열
	E
B	A
	D

Case 3

1열	2열
	D
B	A
	E

Case 4

C와 F는 인접하게 앉지 않는다. C와 F가 인접하게 앉을 수밖에 없는 Case 1, 2를 소거하자. 이후 Case 3, 4에 C와 F를 앉히면 다음과 같다. C와 F는 자리를 바꿀 수 있기에 편의상 C/F 또는 F/C로 적었다.

1열	2열
C/F	E
B	A
F/C	D

Case 3

1열	2열
C/F	D
B	A
F/C	E

Case 4

08 ③

사람을 기준으로 하나씩 값을 취하고 선택하는 범위를 좁혀주는 〈보기〉의 조건을 제시했다. 심지어 경우의 수를 따지는 선지까지 있다. 가지치기 방식으로 접근하기 좋은 문제다. 라에 D를 고정한 후 다가 A를 선택하는 경우와 B를 선택하는 경우로 나누자.

라	다
D	A
	B

나는 B 혹은 C를 선택한다. 이를 토대로 경우를 나눈 후 여기에서 가가 C 혹은 E를 선택한다는 조건을 토대로 경우를 더 나눠보자.

라	다	나	가
D	A	B	C
			E
		C	E
	B	C	E

[오답 체크]
가끔 풀이에서 기준을 가, 나, 다, 라로 잡지 않고 A, B, C, D, E로 잡고 푸는 경우가 있는데 〈보기〉의 조건에서 주어가 사람이기에 기준을 사람으로 잡고 풀어야 효율적이다. A, B, C, D, E를 기준으로 잡게 되면 'A를 선택할 수 있는 사람이 누구지?'와 같이 〈보기〉의 조건을 토대로 복잡하게 사고해야 한다.

***참고**
가지치기를 해설에서 편집 프로그램의 한계로 표로 나타내지만 'D - A'처럼 선으로 나타내는 것이 더 편하다.

09 ⑤

인당 1개 이상의 과목을 들으며 영어 3명, 일본어 2명, 중국어 1명이다. 사람이 5명인 점을 고려할 때 5명 중 1명은 2개 과목을 듣고 나머지 4명은 1개 과목을 듣는다.
A와 E가 듣는 과목은 모두 같다. 2개 과목을 듣는 사람이 1명이기에 A와 E 둘 다 1개 과목만 듣는다. D는 영어만 듣고 일본어와 중국어는 듣지 않는다. 2개 과목을 들을 가능성이 있는 사람은 B, C이다.
D를 영어에 고정한 뒤 A와 E가 영어를 듣는 경우와 일본어를 듣는 경우로 나눠보자.

Case 1	Case 2
영(3): D, A, E 일(2): 중(1):	영(3): D 일(2): A, E 중(1):

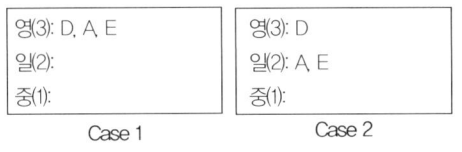

C는 중국어를 듣지 않는다. Case 1에서 C는 일본어를 듣고 Case 2에서 C는 영어를 듣는다.

Case 1	Case 2
영(3): D, A, E 일(2): C 중(1):	영(3): D, C 일(2): A, E 중(1):

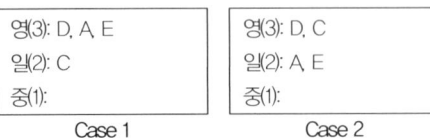

Case 1, 2 모두 C는 1개 과목을 듣는다. 2개 과목을 듣는 사람은 B이다. B를 배치하면 다음과 같다.

Case 1	Case 2
영(3): D, A, E 일(2): C, B 중(1): B	영(3): D, C, B 일(2): A, E 중(1): B

10 ⑤

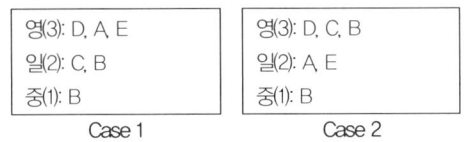

한 축에는 휴대전화의 색, 다른 한 축에는 국가의 값을 놓고 표 안을 사람으로 채워보자. E를 다 국가이며 실버에 고정하자. D는 나 국가로 출장을 가지만 휴대전화의 색상은 모른다. 미정인 칸을 두어 표만 보아도 정보를 쉽게 획득할 수 있도록 만들자.

	가	나	다
실버			E
민트			
미정		D	

C는 B와 같은 국가로 출장을 간다. 출장을 가는 국가와 휴대전화 색상의 조합이 같은 사람은 없다. 이에 따라 C와 B는 가 국가로 출장을 간다.
출장을 가는 국가와 휴대전화 색상의 조합이 같은 사람은 없다. 휴대전화 색상을 기준으로 한 색상을 사용하는 사람의 최댓값은 3이다. 민트색의 휴대전화를 사용하며 가 국가로 출장을 가는 사람, 나 국가로 출장을 가는 사람, 다 국가로 출장을 가는 사람으로 3명까지 가능하기 때문이다. A와 B는 같은 색상의 휴대전화를 사용한다. C와 D는 서로 다른 색상의 휴대전화를 사용한다. C와 D 중 누군지는 모르겠지만 둘 중 1명은 A, B와 같은 색상의 휴대전화를 사용한다. 이를 토대로 E는 A, B와 다른 색상의 휴대전화를 사용한다고 알 수 있다. 즉 A와 B는 민트색 휴대전화를 사용한다. 이 과정이 어렵다면 C가 가 국가이며 실버인 경우와 C가 가 국가이며 민트인 경우로 나누어 풀이해도 무방하다.

	가	나	다	미정
실버	C		E	
민트	B			A
미정		D		

D와 C는 서로 다른 색상의 휴대전화를 사용한다. D는 나 국가로 출장을 가며 민트색의 휴대전화를 사용한다. 자연스럽게 A는 다 국가로 출장을 가며 민트색의 휴대전화를 사용한다고 알 수 있다.

	가	나	다
실버	C		E
민트	B	D	A

11 ①

[치트키]

B는 D가 진실을 말한다고 한다. B와 D의 진술은 동일관계다. D는 E가 1차로 입사했다고 한다. D의 말이 진실이면 E는 1차로 입사했고 1차로 입사했기에 진실을 말한다. D의 말이 거짓이면 E는 1차로 입사하지 않았다. 즉 E는 2차로 입사했다. E가 2차로 입사했기에 E는 거짓을 말한다. D와 E의 진술을 동일관계처럼 쓸 수 있다.

B, D, E는 모두 다 진실을 말하거나 모두 다 거짓을 말한다. 5명 중 2명이 거짓을 말하기에 B, D, E는 진실을 말한다. A와 C가 거짓을 말한다. 즉 A, C는 2차로 입사한 2명이다.

[일반 풀이]

진술관계를 활용하기 어렵다면 표를 그려 접근하자. 5명 중 2명이 2차로 입사한 경우는 10가지이지만 선택지에서 5가지로 좁혀서 제시했으니 선택지의 5가지 경우로만 표를 그려보자.

진술 / 2차	A	B	C	D	E	거짓말 인원
① A, C	F	T	F	T	T	2
② A, D	T	T	F	T	T	1
③ B, C	F	T	F	T	T	2
④ B, E	T	F	T	F	F	3
⑤ D, E	T	F	T	F	F	3

A, C가 2차로 합격한 경우와 B, C가 2차로 합격한 경우는 거짓말을 하는 사람이 2명이다. 그런데 B와 C가 2차로 합격한 경우 거짓을 말하는 2명은 A와 C이다. 2차로 합격한 2명이 거짓을 말한다는 조건을 만족하지 않는다. A와 C가 2차로 합격한 경우는 거짓을 말하는 2명도 A와 C이다.

12 ②

기준을 5자리 숫자로 잡자. 4번째 숫자는 6이다. 이를 고정하자. 2번째 숫자와 3번째 숫자의 합은 6보다 크다. 그리고 2번째 숫자에 1을 더하면 3번째 숫자이다. 두 조건을 만족하는 2, 3번째 숫자는 (3, 4), (4, 5)이다. 이를 반영하자.

Case	1번째	2번째	3번째	4번째	5번째
1		3	4	6	
2		4	5	6	

1번째 숫자와 2번째 숫자 중 하나는 1이다. 2번째 숫자는 3이거나 4이다. 1번째 숫자는 1이다.

Case	1번째	2번째	3번째	4번째	5번째
1	1	3	4	6	
2	1	4	5	6	

Case 1에서 사용하지 않은 두 숫자는 5번째 숫자가 될 수 있는 숫자다. Case 2에서도 사용하지 않은 두 숫자는 5번째 숫자가 될 수 있는 숫자다. 문제에서 묻는 것은 반드시 사용하는 숫자이기에 5번째 숫자가 무엇인지를 토대로 경우를 나눌 필요가 없다. 반드시 사용하는 숫자가 아니기 때문이다. Case 1, 2에서 중복하여 사용하는 숫자가 반드시 사용하는 숫자다. 즉 1, 4, 6이 반드시 사용하는 숫자다.

[오답 체크]

오답까지는 아니지만 5번째 숫자까지 고려하여 경우를 나누면 다음과 같다. 아래와 같이 정리했다면 시간을 조금 낭비했다.

Case	1번째	2번째	3번째	4번째	5번째
1.1	1	3	4	6	2
1.2	1	3	4	6	5
2.1	1	4	5	6	2
2.2	1	4	5	6	3

13 ④

A기계에서 발생하는 소음의 음량은 85dB이다. C기계에서 발생하는 소음의 음량은 15의 배수이고 D기계에서 발생하는 소음의 음량은 20의 배수이다. C와 D에서 가능한 음량을 정리하면 다음과 같다.

> C: 60dB, 75dB, 90dB
> D: 60dB, 80dB, 100dB

이를 토대로 선택지를 판별해보자. 편의상 dB은 표기하지 않겠다.

① A 〉 C 〉 B 〉 D
→ (85) 〉 C(75) 〉 B 〉 D(60)으로 정리할 수 있다. B의 음량을 확정할 수 없다.

② D 〉 C 〉 A 〉 B
→ D(100) 〉 C(90) 〉 A(85) 〉 B로 B의 음량을 확정할 수 없다.

기출복원 모의고사

24 하

24 상

정답 및 해설

③ C 〉B 〉D 〉A
→ C 〉B 〉D(100) 〉A(85)와 같이 A보다 높은 음량을 D가 가지려면 D의 음량이 100이어야 한다. C, B는 문제에서 제시한 100을 넘는 음량을 가질 수 없다.

④ A 〉B 〉C 〉D
→ A(85) 〉B(80) 〉C(75) 〉D(60)와 같이 네 기계의 음량을 확정할 수 있다. A에 85를 고정한 뒤 C에 75를 넣자. C가 60이면 D가 취할 값이 없기 때문이다. 이후 D는 60, B는 80이라고 알 수 있다.

⑤ B 〉C 〉A 〉D
→ B 〉C(90) 〉A(85) 〉D으로 정리할 수 있다. B의 음량을 확정할 수 없다. 또한 D의 음량도 80인지 60인지 확정할 수 없다.

*참고
D 〉B 〉C 〉A도 D(100) 〉B(95) 〉C(90) 〉A(85)와 같이 음량을 확정할 수 있지만 선택지에서 제시하지 않았다.

14 ④

[치트키]
B와 C의 진술이 모순관계다. A와 D의 진술이 모순관계다. 5명 중 2명이 거짓을 말하는데 2명 중 1명은 B나 C 중 1명일 것이고 거짓을 말하는 2명 중 나머지 1명은 A나 D 중 1명일 것이다. 자연스럽게 E가 진실을 말한다고 알 수 있다.
E의 진술이 진실이니 A와 B는 밀크티를 마신다. 즉 A와 B는 거짓을 말하지 않는다. A, B, E를 제외한 C, D가 거짓을 말한다.

[일반 풀이]
선택지에서 제시한 2명은 아메리카노를 마시는 2명이다. 즉 거짓을 말하는 2명이다. B와 C의 진술이 모순관계이기 때문에 B, C 둘 다 한 선택지에 있을 수 없고 둘 다 없는 선택지도 있을 수 없다. ② A, D를 소거하자.
A와 D의 진술이 모순관계다. A, D 둘 다 한 선택지에 있을 수 없고 A, D 둘 다 없는 선택지도 있을 수 없다. ② A, D ③ B, E ⑤ C, E를 소거하자. (② A, D는 이미 소거했지만 이해를 돕기 위해 한 번 더 적었다.)
남은 선지는 ① A, B ④ C, D이다. 두 선택지 모두 E를 언급하지 않는다. 즉 E가 진실이라고 알 수 있다. E의 진술이 진실이기에 A와 B는 밀크티를 마신다. 즉 A와 B는 거짓을 말하지 않는다. ① A, B를 소거하자.

[오답 체크]
선택지에서 제시한 5가지 경우를 토대로 표를 그려 접근했을 수 있다. 표를 그릴 때 세로축에 Action, 가로축에 인물(진술)을 두었다고 가정해보자. 이때 한 행은 하나의 경우를 나타내야 한다. 그런데 한 행에 A, B가 아메리카노를 마신 경우로 둔다면 이는 하나의 경우가 아니기에 풀이 오류가 발생한다. 다시 말해서 A, B가 아메리카노를 마신 경우는 다음과 같이 3가지 경우로 나뉜다. (아: 아메리카노, 밀: 밀크티, 에: 에이드)

Case 1	Case 2	Case 3
A: 아 B: 아 C: 에 D: 밀 E: 밀	A: 아 B: 아 C: 밀 D: 에 E: 밀	A: 아 B: 아 C: 밀 D: 밀 E: 에

15 ③

[가로규칙] 회전
시계방향(↷)으로 90도씩 회전

16 ④

[가로규칙] 회전하듯 이동
안: 반시계방향(↶)으로 2칸씩 이동
밖: 시계방향(↷)으로 1칸씩 이동

17 ②

[가로규칙] 이동
아래(↓)로 1칸씩 이동

[18~21]

하나의 도형을 적용한 [J25S ⇨ △ ⇨ 5S2J]의 흐름을 먼저 확인하자. Input에 사용한 문자들과 Output에 사용한 문자들이 같기에 △의 규칙은 순서규칙일 가능성이 높다.
△: 3421

이어서 △의 규칙을 적용하여 다른 규칙을 찾아보자.
[DPQS ⇨ △ ⇨ □ ⇨ RTQE]
[QSPD ⇨ □ ⇨ RTQE]
□: +1 +1 +1 +1

이번에는 □의 규칙을 적용하여 다른 규칙을 찾아보자.
[7H3N ⇨ □ ⇨ ♡ ⇨ 9G7K]
[8I4O ⇨ ♡ ⇨ 9G7K]
♡: +1 -2 +3 -4

마지막으로 ♡의 규칙을 적용하여 나머지 규칙을 찾아보자.
[5S2J ⇨ ♡ ⇨ ◇ ⇨ 65QF]

[6Q5F ⇨ ◇ ⇨ 65QF]
◇: 1324

△: 3421
□: +1 +1 +1 +1
♡: +1 -2 +3 -4
◇: 1324

18 ①

[73ES ⇨ ◇ ⇨ □ ⇨ ?]
[7E3S ⇨ □ ⇨ ?]
[8F4T]

19 ③

[2649 ⇨ ♡ ⇨ ◇ ⇨ ?]
[3475 ⇨ ◇ ⇨ ?]
[3745]

20 ③

[치트키]

□와 ♡ 모두 증감규칙이다. □와 ♡의 규칙을 더하면 '□+♡ = +2 -1 +4 -3'이 된다. 역순의 규칙이기에 AILZ에 -2 +1 -4 +3을 적용하자.
[YJHC]

[일반 풀이]

[? ⇨ ♡ ⇨ □ ⇨ AILZ]
[? ⇨ ♡ ⇨ ZHKY]
[YJHC]

21 ③

[? ⇨ ◇ ⇨ ♡ ⇨ △ ⇨ 59LL]
[? ⇨ ◇ ⇨ ♡ ⇨ LL59]
[? ⇨ ◇ ⇨ KN23]
[K2N3]

22 ④

이 글은 프롬프트 엔지니어링에 대해서 소개하고 있는 글이다. 따라서 프롬프트 엔지니어링에 대해서 개괄적인 설명을 하고 있는 (B)가 도입 문단으로 가장 적절하다. 다음으로 프롬프트 엔지니어링에 대한 구체적인 내용 중 핵심적인 내용을 다루고 있는 (A)가 위치해야 한다.(문두의 '먼저'라는 표현도 고려해보자.) 이어서 핵심 요소 외에도 답변의 정확도 혹은 만족도를 향상시키기 위해서는 반복을 통한 학습이 필요하다는 (D)의 내용이 이어져야 한다. 마지막으로 앞서 설명했던 '명확한 요청 사항'과 '반복을 통한 학습'을 모두 언급하면서 앞으로의 전망을 제시하고 있는 (C)가 위치하는 것이 적절하다.

23 ②

도입 문단으로는 데이터 사일로와 데이터 레이크를 소개하고 있는 (A)가 적절하다. 다음으로 데이터 사일로와 데이터 레이크에 대해 구체적으로 설명하고 있는 (D)와 (C) 중 무엇이 먼저 위치하는지 판단해야 한다. C문단 시작부분의 '반면'이라는 표현을 고려했을 때 (D)가 먼저 위치한 후 (C)가 위치하는 것이 자연스럽다. 마지막으로 앞서 설명했던 이러한 내용들을 요약하면서 데이터 관리를 위한 최종 결론을 도출하고 있는 (B)가 위치해야 한다.

24 ③

주어진 글에서는 고령화, 만혼과 비혼의 증가, 개인주의의 심화, 경제적 독립을 중시하는 문화적 변화에 따라 1인 가구가 빠르게 증가하고 있다고 하였다. 즉 1인 가구 확산에 의한 결과가 아니라 1인 가구 확산의 원인인 것이다.

[오답 체크]

① 1인 가구 구성원은 독립적이고 자유로운 생활이 가능하지만(편리함), 경제적인 이유로 인한 작은 주거 공간(경제성 추구)으로 인해 심리적 스트레스를 겪으며, 사회적 교류가 부족하다.
② 코하우징은 독립적인 생활 공간을 가지면서 동시에 공동 공간을 함께 사용하는 것이다. 즉 1인 가구를 유지하면서 코하우징 형태로 결합하는 것이 가능하다.
④ 코하우징을 통해 입주민들은 자율성과 함께 사회적 연결감을 느낄 수 있다.
⑤ 코하우징은 젊은 구성원과 고령의 구성원 모두에게 장점이 있는 주거 형태이다.

25 ⑤

주어진 글에서는 금융 규제에 대한 대응 측면에서 여러 가지가 개선될 것이므로 레그테크의 도입이 꼭 필요하다고 주장하였다. 그런데 만약 그러한 장점이 없는 것으로 확인되었다면 글의 주장을 비판하는 것으로 적합하다고 볼 수 있다.

[오답 체크]

① 주어진 글에서 이미 레그테크 도입을 위한 초기 투자 비용이 상당히 높은 편이라고 언급하고 있다.
② 주어진 글에서는 금융 규제를 효과적으로 준수하고 관리하기 위해 레그테크를 도입해야 한다고 주장하고 있다. 따라서 고객이 체감하는 변화가 미미할 것이라는 주장은 주어진 글의 주장을 반박할 수 없다.

③ 레그테크의 순기능으로 언급된 것은 규제 기관에서 요구하는 자료들을 신속하게 제출할 수 있게 된다는 것이다. 이는 고객들이 요구하는 문서를 신속하게 제공하는 것과는 다른 것이므로 주어진 글의 주장을 반박할 수 없다.
④ 선택지가 참이라고 하더라도 필자의 주장이 부정되는 것도 아니고, 또한 이러한 변화는 레그테크의 장점이 드러날 수 있는 배경이 되므로 주어진 글의 주장을 반박할 수 없다.

26 ⑤

표적구에서 가장 멀리 떨어지게 공을 던진 팀이 한 번 더 투구에 나선다고 하였으므로 옳지 않다.

[오답 체크]
① 표적구를 던진 팀부터 일반구를 투구하고, 이어서 상대팀이 투구한다. 따라서 옳은 설명이다.
② 보치아에서는 표적구에 가장 가깝게 위치한 공을 투구한 팀이 해당 엔드에서 승리한다. 즉 전체 평균에서는 표적구에 가깝다고 하더라도, 표적구에 더 가까운 상대팀의 공이 하나라도 있으면 승리할 수 없다.
③ 보치아는 패럴림픽 정식 종목으로 채택되어 있으며, 장애 유형에 따라 다양한 등급으로 나뉘어 공정한 경쟁이 가능하다고 하였으므로 옳은 설명이다.
④ 주어진 글에서 파울이나 벌점 규칙은 설명하지 않았다. 따라서 참인지 거짓인지 알 수 없다.

27 ②

폐배터리를 물리적으로 분쇄하여 여러 재료를 회수하는 방법은 다른 방법에 비해 가장 저렴하다고 하였으므로 옳은 설명이다.

[오답 체크]
① 주어진 글에서는 각 재활용 방식들 간 발생하는 유해 물질의 양을 비교하지 않았으므로 참인지 거짓인지 알 수 없다.
③ 많은 에너지가 필요한 재활용 방식은 열적 방식이다.
④ 주어진 글에서는 환경오염 문제를 해결하기 위해 폐배터리를 재활용한다고 언급했다. 따라서 해당 선택지가 일반적으로 옳더라도 주어진 글에서는 참인지 거짓인지 확인할 수 없다.
⑤ 주어진 글에서는 미생물을 활용하여 금속을 추출하는 재활용 방식을 언급하였을 뿐, 유해 물질을 처리하는 방법에 대해서는 언급하지 않았다.

28 ③

자가면역반응은 류마티스 관절염이나 크론병과 관련된 것으로, 일부 환자들의 항체 치료제에 대한 면역 반응과는 관련이 없다.

[오답 체크]
① 암세포의 표면에 존재하는 특정 단백질에 결합해 암세포를 직접 공격하거나, 면역체계를 활성화하여 암세포를 제거하는 과정을 돕는 항체 치료제가 개발되었다는 것을 통해 알 수 있다.
② 항체 치료제는 특정 표적에만 작용하기 때문에 부작용을 줄이고 치료 효과를 극대화할 수 있다는 것을 통해 알 수 있다.
④ 특정 바이러스를 표적으로 하는 항체를 통해 바이러스의 세포 침투를 차단하는 항체 치료제가 개발되어 시판되고 있다는 것을 통해 알 수 있다.
⑤ 항체 치료제 개발에는 많은 비용이 들며, 항체 치료제를 투여하기 위한 치료비도 비싸다는 것을 통해 알 수 있다.

29 ⑤

주어진 글에 의하면 많은 기업들이 노스탤지어 마케팅을 위해 과거 인기 제품을 현대적인 감각으로 재해석하여 출시하고 있다. 또한 이러한 재해석이 실패할 경우 현재 소비자들에게는 진부하거나 시대에 뒤떨어진다는 인상을 줄 수 있다. 따라서 성공적인 노스탤지어 마케팅을 위해서는 현대적인 감각으로 제품을 재해석하는 것이 중요하다는 것을 알 수 있다.

[오답 체크]
① 노스탤지어 마케팅은 과거의 긍정적인 기억을 브랜드와 연결시키는 마케팅이다. 부정적 경험과 관련된 내용은 주어진 글에서 찾을 수 없다.
② 코카콜라는 1980년대 병 디자인을 재현한 제품을 출시하는 노스탤지어 마케팅을 진행하였다.
③ 주어진 글에서는 노스탤지어 마케팅의 단점으로 제품 재해석에 실패할 경우 현재 소비자들에게 부정적인 인식을 줄 수 있다는 점을 언급했다.
④ 노스탤지어 마케팅이 실패할 경우 진부하거나 시대에 뒤떨어진다는 인상을 줄 수는 있지만, 노스탤지어 마케팅이 이것을 해소하기 위한 마케팅 기법이라는 것은 주어진 글에서 찾을 수 없다.

30 ③

클라우드 네트워크는 초기 서버 구축 비용이 적고 필요한 만큼 리소스를 사용할 수 있다는 장점이 있지만, 데이터를 중앙 서버로 전송하는 과정에서 시간이 소요되는 단점이 있다. 엣지 컴퓨팅은 데이터가 발생하는 지점 근처에서 곧바로 데이터를 처리하는 기술이므로 실시간 데이터 처리가 필요한 경우에 더 적합하다.

[오답 체크]

① 엣지 컴퓨팅은 데이터 처리를 데이터 발생 지점 근처에서 수행하는 기술로, 데이터를 중앙 서버에서 처리하는 클라우드 네트워크의 단점을 보완하는 위한 기술이다.

② 자율주행차는 엣지 컴퓨팅 기술을 사용하여 데이터를 실시간으로 처리하고 즉각적인 결정을 내린다.

④ 자율주행차량에서 수집된 정보를 클라우드 서버에 저장하지 않는 이유는 데이터를 빠르게 처리하기 위해서이다. 해당 데이터가 민감한 정보이기 때문에 클라우드 서버에 저장하지 않는다는 내용은 주어진 글에서 찾을 수 없다.

⑤ 인터넷 연결 문제가 발생하면 성능이 저하되는 것은 클라우드 네트워킹에 관한 설명이다. 자율주행차는 엣지 컴퓨팅 기술을 사용하여 데이터를 처리하기 때문에 인터넷 연결 문제와 성능 간 연관성이 적다.

수리

01	02	03	04	05	06	07	08	09	10
②	⑤	④	②	⑤	③	①	④	⑤	①
11	12	13	14	15	16	17	18	19	20
④	①	③	②	④	⑤	②	①	③	③

01 ②

[일반 풀이]

작년 기준 세탁기 판매량을 x, 식기세척기 판매량을 y라 하면,

작년: x + y = 400 …ⓐ

올해: 0.9x + 1.3y = 420 …ⓑ 이다.

ⓑ − 0.9ⓐ하면, 0.4y = 600이므로 y = 150이다.

이를 ⓐ나 ⓑ에 대입하면 x = 250임을 알 수 있다. 하지만, 우리가 구하고자 하는 값은 '올해'의 세탁기 판매량이므로 250 × 0.9 = 225(만 대)가 정답이 된다.

또는, 애초에 x(세탁기)를 구해야하기 때문에 y를 삭제하고자 ⓑ − 1.3ⓐ하면, −0.4x = −100이므로 x = 250이다. 이후 10% 감소 된 올해 값을 구하기 위해 0.9를 곱하면, 225(만 대)임을 알 수 있다.

[치트키] 연립방정식_변화량

연립방정식을 구성할 때, 각 시점에 대한 방정식보다는 변화량에 대한 방정식을 수립할 경우 보통 연산량이나 난이도를 낮출 수 있다.

작년: x + y = 400 …ⓐ

변화: −0.1x + 0.3y = 20 …ⓒ

이후 풀이는 동일하다. 〈일반 풀이〉 방법과 비교하여 풀이 시간이나 난이도를 체감해보도록 하자.

[치트키] 배수판정법

올해 세탁기 판매량을 구해야 한다. 세탁기 관련 주어진 정보는 '작년 대비 10% 감소'이므로 [올해 세탁기] = [작년 세탁기] × $\frac{9}{10}$이다.

이를 통해, 작년 세탁기 수량은 10의 배수이며, 올해 세탁기 수량은 9의 배수임을 알 수 있다. 각 자릿수의 합계가 9의 배수가 되는 정수는 이 역시 9의 배수이다. 이를 만족하는 보기는 ②번 225이므로 정답으로 선택한다.

02 ⑤

10장 중 4장을 선택하는 전체 확률에서 D~H 5장이 뽑히지 않을 확률을 빼는 '여사건'의 개념으로 접근하자.

[경우의 수]

1) 전체 경우: $_{10}C_4 = \frac{(10 \times 9 \times 8 \times 7)}{(4 \times 3 \times 2 \times 1)} = 10 \times 3 \times 7 =$ 210가지

2) D~H가 뽑히지 않는 경우 = 나머지 5장에서 실험용 4장이 모두 뽑히는 경우: $_5C_4 = \frac{(5 \times 4 \times 3 \times 2)}{(4 \times 3 \times 2 \times 1)} =$ 5가지

3) 10장 중 실험용 4장 뽑는데 특정 5장이 뽑히지 않는 경우: 210가지 − 5가지 = 205가지

따라서, 3)이 발생할 확률은 $\frac{205}{210} = \frac{41}{42}$

[확률 풀이]

1) 전체 확률: 1

2) D~H가 뽑히지 않을 확률 =

$$\frac{\text{P(나머지 5장에서 실험용 4장 뽑기)}}{\text{P(10장 중 4장 뽑기)}} = \frac{_5C_4}{_{10}C_4}$$

$$= \frac{(5 \times 4 \times 3 \times 2)}{(10 \times 9 \times 8 \times 7)} = \frac{1}{42}$$

3) 10장 중 실험용 4장 뽑는데 특정 5장이 뽑히지 않을 확률

$$= 1 - \frac{1}{42} = \frac{41}{42}$$

03 ④

옳은 것 'Y' 찾아야 한다.

① "발생" 기준으로 사고 선박 척수는 3,822로 2022년에 가장 많이 발생하였으며, 인명피해는 21,708로 2023년에 가장 많이 발생하였다. 서로 다른 해이다. N

② 2018년 사고 발생 선박 척수는 3,160에 10%인 316을 더하면 3,476건이다. 2019년 사고 발생 선박 척수는 3,449로 10% 증가된 3,476보다 적으므로 증가율은 10% 미만이다. N

③ 66 → 60은 $\frac{6}{66} = \frac{1}{11}$ = 9.0909%만큼 감소한 것

이지 10% 감소한 것이 아니다. 시험장에서 급한 마음에 자칫 실수할 수 있는 항목이니 주의하자. N

④ 선박 vs 인명 = [$\frac{10}{7}$ vs $\frac{49}{36}$]이다. 각각 분수를 나누어 [1.43 〉 1.36]으로 계산하는 것보다 선박의 분자와 분모에 5를 곱하여 [$\frac{50}{35}$ 〉 $\frac{49}{36}$]으로 비교하는 것이 효과적이다. Y(정답)

⑤ "구조" 기준 선박은 3,779로 2022년에 가장 많았으며, 인명은 21,648로 2023년에 가장 많았다. N

04 ②

옳은 것 'Y' 찾아야 한다.

① '21년에는 카카오스토리의 비중(17.6%)이 네이버밴드(12.9%)보다 높았다. N

② 인스타그램의 1순위 설문 비중은 30.1 → 37.4 → 48.6으로 지속 증가하였다. 증가량이 '21년 → '21년(+7.3)보다 '22년 → '23년(+11.2)에서 높았지만, 증가율을 묻는 상황이기 때문에 어림산을 수행하여 계산하는 것이 좋다.

['22년 증가율 vs '23년 증가율] = [$\frac{374}{301}$ vs $\frac{486}{374}$]이다. 분수식 자체를 어림하여 [약 1.24 〈 약 1.3]라고 할 수도 있고, 분모를 빠르게 통분하여 [$\frac{374+80}{301+63}$ 〈 $\frac{486}{374}$]라고 어림산 할 수도 있다. Y(정답)

③ '22년 페이스북의 1순위 설문 비중은 24.0%로 4명 중 1명인 25% 미만이다. N

④ '21년의 경우 인스타그램 30.1 + 페이스북 28.6으로 58.7%인 60% 미만이었다. N

⑤ 페이스북과 함께 카카오스토리 역시 그래프의 Bar 높이가 계속 낮아졌다. 즉, 지속 감소하였다. N

05 ⑤

틀린 것 'N' 찾아야 한다.

① 20세 미만부터 60세 이상 총 6개 연령대에서 가입 근로자의 수치는 남성이 여성보다 많았다. Y

② 남성 61.8%, 여성 59.5%로 각 성별 연령대 중 30대의 가입률 수치가 가장 높았다. Y

③ 가입 인원을 기준으로 60세 이상의 비중이 남성과 여성에서 각각 10% 이상을 차지하고 있다. Y

④ 여성 근로자 중 대상자가 가장 많은 연령대는 1,284,879명인 50대이며, 가입자가 가장 많은 연령대는 670,336명인 50대로 서로 같다. Y

⑤ 전체 가입률은 (남성 가입자 + 여성 가입자) ÷ (남성 대상자 + 여성 대상자)로 계산해야 하는 것이 정석이다. 하지만, 남성 전체 가입률 53.9%, 여성 전체 가입률 51.7%로 두 수치의 산술평균값이 52.8%이며, 남성의 인원수가 여성보다 많기 때문에 가중평균의 원리에 따라 실제 평균값은 산술평균 수치인 52.8%보다 높을 것이다. N(정답)

06 ③

a(거짓) 〈표〉를 기준으로 6~12월 강수량의 전년 대비 수치가 모두 양수이다. 즉, 2022년 6~12월보다 2023년 6~12월에 전년 동월 대비 많은 비가 왔다는 뜻이다. 따라서, 2022년 하반기 강수량은 2023년 하반기 강수량보다 적었다.

b(거짓) 강수일수의 전년 대비가 0%인 경우 2022년과 2023년의 강수일수가 같은 달이다. 이는 2월, 3월, 9월, 12월로 총 4개월이었다.

c(참) 3분기는 7, 8, 9월이다. 총 강수량은 1,020(= 252 + 565 + 203)이며, 월 평균을 구해야 하므로 3으로 나누면 340mm가 된다.

07 ①

1) 전월 대비 매출액 증가율이 가장 높았던 달을 찾아야 한다. 7월부터 매월 매출액 증가량을 검토하면, [+600, +900, +2,300, +1,200, +3,000]이다. 그래프의 기울기는 11월 → 12월 +3,000이 가장 크지만 전월 대비 증가량이 아닌 증가율을 물었기 때문에 변화율을 실제 계산해야 한다.
증가율이 가장 높을 것으로 의심되는 9월 → 10월 +2,300과 11월 → 12월 +3,000의 증가율을 비교하자. 여기서, 증가율 자체를 산출할 필요는 없기 때문에 [10월 증가율 vs 12월 증가율] = [$\frac{72}{49}$ vs $\frac{114}{84}$]로 수식을 구성할 수 있다. 분수식을 어림산하면 [약 1.5배 〉 약 1.4배]라고 판단할 수 있다.

2) 10월의 영업이익을 구하자. 매출액 7,200만원 × 8% = 576만 원이다.

08 ④

옳은 것 'Y' 찾아야 한다.

① 1리터당 출고금액은 [출고금액 ÷ 출고량]이다. 청주와 약주를 비교할 것이기 때문에 굳이 단위를 고려할 필요는 없다. 즉, [청주 vs 약주]는 [$\frac{1,266}{197}$ vs $\frac{692}{114}$] 정도로 비교할 수 있다. 이후 분수식을 어림산하여 [$\frac{1,300}{200}$ vs $\frac{700}{120}$] ≒ [6.5 〉 6.0] 정도로 판단할 수 있다.

또는, $[\frac{1,266}{197}$ vs $\frac{692+500}{114+80}] \fallingdotseq [\frac{1,266}{197} \rangle \frac{1,192}{194}]$ 로 비교할 수도 있다. 결론적으로, 1리터당 출고 금액은 [청주 〉 약주]이다. N

② 결정세율은 $[\frac{\text{결정세액}}{\text{출고금액}}]$이다. [맥주 vs 소주] = $[\frac{123}{415}$ vs $\frac{135}{398}]$ 정도이므로 맥주를 기준으로 소주의 분자가 더 크고, 분모는 더 작기 때문에 별도의 연산 수식 없이 소주가 더 큰 것을 눈으로도 판단할 수 있다. 즉, 결정세율은 [맥주 〈 소주]이다. N

③ 과실주와 청주의 경우 출고량과 출고금액의 순위가 서로 다르다. N

④ 주류별 분모(출고량)와 분자(출고금액)의 단위가 각기 다르다. 따라서, 각 주류별로 출고금액이 출고량의 대략 몇 배 정도인지를 빠르게 산출하자. 맥주부터 차례대로 대략 [2배 좀 넘네, 5배 정도, 2배 안됨, 10배 좀 안됨, 6배 정도, 6배 정도, 80배 정도, 30배]라는 식으로 빠르게 훑어야 한다. 이를 통해 위스키의 $[\frac{\text{출고금액}}{\text{출고량}}]$ 수치가 가장 높음을 알 수 있다. Y(정답)

⑤ 브랜디 1리터당 결정세액은 $[\frac{\text{결정세액}}{\text{출고량}}]$이다. 그런데, 보기의 지문에서 1천 원이라는 구체적인 수치를 제시했기 때문에 이러한 경우에는 단위를 고려하여 계산해야 한다. 〈표〉에 주어진 단위를 기준으로 $\frac{\text{결정세액}}{\text{출고량}} = \frac{\text{M원}}{k\ell}$ 이므로 $\frac{1,000\text{k원}}{k\ell} = \frac{12,000}{1.2} = 10,000$원이 된다. 따라서, 브랜디 1리터당 결정세액은 1천 원이 아닌 1만 원이다. N

09 ⑤

틀린 것 'N' 찾아야 한다.

① 상반기 자전거 동아리 총원은 30명이며, 상/하반기 모두 자전거를 선택한 인원은 20명이다. 따라서, $\frac{2}{3}$인 66.7%로 60% 이상이다. Y

② 상반기 러닝 → 하반기 자전거는 8명, 상반기 러닝 → 하반기 탁구는 8명으로 인원수가 같다. Y

③ 자전거 상 30 → 하 35, 탁구 상 40 → 하 45로 증가하였다. 볼링은 상하반기 50명으로 동일, 러닝은 상 80 → 하 70으로 감소하였다. Y

④ 볼링동아리는 직원 전체 200명을 기준으로 상반기와 하반기 모두 50명으로 같은 비중(25%)을 차지하였다. Y

⑤ 하반기 러닝 동아리 총원은 70명이며, 이 중 10% 이상은 7명 이상이다. 상반기 자전거 → 하반기 러닝 인원은 5명으로 10% 미만이다. N(정답)

10 ①

옳은 것 'Y' 찾아야 한다.

① '23년 상반기 DRAM은 10.5(= 5.1 + 5.4)에서 하반기 16.1(= 6.4 + 9.7)로 약 5.6만큼 증가하였다. 5.6은 10.5의 절반 이상이므로 증가율은 50% 이상이다. Y(정답)

② 〈표〉의 비중 수치를 참고하면, NAND의 매출 비중은 매 분기 50% 미만이었음을 알 수 있다. N

③ 별도로 수치를 계산하지 않더라도 〈그래프〉에서의 막대그래프 높이를 통해 '22년의 경우 하반기의 매출 합계가 상반기보다 낮다는 것을 알 수 있다. N

④ 분기별 매출 비중이 가장 높았던 분기는 〈그래프〉에서 막대그래프의 높이가 가장 높은 '22년 2분기이며, DRAM의 분기별 매출 비중이 가장 높았던 시점은 〈표〉에서 66%를 차지했던 '22년 3분기로 서로 다르다. N

⑤ 4.5를 기준으로 '23년 NAND 매출액의 편차는 Q1부터 [−0.7, −0.8, −0.8, +1.1]로 편차의 합계가 음수이다. 따라서, 평균값은 4.5(조 원) 미만이다. N

11 ④

〈그래프〉의 수치를 활용하여 '23년 전체 매출액과 NAND의 매출액을 구해야 한다. '23년 NAND 매출 합계는 16.8(= 3.8 + 3.7 + 3.7 + 5.6), DRAM 매출 합계는 26.6(= 5.1 + 5.4 + 6.4 + 9.7)이다.

따라서, '23년 NAND의 매출액 비중은 $\frac{16.8}{43.4}$이다. (주어진 보기에서 정답을 골라내기 위해서는 최소 앞에서 두번째 자리까지는 정확히 산출해야 하므로 어림산은 적어도 앞에서 세 자리수까지 살려야 한다. 즉, 이번 문제에서는 어림산을 해서는 안된다.) $\frac{168}{434}$을 계산하면 38.7%가 정답임을 알 수 있다.

여기서 주의해야 할 것은, 〈표〉에 주어진 '23년 분기별 비중의 산술평균값을 계산하는 것이다. 매 분기 매출금액의 수준이 다르기 때문에 연간 전체 비중을 구하기 위해서는 매출액을 모두 더해야 한다. 만약, 〈표〉의 NAND 매출 비중을 평균하였다면 ⑤번 39.3%을 정답으로 고르고 틀렸을 것이다.

12 ①

옳은 것 'Y' 찾아야 한다.

① 1개소당 면적은 [$\frac{총면적}{지정공원\ 수}$]이다. [2022년 vs 2023년] = [$\frac{673}{22}$ vs $\frac{689}{23}$]이므로 분자 16 증가, 분모 1 증가인 상황에서 분자와 분모가 대략 30:1 이상의 비율을 보인다. 즉, 분모의 증가율이 분자의 증가율보다 큰 상황이므로 [$\frac{673}{22}$ 〉 $\frac{689}{23}$]이다.

또는, [$\frac{673}{22}$ vs $\frac{689}{23}$] = [$\frac{673}{660}$ 〉 $\frac{689}{690}$]으로 비교할 수 있다. Y(정답)

② 2022년에 국립 + 도립 + 군립 = 22 + 30 + 28 = 80으로 처음 80개소 이상을 기록했다. N

③ 2023년의 경우 도립공원의 지정공원 수는 전년과 동일하지만 총면적의 경우 전년 대비 감소하였다. 따라서, 2023년 도립공원 1개소당 면적 역시 전년 대비 감소하였다. N

④ 군립공원 1개소당 면적 [2021년 vs 2022년] = [$\frac{238}{27}$ vs $\frac{255}{28}$]이다. 분자와 분모가 약 10:1 정도의 비율을 보이는 상황에서 분자 17 증가, 분모 1 증가하였으므로 분자의 증가율이 분모의 증가율보다 큰 상황이다. 따라서, [$\frac{238}{27}$ 〈 $\frac{255}{28}$]로 판단할 수 있다. N

⑤ 2020년 [도립공원 1개소당 면적 vs 군립공원 1개소당 면적의 4배]이다. [$\frac{115}{30}$ vs $\frac{24 \times 4}{27}$] = [$\frac{115}{30}$ vs $\frac{96}{27}$] ≒ [$\frac{115}{30}$ 〉 $\frac{96+12}{27+3}$]으로 4배 이상임을 알 수 있다. N

13 ③

옳지 않은 것 'N' 찾아야 한다.

① 가로 70점 기준선의 아래쪽 영역에 위치한 C와 G는 직무 교육 70점 이하이다. Y

② B는 위에서 네 번째이며, 오른쪽에서도 네 번째이다. Y

③ 4명이 아닌 2명이다. 평균 80점 이상은 〈그래프〉의 xy 좌표 (60,100)과 (100,60) 두 지점을 잇는 사선의 위쪽 영역에 위치해야 한다. 따라서, D와 F 2명이 평균 80점 이상이다. 혹여라도 (80,80) 지점을 꼭지점으로 사각형 영역을 그린 후 A, F, D, G 네 명이라고 판단하지 않았기를 바란다. 만약 그랬다면, 좌표형 그래프는 다시 한 번 학습하도록 하자. N(정답)

④ 그래프의 우상단 꼭짓점 (100,100)에서 직선거리가 가장 가까운 D가 가장 높은 점수이다. Y

⑤ 기울기 1인 기준선을 긋고, 직선거리가 가장 먼 지점에 위치한 사원이 x와 y값의 편차가 가장 큰 사원이다. G가 이에 해당한다. Y

14 ②

[일반 풀이]

〈표〉에서 주어진 정보를 활용하여 2학년 재학생을 구한 뒤 이를 〈그래프〉에 대입하여 A 대학 전체 재학생 수를 구하는 순서로 계산해야 한다.

1) 2학년 재학생: 각 전공별 인원을 모두 더하는 방법도 있지만, 비중에서 12.5%를 차지하고 있는 '자연' 계열 학생 수를 활용하면 더 빠른 연산이 가능하다. 2학년 재학생은 12.5%인 104명에 8을 곱한 832명이다.

2) A 대학 전체 재학생: 2학년 832명이 A 대학에서 차지하는 비중은 25%($\frac{1}{4}$)이다. 따라서, A 대학 전체 재학생은 832 × 4 = 3,328명이다.

[치트키]

풀이를 진행하기 전에 '주어진 다섯 가지 보기의 일의 자리 숫자가 모두 다르니, 일의 자리 숫자만 계산해도 정답을 골라낼 수 있겠구나'라고 판단했다면, 아래와 같은 풀이가 가능하다.

1) 12.5%인 104에 8을 곱하면, 일의 자리는 2이다.

2) 일의 자리 2인 숫자가 전체의 25% 비중이므로 4를 곱하면, 일의 자리 수는 8이다. 이를 만족하는 ②번 3,328명을 정답으로 선택한다.

15 ④

틀린 것 'N' 찾아야 한다.

① '24년 전체 수출품목 중 네 종류에 대한 정보만 주어졌다. 하지만, 각 종류의 비중을 알고 있기 때문에 전체 수출액 역시 산출할 수 있다. 네 종류 중 9.1% 비중을 차지하는 원료 및 연료에 11을 곱하면 100%에 해당하는 전체 수출액을 효과적으로 산출할 수 있다. 즉, '24년 4월 전체 수출액은 5,134M$ × 11 ≒ 56,400M$이므로 550억 달러 이상이다. Y

② '23년 1~4월 식음료 및 직접소비재 수출액 3,491에 5%인 175를 더하면 3,666이다. 이는 '24년 1~4월 식음료 및 직접소비재 수출액 3,697보다 적다. 따라서, 증가율은 5% 이상이다. Y

③ '23년 1~4월 중화학공업품 수출액 165,443에 10%인 16,544를 더하면 181,987이다. 이는 '24년 1~4월 중화학공업품 수출액 183,715보다 적다. 따라서, 증가율은 10% 이상이다. Y

④ 1분기 수출액을 구하기 위해 1~4월 누적에서 4월 수출액을 빼야한다. 즉, '24년 1분기 경공업품 수출액은 8,096(= 11,227 − 3,131)이다. 이는 '24년 4월 경공업품 수출액 3,131의 약 2.6배로 3배 미만이다. 또는, 애초에 1~4월 누적 11,227이 4월 3,131의 4배 이상인지를 확인하는 것도 효과적인 방법이다. N(정답)

⑤ ①번 보기와 마찬가지로 주어진 비중 중 100%를 빠르게 가늠할 수 있는 품목을 활용하자. 이번에도 10.1%를 차지하는 원료 및 연료가 10.1%이므로 10을 곱하면, 204,150M$이다. 실제로는 9.9정도를 곱해야한다는 부분을 감안하더라도 200,000M$ 이상임을 알 수 있다. 따라서, '23년 1~4월 전체 수출액은 2천억 달러 이상이다. Y
(이번 문제는 표 해석, 항목별 연관성 파악, 비중 산출, 변화율 계산 등 상당히 난이도가 높은 편이다. 이 정도 수준이 온라인 GSAT 기준 자료이해 유형에서 출제될 수 있는 최고 수준의 난이도라고 봐도 무방하다.)

16 ⑤

옳지 않은 것 'N' 찾아야 한다.

① 출입항 전체를 기준으로 항공기 총계 207에서 10%인 21을 빼면 186이다. 이는 인천공항 항공기 193보다 적으므로 인천공항 항공기의 비중은 90% 이상이다. 승무원 역시 전체 1,555에서 10%인 156을 빼면 약 1,400으로 인천공항 1,467보다 적으므로 차지하는 비중은 90% 이상이다. Y

② 출입항 항공기의 구성요소는 입항과 출항 두 가지이다. 따라서 입항 항공기가 절반 이상인지 확인하려면 입항의 수치가 출항보다 많은지를 확인하면 된다. 5개 공항 중 입항 항공기 수가 출항 항공기 수보다 많은 공항은 제주공항이 유일하다. Y

③ 입항 항목에서 기타의 항공기 수는 357이며, 제주의 항공기 수는 394이다. 만에 하나 기타의 구성 항목이 1개라도 제주공항보다 입항 항공기 수가 많을 수는 없다. Y

④ 항공기 1대당 승무원 수 = 승무원 ÷ 항공기이다. $\frac{2,444}{376}$ 이 6보다 큰가?를 확인해도 되지만 나눗셈보다는 곱셈이 수월하기 때문에 376에 6을 곱하자. 376 × 6 = 2,256으로 실제 승무원 2,444보다 적다. 즉, 대구공항의 입항 항공기 1인당 승무원 수는 6명 이상이다. Y

⑤ ④번과 마찬가지로 $\frac{2,144}{366}$ 이 6보다 큰가?를 확인하기보다는 366에 6을 곱하자. 366 × 6 = 2,196으로 실제 승무원 2,144보다 크다. 즉, 제주공항의 출항 항공기 1인당 승무원 수는 6명 미만이다. N(정답)

17 ②

ㄱ(참) 2018년과 2023년 모두 학년이 높을수록 차지하는 비중이 높았다.

ㄴ(거짓) 2023년 전체는 400명이므로 2학년 12.5%는 전체를 8로 나눈 50명이며, 5학년 20%는 전체를 5로 나눈 80명이다. 따라서, 두 학년의 인원수 차이는 20명이 아닌 30명이다.

ㄷ(참) 2018년 전체는 600명이므로 5학년 20%는 5로 나눈 120명이며, 2023년 전체는 400명이므로 5학년 20%는 5로 나눈 80명이다. 따라서, 40명 감소하였다.

ㄹ(거짓) 2018년 6학년은 21.67%, 2023년 6학년은 24.5%로 비중은 증가하였다. 하지만, 전체 인원수가 2018년 600명에서 2023년 400명으로 $\frac{1}{3}$ 이 줄어들어 $\frac{2}{3}$ 가 되었다. 따라서, 2018년 대비 2023년의 인원수가 증가하기 위해서는 2023년 비중값이 2018년 대비 1.5배 이상이어야 한다. 즉, 따로 인원수를 계산하지 않아도 2018년 21.67%의 인원수가 2023년 24.5%의 인원수보다 크다는 것을 알 수 있다.

18 ①

18번 문제에서 이차방정식이 주어지는 경우 해당 문제의 난이도는 낮게 출제되었다. 보통은 정석 방법보다 주어진 보기를 대입하여 암산이나 간단히 계산하는 방법이 훨씬 효과적이기 때문에 대입법을 적극 활용하자.

[일반 풀이]

사용자 x가 100인 경우와 1,000인 경우의 y값을 활용하여 이원일차 연립방정식을 구성하자.

x = 100: 200 + a − b = 170 → a − b = −30 …㉠
x = 1,000: 200 + 100a − 10b = 1,700 → 100a − 10b = 1,500 …㉡
㉡ − 10㉠하면, 90a = 1,800이므로 a = 20이다.
㉠이나 ㉡에 a = 20을 대입하면, b = 50임을 알 수 있다.

[치트키] 대입법

사용자 x가 100인 경우와 1,000인 경우의 y값을 활용하여 주어진 보기의 값을 대입해서 정답을 골라내자.
우선, ①번을 x가 100인 경우에 대입하면 170 = 200 + 20 × 1 − 50 × 1로 수식이 성립함을 (암산으로) 알 수 있다.
혹시 모르니 x가 1,000인 경우도 대입하면 1,700 = 200 + 20 × 100 − 50 × 10으로 수식이 맞다. 따라서, ①번을 정답으로 선택하자.

19 ③

〈표〉에서 '업무'의 2016년 수치를 기준으로 2017년부터 전년 대비 변화 트렌드는 [+ + + − − − +]이다.
주어진 보기는 전년 대비 "변화율"을 나타낸 그래프이므로 2017년부터 그래프 점의 위치가 0.0% 가로선을 기준으로 [위 위 위 아래 아래 아래 위]에 위치한 그래프가 정답일 것이다.
이를 만족하는 그래프는 ③번이 유일하므로 정답으로 선택한다.

20 ③

20번 문항의 경우 '22년 하반기 이후 2개의 수열이 주어진 상태에서 특정 조건이 주어진다.
이 때, 가장 중요한 것은 '모두 계산하지 않아도 보기에서 정답을 골라낼 수 있는 문제인가?'를 빠르게 판단하는 것이다.
이후 문제를 풀이할지 말지 결정하는 것이 효과적인 방법이다.

예를 들면, 두 가지 수열이 주어진 상태에서
1) 특정 시점에서의 합계를 구하시오. → 주어진 보기에서 낮은 단위 숫자가 다르다면, 높은 단위의 숫자까지 모두 계산할 필요가 없다.
2) 특정 시점에서의 차이를 구하시오. → 마찬가지로 모두 계산하지 않아도 끝자리(낮은 단위의 수)만 계산하여 정답을 고르자.
3) A가 B보다 커지는 시점을 구하시오. → 모두 계산해야 한다.
4) A가 B의 2배 이상이 되는 시점을 구하시오. → 모두 계산해야 한다.

추가로, $S = n(2a + (n-1)d \div 2$ 등의 수열 계산식을 외우는 것은 추천하지 않는다. 익숙하지 않다면 오히려 계산 실수를 일으키기 쉽고, 수열 계산식이 효과적일 정도로 긴 구간을 계산하는 경우는 드물기 때문이다.

[일반 풀이]
제품 A는, 500에서 [+50, +100, +150, +200 …]되는 계차수열이다.
제품 B는, 200에서 [+100, +100, +100, +100 …]되는 등차수열이다.
각 제품의 수열 법칙을 추적하는 것은 어렵지 않다.
주어진 5주차에서 각 제품별 수열을 확장하여 계산 후 두 제품의 합계를 구한다.
12주차에 A는 3,800이며 B는 1,300으로 두 제품의 합이 5,100이 될 것이다.

[치트키]
제품 A와 B의 합계를 하나의 수열로 인식한다.
즉, 1주차 700에서 [+150, +200, +250, +300 …]되는 계차수열로 처리하여 합계를 구하자.

	A	계차	B	계차	합계	계차
1주차	500		200		700	
2주차	550	50	300	100	850	150
3주차	650	100	400	100	1,050	200
4주차	800	150	500	100	1,300	250
5주차	1,000	200	600	100	1,600	300
6주차	1,250	250	700	100	1,950	350
7주차	1,550	300	800	100	2,350	400
8주차	1,900	350	900	100	2,800	450
9주차	2,300	400	1,000	100	3,300	500
10주차	2,750	450	1,100	100	3,850	550
11주차	3,250	500	1,200	100	4,450	600
12주차	3,800	550	1,300	100	5,100	650
13주차	4,400	600	1,400	100	5,800	700
14주차	5,050	650	1,500	100	6,550	750

추리

01	02	03	04	05	06	07	08	09	10
④	⑤	②	①	④	④	③	①	①	③
11	12	13	14	15	16	17	18	19	20
⑤	④	②	①	①	③	⑤	③	③	⑤
21	22	23	24	25	26	27	28	29	30
④	②	②	⑤	④	⑤	②	①	⑤	①

[01~03]

01~03은 다음의 유형을 따른다.

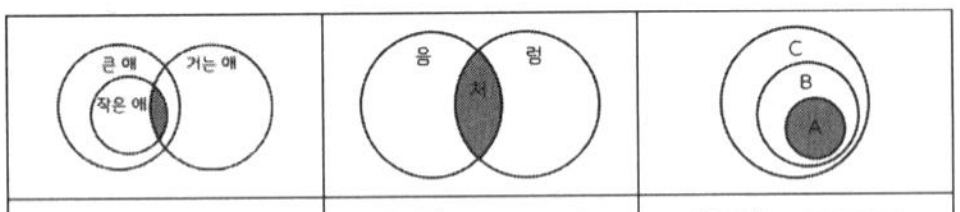

유형1. 어모어	유형2. 모모어	유형3. 모모모

01 ④

[치트키]

전제의 어떤을 보고 유형1. 어모어로 접근하자. 전제1이 모든으로 주어졌기에 전제1을 토대로 작은 애와 큰 애를 찾고 남은 개념을 거는 애로 정리하자.

작: 우수

큰: 트렌드

거: 선호도

결론에서 큰 애와 거는 애가 어떤으로 만난다. 즉 '트렌드/어떤/선호도' 또는 '선호도/어떤/트렌드'가 정답이다.

[일반 풀이]

우수한 모의고사가 선호도가 높은 모의고사와 교집합을 이룬다. 우수한 모의고사는 트렌드를 반영한 모의고사의 부분집합이니 트렌드를 반영한 모의고사와 선호도가 높은 모의고사가 교집합을 이룬다고 알 수 있다.

02 ⑤

전제1과 전제2를 '보호헬멧을 착용한 작업자'를 매개념으로 이어주자. [설비점검을 하는 작업자 → 보호헬멧을 착용한 작업자 → 안전환경팀 소속인 작업자]를 이루며 결론은 [설비점검을 하는 작업자 → 안전환경팀 소속인 작업자]이다. 정답이 나왔지만 만약 정답이 없었다면 [설비점검을 하는 작업자 → 안전환경팀 소속인 작업자]를 대우하여 정답을 찾아보자.

03 ②

결론의 모든을 보고 유형3. 모모모로 접근하자. 결론은 [사내에 배포하는 시스템 → ○ → SW개발팀이 개발한 시스템]의 구조이며 ○가 생략되었다고 생각하는 편이 편하다. 이를 전제1과 비교했을 때 [사내에 배포하는 시스템 → ○]이 [사내에 배포하는 시스템 → 통합테스트를 거친 시스템]이라고 알 수 있다. 전제2는 결론과 비교했을 때 [○ → SW개발팀이 개발한 시스템]이며 ○에 통합테스트를 거친 시스템을 대입하여 전제2가 [통합테스트를 거친 시스템 → SW개발팀이 개발한 시스템]이라고 알 수 있다.

04 ①

B를 네 번째로 고정한 후 D가 두 번째로 줄을 서는 경우와 세 번째로 줄을 서는 경우로 나누자.

Case	1	2	3	4
1		D		B
2			D	B

A는 첫 번째로 줄을 서지 않는다. Case 1에서 A는 세 번째로 줄을 서고 Case 2에서 A는 두 번째로 줄을 선다. Case 1, 2 모두 C는 첫 번째로 줄을 선다.

Case	1	2	3	4
1	C	D	A	B
2	C	A	D	B

[다른 풀이]

변수의 종류가 2가지이고 사람을 기준으로 값을 하나씩 가져간다. 가지치기 방식으로 풀어보자. B에 4를 고정한 뒤 D가 2인 경우와 3인 경우로 나눠보자.

B	D
4	2
	3

A는 첫 번째로 줄을 서지 않는다. A는 두, 세, 네 번째로 줄을 설 수 있다. 이를 토대로 A에 값을 채운 뒤 남은 하나의 값을 C에게 주면 다음과 같다.

B	D	A	C
4	2	3	1
	3	2	1

05 ④

A의 프로젝트 기여도 순위는 3등이다. 남은 등수는 1, 2, 4, 5등인데 B와 C의 순위를 더한 값은 D와 E의 순위를 더한 값과 같다. B와 C의 순위가 1, 5등인 경우와 B와 C의 순위가 2, 4등인 경우로 나뉜다. B는 C보다 순위가 높으니 B와 C의 순위가 1, 5등인 경우에서 B는 1등이고 C는 5등이다. B와 C의 순위가 2, 4등인 경우에서 B가 2등이고 C가 4등이다.

Case	1	2	3	4	5
1	B		A		C
2		B	A	C	

D와 E를 채워보자. D는 E보다 순위가 높다.

Case	1	2	3	4	5
1	B	D	A	E	C
2	D	B	A	C	E

B는 D보다 순위가 높다. Case 2는 조건을 만족하지 않는다. 2등인 사람 즉 이어폰을 받는 사람은 D이다.

*참고
상세히 설명하기 위해 모든 과정을 경우로 나누며 정리했지만 실제 풀이에서는 풀이 중반부터는 적지 않고 머리로 풀었으면 한다.

06 ④

[치트키]
C의 진술에 의해 B와 C가 동일관계를 이룬다고 알 수 있다. D는 B가 컴퓨터를 수리한다고 한다. D의 진술이 참이면 B의 진술이 거짓이고 D의 진술이 거짓이면 B가 컴퓨터를 수리하지 않으니 B의 진술이 진실이다. 참고로 B와 D의 진술은 모든 경우에 둘 중 1명이 참을 말하고 나머지 1명이 거짓을 말하는 모순관계는 아니고 정답을 만족하는 경우에만 둘 중 1명이 참을 말하고 나머지 1명이 거짓을 말한다.
정답이 되는 경우에서는 B와 C가 참이고 D가 거짓을 말한다. 컴퓨터를 수리하는 1명이 거짓을 말한다고 했으니 컴퓨터를 수리하는 사람은 D이다.

[일반 풀이]
C의 진술을 확인해보자. C의 진술이 참이면 B의 진술도 참이고 C의 진술이 거짓이면 B의 진술도 거짓이다. C와 B의 진술이 동일관계다. 1명만 거짓을 말한다는 조건에 의해 C와 B는 정답이 되는 경우에서 항상 참이라고 알 수 있다. 더불어 컴퓨터를 수리하는 1명이 거짓말을 하는 1명이기에 B와 C는 컴퓨터를 수리하지 않는다고 알 수 있다. B와 C를 소거하자.
B의 진술이 참이다. B의 진술에 의해 C와 E는 컴퓨터를 수리하지 않는다고 알 수 있다. E를 소거하자.
A의 진술을 확인해보자. A는 E가 컴퓨터를 수리하지 않는다고 한다. 이미 E가 컴퓨터를 수리하지 않는다고 알고 있기에 A의 진술이 참이라고 알 수 있다. A의 진술은 참이며 컴퓨터를 수리하지 않는다고 알 수 있다. A도 소거하자.

[다른 풀이]
A가 컴퓨터를 수리하는 경우부터 E가 컴퓨터를 수리하는 경우까지 5가지의 경우를 상정한 후 5명의 진술이 참인지 거짓인지 판별해보자.

수리 \ 진술	A	B	C	D	E	거짓말 인원
A	T	T	T	F	T	1
B	T	T	T	T	T	0
C	T	F	F	F	F	4
D	T	T	T	F	T	1
E	F	F	F	F	T	4

A가 컴퓨터를 수리하는 경우와 D가 컴퓨터를 수리하는 경우만 거짓말을 하는 인원이 1명이다.
컴퓨터를 수리하는 1명은 거짓을 말한다는 조건도 고려하자. A가 컴퓨터를 수리하는 경우 D가 거짓을 말한다. 컴퓨터를 수리하는 1명은 거짓을 말한다는 조건을 만족하지 않는다. D가 컴퓨터를 수리하는 경우 D가 거짓을 말한다.

*참고
다른 풀이에서 표를 그리기 전에 진술관계를 활용하면 표를 간소하게 그릴 수 있다. B와 C의 진술이 동일관계를 이루기에 정답이 되는 경우에서는 B와 C의 진술이 참이다. B의 진술에 의해 C와 E가 컴퓨터를 수리하지 않는다고 알 수 있다. 표를 그릴 때 C가 컴퓨터를 수리하는 경우, E가 컴퓨터를 수리하는 경우를 제하고 그리면 시간을 조금 더 줄일 수 있다. 같은 원리로 B와 C의 진술은 정답이 되는 경우에서 참이기에 B의 진술과 C의 진술은 파악하지 않아도 된다.

07 ③

D는 4가 적힌 의자에 앉는다. D를 고정하자. A와 E는 마주 보는 자리에 앉는다. 마주 보고 앉는다는 조건은 테이블 문제에서 일반적으로 고정조건처럼 사용하지만 자리에 번호 등이 명명된 경우 마주 보는 2명이 자리를 바꾸는 경우도 고려해야 한다. A와 E를 토대로 경우를 나누면 다음과 같다.

기출복원 모의고사 ■ 24 하 ■ 24 상

정답 및 해설

A와 C는 서로 이웃한 자리에 앉는다. 그러면서 F는 C보다 높은 숫자의 자리에 앉는다.
Case 1에서 C는 1이 적힌 의자에 앉거나 5가 적힌 의자에 앉는다. C가 5가 적힌 의자에 앉는 경우 F는 C보다 높은 숫자의 자리에 앉는다는 조건을 만족하지 않는다 C는 1이 적힌 의자에 앉는다. F는 아직 확정할 수 없다.
Case 2에서 C는 2가 적힌 의자에 앉고 F는 5가 적힌 의자에 앉는다.
Case 3에서 C는 A와 이웃한 6이 적힌 의자에 앉는데 F는 C보다 높은 숫자의 자리에 앉는다는 조건을 만족하지 않는다. Case 3을 소거하자.
Case 4에서 C가 1이 적힌 의자에 앉는 경우(Case 4.1)와 3이 적힌 의자에 앉는 경우(Case 4.2)로 나뉜다. C가 1이 적힌 의자에 앉는 경우 F가 어디에 앉는지 확정할 수 없다. C가 3이 적힌 의자에 앉는 경우 F는 6이 적힌 의자에 앉는다.

B는 A와 이웃한 자리에 앉지 않는다. B가 A와 이웃하게 앉을 수밖에 없는 Case 4.2를 소거하자. Case 2의 남은 의자에 B를 앉히고 Case 1, 4.1에서 B를 A와 이웃하지 않은 의자에 앉힌 후 남은 의자에 F를 앉히면 다음과 같다.

08 ①

변수의 종류가 소자와 테스트로 2가지이며 다대다의 구조를 보인다. 한 축에는 소자의 값을 채우고 다른 한 축에는 테스트의 값을 채운 후 표 안을 O, X로 채워보자. 낙하 테스트를 합격한 소자는 2개이고 침수 테스트를 합격한 소자는 1개라는 점을 먼저 기록해두자.

	A	B	C	D
낙하(2)				
침수(1)				
성능				

A소자와 C소자의 각 테스트 결과는 모두 같다. A소자와 C소자는 1개 소자만 합격한 침수 테스트에서 불합격을 받았다. C소자는 2개 테스트만 합격했다. 이에 따라 A소자와 C소자가 낙하 테스트와 성능 테스트에서 합격을 받았다고 알 수 있다. 낙하 테스트를 합격한 소자가 2개이니 B소자와 D소자는 낙하 테스트에서 불합격을 받았다.

	A	B	C	D
낙하(2)	O	X	O	X
침수(1)	X		X	
성능	O		O	

09 ①

설명의 편의를 위해 각 시드를 다음과 같이 시드1, 2, 3, 4, 5로 명명하겠다.

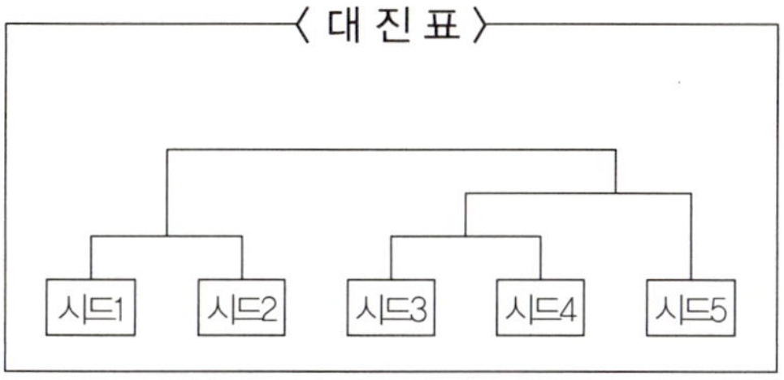

A팀의 토너먼트 결과가 2승 1패다. 3번 경기를 치를 수 있는 시드3이나 시드4에 A를 배치하자. 시드3이나 시드4나 같은 의미이지만 설명의 편의를 위해 A를 시드4에 배치하겠다. 패배하면 바로 탈락하는 토너먼트의 특성상 A팀의 1패는 결승전에서 얻은 1패이다.
C팀의 경기 결과는 우승이다. C팀이 결승전 전에 A팀을 만나면 결승전에 오르기 전에 패배하게 되기 때문에 C팀 시드3이나 시드5에 배치할 수 없다. C팀은 시드1이거나 시드2이다. 시드1이나 시드2나 같은 의미이지만 편의상 시드1에 배치하겠다.

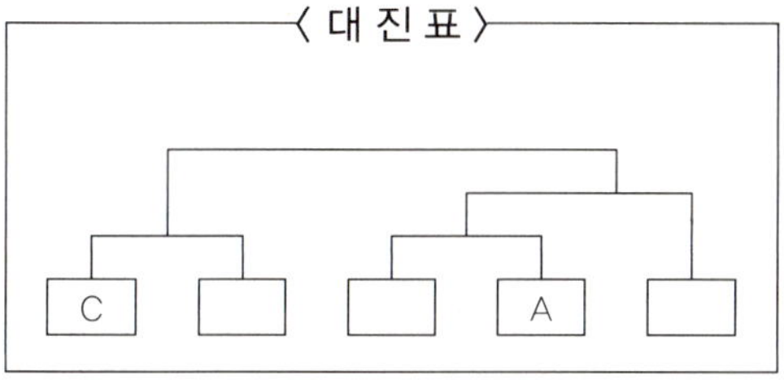

남은 팀인 B, D, E팀은 서로 경기를 치르지 않았다. 즉 B vs D, B vs E, D vs E 경기는 현 대진표상 치르지 않았다.

10 ③

월요일부터 금요일까지를 기준으로 두고 각 요일에 2명씩 사람을 배치하며 풀어보자. 고정조건을 먼저 살피자. 즉 목요일에 D와 E를 배치하자. C는 이틀 연속 외근한다. C가 월요일, 화요일에 외근하는 경우와 화요일, 수요일에 외근하는 경우로 나뉜다.

월	화	수	목	금
C	C		D, E	
	C	C	D, E	

A는 2번의 외근 모두 B와 함께 외근한다. 두 경우 모두 A와 B는 금요일에 외근하고 아직 1명도 배치하지 않은 요일에 외근한다.

월	화	수	목	금
C	C	A, B	D, E	A, B
A, B	C	C	D, E	A, B

두 경우에서 D와 E가 외근하는 2일 중 1일은 목요일이고 나머지 1일은 언제인지 확정할 수 없다. 즉 경우가 더 나뉜다.

11 ⑤

고정조건을 먼저 확인하자. G는 3행 1열의 자리, H는 4행 2열의 자리에 주차한다. 이어서 한 번에 2명을 채울 수 있으며 경우가 덜 나뉘는 B와 C가 같은 행의 자리에 주차한다는 조건을 확인하자. B와 C가 1행의 자리에 주차하는 경우와 B와 C가 2행의 자리에 주차하는 경우로 나뉜다. 그런데 B와 C가 2행의 자리에 주차하게 되면 A와 E는 같은 열이며 서로 이웃한 자리에 주차한다는 조건을 만족하지 않는다. B와 C는 1행의 자리에 주차하며 누가 1열인지 모르기에 B/C 또는 C/B로 표기하자. A와 E는 2행 2열의 자리와 3행 2열의 자리에 주차한다. 둘 중 누가 2행 2열의 자리에 주차하는지 확정하지 못하기에 편의상 A/E 또는 E/A로 적자.

B/C	C/B
	A/E
G	E/A
	H

C와 D는 다른 열의 자리에 주차한다. C가 1열에 주차하는 경우 D가 주차할 자리가 없다. C는 2열에 주차하고 D는 1열에 주차한다. 남은 F도 1열의 빈 두 자리(2행 1열, 4행 1열) 중 한 자리에 주차한다. D와 F 중 누가 2행 1열에 주차하는지 확정할 수 없기에 D/F 또는 F/D로 표기하자.

B	C
D/F	A/E
G	E/A
F/D	H

12 ④

[치트키]

진술관계를 확인해보자. A와 B의 진술이 동일관계다. 문제에서 1명이 상을 받았고 상을 받은 1명이 거짓을 말한다고 했으니 A와 B는 문제의 상황과 〈보기〉의 내용을 만족하는 경우에서는 둘 다 진실을 말한다. 상을 받은 사람 후보로 C, D, E를 상정한 후 A, B를 제외한 3명(C, D, E) 중 1명이 거짓을 말하는 경우를 먼저 찾아보자.

진술 수상	C	D	E	거짓말 인원
C	T	T	F	1
D	T	F	T	1
E	F	F	F	3

C가 상을 받은 경우와 D가 상을 받은 경우에 1명이 거짓을 말한다. C가 상을 받은 경우는 거짓을 말하는 사람이 E이기 때문에 1명이 상을 받았고 상을 받은 1명이 거짓을 말한다는 조건을 만족하지 않는다. D가 상을 받은 경우는 D가 거짓을 말한다. 따라서 상을 받은 사람은 D라고 알 수 있다.

[일반 풀이]

진술 수상	A	B	C	D	E	거짓말 인원
A	F	F	F	T	T	3
B	F	F	T	T	F	3
C	T	T	T	T	F	1
D	T	T	T	F	T	1
E	T	T	F	F	F	3

[치트키] 풀이와 같이 간소화한 표를 그리기 어렵다면 위와 같이 그린 후 판별해보자. 상을 받은 사람이 거짓을 말하는지도 점검하는 과정은 [치트키]풀이와 같다.

13 ②

D를 배치할 수 있는 좌석의 수를 묻는다. 가능성을 묻기에 여러 경우가 나올 것으로 예상된다.
고정조건을 먼저 적용하자. B를 1열 3행의 좌석에 배치하자. 이후 2명을 언급한 조건인 'A와 E를 같은 행에 위치한 좌석에 배치한다.'를 토대로 경우를 나누면 다음과 같다. A와 E가 자리를 바꿀 수 있기에 편의상 A/E 또는 E/A로 정리했다.

A/E	E/A
B	

A/E	E/A
B	

C와 F는 서로 다른 열의 좌석에 배치한다. 그러면서 D는 2열에 위치한 좌석에 배치한다. C와 F 중 1명을 1열에 위치한 좌석에 배치해야 한다. C와 F는 서로 다른 행의 좌석에 배치한다는 조건도 고려해보면 1열에 배치하지 않은 C 또는 F를 2열이며 1열에 배치한 C와 F 중 1명과 다른 행에 배치한다. C와 F는 자리를 바꿀 수 있기에 C/F 또는 F/C로 정리했다.

A/E	E/A
C/F	
B	F/C

C/F	
A/E	E/A
B	F/C

아직 정리하지 않은 좌석은 D를 배치할 수 있는 좌석이다.

14 ①

변수가 신입사원, 공정, 샘플로 3가지이다. 한 축에는 공정의 값을 두고 다른 한축에는 샘플의 값을 둔 후 표 안을 신입사원으로 채워보자. 맡는 공정과 다루는 샘플의 조합이 같은 인원은 없다. 즉 표의 한 칸에 1명씩 배치해야 한다.
고정 조건인 A는 포토 공정을 맡으며 '가' 샘플을 다룬다는 조건을 적용한 뒤 B는 에칭 공정을 맡는다는 조건을 공정은 알지만 샘플을 모르는 미정인 칸을 두어 정리하자.

	가	나	미정
포토	A		
에칭			B
메탈			

D와 E는 같은 공정을 맡는다. 1칸에 1명씩 배치한다고 해석한 제약조건(맡는 공정과 다루는 샘플의 조합이 같은 인원은 없다.)에 의해 각 공정을 맡는 인원은 2명씩이다. 이미 포토 공정은 A, 에칭 공정은 B가 맡는다고 알고 있기에 D와 E는 메탈공정을 맡는다. 단 D와 E 중 누가 '가' 샘플을 다루는지 모르기에 D/E 또는 E/D로 표기하겠다.

	가	나	미정
포토	A		
에칭			B
메탈	D/E	E/D	

B는 C가 다루는 샘플과 같은 샘플을 다룬다. '가' 샘플은 한 자리가 남았고 '나' 샘플은 두 자리가 남았다. B와 C는 '나' 샘플을 다룬다. B는 '나' 샘플을 다루며 에칭 공정을 맡는 신입사원이고 C는 '나' 샘플을 다루며 포토 공정을 맡는 신입사원이다.

	가	나
포토	A	C
에칭		B
메탈	D/E	E/D

F는 '가' 샘플을 다루며 에칭 공정을 맡는다.

15. ①

[세로규칙] 이동
아래(↓)로 1칸씩 이동

16 ③

[세로규칙] 연산
첫 번째 그림과 두 번째 그림을 겹쳤을 때 같은 색이 만나면 흑색, 다른 색이 만나면 백색으로 세 번째 그림에 표현 (= 같검다흰)

17 ⑤

[가로규칙] 2in1
시계방향(↷)으로 90도 회전 후 1열에 위치한 도형의 색을 반전(흑↔백)

[18~21]

하나의 규칙을 적용한 [23AH ⇨ △ ⇨ 2A3H] 흐름을 먼저 확인하자. Input과 Output의 문자가 같으니 △는 순서를 바꾸는 규칙일 가능성이 높다.
△: 1324

이어서 △를 활용하여 다른 규칙도 찾아보자. 다음과 같이 △의 규칙을 적용하면 ○를 적용하기 전(Input)의 문자와 적용한 후(Output)의 문자가 다르다고 알 수 있다. ○는 증감 규칙일 가능성이 높다.
[4V7D ⇨ △ ⇨ ○ ⇨ 58WE]
[47VD ⇨ ○ ⇨ 58WE]
○: +1 +1 +1 +1

○의 규칙을 역으로 적용하여 ★의 규칙을 찾아보자. 마찬가지로 ★규칙의 적용 전후의 문자를 확인하며 힌트를 얻자.
[LJKM ⇨ ★ ⇨ ○ ⇨ LMNK]
[LJKM ⇨ ★ ⇨ KLMJ]
★: 3142

마지막으로 ★의 규칙을 적용하여 □의 규칙을 확인하며 규칙찾기를 마치자.
[23AH ⇨ ★ ⇨ □ ⇨ E5J4]
[A2H3 ⇨ □ ⇨ E5J4]
□: +4 +3 +2 +1

△: 1324
○: +1 +1 +1 +1
★: 3142
□: +4 +3 +2 +1

18 ③

[BLUE ⇨ ○ ⇨ ★ ⇨ ?]
[CMVF ⇨ ★ ⇨ ?]
[VCFM]

19 ③

[? ⇨ △ ⇨ □ ⇨ 9G8R]
[? ⇨ △ ⇨ 5D6Q]
[56DQ]

20 ⑤

[PINK ⇨ ★ ⇨ ○ ⇨ △ ⇨ ?]
[NPKI ⇨ ○ ⇨ △ ⇨ ?]
[OQLJ ⇨ △ ⇨ ?]
[OLQJ]

21 ④

[? ⇨ ○ ⇨ ★ ⇨ □ ⇨ 75MG]
[? ⇨ ○ ⇨ ★ ⇨ 32KF]
[? ⇨ ○ ⇨ 2F3K]
[1E2J]

22 ②

이 글은 젠트리피케이션에 대해서 설명하고 있는 글이다. 먼저 젠트리피케이션의 의미가 무엇인지 설명하고 있는 (B)가 도입문단이라 할 수 있다. 계속해서 글의 내용을 살펴보면, 정부 주도로 이루어지는 주거 환경에서의 젠트리피케이션과 상업지구의 발전에 따른 젠트리피케이션 두 가지의 내용을 다루고 있음을 알 수 있다. 그런데 상업지구를 다루는 (D)의 첫 번째 문장을 살펴보면, "상업지구에서도 젠트리피케이션은 나타난다."고 하였으므로 이 문단에 앞서 정부 주도 재개발에 따른 주거 환경에서의 젠트리피케이션의 내용인 (A)가 위치하는 것이 적절하다. 마지막으로 (C)의 내용을 살펴보면 상업지구의 발달에 관한 내용을 담고 있다. 따라서 (C)는 상업지구의 젠트리피케이션을 설명한 문단 다음에 위치하는 것이 적절하다. 정리해보면, (B)-(A)-(D)-(C)가 된다.

23 ②

이 글은 대부분 타인지향형 성격으로 살게 된 현대인들을 설명하기 위한 글이다. 따라서 타인지향형 성격으로 살고 있는 현대인들에 대해서 이야기하고 있는 (A)가 도입문단으로 적절하다. 그리고 이에 대비되는 내부지향형 성격에 대해서 설명하고 있는 (D)가 이어져야 한다. 하지만 이러한 내부지향형 성격이 현대 사회에 맞지 않는 유형임을 이야기하고 있는 (B)가 (D) 다음에 이어지는 것이 적절하다. 그리고 (B)에 대해서 추가로 설명하고 있는 (C)가 마지막에 오는 것이 적절하다. 이를 순서대로 정리해보면, (A)-(D)-(B)-(C)가 된다.

24 ⑤

① 실리콘이 지구상에 풍부하게 존재한다는 사실은 알 수 있으나, 웨이퍼로 가공하기 쉽기 때문에 널리 사용한다는 점은 추론할 수 없다.(첫 번째 문단에서는 매우 정밀하고 복잡한 가공 과정을 거쳐야 웨이퍼로 제작할 수 있다고 설명하였다.)

② 순수한 실리콘을 가공하여 만들어지는 잉곳은 순수한 '단결정'의 구조를 갖게 된다. 따라서 옳지 않은 설명이다.

③ 세 번째 문단에 "이렇게 만들어진 웨이퍼는 직경이 200mm나 300mm로 표준화되어 있으며, 필요에 따라 예외적으로 더 큰 크기의 웨이퍼가 제작되기도 한다."라는 내용이 있다. 즉, 주로 200mm나 300mm 직경의 웨이퍼가 제작된다는 점은 알 수 있으나 둘 중에 어떤 크기의 웨이퍼가 더 많이 제작되는지는 본문을 통해 알 수 없다.

④ 웨이퍼는 빛을 이용하여 패턴을 인쇄하는 과정인 포토리소그래피 과정뿐만 아니라 다양한 공정을 거쳐 비로소 소자의 기능을 모두 구현하게 된다. 따라서 옳지 않은 설명이다.

⑤ 네 번째 문단의 "이후, 도핑 과정을 통해 웨이퍼에 불순물을 첨가하여 전기적 특성을 부여하게 된다."라는 내용을 통해 확인할 수 있다.

25 ④

① 의약품 개발에 있어 단백질 정제는 매우 중요한 과정임은 본문을 통해서 알 수 있다. 하지만 필수불가결한 과정임은 사실 추론할 수 없다. 그런데 질문지에서 요구하는 것은 반드시 거짓인 설명을 찾으라고 하였다. 본문을 바탕으로 하였을 때, 본 선택지가 반드시 참이라고 할 수도 없지만, 거짓이라고 판단할 근거도 없으므로 정답이라 할 수 없다.

② 두 번째 문단에 의하면 크로마토그래피 기법은 단백질의 물리적 혹은 화학적 특성을 이용해 표적 단백질을 분리하는 기법인데, 겔 여과 크로마토그래피는 단백질의 크기 차이를 이용하므로 물리적 특성을 이용하는 것으로 판단할 수 있다.

③ 첫 번째 문단에 "생명체의 기본이자 핵심이라고 할 수 있는 단백질의 구조와 기능을 이해하기 위해서도 단백질 정제를 통해 순수한 단백질을 얻는 것은 꼭 필요하다."라는 내용이 있다. 이를 근거로 판단했을 때, 본 선택지가 반드시 거짓이라고 판단할 수는 없다.

④ 두 번째 문단에 "크로마토그래피 기법은 단백질의 물리적 혹은 화학적 특성을 이용해 표적 단백질을 분리하는 기법으로 겔 여과 크로마토그래피, 이온 교환 크로마토그래피, 역상 크로마토그래피가 주로 사용된다."라는 내용이 있다. 이를 통해서 알 수 있는 것은 주로 사용되는 것이 이 세 가지 기법이라는 것이지, 다른 기법도 있음을 알 수 있다. 따라서 옳지 않은 설명이다.

⑤ 두 번째 문단에 "크로마토그래피 기법은 혼합물에서 개별 성분을 분리하고 분석하기 위한 가장 효과적인 기법 중 하나이다."라는 내용이 있다. 이를 근거로 판단해볼 때, 반드시 거짓이라고 볼 수 없다.

26 ⑤

① 대형 스크린이나 디스플레이에 낮은 PPI가 사용되는 것은 기술적으로 높은 PPI 적용이 어렵기 때문이 아니라 비용적인 면에서 유리하고 또한 시인성 면에서도 크게 문제가 없기 때문이다.

② 픽셀은 디스플레이의 화상을 구성하는 기본단위로 PPI는 단위 넓이 당 픽셀의 수를 표현하며, 해상도와 관련이 있는 개념이다. 하지만 이 픽셀이 곧 LED 디스플레이의 크기라 판단할 수는 없다.

③ 가까운 거리에서 활용되는 LED 디스플레이에서는 높은 PPI가 적절하다.

④ 정밀한 표현은 PPI나 해상도와 관련이 있는 부분이다. 디스플레이의 크기와 해상도 혹은 정밀한 표현을 연계해서 판단할 수는 없다.

⑤ 큰 디스플레이의 경우, 여러 가지 이유로 낮은 PPI가 활용된다. 반면 근거리에서 활용되는 휴대용 디바이스의 경우에는 높은 PPI가 적용된다. 이를 통해서 추론할 수 있는 설명이다.

27 ②

ㄱ 본문에 따르면 해양에 흡수되는 이산화탄소의 양이 증가하게 되면서 바다는 점차 산성화되고 있다.

ㄴ 해양이 산성화되면 석회화 생물들이 탄산칼슘을 만들기 위한 에너지가 더욱 늘어나므로 옳지 않은 추론이다.

ㄷ 탄산염 이온이 줄어들게 되면, 석회화 비용이 증가하여 결국 석회화 생물이 굶주리거나 아사할 확률이 늘어난다. 이를 통해서 석회화 생물의 개체 수가 감소할 수 있을 것이라 추론할 수 있다.

28 ①

① 필자는 우연종이 발견되더라도 증상이 생길 때까지 주의 깊게 지켜보는 것이 가장 좋다고 주장하고 있다. 그런데 만약 병변이 매우 작고 자각 증상이 없는데 초기 치료를 하지 못하면 사망률이 높은 질병이 있다면 이야기가 달라진다. 즉 자각 증상이 없는 폐암 같은 질병은 우연종의 발견을 통해 치료되어야 한다. 이에 따라 필자의 핵심 주장을 반박하는 것으로 가장 적절하다.

② 본 선택지의 내용을 정리하면 방사선 전문의의 진단 중 오진이 있다는 것이다. 그런데 필자는 우연종으로 발견된 것 중에서 실제 질병인 경우는 많지 않다고 주장하였으므로 본 선택지는 필자의 주장을 반박하지 못한다.

③ 필자는 우연종인 소견을 보이는 사람들도 사실상 통계적인 관점에서는 정상인 사람으로 볼 수 있다고 본다. 그런데 본 선택지는 통계적으로 비정상적인 사람 중에 질병이 없는 경우도 있다는 것이므로 필자의 주장에 영향을 주지 못한다.

④ 필자는 방사선을 활용하지 않는 추가 검사도 환자에게는 경제적, 시간적 부담이라고 언급하고 있다. 따라서 이러한 진술이 필자의 핵심 주장을 반박하지 못한다.

⑤ 필자는 우연종 발견 이후 방사선을 활용한 검사로 인해 환자의 건강이 나빠질 것이라고 주장한 적이 없다. 따라서 본 선택지는 필자의 주장을 반박하지 못한다.

29 ⑤

① 단순히 사람의 활동 여부만 가지고 딥러닝과 통계 중 어떤 것을 적용하는 것이 더 효과적인지 판단할 수 없다.

② 두 번째 문단에 의하면 문제의 패턴이 선형적이라면 통계를 적용하는 것이 보다 효과적이다. 반비례의 경우도 패턴이 선형적인 경우에 해당하므로 본 선택지의 추론은 적절하지 않다.

③ 두 번째 문단에 의하면 대상에 대한 정보가 충분히 확보되어 있을 경우에는 통계를 활용하는 것이 보다 적절하다.

④ 두 번째 문단에 의하면 정보가 부족할 경우에는 딥러닝이 유리하다고 하였으므로, 단문의 경우 통계가 유리하다는 추론은 적절하지 않다.

⑤ 두 번째 문단에 "이렇게 정보가 부족하거나 거의 없다시피 한 영역에서는 딥러닝의 예측이 더욱 효과적이다."라는 내용이 있는데, 이 부분을 통해 추론할 수 있다.

30 ①

ㄱ 현재까지 존재하는 가장 큰 프레스코화는 미켈란젤로가 그린 시스티나 성당의 천장화이다.

ㄴ 프레스코화는 그림을 그릴 벽에 먼저 회반죽을 칠하고 밑그림을 그린다. 그러고 나서 다시 회반죽을 칠하고 안료를 칠하므로 옳지 않은 설명이다.

ㄷ 훼손된 프레스코화 복구에 관한 내용은 본문에서 확인할 수 없다. (본문에서 수정이 어렵다고 한 것은 회반죽 위에 색칠하는 과정, 즉 프레스코화 제작 과정에 대한 설명임을 유념하자.)

MEMO

MEMO

• GSAT 추리 유형별 108문제로 완전정복 •
"다 풀지 못하면 집에 갈 수 없습니다."
학원직강
GSAT 추리 마스터 주영훈 선생님
108번뇌로
GSAT 추리 완전정복
추리 유형별 108문제로 안 되면 될 때까지!
주영훈 선생님이 추리 유형별 완전정복까지 함께합니다.
STEP 01
취약점 분석
유형별 108문제로 취약점 분석
STEP 02
문제 적용
108 문제 풀이를 통해 문제 적용력 향상
STEP 03
실시간 Q&A
선생님과 바로 그 자리에서! 문제 접근법 재정비
렛유인 <108번뇌로 GSAT 추리 완전정복>은 GSAT 기간동안 렛유인(www.letuin.com)에서 확인할 수 있습니다.

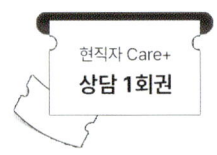